böhlau

Das östliche Europa: Kunst- und Kulturgeschichte

Herausgegeben von
Robert Born, Michaela Marek †, Ada Raev
Band 16

Lea Horvat

HARTE WÄHRUNG BETON

Eine Kulturgeschichte des Massenwohnungsbaus im sozialistischen Jugoslawien und seinen Nachfolgestaaten

BÖHLAU

Gedruckt mit freundlicher Unterstützung der Geschwister Boehringer Ingelheim Stiftung für Geisteswissenschaften in Ingelheim am Rhein

Bibliografische Information der Deutschen Nationalbibliothek:
Die Deutsche Nationalbibliothek verzeichnet diese Publikation in der
Deutschen Nationalbibliografie; detaillierte bibliografische Daten sind
im Internet über https://dnb.de abrufbar.

© 2024 ein Imprint der Brill-Gruppe
(Koninklijke Brill NV, Leiden, Niederlande; Brill USA Inc., Boston MA, USA; Brill Asia Pte Ltd,
Singapore; Brill Deutschland GmbH, Paderborn, Deutschland; Brill Österreich GmbH, Wien,
Österreich)
Koninklijke Brill NV umfasst die Imprints Brill, Brill Nijhoff, Brill Schöningh, Brill Fink, Brill mentis,
Brill Wageningen Academic, Vandenhoeck & Ruprecht, Böhlau und V&R unipress.

Umschlagabbildung: Mileta Bojović

Korrektorat: Sara Horn, Düsseldorf
Satz: Bettina Waringer, Wien
Druck und Bindung: Hubert & Co. BuchPartner, Göttingen
Printed in the EU

Vandenhoeck & Ruprecht Verlage | www.vandenhoeck-ruprecht-verlage.com

ISBN 978-3-412-52840-9

Inhalt

1. Der Massenwohnungsbau in Jugoslawien 9
1.1 Wohnfragen 11
1.2 Der Massenwohnungsbau im historischen Überblick 14
1.3 Das Baugrundstück Jugoslawien 17
1.4 Begriffsaporie: Plattenbau vs. Massenwohnungsbau 24
1.5 Drei Ausgangsprämissen 28
1.6 Aufbauplan. 39

2. Baustelle 45
2.1 Architektur und (Fach-)Öffentlichkeit. 47
2.2 Verortungen: Platzsuche für jugoslawische Massenwohnungsbauten 53
   2.2.1 Auf sowjetischen Spuren? 54
   2.2.2 Kurz innehalten 57
   2.2.3 „Aus der ganzen Welt". 66
2.3 Massenwohnungsbau: Ideenbaustelle 72
   2.3.1 Wie industriell? 75
   2.3.2 Wie hoch? 80
   2.3.3 Welche Farben? 82
   2.3.4 Alternativen?. 83
2.4 Erste Fertigprodukte 86
   2.4.1 Sensation 89
   2.4.2 Kampf. 92
   2.4.3 Experiment 100
   2.4.4 Konfektion 104
   2.4.5 Endbearbeitungen 107
2.5 Baustelle zusammengefasst. 109

3. Wohnung 113
3.1 Wohnkultur und Populärkultur 118
3.2 Im Warteraum: Wege zu einer Wohnung 136
   3.2.1 Politik des Wartens: Wer hat Recht auf eine Wohnung?. 137
   3.2.2 Poetik des Wartens. 142
3.3 Verräumlichte Beziehungen in der neuen Wohnung. 155

6 | Inhalt

3.3.1 (Ehe-)Mann – (Ehe-)Frau 164
3.3.2 Kinder – Eltern 183
3.3.3 Gäst:innen – Gastgeber:innen 191
3.3.4 Nachbarschaft 197
3.4 Wohnung zusammengefasst 204

4. Siedlung 207
4.1 Baubegleitende Kritik 215
4.2 Ökologische Kritik 221
4.3 Urbanistisch-architektonische Kritik 226
4.3.1 Technologie 227
4.3.2 Von der Vergangenheit lernen? 234
4.3.3 Bewohner:innen machen es? 244
4.4 Sozialwissenschaftliche Kritik 246
4.4.1 Interna(tiona)lisierte Kritik an Massenwohnsiedlungen 251
4.4.2 Gemeinschaft in der Siedlung 254
4.4.3 Die Massenwohnsiedlung als Diagnose 261
4.4.4 Die Massenwohnsiedlung als Identitätsangebot 266
4.5 Materialisierte Kritik: Split 3 269
4.6 Materialisierte Kritik: Blok 5 282
4.7 Siedlung zusammengefasst 288

5. Bild 291
5.1 Massenwohnsiedlungen im Krieg 300
5.1.1 Beschädigte Fassaden: Der erste Blick 301
5.1.2 Beschädigte Fassaden auf den zweiten Blick: Wohnzeichen 308
5.1.3 Krieg jenseits der Frontlinie 318
5.2 Massenwohnsiedlungen und Besitz 324
5.2.1 Privatisierung und Unsicherheit 325
5.2.2 (Nicht ganz) neu im Bild: Kirchen und Einkaufszentren 331
5.2.3 Kampf um die Deutungshoheit 334
5.3 Bild zusammengefasst 348

6. Fazit und Ausblick 351

Inhalt | 7

Literatur- und Quellenverzeichnis. 361
Archivalische Quellen 361
Filme und Serien. 362
Literatur 381

Bildnachweise 407

Danksagung 409

1. Der Massenwohnungsbau in Jugoslawien
Ein Panoramablick

> Es tut mir leid, dass [der Architekt Slavko] Jelinek dies nicht mehr erlebt hat, weil es die größte Anerkennung seiner Arbeit, aber auch der Architektur einer ganzen Epoche wäre, die aus guten Gründen üblicherweise die Epoche des jugoslawischen sozialistischen Modernismus in der Architektur genannt wird (…). Nachdem wir alle Sachen auf ihren Platz zurückstellten und der Staub sich niederließ (…) – keine Spur mehr vom Erdbeben. In den Fluren und Treppenhäusern ist zwar an mancher Stelle eine Gipsplatte gebrochen, der Beton ist jedoch so, wie er gestern war: Ewig und lebend.[1]

Mit diesen Worten beschreibt der Schriftsteller Miljenko Jergović die Erfahrung des Erdbebens in seiner Wohnung in der Neu-Zagreber Massenwohnsiedlung Zapruđe am 22. März 2020. „Nur die Tafel mit Magneten ist runtergefallen", schildert Tea Šimić, Bewohnerin eines anderen Hochhauses in Zapruđe, diesen Sonntagmorgen.[2] Niko Goga, wohnhaft in der „Rakete", einem der drei ikonischen Wohntürme aus den 1960er Jahren, berichtet hingegen, das erste Ruckeln im Schlaf gar nicht gehört zu haben.[3] Während die Altstadt, vorwiegend im Stil des Historismus der österreichisch-ungarischen Zeit gebaut, vielerorts schwer beschädigt wurde und der Schutt sowie eingestürzte Dachböden und abgefallene Stuckdekorationen noch wochenlang im Stadtbild sichtbar blieben, stellten sowohl die Bevölkerung als auch Architekt:innen[4] schnell fest, dass die sozialistische

---

1 Jergović zit. nach Korljan 2020. Sofern nicht anders angegeben, stammen diese wie andere Übersetzungen aus dem Kroatischen, Serbischen, Bosnischen, Montenegrinischen, Slowenischen und Englischen von mir.

2 Vgl. ebd.

3 Vgl. ebd.

4 Zwischen einer Schreibweise, die den zeitgenössischen Standards und Vorstellungen entspricht, und einer Akzentuierung originaltreuer, historischer Überlieferungen und darin verwurzelten Vorstellungen von Geschlecht liegt ein schmaler Grat. Für die vorliegende Arbeit wurde die Gendern-Variante mit Doppelpunkt in der auktorialen Stimme gewählt, da sie im zeitgenössischen Verständnis eine verbreitete Sprachnorm zum Ausdrücken des generischen Plurals darstellt. Zugleich wird das generische Maskulinum in zitierten Primärquellen als solches übersetzt, um auf diese historische Realität aufmerksam zu machen und sie als solche zu überliefern. Einen Vorteil der gewählten Gendern-Variante bildet die Präzision bei geschlechtshomogenen Gruppierungen. So kann etwa mit dem Begriff „Architekten" deutlich gemacht werden, dass sich beispielsweise in einer Jury nur Männer befanden. Die Bezeichnung „Bewohnerinnen" zeigt hingegen die Tatsache an, dass für eine Umfrage zum Wohnen nur Frauen befragt wurden.

Wohnarchitektur keine nennenswerten Beschädigungen aufwies. Die Erfahrungen mit dem Erdbeben in Skopje von 1963 (mit 6,0 Mw stärker als das Zagreber mit 5,5 Mw auf der Momenten-Magnituden-Skala) führten nämlich in Jugoslawien zu strengeren Sicherheitsstandards für seismisch aktive Gebiete. Auch die Bevölkerung erinnerte sich noch daran, wie Erfahrungsberichte nach dem Erdbeben in Zagreb zeigen.

Das Beispiel macht deutlich, dass im jugoslawischen Sozialismus errichtete Massenwohnungsbauten auch heute noch, im tiefen Postsozialismus oder darüber hinaus, positive Rezeption erfahren (können). Vor Ort wird ihr Image nicht, wie im westlichen Kontext gängig, vorwiegend durch eine Linse des Scheiterns und negativer Stereotype betrachtet. Vielmehr entpuppten sich in Zagreb ausgerechnet die auf dem deutschen Wohnungsmarkt so beliebten Altbauten als unsicher und gefährlich. Auch die oft bemängelte Monotonie der Plattenbauten löst sich bei näherem Hinsehen auf. Denn die Stadtviertel sowie einzelne Gebäude sind oft einzigartig gestaltet und verkörpern innovative Ideen von Raum und Gesellschaft. Über die konkreten Entstehungsgeschichten scheinen die jeweiligen Bewohner:innen gut informiert zu sein. So erwähnt Jergović den Architekten Slavko Jelinek, welcher seiner Wohnarchitektur so verbunden war, dass er bis zu seinem Tod 2014 im obersten Stock eines von ihm entworfenen Hochhauses wohnte.[5]

Damit ist zugleich die Frage nach der Daseinsberechtigung des Interesses für jugoslawische Massenwohnsiedlungen geklärt: Auch im postjugoslawischen Raum sind Massenwohnungsbauten weiterhin funktionierende Wohnräume und haben somit eine gewaltige Bedeutung für den Alltag vieler Menschen. Schließlich entstanden über 1,1 Millionen der 1990 in Jugoslawien vorgefundenen Wohneinheiten nach 1945 und machten über 70 % des gesamten Wohnungsbestands aus.[6] Obwohl sie ein Produkt des Sozialismus waren, wurden sie während und nach der Wende nicht entrümpelt wie viele andere ideologische und materielle sozialistische Versatzstücke, sondern erfreuen sich eines regen Nach- oder eher Weiterlebens.[7]

---

5 Vgl. Jergović 2012; Margaretić Urlić 2009.

6 Darunter wurden sowohl Einfamilienhäuser (vorwiegend in kleineren Ortschaften und mithilfe von günstigen Krediten erbaut) als auch Massenwohnungen gefasst. Etwa die Hälfte der Wohneinheiten war öffentliches Eigentum: So wohnte ein Drittel der jugoslawischen Haushalte zur (symbolischen) Miete und mit Dauerwohnrecht in Wohnungen im gesellschaftlichen Besitz *(društveno vlasništvo)*. Dabei handelte es sich in erster Linie um Massenwohnsiedlungen. Vgl. Topham 1990, 404–407; Marčetić 2020, 13.

7 Dies lässt sich in den meisten postsozialistischen Kontexten beobachten. „Only where war has levelled them, as in Grozny, or where enough was built before 1945 to overshadow them, as in Budapest, can they be ignored." Vgl. Hatherley 2016, 29.

1.1 Wohnfragen

Eine Geschichte des Massenwohnungsbaus kann vieles sein. Sie kann aus Reflexionen über architektonische und urbanistische Pläne bestehen und von erträumten, visionären räumlich-gesellschaftlichen Ordnungen erzählen. Ein weiterer möglicher Ausgangspunkt wäre die Wohnungspolitik im engeren Sinne, das heißt der legislative Rahmen oder das finanzielle Fundament. Auch soziologische und anthropologische Perspektiven auf den Massenwohnungsbau können eine eigene Forschungsachse bilden. In der Regel beschäftigen sie sich mit der Perspektive der Bewohner:innen, dokumentieren ihre Alltagserfahrungen und Wohnpraktiken, untersuchen ihre Zufriedenheit und sammeln Einwände „von unten". Weiter ließe sich eine Kulturgeschichte der Repräsentationen von Massenwohnsiedlungen, etwa in Film, Musik, Literatur, Kunst, Massenmedien, erforschen.

In seinem spekulativen Werk *Träume von Räumen (Espèces d'espaces)* aus dem Jahr 1974 bewegt sich der Schriftsteller Georges Perec zwischen mehreren Raumebenen. Er fängt mit der Seite (dem „Raum eines Blatts Papier"[8]) an, begibt sich zum Bett, erkundet dann das Schlafzimmer, von dort aus die Wohnung, das Mietshaus, die Straße, das Viertel, die Stadt, das Land und schließlich die Welt. Der Massenwohnbau repräsentiert hier mehrere Raumebenen gleichzeitig.

Mein Buch tritt nicht mit dem Anspruch an, eine endgültige Interpretation oder eine erschöpfende Analyse einer Raumebene zu erbringen. Stattdessen untersuche ich die im jeweiligen Zeitabschnitt prägende, medial dominante Raumebene und interpretiere den Massenwohnungsbau als ein vielseitiges kulturelles Phänomen, als Gegenstand öffentlicher Debatten vom sozialistischen Jugoslawien bis in die postjugoslawische Zeit. Dabei bilden folgende grundlegende Fragen das Fundament der Studie: Wie wurde der Massenwohnungsbau in Jugoslawien konzipiert, diskutiert und kritisiert? Welche tiefgreifenden Änderungen lassen sich durch die verschiedenen Phasen, bis in die postsozialistische Zeit, feststellen? Welche Disziplinen, Wissensbestände und Argumente prägten die Wahrnehmung vom Massenwohnungsbau besonders stark und nachhaltig?

Das Buch strebt entsprechend an, eine Periodisierung der Debattenschwerpunkte zu erstellen und somit eine Kulturgeschichte des Massenwohnungsbaus zu erzählen. Hierzu werden Impulse und Beiträge aus verschiedenen Disziplinen aufgenommen, die kritisch eingeordnet und miteinander verwoben werden. Der Massenwohnungsbau wird so vorwiegend als Kulturchiffre und Gegenstand öffentlicher Diskussionen in den Blick genommen.

Das sozialistische Jugoslawien steht im Mittelpunkt des Forschungsinteresses, mit kürzeren Abschweifungen in die vorsozialistische Vergangenheit und einem abschließenden

---

8   Perec 1990, 16.

Exkurs in die postsozialistische Transition. Vergleichbare zeitgleiche Kontexte – andere sozialistische Länder in Europa, aber auch westliche Sozialdemokratien – werden erwähnt, ein systematischer Vergleich wird jedoch nicht verfolgt. Statt die ehemaligen sozialistischen Länder mit dem großen Pflug der Vergleiche zu beackern und die Essenz des ‚Sozialistischen' in den Vordergrund zu stellen, liegt der Fokus des Buchs auf den Spezifika und der inneren Ausdifferenzierung des jugoslawischen Falls. Wie Lea Ypi schreibt, führt eine Suche nach *replicability* anstelle der Fokussierung auf *specificity* zu einer Verallgemeinerung,[9] die insbesondere im Fall der Studien zu (Süd-)Osteuropa eine zusätzlich pauschalisierende Auswirkung haben kann. Kann man vom ‚jugoslawischen Massenwohnungsbau' sprechen oder sind die Unterschiede zwischen den Bauten und Bauprojekten, zwischen den jeweiligen Städten und Republiken zu groß? Welche intrajugoslawischen Asymmetrien lassen sich beobachten?

Eine in dieser Studie kaum vermeidbare Verallgemeinerung – der Fokus auf die Großstädte Ljubljana, Zagreb, Sarajevo, Belgrad, Titograd/Podgorica[10] und Split – ergibt sich zum Teil aus dem Forschungsgegenstand. Mit Ausnahme von stark auf die Industrie ausgerichteten kleineren Städten[11] wurden Massenwohnsiedlungen vorwiegend in größeren Städten gebaut. Die Asymmetrie zeigt sich ebenfalls in der medialen und akademischen Sichtbarkeit. Die institutionelle Infrastruktur (Forschungsinstitute, Universitäten, Fachpresse) war in Ljubljana, Zagreb und Belgrad konzentriert; Studierende aus kleineren Städten und anderen Republiken zogen oft dorthin zum Studium. Städte wie Titograd, Skopje und Pristina[12] hingegen hatten bis in die 1960er oder 1970er Jahre keine Fakultät für Architektur. Zudem bildeten Fachpublikationen aus den architektonischen Zentren Ljubljana, Zagreb und Belgrad die sichtbarsten Orte der Wissensproduktion und waren jugoslawienweit erhältlich. Im Umkehrschluss werden bedeutende Entwicklungen im Süden Jugoslawiens auch in aktuellen Forschungen oft übersehen. Die vorliegende Untersuchung kann dieses Ungleichgewicht nur teilweise ausgleichen, etwa durch Archiv- und Periodikarecherchen in Podgorica und Sarajevo. Allerdings bleiben zwei größere Forschungslücken bestehen, die in dieser Arbeit nur sporadisch Erwähnung finden: Skopje und Pristina (damals Hauptstadt der Autonomen Provinz Kosovo). Eine

---

9 Ypi 2022, 237.
10 Podgorica, die Hauptstadt Montenegros, hieß zwischen 1946 und 1992 Titograd. Ich habe mich für die im Untersuchungszeitraum gebräuchliche Variante entschieden, daher überwiegt in meiner Studie das Toponym Titograd, während Podgorica nur im Zusammenhang mit der postsozialistischen Zeit verwendet wird.
11 Zum Beispiel Velenje in Slowenien, der Sitz der Fabrik Gorenje oder die Arbeitersiedlung Caprag beim Eisenwerk Sisak in Kroatien.
12 Während in der albanischen Sprache die Bezeichnungen „Prishtina" sowie „Prishtinë" und in der serbischen Sprache „Priština" gebräuchlich sind, wird in diesem Text die im Deutschen und Englischen übliche Schreibweise „Pristina" benutzt.

späte institutionelle Konsolidierung im Kosovo und in Mazedonien verringerte auch in damaligen jugoslawischen Debatten die Bedeutung und Rezeption der dortigen Impulse und Bauprojekte, weshalb sie für den Forschungsgegenstand dieser Studie weniger ins Gewicht fallen. Durch das pandemiebedingte Entfallen meines geplanten Forschungsaufenthaltes in Skopje besteht diese Asymmetrie auch in diesem Buch weiter.

Allerdings stand Skopje Mitte der 1960er Jahre im Mittelpunkt der jugoslawischen Architekturöffentlichkeit. Nach dem Erdbeben im Jahr 1963, einem der verheerendsten in Europa, wurde Skopje zum Schauplatz internationaler Solidarität mitten im Kalten Krieg. Materielle Hilfe kam sowohl aus dem Osten als auch aus dem Westen; den internationalen Wettbewerb für den Wiederaufbau gewann der japanische Architekt Kenzo Tange.[13] So fand der Metabolismus, jene architektonisch-urbanistische Strömung, der Tange nahestand, welche die metabolische Prozessualität der Stadt, Megastrukturen und urbane Utopien in den Mittelpunkt stellte,[14] den direkten Weg nach Skopje. Jedoch ging es in dem Projekt nicht primär um Wohnungsbau, sondern um Städtebau im weitesten Sinne. Zudem erzählt das internationale Projekt zwar viel über die jugoslawische geopolitische Positionierung und daraus resultierende Spielräume, beinhaltet aber wenig Erkenntniswert im Hinblick auf intrajugoslawische Debatten.

Nach der Unabhängigkeitserklärung des Kosovo im Jahr 2008 wurde das dortige architektonische Erbe des Sozialismus wieder rege diskutiert. In diesem Zusammenhang wurde die These von einer „oktroyierten Modernität" entwickelt, die 2014 auf der Architekturbiennale in Venedig von dem Kurator Gëzim Paçarizi vorgestellt wurde. Unter dem Titel *Visibility (imposed modernity)* wurde eine Struktur aus traditionellen Hockern errichtet; ein anderes Exponat zeigte 720 Fotos aus Städten im Kosovo, vor und nach der Modernisierung. So behauptete Paçarizi, dass die Modernisierungsmodalitäten (Geschwindigkeit, Form) viel zu intensiv für Pristina nach dem Zweiten Weltkrieg gewesen seien, wertvolles Erbe und regionale Besonderheiten zerstört hätten und außerdem von außen, und nicht von der lokalen Bevölkerung, entschieden und umgesetzt worden seien.[15] Die Kuratoren der Ausstellung *Kosovo Modern,* die in der Nationalgalerie des Kosovo in Pristina 2015 zu sehen war, nahmen eine deutlich wohlwollendere Haltung gegenüber der modernistischen Stadt Pristina ein. Jedoch gingen auch sie davon aus, dass „[b]efore the 70s, all architecture in Kosovo was *imported,* mainly from Belgrade".[16] Die Einbeziehung des Kosovo würde zwar wichtige Aspekte innerjugoslawischer Dynamiken und Spannungen sichtbar machen, für eine fundierte, dem Kontext gerecht werdende

---

13 Vgl. Penčić/Spirikovska/Stefanovska 2012, 200–217; Tolić 2012, 218–231; Mariotti 2020.
14 Vgl. Lin 2010, 1–9.
15 Vgl. Paçarizi 2016.
16 Kabashi 2015, 38 [Hervorhebung wie im Original].

1. Der Massenwohnungsbau in Jugoslawien

Studie allerdings wären auch Albanisch-Sprachkenntnisse erforderlich. Daher obliegt es anderen Forscher:innen, diese Themen aufzugreifen.

1.2 Der Massenwohnungsbau im historischen Überblick

Da verschiedene architekturhistorische Studien die Vorgeschichte von Massenwohnungsbauten umfangreich dokumentieren,[17] werden deren Umrisse hier nur knapp skizziert. Im Massenwohnungsbau trifft der Anspruch einer sozial engagierten Architektur (bessere Wohnbedingungen für einen großen Anteil der Bevölkerung oder für marginalisierte Gruppen) auf die technischen Möglichkeiten für schnelles und preiswertes Bauen. Die Entwicklung dieser beiden Aspekte kann mittels der Baugeschichte nachgezeichnet werden.

Vorbilder und vergleichbare Wohnmuster reichen Jahrhunderte, sogar Jahrtausende zurück, beispielsweise bis zu den *insulae,* den mehrstöckigen Wohnblöcken im Römischen Reich, oder auch zu Holzstrukturen im Japan des 12. Jahrhunderts, die sich auseinanderbauen ließen.[18] In der jüngeren Vergangenheit, im 19. Jahrhundert, wurden die verheerenden Wohnumstände der urbanen Unterschicht, befördert durch die Industrialisierung, zunehmend zum Anliegen sozial engagierter Kritiker:innen sowie staatlicher Institutionen, die in neuen Hygienevorschriften einen Beitrag zur „zivilisierenden Offensive" und somit zum Projekt der Nationenbildung sahen.[19] Während Wohltäter:innen wie Octavia Hill in England und Victor Aimé Huber in Deutschland an einer Reform der bestehenden Verhältnisse arbeiteten und dabei eine „privileged perspective of the omniscient supervisor" einnahmen,[20] setzten sich die Marxist:innen für einen radikal neuen Weg ein.

Im grundlegenden Werk *Zur Wohnungsfrage* (1872–1873) vertrat Friedrich Engels die Ansicht, die damals als brennendes gesellschaftliches Thema erkannte Wohnungsfrage sei für die ärmere Bevölkerung eine historische Konstante: „*[D]iese* Wohnungsnot macht nur so viel von sich reden, weil sie sich nicht auf die Arbeiterklasse beschränkt, sondern auch das Kleinbürgertum mit betroffen hat".[21] Engels fixierte dabei die Kernaspekte des marxistischen Umgangs mit der Wohnungsfrage: Als eine Soforthilfe oder Übergangslösung schlug er eine „Expropriation der heutigen Besitzer"[22] vor, langfristig sah Engels die Lösung „in der Abschaffung der kapitalistischen Produktionsweise, in

---

17 Vgl. Hannemann 1996, 26–50; Meuser 2015, 50–97.
18 Vgl. Liebscher 2009, 21.
19 Vgl. Van Praet 2019, 163–188; Bullock/Read 1985; Trevisan 1989, 94–115.
20 Vgl. Cuming 2016, 53.
21 Engels 1958, 21 [Hervorhebung wie im Original].
22 Ebd., 45.

der Aneignung aller Lebens- und Arbeitsmittel durch die Arbeiterklasse selbst".[23] Die Forderung eines Eigenheims für die Unterschicht, die am prominentesten vom französischen Ökonomen und Anarchisten Pierre-Joseph Proudhon vertreten wurde, lehnte er hingegen entschieden mit der Begründung ab, die Anbindung der Arbeiter:innen an ein Grundstück würde einen Arbeitsstellenwechsel erschweren und dadurch die Streikfreiheit effektiv behindern.[24] Da größere Bauvorhaben eine erhebliche technische, fachliche und organisatorische Komplexität mit sich bringen würden, verwarf Engels auch die Selbsthilfe als impraktikabel für urbane Kontexte. So blieb für Engels nur die Option eines staatlich finanzierten Wohnungsbaus im kollektiven Besitz. Seine Ausführungen bilden somit eines der ersten theoretisch fundierten Plädoyers für einen sozialistischen Massenwohnungsbau.

Die Massenwohnungsbauten verdanken viele ihrer Merkmale und Grundeigenschaften der Theorie und Praxis der modernistischen Architektur. Ihre sich größtenteils überlappenden Stränge und Bezeichnungen – „Neues Bauen, Funktionalismus, Sachlichkeit, Rationalismus", „Internationaler Stil" – wurden bis weit nach dem Zweiten Weltkrieg als „‚die' moderne Architektur" verstanden.[25] Die theoretischen Grundlagen der modernistischen Architektur finden sich bereits am Anfang des 20. Jahrhunderts in polemischen Texten gegen die vermeintliche Dekadenz des *Art Nouveau* und die bürgerlichen Repräsentationsbedürfnisse. Zu nennen sind Essays wie *Neues Ornament und neue Kunst* (1901) von Hermann Muthesius und *Ornament und Verbrechen* (1908) von Adolf Loos, in welchen eine „Sachlichkeit" der Architektur, industriell hergestellte Bauten ohne historistischen Prunk, helle Räume mit moderner Infrastruktur und dazu passende schlichte Möbel gefordert wurden.[26] Die modernistische Architektur sollte keine Rücksicht auf historische Stile nehmen, sondern „[b]ei Null anfangen"; dies wurde besonders sichtbar in der „Reduktion auf Formen der einfachen Geometrie, beschränkt auf die Gerade, den rechten Winkel, die ebene Fläche, den Kubus".[27]

Daneben etablierte sich ein neues Verständnis von Rationalität, Funktionalität, industrieller Herstellung und Hygiene unter dem Motto „Luft, Licht, Sonne" als architektonisches Programm. Die schlichten modernistischen Siedlungen (etwa Neues Frankfurt, die Bauhaussiedlung Dessau-Törten oder die Hufeisensiedlung in Berlin) bildeten die Versuchsfelder des sogenannten „Neuen Wohnens". Diese sozialdemokratisch-modernistischen Projekte formulierten zwar eine Alternative zu den Mietskasernen, waren allerdings eher für Angestellte als für die Arbeiterschaft bezahlbar.[28] Im Wien der 1920er Jahre

---

23 Ebd., 113.
24 Ebd., 31 f.
25 Damus 2010, 235.
26 Vgl. Mallgrave 2005, 226–234.
27 Damus 2010, 236.
28 Vgl. Kutting 2010, 88.

wurde mit der Sozialdemokratischen Partei an der Macht ein anderer Weg eingeschlagen. Zur Sicherung handwerklicher Arbeitsplätze wurden im Rahmen eines umfangreichen Wohnungsbauprogramms nur wenige Details industriell gefertigt, zugleich fiel die staatlich subventionierte Miete in Österreich deutlich niedrigerer aus als in vergleichbaren Siedlungen in der Weimarer Republik.[29] Stand in den deutschen Siedlungen der Moderne die Industrialisierung im Vordergrund, wurde im Roten Wien das Soziale hervorgehoben.

Einer der einflussreichsten Theoretiker:innen und Praktiker:innen des architektonischen Modernismus war Le Corbusier. Seine Begeisterung für Industrie (das Haus als „Wohnmaschine"[30] gedacht) und neue Medien sowie sein Hang zur radikalen Intervention (etwa beim Vorschlag umfangreicher Abrisse der historischen Bausubstanz von Paris)[31] wurden bis in die Nachkriegszeit rege rezipiert. Als einer der Initiatoren der *Congrès Internationaux d'Architecture Moderne* (CIAM), einer von 1928 bis 1959 stattfindenden Kongressreihe, trug er zur Institutionalisierung der modernistischen Architektur wesentlich bei. Auf dem 4. CIAM-Kongress mit dem Thema „Die funktionale Stadt" (1933) wurden die Grundprinzipien des funktionalistischen Urbanismus festgelegt und in der Charta von Athen konsolidiert. Dank einer „persuasive generality" wurden die darin kodifizierten Merkmale der funktionalen Stadt (Funktionstrennung zwischen Wohnen, Verkehr, Arbeit und Freizeit, Massenwohnsiedlungen als die bevorzugte Wohnform, Privilegierung von Automobilität) mindestens bis in die 1960er Jahre als globales Grundrezept für den zeitgenössischen Städtebau verstanden und implementiert.[32]

Entsprechend war der Rückgriff auf modernistische Architektur eine gängige Praxis in Europa nach dem Zweiten Weltkrieg und gab der Folgezeit den Namen „Nachkriegsmoderne".[33] Allerdings wird der Begriff des „Modernismus" nicht selten mit dem der „Modernität" verwechselt, wobei Letzterer hier als die allgemeinere Kategorie verstanden wird. Modernität zeichnet sich wesentlich durch Urbanisierung und Industrialisierung sowie durch die Etablierung einer Massenkultur aus. Entgegen dem gegenwärtigen Verständnis bezeichnete Massenkultur damals keine „Kultur der Unterschichten", sondern eine emanzipatorische Idee der Demokratisierung der Kultur, der „Öffnung des Zugangs zur Kultur, zum Abbau klassengebundener Begrenzungen der Teilhabe am kulturellen

---

29 Vgl. Damus 2010, 241–246.
30 Le Corbusier 1986, 95.
31 Ebd., 56–58.
32 Vgl. Frampton 1992, 270.
33 Für die Architektur Westdeutschlands wurde eine weitere Unterteilung in die erste (1945 bis 1956) und die zweite Nachkriegsmoderne (1964 bis Mitte der 1970er Jahre) ausgearbeitet, mit einer Übergangsphase (1957 bis 1963) dazwischen. Diese Kategorisierung beruht auf technischen Spezifika der Bauten: Während sich die erste Periode durch tektonische Fassaden auszeichnet, ist es der *Curtainwall* in der Zwischenperiode und in der zweiten Nachkriegsmoderne der Sichtbeton sowie auf Vertikalität basierende Fassaden. Vgl. Hillmann 2011, 26.

Leben".[34] Eine solche konzeptuelle Ausdehnung wurde in der Nachkriegszeit in verschiedenen Ausführungen sowohl in sozialistischen als auch in kapitalistischen (insbesondere in sozialdemokratischen) Gesellschaften verfolgt.[35] Eine massenhafte Lösung der Wohnungsfrage wurde durch neue Technologien und eine Industrialisierung im Bauwesen ermöglicht: günstige, weitverbreitete Baustoffe wie Beton[36] und in Fabriken vorgefertigte Bauelemente, die auf der Baustelle schnell zusammengebaut werden können.

1.3 Das Baugrundstück Jugoslawien

„[T]he beginnings of the stories we tell are always the endings of other stories that we have not bothered to tell. We always enter the conversation in mid-sentence. Always".[37] Auf die Geschichtsforschung übertragen, bedeuten diese Worte des Kulturwissenschaftlers Lawrence Grossberg, dass wir Historiker:innen Vorgeschichten auslassen, bloß knapp zusammenfassen, weil sie uns bereits wohlbekannt, kaum bekannt oder einfach gleichgültig sind. Wie weit muss also ausgeholt werden, um einen Kontext zu flechten, der dicht und aussagekräftig genug ist? Ohne die Geschichte Jugoslawiens in allen ihren Verwirrungen erschöpfend zu erzählen, werden im Folgenden die für den Massenwohnungsbau entscheidenden historischen Bausteine zusammengefasst, die dann in den Kernkapiteln nach und nach aufgegriffen werden.

Auf der Spurensuche nach den entscheidenden Ereignissen, Argumenten und medialen Bildern, die den jugoslawischen Massenwohnungsbau prägten, herausforderten, veränderten – und ihn im Endeffekt ausmach(t)en –, beginnt dieses Buch mit der Geschichte der Etablierung des sozialistischen Jugoslawiens. Das sozialistische Jugoslawien[38] konstituierte sich im Zweiten Weltkrieg aus dem einzigen erfolgreichen massenhaften Volksaufstand gegen den Faschismus in Europa. Es erlebte in den 1950er und 1960er Jahren einen

---

34 Schrage 2015, 64 f.
35 Für einen Überblick zum Nachkriegsmassenwohnungsbau in Großbritannien, Schweden, Finnland, Dänemark, Frankreich und Westdeutschland vgl. Magnago Lampugnani 2010, 697–719.
36 Eine Alternative zur umfangreichen Verwendung von Beton war Stahl; allerdings wurde diese Entwicklungslinie in Europa aufgrund des militärischen Bedarfs und einer dadurch entstandenen Ressourcenknappheit sowie der mangelnden Brandsicherheit nicht weiterverfolgt. Vgl. Hannemann 1996, 32–34; Forty 2012, 13–41.
37 Zit. Rodman 2013, 342.
38 Der mitten im Zweiten Weltkrieg entstandene Übergangsstaat trug zwischen 1943 und dem 29. November 1945 den Namen Demokratisches Föderatives Jugoslawien. Seit dem sozialistischen Wahlsieg am 29. November 1945 bis 1963 hieß er Föderative Volksrepublik Jugoslawien. 1963 wurde er in die Sozialistische Föderative Republik Jugoslawien umbenannt.

enormen Wirtschaftsaufschwung und entwickelte sich zum international anerkannten Staat, bis es in den Jugoslawien- kriegen der 1990er Jahre schrumpfte und sich 2003 auflöste.

Dem „zweiten" Jugoslawien ging das 1918 gegründete Königreich der Serben, Kroaten und Slowenen (Kraljevstvo Srba, Hrvata i Slovenaca) mit der serbischen Herrscherfamilie Karađorđević an der Spitze voraus. Dieser Staat unterschied sich in vielerlei Hinsicht vom sozialistischen Nachfolgerstaat: Es handelte sich um eine parlamentarische Monarchie, die 1929 zu einer Königsdiktatur wurde. Wirtschaftlich herrschte ein kapitalistisch organisierter Markt, welcher das Bürgertum beförderte. Zugleich existieren Parallelen zwischen den beiden. Das Königreich Jugoslawien bildete das erste gemeinsame süd-slawische Staatsgebilde und verfügte größtenteils über den territorialen Umfang des sozialistischen Jugoslawiens. Nur die Halbinsel Istrien kam 1954 infolge der Aufteilung des umkämpften Freien Territoriums Triest zwischen Jugoslawien und Italien dazu. Die Frage nach dem Verhältnis der verschiedenen Entitäten bildete in der Monarchie einen zentralen Streitpunkt, darin zeichneten sich bereits die Nord-Süd-Spannungen und wirtschaftlichen Ungleichheiten ab, die auch im Sozialismus für Konflikte sorgten. Allerdings sah das „erste" Jugoslawien als Lösung das „Verfassungskonzept der nationalen Einheit"[39] beziehungsweise die unitaristisch-zentralistische „integrative Formel vom ‚dreinamigen Volk'", das heißt die Herausbildung einer homogenen Nation aus dem serbischen, dem kroatischen und dem slowenischen Volk; bosnische Muslim:innen, Mazedonier:innen und Montenegriner:innen erhielten hingegen keinen Volksstatus.[40] Die hieraus folgende Politik wurde oft mit Zwang implementiert, etwa in der territorialen Neuaufteilung der administrativen Einheiten, welche die historischen Entitäten bewusst unterwanderte.

Vor dem Zweiten Weltkrieg herrschten in vielen jugoslawischen Städten äußerst ärmliche Wohnbedingungen. Der Wohlfahrtsstaat in der jugoslawischen Monarchie entwickelte sich zögerlich und blieb rudimentär, was die Historikerin Marie-Janine Calic mit einem relativ langsamen Industrialisierungsprozess, knappen Steuereinnahmen durch niedrige Löhne und der Amortisierung der sozialen Not durch Dorfgemeinschaften erklärt.[41] Die Wohnungen der unteren Schichten hatten weder fließend Wasser noch Toiletten, geschweige denn Strom. Zudem waren sie feucht, überbevölkert und gesundheitsgefährdend. Im Jahr 1929 fielen etwa 70 % der Belgrader:innen unter die Armutsgrenze und bewohnten bescheidene selbstgebaute Häuser, baufällige Altbauwohnungen, überteuerte „Mietwohnungen für Arme" (das waren Einzimmerwohnungen im Erdgeschoss oder Keller), einige wenige konnten in meist ebenfalls schlecht ausgestatteten Fabrikwohnungen leben, während die Ärmsten in slumähnlichen Strukturen *(udžerice)*

---

39 Jović 2003, 107–112.
40 Calic 2010, 85–90.
41 Ebd., 109.

am Stadtrand wohnten.[42] Entsprechend kontrastiert die Architektin Zlata Vuksanović-Macura in ihrer Pionierstudie zum Wohnen der Belgrader Unterschicht das glänzend gezeichnete Bild des bürgerlichen Wirtschaftsaufschwungs der Hauptstadt in der Zwischenkriegszeit wie folgt:

[H]underte Fotografien, Pläne und schriftliche Dokumente zeigen ein ganz anderes Bild allen, die bereit sind, dies zu sehen – [Belgrad] *war eine Stadt der Armen, eine Stadt der Baracken und Häuschen im Innenhof, eine Stadt, in der chaotisch und räumlich unkoordiniert gebaut wurde, mit schlechter Infrastruktur und irrationaler Nutzung der öffentlichen Freiräume.*[43]

Im Zweiten Weltkrieg wurde Jugoslawien bereits am 17. April 1941 besetzt, elf Tage nach dem deutschen Angriff. Die jugoslawische Regierung und König Petar II. Karađorđević fanden Exil in London. Bis zum Ende des Krieges 1945 herrschte ein erbitterter Bürgerkrieg zwischen den großkroatisch gesinnten Ustaša (die den Unabhängigen Staat Kroatien, einen faschistischen Marionettenstaat, über die heutigen kroatischen Grenzen hinaus ausdehnen wollten), den serbischen Tschetniks (die monarchistisch gesinnt waren, aber auch mit Nationalsozialist:innen kooperierten) und den Partisan:innen (einer zum Kriegsbeginn kleinen Guerilla-Gruppe rund um die 1920 verbotene Kommunistische Partei Jugoslawiens). Allerdings erhielt die kommunistische Widerstandsfront im Laufe des Krieges immer mehr Zulauf, insbesondere nach der Kapitulation Italiens im Jahr 1943. Ab diesem Zeitpunkt bauten die Partisan:innen intensiv an einer administrativen Infrastruktur für einen zukünftigen sozialistischen Staat. Am 29. November 1945 wurde die Föderative Volksrepublik Jugoslawien schließlich unter Führung von Josip Broz Tito (1892–1980) offiziell gegründet.

In den ersten Nachkriegsjahren ,erbte' das sozialistische Jugoslawien schwerwiegende, kriegsbedingte Notlagen und Armut. Der prekäre Wohnungsmangel der Zwischenkriegszeit wurde durch den Zweiten Weltkrieg noch verschärft: Etwa 75 % der jugoslawischen Wohnsubstanz war beschädigt.[44] Die ersten Gegenmaßnahmen – Enteignung von Kriegskollaborateur:innen sowie der vertriebenen deutschen Minderheit, die Zwangsbelegung größerer Wohnräume mit zusätzlichen Bewohner:innen und die Sanierung zerstörter Bauten – führten nur bedingt zu einer Entschärfung der Notlage.[45] Im ersten Fünfjahresplan aus dem Jahr 1947 wurde die Industrialisierung der Wohnbauweise zum Ziel erklärt,[46] allerdings wurde bis in die 1950er Jahre wenig gebaut. Dies war dem

---

42   Vgl. VUKSANOVIĆ-MACURA 2012, 26–152.
43   Ebd., 28 [Hervorhebung wie im Original].
44   TOPHAM 1990, 402.
45   Vgl. MARČETIĆ 2020, 23 f.
46   Vgl. O.V. 1947, 5.

20 | 1. Der Massenwohnungsbau in Jugoslawien

Umstand geschuldet, dass Jugoslawien eine tiefe wirtschaftliche Krise bewältigen musste. Im „heroischen Zeitalter des armen Egalitarismus", wie die Stadtsoziologin Dušica Seferagić[47] die Phase zwischen 1945 und 1953 nannte, mangelte es an fast allem für eine preiswerte, industrialisierte Wohnbauweise: An Rohstoffen, Fördergeldern, erprobten Plänen, technischer Ausstattung und fachlicher Kompetenz. Zugleich herrschte eine enthusiastische Aufbruchsstimmung unter den sozial engagierten Architekt:innen und freiwilligen Jugendbrigaden.[48]

Das sozialistische Jugoslawien wurde in der unmittelbaren Nachkriegszeit zum „sowjetischen Satellit Nummer 1",[49] dem treusten Verbündeten und Anhänger des sowjetischen Modells. Allerdings erwuchs infolge der rasch eskalierten Tito-Stalin-Differenzen, welche letztlich zum Ausschluss Jugoslawiens aus dem Informationsbüro der Kommunistischen und Arbeiterparteien (Kominform), der sozialistischen Antwort auf den Marshallplan, im Jahr 1948 führten – eine existenzbedrohende Situation für Jugoslawien.[50] Eine ideologische Neuerfindung und geopolitische Neuausrichtung wurde notwendig. Wie die Kunsthistorikerin Tanja Zimmermann schreibt, entstand die neue Formel nicht „als Synthese von Ost und West, sondern als die Negation beider. Man bestritt aus der Position der ‚Drittheit' heraus sowohl die Gangbarkeit des ersten als auch des zweiten Weges, welche als Irrwege bezeichnet wurden".[51] Das Land nutzte seine geopolitische Lage strategisch und empfing massive materielle Unterstützung aus den USA, ohne im Gegenzug etwas Greifbares zurückzugeben. Aus der Perspektive der von den USA verfolgten *Wedge Strategy* zur Zerschlagung des Ostblocks stellte die jugoslawische Abkehr von der UdSSR einen Präzedenzfall einer Exit-Strategie für die Mitglieder des Warschauer Pakts dar.[52] Mit der Gründung der Bewegung der Blockfreien Staaten 1961 in Belgrad wurde der „Dritte Weg" zwischen den Machtblöcken des Kalten Kriegs zu einem bemerkenswerten Rahmen für

---

47 Auch wenn ich mich bemühte, die Lebensdaten aller in der Studie mehrfach erwähnten Personen zu ermitteln, gelang mir dies nicht immer. Insbesondere bei Expertinnen erwies sich die Recherche oft als deutlich aufwändiger als eine schnelle Internetrecherche und blieb mitunter erfolglos. Die Lücken in den öffentlich zugänglichen Kurzbiografien deuten auf ungleiche Sichtbarkeitsregime hin. Die Unstimmigkeiten erinnern mich an die historische Ungleichheit und die Aufgabe, diese in zukünftigen Recherchen zu beseitigen.

48 Seferagić 1988, 75.

49 Jakovina 2003, 13.

50 Es ist weiterhin umstritten, inwiefern die jugoslawische Abweichung vom stalinistischen Modell eine Ursache oder eine Folge des Tito-Stalin-Bruchs war, allerdings überwiegen inzwischen Interpretationen und Erklärungsmodelle, welche die Ursache im Bruch sehen. Vor diesem zeigten sich durchaus jugoslawische Ambitionen, die führende Rolle in einer zukünftigen Balkan-Föderation (zunächst mit Bulgarien und Albanien) zu übernehmen. Aus diesem Blickwinkel konnte Jugoslawien als eine potenzielle Konkurrenz der Sowjetunion gelten. Vgl. Jakovina 2003, 21–29; Jakovina 2011; Rajak 2011, 63; Pirjevec 2012, 240–253;

51 Zimmermann 2014, 217.

52 Vgl. Sundhaussen 2012, 113–119.

internationale Kooperationen ausgebaut. Innerhalb dieser Bewegung organisierten sich vorwiegend postkoloniale asiatische und afrikanische Länder (darunter Indien, Algerien, Ägypten, Indonesien) und schmiedeten fortan politische Bündnisse und wirtschaftliche Kooperation abseits der Großmächte.[53]

Das aus der Zwischenkriegszeit stammende Konzept eines unitaristischen Jugoslawentums *(integralno jugoslavenstvo)* wurde im sozialistischen Jugoslawien aktiv bekämpft und durch die Formel der „Brüderlichkeit und Einigkeit" ersetzt. Dieses breite, ethnisch übergreifende antifaschistische Ideal diente bis zum Ende als zentraler „Gründungsmythos"[54] und designiertes Bindeglied der heterogenen Gesellschaft. Den sechs Teilrepubliken (Slowenien, Kroatien, Bosnien und Herzegowina, Mazedonien, Montenegro, Serbien) und den zwei autonomen Provinzen innerhalb von Serbien (Vojvodina im Norden, Kosovo im Süden) wurde eine relativ große innenpolitische Selbstständigkeit eingeräumt, die nach und nach erweitert wurde. Für das Wohnungswesen hieß dies, dass kein zentrales Institut oder ein staatliches Großunternehmen den Wohnungsbau organisierte, sondern die regionalen Architekturschulen, Institute für Städtebau und Bauunternehmen. Manche waren nur im kleinen Umkreis tätig, andere hingegen nahmen jugoslawienweit Aufträge an. Die wirtschaftlich besser aufgestellten Republiken Slowenien, Kroatien und Serbien und insbesondere ihre Hauptstädte, die über eine fachliche Infrastruktur (Universitäten, Fachpresse, hochqualifizierte Kader) aus der Zwischenkriegszeit verfügten, genossen dementsprechend größere Sichtbarkeit und beteiligten sich oft am Baugeschehen in benachteiligten Gegenden (Bosnien und Herzegowina, Mazedonien, Kosovo, Montenegro). Doch trotz der Umverteilungsmechanismen wie der 1965 gegründete föderale Fonds zur Kreditierung einer schnelleren Entwicklung der wirtschaftlich unterentwickelten Republiken und autonomen Provinzen konnte die Nordwest-Südost-Asymmetrie im sozialistischen Jugoslawien nicht nachhaltig beseitigt werden.[55]

„Mehr als in allen anderen europäischen sozialistischen Ländern glaubten die Kommunisten in Jugoslawien an die Idee vom Absterben des Staates", schreibt der Politikwissenschaftler Dejan Jović.[56] Aufbauend auf diesem Grundkonzept der marxistischen Revolutionstheorie wurde seit 1950 die staatliche Doktrin der Selbstverwaltung ausgearbeitet. Unter Einhaltung des administrativen Rahmens sollten die Arbeiter:innen an ihren Arbeitsplätzen über Investitionen, Produktionsziele und Gewinnverteilung entscheiden. Innerhalb von lokalen Gemeinden sollten Bewohner:innen über die Nachbarschaftsgestaltung mitbestimmen und gemeinnützige Einrichtungen durch Abgaben

---

53 Vgl. Rubinstein 1970; Čavoški 2014, 184–206; Dinkel 2018, 84–131; Vučetić 2017.

54 Sundhaussen 2012, 77–79.

55 Montenegro, Bosnien und Herzegowina, Mazedonien und Kosovo konnten Mittel aus dem Fonds beziehen. Zur Fondsgründung und zentralen Konflikten vgl. Ramet 1992, 150–161.

56 Jović 2003, 105.

auch finanziell mittragen. Zu diesem Zweck wurde 1956 ein Fonds zur Finanzierung des Wohnungsbaus eingerichtet, für den Abzüge in Höhe von 4 % des Lohns einbehalten und auf lokaler Ebene verwaltet wurden. Damit existierte zum ersten Mal im sozialistischen Jugoslawien eine beständige, zuverlässige Konstellation zur Baufinanzierung. Dies manifestierte sich ebenfalls im Bauvolumen: Wurden 1945 bis 1954 etwa 310.000 neue Wohnungen gebaut, waren es 1957 bis 1965 schon 838.160.[57]

Auch Edvard Kardelj (1910–1979), Titos engster Mitarbeiter seit den Partisanentagen und der Haupttheoretiker des jugoslawischen Sozialismus, plädierte seit den späten 1950er Jahren für eine höhere Eigenbeteiligung der zukünftigen Bewohner:innen und ihre Mobilisierung auf der lokalen Ebene.[58] Im Rahmen der Marktreform 1965 wurde dieser Weg weiter verfolgt, der Wohnungsfonds aufgelöst und die Mittel an die Banken verteilt. Als Folge wurden Wohnungen implizit immer mehr als Ware verstanden.[59] Der dezentrale Aufbau des Wohnungsbauwesens in Jugoslawien führte zu einer großen architektonischen Vielfalt, aber auch zu zunehmender Ungleichheit. Schnell stellte sich heraus, dass sich die verschiedenen Arbeitgeber:innen deutlich in ihrem Engagement und ihren finanziellen Kapazitäten unterschieden, die sie zur Lösung der Wohnungsfrage ihrer Angestellten und Arbeiter:innen mobilisierten. Schlechter bezahlte Branchen (etwa die Textil- und Metallindustrie) schnitten bei den Wohnstandards weniger gut ab als große Bauunternehmen. Auch die Ausstattung der Wohnungen für die Jugoslawische Volksarmee wies Besonderheiten auf. Diese Ungleichheiten wurden im Kontext der jugoslawischen Stadtsoziologie seit den frühen 1970ern explizit problematisiert.[60]

Während Nikita Chruschtschow den sowjetischen Plattenbau dermaßen prägte, dass ein sowjetischer Plattenbautyp bis heute unter seinem Namen bekannt ist, und Erich Honecker die einmillionste Plattenbauwohnung 1978 in Marzahn zeremoniell übergab, tätigte Tito keine vergleichbaren großen Gesten oder Beiträge zum jugoslawischen Massenwohnungsbau. Der Maxime vom absterbenden Staat folgend inszenierte er sich nicht als gütiger Wohnungsgeber, sondern sprach stattdessen lediglich allgemein über den angestrebten Lebensstandard[61] und äußerte keine konkreten Erwartungen in Bezug auf Stilentwicklungen in der Wohnarchitektur. Generell zeigte sich Tito distanziert zur

---

57 Topham 1990, 403 f.
58 Vgl. Kardelj 1963, 91 f.
59 Vgl. Seferagić 1988, 86 f.
60 Vgl. Bjelajac 1970, 45–55; Šuvar 1973, 155; Seferagić 1988, 86.
61 Im Zuge der auf dem 7. Kongress des Bundes der Kommunisten Jugoslawiens (Ljubljana, 1958) verabschiedeten Beschlüsse zur Verbesserung des Lebensstandards und der Kaufkraft jugoslawischer Bürger:innen kündigte Tito an, dass die Lasten des Aufbaus auch die zukünftige Generation mitzutragen habe. Diejenigen, die das sozialistische Jugoslawien aufgebaut hatten, sollten hingegen nun die Ergebnisse ihrer Anstrengungen und Aufopferungen im Alltag genießen können. Duda 2005/b, 46–48.

offiziellen Lenkung oder Sanktionierung von Kunst und Kultur, obwohl er privat eine Vorliebe für Gemälde des Realismus und US-amerikanische Western-Filme zeigte.[62]

Auch wenn politische Verzerrungen und Korruption bei der Umsetzung der Selbstverwaltung mittlerweile bekannt sind, war das System in den 1970ern durch die Partizipation mehrerer Millionen jugoslawischer Bürger:innen in der Gesellschaft verankert, die sich als Delegierte am politischen Prozess auf den unterschiedlichsten Ebenen beteiligten.[63] Die Verfassungsreform 1974, an der Edvard Kardelj entscheidend mitwirkte, erweiterte sowohl die Autonomie der jugoslawischen Entitäten als auch die Selbstverwaltung nochmals so grundlegend, dass von einem „antietatistischen Kardeljismus"[64] gesprochen werden kann. Der Wohnungsbau wurde umstrukturiert und die Instanz der selbstverwalteten Interessengemeinschaft " (samoupravna interesna zajednica – SIZ) als neues Organ etabliert, das alle am Wohnungsbau Beteiligten versammelte und koordinierte.[65]

Zu den Charakteristika des jugoslawischen Sozialismus zählte die relative Offenheit des Landes. Wirtschaftspolitisch oszillierte das sozialistische Jugoslawien zwischen Marktliberalisierung (besonders im Zuge der Marktreform von 1965) und Elementen der sozialistischen Planwirtschaft. Bis in die 1980er Jahre konnte Jugoslawien eine Warenvielfalt vorweisen, darunter viele importierte Güter, die in anderen sozialistischen Ländern unvorstellbar war. Im Unterschied zu strengen Grenzregimen wie in der DDR durften Jugoslaw:innen seit den 1960er Jahren ohne Visum in den Westen reisen, was den Shoppingtourismus in Triest und Graz aufblühen ließ.[66] 1969 arbeitete etwa eine Million Jugoslaw:innen im Ausland, zugleich wurden im Land 22,5 Millionen Übernachtungen ausländischer Tourist:innen registriert.[67] „Yugoslavia's press, radio, and television raise a cacophony of voices reminiscent of western European rather than iron curtain media", stellte die US-amerikanische Medienwissenschaftlerin Gertrude Joch Robinson in den

---

62 Abstrakte Kunst wurde damals mit Ausdrucksfreiheit konnotiert und seitens der USA gleich einem Exportgut bewusst als politisches Mittel im Kalten Krieg eingesetzt. Zugleich konnte auch Titos Regime mithilfe von Ausstellungen der westeuropäischen und US-amerikanischen Nachkriegsmoderne und der Neo-Avantgarden-Gruppen wie EXAT-51 und Gorgona sowie der internationale Kunstbewegung *Nove tendencije* (Neue Tendenzen) seine Liberalität zur Schau stellen. Vgl. KOLEŠNIK 2006, 17 f.; VUČETIĆ 2012, 224–250; GOLDSTEIN/GOLDSTEIN 2015, 537–543; KOLEŠNIK 2016, 311–321.

63 Ausführlicher zu Stärken und Schwächen der jugoslawischen Selbstverwaltung vgl. BILANDŽIĆ 1985, 446–453; JANČAR 1992, 337–364; UNKOVSKI-KORICA 2015, 21–44; JAKOVLJEVIĆ 2016; ZACCARIA 2018, 213–235.

64 JOVIĆ 2003, 156.

65 Vgl. TOPHAM 1990, 404.

66 Vgl. LUTHAR 2010, 341–378.

67 Vgl. BILANDŽIĆ 1985, 339.

1970ern fest.[68] In der Tat wurden jugoslawische Medien nicht staatlich zensiert, jedoch existierte eine breite Grauzone des „Zensierens ohne Zensur".[69]

Nach der globalen Wirtschaftskrise in den 1970er Jahren, Titos Tod im Jahr 1980 sowie einer globalen Umwälzung am Ende des Kalten Kriegs verlor Jugoslawien seine günstige geopolitische Lage. Zudem war es tief verschuldet. Da sich kein eindeutiger Nachfolger Titos herauskristallisierte, kam zu den wirtschaftlichen Schwierigkeiten auch eine politische Krise und die teils bestehenden, nationalistisch aufgeladenen Konflikte flackerten auf. Als Slobodan Milošević (1941–2006) 1987 aus Machtkämpfen innerhalb des Bundes der Kommunisten Serbiens endgültig als Sieger hervorging, spitzte sich die Lage weiter zu. Beginnend mit den Unabhängigkeitserklärungen Sloweniens und Kroatiens 1991 zerfiel Gesamtjugoslawien schrittweise und gewaltsam in sieben souveräne, kapitalistische Staaten: Slowenien, Kroatien, Montenegro, Mazedonien, Bosnien und Herzegowina, Kosovo und Serbien.

Der politische, wirtschaftliche und gesellschaftliche Umbruch hatte auch für die Wohnungsfrage tiefgreifende Auswirkungen. In den frühen 1990er Jahren wurden Wohnungen rasch zum Kauf angeboten; zunächst den damaligen Bewohner:innen zu einem ermäßigten Preis. Durch den Verkauf einzelner Wohnungen auch bei großen Wohnkomplexen entstand eine atomisierte, undefinierte Besitzlage mit unklaren Zuständigkeiten. Dies ließ öffentliche Räume schnell zu umkämpften Waren werden, die sich Bewohner:innen informell aneigneten oder sie für kommerzielle Interessen vereinnahmten. Dabei fällt auf, dass die neuen Staaten zwar mit variierender Härte und auf vielen Ebenen gegen ihr sozialistisches Erbe vorgingen, die Massenwohnsiedlungen aber in allen ehemaligen Republiken weiterhin als solider Wohnraum galten, der trotz aller Umbrüche und Unsicherheiten nicht von Leerstand bedroht war.

1.4 Begriffsaporie: Plattenbau vs. Massenwohnungsbau

Den Ausgangspunkt der Überlegungen zum vorliegenden Buch bildete der Begriff „Plattenbau", der im deutschsprachigen Raum sowohl die Bauweise (Bauen mit vorgefertigten Platten, die auf der Baustelle zusammenmontiert werden) als auch deren Endergebnis (das Gebäude) bezeichnet. Die Platte, das „Grundelement der Großtafelbauweise",[70] ermöglicht die Errichtung einer Wand als monolithische Einheit. Ihre historischen Vorgänger (Ziegel) und direkten Vorläufer (Blockbauweise) sind wesentlich kleinteiliger und ergeben hingegen eine mosaikartige Wandfläche. Die technischen Spezifika des Plattenbaus

---

68 Robinson 1977, 207.
69 Vgl. Vučetić 2016.
70 Hannemann 1996, 13.

umfassen die Vorfertigung (Präfabrikation) der Bauelemente, die Platte als Mindesteinheit im Bau, die Standardisierung der Bauelemente und deren Montage auf der Baustelle. So bezieht sich das „Plattenbausystem"[71] auf die Gesamtheit der technischen Spezifikationen und Bauanleitungen und drückt somit das Spezifikum dieser Bauweise aus.

Ein Lizenzankauf ermöglicht eine verkürzte Projektierung und den Nachbau nahezu identischer Gebäude an mehreren Orten. Dies lässt sich mit Walter Benjamins Konzept der „technischen Reproduzierbarkeit" von Massenmedien vergleichen.[72] Diese Entwicklung ging Hand in Hand mit kapitalistischen Optimierungsmechanismen seit Beginn des 20. Jahrhunderts wie Fordismus (Fließband, standardisierte Produkte, Arbeitsteilung und genau kalkulierte, repetitive Aufgaben für Arbeiter:innen) und Taylorismus (Optimierung der Arbeitswege und „Arbeitschoreografien" der Arbeiter:innen). Entsprechend schwingt in vielen Kritiken am Plattenbau auch Walter Benjamins Warnung vor dem „Verfall der Aura" mit,[73] also die Angst vor seelenlosen, monotonen Formen. Infolge der zunehmenden Bauindustrialisierung der Nachkriegszeit erlebte auch das Konzept der Autor:innenschaft eine tiefgreifende Transformation. So konnten Entwerfer:innen von Bauplänen im gewissen Sinne zu Autor:innen von konkreten Gebäuden werden, ohne diese je fertiggestellt zu sehen.

Der Begriff „Plattenbau", in der deutschsprachigen (Fach-)Öffentlichkeit üblich und allgemein verständlich, wird jedoch oft unpräzise als Synonym für sozialistische Wohnarchitektur genutzt und mit entsprechenden Vorurteilen aufgeladen. Doch Plattenbauten wurden auch in nicht-sozialistischen Ländern im großen Stil errichtet (etwa in Schweden und Frankreich), zugleich gab es in sozialistischen Regimes ebenso Einfamilienhäuser und Altbauten, die mit dem Plattenbau als staatlich bevorzugter und oft subventionierter Bauweise koexistierten. Ungeachtet aller Vorurteile und Negativbilder über den „Plattenbau", sprechen für die weitere Nutzung dieses Begriffs dessen historische Konnotationen (die in der Zwischenkriegszeit verwurzelte, in der Nachkriegszeit verbreitete Bauweise), der technisch spezifische Ansatz sowie die Verständlichkeit des Begriffs im Alltag.

In den Sprachen, die in Jugoslawien im offiziellen Gebrauch waren – Serbokroatisch, Slowenisch, Mazedonisch –, ist kein eindeutiges Pendant zum Begriff „Plattenbau" zu finden. Stattdessen kursierten in den späten 1940er und in den 1950er Jahren verschiedene Bezeichnungen für urbane, mehrstöckige, zu einem gewissen Grad standardisierte und industriell errichtete Wohnhäuser mit mehreren Wohnungen unter einem Dach: „Wohnkolonie" *(stanovanjska kolonija),*[74] „typisierte Wohnungsbauten" *(tipske stambene*

---

71   Vgl. Jovanović/Grbić/Petrović 2012, 404–20.
72   Vgl. Benjamin 2003, 7–44.
73   Ebd., 15.
74   Ravnikar/Kanić 1947, 28 f.

zgrade),[75] „Montagebauten" *(montažne zgrade).*[76] Der Begriff „kollektives Wohnen" *(kolektivno stanovanje)* wurde seit dem Frühsozialismus benutzt, allerdings mit mangelhafter Präzision, da darunter teilweise auch eine stärker vergesellschaftete Wohnweise etwa für „kinderlose Paare und Ledige"[77] oder sowjetische Vergesellschaftungsexperimente in sogenannten „Kommunalkas" verstanden wurden.[78] Während in den 1920er Jahren in der Sowjetunion eine radikale Umstrukturierung der Alltagspraktiken innerhalb der Wohnung angestrebt wurde (etwa durch Gemeinschaftsküchen und -bäder), wurden solche Ideen in Jugoslawien kaum verfolgt. Die Kernfamilie war die Hauptadressatin der Wohnprogramme; ihre radikale Umstrukturierung oder gar Abschaffung stand nie ernsthaft zur Diskussion.

Neben den angeführten Bezeichnungen war der Begriff „Montagebau" in Jugoslawien Ende der 1940er und Anfang der 1950er Jahre in Mode und beschrieb die moderne Vorfertigungsbauweise und das Le Corbusier'sche Verständnis der Wohnung als Maschine. Zeitgleich kursierten international vergleichbare Begriffe, etwa der erwähnte *Plattenbau* in der DDR oder *panelák* in der Tschechoslowakei. Es ist kein Zufall, dass diese bildhaften Begriffe in den Ländern bevorzugt wurden, die stark auf Standardisierung sowie die Entwicklung von Bausystemen und Prototypen setzten. Auf den jugoslawischen Kontext lässt sich der Terminus nicht problemlos übertragen. Zum einen waren viele Massenwohnungsbauten nur teilweise vorfabriziert oder wurden in traditioneller Bauweise errichtet. Etwa wurden beim Blok[79] 5 in Titograd noch im Jahr 1975 traditionelle und teilweise vorfabrizierte Techniken eingeplant. Auch die exponiertesten jugoslawischen Montagebauprojekte wie Jugomonts Systeme JU-59, JU-60 und JU-61 wurden in den frühen 1960er Jahren teilweise noch mit Ziegel und Mörtel ausgebessert.[80] Zum anderen ist eine Abgrenzung zu in Jugoslawien gleichzeitig aufkommenden Montagehäusern und vorfabrizierten Bauten ohne Wohnfunktion begrifflich ungenau.

Aufgrund der begrifflichen Ungenauigkeiten und problembehafteten Übersetzungen wird in diesem Buch der Begriff „Massenwohnungsbau" im Sinne einer freien Übersetzung von *kolektivna stambena gradnja* – „kollektiver Wohnungsbau" verwendet. Zwar

---

75 Baylon 1947, 33–45.

76 Blumenau 1950, 63 f.; Bartolić 1950, 23–25.

77 Gomboš 1950, 49.

78 Vgl. Ribnikar 1950, 15–22.

79 Insbesondere in Montenegro und Serbien bildet der Terminus *Blok* eine gängige Bezeichnung für eine Massenwohnsiedlung; Neu-Belgrad ist gegliedert in „Bloks", distinktive urbanistisch-architektonische Einheiten. Im vorliegenden Text wird in diesem Zusammenhang die Schreibweise „Blok" benutzt, da der Begriff auch in der deutschen Sprache gut verständlich ist. Außerdem wird dadurch eine Abgrenzung von „Block" im Sinne des Kalten Krieges möglich – so wird die Schreibweise „Block" etwa im Sinne von „Ostblock" und „blockfreie Staaten" verwendet.

80 Vgl. Budimirov 2007, 18.

etablierte sich „kollektives Wohnen" *(kolektivno stanovanje)* als ein bis heute gängiger Fachterminus im (post)jugoslawischen Forschungsraum, der mehrstöckige Wohngebäude mit mehreren Wohnungen bezeichnet. Damit grenzt sich der Begriff auch vom „individuellen" Wohnbau (alleinstehende Familienhäuser) ab[81], beinhaltet allerdings nicht den Aspekt der standardisierten industriellen Fertigung. Zudem kann die wortwörtliche Übersetzung – *kollektives Wohnen* – leicht zu Missverständnissen führen, etwa zu Verwechslungen mit Kommunalkas in der Sowjetunion oder den 1968er-Kommunen im Westen. Der Begriff „Massenwohnungsbau" schließt ferner an die architekturhistorische Tradition des Begriffs „mass housing" im angloamerikanischen Sprachraum an.[82]

Die Entscheidung gegen den Begriff „Plattenbau" befreit die jugoslawischen Massenwohnungsbauten von der Gefahr, in die „trap of backwardness" zu fallen[83] und damit dem defizitorientierten interpretativen Ansatz, der das Aufholparadigma zentriert, zu entkommen. Der Begriff „Massenwohnungsbau" ermöglicht es entsprechend, sich von der Pedanterie der formalen architekturhistorisch-urbanistischen Klassifikation zu entfernen und Mischformen und Inkonsequenzen nicht automatisch als minderwertig und unvollständig einzuordnen. Ein differenzierter Blick ist umso notwendiger, da die Massenwohnlandschaften im sozialistischen Jugoslawien durchaus vielfältig waren. Viele „Nullserien"[84] und hybride Bauverfahren gingen aus der dezentralisierten Stadtplanung und Bauindustrie hervor.

Die historisch fundierte, aber hier kritisch diskutierte Terminologie ermöglicht im Folgenden ein entsprechend ausgewogenes Verständnis der damaligen Fach- und Populärdiskurse und bietet ausreichend analytische Distanz zur damaligen Zeitlogik. Durch das Interfix „-wohn-" ist der Begriff „Massenwohnungsbau", im Unterschied zum „Plattenbau", eindeutig auf Wohnarchitektur beschränkt. Außerdem unterstreicht der Begriff den massenhaften Charakter: Mehrere Wohnungen in einem Gebäude, mehrere Bauten in einer neuen Siedlung. Der Begriff transponiert damit den damaligen Anspruch, die Wohnungsfrage für (möglichst) viele Menschen zu lösen. Die weitere Ambivalenz – „Massenwohnungsbau" als konkrete Gebäude (ein Massenwohnungsbau) sowie als Gesamtheit (der „Massenwohnungsbau" in Jugoslawien) – spiegelt sich ebenso im semantischen Umfang wider. Gleich den anderen in diesem Abschnitt diskutierten Begriffen ist „Massenwohnungsbau" ebenfalls nicht frei von Ungenauigkeiten. Es muss entsprechend hier offenbleiben, welche konkreten Bautechniken angewandt wurden und wo die Grenze zwischen kleineren Wohnungsbauten und Massenwohnungsbauten verlief.

---

81 Vgl. den Begriffsgebrauch im spätsozialistischen Beitrag zur Geschichte der Massenwohnungsbauten: Marinović-Uzelac 1991, 6–9.

82 Vgl. Urban 2012; Glendinning 2021.

83 Todorova 2005, 140–164.

84 Vgl. Jovanović/Grbić/Petrović 2012, 408.

1.5 Drei Ausgangsprämissen

Um dem Phänomen des Massenwohnungsbaus in Jugoslawien aus kulturhistorischer Perspektive gerecht zu werden, bedarf es eines reflexiven, diskurskritischen Zugangs, der deutlich über klassische architekturtheoretische Fallstudien oder soziologische Befragungen von Bewohner:innen hinausgeht. Stattdessen erschließt sich die historische Bedeutung der Massenwohnungsbauten nur durch eine umfangreiche Beachtung von populären wie fachwissenschaftlichen Text- und Bildquellen.

Die erste Ausgangsthese, die den theoretischen Kern des Buchs bildet, unterstreicht den grundlegend medialisierten Charakter historischer Ereignisse. Sie hat ihre Ursprünge in der Literaturwissenschaft der 1960er Jahre und manifestierte sich schrittweise als der sogenannte *Lnguistic Turn* auch in anderen Disziplinen. „A ‚raw' historical event cannot, *in that form,* be transmitted by, say, a television newscast (…). Reality exists outside language, but it is constantly mediated by and through language: and what we can know and say has to be produced in and through discourse",[85] schreibt Stuart Hall, die zentrale Figur der Birminghamer *Cultural Studies* in den 1970er Jahren. Ein Ereignis müsse demnach erst zu einer „Story" werden, um kommuniziert werden zu können.[86] Es ist kein Zufall, dass Massenmedien und -kultur im Mittelpunkt des Birminghamer Centre for Contemporary Cultural Studies standen: Mit der Etablierung immer erschwinglicherer Massenmedien seit dem 19. Jahrhundert wurden Ereignisse nicht mehr nur erlebt, sondern zunehmend und überhaupt erst durch ihre Medialisierung wahrgenommen.

Die wachsende Bedeutung der medialen Komponente von Architektur wurde in den letzten Dekaden von Architekturtheoretiker:innen verstärkt erörtert. Im Aufsatz „What Buildings Do?" schreibt der Soziologe Thomas F. Gieryn, die Gebäude seien „vulnerable to wrecking balls or discourse".[87] In Adrian Fortys Definition von Architektur als ein „three-part system constituted out of the building, its image (photograph or drawing), and its accompanying critical discourse (whether presented by the architect, client or critic)"[88] macht die Materialität nur einen Teil vom Verständnis des Gebäudes aus; die Sinnstiftung erfolgt genauso durch das Schreiben, Sprechen und Zeichnen. „[M]odern architecture only becomes modern with its engagement with the media", sie sei nicht mehr eine „high artistic practice established in opposition to mass culture and to everyday life", führt die Architekturhistorikerin und -theoretikerin Beatriz Colomina aus.[89] Am Beispiel von Le Corbusier und Adolf Loos zeigt sie in der Studie *Privacy and Publicity.*

---

85 HALL 1999, 509 [Hervorhebung wie im Original].
86 Ebd.
87 GIERYN 2002, 35.
88 FORTY 2000, 13.
89 COLOMINA 1994, 14. Vgl. auch LASANSKY 2014.

Modern Architecture as Mass Media, wie deren Werke erst durch eine bewusste Nutzung von Fotografie, Film, Architekturzeitschriften und der öffentlichen Person der Architekten ihre Wirkung entfalteten. Diese Schlussfolgerungen werden von den Kunsthistoriker:innen Irene und Andreas Nierhaus auf den spezifischen Fall des Wohnens angewandt. Sie sprechen in diesem Zusammenhang von einem durch Darstellungen und „Bildwelten des Wohnens" konstituierten „Wohnwissen".[90]

Der neue Stellenwert von Sprache und Bild erfordert einen differenzierteren Zugang zu üblichen sprachlichen Mitteln. So stellt Forty in seinem kritischen Wörterbuch der modernistischen Architektur Folgendes fest:

> Modernist architecture, as well as being a new style of building, was also a new way of talking about architecture, instantly recognizable by a distinctive vocabulary. Wherever two or more of the words ‚form‘, ‚space‘, ‚design‘, ‚order‘ or ‚structure‘ are found in company, one can be sure that one is in the world of modernist discourse.[91]

Auch in der historischen Forschung wird visuellen Quellen seit dem *Pictorial Turn* (mal auch *Iconic* oder *Visual Turn* genannt)[92] und der Konsolidierung von *Visual History* eine neue Aufmerksamkeit entgegengebracht, die über eine illustrative Nebenrolle oder „eine additive Erweiterung des Quellenkanons der Geschichtswissenschaft"[93] hinausgeht. Diese Perspektive kommt auch den sozialistischen Bildwelten zu, welche sich, wie die Historikerinnen Alexandra Köhring und Monica Rüthers festhalten, „nicht als Bereich rational durchgeführter Manipulation verstehen [lassen], sondern eher als ein *contested space*", als „Raum der Verhandlungen von Experten in Politik, Kultur und Medien".[94]

Für meine Studie bedeutet folglich die Aufwertung visueller Quellen, dass neben schriftlichen Quellen auch über Zeichnungen, Fotografien und Filmaufnahmen Wissen zu tradierten Konventionen und kondensierten Vorstellungen über den Massenwohnungsbau abgeleitet werden können. Die visuellen Darstellungsweisen, Assoziationen, Metaphern und Erklärungsmuster werden entsprechend als gleichberechtigte Aussagen verstanden, welche Erkenntnisse über die Werte und Vorstellungen ihrer Autor:innen sowie historisch verankerte Bild- und Textkonventionen überliefern.

Diese methodologischen Überlegungen zum medialen, diskursiven Charakter von Massenwohnungsbauten sowie zur Narrativität historischer Quellen über den Massenwohnungsbau dienen der Analyse der verschiedenen historischen Deutungsstränge. Diese

---

90 Nierhaus/Nierhaus 2014, 9.
91 Colomina 1994, 19.
92 Vgl. Burda/Maar 2005.
93 Paul 2014.
94 Köhring/Rüthers 2018, 8 [Hervorhebungen wie im Original].

Analyse soll zeigen, welche Narrative und Bilder die Massenwohnsiedlungen vor der Fertigstellung der ersten Siedlungen hervorriefen, wie sie sich im Laufe der Zeit wandelten und welche Konnotationen sie beherbergten. Die historische Diskursanalyse bietet hierzu die passenden Werkzeuge, insbesondere die „Kontextanalyse" (inklusive Berücksichtigung des situativen, medialen, institutionellen und historischen Kontexts) sowie die „Mikroanalyse" auf der Text-, Satz- und Wortebene, wodurch „die vorherrschenden Themen isoliert werden".[95] Neben der Identifizierung zentraler Themen, gängiger Interpretationsmuster und sich wiederholender Metaphern werden auch die Bilder näher untersucht: Die abgebildeten Motive, Darstellungskonventionen, Veröffentlichungskontexte sowie, wenn ermittelbar, ihre Rezeption und Adaptionen. Exkurse und Miniaturanalysen finden ihren Platz in ausführlicheren Legenden der Abbildungen.

Die zweite Ausgangsthese beruht auf neueren Positionen zur Architekturgeschichte und -theorie der Moderne: Der Massenwohnungsbau ist ein historisch und geografisch geschichtetes Phänomen fern des Stereotyps eines uniformen und nur auf die Nachkriegszeit beschränkten Typus.

Der Massenwohnungsbau fand bis in die 2000er relativ wenig Beachtung in der historischen Forschung. Der Plattenbau, stellte Christine Hannemann 1996 fest, sei „ein Phänomen, über das im einzelnen noch zu wenig geforscht worden ist, als daß das bisher vorliegende Material zum Aufbau eines konsistenten Hypothesengerüsts verwendet werden konnte".[96] Das Desinteresse war vorwiegend in damals vorherrschenden negativen Stereotypen über Massenwohnungsbauten als triste, grundsätzlich misslungene Bauten verankert, die mit dem Scheitern der europäischen Sozialismen des 20. Jahrhunderts untrennbar assoziiert waren. Aufbauend auf dem Topos einer *tabula rasa,* der hier einem unbelasteten Neuanfang der Geschichte beschreibt, wurden sie als ein nahezu ahistorisches, zeitlos obsoletes Phänomen wahrgenommen, welches ohne bedeutende Variationen im architektonischen Stil, der Raumkonzeption oder Baumaterialien existiere. Ironischerweise nutzen ausgerechnet die Architekt:innen ebenjener Massenwohnsiedlungen ebenfalls den Topos einer *tabula rasa* und verstanden ihn als hoffnungsvollen Ausgangspunkt ihrer städtebaulichen Visionen. Solche Pauschalisierungen werden auch in allgemeinen historischen Werken regelmäßig reproduziert. So schrieb Marie-Janine Calic in ihrer ansonsten sorgfältig ausgearbeiteten *Geschichte Jugoslawiens im 20. Jahrhundert* über „die großen architektonischen Sünden der ersten Nachkriegsjahre: Der farblose, gänzlich komfortlose und billige Massenbau, der so vielen Städten ihr grau-schäbiges realsozialistisches Aussehen verlieh".[97]

---

95 LANDWEHR 2009, 105–131.
96 HANNEMANN 1996, 10.
97 CALIC 2010, 210.

Erst seit den 2010er Jahren erlebt die sozialistische Architektur eine nuancierte Forschungsaufmerksamkeit und verspätete Rezeption außerhalb (Mittel-)Osteuropas. Davor wurde sie im angloamerikanischen und westeuropäischen akademischen Kontext in der Regel überwiegend abgelehnt oder als eine plumpe, ideologisierte Form des Bauens abgeschrieben, die weder bedeutende Entwicklungen oder Innovationen noch eine erzählenswerte Geschichte vorweisen könne.[98] Hand in Hand mit einer Revalorisierung der Nachkriegsmoderne (darunter auch spezifisch der Ost-Moderne)[99] und dem Brutalismus-Hype wird nun auch sozialistische Architektur als erhaltenswert und einzigartig angesehen. Dabei ist der übliche Weg eine Intervention in den architektonischen Kanon: Die Auflistung architektonischer Höhepunkte, mit einem Schwerpunkt auf ikonischen, einzigartigen, spektakulären Leuchtturmprojekten, die ihren Weg in eine Ausstellung, ein Denkmalregister oder einen (Architektur-)Reiseführer finden.[100] Lange unterschätzt, übersehen und ausgelassen, nehmen die Bauten aus den ehemaligen sozialistischen Ländern heute immer mehr ihren Platz im Narrativ der Moderne und im globalen Kontext ein. In der Regel werden dabei die Perspektive der Architekt:innen wie auch ihre Entwürfe und ursprüngliche Pläne privilegiert.

Der Massenwohnungsbau findet im Zusammenhang mit dem wachsenden Interesse der Forschung zwar Erwähnung, steht aber selten im Fokus, da er zur sogenannten Alltagsarchitektur gehört und ihm oft kein bemerkenswerter, repräsentativer Charakter zugesprochen wird. Dies wird deutlich am Beispiel des Architekturpublizisten Owen Hatherley, der der sozialistischen Architektur gegenüber zwar aufgeschlossen ist, nuanciert über deren Hintergründe und formale Qualitäten schreibt und den sozialen Impetus der Projekte hervorhebt. Jedoch nennt auch er sozialistische Massenwohnsiedlungen „by all accounts (…) the worst" und „[u]rban ungentrifiables".[101] Studien, die sich ausführlich mit der Konzeptualisierung und Umsetzung der sozialistischen Wohnungsbauprojekte auseinandersetzen, sind weiterhin selten und beschäftigen sich nur mit wenigen einzelnen Ländern (in erster Linie mit der Sowjetunion und der DDR) oder mit einem kurzen Zeitfenster.[102] Dennoch zeigen sie neben der Komplexität zeitliche und räumliche Variationen im Massenwohnungsbau auf und beinhalten zudem detailreiche Erläuterungen zu den

---

98 Eine seltene Ausnahme bildet die Arbeit des westdeutschen Kunsthistorikers Udo Kultermann, der ein Kompendium bedeutender zeitgenössischer Bauten in der Sowjetunion, Polen, DDR, Ungarn, Jugoslawien, Rumänien, Bulgarien und Tschechoslowakei erstellt hat. Vgl. KULTERMANN 1985.

99 Vgl. ESCHERICH 2012; ENGEL 2019.

100 Vgl. BYKOV/GUBKINA 2019; BRONOVITSKAYA et al. 2019; RAVNIKAR 2000; TUŠEK 2011; MARKUŠ 2017; SCHUBE 2011.

101 HATHERLEY 2016, 91–93.

102 Zur Sowjetunion vgl. auch MEUSER 2015. Zur Tschechoslowakei vgl. ZARECOR 2011. Zur DDR vgl. HANNEMANN 1996; LIEBSCHER 2009; ANGERMANN/HILSE 2013; ENGLER 2014. Zu Ungarn vgl. MOLNÁR 2013, 69–135.

Architekturentwürfen, theoretische Kontextualisierungen und sorgfältige Analysen der formalen Kategorien (Grundrisse, Fassaden, städtische Gliederung von Siedlungen). Dies macht sie zu wichtigen empirischen wie theoretischen Stützen meiner Untersuchung.

Die ersten Generationen der Massenwohnungsbauten unterscheiden sich wesentlich von späteren Entwürfen, auch dann, wenn sie in demselben Land von denselben Architekt:innen entworfen wurden wie etwa P2 und das Nachfolgeplattenbausystem WBS 70 in der DDR.[103] Plattenbau kennt nicht nur die Nachkriegsmoderne, sondern auch die Postmoderne mit der „Altstadtplatte", die sich an den lokalen architektonischen Traditionen orientiert.[104] Regionale Unterschiede legt der Architekturhistoriker Florian Urban in seiner Studie zum Massenwohnungsbau anhand von sieben Beispielen (aus Chicago, Paris, Berlin, Brasilia, Mumbai, Shanghai) dar:

> Serially produced apartment blocks were built as low-rises and high-rises, on individual lots and large estates, by public or private developers, from bricks and prefab slabs, in the city center and on the periphery, as housing projects of luxury condos, with tiny one-room apartments and spacious maisonettes, with austere modernist and lavish neoclassical façades, crammed on paved grounds and surrounded by lush gardens. Their inhabitants are equally diverse. They house the middle class and welfare recipients, the privileged and the outcast, long-term residents and recent immigrants.[105]

Urban macht zugleich deutlich, dass der Massenwohnungsbau ein globales Phänomen ist, das nicht nur durch architektonische Visionen geprägt wird, sondern vielmehr durch seinen spezifischen Entstehungskontext. Dieser Befund hebt noch einmal den Mehrwert einer heterogenen Quellenrezeption für kulturhistorische Fragestellungen hervor, die über die Dokumentation des Entwurfsprozesses von Wohnpolitiken hinausgeht.

Architekturhistorischen Studien folgten in den letzten zwanzig Jahren kulturhistorische Forschungsprojekte, die die Massenwohnsiedlungen der Nachkriegszeit aus der Perspektive der Planungsgeschichte beleuchten. So wurde beispielsweise die Wohnungsverteilung in der Sowjetunion untersucht[106] sowie die Herausbildung einer sozialistisch-paternalistischen Wohnkultur,[107] die Systemkonkurrenz in Fragen moderner Visionen für den Haushalt am Beispiel der Chruschtschow-Nixon-Küchendebatte 1959

---

103 Vgl. ENGLER 2014, 33–49.
104 Vgl. ANGERMANN/HILSE 2013.
105 URBAN 2012, 169.
106 Vgl. HARRIS 2013.
107 Vgl. KELLY 2001; HANNEMANN 2018, 186–201; REID 2004, 149–176.

in Moskau[108] und Plattenbausiedlungen als „Amnesiopolis", vermeintlich ahistorische, zukunftsgerichtete Orte.[109]

Die Landschaft der aktuellen Forschungsergebnisse zu Architektur und Städtebau im sozialistischen Jugoslawien und ihren postsozialistischen (Um-)Deutungen setzt sich zusammen aus allgemeinen Architekturgeschichten Jugoslawiens,[110] Monografien über bedeutende Architekten von Massenwohnungsbauten[111] und schließlich Fallstudien über einzelne Bauten oder Nachbarschaften.[112] Allerdings beschäftigen sich diese detaillierten Einzelstudien hauptsächlich mit einzelnen Gebäuden und nur selten mit Siedlungen. Die größte Massenwohnungsbaustelle Jugoslawiens, Neu-Belgrad, und Split 3 (dem Liebling der Architekturhistoriker:innen) ausgenommen, wurden andere Siedlungen bisher kaum ausführlicher untersucht. Die wenigen Ausnahmen stellen zumeist erste Historisierungen dar, welche in kürzeren Studien in Form von Artikeln und Kapiteln historische Daten kompilieren, Periodisierungen vorschlagen oder die Siedlungen erstmals als eine historisch relevante Erscheinung einordnen.[113] Sie beleuchten eine Fülle an Eckdaten und Finessen des Mikrokontexts und bilden somit eine unersetzliche Grundlage für die kulturhistorische Erkundung des Massenwohnungsbaus im sozialistischen Jugoslawien.

Die dritte Ausgangsprämisse ist im jugoslawischen Exzeptionalismus verankert. Im Kontrast zu anderen europäischen sozialistischen Regimen im Kalten Krieg zeichnete Jugoslawien eine besondere geopolitische Lage aus: ein sozialistisches Land, das sich von der UdSSR emanzipierte, einen Dritten Weg der Blockfreiheit mit Ländern des Globalen Südens beschritt, eine Fülle an westlichen Waren ins Land ließ und Reisen ins kapitalistische Ausland gestattete. Hierdurch war auch der sozialistische Massenwohnungsbau ein Sonderfall und durch Elemente von West und Ost geprägt.

Die meisten zeitgenössischen Studien zu Architektur und Städtebau des sozialistischen Jugoslawiens untersuchen eine bestimmte Republik oder Stadt. Doch diese oft pragmatisch bedingte Übernahme aktueller nationaler Grenzziehungen wird der politischen Struktur und Ausrichtung Jugoslawiens nicht gerecht und projiziert implizit das postjugoslawische Staatsgebilde rückwirkend auf die sozialistische Zeit. Der Fokus

---

108 Vgl. OLDENZIEL/ZACHMANN 2009; CASTILLO 2014, 57–79.
109 Vgl. RUBIN 2016.
110 Vgl. ŠTRAUS 1991; ŠTRAUS 1998; KREČIČ 2003, 332–373; AGANOVIĆ 2009; IVANKOVIĆ 2016.
111 Vgl. MERCINA 2006; MARGARETIĆ URLIĆ 2009; KOSELJ 2013BOBOVEC/KORLAET/VIRAG 2015, 160–173; PERKOVIĆ JOVIĆ 2015; SKANSI 2016; MATIJEVIĆ BARČOT 2020, 60–79.
112 Zu Neu-Zagreb vgl. MATTIONI 2007, 264–277; GULIN ZRNIĆ 2012, 72–77, PERKEC/POČANIĆ 2022, 123–149. Zu Neu-Belgrad vgl. BLAGOJEVIĆ 2007; ERIĆ 2009; DAMLJANOVIĆ CONLEY/JOVANOVIĆ 2012, 298–311; LE NORMAND 2014. Zu Split 3 vgl. GRGIĆ/MATIJEVIĆ TUŠEK 2009; TUŠEK 2009, 124–135; KUKOČ 2010, 166–177; PERKOVIĆ JOVIĆ/DUMANDŽIĆ 2011, 229–239; BARČOT 2013, 72–75; KUKOČ 2016, 92–165, 124–135.
113 Vgl. MALEŠIČ 2015, 63–66; JOVIĆEVIĆ 2017, 13–16.

auf die Gesamtheit des sozialistischen Jugoslawiens ist entsprechend hilfreich bei der Vermeidung von „methodological nationalism".[114] Darüber hinaus können bedeutende regionale Unterschiede, die durch den ausgeprägten Dezentralismus in Jugoslawien befördert wurden, eine entsprechende Aufmerksamkeit erfahren.

Seit den 2010er Jahren rückt der gesamtjugoslawische Rahmen stärker in den Fokus architekturhistorischer Debatten – in erster Linie durch eine sich um die Architekturhistoriker Vladimir Kulić und Maroje Mrduljaš konsolidierende, international sichtbare Forschung mit einem ambitionierten theoretischen Anspruch. Meine Studie baut insbesondere auf ihrem Konzept einer „unvollendeten Modernisierung" auf, seinen Ambivalenzen und dem Wechselspiel von Vergangenheit und Zukunft, den sie im Sammelband und Ausstellungsprojekt *Unfinished Modernisations. Between Utopia and Pragmatism* (2012) als einen Schlüsselbegriff für die Architektur im sozialistischen Jugoslawien vorschlagen.[115] Dabei wird *Modernisierung* gegenüber den Termini *Nachkriegsmoderne* oder *Modernismus* als ein inklusiverer Begriff bevorzugt, um allgemeine gesellschaftliche Anstrengungen zu einem Fortschritt über Architekturstile hinaus einzufangen.[116] Unvollendet hingegen bezieht sich zunächst auf die theoretische Unmöglichkeit einer erfüllten Utopie und weist zugleich auf die konkreten historischen Verzögerungen in der Umsetzung hin. Allerdings betonen Kulić und Mrduljaš, dass das Bauerbe des jugoslawischen Sozialismus (insbesondere öffentliche Einrichtungen und Massenwohnsiedlungen) auch in den Nachfolgestaaten Verwendung fand.[117] So deutet sich in dem unvollendeten Zustand des Massenwohnungsbaus das Potenzial für zukünftige Nutzungen und Bedeutungen an. Die begriffliche Offenheit der „unvollendeten Modernisierung" bietet so ein Interpretationsparadigma jenseits von binären Wertezuschreibungen wie Erfolg/Scheitern oder gut/schlecht und erlaubt stattdessen die Möglichkeit von Ambivalenzen.

Auch wenn Kulić und Mrduljaš im allerersten Satz einräumen, „[d]escribing a region as in-between is a cliché"[118], und so Kritik am jugoslawischen Exzeptionalismus implizit andeuten, liefern sie im Folgenden belastbare Argumente für den hybriden, fluiden Status Jugoslawiens. Sie charakterisieren die Architektur und den Städtebau des sozialistischen Jugoslawiens als ein Gleichgewicht zwischen Westen und Osten (der „Dritte Weg") mit regionalen und universalistisch modernistischen Bauidentitäten, zwischen „continuity and *tabula rasa*"[119] (Anschluss an die Vorkriegsmoderne/Aufbruchstimmung), Individuum und Kollektiv und letztlich zwischen Vergangenheit und Zukunft, exemplarisch verkörpert in der Erinnerung an den antifaschistischen Kampf in Denkmälern „between

---

114 Wimmer/Glick Schiller 2003, 578.
115 Vgl. Mrduljaš/Kulić 2012, 6–13.
116 Ebd., 6. Vgl. auch Kolešnik 2012.
117 Mrduljaš/Kulić 2012, 7.
118 Kulić/Mrduljaš/Thaler 2012, 16.
119 Ebd., 118.

archaism and futurism".[120] In der Ausstellung *Toward a Concrete Utopia. Architecture in Yugoslavia, 1948–1980* im New Yorker Museum of Modern Art (Juli 2018–Januar 2019) und dem dazugehörigen Katalog wurden diese Thesen im Syntagma „concrete utopia" verdichtet, um die Wechselwirkungen zwischen materiellen Ergebnissen und Idealen hervorzuheben. Auf Englisch spielt der Ausdruck ferner mit der Idee der „Betonutopie" und verweist dadurch auf den charakteristischen Baustoff dieser Epoche.

Die Bedeutung des soliden Forschungskorpus von Kulić und Mrduljaš wird mit Blick auf die anders gelagerten Anfänge des intensiven medialen Interesses für das jugoslawische Bauerbe deutlich, hier als *Spomenik*-Hype bezeichnet. Ausgelöst durch den schmalen Bildband *Spomenik* („Denkmal", 2010) des belgischen Fotografen Jan Kempenaers entstand ein großes Interesse an radikal dekontextualisierten Fotografien der antifaschistischen Denkmäler Jugoslawiens, die in dem Bildband ohne historische Einordnung oder gar Nennung der Autor:innen der Denkmäler abgebildet wurden. In der internationalen Rezeption erlebten die ursprünglich mit sehr spezifischen historischen Orten und Ereignissen des Partisan:innenkampfs verbundenen Denkmäler eine weitere Verfremdung als unverständliche, fremdartige Strukturen einer weit entfernten Zeit.[121] Kulić und Mrduljaš hingegen arbeiten in ihren Projekten intensiv mit Forscher:innen und Architekt:innen aus dem postjugoslawischen Raum zusammen, um die gesellschaftlichen Hintergründe, lokalpolitischen Konstellationen und den Baukontext zu erörtern. Ihre Forschungsergebnisse wurden sowohl im postjugoslawischen als auch im internationalen (insbesondere angloamerikanischen) Raum breit rezipiert. Sie bedienen sich verschiedener Formate wie Dokumentarserien und Ausstellungen, aber immer mit dem Fokus auf eine sorgfältige Kontextualisierung.[122] Dennoch sorgen neue Videoaufnahmen und eine Fülle an professionellem Bildmaterial[123] für eine verstärkende, aktuelle und vielseitige Wirkung ihrer Arbeit. Denn Bilder verfügen über eine einzigartige „Macht der Überzeugung", so Kulić und Mrduljaš, die besonders wichtig sei in der Vermittlung der jugoslawischen

---

120 Ebd., 221.

121 Dieses Phänomen erzeugte zwiegespaltene Reaktionen in der postjugoslawischen (Fach-)Öffentlichkeit. Einerseits wurde das Potenzial der internationalen medialen Aufmerksamkeit für die Sichtbarmachung und den Erhalt der Denkmäler hervorgehoben, andererseits wurde auf die Exotisierung und das *Othering* des jugoslawischen Sozialismus sowie auf die künstliche Trennung von Kunst und Gesellschaft hingewiesen. Vgl. Kirn 2014, 327.

122 Die Wanderausstellung *Unfinished Modernizations* wurde zunächst in der slowenischen Stadt Maribor gezeigt, als diese im Jahr 2012 Kulturhauptstadt Europas war. Die meiste Aufmerksamkeit erhielt hingegen wohl die Ausstellung *Toward a Concrete Utopia: Architecture in Yugoslavia, 1948–1980*, die von 2018 bis 2019 im New Yorker Museum of Modern Art (MoMA) zu sehen war. Maroje Mrduljaš war zudem an der Dokumentarserie *Betonski spavači (Betonschläfer)* beteiligt. Vgl. Ban 2016–2019.

123 *Modernism In-Between* wurde unter anderem mit Werken des renommierten Wiener Architekturfotografen Wolfgang Thaler illustriert; für die MoMA-Ausstellung wurde der Schweizer Fotograf Valentin Jeck beauftragt.

36 | 1. Der Massenwohnungsbau in Jugoslawien

Architektur gegenüber einem internationalen Publikum, welches den historischen und gesellschaftlichen Kontext und die konkreten Bauten nicht kenne.[124]

In der von Kulić und Mrduljaš unternommenen Erforschung jugoslawischer Architektur liegt der Schwerpunkt jedoch wiederum auf prominenten Bauten, darunter Denkmäler und staatliche Institutionen. Der Massenwohnungsbau wird so insbesondere durch Leuchtturmprojekte wie Split 3 oder den Wiederaufbau von Skopje nach dem Erdbeben 1963 thematisiert, während Wohnen in seiner Alltäglichkeit weniger Beachtung erfährt. Auch innerhalb dieses Paradigmas stellen sich der Massenwohnungsbau und die Massenwohnkultur als ein unterbelichtetes Feld innerhalb der Architekturgeschichte des sozialistischen Jugoslawiens dar.

Jugoslawienforscher:innen heben gern die Sonderrolle und Einzigartigkeit des sozialistischen Jugoslawiens hervor. So lassen sich die Beiträge von Kulić und Mrduljaš als eine architekturhistorische Herausarbeitung und Ausprägung der allgemeinen These vom jugoslawischen Exzeptionalismus verstehen. Der jugoslawische Sonderweg wird von Jugoslawienforscher:innen durch Metaphern wie eine „ambivalente Kippfigur zwischen Ost und West",[125] „Sozialismus auf amerikanischem Weizen",[126] „Coca-Cola-Sozialismus"[127] und „Yugoslav Dream"[128] charakterisiert. Diese Bezeichnungen spielen freilich auf die Verfügbarkeit von Produkten des westlichen Kapitalismus in Jugoslawien an. Zudem werden historische Episoden, die diese Sonderlage besonders einschlägig ausdrücken, in den Vordergrund gestellt, etwa die Eröffnung eines McDonald's in Belgrad im Jahr 1988, des allerersten in einem sozialistischen Land,[129] oder der Umstand, dass die Niederlassung des Jeans-Herstellers Levi's in Jugoslawien zum sozialistischen Feiertag gratulierte.[130]

---

124 KULIĆ/MRDULJAŠ/THALER 2012, 17.

125 ZIMMERMANN 2014, 291.

126 Der Historiker Tvrtko Jakovina betont mit diesem Begriff die massive materielle Unterstützung der USA für Jugoslawien nach dem Tito-Stalin-Bruch und zeigt auf, wie der Vorwurf einer Abhängigkeit von den USA im jugoslawisch-sowjetischen Konflikt aufgeladen war. Dazu ist die Aussage Titos in einer öffentlichen Rede im istrischen Labin im Jahr 1958 vielsagend: „Der Genosse Chruschtschow wiederholt oft, dass man den Sozialismus nicht auf amerikanischem Weizen aufbauen kann. Ich denke, dass derjenige, der weiß, wie man dies wohl machen kann [und] derjenige, der es nicht weiß, kann den Sozialismus nicht mal mit dem eigenen Weizen aufbauen (…). Außerdem ist der amerikanische Weizen nicht schlechter als der sowjetische – den wir nicht bekommen, während wir den amerikanischen bekommen –, was auch für andere Waren gilt". So wurde das Manövrieren zwischen West und Ost als eine pragmatische Entscheidung gedeutet, die den einheimischen Sozialismus in keinerlei Hinsicht kompromittieren könne. Zit. nach JAKOVINA 2003, 126.

127 Vgl. VUČETIĆ 2012.

128 Patrick Hyder Patterson nutzt den Begriff „Yugoslav Dream", um eine „sort of egalitarianism […] rooted in consumption" zu beschreiben. Damit spielt er auf die relativ problemlose Anschaffung alltäglicher Konsumprodukte an. PATTERSON 2011, 196.

129 Vgl. VUČETIĆ 2019, 197–216.

130 Vgl. DUDA 2014, 21.

Zugleich empfanden vorwiegend internationale Forscher:innen die wissenschaftliche Beschäftigung mit dem regen Wandel des sozialistischen Jugoslawiens als beträchtliche Herausforderung oder gar Frustrationsquelle. „Für Leute, die gewohnt sind, systematisch und logisch zu denken, stellte Jugoslawien mit seinen Verwandlungen und Uneindeutigkeiten eine Provokation dar. Nicht zuletzt darauf beruhte seine Faszination", stellte etwa Holm Sundhaussen fest.[131] „It must be questioned whether an accurate description of the Yugoslav system is possible", schrieb Shaun Topham zur jugoslawischen Wohnungspolitik.[132] Diese Einordnung als Ausnahme ist allerdings keine nachträgliche Interpretation: Sie war jahrzehntelang ein Bestandteil des jugoslawischen Selbstverständnisses. Der Historikerin Anita Buhin zufolge wurde diese Wahrnehmung durch die jugoslawischen Massenmedien bestärkt. Sie zeigten ein Jugoslawien, in dem „der sozialistische Mensch seine Wünsche ohne Repression eines soziopolitischen Systems (wie etwa im Osten) verwirklichen kann, aber gleichzeitig kein Bedürfnis nach Übertreibung und unnötigem Luxus hat (wie etwa im Westen)".[133] Da die spezifischen Merkmale des jugoslawischen Sozialismus und damit seine Sonderrolle als zentrale Erklärung für die Heterogenität der Massenwohnsiedlungen angeführt werden, kann meine Studie als ein weiterer Beleg für die Exzeptionalismus-These gelesen werden.

Eine ausführliche, systematische Untersuchung jugoslawischer Massenwohnsiedlungen oder gar Massenwohnkultur blieb bisher aus. Dabei liefern umfassende Synthesen der Politik- und Sozialgeschichte des sozialistischen Jugoslawiens und des postjugoslawischen Raums neben Eckdaten auch fundierte Einordnungen einzelner Ereignisse.[134] Das Thema Wohnen taucht tendenziell eher in solchen Publikationen auf, die sich ausführlich der Alltags- und Massenkultur im sozialistischen Jugoslawien in breiten Zügen widmen. Gesättigt mit Beispielen und Anekdoten, liefern sie eine Fülle an heterogenen Quellen.

In den 1960er Jahren identifiziert die Historikerin Radina Vučetić eine voranschreitende Amerikanisierung der jugoslawischen Populärkultur.[135] Diese Entwicklung lässt sich auch in der Wohnkultur und Inneneinrichtung feststellen. Die Literaturwissenschaftlerin Maša Kolanović zeichnet eine Wandlung der Hauptfiguren in der Populärliteratur des jugoslawischen Sozialismus nach: vom *udarnik*, einem „Helden der Arbeit" im Sinne des sowjetischen Bergarbeiters Alexei Stachanow in den 1940er und 1950er Jahren über rebellische Figuren in den 1960ern und 1970ern bis zum gleichgültigen „Verbraucher" im „dekadenten Sozialismus" der 1980er Jahre und im Postsozialismus.[136]

---

131 SUNDHAUSSEN 2012, 15.
132 TOPHAM 1990, 415.
133 BUHIN 2017, 240.
134 Vgl. RAMET 1992: JAKOVINA 2003; CALIC 2010; SUNDHAUSSEN 2012; AUSST.KAT. ZAGREB 2012–2013; KOLEŠNIK 2012; GRANDITS/SUNDHAUSSEN 2013, 3–14; SUNDHAUSSEN 2014.
135 Vgl. VUČETIĆ 2012.
136 Vgl. KOLANOVIĆ 2011.

Deshalb finden insbesondere Untersuchungen der literarisierten Urbanität auch eine Anwendung in dieser Arbeit. In seiner zweibändigen Studie zum Alltag und Konsum in Jugoslawien hat der Historiker Igor Duda vier Dekaden des Sozialismus in Kroatien abgedeckt und verschiedene Gruppen von Konsumgütern untersucht.[137] Dudas Ansatz, „vielmehr die Geschichte davon [zu erzählen], was Bürger und Verbraucher auf der Bühne der Geschichte gesehen und von ihr mitgenommen haben, und viel weniger eine Geschichte davon, was hinter den Kulissen und in kleineren Sälen passiert ist",[138] ist ein Plädoyer für popkulturelle Quellen und die Erforschung des massenhaft Zugänglichen. Dieser Aspekt wird auch in meiner Studie verfolgt, jedoch erweitert durch Fachdiskurse, um auch Diskussionsarenen über die Massenkultur hinaus einzufangen. In einer Studie zur Verbraucher:innenkultur identifiziert der Historiker Patrick Hyder Patterson die Bereitstellung eines breiten Warenspektrums und damit eine (bescheidenere) Version des amerikanischen Traums als die grundlegende „Stabilisierungskraft" im sozialistischen Jugoslawien. Als dieses Versprechen vom „bescheidenen" *American Dream* in den 1980er Jahren im Alltag vieler Jugoslaw:innen nicht mehr funktionierte, war der Kollaps des Staates nicht mehr weit.[139]

Die Forschung zu Massenwohnsiedlungen nach 1990 fokussierte sich bisher vor allem auf den Wandel der Wohnungspolitik und auf die Privatisierung, in deren Zuge die Bewohner:innen ihre Wohnungen zum ermäßigten Preis abkaufen konnten, wodurch eine Wohneigentumsquote von über 90 % im postjugoslawischen Raum entstand.[140] Die Auswirkungen der Jugoslawienkriege auf die Massenwohnsiedlungen wurden im Korpus der Texte zur Belagerung Sarajevos gelegentlich thematisiert, allerdings bildeten Wohnen und Massenwohnsiedlungen nicht den Schwerpunkt.[141] Außerdem wurden bisher an Fallbeispielen die wachsenden Ungleichheiten innerhalb der Massenwohngebiete,[142] die Kämpfe um öffentliche Räume, eine bewohner:innenzentrierte Erinnerungs- und

---

137 Vgl. Duda 2005/b; Duda 2014.

138 Duda 2014, 8.

139 Patterson 2011, 318. Zur Konsumkultur vgl. auch Dimitrijević 2016.

140 Vgl. Čaldarović 1993, 1021–1040; Vujović 1995, 272–278; Vujović 1997; Vujović/Petrović 2007, 361–383; Marčetić 2020, 41–69.

141 Vgl. Donia 2006, 315–365; Maček 2011; Ristic 2018; Sundhaussen 2014, 324–349. Eine Ausnahme bildet die anthropologische Studie zur Bedeutung und Errichtung von Alltagsroutinen während der Belagerung sowie im Post-Dayton-Sarajevo am Beispiel der Sarajevoer Massenwohnsiedlung Dobrinja: Jansen 2018. Über Sarajevo hinaus vgl. auch die Studie an der Schnittstelle zwischen Gewalt und Architektur im Kosovokrieg: Herscher 2010.

142 Vgl. Petrović/Backović 2009, 63–86; Spevec/Klempić Bogadi 2009, 454–468.

Beteiligungskultur in den Siedlungen[143] und negative Stereotype in der Fiktion über Massenwohnsiedlungen[144] untersucht.

1.6 Aufbauplan

Die Idee zu dem vorliegenden Forschungsvorhaben ergab sich im Zuge der Recherchetätigkeiten zu meiner Masterarbeit *Das Zuhause in der jugoslawischen Populärkultur der 1960er,* die ich 2015 an der Universität Zagreb verteidigt habe.[145] Ein Großteil der Masterarbeit setzt sich mit Frauenzeitschriften der 1960er Jahre auseinander, in denen intensiv über Massenwohnungsbauten geschrieben wurde: Grundrisse jugoslawischer Massenwohnungen wurden mit Ratschlägen für Inneneinrichtung gekoppelt, Berichte von Erstbezügler:innen erschienen zwischen Tipps zu Wohnungsausstattung und Haushaltsführung. Eine dermaßen gründliche und gezielte Besprechung von Massenwohnkultur fand weder davor noch danach in Frauenzeitschriften statt; heutzutage scheinen Massenwohnungsbauten und Frauenzeitschriften wieder zwei unterschiedlichen Welten anzugehören. So ergab sich die Frage, ob sich ähnliche mediale Asymmetrien finden ließen, die ein Periodisierungsskelett bilden könnten.

Der Großteil der Vorbereitungsarbeiten bestand darin, die zentralen Diskussionsarenen zum Thema Massenwohnungsbau zu identifizieren. Wie die Philosophin Nancy Fraser betont, gibt es anstatt einer neutralen, homogenen, bürgerlich konnotierten öffentlichen Sphäre im Habermas'schen Sinne „a multiplicity of public arenas in stratified societies".[146] In Anlehnung an die Birminghamer *Cultural Studies* suggeriert der Begriff „Arena", dass auch im Feld der Kultur ein Kampf um Deutungshoheit herrscht, ein dynamischer Verhandlungsprozess zwischen verschiedenen Interessen, in dem insbesondere die Populärkultur als „the arena of consent and resistance" funktioniert.[147] Dies wird in Spannungen zwischen einer fachspezifischen Öffentlichkeit und der Populärkultur deutlich, aber auch im konstanten Ringen verschiedener Wissensproduzent:innen (etwa Stadtsoziolog:innen, Haushaltsratgeber:innen, Bauingenieur:innen, Umweltaktivist:innen) um die Sinnstiftung von und die Mitbestimmung in der Weiterentwicklung von Massenwohnungsbauten.

Wie zahlreiche zuvor erwähnte Architektur- und Kulturgeschichten überzeugend zeigen, ist der Massenwohnungsbau – wider gesellschaftlich weitverbreitete Annahmen – keine statische, in der Entwicklung festgefrorene Entität. Entsprechend bildet jede

---

143 Vgl. Vöckler 2008; Gulin Zrnić 2009; Cvetnić/Klemenčić 2011, 433–441; Vujošević 2017, 41–68; Velkavrh 2019, 184–189.
144 Vgl. Kolanović 2008, 69–92; Daković 2012, 134–143; Prokopljevic 2015.
145 Vgl. Horvat 2015/a.
146 Fraser 1999, 528.
147 Hall 2002, 185–192.

Periodisierung (sei es eine bautechnische, architektur-, kultur-, literaturhistorische oder urbanistische) bereits eine Gegenperspektive und veranschaulicht die dynamische und ereignisreiche Geschichte des Massenwohnungsbaus. Ausgehend von medialen und inhaltlichen Verdichtungen und sich wandelnden Zusammensetzungen der Diskutant:innen wird in den vier Kapiteln des Hauptteils jeweils eine zentrale „Denkfigur" erörtert: Baustelle, Wohnung, Siedlung, (Sinn-)Bild.

Der Begriff „Denkfigur" ist eine übliche Erscheinung in den Literatur- und Kulturwissenschaften und bezeichnet in der Regel eine sprachliche Formel, die eine oder mehrere Eigenschaften des Untersuchungsgegenstands hervorhebt und abstrahiert, ohne an die Konventionen eines stärker kodifizierten Sprachmittels (etwa Metapher oder Vergleich) oder die Logik des Symbol(isieren)s gebunden zu sein. Der Begriff wird oft ohne eine ausführliche theoretische Diskussion über seine Bedeutung, Effekte und Grenzen angewandt. So wurden bisher in der kulturwissenschaftlichen Forschung diverse Phänomene – etwa „das Neue", „Rhythmus", „der Schnitt", „Kontur", „Synästhesie", „Bild" und „die schöne Seele" – als Denkfiguren erörtert.[148]

Eine Denkfigur ist also eine Art roten Faden, der sich in der vorliegenden Arbeit auf eine bestimmte Perec'sche Raumebene von Massenwohnungsbau anlehnt. Im gewissen Sinne ist sie ein Narrativ im Miniaturformat, eine Form historischer Repräsentation, die nicht die Realität eines vergangenen Zeitabschnitts darlegt. Vielmehr macht sie laut Hayden White deutlich, dass eine stärkere Verflechtung zwischen Literatur und Geschichtswissenschaft, aber auch zwischen Stilmitteln, Erzählungen in historischen Quellen und in der Geschichtsschreibung unerlässlich und bedeutungsvoll ist.[149] Die Denkfigur ist ein Werkzeug für Konzentration (klares Identifizieren der Schwerpunkte im Sichtbarkeitsregime) und zur theoretischen Konzeptualisierung und Reflexion, ein Anlass zum Nachdenken über die Bedeutung der herausgearbeiteten Ebene für den Massenwohnungsbau im Allgemeinen. Sie ist darüber hinaus ein Instrument des Ausschlusses, kartiert die Grenzen dieser Forschungsarbeit, weist auf offene Fragen hin und lädt zum Weiterforschen ein.

Das Kapitel „Baustelle" blickt auf die Anfänge des jugoslawischen Massenwohnungsbaus. Die *Baustelle* als leitende Denkfigur für das Kapitel bezieht sich auf den buchstäblichen Stand der Massenwohnungsbauten – im Aufbauschwung seit Mitte der 1950er Jahre entstanden jugoslawienweit zahlreiche Baustellen, darunter auch Neu-Belgrad, das größte Massenwohnungsbaugebiet des sozialistischen Jugoslawiens. Im übertragenen Sinne weist diese Denkfigur auf offene Diskussionen und Überlegungen zum Massenwohnungsbau hin – eine konzeptionelle Baustelle, die Pluralität, Ungewissheit, Entwürfe und Experiment einschließt. Für die Zeit der 1950er und frühen 1960er Jahre,

---

148 Vgl. Moog-Grünewald 2002; Neuber 2010; Wokalek 2011; Kurbjuhn 2014; Gruss 2017.
149 White 1990, 28.

als die ersten Siedlungen entworfen wurden und Städtebauer:innen, Architekt:innen, Baufirmen und Kunsthistoriker:innen über Zukunftsszenarien des Wohnungsbaus diskutierten, erwiesen sich entsprechende Fachmedien – in erster Linie Fachzeitschriften – als besonders ergiebige Quellen. In dieser Zeit war die Debatte nicht breit angelegt: Massenmedien berichteten knapp (aber mit viel Zukunftsoptimismus und -versprechen) über anstehende Projekte, während die Meinungen, Vorstellungen und Bedürfnisse der zukünftigen Bewohner:innen nicht systematisch untersucht wurden.

Standen die 1950er Jahre noch ganz im Zeichen der „Baustelle", waren Massenwohnsiedlungen in den 1960ern bereits eine übliche Erscheinung in Jugoslawien. So werden im nächsten Kapitel die schnelle Verbreitung der neuen Wohnsiedlungen und die konsequenterweise ebenso schnell aufkommenden Neubauwohnungen in den Blick genommen. Der massenhafte Neubezug dieser Wohnungen kurbelte die Ratgeberliteratur für Inneneinrichtung an. Architekturhistoriker:innen, Städtebauer:innen, Designer:innen, Architekt:innen und Pädagog:innen wollten mit ihren Publikationen und Vorschlägen eine auf die Massenwohnungsbauten zugeschnittene Wohnkultur mitgestalten. Die Denkfigur *Wohnung* war entsprechend medial omnipräsent und es ergaben sich für dieses Kapitel drei Hauptthemen: Die medialisierte Wohnungsvergabe, die von Haushaltsratgebern beworbene Inneneinrichtung und schließlich die hierdurch geförderten Beziehungsmuster.

Das dritte Kapitel untersucht die Entwicklungen in den 1970er und 1980er Jahren, als die ersten Siedlungen bereits umfängliche Erfahrungen der Nutzung vorweisen konnten. Die ersten, streng funktionalistischen Siedlungen wurden inzwischen von verschiedenen Seiten und aus verschiedenen Gründen kritisiert. Die Denkfigur *Siedlung* bezieht die räumliche Gesamtheit des Massenwohnungsbaus über Wohnungen und Wohnungsbauten hinaus ein, umfasst also auch öffentliche Räume, die soziale Infrastruktur und urbane Lösungen. Dieser holistische Ansatz wurden von den im damaligen Jugoslawien aufkommenden Disziplinen – Kulturanthropologie, Stadtsoziologie, Ökologie – gestärkt. Die aus diesem Zusammenhang hervorgegangenen Publikationen bilden die Quellenbasis des dritten Kapitels. Neben der Rekapitulation bestehender Siedlungen zeigt sich die Relevanz des Themas *Siedlung* in der neuen Ausrichtung von Massenwohnungsbauprojekten, die eine Abkehr von funktionalistischen Prinzipien verkörpern und ein grundlegendes Umdenken in der Konzeptionierung von Massenbausiedlungen forderten. Als Leuchtturmprojekte werden in diesem Kapitel zwei Projekte näher untersucht: Zum einen das im (post)jugoslawischen Kontext intensiv medialisierte Massenwohngebiet Split 3, zum anderen der kaum besprochene Blok 5 in Titograd.

Das vierte und letzte Kapitel blickt auf die postsozialistische Zeit. Während Fachzeitschriften kaum mehr über Massenwohnbauten schrieben, tauchten sie in der Populärkultur – Filmen, Serien, Romanen – vermehrt auf. Der Massenwohnungsbau erschien zunehmend auf dem Bildschirm und in der Fiktion. Das *Bild* dient dementsprechend als leitende Denkfigur dieses Kapitels. Es ist eng mit dem *Sinnbild* verbunden, mit Deutungshoheit, subjektiver Wahrnehmung und gesellschaftlichem Status. Dies wird zunächst im Bosnienkrieg am Beispiel der Belagerung Sarajevos analysiert. Im Anschluss werden Visualisierungen und Fiktionalisierungen nach dem Ende der Jugoslawienkriege untersucht. Eine zweite Achse in der Analyse orientiert sich am Begriff *Besitz,* mithilfe dessen nicht nur die Privatisierung im Sinne von neuen Besitzmodalitäten diskutiert wird, sondern auch der „Bilderbesitz", also die Deutungshoheit im Prozess der Image-konstruktion. Zuletzt schäle ich die Titelphrase – „harte Währung Beton" – aus dem Quellenkorpus zum letzten Kapitel heraus. Dieser Quellenbegriff wurde gewählt, um die im Allgemeinen überraschend dauerhaften, wenn auch nicht statischen Werte und die materielle Beständigkeit des Massenwohnungsbaus im (post)jugoslawischen Raum zu unterstreichen.

Während die meisten Studien zu Massenwohnsiedlungen und zur Massenkultur durch eine architekturhistorisch, soziologisch, literaturwissenschaftlich oder disziplinär vergleichbar klar profilierte Vorgehensweise gekennzeichnet sind, nutze ich einen hybriden Ansatz, um verschiedene Facetten des Phänomens behandeln zu können. Wie der Historiker Lothar Kolmer schreibt, stellt sich in der Post-Postmoderne „[e]in gewisser Eklektizismus" und eine „neue Unübersichtlichkeit" als „unabdingbar" für historische Arbeit heraus.[150] Durch die Verfolgung einzelner Diskussionsschwerpunkte wird eine Reihe von empirischen wie theoretischen Ausschlüssen sichtbar, denn jede Spur, jede einzelne Denkfigur hätte jeweils auch über den gesamten Zeitraum der Untersuchung verfolgt werden können. Zugleich kann meine Studie aber durch die Aufgabe dieses Anspruchs einen realistischeren Rahmen annehmen und ein methodologisches Novum in der Massenwohnforschung erproben.

Massenwohnsiedlungen bestehen aus Räumlichkeiten und sozialen Gefügen, aus Besitzverhältnissen und menschlichen Beziehungen, aus medialen Bildern und Vorurteilen derjenigen, die dort wohnen, wie derer, die selbst nie eine solche Siedlung besucht haben. Sie bestehen aus Papier (in Gestalt von urbanistischen Plänen, architektonischen Entwürfen, staatlicher Gesetzgebung, Bildern auf Buchcovern), aus Foto- und Film-bändern (in Dokumentationen, auf Fotografien), aus Bausubstanz (Beton, Aluminium, Eisen, Kunststoff, Glas, Holz), aus Erinnerungen (in den Köpfen und Familienalben der heutigen und ehemaligen Bewohner:innen). Sie sind auch der Stoff, aus dem Träume sind: Für manche ein Albtraum, das Schreckensbild eines dystopischen Wohnmodells, für andere hingegen ein lang ersehnter Traum von einem eigenen Zuhause oder gar die Vision einer utopischen Gesellschaft. Allerdings hilft eine heterogene Quellensammlung nicht unbedingt dabei, einen Konsens oder ein glattes Narrativ zu erschaffen. Der Architekt Tomislav Pavelić sprach Ende der 2000er Jahre vor einem „Rashomon-Effekt" in

---

150 Kolmer 2008, 89, 94.

der Wahrnehmung der Massenwohnsiedlungen am Beispiel der Neu-Zagreber Siedlung Sloboština:

> The other day I explained to Sandro, the author of the photographic part of this contribution, with much difficulty which building in Sloboština I was talking about, only to find out eventually that he had lived precisely in one of these buildings by Odak. He could not stop his amazement that we have them as a theme in *Oris,* because, I guess, this means ‚confirmation' that they are an example of excellent or at least interesting architecture. We visited the location together, entered one of the buildings, walked through access galleries – pure Rashomon! Where I saw fine spatial structure, motivating openness of form, a field of social possibilities etc., Sandro recalled unbearable noise from the nearby fast road and the feeling of unease because he had lived in a building where he used to meet strangers all the time in the dark and too long corridors […].[151]

Ähnlich wie der Perspektivenwechsel im Kultfilm Akira Kurosawas immer neue, sich widersprechende Perspektiven auf einen Mordfall wirft, sind hier die Meinungen eines ehemaligen Bewohners und eines Architekten diametral entgegengesetzt. Dabei wird das Medium (die Architekturzeitschrift *Oris,* die den Wert der Siedlung zu bestätigen scheint) nochmals zentral für die Sinnstiftung der Massenwohnsiedlungen. Außerdem wird in diesem Beispiel deutlich, dass die in der neueren sozialwissenschaftlichen Forschung zu jugoslawischen Massenwohnsiedlungen konstatierte Zufriedenheit der Bewohner:innen in diesem spezifischen Fall nicht zutrifft und somit die starren Erwartungen von Homogenität innerhalb einzelner Gruppen infrage gestellt werden. Die Stimmen der Bewohner:innen, Architekturhistoriker:innen, Sozialwissenschaftler:innen und anderen Beteiligten kollidier(t)en regelmäßig in der Geschichte und Gegenwart der Massenwohnsiedlungen. Anstatt über eine endgültige Valorisierung der Massenwohnsiedlungen zu entscheiden, ob nun der Architekt Tomislav Pavelić oder der Fotograf Sandro Recht hat, verstehe ich meine Arbeit, wie auch Pavelić seinen selbstkritischen Artikel, als ein Plädoyer für einen nuancierten Blick. Zugleich erhebe ich den Anspruch, Bruchstellen anstelle von schwarz-weißer Eindeutigkeit offenzulegen und endlich mit der Erforschung der Grauzonen zu beginnen.

---

151 Pavelić 2009, 118–120.

2. Baustelle

> Noch ist nichts bereit, aber alles ist möglich.
> Le Corbusier: *Ausblick auf eine Architektur* (1922)[1]

> Menschen wissen schon heute, was nicht gut ist,
> aber sie wissen noch nicht, wie es sein sollte.
> Juraj Neidhardt, Dušan Grabrijan:
> *Die Architektur Bosniens und der Weg in die Gegenwart* (1957)[2]

Etwa 75 % des jugoslawischen Wohnbestands wurde im Zweiten Weltkrieg zerstört oder beschädigt.[3] Die Zeit unmittelbar nach dem Ende des Zweiten Weltkriegs war durch mehrere Brüche in der jugoslawischen Geschichte gekennzeichnet. Zuerst etablierte sich 1945 das sozialistische Regime, welches eng mit der Sowjetunion kooperierte. Im Jahr 1948 kam es zum Tito-Stalin-Bruch und zu einer fundamentalen geopolitischen Neuausrichtung Jugoslawiens, die sich in der folgenden Dekade zum „Dritten Weg" zwischen den Blöcken in Ost und West entwickelte. In der sich hieraus entwickelnden Beteiligung an der Bewegung der Blockfreien Staaten nahm Jugoslawien die Rolle der Exporteurin von Architektur an.[4] Dieser Wechsel wurde auch in den sich wandelnden Positionierungen zum Massenwohnungsbau sichtbar, wie im Folgenden zu sehen sein wird. Doch es lassen sich auch Kontinuitäten feststellen: In den späten 1940er und den 1950er Jahren, ähnlich wie in den Anfängen der Sowjetunion, wurde die Schwerindustrie gegenüber der Wohnungsfrage priorisiert.[5]

Dieses Kapitel deckt die Anfänge des Massenwohnungsbaus im sozialistischen Jugoslawien ab und betrachtet den Zeitraum 1947 bis 1962 als dessen erste Phase. 1947 empfiehlt sich als Ausgangsjahr deshalb, weil es den Anfang der staatlichen Entscheidung für den industrialisierten, präfabrizierten Wohnbau als bevorzugte Lösung der Wohnungsfrage markierte. Das Ende markieren die ersten massenhaften Realisierungen (etwa Trnsko in Neu-Zagreb, Grbavica I und II in Sarajevo, Savsko Naselje in Ljubljana, die ersten

---

1   Le Corbusier 1969, 171.
2   Grabrijan/Neidhardt 1957, 317.
3   Vgl. Topham 1990, 402.
4   Vgl. Stanek 2019.
5   Vgl. Neidhardt 1952, 4.

Bloks Neu-Belgrads), wodurch der Massenwohnungsbau in den Städten und Medien präsent war. Dabei ist eine gewisse zeitliche Fluidität zu berücksichtigen: Manche Fäden der Geschichten führen weiter in die vorsozialistische Vergangenheit, während andere erst in den Folgejahren greifen.

Baustelle, die leitende Denkfigur des Kapitels, beschreibt hier neben dem physischen Bauplatz als solchen auch den Zustand Nachkriegseuropas zwischen den Kriegszerstörungen und dem folgenden Wiederaufbau. Im übertragenen Sinne ist die Baustelle also ein Feld des Unfertigen, ein Experimentieren in Entwürfen, Skizzen und unverwirklichten Vorhaben, geprägt vom ungewissen Gelingen und möglichen Scheitern. Darüber hinaus stellte sie einen Schauplatz der Praxis dar – des Verlaufs und der Organisation der Arbeit, der praktischen Schwierigkeiten im Bauprozess – und unterliegt somit einem Realitätscheck. Wie die Architekturhistoriker Heine und Rauhut betonen, ist der Topos der Baustelle insbesondere in der Moderne aufschlussreich und bietet einen Einblick in die Geyer'sche „Gleichzeitigkeit des Ungleichzeitigen": Eine Gegenüberstellung von Innovation und den alten Mustern oder etablierten Baustellenroutinen und -arbeitsweisen.[6] So wird das Verhältnis zwischen den Kapazitäten und Möglichkeiten der lokalen Bauindustrie und den architektonischen Konzepten erkundbar.

Ich versuche hierbei auf die folgenden drei Leitfragen Antworten zu finden. Erstens, wie wurden die Anfänge des Massenwohnungsbaus im sozialistischen Jugoslawien von Expert:innen (Architekt:innen, Urbanist:innen, Bauingenieur:innen, Kunsthistoriker:innen) geopolitisch und imaginär-geografisch gedacht? Diese Frage beleuchtet die Positionierung Jugoslawiens im Kalten Krieg und schildert das Aufkommen des „Dritten Wegs". In diesem Zusammenhang wird auch ein Blick ins Innere Jugoslawiens geworfen: Wie wurden regionale Unterschiede konzeptualisiert? Bewirkte der Massenwohnungsbau vorwiegend eine Homogenisierung des Wohnens in Jugoslawien oder trug dieses Baukonzept zur Vertiefung der Unterschiede zwischen den Teilrepubliken bei? Die zweite Leitfrage beleuchtet, wie der zukünftige Massenwohnungsbau laut damaliger Expert:innen konkret ausfallen sollte. Welche Aspekte empfanden sie als zentral, welche ließen sie hingegen aus oder verschoben sie auf einen späteren Zeitpunkt? Damit geht auch eine Diskussion der vorherrschenden Metaphern für die ersten Massenwohnungsbauten einher, eine Analyse ihrer Bedeutungsschichten sowie schließlich eine Untersuchung der Implikationen für eine öffentliche Wahrnehmung von Massenwohnungsbauten. Schließlich werden die Anpassungen auf der Baustelle am Beispiel von Neu-Belgrader Blok 1 und Blok 2 diskutiert. Wie wurden Projekte im Laufe der Umsetzung umgewandelt und warum? Wer forderte Anpassungen und wie wurde ihre Notwendigkeit begründet?

---

6   Vgl. Heine/Rauhut 2018, xviii–xix.

2.1 Architektur und (Fach-)Öffentlichkeit

Es überrascht nicht, dass sich in den Anfängen des Massenwohnungsbaus in Jugoslawien vor allem die jugoslawische Fachöffentlichkeit mit dem industrialisierten Wohnungsbau auseinandersetzte. Da diese Zeit von Entwürfen und Experimenten – und nicht von flächendeckenden Ergebnissen – gekennzeichnet war, war die Beteiligung der außerfachlichen Öffentlichkeit strukturell eingeschränkt. Diese autoritative schöpferische Aufgabe übernahmen vor allem Architekt:innen und anverwandte Fachleute (Urbanist:innen, Kunsthistoriker:innen, Designer:innen) in Kombination mit politischen Impulsen, welche vom staatlichen Machtapparat ausgingen. (Potenzielle) Bewohner:innen wurden in dieser Etappe selten nach den eigenen Wohnwünschen und -bedürfnissen gefragt: Es herrschte die Überzeugung, dass die Wohnungsfrage von Expert:innen analysiert und gelöst werden sollte.

Diese Spannung zwischen Versorgung und Bevormundung, zwischen Emanzipation und Zwang wird im von Konrad Jarausch entwickelten Begriff der „Fürsorgediktatur" für die DDR besonders deutlich.[7] Florian Urban verweist hingegen mit dem Begriff des „Staatspaternalismus" auf Ähnlichkeiten sozialistischer Regime und sozialdemokratischer Wohlfahrtsstaaten der Nachkriegszeit.[8] Auch die feministisch geprägte historische Forschung hat Machtasymmetrien und Dynamiken der Paternalisierenden und Paternalisierten herausgearbeitet, wie etwa Susan E. Reid in ihrer Analyse der Wohnkultur in der (post)stalinistischen Sowjetunion.[9] „Sozialistischer Paternalismus", wie Reid elaboriert, ist „simply a more thoroughgoing case of a characteristically modern project".[10] Er beruhe auf der Annahme, dass Fachleute, von staatlichen Instanzen unterstützt, das Leben breiter Bevölkerungsschichten durch ‚Umerziehung' verbessern sollten, welche diese Schichten auch annehmen würden.

Die Stichproben im Korpus der größten Tageszeitungen haben gezeigt, dass Artikel über Wohnungsbau sporadisch, lapidar und detailarm ausfielen. Meistens stellten sie lokale, vielversprechende Projekte vor oder beschrieben sensationelle Entwürfe und Bauten aus dem In- und Ausland. Architektonische Medien wie Fachzeitschriften kritisierten häufig unvollständige, teilweise falsche Angaben, die vor allem in der Tagespresse kursierten.[11] Es ist nicht verwunderlich, dass ein wissenschaftlicher Aufsatz in der Fachpresse ein Thema ausführlicher beleuchtete als ein kurzer Artikel in der Tageszeitung. Allerdings sind die ausbleibenden Teilnahmemöglichkeiten an Diskursen für die

---

7   Vgl. Jarausch 2010.
8   Urban 2012, 2–4.
9   Vgl. Reid 2004, 155.
10   Ebd.
11   Vgl. o.V. 1954/a, 1; Kolacio 1961, 53.

breite Öffentlichkeit sowie die betroffenen (zukünftigen) Bewohner:innen keineswegs alternativlos und selbstverständlich: Von Frauenzeitschriften über Umfragen bis hin zu massenhaft besuchten Wohnausstellungen erreichten Massenmedien bereits in den späten 1950er Jahren das Publikum.

Aufgrund ihrer regelmäßigen, periodischen Erscheinung bieten sich Fachzeitschriften als Quellenkorpus für eine Analyse über die zeitgenössischen Diskurse zum Massenwohnungsbau an. Schon im Königreich Jugoslawien gab es – vorwiegend in Ljubljana, Zagreb und Belgrad – eine lebendige Architekturszene und diverse Architekturzeitschriften.[12] Doch deren Aktivitäten brachen im Zweiten Weltkrieg ab und keine dieser Zeitschriften wurde nach 1945 wieder ins Leben gerufen. Der Aufbau fachöffentlicher Kommunikationskanäle im sozialistischen Jugoslawien begann allerdings auch nicht sofort im Jahr 1945, sondern setzte erst ein, als der durch Krieg und Regimewechsel verursachte Ausnahmezustand langsam abebbte. Die Zeitschriften wurden an neue oder umstrukturierte Institutionen (Gesellschaften, Verbände) gekoppelt, womit das sozialistische Regime eigene Hierarchien installierte. Die institutionelle Konsolidierung der jugoslawischen Kunst- und Architekturszene in der unmittelbaren Nachkriegszeit erfolgte zunächst nach dem sowjetischen, zentralisierten Modell und wurde nach dem Tito-Stalin-Bruch schrittweise dezentralisiert und grundlegend umstrukturiert.[13] Die Wohnungsfrage wurde unter den jugoslawischen Architekt:innen in den 1950er Jahren als Schlüsselthema erkannt. So fanden der Massenwohnungsbau und das Recht auf eine Wohnung ihren Platz auf mehreren Titelseiten (Abb. 1/2) und in zahlreichen Artikeln über Massenwohnungsbau, Wohnungsfrage oder Montagebau im Wohnwesen.

Arhitektura, die erste architektonische Zeitschrift des sozialistischen Jugoslawiens, wurde dann 1947 vom Verband der Gesellschaft der Ingenieure und Techniker Jugoslawiens (Savez društva inženjera i tehničara Federativne Narodne Republike Jugoslavije) gegründet und von der kroatischen Sektion der Gesellschaft (Društvo inženjera i tehničara Narodne Republike Hrvatske) herausgegeben. Die Zeitschrift bildet eine ergiebige Quelle für die Nachverfolgung ideologischer und architekturtheoretischer Wandlungen von der anfangs stark prosowjetischen Orientierung bis in die postsozialistische Zeit. In *Arhitektura* dominieren längere Artikel akademischen Charakters wie Vorstellungen der Bauprojekte und architekturhistorische Analysen.

Čovjek i prostor (Mensch und Raum), gegründet 1954 als Presseorgan der Gesellschaft der Architekten Kroatiens (Društvo arhitekata Hrvatske), war wesentlich durch einen eher publizistischen Stil gekennzeichnet (viele kürzere Artikel, Nachrichten zu aktuellen Kulturveranstaltungen, übliches Zeitungspapier und -format). Sie reagierte dementsprechend schneller auf aktuelle Ereignisse und gesellschaftliche Fragen als *Arhitektura*.

---

12 Vgl. Blagojević 2003, 57–68.
13 Vgl. Kolešnik 2006, 66.

Arhitektura – urbanizam (1960–1988), gegründet in Belgrad als Ausgabe des Verbands der Architektengesellschaften (Savez društava arhitekata) und des Verbands der Gesellschaften der Urbanisten Jugoslawiens (Savez društava urbanista Jugoslavije), ähnelt im Stil *Čovjek i prostor,* beinhaltete jedoch eine kleinere Anzahl an Artikeln. Die von der Gesellschaft der Architekten Sloweniens (Društvo arhitektov Slovenije) herausgegebene Fachzeitschrift *Arhitekt: Revija za arhitekturo, urbanizem in oblikovanje izdelkov (Architekt: Revue für Architektur, Urbanismus und angewandte Kunst)* erschien von 1951 bis 1963 auf Slowenisch und widmete sich entsprechend vorwiegend slowenischen Projekten.

Andere Teilrepubliken – Mazedonien, Bosnien und Herzegowina, Montenegro – brachten keine eigenen Architekturzeitschriften oder vergleichbare Fachperiodika in diesem Zeitraum hervor.[14] Dadurch zieht die Asymmetrie zwischen den Republiken in diese Studie ein, da die meistverwendeten Quellen dieses Typus nur aus drei Republiken stammten.

Neben Architekturzeitschriften beteiligten sich auch Bauunternehmen an den Diskursen zum Massenwohnungsbau. Ein einschlägiges Beispiel hierfür ist das Zagreber Bauunternehmen Jugomont. Von Mai 1961 bis August 1962 veröffentlichte dieses die gleichnamige Monatszeitschrift mit dem Untertitel *Das Blatt für Probleme der Bauindustrialisierung (List za probleme industrijalizacije gradevinarstva).* Diese Publikation solle, so der Direktor Vilko Holub in der ersten Ausgabe, das Jugomont-Kollektiv wie auch die Fachöffentlichkeit über gelungene Beispiele von Montagebauten in Jugoslawien und im Ausland informieren, die Entwicklung des Montagebaus in Jugoslawien fördern sowie Vorurteile gegen den Montagebau abbauen.[15] *Jugomont* unterscheidet sich von den zuvor genannten Fachperiodika durch eine klare Agenda zugunsten eines Unternehmens, teilte aber mit ihnen die Adressierung der Fachöffentlichkeit. Ihr Ziel war somit nicht allein, den Montagebau in der breiten Öffentlichkeit zu bewerben, sondern ebenso auf einer fachlichen Ebene zu seiner Weiterentwicklung beizutragen.

Schon anhand der Verteilung der architekturbezogenen Periodika in dieser Zeit lässt sich eine Asymmetrie zwischen den jeweiligen jugoslawischen Republiken feststellen in Form einer Teilung in diejenigen, die sich als Zentren der Architekt:innenausbildung und -periodika etablierten (Slowenien, Kroatien, Serbien) und diejenigen, die über keine solche Infrastruktur verfügten (Bosnien und Herzegowina, Montenegro, Mazedonien). Die Hauptstädte der erstgenannten Republiken beherbergten auch Fakultäten

---

14 *ARH,* die Zeitschrift der Architektengesellschaft Sarajevo, wurde 1963 gegründet und unregelmäßig veröffentlicht (1963, 1964, 1966, 1969, 1972, 1991). Die auf ehrenamtlichem Engagement (mit bescheidener Unterstützung durch Projektbüros) basierende Zeitschrift behandelte fast ausschließlich in Bosnien und Herzegowina gebaute Projekte oder Projekte von bosnischen Architekt:innen. Vgl. Štraus 1998, 62.

15 Vgl. Holub 1961/b, 1.

čovjek i prostor | 1

ARHITEKTURA, KIPARSTVO, SLIKARSTVO I PRIMIJENJENA UMJETNOST

GOD. I. Zagreb 15. II. 1954.   CIJENA 20 DINARA

PRAVO NA STAN

Zadruga »Arhitekt« kao organ Društva arhitekata Hrvatske odlučila je pokrenuti polumjesečno glasilo ove novine. Svojim 15-dnevnim izlaženjem »ČOVJEK I PROSTOR« će treba prije svega ispuniti onu prazninu koja danas osjećamo uz izlaženje revije »Arhitektura«. Arhitekte. Donoseći oglavnom reprodukcije projekata i njihovih realizacija, ona spominvanje časopisa ne pruža sa dovoljno prostora za sve ono problemsko koje uvjetuje realizaciju arhitektonskog djela, a što je svakodnevnom djelatnošću arhitekta. Želim s različitih stanovišta naših stvaralačka arhitekata i ove umjetnike osvijetliti složenu problematiku današnjih odnosa čovjeka i prostora, odnosa čovjeka i prostora, te omogućiti obradu i količnu analizu, raznog izgrađenog naše arhitektonske, a i šire oblikovne problematike. Svu će arhitektonsku djelatnost poretana o životi i društva ono je oblikuje, pa je razumljivo da će materijal ovih novina nalaziti u okviru problematike izgradnje našeg socijalnog društva.

Na ovim stranicama neki osijeka svaka suradnja, koja idejno stoji na pozicijama dalje razvitka socijalne, a ne sadržimali, o govori o arhitekturi i širim oblikovnim i životnim problemima.

U ovom smislu upućujemo se na suradnju svima, napose arhitektima, te javnim i kulturnim radnicima.

U SLIJEDEĆEM BROJU:
III Kongres UIA (St. Gotal) — Biennale u S. Paulo — Urbanističko naslijeđe Splita (I. Kečkemet) — Arhitektura svijetla (G. Gansalin) — Fiskulturni kući u Karlovcu (V. Fulla) — Kuće Indijanaca Sjeverne Amerike (Vihlić) — Salon d'Automne (V. Sinobad) — Arhitektura broda (Z. Kolacio) — Memoari s Kraljevićem (M. Peić) — Izložbe, polemike, uređenje stana i t. d.

Jedina nagrada u So Paulu za športske objekte podijeljena arh. Zvonimiru Požgaju

Na Drugom biennalu San Paula povodom četrestote godišnjice osnutka grada — zagrebački arhitekt Zvonimir Požgaj dobio je jedinu nagradu za svoje radove, za iznos od 35.000 cruzeiraca za projektiranje športskih objekata.

Nagrada se odnosi na poznato novo kupalište u Zadru, u Borku (Punta mika).

Članovi ocjenjivačkog suda bili su Walter Gropius, Jose Luis Sert, Alvar Aalto, Ernes Rogers, Oswald Arthure Brutke, Alfonso Eduardo Reidy i Lourival Gomez Machado.

Zadarsko kupalište počelo se izgrađivati u 1947. godini, u uvali Punta mika...

[Body text continues in multiple columns discussing housing problems, Le Corbusier, urbanism, statistics on housing construction, and related topics.]

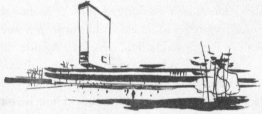

Abb. 1/2 Titelgeschichte Massenwohnbau: Zum Massenwohnen als Titelgeschichte in damaligen Architekturzeitschriften gehören etwa der Artikel „Recht auf die Wohnung" auf der ersten Seite der allerersten Ausgabe der Zeitschrift *Čovjek i prostor* (1954) (Abb. 1) und ein Foto der Universitätssiedlung in Ljubljana in der Zeitschrift *Arhitekt* (1960) (Abb. 2). Der Ansatz zur Wohnungsfrage war in den 1950ern größtenteils allgemein und unspezifisch. Dies zeigt auch die Skizze in Begleitung des Artikels in *Čovjek i prostor* – eine unfertige, offene Fassade eines modernen Hochhauses auf einer Baustelle. Das Beispiel aus *Arhitekt*, entstanden an der Schwelle zu den 1960ern, kann hingegen erste konkrete Ergebnisse vorweisen: Ein nagelneues Gebäude (der 1956 von Stanko Kristl entworfene Wohnblock für Universitätsassistent:innen in Prule, Ljubljana) und Frauen mit Kinderwagen – ein europaweit beliebtes Motiv in den offiziellen Abbildungen der neuen Siedlungen, das ihre Lebhaftigkeit und Zukunftsträchtigkeit suggeriert.

für Architektur an ihren Universitäten.[16] Folglich dominierten in Debatten rund um Wohnungsfragen entsprechend die Architekt:innen aus diesen Republiken. Hinzu kam die Bevorzugung der (Haupt-)Städte auf Kosten kleinerer Siedlungen, die in erster Linie mit der vom Staat proklamierten Industrialisierung und Urbanisierung zusammenhing. Auf die Asymmetrien in der Beteiligung an den Diskussionen zur Zukunft der jugoslawischen Architektur wurde bereits in den frühen 1960er Jahren aufmerksam gemacht. Zdenko Kolacio (1912–1987), 1960–1963 der Chefredakteur von *Arhitektura*,[17] schilderte das Ungleichgewicht auf folgende Weise:

> In unseren Architekturzeitschriften sowie in der Zeitschrift „Čovjek i prostor" gibt es nicht genug Materialien über den Bau in unseren Städten und Orten außerhalb der Republikzentren, auch aus Sarajevo, Skopje und Titograd ist es nicht leicht, Material zum Publizieren zu bekommen. Deswegen wundert es nicht, dass wir beim Informieren unserer Leser zu einseitig sind. Durch unsere Periodika blätternd erhält man den Eindruck eines Desinteresses gegenüber diesen Realisierungen. Auch zahlreiche Anrufe, Briefe, offizielle wie private, können die Autoren nicht dazu bewegen, der Redaktion die Daten über ihre Arbeit bereitzustellen: Situation, Grundrisse, Querschnitte und gute Fotografien. Vielleicht werden diese paar Zeilen die Architekten und andere doch zu mehr Zusammenarbeit motivieren.[18]

Auf diese Weise wurden wirtschaftlich schwächere Regionen als träge und wenig kooperationsbereit dargestellt, womit die Dominanz der ‚aktiven' Regionen gerechtfertigt und strukturelle Unterschiede weiterhin unsichtbar gemacht wurden. Das Entwerfen und Entwickeln neuer Wohnformen wurde in den 1950er Jahren als Aufgabe der Institutionen und Unternehmen verstanden,[19] die nur in Belgrad, Ljubljana und Zagreb auf eine umfassende Vorkriegstradition in diesem Bereich zurückblicken konnten.[20]

---

16 Neben den einheimischen Expert:innen, die nach dem Studium in Zagreb, Belgrad oder Ljubljana in ihre Republik zurückkehrten, wurden Expert:innen 1945–1948 vom Staat umverteilt und in ärmere Republiken geschickt, um den Wiederaufbau zu beschleunigen. Der erste bedeutendere Generationenwechsel in Sarajevo erfolgte 1959 bis 1965, als viele der nach Sarajevo geschickten Expert:innen wegzogen und erste an der Sarajevoer Universität ausgebildete Kader ihre ersten größeren Projekte entwickelten. Vgl. Štraus 1998, 13–42.

17 Vgl. Trinajstić/Gubić 1998, 66–77.

18 Kolacio 1961, 53.

19 Vgl. Baylon 1950, 46.

20 Die Universität Sarajevo wurde 1949 gegründet, die Universität Skopje 1943 (offiziell 1949), die Universität Pristina 1969 und die Universität Montenegro erst 1974. Dementgegen haben die Universitäten in den Hauptstädten Kroatiens, Sloweniens und Serbiens eine längere Tradition. Die Universität Zagreb besteht seit 1669, die Universität Belgrad wurde 1905 (1808 als Hochschule) und die Universität Ljubljana 1919 eröffnet.

2.2 Verortungen: Platzsuche für jugoslawische Massenwohnungsbauten | 53

Weiterführende Archivalien ergänzen die Quellen der architektonischen Publizistik, etwa die Bestände zu Wohnkooperativen (Stadtarchiv Zagreb), die Fotodokumentation der Baufirma Jugomont (Archiv der Republik Slowenien) und Unterlagen zum Bau der ersten Bloks in Neu-Belgrad (Historisches Archiv Belgrads). Allerdings spielen archivalische Quellen hier eine untergeordnete Rolle. Zum einen liegt dies an einer prekären Quellenlage der Archivdokumente, die eine systematische, ausführliche Erschließung der meisten wichtigsten Baustellen (Neu-Belgrad ausgenommen) unmöglich macht: Jugomonts Archive wurde nicht systematisch aufbewahrt, die Quellen zu Grbavica, der ersten großen Massenwohnungsbaustelle in Sarajevo, sind wiederum nicht zugänglich. Zum anderen liegt der Interessenschwerpunkt in diesem Kapitel vielmehr auf der fachöffentlichen Debatte.

2.2 Verortungen: Platzsuche für jugoslawische Massenwohnungsbauten

Die erste Phase der Massenwohnungsbauten wird durch drei Themencluster untersucht. Erstens wird die Problematik der Verortung beleuchtet, speziell die Zuordnung jugoslawischer Massenwohnungsbauten in die internationale Massenwohnungslandschaft sowie eine Differenzierung innerhalb Jugoslawiens. Zweitens wird die Ideenbaustelle Massenwohnungsbau untersucht, und zwar in erster Linie Positionen in Bezug auf die ideale Höhe, Industrialisierungsgrad, Farbe und Alternativen zu den Massenwohnsiedlungen. Schließlich werden erste Fertigprodukte und ihre Medialisierung in den Blick genommen.

Da der Montagebauprozess eine höchst komplexe technologische Herausforderung für die jeweiligen nationalen Industrien in der Nachkriegszeit bildete, gab eben diese Bauweise Anlass für systemübergreifende Verflechtungen und (oft nicht groß beworbene) Kooperationen während des Kalten Kriegs.[21] Auskunft über die Stellung der jugoslawischen Massenwohnungsbauten im In- und Ausland geben wiederum Fachperiodika, die für die folgenden Ausführungen als Hauptquelle fungieren.

Die Referenzen und diskursiv gestalteten Distinktionen werden im Spannungsfeld zwischen Geopolitik und Geopoetik untersucht. Unter Geopolitik wird vorwiegend die politische Aufladung des Raums und der Lage, „[d]er Zusammenhang von Ordnung (= Staatsapparat) und Ortung (= gekerbter Raum)"[22] verstanden, der sich in zwischenstaatlichen Beziehungen, internationalen politischen Gruppierungen, aber auch in der Innenpolitik manifestiert. Den anderen Pol bildet die Geopoetik, welche sich im

---

21 Vgl. Stanek 2019; Jovanović/Grbić/Petrović 2012, 410–417; Jovanović 2020, 8–33; Kamińska 2022.

22 Werber 2015, 128 f.

54 | 2. Baustelle

Wirkungskreis der Slawistik und Osteuropaforschung als theoretischer Gegenstand und literaturwissenschaftliche Methode entwickelte. In der „politisch-rhetorische[n] Abstoßung von der Geopolitik und [der] Teilnahme an ihr mittels Kunst und Wissenschaftsdiskurs" angesiedelt, untersucht die Geopoetik narrative Muster der Raumaufladung, diskursive Gestaltungen der Grenze und textuelle Topoi.[23] Auf den Massenwohnungsbau bezogen wird mithilfe der geopolitischen Positionierung der Blick auf die diskursive Rahmung des Expert:innenaustauschs geworfen. Die geopolitische Konstellation wird durch die geopoetische Perspektive ergänzt und differenziert. So kommen Vorstellungen, Vorurteile und Sehnsüchte zum Ausdruck, die mit den jeweiligen regionalen oder nationalen Räumen (wie Sowjetunion, USA, mediterraner und postosmanischer Raum) und den dortigen Wohntraditionen und -situationen assoziiert wurden.

Seinen literaturwissenschaftlichen Wurzeln entsprechend birgt das Konzept der Geopoetik eine Mischung aus Vorstellung und Wirklichkeit und dreht sich zugleich um die Repräsentation, während der geopolitische Rahmen für die *hard facts* sorgt: die politisch geschaffenen Strukturen wie Gesetze, Kooperationsverträge, staatliche Institutionen. So wird der Versuch unternommen, sich gleichzeitig der Raumimagination wie auch der Raumgestaltung zuzuwenden.[24]

Geopolitische Affinitäten hinsichtlich des Wohnungsbaus werden grob in drei Etappen gegliedert: Die Orientierung an der stalinistischen Sowjetunion (1945–1948), die Suche nach einem autarken jugoslawischen Ausdruck (1948–1953) und schließlich die explizite Öffnung für ausländische (vorwiegend westliche) Impulse (1953–1962). Die vorgeschlagenen Phasen stellen keine mechanischen, sofort in Kraft tretenden Spiegelungen der politischen Ereignisse in der architektonischen Sphäre dar. So sind beispielsweise etliche Überreste sowjetischer Schichten auch nach 1950 zu finden.[25]

2.2.1 Auf sowjetischen Spuren?

Mit dem Sieg der Partisan:innen am Ende des Zweiten Weltkriegs entwickelte sich die Verbindung zur Sowjetunion als die entscheidende außenpolitische Beziehung für Jugoslawien. Der Staat bewegte sich schnell und entschieden gen einen „administrativen Sozialismus" – eine die Industrialisierung priorisierende, zentralisierte und dem stalinistisch Kurs folgenden Planwirtschaft.[26] Auch in der Kulturproduktion entstanden

---

23 Hofmann 2015, 209 f.

24 Vgl. von Hirschhausen/Grandits/Kraft/Müller/Serrier 2015, 39.

25 Zum Beispiel enthielt Jahiel Fincis Buch *Die Entwicklung von Disposition und Funktion in der Wohnkultur Sarajevos* neben einer Zusammenfassung auf Englisch auch eine russische Zusammenfassung. Vgl. Finci 1962. Vgl. auch Kolešnik 2006, 17.

26 Die These, die Kommunistische Partei Jugoslawiens hätte bereits vor 1948 eine Alternative zum Stalinismus ausgearbeitet, lehnte Sundhaussen als eine retrospektive Mythologisierung ab. Vgl. Sundhaussen

2.2 Verortungen: Platzsuche für jugoslawische Massenwohnungsbauten | 55

zahlreiche sowjetisch-jugoslawische Kooperationen.[27] Sowjetische Kunst und Literatur wurden mittels Ausstellungen und Veröffentlichungen einem breiten Publikum zugänglich gemacht und die russische Sprache in Schulen wurde als Hauptfremdsprache bis 1949 unterrichtet.[28] Nach dem sowjetischen Vorbild dominierte in der jugoslawischen Kultursphäre zu diesem Zeitpunkt das Paradigma des sozialistischen Realismus, welches sich inhaltlich auf die Partei und die Stärkung des nationalen Zusammenhalts und formal auf den Klassizismus und Realismus des 19. Jahrhunderts stützte.[29]

Der Topos der fortgeschrittenen sowjetischen Architektur tauchte sogar zweimal in der Positionierung der Redaktion 1947 in der ersten Ausgabe von *Arhitektura* auf. Zunächst wurden die sowjetischen Architekt:innen für ihre gelungene Ausübung der Kritik und Selbstkritik gelobt, womit sie der gängigen marxistischen Formel folgte, die in ihrer dialektischen Herangehensweise eine konstruktive Diskussion zu versprechen hatte. Außerdem wurde „eine neue architektonische Epoche, eine Epoche des sozialistischen Realismus in der Architektur"[30] verkündet. Das Machtverhältnis wurde klar postuliert: Die jugoslawische Architektur laufe der sowjetischen hinterher und müsse sich darum bemühen, deren Entwicklungen nachzuholen. Eine weitere Geste der Treue bildeten zahlreiche Berichte zu Ausstellungen, Publikationen und Projekten in der Sowjetunion und deren europäischen Satellitenstaaten.[31]

Als Ausdruck der engen Verbindung des sozialistischen Jugoslawiens mit der Sowjetunion wurden 1947 in *Arhitektura* sowjetische Wohnexperimente vorgestellt. „Wolkenkratzer, (…) kollektives Wohnen und Wohnkollektiv und Hauskommune und Kommunalhaus"[32] wurden hier zum Vorbild erklärt und ohne Erläuterungen nebeneinandergestellt. Die Anhäufung von Vielfalt suggerierenden Begriffe hatte eine verklärende Wirkung, denn Definitionen und konkrete Beispiele gelungener Projekte blieben aus. Dies lässt sich durch die damalige prekäre Situation im sowjetischen Wohnungsbau erklären: Es gab noch keine befriedigenden Lösungen hinsichtlich der Industrialisierung

---

2012, 80–83.

27 Beispielsweise entstand der erste jugoslawische Film, *In den Gebirgen Jugoslawiens (U planinama Jugoslavije)*, aus einer sowjetisch-jugoslawischen Zusammenarbeit. Der Status des ersten Films im sozialistischen Jugoslawien wurde nach dem Bruch mit Stalin dem Film *Slavica* zugeschrieben. Vgl. Wurm 2015, 159–196.

28 Vgl. Kolanović 2012, 175; Zimmermann 2014, 157.

29 Vgl. Kolešnik 2006, 31–34.

30 o.V. 1947, 3.

31 *Arhitektura* veröffentlichte Berichte über Publikationen wie die bulgarische *Arhitektura i stroitelstvo*, die tschechoslowakische *Arhitektura ČSR*, einen Sammelband zum Sozrealismus in der Architektur. Darüber hinaus wurde über die sowjetische Architektur 1917 bis 1947, wie auch über die zeitgenössische bulgarische, ungarische und tschechoslowakische Architektur berichtet. Vgl. Ostrogović 1947, 3–8; o.V. 1948/a, 21; o.V. 1948c, 46–52; o.V. 1948/f, 40 f.

32 Ostrogović 1947, 7.

56 | 2. Baustelle

und Typisierung der Wohnarchitektur. So signalisierte die Positionierung zugunsten des sowjetischen Wohnungsbaus zu diesem Zeitpunkt eher eine politische und ideologische Zugehörigkeit und folgte weniger einem pragmatischen Bautypus.

Dennoch war die Situation auch vor 1948 nicht eindeutig. In der Domäne der Wohnarchitektur manifestierte sich etwa in der Sowjetunion der Sozrealismus im stalinistischen Ideal des „Arbeiterpalastes". Dieser prachtvolle, mit historisierenden Elementen geschmückte Gebäudetypus, welcher „ein monumentales Bühnenbild"[33] erzeugen sollte, versprach der Arbeiterklasse einen luxuriösen und gemütlichen und in wesentlichen Merkmalen bürgerlichen Lebensstil. Jedoch entpuppten sich „Arbeiterpaläste" in der Praxis als kostspielige Prestigeprojekte, welche deshalb keine umfassende Lösung der Wohnungsfrage darstellten. Trotz der dominanten Vorbildwirkung der sowjetischen Architektur fanden die „Arbeiterpaläste" keine Erwähnung in der jugoslawischen Fachpresse vor dem Bruch mit Stalin, was an der absoluten finanziellen Untragbarkeit für die damalige schwache jugoslawische Wirtschaftslage liegen könnte.

Bereits vor 1948 äußerten sich Vertreter eines funktionalistisch geprägten Modernismus explizit gegen den Eklektizismus (und implizit gegen den Sozrealismus), auch wenn die Sowjetunion mit keinem Wort als ein negatives Beispiel erwähnt wurde; die eindeutige geografische Referenz wurde einfach ausgelassen. Trotz der offenen Verteidigung des sozialistischen Realismus in der ersten Ausgabe von *Arhitektura* war die Zeitschrift durch eine Spannung zwischen Modernismus und Sozrealismus geprägt.[34] Die sowjetische zeitgenössische Architektur wurde in *Arhitektura* zügig nach dem Tito-Stalin-Bruch von 1948 kritisiert. Der Artikel „Schöpferische Probleme der sowjetischen Architektur", die Fortsetzung einer in der vorherigen Ausgabe begonnenen Artikelreihe, beinhaltete zum ersten Mal negative Einschätzungen der sowjetischen Architektur, auch wenn sie nur mittels der Wiedergabe von Aussagen sowjetischer Architekten artikuliert wurden.[35] Kurz nach dem Ausschluss der Kommunistischen Partei Jugoslawiens aus dem Kommunistischen Informationsbüro (kurz: Kominform) blieb die Option auf Versöhnung grundsätzlich offen und umsichtige Formulierungen vermieden weitere Eskalationen (in einem *Arhitektura*-Artikel wurde neben Lenin und Marx sogar Stalin zitiert).[36] Und obwohl auf der Konferenz der jugoslawischen Architekten 1950 in Dubrovnik der Sozrealismus

---

33 MEUSER 2015, 141.

34 Dieser Konflikt lässt sich paradigmatisch am Beispiel der mehrjährigen Debatte zwischen Andrija Mohorovičić (einem Architekturprofessor an der Zagreber Universität als Verfechter der erstgenannten Position) und Branko Maksimović (einem Bauingenieur und Professor an der Universität Belgrad als Repräsentant der zweitgenannten Position) schildern. Zur ausführlicheren Analyse der Debatte vgl. MOHOROVIČIĆ 1947, 6–8; MAKSIMOVIĆ 1948, 73–75; o.V. 1948b, 76–80; MOHOROVIČIĆ 1950, 5–12; HORVAT 2017, 229–232.

35 Vgl. o.V. 1948/e, 57–61.

36 KRAJGHER 1948, 128.

2.2 Verortungen: Platzsuche für jugoslawische Massenwohnungsbauten | 57

klar abgelehnt wurde,[37] tauchte er im jugoslawischen Diskurs auch in den folgenden
Jahren sporadisch auf.

2.2.2 Kurz innehalten

In der Zeit zwischen 1948 und 1953,[38] der Periode der politischen Krise und Unsicherheit
zwischen dem Tito-Stalin-Bruch und Stalins Tod, wurde unter führenden Architekt:in-
nen das Streben nach einem eigenen (jugoslawischen) Architekturstil sichtbarer. Zum
einen wurde in der Abwehr gegen fremde Einflüsse die Idee eines Neustarts artikuliert.
Regionalismus und der modernistisch geprägte Aufbruch bildeten so das Rückgrat des
jugoslawischen Wegs in der Wohnungsfrage, der ein Sonderweg sein sollte. Zum anderen
wurden vernakulare, vermeintlich autochthone Architekturformen mit großem Interesse
analysiert. Eine „gegenseitige Orientalisierung" setzte ein in Form einer „Balkanisie-
rung" Jugoslawiens („türkisches, terroristisches Regime") in sowjetischen und einer
„Asiatisierung" der Sowjetunion („Tataren-Joch") in jugoslawischen medialen Bildern.[39]
Hieraus ergaben sich erste kohärente Ansätze einer *tabula rasa* und eines modernistischen
Vernakularismus.

Der Weg für Neues war zunächst in der Abwendung vom sowjetischen Vorbild sichtbar.
1949 folgte auch die offizielle Instruktion von der jugoslawischen Agitprop zur Tilgung
von sowjetischen Themen und Beispielen in allen einheimischen Medien.[40] In *Arhitektura*
geschah dies bereits 1948. Anstatt der üblichen Berichte über Publikationen, Ausstellungen und Bauten aus der Sowjetunion und ihren Satellitenstaaten wurden in den nach dem
Bruch folgenden zwei Ausgaben ausschließlich einheimische Publikationen vorgestellt.[41]

Der Architekt Igor Blumenau beschrieb den neuen Kurs auf folgende Weise:

---

37 Anfang der 1950er war es ein gängiges ‚Glaubensbekenntnis' der Kulturarbeiter:innen, den Sozrea-
    lismus öffentlich abzulehnen. In den kommenden Dekaden und besonders in der postsozialistischen
    Zeit kam der Mythos zustande, es hätte den Sozrealismus in Jugoslawien nie gegeben, da dieser Stil
    als ideologisch höchst kompromittiert angesehen wurde. Neue Forschungen haben dennoch sowohl
    dessen Existenz vor dem Bruch als auch vereinzelte Kontinuitäten nach 1948 nachgewiesen. Vgl.
    ŠTRAUS 1998, 28; KADIJEVIĆ 2008, 75–88; Kovač 2012, 265; KOLANOVIĆ 2012, 175.
38 Die Literaturwissenschaftlerin Maša Kolanović definiert die Zeitspanne 1948 bis 1952 als Übergangs-
    phase zwischen dem Sozrealismus und modernistischen Strömungen. Einige Andeutungen dieser
    neuen Richtung in der Architektur sind schon früher zu finden, etwa in der Konferenz jugoslawischer
    Architekten in Dubrovnik 1950. Daher ist der Zeitrahmen, wie die Periodisierungen im Allgemeinen,
    mit Vorbehalt entgegenzunehmen. Vgl. KOLANOVIĆ 2012, 177.
39 ZIMMERMANN 2014, 179.
40 Vgl. JAKOVINA 2003, 284.
41 Vgl. o.V. 1948/d, 62.

2. Baustelle

> Dieses ganze Problem [des industriellen Wohnungsbaus] wird erst geboren. Keine große Nation kann sich damit rühmen, befriedigende Lösungen zu liefern, aber alle arbeiten intensiv daran, so hoffen auch wir, dass wir unseren Teil beitragen werden. Wir hoffen sogar, dass unser Beitrag beträchtlich wird, da die Bedingungen, unter denen wir jetzt schöpfen, solche sind, dass sie dies ermöglichen.[42]

Ein noch utopischerer Zukunftsoptimismus wurde vom bekannten Architekten Vladimir Turina zum Ausdruck gebracht: „Wir alle leben heute in einer Zeit der Utopien, die jeden Tag auch die wagemutigsten Vorhersagen übertreffen".[43] Jugoslawien wurde als ein legitimer und hoffnungsvoller Bewerber im technologischen Rennen konstruiert. Wie die Kunsthistorikerin Ljiljana Kolešnik konstatiert, war die symbolische Rolle Jugoslawiens in der internationalen politischen Arena seit den 1950er Jahren deutlich größer als ihre wirtschaftliche Macht.[44] Auch wenn der Umfang des jugoslawischen Exzeptionalismus bis heute umstritten ist, zählte der neu eingeschlagene Sonderweg langsam zum Selbstverständnis der Jugoslaw:innen. So war im jugoslawischen architektonischen Diskurs die Behauptung möglich, der Staat selbst könne wesentlich zur Lösung der allgemeinen Wohnungsfrage beitragen.

Das gängige sozialistische Narrativ von Massenwohnsiedlungen, die auf einem leeren Raum ohne nennenswerte Vorgeschichte entstanden *(tabula rasa)*, löste die zwingende Präsenz der Vorläufer-, Autoritäts- und Vorbildfiguren ab. Bis dahin erfüllte die Sowjetunion in eingeschränktem Umfang diese Vorbildfunktion. Eine ähnliche Aufbruchsstimmung in der Sowjetunion während der „Tauwetter-Periode" nennt die Architekturhistorikerin Olga Kazakova „urban expansion", also die „idea of exploring, conquering, and reclaiming new and unused territory", welche sich vom Wettlauf ins All über die Popularisierung des intrasowjetischen Tourismus bis zur urbanistischen Erschließung Sibiriens ausdrückte.[45] Auch die öffentlichen und nun mit großzügigen Grünflächen ausgestatteten Räume der Siedlungen bewertet Kazakova als ein Zeichen des aufkommenden Werts der Freiheit, waren doch die Innenhöfe der im Stalinismus gebauten Wohnkomplexe in sich geschlossen.[46]

Gleichzeitig eignete sich das Narrativ des Neuanfangs für eine Befreiung von der vorsozialistischen Vergangenheit sowie von kapitalistischen Eigentumsverhältnissen, die den Bau großer Massenwohnsiedlungen deutlich hemmen würden. Alle zukünftigen Massenwohnungsbaustellen der jugoslawischen Hauptstädte hatten entsprechend keine

---

42 Blumenau 1950, 64.
43 Turina 1953, 40.
44 Vgl. Kolešnik 2006, 68.
45 Kazakova 2019, 156–158.
46 Ebd., 162.

2.2 Verortungen: Platzsuche für jugoslawische Massenwohnungsbauten | 59

sozialistische Vorgeschichte. Neu-Belgrad entstand in einem Gebiet, auf dem bis Anfang des 19. Jahrhunderts die Außengrenze des Osmanischen Reichs verlief. In der Zwischenkriegszeit siedelte man dort die Messe an, auf deren Gelände dann im Zweiten Weltkrieg ein Konzentrationslager eingerichtet wurde.[47] Neu-Zagreb (zunächst Süd-Zagreb genannt) hatte eine landwirtschaftliche Vorgeschichte.[48] Grbavica, der Vorzeigesiedlung Sarajevos Ende der 1950er Jahre, ging die Siedlung Husein Gradaščević voran, die zu den im Zweiten Weltkrieg errichteten „Pavelić Siedlungen" gehörte; der heikle faschistische Hintergrund wurde im Sozialismus zügig ausgeblendet.[49]

Auf der Suche nach Lösungen der Wohnungsfrage wurden vernakulare Traditionen mit besonderer Sorgfältigkeit und Eifer untersucht. Auf den ersten Blick scheint die bescheidene, anonyme Wohnarchitektur keine Relevanz für industriell gefertigte Massenwohnsiedlungen der Nachkriegszeit zu haben. Dörfliche oder schlichte städtische Einfamilienhäuser scheinen im Kontrast zu modernen Wohnhäusern zu stehen, traditionelle Baumaterialien wie Stein und Holz finden nur sporadisch Verwendung im Massenwohnungsbau. Für ihre Berücksichtigung spricht jedoch die Frequenz der in Fachzeitschriften veröffentlichten historischen Studien über vernakulares Wohnen auf dem jugoslawischen Territorium sowie die Tatsache, dass sich mehrere aktive Architekt:innen damit befassten, darunter auch Danilo Fürst (1912–2005), der bereits in den späten 1940er Jahren vorfabrizierte Wohnhäuser entwickelte.[50] Die Schlussfolgerungen wurden stets auf die Gegenwart und Zukunft des Wohnens bezogen, die Vor- und Nachteile permanent den neuesten Erkenntnissen angepasst und Anwendungsvorschläge demgemäß formuliert.

Damals wurde das vernakulare Erbe aus mindestens drei Gründen relevant. Erstens, von Menschen aus unteren Schichten gebaut und bewohnt, betraf es den Kern der sozialistischen Klassenfrage. Zweitens entsprang eine solche Architektur, im Unterschied zu

---

47 Vgl. SAIGER 2020.

48 In den letzten Jahren wurde vernakulare, anonyme Wohnarchitektur (Holzhäuser) dokumentiert; vgl. BIŠKUPIĆ ČURLA/MATIJAŠIĆ 2017.

49 Diese Siedlungen wurden nach Ante Pavelić, dem Führer des faschistischen Marionettenstaates Unabhängiger Staat Kroatien (NDH) benannt. Diese eingeschossigen Arbeiterhäuser wurden 1956 abgerissen und durch die Siedlung „Slobodan Princip Seljo" (heute Grbavica II) ersetzt. Nicht nur das wortwörtliche Entsorgen der Baustruktur, sondern auch die Namensänderung wurden unternommen, um faschistische Überbleibsel aus der Stadtgeschichte zu entfernen. So wurde Husein Gradaščević, der Anführer des Aufstands bosnischer Feudalherren im Jahr 1831 gegen den osmanischen Sultan Mahmud II., durch den im Zweiten Weltkrieg ermordeten sozialistischen Volkshelden Slobodan Princip ersetzt. Die Tatsache, dass sich auch das faschistische Regime mit der Wohnungsfrage beschäftigte, wurde somit ausgeblendet, um keine Kontinuität zu der Nachkriegszeit zu ermöglichen. So behauptete Jahiel Finci in der Studie zur Wohnproblematik Sarajevos, die NDH-Zeit „sei nicht von Bedeutung für den Wohnungsbau". Vgl. FINCI 1955, 141; KARAULA 2016, 93.

50 Vgl. KRAJGHER 1948, 126–129; FÜRST 1951, 6–10; GRABRIJAN 1952, 4–10; GVOZDANOVIĆ 1954, 6; LAZAREVIĆ 1954, 3; GRABRIJAN/NEIDHARDT 1957; FINCI 1962.

den historischen Stilen wie Renaissance, Barock oder Historismus, nicht eindeutig den Machtzentren der Habsburgermonarchie oder der Republik Venedig, sondern wurde für authentisch südslawisch gehalten und betonte somit die Eigenständigkeit der jugoslawischen Kultur. Eine mögliche Rückverfolgung über Jahrhunderte in die Vergangenheit konnte den Staat intern legitimieren, dessen Existenz damals von der Sowjetunion akut bedroht wurde. Drittens stieß das Vernakulare auf besonderes Interesse der Modernist:innen und wurde als ein intuitiver Ausdruck des Funktionalismus angesehen. So sollte Le Corbusiers „moderne Vernakulare" *(modern vernacular)* keine Imitation von alten Ornamenten oder architektonischen Elementen sein, sondern Ausdruck einer natürlichen, intuitiv erahnten Verbindung zwischen Form und Funktion.[51]

Von den in der Erkundungs- und Orientierungsphase vorgebrachten Ideen erlebten allerdings nur wenige ihre Umsetzung in Massenwohnungsbauten. Dennoch ist die Diskussion dieser Gedankenspiele und Ideenentwürfe lohnenswert, um den imaginären Geografien, den Konstrukten der jeweiligen Entitäten Jugoslawiens nachzugehen sowie die weiteren Entwicklungen des Regionalismus in den kommenden Dekaden zu identifizieren. Die Modelle regionaler Vielfalt wiesen im weiteren Sinne auf einen ausgeprägten Willen der Regionen und Republiken nach Bewahrung ihrer Besonderheiten hin. Sie prägten somit architektonische Einigkeit in der Vielfalt, welche die Architektur im jugoslawischen Sozialismus nachhaltig prägen sollte.

In den 1950er Jahren setzte sich der slowenische Architekt und Architekturhistoriker Dušan Grabrijan (1899–1952) intensiv mit den historischen und regionalen Varianten der Wohnarchitektur im jugoslawischen Raum auseinander. Er forderte, dass die Architektur und Architekt:innen, „die keinen Kontakt mit dem Land *(zemlja)* gesucht oder gefunden hatten, wegfallen".[52] Semantisch bedeutet *zemlja* sowohl „Erde" als auch „Land" und hat archaische Konnotationen. Grabrijan befürwortete ein Selektieren der intuitiv gelösten Probleme in der vernakularen Architektur und ihre Anpassung an die Bedürfnisse der Gegenwart. Dieser Gedanke kombiniert die selektive, modernistische Feindlichkeit gegenüber der Geschichte (besonders gegen „das Übel, das wir Historismus nennen"[53]) mit einer Affinität für das scheinbar ahistorisch Vernakulare. Die regionale Vielfalt wurde von Grabrijan im positiv aufgeladenen Konzept des Mosaikstaats festgehalten:

> Wir leben in einem der interessantesten Länder der Welt; alles ist hier zusammen: Byzanz, Orient, Mittelmeer und Mitteleuropa. Als die Deutschen unser Land besetzt haben, schrieben und redeten sie abwertend über den „Mosaikstaat". Solche „Mosaikstaaten" sind jedoch üblicherweise die Zentren neuer Kulturen – so wie Frankreich zur Zeit der Romanik, vor

---

51 Vgl. Passanti 2005, 154 f.
52 Grabrijan 1952, 4.
53 Ebd., 9.

2.2 Verortungen: Platzsuche für jugoslawische Massenwohnungsbauten | 61

dem Aufkommen der Gotik. Solche Gebiete bieten Voraussetzungen für Analyse und ohne sie ist keine große Synthese möglich.[54]

Statt als ein Ausdruck der Schwäche des Staates deutet Grabijan hier also die regionalen Unterschiede als Stütze und damit als ein Zeichen der Stärke der jugoslawischen kulturellen und politischen Identität. Der „Mosaikstaat" sollte auch eine Mosaikarchitektur besitzen: eine Fülle an regionaler Varianz und Differenz. Der Exzeptionalismus ist auch hier ein Ausdruck der Zuversicht, Jugoslawien könnte eine neue, international relevante Kulturbewegung in Gang setzen. Weiterhin sah Grabijan die jugoslawische Architektur als das fehlende Glied zwischen dem europäischen und dem orientalischen Haus, wobei er Letzteres vor allem in Mazedonien verortete.[55] Ganz im Einklang mit der Stellung Jugoslawiens zwischen den beiden Fronten im Kalten Krieg einerseits und mit älteren West-Ost-Dichotomien andererseits wurde die jugoslawische Architektur somit auf eine Sonderstelle in der europäischen Architekturgeschichte erhoben.

Verschiedene jugoslawische Architekturhistoriker:innen erwähnten in den späten 1940er und 1950er Jahren lokale Wohntraditionen – mal beiläufig und skizzenhaft, mal detailliert und tiefergehend. Die Bezeichnungen für die jeweiligen Kulturkreise und Regionen sind dabei in der Regel keine festen, etablierten Begriffe oder Bestandteile einer präzisen, eindeutigen Klassifizierung.[56] Diese Vielfalt wird im Folgenden auf vier Arbeitskategorien verteilt (mediterraner, mazedonischer, muslimischer und nördlich-kontinentaler Hausbaustil), da sie am häufigsten genannt und beschrieben wurden. Im Anschluss daran werden die Implikationen für den Massenwohnungsbau diskutiert.

Das mazedonische Haus verstand Grabrijan als die fruchtbarste historische Episode der vernakularen Wohnarchitektur, als eine Wohnform, die „alle Raumprobleme, nach deren Lösungen das zeitgenössische Haus sucht, schon gelöst hat".[57] Zu den Besonderheiten wurden der Gemeinschaftsraum auf Holzstützen *(čardak)* sowie Sanitäranlagen rund um den Brunnen gezählt. Die Geselligkeit des *čardak* stand im Einklang mit sozialistischen Ideen, welche das Kollektiv in den Mittelpunkt stellten. Der Sanitärknoten wurde in den folgenden Jahren als ein preiswertes und praktisches Modell für Massenwohnsiedlungen akzeptiert. Etwa im Fall der Montagebausysteme von Jugomont

---

54 Ebd., 4.
55 Ebd., 8.
56 Eine von Mira Krajgher konzeptualisierte Inventarisierung beinhaltet zum Beispiel folgende Gruppen: Das muslimische Haus, dalmatinische und bosnische Siedlungen, istrische Kleinstädte, die Festungen Dubrovniks, das belokrainer und dolenjer Haus. Grabrijans Typologie sieht hingegen sechs Häusertypen entsprechend den folgenden Regionen vor: Alpen (Slowenien), Mediterran (die adriatische Küste), Pannonien (Nordkroatien und -serbien), Dinariden (Montenegro, Südkroatien und -bosnien), Mazedonien und den Orient (Bosnien, Kosovo). Vgl. Krajgher 1948, 128; Grabrijan 1952, 5.
57 Grabrijan 1952, 8.

wurde eine Sanitäreinheit pro Wohnung konzipiert.[58] Dies implizierte die Konzentration aller notwendigen Wasserinstallationen in der Mitte der Wohnung. Auch wenn die Behauptung, diese Elemente würden nur aufgrund ihrer vernakularen Äquivalente in den Massenwohnsiedlungen eingesetzt, eine zu steile These bilden würde, demonstriert die Art und Weise der Auseinandersetzung mit der Tradition dennoch die damalige modernistische Denkweise. Aus dem raumhistorischen Repositorium wurden abstrakte räumliche Strukturen abgeleitet.

Das muslimische Haus, manchmal auch „bosnisches Haus" genannt, wurde unter orientalisierenden Vorzeichen diskutiert. Ehemalige osmanische Gebiete – in erster Linie Bosnien und Kosovo – wurden zum Ziel sozialistischer Aufklärungskampagnen. So wurde der Schleier gesetzlich verboten (1950)[59] sowie etliche Gebäude aus der osmanischen Zeit abgerissen wie der Basar im Zentrum Pristinas (1947) und ein Teil des Sarajevoer Basars Baščaršija (Ende der 1940er Jahre).[60] Wie Andrew Herscher schreibt, wurde die Modernisierung jugoslawischer Städte als Krieg zwischen dem Alten (= unhygienisch, dysfunktional) und dem Neuen (= Ausdruck des sozialistischen Fortschritts) inszeniert. Die osmanische Stadt wurde von der Mehrzahl der modernistischen Architekt:innen als formlos angesehen und modernistische, stark geometrisch geprägte Raster als Korrektiv eingesetzt.[61] Auch in der Sowjetunion gehörte das Wechselspiel zwischen Destruktion und Konstruktion „zum Herrschaft legitimierenden Metanarrativ".[62]

Als typische Merkmale eines muslimischen/bosnischen Wohnraums gelten getrennte Räume für Frauen und Männer und Geschlossenheit (minimale Öffnungen zur Straße, um die Interaktion mit dem öffentlichen Raum zu reduzieren).[63] Da beide Konzepte – Ungleichheit der Geschlechter sowie Exklusion des öffentlichen Raums – im sozialistischen Wertesystem suspekt waren, wurden sie konsequenterweise im neuen Wohnungsbau nicht berücksichtigt. Der sozialistische Neubau wurde entsprechend diskursiv als Reinigung von einer angeblichen, orientalisch geprägten Rückständigkeit konstruiert.[64] So blieben bei Wohnungsbauten in Zenica (Blok 56, 57/1 und 58/1) und in Grbavica Referenzen auf die osmanische Architektur aus.[65]

---

58 Vgl. BUDIMIROV 2007, 15.
59 Vgl. ZIMMERMANN 2014, 163.
60 Vgl. HERSCHER 2010, 30.
61 Nikola Dobrovićs Plan für Pristina, bewilligt 1954, ging von dieser Annahme aus. Obwohl nicht alle osmanischen Gebäude zum Abriss vorgesehen waren, wurde die Stadtstruktur wesentlich durch die modernistische Stadtplanung umgestaltet. Statt des Basars wurden im Herzen der Stadt die Regierungsgebäude des neuen Regimes platziert. Ebd., 23–38.
62 RÜTHERS 2007, 43.
63 Vgl. GVOZDANOVIĆ 1954, 4; LAZAREVIĆ 1954, 3.
64 Vgl. HERSCHER 2010, 26 f.
65 Vgl. KUŽATKO 1958, 3.

2.2 Verortungen: Platzsuche für jugoslawische Massenwohnungsbauten | 63

Mit dem orientalisierenden Image der grundlegenden Rückständigkeit koexistierte aber auch eine positive Deutung dieses Erbes, vor allem in den Schriften von den Architekten Dušan Grabrijan, Juraj Neidhardt (1901–1979) und Jahiel Finci (1907–1969). Ihr Interesse am Regionalismus bildete eine Kontinuität und stammte zum Teil aus den 1930er Jahren und damit aus der Zeit vor einer theoretischen Formalisierung des kritischen Regionalismus.[66] Sie arbeiteten die Vorteile der bosnischen Wohnkultur heraus: Die im „Recht auf Blick" verankerte Rücksicht auf Nachbar:innen, gesundheitliche Vorzüge („Das orientalische Haus ist ein Meisterwerk der Hygiene"),[67] menschliche Maße, Reduktion des Mobiliars auf ein Minimum und somit maximale Flexibilität bei Tag/Nacht- sowie Winter/Sommer-Umstellungen.[68] Da die Architekten – sei es vorübergehend oder dauerhaft – in Sarajevo lebten, gingen sie wesentlich sensibilisierter mit dem osmanischen Erbe um als jene ohne diesen Hintergrund. Somit demonstrierten sie, dass der „Insiderblick" einen Beitrag zu einer differenzierteren Architektur leisten und strukturelle Ungleichheiten zwischen den jugoslawischen Republiken mildern konnte.

Der kontinentale Baustil – also das slowenische, nordkroatische und nordserbische Erbe – stellte die am wenigsten untersuchte Richtung in den untersuchten Periodika dar. Das „Winzerhaus" im kontinentalen Slowenien, in dem die Arbeiter:innen am Weingut mit zahlreichen Familienmitgliedern wohnten, wurde als ein anachronistischer Ausdruck der Klassenunterdrückung abgelehnt. Hinzu kommt, dass seine Vorzüge, etwa ein geräumiges Grundstück in der Natur,[69] in der Stadt nicht umzusetzen waren.[70] Ein romantisierender Rückblick auf diese landwirtschaftliche Lebens- und Wohnkultur blieb aus, da das Gebiet die wirtschaftlich stärksten Teile Jugoslawiens umfasste und Slowenien in erster Linie als Motor der Industrialisierung galt. So befürwortete Neidhardt „eine Synthese dieses slowenisch technischen und des balkanisch künstlerischen [Prinzips]".[71] Ähnliche Entwicklungen lassen sich in der Sowjetunion beobachten: Während die regionalen Varianten für das inländisch „Andere" (etwa der Kaukasus) artikuliert und reproduziert wurden, war das Interesse am folkloristischen Plattenbau im russischen oder ukrainischen Stil eher gering.[72]

Der mediterrane Stil stieß hingegen auf Interesse bei modernistischen Architekt:innen, etwa Le Corbusier. Zu den erhaltungswürdigen Elementen mediterraner Wohnarchitektur wurde in erster Linie die ‚Ehrlichkeit' und Hochwertigkeit des Materials gezählt wie die lokal abgebauten Steine; weiterhin wurden mediterrane Häuser als Präfiguration und

---

66 Vgl. Zatrić 2018, 129.
67 Grabrijan/Neidhardt 1957, 208.
68 Ebd., 148, 288 f.; Finci 1962, 13–18.
69 Vgl. Mohorovičić 1950, 9.
70 Vgl. Fürst 1951, 6–10.
71 o.V. 1952/c, 43 f.
72 Vgl. Meuser 2015, 307.

intuitive Verkörperung einer modernistischen Ästhetik und Logik gepriesen.[73] Damit wurden sie auch als ein Ausdruck von südländischer Lebendigkeit und Ausrichtung zur Straße und öffentlichem Raum interpretiert, mit dem Hinweis auf die Geschichte des mediterranen Raums als Schauplatz von *Commedia dell'arte*.[74] Die architektonischen Vorstellungen vom mediterranen Lebens- und Kulturraum verbanden damit Stereotype von Zivilisation, Modernismus und Geselligkeit. Außer im Projekt E-57 ist das mediterrane Vorbild ebenfalls in der urbanistischen Gestaltung der im 4. Kapitel ausführlicher behandelten Siedlung Split 3 in den späten 1960er Jahren vorzufinden, welches sich jedoch ebenso der traditionellen Formen bediente.

Warum es überhaupt notwendig ist, regionale Besonderheiten zu pflegen, schilderte 1950 Neven Šegvić (1917–1992), einer der führenden jugoslawischen Architekten und der erste Chefredakteur der *Arhitektura,* folgendermaßen:

> Die erste und größte Erkenntnis aus unserer bisherigen Praxis ist es, dass wir auf der Suche nach unserem neuen architektonischen Ausdruck nicht den Weg der vereinfachenden Vereinheitlichung gehen sollen, die einzelnen architektonischen Aufgaben nicht immer mit demselben architektonischen Inventar von Ljubljana bis Skopje, von Belgrad bis Dubrovnik zu lösen versuchen.[75]

Diese Aussage kann als endgültiges Bekenntnis zum architektonischen Regionalismus gelesen werden, aber auch als implizite Distanzierung von der auf Vereinheitlichung setzenden, hegemonialen architektonischen Praxis in der Sowjetunion. Die Schlüsse der Ersten Jugoslawischen Beratung zur Zukunft von Wohnen und Wohnungsbau in den Städten (Ljubljana, 27. bis 28. Mai 1956) bestätigten diesen Kurs und forderten die Berücksichtigung der „unterschiedlichen ökonomischen, technischen, kulturellen und sonstigen Umstände in verschiedenen Teilen des Landes"[76] beim Wohnungsbau.

Das umgewertete, positiv aufgeladene Verständnis vom „Mosaikstaat", der ausgefeilte Regionalismus und die Dezentralisierung führten zu einem vielfältigen Erscheinungsbild der Massenwohnungsbauten in Jugoslawien, das sich im Laufe der Jahrzehnte bewähren sollte. So schrieb der Kunsthistoriker Udo Kultermann (1927–2013) noch im Jahre 1985 anerkennend:

---

73 Der Architekt Milan Zloković untersuchte in den 1950er Jahren traditionelle Seemannshäuser in Boka Kotorska (Bucht in heutigem Montenegro). Er stellte dabei fest, dass sie wegen ihrer modularen Struktur und der typischen modernistischen Fensterdimension(120 × 160 cm, 3:4) „unabsichtlich modern" seien. Vgl. BLAGOJEVIĆ 2003, 191–200.

74 LAZAREVIĆ 1954, 3.

75 ŠEGVIĆ 1950, 21.

76 o.V. 1956, 30.

Wie selten können in einem anderen Land die Bewohner unter der ihnen am meisten entsprechenden Wohnform wählen. Dabei stehen nicht so sehr Einfamilienhäuser im Vordergrund, wenngleich auch dieser Teil der jugoslawischen Wohnhausarchitektur sind, sondern Massenwohnungen in großen Siedlungskomplexen, deren architektonische Gestalt eine erstaunliche Breite zeitgenössischer Artikulationsmöglichkeiten bietet.[77]

Regionale Besonderheiten einer Mosaikarchitektur bekamen in den frühen 1950er Jahren in der Selbstverwaltung eine neue politische Dimension. Die vom slowenischen Spitzenpolitiker Edvard Kardelj theoretisch artikulierte Doktrin der Selbstverwaltung wurde in einem bedeutenderen Umfang 1952 eingeführt und in den folgenden Jahrzehnten umdefiniert und erweitert.[78] Im Kern blieb sie ein Instrument der angestrebten gesellschaftlichen Teilhabe und Verantwortung auch der untersten Ebenen – seien es Arbeiter:innen im Rahmen ihres Arbeitsplatzes oder Bewohner:innen in ihrer Nachbarschaft.

Dementsprechend gab es in Jugoslawien, im Unterschied zu den meisten sozialistischen Ländern, keine zentrale Planung und keine Institution, die Massenwohnungsbauten für das ganze Territorium entwarfen.[79] Stattdessen führten Bauunternehmen diese Planungsarbeit durch, die zwischen privaten und staatlichen Einrichtungen zu verorten waren und innerhalb der sozialistischen Marktwirtschaft im Wettbewerb standen. Die voranschreitende Dezentralisierung auf allen Ebenen ermöglichte eine solche intrajugoslawische Konkurrenz.

Allerdings erhielten nicht alle Teile des Mosaiks die gleiche Aufmerksamkeit, wie dieser Abschnitt gezeigt hat. Während mediterrane Merkmale bedingungslos aufgenommen und häufig angepriesen wurden, wurde das osmanische Erbe deutlich ambivalenter und oft ablehnend rezipiert. Das kontinentale Haus hingegen wurde kaum mit vernakularen Traditionen in Verbindung gebracht. Dies lag auch daran, dass das kontinentale Haus im Nordwesten Jugoslawiens dominant war, wo die urbanen Zentren der Macht lagen. Hier siedelten sich auch die Baufirmen und ausführenden Expert:innen an. Durch diese geografische Ungleichbehandlung manifestierten sich bereits in den 1950er Jahren Wirtschaftsasymmetrien zwischen dem reicheren Nordwesten und dem ärmeren Südosten.

---

77 KULTERMANN 1985, 228.

78 Für eine ausführliche kritische Geschichte der jugoslawischen Selbstverwaltung vgl. UNKOVSKI-KORICA 2015, 21–44.

79 So war in der Tschechoslowakei für die Entwicklung der Plattenbauten Stavoprojekt zuständig, das staatliche Konglomerat der Architekturbüros, welches Mitte der 1950er 11.000 Mitarbeiter:innen beschäftigte und von 1948 bis zum Anfang der 1990er Jahre aktiv war. Vgl. ZARECOR 2011, 73–75.

2.2.3 „Aus der ganzen Welt"

Schon während der flüchtigen Rückzugsphase (1948–1953) deutete sich die kulturelle und politische Öffnung Jugoslawiens gen Westen an. Das 3. Plenum der Kommunistischen Partei Jugoslawiens im Jahr 1949 setzte sich bereits für einen internationalen Austausch ein.[80] Im Jahr 1950 trat Jugoslawien erneut der UNESCO bei, begann westliche Publikationen zu importieren und unterstützte 1953 bis 1963 17.000 Fachkräfte bei Fortbildungen im Ausland.[81] Die politische Öffnung Jugoslawiens und die Anfänge des „Dritten Wegs" in den 1950er Jahren sind mehreren Faktoren zu verdanken. Zum einen entschärfte sich die Bedrohung durch die Sowjetunion. Nach dem Tod Stalins 1953 folgte die „Tauwetter-Periode" der Liberalisierung unter Nikita Chruschtschow, der sich auch offiziell für den Ausschluss Jugoslawiens aus dem Kominform entschuldigte.[82] Unter Chruschtschow erfolgte ferner ein Kurswechsel sowjetischer Architektur: Das Ideal der prächtigen „Arbeiterpaläste" wurde durch rationalisierte und industrialisierte Plattenbauten – *Chruschtschowkas* – ersetzt. Doch wurde die sowjetische Architektur, sowohl ihr stalinistisches Erbe als auch poststalinistische Projekte, in der jugoslawischen Architekturpresse weiterhin als vorwiegend rückständig eingeordnet. „[Architekten der Wolkenkratzer] verrieten die Prinzipien der zeitgenössischen Architektur brüsk und verfielen dem Widerspruch zwischen dem Fortschrittlichen und dem Anachronistischen",[83] schrieb die Architektin Daša Crnković 1963. Sie frage sich, „ob sowjetische, von Eklektizismus befreite Architekten im Wunsch, einen neuen architektonischen Ausdruck ihrer Zeit zu realisieren, je Erfolg haben werden".[84]

Zum anderen intensivierte sich die Beziehung Jugoslawiens zu den Vereinigten Staaten infolge der erheblichen finanziellen Unterstützung, die Jugoslawien, einst Marshallplan-Verweigerer, nun erhielt. Titos Regime wurde „über Wasser gehalten",[85] um die Einheit des sozialistischen Blocks zu unterwandern. Insbesondere infolge der Dürreperiode 1950 kam ein „Sozialismus auf amerikanischem Weizen"[86] zustande und Jugoslawien wurde zum „amerikanischen sozialistischen Verbündeten".[87] Die neue Bereitschaft, mit dem Westblock gute Beziehungen zu pflegen, wurde schon mit Titos ersten Auslandsreisen

---

80 Vgl. RAJAK 2011, 28.
81 Ebd., 30.
82 Vgl. DUDA 2012, 23.
83 MINIĆ 1961, 40.
84 CRNKOVIĆ 1963, 9.
85 Vgl. RAJAK 2011, 13.
86 Vgl. das gleichnamige Buch von Tvrtko Jakovina: JAKOVINA 2002.
87 Vgl. JAKOVINA 2003.

2.2 Verortungen: Platzsuche für jugoslawische Massenwohnungsbauten | 67

nach 1948 angedeutet. Im März 1953 besuchte er das Vereinigte Königreich und damit zum ersten Mal einen westlichen Staat.[88]

Ähnlich wie das jugoslawische Oberhaupt orientierten sich die Protagonist:innen des architektonischen Diskurses zunehmend über die Staatsgrenzen hinweg; die Suche nach internationalen Inspirationen war nicht nur erlaubt, sondern explizit erwünscht. Rezensionen über ausländische Publikationen traten in den jugoslawischen Fachperiodika vermehrt auf und die Leserschaft wurde sogar zum Tausch der Ausgaben ermutigt. So schrieb die Redaktion von *Arhitektura* 1950:

> In neuen Ausgaben werden wir noch eine Reihe von Artikeln ausländischer Theoretiker veröffentlichen, sodass unsere Architekten die Entwicklung der Weltarchitektur zumindest in groben Zügen kennenlernen können, was auch für die kritische Entwicklung unserer sozialistischen Bestrebungen auf diesem Feld wichtig ist.[89]

Die Liste der 40 bei der Redaktion der Belgrader Zeitschrift *Arhitektura – Urbanizam* eintreffenden Architekturperiodika im Jahr 1960 zeugt von der Selbstpositionierung und -wahrnehmung Jugoslawiens im internationalen architektonischen Kontext.[90] Neben sechs jugoslawischen (aus Zagreb, Belgrad, Split, Ljubljana) befanden sich fünf Publikationen aus anderen sozialistischen Ländern (zwei aus Polen, zwei aus der DDR und eine aus Rumänien), jeweils eine aus Algerien, Brasilien und Mexiko, der Türkei und Griechenland. Der Rest und zugleich die große Mehrheit – 24 Publikationen – kam aus West-, Nordeuropa und den USA. Auch die slowenische Zeitschrift *Arhitekt* berichtete seit den frühen 1950er Jahren in der Rubrik „Aus der ganzen Welt" über ausländische Architektur; allerdings bestand *Arhitekts* „ganze Welt" tatsächlich vornehmlich aus Westeuropa.[91] Diese Fokussierung bestätigt nochmals die klare Orientierung jugoslawischer Architektur Richtung Westen, mit gelegentlichen Blicken in Richtung blockfreier und sozialistischer Staaten mit Ausnahme der UdSSR. Die Abwesenheit des größten und einflussreichsten sozialistischen Landes weist hingegen auf dessen geschrumpften Einfluss in Jugoslawien hin.

„Während Architekten und Urbanisten im Westen mit dem Privateigentum zu kämpfen haben, und sich im Osten (UdSSR) dem Staatskapitalismus streng unterwerfen, sind die Möglichkeiten in diesem Tätigkeitsfeld bei uns fast unbegrenzt", pries ein Belgrader Architekt in den frühen 1950er Jahren die Sonderlage Jugoslawiens.[92] Die Beweglichkeit

---

88 Vgl. Duda 2012; 23.
89 o.V. 1950/c, 64.
90 o.V. 1960/f, 45.
91 o.V. 1952/b, 29–31.
92 o.V. 1952/a, 22.

68 | 2. Baustelle

Jugoslawiens zwischen den Fronten des Kalten Krieges versprach das Beste aus beiden Welten. Dieses neue selbstsichere Auftreten Jugoslawiens kulminierte Anfang der 1960er Jahre in der Bewegung der Blockfreien Staaten.

Hinsichtlich der Montagebauweise hoben die jugoslawischen Architekturzeitungen häufig hervor, dass diese Bauweise auch in anderen Ländern Anwendung findet, um deren Verbreitung nachzuweisen und so die Skepsis der eigenen Bevölkerung zu mildern. So warb die Zeitschrift *Jugomont* mit der Alltäglichkeit des Montagebauens in Holland, Schweden, der Sowjetunion, Frankreich und Polen, ohne jedoch auf Unterschiede zwischen den jeweiligen Bausystemen einzugehen.[93] Diese Zusammenstellung von Beispielen aus Staaten zu beiden Seiten des Eisernen Vorhangs war ein typischer Ausdruck der friedlichen Koexistenz und der Faszination der Idee eines globalen Friedens, wie ihn die Vereinten Nationen versinnbildlichten. Entsprechend häufig wurden die Berichte der Europäischen Kommission für Wohnungsangelegenheiten, welche in der UN angesiedelt war, in den Analysen jugoslawischer Architekt:innen zitiert.[94] Diese Daten dienten als Basis für den Vergleich zwischen Jugoslawien und anderen europäischen Ländern. Obwohl „Hingucken" jetzt erlaubt (und erwünscht) war, bedeutete dies nicht, dass die jugoslawischen Architekt:innen die Lösungen aus anderen Kontexten einfach kopierten. Die Entwicklung eigener Entwürfe oder die Anpassung bereits existierender Modelle an die jugoslawischen Umstände bildete stets die Priorität.

Dies wird am Beispiel der jugoslawischen Rezeption der Wohnprojekte von Le Corbusier näher untersucht. Seinerzeit genoss Le Corbusier eine bis dato unbekannte Medienaufmerksamkeit, von Berichten über seine Wohnprojekte in Europa bis zu Stadtbauplanungen in den (ehemaligen) Kolonialgebieten in Afrika und Asien. Diese Beliebtheit ist keine Ausnahme im internationalen Kontext: Sowohl die sowjetische als auch die westliche Architekturpresse beschäftigten sich in der Nachkriegszeit ausführlich mit seinem Schaffen.[95] Die Unité d'Habitation, ein Ende der 1940er Jahre in Marseille errichtetes Wohngebäude, das drei weitere Ausführungen erlebte, bildet einen wichtigen Pfeiler in der Geschichte des Massenwohnungsbaus. Deswegen schenke ich ihm eine besondere analytische Aufmerksamkeit.

Den ersten längeren Artikel zu *Unité d'Habitation* in Jugoslawien stellte eine 1949 in *Arhitektura* erschienene Übersetzung aus der englischen fotojournalistischen Revue *Picture Post* dar, in der dem euphorischen Text von Derek Money eine kurze, eindeutig negativ formulierte Einleitung gegenübergestellt wurde.[96] Darin wurde das Projekt aus ideologischer Perspektive bewertet und der Vorwurf formuliert, eine „exakte Spiegelung

---

93 Vgl. STILINOVIĆ 1961, 12.
94 Vgl. FINCI 1955, 3; o.V. 1962/f, 2–4.
95 Vgl. MEUSER 2015, 59–64.
96 Vgl. MONSEY 1949, 76 f., 95.

2.2 Verortungen: Platzsuche für jugoslawische Massenwohnungsbauten | 69

der kapitalistischen Ideologie" statt ein revolutionäres Projekt zu sein.[97] Darüber hinaus bemängelte der Artikel Le Corbusiers apolitische Ausrichtung. Die Überschrift „Schrankwohnungen" fügte dem noch einen ironischen Akzent hinzu, der im Originaltext nicht zu finden ist.

Nach dieser kurzen Einleitung folgt dann auf drei Seiten die lobende Erläuterung, die besonders die „vertikale Gemeinschaft", die Optimierung der Besonnung, die Restfunktion des Konzepts „Zuhause" sowie die Anwendung moderner Materialien hervorhebt. Monseys Bewertung von Le Corbusiers politischer Orientierung fällt ebenfalls deutlich anders aus als die der Übersetzung: Die Nähe zum Kommunismus, die starke Präsenz von Gemeinschaft *(community)* bewertet Monsey als einen politisch kontroversen Standpunkt in Frankreich, während die Übersetzung diese Nähe naturgemäß begrüßte.

Die Übersetzung verdeutlicht das rege Interesse der jugoslawischen Fachöffentlichkeit an den Ergebnissen dieses Wohnprojektes, welches zum Veröffentlichungszeitpunkt noch nicht beendet war. So wurde Mitte der 1950er Jahre eine unkommentierte Auswahl der internationalen Reaktionen auf die Unité veröffentlicht, in der Spannbreite zwischen Hochgesang („Wohnblock der Zukunft", „Kathedrale des Wohnens") und Missbilligung („Narrenhaus", „seelenloser Termitenbau").[98]

Da jugoslawische Architekt:innen nach dem Tito-Stalin-Bruch zunehmend international mobil wurden, folgten bald die Einschätzungen aus erster Hand.[99] Vor allem die prägnanten Unterschiede zwischen dem in den Medien abgebildeten und dem tatsächlichen Gebäude rückten durch die Besuchsberichte explizit ins Blickfeld. Der Architekt Branko Petrović (1922–1975) fokussierte sich auf pragmatische und soziologische Aspekte. Neben kleineren Kritikpunkten (Kritik an der überirdischen und zu tief gebauten Garage, dem Zellencharakter der Wohnräume, der ungünstigen Lage der Läden mitten im Gebäude statt im Erdgeschoss), hob er positive Gesichtspunkte wie „eine konsequente Ehrlichkeit" (in der Wahl und Anwendung der modernen Materialien), „Stärke", „Originalität" und „Wagemut" der Lösung hervor.[100] Zugleich kritisierte er die „Betonmaschine" als eine zu konsequente und zu weit führende Anwendung der maschinellen Logik, welche das Menschliche aus dem Blick verliere. Weiterhin bemängelte er, dass die Wohnungen zu teuer für diejenigen seien, die sie gerne hätten, und nicht komfortabel genug für diejenigen, die sie sich leisten könnten. Es ist der Ausdruck einer Klassenaporie, die schon im Kontext des Neuen Frankfurts in den 1920er Jahren auftauchte.[101]

---

97 Vgl. ebd.
98 o.V. 1954/c, 8.
99 Danilo Fürst besuchte 1949, nach dem in Holland ausgetragenen Kongress zum Wiederaufbau, die Baustelle der Unité in Marseille. Den späteren Aussagen zufolge war er von den Wohnungsschnitten begeistert, kritisierte aber die langen Flure, die ihn an Bergwerke erinnerten. Vgl. Koselj 2013, 32.
100 Petrović 1955, 3, 8.
101 Vgl. Kutting, 88.

2. Baustelle

Dieselbe, von Petrović skeptisch betrachtete, maschinelle Zweckmäßigkeit wurde im Umkehrschluss in einem ausführlichen Leserbrief eines reisefreudigen Arztes verteidigt. Die Angst vor einer „bedrohten Intimität" erklärt dieser als „Sentimentalität" und als Streben nach „österreichisch-ungarischer Sicherheit" und setzt beiden den Enthusiasmus für „Wohnhygiene" und für Wolkenkratzer als Inbegriff der Moderne entgegen.[102] Diese Stimme bildet ein seltenes Beispiel der Berücksichtigung einer außerfachlichen Meinung zur Frage des Massenwohnungsbaus. Dies wurde durch seinen sozialen Status, seine Expertise als Mediziner (Wohnhygiene) und seine Ortskenntnisse legitimiert.[103]

Während die formalen Aspekte der Unité vorwiegend als gelungen eingeschätzt wurden, stieß die im Projekt implizierte soziale Struktur – „die Wohngemeinschaft im Wolkenkratzer"[104] – in Jugoslawien auf Skepsis. Dies mag verwundern, da gerade dieser Aspekt mit der sozialistischen Aufladung des Kollektivs im Einklang zu sein scheint. Eine mögliche Erklärung für diesen Widerspruch ist im Kontext der anderen sozialistisch intonierten Quellen zu anzustrebenden Wohnstrukturen zu finden. Unter anderem wurde der slawischen Form der *zadruga* (Hausgenossenschaft) große Aufmerksamkeit geschenkt. Zudem stellte Le Corbusiers Projekt keinen Anspruch, sozialistische Bürger:innen zu kreieren: Als Folge der von ihm propagierten Funktionstrennung wurde das Zuhause zu einem politisch passiven Rückzugsort. So wurde Le Corbusiers Idee von Gemeinschaft im erwähnten Artikel gleichzeitig als zu radikal (in kapitalistischen Ländern) und nicht radikal genug (in sozialistischen Ländern) bewertet.

Obwohl Le Corbusier in der jugoslawischen Presse der 1950er Jahre nicht unisono gepriesen wurde, waren seine Ideen unter Architekt:innen wohlbekannt. Zudem arbeiteten mehrere jugoslawische Architekten in seinem Studio in der Zwischenkriegszeit und pflegten diese Kontakte auch noch nach 1945.[105] Den Aneignungen, sei es in Form

---

102 Obwohl der Autor ein Laie ist, ist sein Leserbrief von den anderen Artikeln kaum zu unterscheiden, wozu auch die redaktionelle Gestaltung – Platzierung innerhalb der Zeitschrift (Seite 3, wie im Fall von Petrovićs Artikels) und artikelähnliche Formatierung – wesentlich beiträgt. Vgl. DRAGOJLOVIĆ 1956, 3.

103 Dieser Fall weist weiterhin auf die relative Unzugänglichkeit von Reisen und auf die Umwandlung von Reisen in kulturelles Kapital hin.

104 o.V. 1954/a, 1.

105 Zu Le Corbusiers Mitarbeitern und Schülern zählten unter anderem Edvard Ravnikar (1907–1993), Juraj Neidhardt (1901–1979), Ernst Weissmann (1903–1985), Vladimir Turina (1913–1968), Vladimir Antolić (1903–1981) und Božidar Rašica (1912–1992). Vgl. ZUPANČIČ 2012, 393–396; IVANKOVIĆ 2016.

2.2 Verortungen: Platzsuche für jugoslawische Massenwohnungsbauten | 71

eines abstrakten Einflusses auf Ideen[106] oder aber in (zu) frappanten Parallelen zu Le Corbusiers Werk, wurde wohlwollend begegnet.[107]

Über Le Corbusier hinaus bewertete die architektonische Fachöffentlichkeit besonders den skandinavischen Modernismus, die Werke von Architekten aus den USA (Frank Lloyd Wright, Mies van der Rohe, Walter Gropius), die Berliner Ausstellung *Interbau* (1957) im Hansaviertel[108] und die Aktivitäten der Ulmer Hochschule für Design in den 1950er Jahren ausgesprochen positiv.[109] Nach allgemeinen Ankündigungen und Übersetzungen aus Pressetexten folgten in der Architekturpresse Berichte von Besucher:innen, welche vor allem das Wohnen ausführlicher und differenzierter darstellten.[110] Das Erbe des jugoslawischen Modernismus aus der Zwischenkriegszeit erhielt keine ausgiebige mediale Aufmerksamkeit.[111] Die junge sozialistische Macht wollte wohl positive Referenzen auf das vorige Regime vermeiden, selbst wenn diese kapitalismuskritisch waren. Auch fanden deutsche Konzepte aus der Zeit der Weimarer Republik wenig Erwähnung. So wird auf das Projekt des Neuen Frankfurts selten verwiesen und vergleichbare Konzepte wie das Rote Wien wurden lieber in anderen – oft amerikanischen – Genealogien

---

106 Zum architektonischen Ausdruck des Architekten Vladimir Turina wurde Folgendes notiert: „Obwohl vom Opus Le Corbusiers beeindruckt, bediente er sich nie seiner Requisiten und griff nie in die reiche Schatzkammer seiner Umsetzungen. Turina übernahm nur dessen Parolen". Vgl. Nikšić 1957, S 46 f.

107 Dies wurde im Kontext des Wohnbaus in der Belgrader Straße in Zagreb diskutiert, in der Drago Galićs Projekt formelle Ähnlichkeiten mit der Unité aufwies. Die Situation wird durch eine Anekdote zu Cyranos Umgang mit Plagiatsvorwürfen verdeutlicht. Auf den Einwand, Molière hätte sich bei seinem Werk bedient, antwortete Cyrano stolz, dies bezeuge, dass dieser guten Geschmack habe. Dennoch wird im Anschluss des Artikels das Plagiat bestritten. Die Kluft im Umgang mit dem Plagiat, zwischen Anekdote und Verneinung mit eher vagem Argument (heutzutage sei es nicht möglich, einige Formen nicht zu wiederholen, da sie weit verbreitet seien und fast zu anonymen, universalen Elementen geworden sind) verweist auf ein Bewusstsein über auffällige Ähnlichkeiten zwischen den jeweiligen Projekten. Vgl. o.V. 1957/f, 6.

108 Die Ausstellung bildete die erste organisierte Forschungsexkursion einiger bosnisch-herzegowinischer Architekten und hatte somit eine zusätzliche emanzipatorische Dimension. Vgl. Štraus 1998, 30.

109 Vgl. o.V. 1957/b, 3 f.; o.V. 1957/c, 56–64; Vasiljević 1957, 2; Gvozdanović 1957, 3; Hamilton 1963, 5.

110 Als Nachteile werden die Nähe von Wohnkomplexen zu großen Verkehrsadern und der Ausstellungscharakter der Siedlung („ewige Ausstellung", „abstraktes Architekturmodell") gebracht. Das letztgenannte Argument beruht auf der These, Deutschland steht vor der Wahl, weniger oder qualitativ schlechtere Wohnungen zu bauen; das Hansaviertel hatte schließlich keinen Massencharakter. Vgl. o.V. 1957/c, 56, 62.

111 Sie wurde doch aufrechterhalten, in erster Linie durch personelle Kontinuitäten. Besonders linke Kreise wie die Mitglieder der sogenannten Arbeitsgruppe Zagreb (Radna grupa Zagreb, 1931–1934) sowie der künstlerischen Gruppe Erde (Zemlja), welche Modernismus mit sozial(istisch)en Ideen verbanden, waren in der Nachkriegszeit weiterhin aktiv. Vgl. Bjažić Klarin 2005, 46–50; Ivanković 2016, 154, 161; Kutleša/Hanaček/Vuković 2019.

72 | 2. Baustelle

eingeordnet.[112] Damit wurde zwischen sozialdemokratischen und sozialistischen Wohnansätzen klar unterschieden.

Die Entwicklung einheimischer Massenwohnungsbauentwürfe war also häufig geopolitisch angereichert und verkompliziert. Anders als in den 1940er Jahren fiel das Image der amerikanischen Architekturtradition in den 1950er Jahren deutlich wohlwollender aus: Es wurde nicht mehr als unoriginelles, kapitalistisches Übel verteufelt.[113] Ferner behauptete Jugomont, seine Montagesysteme seien näher an der amerikanischen als an der europäischen Montagetradition.[114] Dabei wurde kaum erwähnt, dass Bogdan Budimirov (1928–2019), eine der zentralen Figuren in der Entwicklung der Jugomont-Systeme, an einer Studienreise in die Sowjetunion zum Thema industrieller Wohnungsbau teilgenommen hatte.[115] Die mediale Aufmerksamkeit ist zwar nicht mit dem direkten Einfluss auf die Baupraxis gleichzusetzen, gibt aber – wie hier gezeigt – Auskunft über geopoetische Phantasien und ersehnte geopolitische Allianzen.

2.3 Massenwohnungsbau: Ideenbaustelle

In der unmittelbaren Nachkriegszeit wurde der Bau von dringend benötigten Wohneinheiten nur langsam fortgesetzt und durch den staatlich verordneten Schwerpunkt auf die Schwerindustrie sowie durch die kriegsbedingt intensivierte finanzielle Notlage Jugoslawiens zusätzlich erschwert. Nach dem Tito-Stalin-Bruch, durch abrupt gekappte wirtschaftliche Beziehungen zu den sozialistischen Ländern, wurde die Lage noch prekärer. Dennoch entstanden neue Wohnräume (Abb. 3): Zwischen 1945 und 1954 kamen zu

→ Abb. 3 Juraj Neidhardt: Propaganda-Plakat für den Wiederaufbau (1946). Unter dem Motto „Das Volk baut, der Staat hilft" *(narod gradi, država pomaže)* wurden die Bauanstrengungen der unmittelbaren Nachkriegszeit subsumiert. Auf dem Bild ist eine ländliche Situation zu sehen; die Häuser in verschiedenen Baustadien wurden aus traditionellen Materialien (Ziegel, Holz) mit einfachen Werkzeugen errichtet. Der Fokus liegt auf schwerer körperlicher Arbeit – freiwilliges Engagement und Arbeit über die Norm hinaus wurden als Haupttugenden des frühen jugoslawischen Sozialismus etabliert.

---

112 Vgl. Antolić 1952, 43 f.

113 In den frühen 1950er Jahren äußerte sich eine Amerikanisierung der jugoslawischen Kultur besonders im Film: 1952 bis 1956 standen 325 in jugoslawischen Kinos gezeigte Filme aus den USA den 33 aus der UdSSR gegenüber. Ein amerikanophiles Klima im Kultursektor verbreitete sich auch durch die Literaturzeitschrift *Krugovi* (*Kreise*, 1952–1958), welche regelmäßig Übersetzungen amerikanischer modernistischer Texte veröffentlichte. Vgl. Kolanović 2012, 177; Vučetić 2012, 89.

114 Vgl. Solar 1962/a, 13.

115 Diese Kurznachricht ist nur im von den Angestellten aufbereiteten Beiblatt von *Jugomont* zu finden. Vgl. Jakšić 1962, 5.

2.3 Massenwohnungsbau: Ideenbaustelle | 73

Ing. arch. Juraj Neidhardt: Plakat povodom akcije za izgradnju stanova, 1946

POVODOM AKCIJE ZA IZGRADNJU INDIVIDUALNIH STANOVA

Naša dosadašnja praksa — iskustva za budući rad

Juraj Neidhardt

Razvitkom naše industrije industrijski centri povećali su se u tolikoj mjeri, da broj stanovništva znatno prelazi postojeći stanbeni prostor. Unatoč tome, što se je poslije oslobođenja pristupilo izgradnji stanova na prilično širokoj osnovi izgradnjom čitavih novih naselja i stanbenih blokova u gradovima, stanbena kriza je neriješena.

Premda se u mnogim slučajevima gradilo bez nekih pretenzija, nije se išlo dalje od sasvim utilitarne izgradnje. Iako je »krov nad glavom« bio ono prvo i najvažnije, ipak nisu razne akcije (kao frontovske, sindikalne, te raznih investitora naše kapitalne izgradnje) uz značajne postignute rezultate u dovoljnoj mjeri riješile stanbenu oskudicu u našim gradovima, naročito u industrijskim centrima. Glavni razlog tome jeste to, što se je usljed forsirane izgradnje industrije društveni standard uopće, uključivši i stanove, našao nužno u drugom planu. Građevinski materijal, radna snaga i mehanizacija toliko su bili absorbovani kapitalnom izgradnjom, da toga nije dostajalo za društveni standard (i stanove) ni izdaleka u potrebnoj mjeri.

Međutim, ne može se reći, da su svi oblici organizacije izgradnje kao i rezerve materijala, a naročito radne snage, iscrpljene. Ostala je još mogućnost korištenja viška radne snage, kako među privatnicima, tako među radnicima i službenicima državnih preduzeća i ustanova. Oni mogu samoinicijativno da grade sebi vlastitu kuću (umjesto da čekaju da im je sagradi njihovo preduzeće ili država) uz vlastiti, djelomični doprinos — bilo u novcu, bilo u radnoj snazi, bilo korištenjem lokalnih materijala i t. sl.

Taj momenat je kod nas pravilno uočen i preduzete su potrebne mjere da se te mogućnosti dobro iskoriste.

Budući da naš radnik i službenik ne mogu danas odjednom raspolagati dovoljnom svotom novca, potrebnom za izgradnju kuće (stana), kao i da mnogi nemaju niti potrebnog zemljišta (parcele), to je država preuzela obavezu da — prije svega industrijskim radnicima — daje kredit na dugoročni zajam kao i potrebno zemljište.

U tom smislu izašla su i uputstva za izvršenje Uredbe o izgradnji stanbenih zgrada radnika i službenika (»Službeni list FNRJ« br. 36/51). Posebne komisije određuju rajone u industrijskim i privrednim centrima, u kojima će se podizati stanbena

74 | 2. Baustelle

den 3,4 Millionen Wohnungen, die den Zweiten Weltkrieg überstanden, 310.000 neue Wohneinheiten dazu.[116] Zum einen handelte es sich um Einfamilienhäuser – sowohl selbst gebaute als auch erste Erprobungen in Form von industriell hergestellten Montagehäusern aus Holz.[117] Zum anderen wurde die Tradition der Arbeitersiedlungen in der Nähe von Fabriken fortgesetzt.[118] Zugleich entstanden neue Wohnhäuser auf einzelnen freien Parzellen im Stadtgefüge, wie etwa nach dem Wettbewerb der Stadt Ljubljana für acht über die Stadt verteilte Grundstücke.[119] Der slowenische Architekt Edvard Ravnikar nannte diesen Ansatz spöttisch „Plombierung": Anstatt ambitionierte Projekte in einem größeren Maß zu betreiben, würden Architekt:innen zu kurzsichtig denken, sich auf Lückenschließung beschränken und dabei die Vorzüge der bereits bestehenden Infrastruktur genießen.[120]

Die realisierten Wohnungsbauprojekte waren in der Regel bescheiden, folgten der Vorkriegstradition oder wurden in die alten Stadtteile integriert. Neben einzelnen Bauten und kleineren Gebäudeensembles wurden in den 1950er Jahren prominente, modernistisch geprägte Straßenzüge gebaut, wie etwa die Straße der Proletarierbrigaden[121] in Zagreb, die aus einer Reihe von administrativen Bauten und von Le Corbusier inspirierten Wohnhäusern bestand.

Im Folgenden werden die in Jugoslawien der 1950er und frühen 1960er Jahre zirkulierenden Ideen zur Ästhetik und zur Gestaltung von größeren Ensembles – Massenwohnsiedlungen – diskutiert. Wie imaginierten jugoslawische Architekt:innen die Ästhetik sowie die räumliche und urbanistische Struktur neuer Wohnungsbauten? Welche Aspekte waren von besonderem Interesse, welche wurden dagegen nur flüchtig thematisiert? Wo herrschte Konsens, wo Unstimmigkeiten und welche Schlüsse wurden daraus gezogen? Für eine Zusammenstellung der zentralen Aspekte wird in erster Linie die Erwähnung in

---

116 Vgl. Topham 1990, 402 f.

117 Darunter waren zum Beispiel die Produkte der Fabrik in Zavidović́i, Bosnien, die „nach der Befreiung nach dem schwedischen Muster gebaut und mit schwedischen Maschinen ausgestattet wurde". Vgl. Černič 1952, 8.

118 In Nova Gorica, Slowenien, wurde eine aus Einfamilienhäusern bestehende Wohnsiedlung für Arbeiter der Möbelfabrik Edvard Kardelj entworfen, die Siedlung Strnišče wurde in den späten 1940er Jahren in der Nähe der Aluminiumfabrik in Kidričevo, Slowenien errichtet. Vgl. Šlajmer 1952, 21; Koselj 2013, 27 f.

119 Vgl. o.V. 1953, 7–13.

120 Ravnikar 1953, 14.

121 Die Allee südlich der Innenstadt wurde als wichtige West-Ost-Achse konzipiert, die an den künftigen Universitäten vorbeilaufen sollte. Die Geschichte ihrer Namensänderungen spiegelt die Geschichte Jugoslawiens. Sie hieß seit 1947 Moskauer Straße, 1951 wurde sie in Belgrader Straße umbenannt und bereits 1957 bekam sie einen ganz neuen Namen (Straße der Proletarierbrigaden). 1991 wurde sie zum letzten Mal umbenannt und gedenkt seitdem als *Ulica grada Vukovara* der in den Jugoslawienkriegen schwerbeschädigten ostkroatischen Stadt Vukovar.

Titeln als Indikator benutzt, der auf eine analytische Relevanz hinweist. Eine Präferenz für bestimmte Stile und Elemente wird als eine architektonische Entscheidung verstanden, die nicht im apolitischen Raum erfolgt. Die Präferenzen der jeweiligen Architekt:innen geben daher Auskunft über kulturhistorische Horizonte der frühen Phase des Massenwohnungsbauens in Jugoslawien.

Da die akute Wohnungsknappheit und limitierten Ressourcen Gegenstand der Leitfragen der vorliegenden Arbeit sind, werden die Quellen priorisiert nach Höhe, Farbe, Form und Industrialisierungsgrad der Bauten ausgewertet. Eine detaillierte Besprechung von Grundrissen und Inneneinrichtungen in der Architekturpresse erfolgte nicht zeitnah. Abschließend werden die Alternativen zum Massenwohnungsbau als Lösung der Wohnungsfrage besprochen.

Die Annahme hierbei ist, dass der Einfluss der modernistischen Ästhetik auf die Entscheidung über Farbe, Masse und Komposition, wie bereits zuvor ersichtlich, ausschlaggebend war und die Diskussionsführung im modernistischen Duktus durch die Konventionen der Architekturzeitschrift weiter bestärkt wurde. Zugleich ergab die institutionelle Konstellation des jugoslawischen Sozialismus, insbesondere die Multiplikation der Entscheidungsträger durch eine dezentralisierte Selbstverwaltung, eine Vielfalt an parallel verfolgten Lösungen.

2.3.1 Wie industriell?

Die Industrialisierung der Bauweise wurde in den ersten Jahren des sozialistisch-jugoslawischen Regimes zum Refrain in nahezu allen Stellungnahmen zur Wohnungsfrage. Zu den Zielen des ersten Fünfjahresplans für den Zeitraum 1947 bis 1951 wurde die „Massenherstellung der Montagewohnbauten aus typisierten und standardisierten Elementen" erklärt.[122] Dementsprechend bekannte sich auch die Redaktion von *Arhitektura* in der ersten Ausgabe zum „Schaffen der Massenherstellung von Montagewohnbauten aus typisierten und standardisierten Elementen".[123] Die Idee der Montagebauweise, ein Widerhall der modernistischen Wohnmaschine im Sinne von Le Corbusier und der fordistischen Massenherstellung, wurde kurzerhand zum Vorbild. Die Entscheidung für eine maschinell herstellbare Bauweise in Jugoslawien, bereits vor dem Tito-Stalin-Bruch festgelegt, lag in erster Linie an der starken personellen Kontinuität unter modernistisch ausgebildeten Architekten aus der Zwischenkriegszeit.

Die Montagebauweise wurde an mehreren Orten gleichzeitig intensiv erprobt. Das erste komplett vorfabrizierte Wohngebäude wurde 1949 nach Plänen des Architekten Danilo Fürst in Bežigrad, Ljubljana errichtet. Dem war sein zum Teil vorfabriziertes

---

122 o.V. 1947, 5.
123 Ebd.

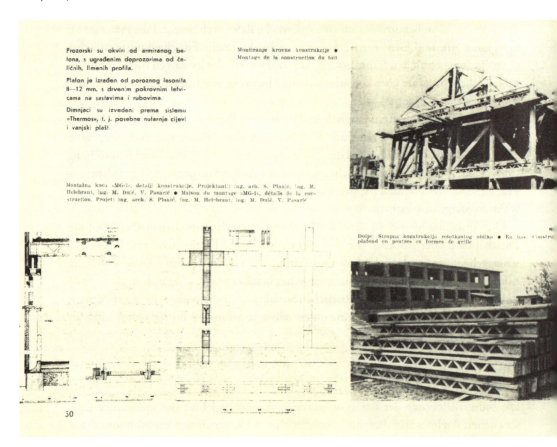

Abb. 4   Montagebau Mont MG1: Mont MG1 (Architekten: Planić, Helebrant, Duić, Pasarić) wurde 1950 in Zagreb als Versuchsobjekt gebaut, um die möglichen Wege für den Montagebau zu erforschen. Ein zweistöckiger Bau mit Steildach war kaum größer als ein Einfamilienhaus. Bis auf eingesetzte kleinere Platten wirkte die Situation der Baustelle nicht anders als vor dem Krieg.

System Hitrogradnja („Schnellbau") vorausgegangen: 96 Bauten mit vorgefertigten Treppen und Fensterstürzen entstanden hier 1949.[124] In Zagreb wurden 1950 drei „Versuchsmontagehäuser" (Abb. 4) von drei Architektenteams entworfen und umgesetzt.[125] Eine Versuchsphase für die infrage kommenden Modelle des Massenwohnungsbaus war auch in anderen sozialistischen Ländern üblich. Jedoch waren sie wegen ihres Verbunds mit einer zentralen Institution deutlich koordinierter, wie etwa das Institut für Typung beim

---

124 Vgl. KOSELJ 2013, 30 f.
125 Vgl. o.V. 1950/a, 26–34.

2.3 Massenwohnungsbau: Ideenbaustelle | 77

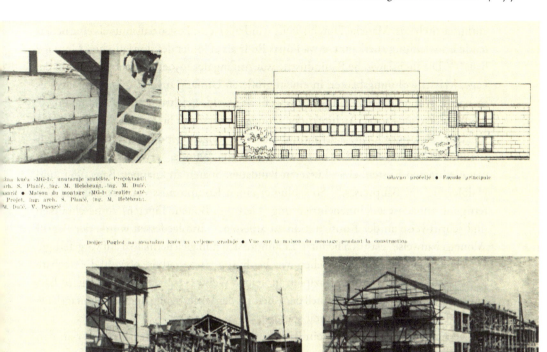

Ministerium für Aufbau (später dem Ministerium für Bauwesen) in der DDR oder das Stavoprojekt in der Tschechoslowakei,[126] während jugoslawische Versuche dezentralisiert und relativ unabhängig voneinander abliefen. Einerseits bildeten diese Bauten einen architektonischen Durchbruch, denn sie zeigten neue Möglichkeiten der Bauweise auf und schafften den Sprung vom Papier in die Stadt. Gleichförmige Fenster in einem einfachen Rhythmus sowie die schlichte Artikulation der Fassade symbolisierten das Ankommen einer industriellen Ästhetik im Wohnungsbau. Andererseits beinhalteten alle auch Merkmale einer anonymen Architektur der Vormoderne wie zum Beispiel ein Steildach anstatt eines modernen Flachdachs. Ihre bescheidene Höhe (zwei Etagen) und karge, balkonlose Fensterfronten sind der prekären Wirtschaftslage geschuldet.

Während die Architekt:innen die Industrialisierung der Bauweise im Allgemeinen energisch befürworteten, fielen ihre ersten Berichte eher ernüchternd und weniger

---
126 ENGLER 2014, 25 f.

enthusiastisch aus. Manche Durchbrüche wurden erst im Postsozialismus als eine bedeutende Entwicklung anerkannt, etwa Fürsts Rolle als „Pionier des slowenischen Montagebaus".[127] Die jugoslawische Bauindustrie war Anfang der 1950er Jahre noch nicht in der Lage, Massenwohnungsbauten in einem größeren Umfang zuverlässig herzustellen; es mangelte, wie in anderen Industriezweigen, an „Geld, Erfahrung und Fachkräften".[128] Ivo Bartolić (1912–2013), Architekt der Montagebausysteme in Zagreb, räumte Fehleinschätzungen, ungeschickte Ausführung und einen ungenügenden Grad der Industrialisierung ein, betonte aber, dass nicht weniger als ein „Wunder" erwartet wurde in Form von niedrigeren Kosten, einer kürzeren Baudauer, Sparen an knappen Baustoffen und Halbierung des Baupreises.[129] So schlug er einen Kompromiss vor, nämlich die Vorfertigung zunächst auf Inneneinrichtung (Heizung, Boden, Tapeten) zu beschränken und schrittweise an der Konstruktion zu arbeiten.[130] Infolgedessen wurde der Begriff „Montagebauweise" elastisch benutzt: Er konnte sich nun gleichermaßen auf vorgefertigte Treppenhäuser und Fenster beziehen, wie bei Fürsts Hitrogradnja, obwohl die tragbare Konstruktion den Montageprinzipien in keiner Weise entsprach. Ambitionierte Bauunternehmen bedienten sich schnell der Rhetorik der Vorfertigung und des Montagebaus, die für Fortschritt und Modernität standen.

Die Abweichung von einer einheitlichen Industrialisierung lag nicht nur an den materiellen Hindernissen, sondern auch an dem sich in den 1950er Jahren neu formierenden Selbstverständnis des jugoslawischen Sozialismus. So wurde der stete Progress immer mehr erwünscht. „Unsere Weiterentwicklung, Genossen, geht so schnell, dass wir nicht auf der Stelle stehen können. Wir müssen Änderungen durchführen, nicht weil das Frühere falsch war, sondern damit wir durch das starre Festhalten an dem Früheren nicht zurückbleiben, sprach Josip Broz Tito anlässlich der Ersten Beratung der Ingenieure und Techniker Jugoslawiens" (1950).[131] Die Erwartung, „[d]ie Zukunft wird anders sein als die Vergangenheit, und zwar besser", bildete den Kern der fortschrittsorientierten Gesinnung, welche insbesondere in der Moderne zur Plattitüde geworden ist.[132] Kaum waren experimentelle Bauten fertig, wurden sie kurz in Architekturzeitschriften besprochen und in der Vergangenheit verortet: Der Prozess zählte mehr als das Endergebnis.

Zudem waren der graduelle Ausbau der Selbstverwaltung, die damit verbundene Dezentralisierung sowie das fachliche Selbstverständnis des Entwerfens als schöpferische Tätigkeit ausschlaggebend. Mit diesem Rahmen waren „individuell entworfene Wohnungsbauten" auf den ersten Blick kompatibler als die auf Serienmäßigkeit ausgerichteten

---

127 RAVNIKAR 2000, 10; KOSELJ 2013, 8.
128 SUNDHAUSSEN 2012, 132.
129 Vgl. BARTOLIĆ 1950, 23.
130 Ebd.
131 o.V. 1950/b, 3.
132 KOSELLECK 2000, 364.

Wohnungsbauten.[133] Die Beispiele des individuellen Wohnbaus wurden in der Fachpresse ausgiebig diskutiert, wie etwa die bereits erwähnte Straße der Proletarierbrigaden in Zagreb, die Gebäude von Juraj Neidhardt auf dem Abhang in der Mitte Sarajevos,[134] die Wohntürme von Ivan Antić (1923–2005) in Belgrad[135] und die Siedlung für das Universitätspersonal in Ljubljana von Stanko Kristl (*1922).[136] Außerdem wurde das letztgenannte Projekt seitens des Dachverbands jugoslawischer Architekten zum besten realisierten Wohnungsbau für das Jahr 1960 gekürt. Die Architekt:innen bevorzugten im Großen und Ganzen einen individuellen Entwurfsprozess, der nur eingeschränkt industrialisiert werden konnte.

Während die Industrialisierung der Bauweise in der Realität nur bis zu einem bestimmten Grad unterstützt wurde, proklamierte die Mehrheit der führenden Architekt:innen eine modernistisch geprägte Ästhetik. Sie ist in einem Comic in *Arhitekt* exemplarisch (wenn auch zugespitzt) zu finden.[137] Die ursprünglich schlichte Version eines Gebäudes wurde als architektonisches Ideal dargestellt, welches erst auf Wunsch der Investoren mit traditionellen Elementen (Dachziegel, ein repräsentatives Tor statt eines kleinen Eingangs) ausgeschmückt wurde. Dadurch wurde auch die leichte Wirkung eines auf schmalen Säulen zu schweben scheinenden Baus deutlich umgestaltet. Die erste Fassung des Gebäudes ist in den Prinzipien des sogenannten „Internationalen Stils" verwurzelt: Geometrisch simplifiziert, besteht sie vorwiegend aus Rechtecken. Die schmalen Stützen, ebenfalls ein Allgemeinplatz aus dem Repositorium der Moderne, geben dem Gebäude eine elegante, leicht wirkende Erscheinung, die durch das Ausschmücken widerlegt wurde. Das Bild suggeriert, dass die Architekt:innen den Stil der Moderne längst angenommen haben, aber außerhalb der Fachkreise stießen sie auf Ablehnung. Die Akzeptanz der modernistischen Grundprinzipien bildet eine Fortsetzung der Ausrichtung

---

133 Zwischen 1960 und 1990 lag der Anteil der individuellen Wohnungsbauten im sowjetischen Wohnbau bei etwa 2 %. Solche Gebäude – horizontal ausgerichtete, auf Stützen beruhende Platten – waren in der Regel sichtbar von Le Corbusiers Unité d'Habitation inspiriert und für die privilegierten Gruppen der Gesellschaft (wie zum Beispiel Partei und Militär) bestimmt. Vgl. MEUSER 2015, 435–437.

134 Vgl. o.V. 1954/b, 24 f.

135 Vgl. RICHTER 1960, 33 f.

136 Vgl. o.V. 1960/j, 47–49; o.V. 1960/h, 21–23.

137 Während der Comic in *Arhitekt* die eindeutige Verpflichtung des Architekten zum Funktionalismus bezeugt, wurde im Vorspann des Films *Ironie des Schicksals oder Genieße Dein Bad!* (1975), einer in der Sowjetunion beliebten Satire zur Austauschbarkeit der poststalinistischen Massenwohnsiedlungen, die Logik umgedreht. Der prächtige architektonische Entwurf mit Säulen, ausgefeilten Eingängen, Rundbögen und Giebeln wurde im Behördengang Schritt für Schritt abgehobelt. So wurde impliziert, dass die „kahle", höchst vereinheitlichte Erscheinung der Bauten der ursprünglichen architektonischen Intention nicht entspricht; die Bauten wurden nicht als ein Ausdruck der überzeugten Modernist:innen dargestellt, sondern als ein administrativer Kompromiss – eine Sparmaßnahme. Vgl. o.V. 1952/e, 42; MEUSER 2015, 33–37.

jugoslawischer Architektur, wie sie in der Zwischenkriegszeit etabliert wurde. Zum ästhetischen, modernistisch ausgerichteten Ideal kam zunehmend ein deutlicher Zuspruch für eine „industriell bedingte Schönheit" hinzu, die sich in einer makellosen, präzisen Ausführung der Oberflächen manifestierte.[138]

Jedoch war eine Übergangs- oder Kompromisslösung zwischen der funktionalistischen, ornamentlosen Ästhetik der Moderne und den historischen Stilen in mehreren frühen Massenwohnungsbauten zu finden. Die Wohntürme von Ivan Antić im Belgrader Stadtteil Zvezdara hatten, wie JU-59, Steildächer. Das von Stanko Kristl entworfene Gebäude in der slowenischen Industriestadt Velenje war mit (zwar unauffälligen) klassischen architektonischen Elementen wie Triglyphen geschmückt.[139] Diese historischen Überbleibsel zeigen, dass der Übergang vom traditionellen zum industrialisierten Bau doch etwas sanfter war, als die Rhetorik vermuten ließ.

2.3.2 Wie hoch?

Die ambivalente Einstellung der Architekt:innen zur optimalen Höhe der Bauten lässt sich anhand der diesem Thema gewidmeten Ausgabe der Zeitschrift *Arhitektura – Urbanizam* (1961) detailliert rekonstruieren. In vier Artikeln wurden Hochhäuser theoretisch und historisch eingeordnet, ihre Vor- und Nachteile aufgezählt und jüngste Beispiele aus dem In- und Ausland ausgewertet. Die in Jugoslawien entstehende Fülle an Begriffen für solche Gebäude wurde mit Interesse verfolgt: Wolkenkratzer *(oblakoder),* Himmelskratzer *(neboder),* Himmelberührer *(nebotičnik;* vorw. in Slowenien), Säule *(stolpnica;* vorw. in Slowenien), Wohnturm *(stambena kula;* vorw. in Serbien) oder Solitär *(soliter;* vorw. in Belgrad).[140] Manche Bezeichnungen wurden als modische Erscheinungen oder unkritisch übernommene Lehnwörter eingeordnet, welche im Wesentlichen auf das damit einhergehende Flair des Internationalen abzielten. Das Streben nach Höhe spiegelt sich am stärksten in den ersten drei Termini wider: Obwohl die damaligen jugoslawischen Bauten selten mehr als fünf Etagen zählten, erreichten sie wortwörtlich den Himmel. Weiterhin wurde das Modewort „Solitär", ein aus dem Belgrader städtebaulichen Jargon importierter Begriff, mit dem Hinweis kritisiert, dass alle alleinstehenden Gebäude als Solitäre bezeichnet werden könnten.

Nach der damals dominanten Einstellung der Architekt:innen zu Hochhäusern wurden sie nicht als einzelne Gebäude beurteilt, sondern als „Teil einer Komposition"[141] und

---

138 Ausführlicher zum Verlauf der jugoslawischen Diskussion um ästhetische Eigenschaften der (zukünftigen) Massenwohnungsbauten vgl. Horvat 2017, 227–238.

139 Vgl. Bjažić Klarin 2018, 91.

140 Vgl. Minić 1961, 40.

141 Macura 1961, 3.

als Orientierungspunkt sowie Gleichgewicht zu horizontal ausgerichteten Bauten, um die Skylines zu akzentuieren. Ähnlich wie im sozialistischen Denken das Individuum nie ganz getrennt von der Gesellschaft steht, war es unerwünscht, die Massenbauten als isolierte Bauerscheinungen zu beurteilen. Dementsprechend wurde die Harmonie zum Ideal der Einbindung von Hochhäusern ins städtische Gefüge erklärt. Besonders Hochhäusergruppen wurden begrüßt, wie beispielsweise jene auf der rechten Uferseite des Vardar in Skopje oder das Ensemble der zehn- bis zwölfstöckigen Hochhäuser in Velenje, welches mit einer Gruppe von Familienhäusern und anderen horizontalen drei- bis vierstöckigen Wohngebäuden harmonisierte.[142]

Hochhäuser wurden als eindeutiges Merkmal von Urbanität und Moderne verstanden, welches auch Architekt:innen, Investor:innen und Gemeinden für die Werbung nutzten.[143] Die effektvolle vertikale Form sollte auch die Bedeutung der Akteure betonen sowie einen urbanen Charakter bestätigen oder zumindest vortäuschen.[144] Deswegen wurden solche Projekte in kleinen Orten (z. B. Mali Petrovac und Svilajnac in Serbien) als antifunktionaler Modeausdruck abgelehnt.[145] Manche Kritiker lehnten sogar Hochhäuser in Gesamtjugoslawien kategorisch ab. Sie behaupteten, die Hochhäuser seien aus Sicherheitsgründen nicht geeignet für Kinder und es gäbe nicht genug Bewohner:innen für ein solch „intensives urbanes Leben" in den Großstädten, geschweige denn in kleineren Orten.[146] Die Wahrnehmung der Bewohner:innen als für das Großstadtleben (noch) nicht bereit währt bis heute in der Geschichtsschreibung über jugoslawische Städte.[147] Obwohl die Vertikalität ein breites mediales Aufsehen erfuhr, waren die ersten Massenwohnumgsbauten aus praktischen Gründen häufiger horizontal, in Lamellenform gestaltet. Ähnlich wie in der Sowjetunion wurden erst niedrigere Wohnungsbauten gebaut, um die Notwendigkeit eines Aufzugs zu vermeiden und dadurch den Herstellungspreis zu senken.[148]

---

142 Vgl. ebd.; Minić 1961, 63.
143 Vgl. Minić 1961, 41.
144 So wurden die in allen Perioden des sozialistischen Jugoslawiens gebauten Hochhäuser in vielen Städten als identitätsstiftend von Bewohner:innen akzeptiert und verwandelten sich im Laufe der Zeit in Markenzeichen der jeweiligen Städte. Ein solches Beispiel ist der 1968 gebaute Čelični soliter (Stahlsolitär) in Zenica (BiH), der schon während der Bauzeit mit viel Publizität und Interesse in lokalen Medien begleitet wurde. Vgl. Džananović 2016, 138.
145 Vgl. Macura 1961, 3; Minić 1961, 40.
146 Minić 1961, 42.
147 Vgl. Džananović 2016, 144.
148 Für ein ähnliches Beispiel in der Sowjetunion vgl. Meuser 2015, 296–298.

82 | 2. Baustelle

2.3.3 Welche Farben?

Von formalen Parametern einer modernistischen Bild- und Architekturanalyse, wie Rhythmus, Komposition, Volumen, Fläche, findet im untersuchten Korpus die Farbe oft eine gezielte, konzentrierte Besprechung. Schon in den 1950er Jahren kursierte das Schreckgespenst einer eintönigen, grauen Düsterkeit *(jednolično sivilo)*.[149] Der Überfluss an grauen Fassaden wurde zu einem unvorhergesehenen Erbe der Moderne, denn die ursprünglich leuchtend weiß-grauen Gebäude aus der Zwischenkriegszeit waren inzwischen grau geworden.[150] So wurde die Farbe zum Aspekt, in dem sich Zwischen- und Nachkriegsmoderne deutlich unterschieden: Anstelle der „Nicht-Farben" trat der Anspruch auf „Lebensfreude, einen heiteren Humanismus der neuen Epoche",[151] der einem sozialistisch geprägten Zukunftsoptimismus entsprach.

Oft wurde in den Architekturzeitschriften die psychologische Wirkung bestimmter Farben erläutert, mit Experimenten und Interpretationen von Goethe und Chevreul untermauert. Farben glichen fast Medikamenten: Blaue Töne zur Beruhigung, rote zur Stimulation.[152] Zudem entlieh man die Wirkung auf die Betrachter:innen der modernistischen Malerei. So wurden kompatible Kombinationen vorgeschlagen und normativ vorgestellt. Für Wohnungsbauten galten entweder die naturbelassenen Farben der Materialien oder Variationen einer Farbe sowie dreifarbige Kompositionen aus zwei benachbarten und einer komplementären Farbe als ideal.[153] Die Auswahl der Farben wurde vorwiegend in Form von Gebrauchsanweisungen präsentiert, ergänzt mit Zusätzen zu Erfahrung und Kreativität. Mit Ausnahme der Studien des Architekten Božidar Rašica (1912–1992) blieben komplexere Farbstudien aus.[154]

Der Architekturhistoriker Maroš Krivý zeigt am Beispiel von tschechoslowakischen Plattenbausiedlungen, wie der Farbengebrauch als „chromatic politics" eingeordnet werden kann: von der subtilen Akzentuierung der Baustruktur in den 1960er Jahren über Farbe als Aufruf zur Reformierung der architektonischen Disziplin bis zum postsozialistischen Übermalen des Sozialismus mit bunten, oft schrillen Farben auf Initiative der neuen privaten Eigentümer:innen.[155] Zugleich wurde die aktuelle Sehnsucht von

---

149 MAGYAR 1956, 2.
150 Vgl. ZEMLJAK 1958, 1.
151 MAGYAR 1956, 2.
152 Vgl. POŽGAJI 1955, 6; MAGYAR 1956, 2.
153 Vgl. MAGYAR 1956, 2; ZEMLJAK 1958, 3.
154 Božidar Rašica unternahm eine Studie der Farbenverhältnisse in Bezug auf historisch bedingte koloristische Charakteristiken der Umgebung. Rašica war Mitglied der neoavantgardistischen Gruppe EXAT-51 und seine gründlichen Studien fanden keine Nachahmer im Bereich des Massenwohnungsbaus. Vgl. RAŠICA 1960, 35–43.
155 Vgl. KRIVÝ 2015, 765–802.

2.3 Massenwohnungsbau: Ideenbaustelle | 83

Architekt:innen nach einem Revival der Moderne in der Rückkehr zu originellen Farbenschemata sichtbar.[156] Im jugoslawischen Frühsozialismus hatte die farbenfokussierte Ästhetik einen wichtigen Vorteil, denn sie ermöglichte preiswerte, aufsehenerregende Effekte, die der Monotonie trotz mangelnder finanzieller Mittel entgegenwirken konnten. Schon damals wurde vor einer Kulissenhaftigkeit gewarnt, die etwas verstecken soll.[157] Die Farbenlehren für die Architekt:innen wurden mittels Farbkreisen und Analysen von bestehenden Gebäuden verbreitet. Es mag ironisch wirken, dass in der Regel die einzige Farbseite der Zeitschrift dem Farbenkreis gehörte und alle anderen Beiträge samt Architekturfotografien in Schwarz-Weiß erschienen, teils aus Kostengründen, teils in Einklang mit Konventionen der modernistischen Architekturfotografie.

Das Erscheinungsbild der ersten Massenwohnungsbauten war weit von einer grauen Eintönigkeit entfernt. Auf ihren Fassaden blinzelten Blau, Rot, Weiß, Schwarz, Gelb, warme und kühle, pastellfarbene und schrille Farbtöne so auffällig, dass der damalige *Arhitektura*-Chefredakteur Zdenko Kolacio das „bunte Bemalen der Fassaden" als den negativen Trend schlechthin in den 1950er und frühen 1960er Jahren kritisierte.[158] Als erwünschte Farbpolitik forderte er Harmonie, die den grellen Kombinationen gegenüberzustellen sei.[159] Die Ablehnung der Extreme ist eine ästhetische Doktrin, die besonders in den 1960er Jahren lebendig war und auch generell in der Nivellierung und Suche nach einem Standard zu finden ist. Statt dem Herausragen einzelner Komponenten wurde ein Gleichgewicht aller Elemente gefordert, sei es aller konstitutiven Nationen, aller Arbeiter:innen, aller Bauten in der Siedlung oder aller Räume in der Wohnung.

2.3.4 Alternativen?

Die mehrstöckigen Massenwohnungsbauten in Neubausiedlungen waren nicht alternativlos. Individueller Wohnungsbau, vorwiegend in Form von Einfamilienhäusern,[160] währte über die ganze sozialistische Periode hinweg, wurde vom Staat weitgehend toleriert und manchmal sogar ausdrücklich begrüßt, da die Lösung der Wohnungsfrage im privaten Rahmen den Staat entlastete.

---

156 Ebd.

157 Vgl. DELFIN 1958, 3.

158 KOLACIO 1961, 56.

159 Intensive Farben erfuhren eine Aufwertung in den 1980er Jahren im Rahmen des Postmodernismus. So wurden in Zenica Fassaden der Wohngebäude in Rot, Grün und Gelb ausgeführt und in Sarajevo entstand das grelle gelb-grüne Wohngebäude „Papagei" *(Papagajka)*. Vgl. ebd.; ŠTRAUS 1998, 135; DŽANANOVIĆ 2016, 138.

160 Auch prachtvolle Einfamilienhäuser für die sozialistische Nomenklatura blieben nicht aus. Etwa zehn solcher Villen wurden in Sarajevo im Laufe der 1950er Jahre errichtet. Vgl. ŠTRAUS 1998, 35 f.

Sogenannte „Wohnkooperativen" *(stambena zadruga)* wurden dann Mitte der 1950er Jahre immer konkreter ausgearbeitet und intensiver diskutiert. Sie bestanden aus Interessent:innen, im Prinzip den Arbeiter:innen eines Unternehmens, die sich zusammenschlossen, monatlich in eine gemeinsame Kasse einzahlten und zumeist auch ihre körperliche Arbeitskraft auf der Baustelle zur Verfügung stellten. Mithilfe von Subventionen auf lokaler Ebene sowie der Unterstützung ihres Arbeitgebers (in Form von Geld, Baustoff oder bereitgestellten Maschinen) sollten sie schneller an einen eigenen Wohnraum gelangen. Diese Struktur verkörperte eine der wohl unmittelbarsten Interpretationen der Doktrin der Selbstverwaltung auf der Mikroebene und der Engels'schen „Selbsthülfe der Arbeiter".[161] Die in Wohnkooperativen vorherrschende Bauweise lässt sich eher als traditionell einordnen: Einstöckige Einfamilienhäuser im Grünen, ohne Rückgriff auf industriell vorgefertigte Bauelemente. Dies ist nicht nur auf den Geschmack der zukünftigen Bewohner:innen zurückzuführen, sondern auch auf die Besonderheiten des Vorfertigungsprozesses. Da die Arbeiter:innen in den meisten Fällen keine Qualifikationen im Bauwesen vorweisen konnten, waren große, konstruktiv aufwendige Wohnungsbauten aus rein praktischen Gründen unmöglich.[162]

Obwohl Wohnkooperativen Mitte der 1950er Jahre optimistisch begrüßt wurden, vor allem von Gemeinden, die darin eine Ersparnis eigener Mittel sahen,[163] wurden auch viele ihrer Probleme bereits angesprochen. Einige Expert:innen behaupteten, dass das Modell der Wohnkooperativen nur in großen bauindustrienahen Unternehmen Aussicht auf Erfolg habe. Der Architekturkritiker Darko Venturini verwies auf die gelungenen Wohnkooperativen der Zagreber Werkzeugfabrik Prvomajska und der Belgrader Fabrik Ivo-Lola Ribar, welche über ausreichend qualifizierte Arbeitskräfte verfügten und die notwendigen Transportwagen, Maschinen sowie Restmaterialien zur Verfügung stellen konnten.[164] Darüber hinaus wurde die bevorzugte Bauform – Ein- bis Zweifamilienhaus mit Garten – als zu teuer und unangemessen für das Stadtbild kritisiert. Branko Petrović, der Präsident des Verbands der Urbanisten Jugoslawiens, warnte vor den versteckten, im Nachhinein von der Lokalverwaltung getragenen Kosten, die bei niedriger Baudichte für Infrastruktur (zum Beispiel Abwassersystem) und Baugeländе anfallen. Wer solche Häuser bauen wolle, so Petrović, könne es im privaten Arrangement tun, statt das Kollektiv unnötig zu belasten.[165] So wurde auch hier den mehrstöckigen Wohnhäusern implizit der Vorzug gegeben. Im Wesentlichen galt die Argumentation der als unsozialistisch wahrgenommenen Atomisierung der Siedlung, indem andere Konzepte

---

161 Engels 1958, 39.
162 Vgl. Venturini 1955/b, 1.
163 Vgl. Vidaković 1956, 1.
164 Vgl. Venturini 1955/a, 1.
165 Vgl. Petrović 1956, 11.

den Einfamilienhäusern vorzuziehen seien, zumal das Ganze größer sein sollte als die Summe seiner Teile.

Zu den Kritikpunkten kam noch eine allgemeine Unsicherheit bezüglich der Rolle der Staatsorgane im Bauprozess hinzu. Wie Kritiker:innen betonten, gab es ohne staatliche Subventionen, die in den 1950er Jahren noch nicht gesetzlich geregelt waren, keine stabile finanzielle Basis für Kooperativen. Auch wenn der Staat einen Zuschuss in Höhe von 50 % der Baukosten genehmigen würde, müssten Kooperant:innen ihren Eigenanteil im Laufe von langen 40 Jahren abbezahlen.[166] Eine weitere Bruchstelle verursachte das Zweifeln an der kollektiven Verpflichtung der Mitglieder. „Wie kann man den Kooperanten, der seine Wohnung bekommen hat, dazu bewegen, auch 20 Jahre später an der Fertigung des letzten Hauses mitzuarbeiten?"[167], fragte sich Venturini. Gerade die Prinzipien der Solidarität und der „Brüderlichkeit und Einheit", welche die Grundlage von Wohnkooperativen ausmachten, stellte er infrage und identifizierte sie als mögliche Risikofaktoren, womit eine Kluft zwischen Versprechen und Realität langsam sichtbar wurde.

Allerdings favorisierten nicht alle Wohnkooperativen ausschließlich traditionelle Bauweisen und -formen – einige verfolgten mit Interesse die Industrialisierung der Bauweise. Ein Beispiel dafür bietet die 1951 gegründete Zagreber Wohnkooperative Standard. Sie war gut über zeitgenössische ausländische Modelle des Montagebaus informiert: Der erste Präsident des Exekutivausschusses, Josip Dvornik (1938–2023), spezialisierte sich in den USA auf den Bau von Montagehäusern.[168] Željko Solar und Bogdan Budimirov (1928–2019), die späteren Schlüsselentwickler der Montagebausysteme der Firma Jugomont, die Anfang der 1960er ihre Blütezeit erlebte, engagierten sich in den frühen 1950er Jahren bei Standard. Solar war als Werksleiter tätig[169] und Budimirov trat noch als Student als einer der ersten Mitglieder (mit der Mitgliedsnummer 9) der Standard bei.[170] Darüber hinaus sind zu dieser Zeit weitere namhafte Architekten unter den Standard-Mitgliedern zu finden, wie Fedor Wenzler (1925–2008), Ivan Tepeš und Vjenceslav Richter (1917–2002).[171]

Die Wohnkooperativen machten jedoch nur einen Bruchteil aller Wohnungsbaumodalitäten in Jugoslawien aus (0,8 % des Wohnungsbaus 1954/55).[172] Häufig endeten

---

166 Vgl. Venturini 1955/a, 8.
167 Ebd.
168 Izvještaj upravnog odbora, Zagreb 1953, Staatsarchiv in Zagreb (HR-DAZG). 667–1, 1.
169 Zapisnik sa sastanka radničkog savjeta, Zagreb 06.04.1953, HR-DAZG, 667–1, 1.
170 Pristupna izjava: Bogdan Budimirov, Zagreb 09.03.1951, HR-DAZG, 667–1.
171 Zudem waren Vjenceslav Richter und Željko Solar neben anderen sechs Experten mit einem eigenen Projekt der Wohnungsbauten der Kooperative beauftragt. Vgl. Raspored zadrugara po projektima; Pristupna izjava: Vjenceslav Richter; Pristupna izjava: Ivan Tepeš; Pristupna izjava: Fedor Wenzler, Zagreb 1951, HR-DAZG, 667–1.
172 Vgl. Vidaković, „Stambene zadruge", 2.

sie im Konkurs, auch Standard im Jahr 1958, teils infolge einer gescheiterten Ausführung von Bodenbelag aus Xylolith (Steinholz, eine preiswerte Alternative zu Parkett) in mehreren Objekten. Die Wohnkooperative verursachte Schäden bei der Montage, musste Geld erstatten und brach infolge mehrerer Gerichtsprozesse finanziell zusammen. Der Konkursleiter führte den Untergang auf fehlende Erfahrung der Kooperanten mit dem Material zurück.[173] Der Enthusiasmus für Wohnkooperativen ebbte Ende der 1950er Jahre langsam ab; die Antworten auf die Wohnungsfrage wurden inzwischen woanders gesucht: in Massenwohnsiedlungen.

2.4 Erste Fertigprodukte

Nach der vorangegangenen Diskussion der vorwiegend theoretischen und spekulativen Beiträge und Positionen zum Massenwohnungsbau in Jugoslawien rückt in diesem Teil die wortwörtliche Baustelle in den Vordergrund und damit die ersten gebauten Projekte und ihre mediale Präsenz. Wie gestaltete sich der Übergang zwischen eher abstrakten Überlegungen und ersten größeren Massenwohnsiedlungen? Unter welchen Gesichtspunkten erschienen diese Massenwohnsiedlungen in der Fachpresse und welche Basis für die im nächsten Kapitel thematisierte Massenwohnkultur in den 1960er Jahren hinterließen sie?

Zunächst wird auf das unerlässliche Fundament eingegangen, namentlich die Zusammensetzung der Baufinanzierung, ohne die es keinen Baustart gäbe. Im Anschluss werden vier Lesarten der modernen Massenwohnungsbauten anhand der jugoslawischen Beispiele analysiert: Sensation, Kampf, Experiment, Konfektion. Dabei handelt es sich um Quellenbegriffe, welche verschiedene Aspekte des neuen Wohnungsbaus hervorheben. „Metaphors are experiments with the possible likeness of unlike things", schreibt Adrian Forty in seinem kritischen Wörterbuch der modernen Architektur und zeigt, wie durch scheinbar zweitrangige, eher für die Literaturwissenschaft interessante Merkmale die Verbindungen zu anderen Wissens- und Produktionsfeldern aufgebaut werden.[174] Kampf lässt sich mit Krieg und Gewalt in Verbindung bringen, mit Konfektion wird schnell die Herstellung von Alltagsprodukten – insbesondere Kleidung – assoziiert, Experiment evoziert Labor – ein für die Naturwissenschaften oft unerlässlicher Forschungsraum –, während Sensation in erster Linie in Bezug auf Medien auftaucht. So wird weiterhin zwischen dem Gebauten und dem Repräsentierten balanciert, unter der Annahme, dass mediale Bilder das Phänomen nicht nur abbilden, sondern rückwirkend auch prägen. Schließlich wird auf die ‚Endbearbeitungen' eingegangen, kurzfristige Änderungen der Projekte, welche auf die Schlüsselherausforderungen in der Umsetzung hinweisen.

---

173 Okružni privredni sud – likvidaciono vijeće, Zagreb 19.03.1958, HR-DAZG, 667–1.
174 Forty 2000, 101.

2.4 Erste Fertigprodukte | 87

Während sich die Wohnpolitik im Königreich Jugoslawien auf einzelne, lokale Projekte beschränkte,[175] war die Wohnungsfrage im Sozialismus ein stärker gesellschaftliches Anliegen. Bis 1956 wurde der Wohnungsbau aus dem Staatshaushalt finanziert, jedoch behinderten der problematische Zustand der einheimischen Bauindustrie sowie die allgemeine wirtschaftliche Knappheit (infolge der Kriegszerstörungen und des kurz nach Kriegsende folgenden Tito-Stalin-Bruchs) eine ausreichende, zuverlässige Finanzierungsbasis. Mit dem am 29. Dezember 1955 verabschiedeten „Gesetz über die Anteile für den Wohnungsbau" wurde erst in ausgewählten Städten und bis 1959 im ganzen Land ein Fondssystem eingeführt. Die Arbeitnehmer:innenanteile – 4 % vom Gehalt – wurden jeden Monat automatisch in den Wohnfonds umgeleitet und auf der lokalen Ebene ausgegeben. Das Versprechen der Selbstverwaltung lautete: Je produktiver ein Unternehmen, desto mehr Mittel für den Wohnungserwerb für seine Arbeiter:innen.[176] Eine konstante, geregelte Finanzierungsquelle zeigte rasch messbare Ergebnisse. Die Anzahl der neuen Wohnungen stieg rasant und zwar von 310.000 zwischen 1945 und 1954 gebauten Wohnungen auf 838.160 Wohneinheiten zwischen 1957 und 1965.[177] Die stabile Finanzierungsstruktur sorgte dafür, dass der Wohnungsbau qualitativ und quantitativ boomte. Der bosnische Architekturhistoriker und Bauingenieur Midhat Aganović (1928–2016), selbst seit den 1950er Jahren in den sozialistischen Wohnungsbau involviert, erklärte die Zeit des Wohnfonds zum „goldenen Zeitalter des Wohnbaus in Sarajevo", während die Soziologin Dušica Seferagić vom „Jahrzehnt der stabilen Entwicklung" sprach.[178]

Dank eines kontinuierlichen Zuflusses an Geld begannen die Bauunternehmen, ihre Werbung zu intensivieren und Kunden zu akquirieren. Dabei bildete in den meisten Fällen der Wohnungspreis das entscheidende Kriterium für die Kunden und so entstand das Diktat der Rationalisierung und der Quantifizierung der Kosten. Dies war im Konzept der „Wohnungsproduktion für den Markt" festgehalten, welches in den späten 1950er Jahren schrittweise eingeführt wurde.[179] In das Recht auf eine Wohnung schlich sich immer sichtbarer das Verständnis der Wohnung als Ware ein.

Der jugoslawische Staat delegierte dementsprechend schon seit den späten 1950er Jahren die Aufgaben und finanzielle Belastung zum einen an die Arbeitsplätze und zum anderen an die Bürger:innen und Familien. Dies entsprach der Verfassungsänderung vom Jahr 1953, die den Begriff „Staatseigentum" durch „Gesellschaftseigentum" (društveno vlasništvo) ersetzte.[180] Der jugoslawische Staat rückte durch die Intensivierung der Selbstverwaltung in den Hintergrund und gab die Verantwortung für die Wohnungsfrage ab,

---

175 Vgl. Vuksanović-Macura 2012, 114.
176 Vgl. Le Normand 2012, 356.
177 Vgl. Topham 1990, 402 f.
178 Aganović 2009, 198; Seferagić 1988, 78 f.
179 Kolacio 1962, 44.
180 Sundhaussen 2012, 98–100.

88 | 2. Baustelle

anstatt ihre Lösung zu einem konkreten Zeitpunkt zu versprechen, wie das in vielen sozialistischen (aber auch sozialdemokratischen) Regimen üblich war.[181]

Eine „Konsumwende"[182] Mitte der 1950er Jahre kam auch im Wohnungswesen an, erst durch die Ermöglichung einer Vorauszahlung für eine Wohnung und Mitte der 1960er durch die Ablösung des Fondssystems durch die Banken. Die Architektur des jugoslawischen Wirtschaftssystems kokettierte immer stärker mit einer kapitalistischen, marktförmigen Güterproduktion, rechnete mit Privatgeldern der Bürger:innen und entwickelte sich weiter in Richtung Marktsozialismus. Das Anschaffen einer Wohnung wurde laut der Reform 1965 „in der ersten Linie als Aufgabe der Bürger, beziehungsweise der Familie" konzipiert und nicht als allgemeine, gesellschaftliche Leistung.[183] Diese Prozesse werden im kommenden Kapitel noch intensiver beleuchtet.

Die 1956 beginnende Konsolidierung der Wohngemeinde[184] *(stambena zajednica / stanovanjska skupnost)* als ein administrativer Zusammenschluss von je 4.500 bis 11.000 Bewohner:innen (empfohlen 5.000 bis 8.000) bildete einen weiteren Baustein der Selbstverwaltung im Wohnungswesen.[185] Wie Brigitte Le Normand bemerkt, wurde durch das Konzept der Wohngemeinde der modernistische *CIAM*-Urbanismus als Basis für die Selbstverwaltung in der Stadt legitimiert.[186] In der zweiten Hälfte der 1950er Jahre wurde in diesem Zusammenhang eine Medienkampagne zur Popularisierung und Mobilisierung der Bürger:innen durchgeführt. Auf der ersten Ausstellung aus der Serie *Haushalt und Familie (Porodica i domaćinstvo*, Zagreb, 1957) wurde ihr die Einheit „Wohngemeinde – erweiterte Familie" gewidmet.[187] Seit 1959 erschien die Monatszeitschrift *Stambena zajednica,* herausgegeben vom jugoslawischen Institut für Haushaltsverbesserung, die Berichte aus der Praxis sowie Vorschläge für mögliche Aktivitäten und Räume lieferte, von Spielplatzausstattung über Technik-Bastelclubs für Jugendliche bis hin zu Wäschereien. Die Grundprämisse, „um das Leben der Wohngemeinden sollten sich in erster Linie die

---

181 Der 1946 in der Tschechoslowakei verabschiedete Zweijahresplan sah den Bau von 125.000 Wohnungen bis 1948 vor. In Schweden wurde 1965 das *Millionenprogramm* verabschiedet, welches eine Million Wohnungen in der kommenden Dekade versprach. Laut dem DDR-Wohnungsbauprogramm aus dem Jahr 1973 sollte die Wohnungsfrage dort bis 1990 erledigt werden. Vgl. ZARECOR 2011, 14.

182 Vgl. PATTERSON 2011, 24–35.

183 GAVRAN 1971, 222.

184 Die wortwörtliche Übersetzung des Begriffs „stambena zajednica" ins Deutsche lautet „Wohngemeinschaft". Um eine Verwechslung mit der Haushaltskonstellation mit Mitbewohner:innen zu vermeiden, wird hier die Bezeichnung „Wohngemeinde" benutzt. Außerdem unterstreicht der Begriff „Wohngemeinde" den institutionell kodifizierten Charakter dieser Einheit. Im Englischen hat sich die Übersetzung „residential community" etabliert.

185 Vgl. KOLACIO 1963, 9.

186 Vgl. LE NORMAND 2014, 74.

187 Vgl. GALJER/CERAJ 2011, 279.

Bürger kümmern, welche die jeweiligen Wohngemeinden ausmachen,"[188] entsprach den Prinzipien des möglichst dezentralisierten Entscheidungs- und Verwaltungsprozesses. Die Bürger:innen sollten selbst entscheiden, was sie in ihrer Nachbarschaft brauchen. Zugleich wurde die finanzielle Basis für soziale Infrastruktur zum Teil auf die Bürger:innen übertragen: Wieder wurden ihre Mittel eingefordert (seien es freiwillige Beiträge oder Abgaben aus der eher symbolischen Miete), um die Siedlungen auszustatten. Zudem wurde das Problem zeitlich verschoben, denn erst nach dem Einzug konnten sich Bewohner:innen zusammensetzen und Entscheidungen treffen.

2.4.1 Sensation

Mitte der 1950er entwickelte der in Split tätige Architekt Vuko Bombardelli (1917–1996) unter dem Namen E-57 (E steht für „Experiment") einen Entwurf für ans Existenzminimum[189] grenzende, dafür aber unerhört günstige Wohnungen. Die Wohnungen waren entsprechend relativ klein bemessen (44 m² brutto mit vier bis fünf Schlafstellen)[190] und nur mit dem Notwendigsten ausgestattet: Kochnische anstatt einer eigenständigen Küche, Dusche statt Badewanne, ein winziges Schlafzimmer und ein maximal reduzierter Eingangsbereich ohne Flur. Der Entwurf, eingereicht für den 1956 von der Stadt Split ausgeschriebenen Wettbewerb für „den Typ mehrstöckiges Wohngebäude" (*tipska višekatnica*), wurde wegen der Orientierung am Existenzminimum und zu vielen Einzimmerwohnungen kritisiert.[191] Anstatt in den Revisionsprozess zu gehen, entschied sich Bombardelli für eine mediale Kampagne in Eigenregie. E-57 (Abb. 5) wurde, wie schon damals angemerkt, beispiellos intensiv in den Massenmedien beworben:

> Der Auftritt von Vuko Bombardelli, der relativ jung ist, aber architektonische Aufgaben sehr reif analysiert, ist besonders interessant. Das Neue bei ihm ist die breite Publizität, welche er seinen Arbeiten gibt. Um seine gegenwärtigen architektonischen Ansichten zu präsentieren, bedient er sich der Presse und Ausstellungen [...].[192]

---

188 Raić 1960, 1.

189 In den 1920er Jahren befassten sich modernistische Architekt:innen mit der Herausarbeitung eines Mindeststandards für gesundes, zumutbares und günstiges Wohnen. Im Jahr 1929 fand die CIAM-Konferenz unter dem Titel „Die Wohnung für das Existenzminimum" in Frankfurt am Main statt. So entstand die Verbindung zwischen den Siedlungen der Moderne, wie dem Neuen Frankfurt, und dem Begriff „Existenzminimum".

190 Vgl. Muljačić 1969, 66.

191 Vgl. Matijević Barčot 2020, 65 f.

192 Šegvić 1957, 37.

1 Stambena zgrada tipa E-57 u Splitu, južna strana. Delovi poprečnih zidova koji formiraju lođe, ostavljeni su u neobrađenom betonu.
Immeuble d'habitation, type E-57, à Split. La partie des murs autour des loggias est en béton brut.
Appartment house type E-57 in Split, southern side. Parts of cross walls forming the loggias are left in raw concrete.

2 Ista zgrada u toku izgradnje uz minimalnu upotrebu skela.
Le même bâtiment en cours de construction. L'emploi d'échafaudage est réduit au minimum.
The same building under construction with a minimum use of scaffold.

STAMBENE ZGRADE TIPA E - 57

Projektant: *Vuko BOMBARDELI*
Saradnici: *Olga PAVLINOVIĆ*
Slavica BOMBARDELI
Slavka JURASIĆ
Breda PREMUŽIĆ
Konstruktor: *Ivo KUSPILIĆ*
Izvođač: »Tehnogradnja« — Split

Arhitekt Bombardeli je imao u vidu masovnu izgradnju ovakvih stanova, na koncentrisanom gradilištu, sa tipiziranjem elemenata i serijskom izradom. Primenjena su samo tri tipa prozora, sanitarni čvorovi grupisani za dva stana, sistem lođa omogućuje građenje skoro bez skela. Sve su ovo elementi znatnog pojevtinjenja i ubrzavanja građenja, znači, doprinos bržem i lakšem rešavanju akutnog stambenog pitanja.

Pre tri godine dat je priličan publicitet ovom pokušaju ali u stručnim krugovima i kod zainteresovanih investitora gledano je na to sa priličnim nepoverenjem. Prateći diskusiju o ovom projektu kroz štampu i u krugovima arhitekata ni sam nisam mogao steći naročito povoljan utisak. Mislio sam da su, ili predračunske cifre nerealne ili je kvalitet jako nizak.

Zbog toga se sa realizacijom projekta odugovlačilo i najzad, započet je 1958. samo jedan objekat u Splitu. Ali uskoro su se i neki drugi gradovi zainteresovali a prvi rezultati su se pokazali zadovoljavajući. Danas je u izgradnji oko 650 stanova tipa E-57: u Splitu (322 stana), u Kaštelima (64), u Mostaru (68), u Čapljini (30) itd. Za prvi izvedeni objekt kolaudaciona komisija je utvrdila da je koštanje celog objekta iznosilo 42,452.899 din. odnosno, 884.435 din. po jednom stanu.

Osnovni tip stana (jedan element) je mali po kvadraturi, čista visina je 2,40 m, obrada vrlo skromna. Mnogi smatraju da niša za kuvanje u dnevnoj sobi pretvara ovu u stambenu kuhinju. Ali ovaj skromni stan ima ugrađenu sudoperu sa to-

Pre više od tri godine nastao je u Splitskom projektnom ateljeu »Arhitekt« Vuka Bombardelija projekt ekonomične stambene zgrade koju je autor nazvao »Eksperiment 1957«. Projekat je galerijskog tipa, sa poprečnim konstruktivnim zidovima jednakog raspona, koncentracijom kanalizacionih i vodovodnih instalacija na jednom mestu za po dva stana. Osnovni tip stana ima veću dnevnu sobu sa nišom za kuvanje i manju spavaću sobu, ispred dnevne sobe na jugu je lođa. Materijal je uobičajen, konstruktivni zidovi od betona.

U čemu je onda eksperiment kada nije primenjeno ništa bitno novo ni u organizaciji stana, ni u sistemu konstrukcija ni u primenjenom materijalu? Eksperiment je u težnji da se znatno snizi cena koštanja izgradnje stanova, da se ta izgradnja saobrazi našim ekonomskim i izvođačkim mogućnostima, a da se, pritom, obezbedi zadovoljavajući stambeni standard.

Bombardelli gab der lokalen Tagespresse gerne Interviews und bediente sich einprägsamer Ausdrücke, um sein Projekt zu bewerben, wie „die Wohnung für 800.000 Dinar". Die Interessent:innen hatten die Möglichkeit, die ausgestellten Musterwohnungen in Split aus erster Hand zu sehen; 1958 haben dies etwa 7300 Besucher:innen getan.[193] Bei Architekt:innen rief seine Verlautbarung Skepsis hervor, wenn auch hinter verschlossenen Türen, innerhalb des Spliter Architektenverbands, der Gesellschaft der Ingenieure und Techniker und des lokalen Rats für Wohnungsbau.[194] Bei der breiten Bevölkerung weckte sie Euphorie, da die damaligen Preise für Wohnungen zwischen 2,5 und 8 Millionen Dinar oszillierten.[195]

Bombardelli kündigte an, dass weitere Kostensenkungen möglich seien, sobald die Vorfertigung der Bauelemente weiter fortgeschritten sei.[196] „Ich dachte, entweder sind die Kostenkalkulationen unrealistisch oder die Qualität sehr niedrig",[197] schrieb ein Architekt misstrauisch. Allerdings zeigte die Kampagne Wirkung: 1957 gab es 440 Voranmeldungen und der Bau der ersten Wohnungen konnte im folgenden Jahr beginnen.[198] Obwohl schon der Name des Systems die Ergebnisse bereits für das Jahr 1957 verspricht, waren erste Wohnungsbauten erst 1959 einzugsbereit.[199] Die Ergebnisse hinkten der selbstbewussten medialen Kampagne zeitlich hinterher und entpuppten sich als keine direkt wirksame Instant-Lösung.

Während das Versprechen einer günstigen Wohnung für Aufregung sorgte, war das Gelieferte weniger aufsehenerregend. Die Infrastruktur der Nachbarschaft stand weniger im Fokus des Architekten. Die Anzahl der Bauten und Wohnungen reichte nicht aus, um das Ensemble als Siedlung zu bezeichnen. Die Bauten wurden in ein orthogonales Raster eingefügt und folgten so den Prinzipien des funktionalistischen, geometrisch geordneten Urbanismus.[200] Es war eher ein aus der Not heraus entstandener Kompromiss, der nicht alle Versprechen erfüllte, aber dafür versteckte Kosten mit sich brachte, die erst nachträglich anfielen und nicht voraussehbar waren. So erhöhten im Nachhinein

← Abb. 5   Die Balkone zählten zu den wenigen Aspekten, die über das Notwendige hinaus eingebaut wurden. Zugleich ermöglichten sie den direkten Eingang aus dem offenen Raum in die Wohnung, ohne Vorzimmer, und brachten Ersparnisse mit sich. Gleichzeitig standen sie im Einklang mit dem dortigen mediterranen Klima.

---

193 Vgl. o.V. 1959/a, 2.
194 Vgl. Matijević Barčot 2020, 78.
195 Vgl. Dvornik 1957/b, 6.
196 Vgl. o.V. 1959/a, 2.
197 Minić 1960, 29.
198 Vgl. Dvornik 1957/a, 6.; Muljačić 1969, 66.
199 Vgl. o.V. 1959/a, 2.
200 Vgl. o.V. 1960/g, 60 f.

2. Baustelle

notwendige Reparaturen den Preis des Systems E-57.[201] Im Fall von E-57 zeigte sich, wie der gekonnte Auftritt in Massenmedien das breite öffentliche Interesse erregte und dafür weniger begeistert in den Fachkreisen begrüßt wurde. Die Eigeninitiative eines lokalen Akteurs, des Architekten Vuko Bombardelli, der nahezu wie ein freier Unternehmer agierte, wurde erst im Kontext der Selbstverwaltung möglich und zeigte ihre Logik auf. Im Kleinen erprobte Projekte konnten, nachdem sie sich im lokalen Kontext bewiesen hatten, intrajugoslawisch exportiert werden: E-57 etwa – trotz der Startschwierigkeiten – in kleinere Städte in Dalmatien und in die benachbarte Herzegowina.[202]

2.4.2 Kampf

Mit den ersten großen Bauprojekten Anfang der 1960er Jahre war der Massenwohnungsbau nicht mehr vorwiegend Sache der Architekt:innen, sondern zunehmend auch der technischen Abteilung der Bauunternehmen. Die Zagreber Firma Jugomont, die eine Serie von Massenwohnungsbausystemen (JU-59, JU-60, JU-61) Ende der 1950er und Anfang der 1960er entwickelte (Abb. 6/7/8), stellte einen besonders prägnanten Fall intensiver und vielfältiger Medienpräsenz dar. Zu Jugomonts medialen Taktiken der Popularisierung des Massenwohnungsbaus zählten eine eigene Zeitschrift, die laut Untertitel den „Problemen der Industrialisierung der Bauweise" gewidmet war, sowie Präsentationen (Werbung, Artikel) in der Tagespresse und in Fachpublikationen. Dabei navigierte Jugomont zwischen Aufklärung und Eigenwerbung, Forschung und Baupraxis, finanzieller Überlebensfähigkeit und sozialen Ansprüchen. Jugomont beabsichtigte, neue Bautechniken zu entwickeln, gleichzeitig als Bauträger und Bauleiter tätig zu sein und sich gegen die Konkurrenz durchzusetzen.[203]

→   Abb. 6   Das erste Montagebausystem Jugomonts, JU-59 (auf dem Foto oben), wurde in Form von länglichen, dreigeschossigen Bauten mit Steildach umgesetzt. Die Kunsthistorikerin Tea Furman Altaras (auch Thea Altaras, geb. Fuhrmann) kritisierte JU-59 aufgrund mangelhafter Proportionierung und einer schablonenhaften Fassade. Da JU-59 einem überdimensionierten Haus ähnelt und darin dem ersten vorfabrizierten Wohngebäude von Danilo Fürst (Ljubljana, 1949), lässt sich ihr Einwand als Aufruf zu einer kompromisslosen, modernen Urbanität lesen. Die Kritik wurde in *Jugomont* veröffentlicht; dies weist auf einen liberalen Umgang mit Kritik sowie auf die Prägnanz der Weiterentwicklung für Jugomonts Arbeitsmodell hin.

---

201 Vgl. MULJAČIĆ 1969, 20.
202 Ebd., 66.
203 Vgl. ŠEFEROV 1962, 3.

ČLANCI I STUDIJE

Ju — 59　　　　　　　　　　Kruge

Ju — 60　　　　　　　　　Folnegovićeva ulica

masi, imaju malu spratnost u odnosu na dužinu i dubinu, predimenzionirano krovište i nepovoljan odnos visine svih katova zajedno prema visini prizemlja koje zauzima prevelike dimenzije. Prozori su nezgrapnog formata, fasade šablonske, bez snage izraza, a i kompozicija boja je slaba. Objekti su zanimljivi utoliko, što su prve montažne zgrade, a pogotovu su važni za Jugomont, jer je u odnosu na njih naročito vidljivo koliko se i kako postepeno napredovalo u rješavanju i arhitektonsko-likovnog problema. Uspoređujući te prve montažne objekte s onima koje Jugomont danas izvađa, uočljiva je velika razlika.

Bez pretjerivanja može se reći da su neposredno izvedeni, gotovi objekti Jugomonta vrlo uspjeli. Oni pokazuju čistu kompoziciju geometrijski jasnog oblika, kojemu je osnovna jezgra kubus. Ravan krov, proporcionalan vijenac, plastični zabati i kompaktnost stubišta i prizemlja osnovne su plastične fraze oplošja korpusa. Membrane, nanizane vrlo blizu jedna uz drugu, ostavljaju među sobom vidljivi, uski čeoni dio poprečnih nosivih panoa, i te vertikalne trake djeluju kao lineamenti oko staklenih površina i salonitom obloženih parapeta membrana. Serklaži i vijenac naglašeni su primjenom tamnih tonova boje, čime je postignut izvjestan grafički naglasak u horizontalnom smislu. Primjena sirovog, »golog« armiranog betona dokazuje da je to materijal s lijepom epidermom, ako se izvede dovoljno preciznim kalupima, i da on može sa svoje strane determinirati novu arhitekturu. Fasade djeluju mirno i elegantno uz niz likovnih kvaliteta.

Međutim, možda će pitanje lokacije objekata morati postati sada temom ozbiljnije urbanističke studije, jer predio u kojem su sada takvi objekti izgrađeni odiše nekako duhom slučajnosti i ne daje dojam da je u skladu s postavkama suvremenog urbanizma.

Što se formata objekata tiče, možda bi se investitori u suglasnosti s urbanistima trebali više uživiti u činjenicu da je i za montažne zgrade važan omjer vlastitih volumena, tretman prizemlja, loggie i korištenje ravnog krova, jer bi objekti s optimalnom proporcijom, drugim sadržajem u prizemlju (ne stanovi), teresama i loggiama postali kvalitetniji, te bi i mimo urbanističkih konsekvencija, gledani izolirano od okoline, kao pojedinačne arhitektonske manifestacije, dobili mnogo na vrijednosti.

Objekti, koji su još u fazi izgradnje, predstavljat će još jedan korak naprijed u rješavanju arhitektonsko-likovnog problema. Membrane, oblagane aluminijskim limom, oslanjat će se na konstrukciju i naglašavati potpuno »oslobođenje« fasade; stubišta će biti oblagana poliesterom i djelovat će kao prozračna ploha u jednom komadu; natkriti lagani ulaz, slobodno stojeći, sa jedva vidljivim ogradama, i druge likovne komponente uz primjenu novih materijala sačinjavaju arhitektonsku igru višeg reda i obećavaju da će izvedeni objekti predstavljati još jedan uspjeh Jugomonta, i da će se njihova puna vrijednost moći povoljno ocijeniti i nakon mnogo godina.

2. Baustelle

ČLANCI I STUDIJE

Gdje i što gradi »Jugomont«

Proizvodni kapaciteti »Jugomonta« zauzeti su uglavnom stambenom izgradnjom i to u Zagrebu i tek jednim malim dijelom na izgradnji turističkih objekata i hala.

Pregled po gradilištima dat će najpotpuniju informaciju o ovogodišnjim radovima »Jugomonta«:

Gradilište na Borongaju. U predjelu gdje se podiže novi mikrorajon, »Jugomontu« je povjerena izgradnja 11 stambenih objekata tipa Ju-61. To su šesterokatne zgrade (prizemlje + 5 katova) s nekoliko stubišta. Ukupno će se izgraditi 180 trosobnih, 675 dvosobnih i 44 jednosobna stana. Radovi su već započeli i prema planiranim rokovima građevinski radovi završit će još ove godine, a predaja stanova korisnicima uslijedit će u prvim mjesecima iduće godine. Ovo je ujedno prva realizacija projekta JU-61, pa se rezultati očekuju s posebnim interesom.

Na gradilištu u Remetincu grade se 3 nova stambena objekta, također tipa JU-61, a 2 objekta tipa JU-60 se završavaju. Interesantno je da će objekti JU-61 na Remetincu imati podrume, zatim prizemlje i 4 etaže, za razliku od Borongaja gdje zgrade JU-61 neće imati podrume. Završetkom radova na zgradama JU-60 dobit će se 48, a JU-61 156 stanova.

Na gradilištu u Folnegovićevoj ulici, zasada naše najveće gradilište, upravo se završava izgradnja 22 stambena objekta tipa JU-60, ukupno 536 stanova, a u toku su i radovi na 4 nova objekta, također tipa JU-60, kojima se osposobljava 164 stana.

U Zagrebu, a i van Zagreba »Jugomont« gradi nekoliko hala različitih dimenzija.

U Zagrebu, u predjelu Borongaja, završava se izgradnja jedne velike i jedne manje hale za poduzeće »Mladost« sa spojnim traktom. U završnoj je fazi i izgradnja hale za »Prvomajsku«, a planiranim tempom napreduju radovi i na hali »Vijadukta«.

U Osijeku se dovršava hala za tamošnje poduzeće »Autoreparatura«, kao i u Čabru, Gorski Kotar za Drvno-industrijsko poduzeće. U Gerovu se otvara novi pogon Tvornice papira iz Rijeke, a smjestiti će se u halama »Jugomonta«.

Masovna izgradnja vikendica, koja je uspješno završena u Poreču i Vrsaru, otvara vrlo široke mogućnosti jeftinoj izgradnji udobnih turističkih i ljetovališnih objekata kod nas. Za »Putnik« iz Zagreba dovršene su 42 vikendice, za »Plavu lagunu« 15, a za poduzeće »Lim« u Vrsaru 5 vikendica. Izgrađeno je za individualne kupce nekoliko vikendica i u Crikvenici i jedna u Rovinju.

U Gospiću se također grade uredski objekti po Jugomontovim projektima na način koji je svakako interesantan. »Jugomont« naime isporučuje montažne elemente i vrši nadzor, a tamošnje građevinsko poduzeće samo vrši ugradnju i finalnu obradu.

Vidljivo je da proizvodni zadatak »Jugomonta« nije mali, osobitg u stambenoj izgradnji u Zagrebu, ali već prema prvim pokazateljima radovi dobro napreduju, pa se predviđa pravovremen završetak radova, što je od osobite važnosti za proizvodnju koja se temelji na industrijskom sistemu.

Gradilište u Folnegovićevoj   Foto M. Kasalica

14

Abb. 7   JU-60: Im Vergleich zu JU-59 wurden mit JU-60 auch höhere Bauten möglich und das Steildach verschwand. Im Hintergrund sind fast fertige Bauten zu sehen (536 Wohnungen), während im Vordergrund einer der neuen vier Bauten mit insgesamt 164 Wohnungen gezeigt wird. Durch erste konkrete Ergebnisse in Reichweite wurde der Fortschritt greifbar. Die Wirkung einer überschaubaren, rationalen Baustelle mit messbarem Erfolg wird durch den Blickwinkel und eine ruhige, klare Komposition verstärkt. Auch in der expliziten Erwähnung des Fotografen (Mladen Kasalica) im Text wird die Bedeutung des fotografischen Mediums für den Diskurs um die ersten Massenwohnsiedlungen sichtbar.

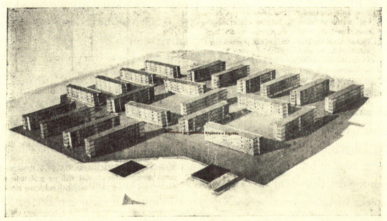

Abb. 8 JU-60 in Folnegovićevo Naselje, Zagreb: Auffallend ist das orthogonale Raster der identischen Bauten, mit zwei größeren Grünflächen im Siedlungsinneren und parallelen Wohnungsbauten am Rand. Aufgeräumt, symmetrisch, mit repetitiven standardisierten Bauten, wich die Siedlung vom funktionalistischen Muster nicht im Kleinsten ab.

96 | 2. Baustelle

Im narrativen Kern der Werbung von Jugomont stand die Rivalität zwischen einer „traditionellen", „klassischen" Bauweise und der Montagebauweise. Diese wurde diskursiv zu einem Kampf oder sogar Krieg inszeniert, besonders intensiv in der 1962 veröffentlichen Artikelserie „Der Kampf für den Montagebau" in *Čovjek i prostor*.[204] Der Verband der Architekten Kroatiens öffnete den Raum für eine Diskussion zum Montagebau und lud insbesondere die Industrie dazu ein, ihre Sichtweise zu erläutern. Die vorwiegend von Mitarbeitern der Bauunternehmen verfassten Artikel priesen einstimmig den Montagebau und kündigten eine große, so in Jugoslawien noch nicht geführte Auseinandersetzung zwischen dem traditionellen Bau und dem Montagebau an. Die kriegerische Rhetorik („Sieg", „Konflikt", „Front")[205] ließ keine Kompromisse zu und verkörperte die hohe Wettbewerbslust der Akteure. Dabei wurde der Montagebau auf Seiten des Zeitgemäßen, Günstigen und Effizienten verortet, während seine Gegner als veraltet, zeit- und kostenintensiv abgestempelt wurden. Diese Rhetorik ähnelt auffällig der ausgesprochen binären Aufteilung der Welt während des Kalten Krieges. Den Eindruck der klaren Unterschiede zwischen Neu und Alt verstärkten einschlägige Bilder. Seit JU-60 schenkte Jugomont der visuellen Darstellung von Bauten mehr Aufmerksamkeit und beschäftigte etwa einen professionellen Fotografen (Abb. 9).[206] Die meisten Auftragsbilder folgten den Konventionen der modernistischen Architekturfotografie: Sie zeigten neue Bauten und nicht ihre Bewohner:innen, abstrahierte Flächen und nicht die Einbettung der Bauten in die vorgefundene urbane Situation.

Eine solche diskursiv erstellte Dichotomie stimmte aber nicht mit der Baurealität überein: Eine gewisse „Inkonsistenz", die Mischung aus Vorfertigung und traditionellen Baumethoden, war ein Allgemeinplatz jugoslawischer Massenwohnungsbauten.[207] Jugomonts Systemen lagen viel mehr Kompromiss und Pragmatismus zugrunde, als es ihre Medienauftritte ahnen ließen. Bereits der Montagetyp – leichte, kleine, einfach transportierbare Platten – kombinierte vorhandene Bautechnologien und -abläufe mit

→ Abb. 9   JU-61: Das System JU-61, entwickelt von den Ingenieuren Bogdan Budimirov, Željko Solar und Dragutin Stilinović, baut auf seinem Vorgänger, JU-60, auf; das entscheidende Novum war die Nutzung von Aluminiumplatten, außerdem war die Bauspanne von 100 auf 120 cm erhöht. Dieses und weitere Fotos bildeten ein Album, das als Portfolio fungierte und eine repräsentative Funktion über die Zeitschrift *Jugomont* hinaus hatte. Ein Exemplar des Albums ist auch im Archivfond von Edvard Kardelj, dem Architekten der jugoslawischen Selbstverwaltung, zu finden. Die Architektur wird in ihrem vermeintlich puren Neuzustand abgebildet, mit Fokus auf abstrakte geometrische Formen und Linien sowie einer sorgfältigen Darstellung des Materials – in diesem Fall Aluminium, das Spezifikum des Systems.

---

204 Vgl. ebd.; Solar 1962/a, 13 f.; Solar 1962/c, 6, 8; Gvozdanović 1962, 7.
205 Šeferov 1962, 3.
206 Vgl. Budimirov 2007, 25.
207 Vgl. Jovanović/Grbić/Petrović 2012, 408.

jugomont

LIST ZA PROBLEME INDUSTRIJALIZACIJE GRAĐEVINARSTVA

GOD. I   ZAGREB, PROSINAC 1961.   BROJ 7

neuen Entwicklungen.[208] Zudem wurde die Bauweise an die Fachkompetenzen der verfügbaren, oft unqualifizierten Bauarbeiter angepasst. Komplizierte „Sandwich-Platten", die „Außen- und Innenbearbeitung, Wärmedämmung und Tragkonstruktion" bündelten, erforderten zahlreiche Skizzen und präzise Montage.[209] Sie wurden schnell durch einfachere Elemente ersetzt, die weniger Geschicklichkeit voraussetzten.[210]

Auch die Grundrisse waren durch einen Kompromiss gekennzeichnet: Sie bestanden aus identischen Räumen, die die serielle Vorfertigung durch die Reduzierung der Zahl der Bauelemente vergünstigten. Aus einer Nasszelle wurden durch eine Raumteilung Bad und Küche geschaffen. Dem Ingenieur Budimirov zufolge wurden sie oft mit Vorschlägen der Architekten konfrontiert, die Grundrisse zu verfeinern, die sie aber stets ablehnten mit dem Argument: „Jungs, auch wir wissen wie die Grundrisse aussehen, sogenannte ,zeitgenössische', aber für unsere Umstände war's das und außerdem ermöglichen sie uns die Serie".[211] Diese Anekdoten aus Budimirovs Memoiren sprechen ebenfalls für eine Vorgehensweise im Sinne von Michel de Certeaus „making do",[212] eine Nutzung des Vorhandenen gepaart mit Kompromissbereitschaft und Pragmatik.

Eine weitere Anekdote untermauert diesen Pragmatismus auf der Baustelle: Als einmal ein Bauelement fehlte, forderten Bauarbeiter die Nachbestellung. Der Ingenieur Solar soll darauf erwidert haben: „Ihr habt Ziegel, ihr habt Maurer — mauert zu!" Auf die Einwände der Bauarbeiter, dass der Bau dann kein Montagebau wäre, antwortete er angeblich: „Denkt ihr, dass die Wand immer schreien wird: Ich bin keine Montagewand!"[213]

Als entscheidendes „Kampfmittel" wurde jedoch die Rationalisierung der Bauweise thematisiert, die mit Rationalität gleichgesetzt wurde. Die Aluminiumplatten, die zur umgangssprachlichen Bezeichnung „Blechdosen" (Limenke) für JU-61-Wohnhäuser führten, wurden als die finanziell tragfähigste Option der Stunde festgelegt. Ihre visuellen Effekte — ein schimmerndes Fassadenbild in der wandernden Sonne als Merkmal mit Affinität zur damals aktuellen Neoavantgarde — wurden auch von Udo Kultermann positiv hervorgehoben. Kultermann gehörte zu den ersten renommierten westlichen Architekturhistoriker:innen, welche die Architektur Osteuropas bereits während des Kalten Kriegs ernst nahmen. Im Band *Zeitgenössische Architektur in Osteuropa* (1985) legte er eine Anthologie der Bauwerke vor. Sein Besuch in den 1960er Jahren auf Einladung des Kunsthistorikers Matko Meštrović (*1933) wird bis in die Gegenwart als eine ausschlaggebende Legitimation jugoslawischer Massenwohnungsbauten zitiert.[214]

---

208 Vgl. STILINOVIĆ 1961, 12 f.
209 Vgl. BUDIMIROV 2007, 17.
210 Ebd.
211 Ebd., 27.
212 Vgl. DE CERTEAU 1988, 29–42.
213 Ebd., 18.
214 Vgl. BUDIMIROV 2007, 30; KIŠ 2011.

In der Hervorhebung von naturbelassenen Materialien wie rohem Beton („ein Material mit schöner Epidermis"[215]) und Aluminium kam der modernistische Imperativ der „Ehrlichkeit" der Materialien zum Ausdruck. Die Wahl des Baustoffs war nicht nur ein Ausdruck der modernistischen industriellen Ästhetik, sondern auch ein Schritt zur Rationalisierung, etwa durch Baustoff- und Kosteneinsparung. Aluminium war ein Kompromiss zwischen den aktuellen Möglichkeiten der jugoslawischen Industrie und einem Zukunftsoptimismus. Die Idee war, dass die Platten alle 30 Jahre durch verbesserte Materialien ersetzt werden konnten.[216] Der prekäre Zustand der Bauindustrie wurde in einen Raum für Wachstum und Aspirationen umgedeutet. So strebte Jugomont den Wettbewerb mit sich selbst an, um sich selbst zu übertreffen, seine Systeme konstant zu verfeinern und zu hinterfragen, sei es durch die Entwicklung neuer, verbesserter Varianten (JU-61 als eine Verbesserung von JU-60, welche wiederum eine Weiterentwicklung von JU-59 war) oder durch die ambitionierte Wartung bereits gebauter Wohnungen.

Die Rationalisierung trat in Form von komplexen „Raum-Zeit-Diagrammen" sowie kalkulierter Kranmanöver und kostengünstigster Transportwege ein.[217] So manifestierte sich auch diskursiv eine fachliche Verschiebung der Massenwohnungsgestaltung von Architekt:innen zu Ingenieur:innen. Anstelle der bis Mitte der 1950er Jahre dominierenden modernistisch-abstrakten Debatten über Form und Farbe kamen Ende der 1950er vermehrt Kostenkalkulationen und Sparvorschläge vor. Besonders zwei Parameter wurden häufig berechnet: Die Baugeschwindigkeit und der Baukostenpreis. Die Kostenberechnungen wurden nahezu in Rohform publiziert, und zwar als in Tabellen organisierte Zahlenkolonnen oder als Aufzählung von Summen und Prozenten, in denen wirtschaftlich nicht relevante Aspekte wie Rückmeldungen von Bewohner:innen keinen Platz fanden.[218] Die Vielfalt der kursierenden Maßstäbe weist auf Risse in der angeblich absoluten Rationalität solcher Kalkulationen hin. Mal wurde Geschwindigkeit als die Anzahl der von der Baufirma pro Tag gebauten Wohnungen beschrieben, mal als die Summe der notwendigen Arbeitsstunden pro Wohnung.[219] Auch die Baukosten wurden sehr unterschiedlich veranschlagt, mit oder ohne Kosten für fehlende Infrastruktur, mit oder ohne Zuschlag für den Erwerb des Baugrundstücks. Die Quantifizierungen sollten den Eindruck vollkommener Rationalität vermitteln, obwohl sie eher auf Vermutungen beruhten.

Weniger öffentlich als der Kampf zwischen Alt und Neu, Vergangenheit und Zukunft, Industrie und Tradition verlief der Wettbewerb zwischen verschiedenen Baufirmen, die

---

215 Furman Altaras 1961, 11.
216 Vgl. Budimirov 2007, 19.
217 Mattioni 2007, 268–270.
218 Vgl. Nonvellier 1961, 2.
219 Vgl. Solar 1962/c, 6.

im Rahmen der Selbstverwaltung ähnliche Produkte herstellten und somit zueinander in Konkurrenz standen. Jugomonts Systeme waren zwar eine der ersten in Jugoslawien, aber nicht die einzigen: Das Institut für Materialprüfung der Sozialistischen Republik Serbien entwickelte 1957 das IMS-System, welches schließlich das meistbenutzte System in Jugoslawien werden sollte.[220] So war Jugomonts Direktor Vinko Holub bemüht, den preislichen Vorzug Jugomonts im Vergleich zu der Zagreber Konkurrenz (Korbar, Bartolić, Tučkorić) zur Schau zu stellen; wiederum in einer Tabelle.[221] Nach einer Expansionsphase mit JU-61 in den frühen 1960er Jahren unterlag Jugomont nicht den lokalen Konkurrenten, sondern importierten Baulizenzen, die nach der Wirtschaftsliberalisierungsreform von 1965 den neuen Managern ökonomischer erschienen als die fortschreitende Investition in einheimische Systeme.[222] Die Logik des kapitalistischen Markts schien ihren ersten Kampf im jugoslawischen Wohnungsbaumarkt zu gewinnen.

2.4.3 Experiment

Nahezu alle größeren Wohnbauprojekte der 1950er Jahre wurden mal Experiment genannt, sei es seitens ihrer Entwerfer:innen oder ihrer Kritiker:innen in der Fachpresse. Der Ingenieur Solar bezeichnete JU-60 als „ein Experiment von enormem Ausmaß";[223] zur Erinnerung: Hinter „E" in E-57 verbarg sich das Wort „Eksperiment". Einerseits galt der experimentelle Ansatz als etwas Fortschrittliches, Wissenschaftliches (und daher Rationales) sowie Zukunftsorientiertes. Im Kontext der sowjetischen Massenwohnsiedlungen aus der Tauwetter-Periode erschien der Begriff andererseits als „Rückversicherung", welcher eventuelle Unvollkommenheiten in der Ausführung und Engpässe in der Wohnungsverteilung rechtfertigte.[224] Zudem korrespondierte er mit der modernistischen Kunst, insbesondere mit der Avantgarde. Es ist kein Zufall, dass die Affinität für Jugomont-Systeme mit einer positiven Gesinnung gegenüber der jugoslawischen Neoavantgarde korrelierte.[225] Dennoch konnten Experimente gefährlich werden. Dies kam zum Ausdruck im Plan- und Bauprozess der ersten Siedlungen in Neu-Belgrad, „der experimentelle

---

220 Zu Spezifikationen von IMS und anderen Systemen, etwa Balency der Firma Trudbenik, vgl. Jovanović/Grbić/Petrović 2012, 409–412.

221 Vgl. Holub 1961/a, 12.

222 Die Konflikte in Jugomonts Kollektiv zwischen Autoren des JU-61-Systems und ihren neuen Kollegen endeten zugunsten der Letztgenannten; Budimirov wechselte die Firma und setzte seine architektonische Karriere in den folgenden 20 Jahren in Westdeutschland fort. Als Rentner zog er zurück nach Kroatien. Vgl. Mattioni 2007, 276.

223 Solar 1961, 6.

224 Vgl. Rüthers 2007, 226.

225 Vgl. Mattioni 2007, 274.

Wohnrajon", heute besser bekannt als Blok 1, entworfen vom Architekten Branko Petričić (1911–1984) und gebaut von 1958 bis 1961.

Bis in die 1980er Jahre entstanden in Neu-Belgrad nach und nach Wohnbloks verschiedener räumlicher Konzepte und Erscheinungen. So lässt sich aus dem Baubestand eine komprimierte Architekturgeschichte der Massenwohnungsbauentwicklung vom Funktionalismus bis zur Postmoderne ablesen. Der Stadtteil am Save-Ufer gegenüber der Altstadt der Hauptstadt, im sozialistischen Regime zunächst als administrativ-repräsentatives Zentrum des Staates konzipiert, entstand ab den späten 1950er Jahren primär als funktionalistisches Massenwohngebiet.[226] Die soziale Infrastruktur für tägliche Grundbedürfnisse der Bewohner:innen (etwa Grundschule, Kindergarten, Einkaufsmöglichkeiten, Spielplatz) wurde oft zeitversetzt konzipiert und gebaut, was für Unzufriedenheit der ersten Bewohner:innen sorgte.

Blok 1 war das erste materielle Zeichen dieser Kehrtwende, ihre Pilotphase, und konnte in diesem Sinne als Experiment von Belang für die zukünftige Entwicklung von Neu-Belgrad verstanden werden. Auch wenn die Nummerierung der Bloks der Bauchronologie nicht entsprach, war Blok 1 dem Versprechen mehr oder weniger treu und bildete den materiellen Anfang von Neu-Belgrad als größtes Massenwohngebiet im sozialistischen Jugoslawien.[227] Die Siedlung bestand aus zwölf Wohnungsbauten, achtgeschossigen, horizontal orientierten Lamellen und zwölfgeschossigen Wohntürmen. Blok 1 folgte einem rationalistisch-funktionalistischen Einordnen der rechteckigen Bauten im rechtwinkligen Raster. Höhere Bauten waren in den Ecken am Rand, niedrigere um das leere Zentrum des Bloks platziert.[228] Die symbolische Bedeutung dieser Baustelle war den Architekt:innen und Urbanist:innen wohl bewusst. Anlässlich des Baubeginns nannte Branko Petričić das Gelände „die größte konzentrierte Baustelle des Wohnungsbaus in unserem Land, das Laboratorium der experimentellen und studierten Arbeit".[229] Zugleich plädieren die Gutachter für das Streichen der Bezeichnung „experimentell" aus dem Titel des Projekts:

> Die Berichterstatter sind der Meinung, dass ein solcher Bauumfang, der fast 10 % des Wohnungsbaus in der Periode 1958–1961 (20.000 Wohnungen) ausmacht, nicht als experimentell

---

226 Für eine Ausführung der Änderungen im allgemeinen urbanistischen Plan vgl. BLAGOJEVIĆ 2007, 179–193.

227 Allerdings war nicht Blok 1, sondern Studentski Grad („Studentische Stadt", Ende der 1940er bis Mitte der 1950er Jahre gebaut) der erste errichtete Wohnraum im sozialistischen Neu-Belgrad. Da sich ein Studierendenwohnheim in Zielgruppe, Dauer und Art des Aufenthalts sowie Ausstattung wesentlich von einer ‚allgemeinen' Wohnsiedlung unterscheidet, wird es an dieser Stelle nicht ausführlicher behandelt.

228 o.V. 1961/c, 26.

229 Zit. nach BLAGOJEVIĆ 2007, 155.

betrachtet werden kann, weil jedes Experiment mit einem gewissen Risiko gekoppelt ist, ob es gelingen wird oder nicht, was hier keineswegs der Fall ist oder sein kann.[230]

Die Gutachter erlaubten später, das neue konstruktive System als experimentell zu bezeichnen, begleitet von der Anmerkung, dass nur Kleinigkeiten problematisch ausfallen könnten, wobei das System als Ganzes nicht infrage gestellt werde. Zum ersten Mal wurden in Jugoslawien angewandte Technologien, wie die neue Art des Fundamentbaus, als sehr verlässlich dargestellt.[231] Diese diskursiven Maßnahmen sollten das Vertrauen in den jugoslawischen Massenwohnungsbau stärken, was von höchster Priorität war – besonders im Fall Neu-Belgrads, der größten jugoslawischen Baustelle und des wichtigsten Schauplatzes der Verhandlung des Massenwohnungsbaus.

Einerseits wurde die Metapher des Experiments seitens der Expert:innen als zu riskant empfunden, andererseits wurde befürchtet, dass die Ergebnisse nicht radikal genug ausfallen und so der Bezeichnung gar nicht gerecht werden würden. Die fachliche Rezeption des Bloks 1 war bescheiden und reichte von Gleichgültigkeit bis Ablehnung. Während in *Arhitektura* die Wohntürme des Architekten Ivan Antić auf der anderen Seite Belgrads die zentrale Aufmerksamkeit genossen, wurde Blok 1 (Abb. 10) nicht separat besprochen. Diese Unsichtbarkeit lässt sich als Absprechen der Bedeutung interpretieren. „Die Verwirklichung dieser Bauten im Montagesystem hatte eine größere Anzahl ernster Mängel", subsumierte die Belgrader Zeitschrift *Arhitektura – Urbanizam* und kritisierte ungeschickte Grundrisse sowie eine stümperhaft ausgeführte Fassade.[232]

Diese Auffassung wurde in den folgenden Jahren in der internen Evaluation der Belgrader Abteilung für Wohnen und Kommunales (Odeljenje za komunalno-stambene poslove) bestätigt. Insbesondere der Verlust des experimentellen Charakters war Gegenstand der Kritik. Denn anstatt ein Gebäude nach dem anderen zu errichten und Bauprozess sowie -system zu optimieren, wurde wohnungsnotbedingt alles auf einmal gebaut.[233] Wie am Beispiel von Protomontagebauten um 1950 und Jugomont-Systemen erläutert, war das Ideal des Massenwohnungsbaus seine stete Optimierung. Aus der

→ Abb. 10 Blok 1 in Neu-Belgrad: Auch wenn manche Konventionen der modernistischen Architekturfotografie benutzt werden – ein ausschließlicher Fokus auf die Architektur, die Proportionen und die Form gekoppelt mit der dynamischen Diagonale des Blickwinkels –, heroisiert die Abbildung den Blok nicht, sondern stellt im Zusammenhang mit Text in erster Linie die „ungünstige Fensteraufteilung" zur Schau.

---

230 I stanbeni reon N. Beograd; Blok 1 i 2, Beograd 11.05.1958, Historisches Archiv Belgrads (SR-IAB), 2770.
231 Vgl. DAMLJANOVIĆ/JOVANOVIĆ 2012, 296 f.
232 o.V. 1961/c, 26.
233 Vgl. LE NORMAND 2014, 128–131.

2.4 Erste Fertigprodukte | 103

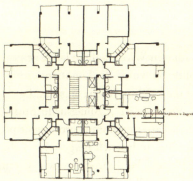

STAMBENE KULE U NOVOM BEOGRADU

Projektant: arh. *Branko PETRIČIĆ*
Konstruktor: inž. *Branko ŽEŽELJ*
Izvođač: Građevinsko preduzeće »Trudbenik« — Beograd

U Novom Beogradu u stambenim blokovima br. 1 i 2 u toku je izvođenje devet stambenih kula od po 13 spratova. Tipski sprat sadrži osam dvosobnih stanova, odnosno ukupno 114 stanova u objektu, dok je u suterenu smeštena garaža za 15 automobila.
Svi konstruktivni elementi objekta su prefabrikovani od armiranog i prednapregnutog betona u osnovnom konstruktivnom rasteru raspona 4,20×4,20 m. Na glavne noseće stubove koji idu kroz tri etaže montiraju se međuspratne prefabrikovane konstrukcije od prednapregnutog betona i betonski parapetni elementi.
Za razliku od većine ostalih objekata, koji su na terenu Novog Beograda fundirani na šipovima, temeljenje ovih kula izvršeno je na obrnutim krstatim kontrasvodovima bez upotrebe šipova.
Tipska osnova u obliku krsta sadrži osam dvosobnih stanova za tri osobe. U centralnom stepenišnom holu su smešteni liftovi i instalacije. Osnova je ekonomična i jednostavna. Sprovedena je standardizacija visokog stepena.
Dijagonalna podela kuhinja između dva stana je neobična, a organizacija stanovanja nije najpovoljnija.
Oblik zgrade je dozvoljavao uspešniju arhitektonsku obradu. Međutim, prozorske podele, koje privlače pažnju posmatrača, ne deluju povoljno. To se jasno može videti na jednom snimku nezavršene zgrade.
Realizacija ovih zgrada u montažnom sistemu imala je veći broj uzbiljnijih nedostataka.

1 — Tipska osnova
2 — Stambena kula u završnoj fazi
3 — Maketa jedinice susedstva
4 — Stambene kule u izgradnji
5 — Detalj fasade (sve snimio B. Zdravković)

1 — Plan typique
2 — Tour d'habitation dans la phase finale de construction
3 — Maquette d'une unité de voisinage
4 — Tours d'habitation en construction
5 — Détail de la façade

1 — Typical plan
2 — A tower block — finishing stage
3 — Scale model — the settlement
4 — Tower blocks under construction
5 — Detail of the facade

2. Baustelle

Perspektive der Experten war nicht nur das Scheitern des Experiments zu beklagen, sondern vielmehr eine verpasste Gelegenheit, an dieser Erfahrung weiterzubauen. Auch bei E-57 warnte ein Kritiker vor dem Missbrauch des Experiment-Begriffs:

> Aus was besteht denn das Experiment, wenn nichts wesentlich Neues, weder in der Wohnungsdisposition noch im Konstruktionssystem noch hinsichtlich der genutzten Materialien angewandt wurde? Das Experiment besteht nur im Streben nach einer wesentlichen Senkung der Baukosten, in der Anpassung dieses Baus an unsere wirtschaftlichen und baulichen Möglichkeiten, um dabei einen befriedigenden Standard zu sichern.[234]

Das Ziel dieses ,Experimentes' war schließlich keine bahnbrechende technische Innovation, sondern die Steigung der Wirtschaftlichkeit von Neubauten, welche mit einer Stärkung der Bauunternehmen zusammenhing.

2.4.4 Konfektion

Im Jahr 1955 stellte Tito fest, dass die Last für den Wiederaufbau lange genug auf einer Generation lag, die jetzt „besser leben" sollte. So wurde die Umorientierung der jugoslawischen Wirtschaft von der Schwer- auf die Leichtindustrie angekündigt.[235] Im Jahr 1958 wurden „ein komfortableres Leben", „Warenbesitz", „Alltagsbedürfnisse", „Unterhaltung" und „Erholung" im überarbeiteten Parteiprogramm prominent platziert.[236] Immer mehr Massenprodukte – Küchengeräte, industriell hergestellte Lebensmittel (konserviertes Obst, Gemüse, Fisch und Fleisch, Fertigprodukte wie Tütensuppen), Autos und Kleidung – waren erhältlich. In der Bevölkerung wurden sie, wie die meisten Novitäten, zunächst skeptisch betrachtet. Doch dagegen steuerten Expert:innen, die eine Mischung aus Bildungsarbeit und Werbung leisteten und mehr oder weniger im Interesse der einheimischen Industrie handelten.[237] Zugleich wurden erste Massenwohnsiedlungen in jugoslawischen größeren Städten gebaut, die ein Teil der Fachöffentlichkeit als „Konfektion" bezeichnete. Damit waren sowohl einheitliche und schnelle Ergebnisse gemäß modernistischen Ideen wie Wohnmaschine und Wohnungsfabrik als auch eine infolge von Standardisierung und maximaler Kosteneinsparung diskutable Qualität und Ästhetik gemeint.

---

234 MINIĆ 1960, 29.
235 Vgl. DOBRIVOJEVIĆ 2013, 40–42.
236 BUHIN 2017, 226–231.
237 Vgl. TIVADAR/VEZOVNIK 2010, 389–391.

Jugomont betonte stets eine Affinität für den Wohnungsbau und andere Industrien. Seine Platten sollten etwa mit der Schiff- und Flugzeugbauindustrie vergleichbar sein.[238] Der Jugomont-Ingenieur Solar setzte sich mit Vorwürfen der Konfektionierung im Wohnungsbau frontal auseinander, durch die Analyse der Parallelen und Unterschiede zwischen Wohn-, Auto- und Kleidungsindustrie. Zum einen wurde die Unvermeidbarkeit der Monotonie infrage gestellt. „In der Tat tragen wir alle dieselben Anzüge, im Herstellungssinne, allerdings sind wir nicht uniformiert, weil es auf den Stoff, auf das Muster ankommt", pointierte Solar und wies darauf hin, dass dieses Problem beim öffentlichen Ansehen der Autoindustrie keine Erwähnung finde.[239] Darüber hinaus lehnte er die Konfektionierung ganzer Bauten oder Wohnungen ab und schlug stattdessen das „Montageelement" als kleinste Einheit der Konfektionierung vor wie bei JU-60: Eine Bauspanne (4 m), zwei Fenstertypen, eine Sanitäreinheit und drei Raumtypen (Zimmer, Nasszelle mit Küche und Bad, Treppenhaus).[240] Unter Vorbehalt einer klug gewählten Ebene der Standardisierung müsste, so Solar, die Konfektion keine Einschränkung bedeuten, sondern könne sehr wohl „eine gleiche oder noch größere Ausdrucksfreiheit als die traditionelle Bauweise ermöglichen".[241]

Zum anderen wurde die Problematik der Serie aufgegriffen. Konfektionierung würde sich nämlich nur dann lohnen, wenn die Seriengröße über ein Gebäude, über eine Siedlung hinausginge. Die Aufgabe der Architekt:innen bei der Entwicklung von Bausystemen wurde radikal umgedacht. Die Architekt:innen ähnelten nun vielmehr Modedesigner:innen, die das Kleidungsstück entwerfen, aber nicht jedes einzelne Teil in der Herstellung beäugten. Nicht nur sie, sondern auch die Bewohner:innen schlüpften in eine grundlegend neue Rolle. Ihnen stand eine standardisierte Palette an Gewändern – Größen und Gliederungen der Wohnung – zur Auswahl. Eine solche Reproduzierbarkeit des Systems brachte Unsicherheit oder gar Unbehagen mit sich, weil möglicherweise (zu) wenig Wahlmöglichkeiten bestanden. Dennoch hatte ein bedeutsamer Teil der Bevölkerung keine solchen Sorgen: Ihnen war eine Wohnung wichtiger als ihr Feinschliff. Laut einer Anekdote schilderte ein Bewohner zu seinem Ersteinzug in E-57, dass seine neue Wohnung wie ein neuer Anzug sei, den man anstelle eines alten, kaputten bekam, „aber – Konfektion, der Anzug, den man für 12.000 Dinar bekommen kann".[242] Der Anzug sei zwar nicht maßgeschnitten und sitze nicht wie angegossen, aber immerhin hatte man zum ersten Mal im Leben einen Anzug. Auch wenn aus heutiger Perspektive die Konfektion vorwiegend als „Fast Fashion"[243] pejorativ verstanden wird, barg sie in

---

238 Vgl. MATTIONI 2007, 266.
239 SOLAR 1961, 3.
240 Ebd., 6.
241 Ebd., 14.
242 MATIJEVIĆ BARČOT 2020, 75.
243 Vgl. SCHULZE/BANZ 2015.

Jugoslawien der 1950er und 1960er Jahre durchaus emanzipatorische Elemente für viele Menschen in sich: Bunte Muster und pflegeleichte Stoffe anstatt der teuer gekauften oder mühsam zu Hause genähten Kleidung, Wohnungen mit Standardausstattung anstelle von Häuschen ohne Strom- und Wasseranschluss.

In der Tat gab es im sozialistischen Jugoslawien keine umfangreiche Baukonfektion: Kleine und „Null-Serien" überwogen, „offene Systeme", die einen hohen Anpassungsgrad auf lokale Gegebenheiten zuließen, kennzeichneten den jugoslawischen Massenwohnungsbau.[244] In Grbavica I in Sarajevo wurden 31 Bauobjekte von fünf Bauunternehmen nach 21 Projektplänen errichtet, finanziert von 14 Investoren; „[M]anche Projekte wurden nicht mal zweimal angewandt", kommentierte die Sarajevoer Kommunalverwaltung die Situation.[245] Als Lehre aus Grbavica I wurde für das Ende der 1950er gebaute Grbavica II zwar jeweils ein Investor, Projektant und Vollzieher festgelegt.[246] Zugleich wurde „eine größere Anzahl der Objekttypen"[247] eingeplant und die Vielfalt nur bedingt reduziert.

Diese Pluralität war in der Logik der Selbstverwaltung verankert: Die Baulandschaft bestand aus mehreren kleineren Firmen, die oft nur regional bedeutsam waren und einen hohen Grad an Autonomie in ihrer Arbeit beibehalten wollten. Der Mangel an lokalem und binnenjugoslawischem Austausch wurde immer wieder von Architekt:innen und Urbanist:innen betont.[248] Dieser kam ebenso in anderen Bereichen in Form von unkoordinierten Fahrplänen und redundanten Verdoppelungen einiger Produktionszweige vor, da die Republiken zumeist das Ziel ökonomischer Unabhängigkeit verfolgten.[249]

Milivoj Peterčić (1923–2010), ein an der Planung von Grbavica II beteiligter Architekt, reagierte mit einem Artikel in *Čovjek i prostor* auf zahlreiche falsche Angaben in der Fachpresse.[250] Neben dem Hinweis auf falsche Attributionen zu den am Projekt Beteiligten (etwa Projektant, Architekt) bot Peterčić einen konzisen Überblick über die Bauphasen. Peterčićs abschließendes Plädoyer zum Sammeln von Erfahrungen mit dem neuen Wohnungsbau in anderen jugoslawischen Städten[251] verweist auf einen kontinuierlichen Mangel an Austausch zwischen den Teilrepubliken. In diesem Fall lässt sich ein auffälliges Informationsdefizit feststellen, eine Wissensasymmetrie zwischen ärmeren und

---

244 Jovanović/Grbić/Petrović 2012, 408.

245 Organizacija stanbene izgradnje u naseljima: Grbavica I. i Grbavica II. u Sarajevu, 11.05.1960, Archiv Jugoslawiens (SR-AJ), Beograd, 495-103.

246 Vgl. Aganović 2009, 200.

247 „Organizacija stanbene izgradnje u naseljima: Grbavica I. i Grbavica II. u Sarajevu", 11.05.1960, SR-AJ, 495-103.

248 o.V. 1959/e, 8.

249 Vgl. Ramet 1992, 71 f.

250 Vgl. Peterčić 1960, 3.

251 Ebd.

reicheren Republiken, die sich dann auch auf die Repräsentationen im Ausland übertrug und in die internationale Ausstellung *Contemporary Yugoslav Architecture* einfloss.[252]

Allerdings gab es seit den späten 1950er Jahren erste binnengrenzüberschreitende Projekte und Beispiele für Kooperation. So wurde E-57 auch in anderen Städten Dalmatiens (Kaštela, Ploče, Dugi Rat) sowie in Herzegowina (Mostar, Čapljina) gebaut, JU-61 in Sarajevo (Siedlung Čengić Vila), Neu-Belgrad (Blok 28), Čačak, Celje und Skopje, der in Grbavica II gebaute „tip 949" in anderen Städten Bosnien und Herzegowinas und das Belgrader System IMS jugoslawienweit ‚exportiert'.[253] Darüber hinaus wurde die Projektlösung für die Sarajevoer Siedlung Grbavica I ebenfalls in Serbien (Novi Sad) angewandt und der Name der Siedlung – Grbavica – weist klar auf seinen Ursprung hin.[254] Die Ergebnisse waren keine exakten Repliken, sondern an den lokalen Kontext angepasst: JU-61 in Sarajevo an die dort vorhandenen größeren Kräne, in Celje wurde auf Aluminium eines lokalen Herstellers zurückgegriffen, in Serbien und Mazedonien die Besonderheiten der lokalen Handwerker miteinbezogen.[255] Während ausländische Kooperationen medial kleingehalten wurden, wurde jugoslawische Zusammenarbeit stolz und explizit zur Schau gestellt, nämlich als ein Beweis einer gelungenen Inkorporation von „Brüderlichkeit und Einheit" in den jugoslawischen Alltag. Dabei lassen sich die persistenten Nordwest-Südost-Asymmetrien feststellen, denn vorwiegend wohlhabende Republiken (Slowenien, Kroatien, Serbien – insbesondere die Hauptstädte) profitierten vom intrajugoslawischen Export.

2.4.5 Endbearbeitungen

Auch wenn Abweichungen vom Plan im Laufe des Bauprozesses ein Allgemeinplatz der Architektur sind, lohnt es sich jedoch, genau anzuschauen, welche Prioritäten in der Umsetzung von Blok 1 verfolgt wurden. Die meisten besprochenen Massenwohnungsbauprojekte wurden in erster Linie durch eine Erhöhung der Wohnungsanzahl modifiziert. Deswegen wurden manchmal die für andere Zwecke geplanten Räume in Wohngebäuden wie im Neu-Belgrader Blok 1 Wohnungen für Hausmädchen (ein Relikt der vorsozialistischen bürgerlichen Wohnkultur), im Dachgeschoss vorgesehene Kunstateliers sowie Gewerbeflächen[256] auf Wunsch des Investors doch in Wohnraum umgewan-

---

252 Ebd.
253 Vgl. Muljačić 1969, 66; Aganović 2009, 202–205; Mecanov 2015, 174–185.
254 Vgl. Čusto 2016, 161.
255 Vgl. Mattioni 2007, 276.
256 I stanbeni reon N. Beograd, Blok 1 i 2; Tehnički opis za stanbene zgrade tipa B, C1 i D od P+8 spratova na Novom Beogradu; investicioni program izgradnje i eksperimentalnog stanbenog naselja – tošin bunar (knjiga III), 1958, SR-IAB, 2770.

delt.[257] Weiterhin wurden die ursprünglich vorgesehenen größeren Wohnungen durch kleinere (Ein- und Zweizimmerwohnungen) ersetzt. So beharrten die Fachgutachter des Neu-Belgrader Bloks 1 auf mehrere kleinere Wohnungen, um Wohnraum für mehr Haushalte bieten zu können.[258] Einen weiteren Sparmechanismus stellte die Reduzierung der Kosten für die Oberflächenbehandlung dar: Die vorgesehenen Materialien wurden in der Bauphase durch preiswertere Alternativen ersetzt.[259] Das letzte Wort hinsichtlich gewünschter Änderungen hatte dabei der Investor, da er die finanziellen Mittel bereitstellte und zu jeder Zeit drohen konnte, sich an einen anderen Bauträger für dieses oder zukünftige Projekte zu wenden.

Die Phase der Endbearbeitungen konnte auch bis in die Einzugsphase reichen. Zum einen konnten erweiterte Infrastruktur wie Kindertagesstätten, Schulen, aber auch gepflasterte Wege und Bus- sowie Tramstationen zu einem späteren Zeitpunkt hinzukommen. Zum anderen flossen manchmal die Erfahrungen der Bewohner:innen in die nachträglichen Änderungen ein. Die Wünsche der zukünftigen Bewohner:innen (Nutzer:innen) wurden meistens erst im Nachhinein erfasst. Der Begriff „Nutzer", vor den 1950er Jahren kaum im Sprachgebrauch, kommt nach 1945 mit der Blütezeit der europäischen Wohlfahrtsstaaten auf. Dennoch blieb diese Kategorie bis in die 1960er eine höchst abstrakte Annäherung an den Durchschnitt, ohne Nennung von Identitätsmerkmalen (Geschlecht, Beruf, Klasse), und wurde hauptsächlich von Architekt:innen als Platzhalter genutzt.[260] In diesem Kontext bildete Jugomont einen Sonderfall. Das Unternehmen führte Umfragen unter den frisch Eingezogenen durch, um Nachbesserungen an den neuen Bauten zu planen.[261] Außerdem verfügte es über einen Kundenservice, denn die Wohnungen standen unter Garantie und die Bewohner:innen konnten ebenso Reparaturen beantragen. Dies kündigte die wachsende Bedeutung der Bewohner:innen im öffentlichen Diskurs zu Massenwohnungsbauten. Sie werden im nächsten Kapitel, entsprechend den Entwicklungen in den 1960er Jahren, in den Vordergrund rücken.

---

257 Ebd.

258 I stanbeni reon N. Beograd, Blok 1 i 2, 11.05.1958, 3, SR-IAB, 2770.

259 I stanbeni reon N. Beograd, Blok 1 i 2, Aneks uz investicioni program izgradnje I stanbenog rejona na Novom Beogradu, INVESTICIONI PROGRAM IZGRADNJE I EKSPERIMENTALNOG STANBENOG NASELJA − TOŠIN BUNAR (knjiga I), 22.04.1958, 3, SR-IAB, 2770.

260 Vgl. FORTY 2000, 312.

261 Vgl. SOLAR 1962/b, 77 f.; HOLUB 1962, 78 f.

2.5 Baustelle zusammengefasst

In diesem Kapitel wurde die Frühgeschichte von Massenwohnsiedlungen im sozialistischen Jugoslawien vorgestellt, von verstreuten, mehr oder weniger ausgefeilten Ideen und Vorschlägen und von den ersten gebauten Siedlungen. Als Beispiel dienten hier Blok 1 und 2 in Neu-Belgrad, Grbavica I und II in Sarajevo sowie Bauten im E-57-Typ in Split. Anhand der Quellen aus der architektonischen Fachöffentlichkeit zwischen 1945 und 1962 wurden Aspekte wie Verortungen (in welchen geopolitischen Kontext gliederten Architekt:innen den Wohnungsbau ein?), Ideenbaustelle (wie soll der Massenwohnungsbau sein?) sowie eine Sammlung der Metapher für erste Massenwohnungsbauten (wie wurde über sie geschrieben?) analysiert.

Zunächst wurden drei Ortungsphasen festgestellt. Zwischen 1945 und 1948 orientierte sich die jugoslawische Architekturöffentlichkeit an der Sowjetunion. Allerdings war diese Verbindung allgemein, und konkrete Lösungen, etwa sozrealistische „Arbeiterpaläste“, wurden gar nicht besprochen. Dementsprechend ist sie eher als ein ideologischer Beistand zu verstehen. Zwischen dem Tito-Stalin-Bruch (1948) und Stalins Tod (1953) erfolgte eine Einkehrphase, in der sich sowohl der Mythos eines Neustarts im Sinne einer *tabula rasa* andeutete als auch eine neue Wertschätzung der vernakularen, regionalen Vielfalt und „Mosaikarchitektur“, die mit der voranschreitenden Doktrin der Selbstverwaltung angereichert wurde. Zugleich wurden verschiedene Handhabungen und Valorisierungen der jeweiligen Traditionen, die untrennbar mit innenjugoslawischen Machtasymmetrien verbunden sind, sichtbar wie etwa Unterschiede zwischen muslimischen und mediterranen Wohnkulturen. Zwischen 1953 und 1962 lässt sich eine zunehmende Öffnung für ausländische Beispiele beobachten, eine Annäherung an den „Dritten Weg“ der jugoslawischen Außenpolitik, die eine Synthese – das Beste aus beiden Welten des Kalten Krieges – anstrebte. Diese Hybridität untersuchte ich am Beispiel der Rezeption Le Corbusiers und an der Medialisierung von Auslandsreisen jugoslawischer Expert:innen für Wohnungsbau.

Unter dem Begriff „Ideenbaustelle“ versammelten sich die kursierenden Dilemmata zu Massenwohnsiedlungen. Dabei zeigte sich, wie eingeschränkte Kapazitäten der jugoslawischen Bauindustrie mit dem Aufruf nach einer Vorfertigung in Einklang gebracht wurden, etwa durch leichte Montage und individuell entworfene Bauten. In den Diskussionen über die optimale Höhe zeigt sich eine Spannung zwischen der Faszination von einer hochurbanen Umgebung und den Gesundheitsrisiken sowie den potenziellen Risiken für die einheimische Wirtschaft. Farbe wurde zum einen als eine modernistische Ausdruckskategorie beachtet, zum anderen bot sie eine preiswerte Gestaltungsoption. Schließlich wurde auf die Wohnkooperativen als eine viel besprochene Alternative eingegangen. Wohnkooperativen und ein dezentralisiertes Netz der Bauunternehmen können als zwei unterschiedliche Ausformulierungen der jugoslawischen Doktrin der Selbstverwaltung verstanden werden. Während in der ersten Option die Selbstverwaltung dezidierter auf der Ebene des Individuums ansetzt – Wohnungssuchende schließen sich zusammen –, und damit der Entfremdung durch Arbeit sprichwörtlich entgegenwirkt, setzt das zweitgenannte Modell die Selbstverwaltungsprinzipien auf der Ebene des Arbeitsplatzes um und wird in den kommenden Dekaden ausgebaut.

Aus der Analyse der gängigen Metaphern für neue Massenwohnsiedlungen wurde ersichtlich, wie sich an der Schnittstelle zwischen den öffentlichen Bereichen die Bedeutung konstituierte. Die bewusst verwendete Bezeichnung als „Sensation" transformierte das System E-57 in ein mediales Ereignis, welches unter Architekt:innen auf Skepsis stieß, während die breitere Öffentlichkeit mit Hoffnung und Enthusiasmus reagierte. „Kampf", erläutert am Beispiel von Jugomonts Systemen JU-59, JU-60 und JU-61, beschreibt in der Nutzung kriegerischer Rhetorik den laut ausgesprochenen Wettbewerb zwischen Tradition und Innovation, zwischen Gestern und Morgen, aber auch einen leise ausgesprochenen Wettbewerb zwischen den Unternehmen. „Experiment", ein Begriff mit naturwissenschaftlichen und avantgardistischen Konnotationen, brachte einerseits die Aufbruchschance mit sich, barg aber auch eine Gefahr und wurde, wie am Beispiel von Blok 1 demonstriert, sparsam benutzt. Zugleich wurden Experimente mit bescheidenen Ambitionen gerade aufgrund ihrer fehlenden Radikalität abgelehnt. Schließlich machte „Konfektion", ein Verfahren, für das der damalige jugoslawische Wohnungsbau kaum Beispiele lieferte, Parallelen zwischen der Leichtindustrie und dem Massenwohnungsbau sichtbar. Auch da schieden sich die Geister: Während ein schnelles und preiswertes Herstellungsverfahren eine Emanzipation für ärmere Bevölkerungsschichten in prekären Wohnverhältnissen bedeutete, wurde es von den anderen aufgrund seiner fragwürdigen Qualität kritisiert.

Mit Ausnahme der geopolitischen Ortungen und einem Konsensus für die im Modernismus verwurzelte Ästhetik und Funktion der Bauten herrschte in der architektonischen Fachöffentlichkeit Jugoslawiens der 1950er Jahre sowie in ersten gebauten Massenwohnsiedlungen eine ausgeprägte Vielfalt der Massenwohnungsbauten auf Papier wie auf den Baustellen vor. Doch sie weist auch auf mangelnde Koordination und Kommunikation im jugoslawischen Wohnungsbau hin. Dazu lässt sie sich als ein Ausdruck der intrajugoslawischen ökonomischen Ungleichheiten einordnen. Bestenfalls konnte die Vielfalt als eine Chance gesehen werden, als ein Versuch darin, den Massenwohnungen – wie dem jugoslawischen Sozialismus – ein „menschliches Antlitz" zu verleihen, Diversität zuzulassen und sogar zu fördern.

Hayden White zufolge besteht die Welt nie aus „well-made stories, with central subjects, proper beginnings, middles, and ends, and a coherence that permits us to see ‚the end' in every beginning".[262] Dies ist insbesondere in den 1950er Jahren und frühen

---

262 WHITE 1990, 24.

1960er Jahren zutreffend, als erste Massenwohnsiedlungen in einem Jugoslawien entstanden, dessen Zukunft noch offen war. Diese Ambivalenzen präg(t)en die Analyse
und Einordnung der jugoslawischen Selbstverwaltung. Anstatt einen Abschluss, eine
geradlinige, kohärente Erzählung anzubieten, wurden hier mehrere mögliche Stränge
einer Geschichte dargelegt, die in der Zeit als glaubwürdig und wichtig galten.

3. Wohnung

> Wenn der Standard in einem Land eine gewisse Ebene erreicht, wird der Wunsch, sich mit anständigem [kulturnim], praktischem und schönerem Wohnen zu beschäftigen, für die breitesten Bevölkerungsschichten größer. Deswegen zeigt sich der Bedarf nach einer großen Anzahl an vielfältigsten Veranstaltungen, welche die Wohnkultur behandeln müssen – aber auf einem bestimmten Qualitätsniveau.
>
> Naš dom anlässlich der Eröffnung des Zentrums für Wohnkultur in Belgrad, 1969[1]

> Sagen Sie uns, wie wir an eine Wohnung gelangen. Alles andere wird sich einfach erledigen! Eine Arbeiterin zum Vorschlag des Zentrums für Haushaltsverbesserung, die Inneneinrichtung in der Mittagspause zu besprechen, 1963[2]

Die 1960er Jahre sind wohl die Dekade im sozialistischen Jugoslawien, über welche Historiker:innen bisher am meisten geschrieben haben.[3] Die schon von Zeitgenoss:innen wegen der außenpolitischen „Neupositionierung"[4] bewertete „goldene Zeit" äußerte sich in der Bewegung der Blockfreien Staaten. Auch die Lebensbedingungen vieler Jugoslaw:innen verbesserten sich spürbar infolge eines enormen wirtschaftlichen Aufschwungs: Wurden in den 1950er Jahren die Weichen für einen Aufbruch – eine gewaltige Bildungs-, Presse- und Wirtschaftsexpansion – seitens der Expert:innen gestellt, entwickelte sich dieser Aufschwung in den 1960er Jahren „von einem Eliten- zu einem Massenphänomen", und war damit laut Marie-Janine Calic „vielleicht die entscheidendste Signatur dieser Dekade".[5] Auf dem 7. Kongress des Bundes der Kommunisten Jugoslawiens (Ljubljana, 1958) wurde der Erhöhung des Lebensstandards, der Konsumkultur und einer breiten Zugänglichkeit von Alltagswaren (erweitertes Warenspektrum und umfangreiches Verkaufsnetzwerk) ein bedeutender Stellenwert im Parteiprogramm eingeräumt. Auf Initiative von Edvard Kardelj wurde „das persönliche Glück des Menschen" zum höchsten Ziel des Sozialismus erklärt.[6] Der Wandel von der Schwer- zur Leichtindustrie in den späten 1950er Jahren

---

1   o.V. 1970/c, 3 f.
2   o.V. 1963/d, 7.
3   Vgl. GRANDITS/SUNDHAUSSEN 2013; DUDA 2005/b; VUČETIĆ 2012; KLASIĆ 2012; LUKŠIĆ 2012.
4   GRANDITS/SUNDHAUSSEN 2013, 6 f.
5   CALIC 2010, 205.
6   Diese Forderung war umstritten und wurde zweimal aus dem Entwurf entfernt. Sie fand ihren Platz in der finalen Version, allerdings mit dem Hinweis, dass „niemand das Recht hat, ein eigenes Interesse auf Kosten des allgemeinen Interesses zu erreichen". PIRJEVEC 2012, 429 f.

brachte eine neue Fülle der Alltagsprodukte wie Kleidung, Haushaltsgeräte, industriell hergestellte Lebensmittel. Das stets erweiterte Angebot, begleitet von der wachsenden Kaufkraft jugoslawischer Bürger:innen (allein in Belgrad erhöhte sich das Realeinkommen in der Periode 1950 bis 1965 um 80 %),[7] ermöglichte zum ersten Mal zumindest in den Städten eine breit gefächerte Teilhabe am Konsum.[8] Westliche Waren – Coca-Cola, Levi's Jeans, Helena-Rubinstein-Kosmetik – und sogar der *Quelle*-Katalog waren über Lizenzen oder Importe zunehmend auch in Jugoslawien erhältlich.[9] Außerdem etablierte sich in den 1960er Jahren der Shopping-Tourismus nach Italien (Triest), Österreich (Graz, Klagenfurt) oder Griechenland (Thessaloniki).

Mit der neuen Verfassung vom 7. April 1963 wurde das Konzept der Selbstverwaltung weiter ausgearbeitet und gestärkt, die Wirtschaftsliberalisierungsreform 1965 rückte den Staat in die Richtung des Marktsozialismus. Zugleich verloren die Hardliner in der Partei an Einfluss. Der prominenteste Fall war wohl die Exkommunikation des Chefs der Geheimpolizei, Aleksandar Ranković, aus dem Bund der Kommunisten Jugoslawiens 1966.

Allerdings brachte die Liberalisierung der Wirtschaft eine wachsende Kluft zwischen Armen und Reichen sowie finanzielle Unsicherheiten für viele Jugoslaw:innen. Die Zahl der Arbeitssuchenden stieg 1968 um 47 % im Vergleich zu 1964, die Arbeitslosenquote sank – vor allem dank Gastarbeiterprogramme – jedoch nur um 1 %.[10] Darauf reagierten die jugoslawischen „1968er", die eine Erneuerung und Vertiefung sozialistischer Prinzipien forderten und sich für einen umfassenden Abbau sozialer Ungleichheit einsetzten.[11] Dieser in den 1960er Jahren zum ersten Mal greifbare soziale Konflikt spitzte sich in den folgenden Dekaden zu.[12]

Auch im Wohnungsbau herrschte in den 1960er Jahren ein Aufschwung. Standen in den 1950er Jahren nur erste Prototypen, kamen Massenwohnungsbauten nun in der breiteren Bevölkerungsschicht an und prägten immer mehr die Stadtbilder. Neue Siedlungen wurden in allen größeren Städten gebaut und brachten innovative Konzepte sowie eine visuelle Vielfalt mit sich. Zu den Neu-Belgrader Bloks zählten eine Riesenstruktur in Mäanderform („das längste Gebäude in Jugoslawien", Blok 21),[13] „Televizorke" (Bauten

---

7 Calic 2010, 222.

8 Der Durchbruch der Konsumkultur in die ländlichen Gebiete folgte in den späten 1960ern und in den 1970ern in erster Linie dank sogenannter „Gastarbeiter:innen". Durch Rücküberweisungen, Geschenke und Investitionen in ihrem Geburtsort (etwa durch den Bau eines Hauses) kurbelten sie den Verbrauch an und inspirierten materialistische Sehnsüchte. Vgl. Münnich 2013, 109–118.

9 Vgl. Vučetić 2012, 355.

10 Vgl. Bilandžić 1985, 317–319.

11 Vgl. Klasić 2012, 77–113.

12 Zur Steigerung der sozialen Ungleichheit nach 1965 vgl. Archer/Stubbs/Duda 2016.

13 Vgl. Blagojević 2007, 185–193; Le Normand 2014, 128.

mit Fensterrahmen, die an Fernseher erinnern) und „Potkovica" (kleines Hufeisen) im Blok 28[14]. Titograd breitete sich über den Fluss Morača aus und um den Boulevard mit Regierungsbauten entstanden längs gerichtete Wohnhäuser. Neue Massenwohnsiedlungen in Sarajevo folgten der Talform: Čengić Vila I und II wurden ab 1962 beziehungsweise ab 1963 gebaut. Darüber hinaus entstanden nach 1965 mit Hrasno I (1967–1969) und II (1966–1978) gewaltige Siedlungen aus Wohnungsbauten mit fünf bis zwanzig Stockwerken.[15] Neu-Zagreb wurde um die neue Nachbarschaft Siget erweitert, während zeitgleich der Bau in Zapruđe fortgesetzt wurde.[16] In Ljubljana wurden neue Siedlungen nicht in einem Gebiet konzentriert, sondern konzentrisch am Stadtrand errichtet. Hier entstand die Terrassensiedlung Koseze (1968, Architekt Viktor Pust). In der Siedlung ŠS-6 (1964) erarbeiteten Architekten Ilija Arnautović (1924–2009) und Aleksander Peršin (*1936) ein Wechselspiel aus öffentlichen Räumen und durchlässig eingezäunten Gärten im Erdgeschoss.[17] In der Siedlung BS-7 (1967) erprobten Vladimir Braco Mušič (1930–2014), Marjan Bežan (1938–2017) und Nives Starc (1938–2023) die Abwendung von der funktionalistischen Siedlung hin zur „Wohnstraße".[18]

Als Skopje 1963 durch ein schweres Erdbeben teilweise zerstört wurde, kam es zu einer beispiellosen Wiederaufbauhilfe von sowohl sozialistischen als auch kapitalistischen Staaten. Die Unterstützung, an der sich sogar die Vereinten Nationen beteiligten, war im Kontext des Kalten Krieges umso bemerkenswerter und ist ein weiterer Beleg für den Exzeptionalismus Jugoslawiens. Beispielsweise lieferte Dänemark 80 Montageferienhäuser, die für die dauerhafte Bewohnung umgebaut wurden, und aus England wurde der Bausatz für eine Schule importiert.[19] Den Plan zum Wiederaufbau arbeitete der japanische Architekt Kenzo Tange zusammen mit jugoslawischen Architekten nach dem 1965 international ausgeschriebenen Wettbewerb aus.[20]

Im Rahmen einer tiefgreifenden Wirtschaftsreform 1965 wurde der Wohnungsmarkt durch neue Kreditierungsmöglichkeiten und Anstöße für den Eigenbau weiter liberalisiert. Das Fondssystem wurde durch sogenannte „Wohnunternehmen" *(stambena poduzeća)*

---

14 Vgl. Mercina 2016, 95–101; Mecanov 2015, 175–185.
15 Für eine Chronologie des Massenwohnungsbaus in Sarajevo vgl. Aganović 2009, 206–214.
16 Für einen Überblick zur (Massen-)Wohnarchitektur in Kroatien während des Sozialismus vgl. Odak 1991, 37–72.
17 Vgl. Mercina 2006, 83.
18 Vgl. Skansi 2016, 57–60.
19 Vgl. Wenzler 1963, 6.
20 Im Jahr 1964 erarbeiteten das griechische Architekturbüro Doxiades Associates und der polnische Architekt Adolf Ciborowski einen Regionalplan für Skopje. Dabei wurde die Gestaltung des Stadtzentrums offengelassen und sollte im Rahmen eines internationalen Wettbewerbs erstellt werden. Den ersten Preis gewann Kenzo Tange (60 %), während der zweite Preis an die jugoslawischen Architekten Radovan Miščević und Fedor Wenzler ging. Nach dem Vorschlag der Jury entstand der endgültige Plan als eine Zusammenarbeit der Erst- und Zweitplatzierten. Vgl. Lozanovska 2006, 144.

3. Wohnung

ersetzt, die in Konkurrenz um die am Arbeitsplatz akkumulierten und vom Arbeiterrat vergebenen Mittel standen.[21] Wie Brigitte Le Normand schließt, unternahmen Politiker:innen und Stadtverwalter:innen den Versuch, das Recht auf eine Wohnung nicht als eine universelle Forderung, sondern als Chancengleichheit zu formulieren.[22] Dabei durften die Wohnungen, je nach finanzieller Situation des Haushalts, sowohl qualitative als auch quantitative Unterschiede aufweisen.[23] Bereits in den 1950er Jahren plädierte Edvard Kardelj, der Haupttheoretiker der Selbstverwaltung, für eine stärkere finanzielle Eigenbeteiligung der Wohnungssuchenden.[24] Zudem forderte er eine Aktivierung (finanzielle Beteiligung) der lokalen Wohngemeinden, welche seit 1956 die mikroterritorialen und -politischen Einheiten der Selbstverwaltung bildeten. Hierzu schlug er vor, die soziale Infrastruktur der Siedlung (Kindertagesstätte, kollektive Wäschereien) vorwiegend auf diese Weise zu finanzieren.[25] Die Wohngemeinden, so Kardelj, könnten Mittel aus mehreren kommunalen Fördertöpfen mobilisieren, aber auch die Eigenbeteiligung der Bewohner:innen stimulieren.[26] Je nach Leistung würde sich die Ausstattung der Siedlungen entsprechend unterscheiden.[27] Die Klassenunterschiede sowie Ungleichheiten innerhalb Jugoslawiens wurden in diesem Plan in Kauf genommen. In diesem Sinne schrieb der Architekt Andrija Mutnjaković (*1929):

> Im Rahmen unserer Gesellschaft haben wir das System der Güterverteilung auf dem Prinzip der individuellen Arbeitsleistung etabliert. Und das ist in Ordnung: Mancher geht zu Fuß, mancher fährt mit einem Fićo [ein Kleinwagen jugoslawischer Herstellung, L.H.], mancher wiederum mit einem Mercedes, und mancher hat eine Einzimmerwohnung, mancher wiederum eine Vierzimmerwohnung. Diese gesellschaftliche Bedingtheit zu negieren, wäre der chinesische Pseudokommunismus.[28]

Die Verantwortung für die Lösung der Wohnungsfrage wurde schrittweise auf das Subjekt der Selbstverwaltung übertragen: die Arbeiter:innen. Die wachsende Bedeutung der Banken wurde von führenden jugoslawischen Ökonomen als ein Alleinstellungsmerkmal und eine Weiterentwicklung des fortgeschrittenen Sozialismus eingeordnet,[29] der sich dadurch vom sowjetischen und chinesischen Weg unterscheide.

---

21 Vgl. Topham 1990, 404.
22 Le Normand 2012, 360.
23 Ebd.
24 Kardelj 1968, 5–7.
25 Kardelj 1963, 91.
26 Ebd., 92.
27 Kardelj 1968, 6.
28 Mutnjaković 1982, 23. Der Aufsatz „Grad s kojim se ne slažem" wurde 1964 verfasst.
29 Vgl. Gavran 1971, 224.

Nach dem vorigen Kapitel, das sich um die Ebene der Baustelle drehte, bewegt sich dieses Kapitel vorwiegend auf der Ebene der Wohnung. Während die Baustelle noch vieles offenließ und die Wohnräume nur grob skizzierte, steht im Konzept der Wohnung eine ausdifferenzierte Grenzziehung im Vordergrund – zwischen außen und innen, zwischen der eigenen und benachbarten Wohnung, zwischen Schlaf, Arbeit und Freizeit. Eine eigene Wohnung wurde zum ultimativen Ziel vieler Familien erklärt und das Narrativ des sehnsüchtigen Wartens in den Medien sowohl in Fiktion als auch in Zeitungsartikeln wiederholt aufgegriffen.[30] Dabei wurde durch die Privilegierung der Einfamilienwohnung – und nicht des allgemein konzipierten Wohnraums – der Fokus des jugoslawischen Wohnbaus auf die Kernfamilie gesetzt.[31]

Die Ebene der Wohnung bietet die Möglichkeit einer fokussierten Auseinandersetzung mit Inneneinrichtung. Die Ratschläge zur Möbelauswahl und -positionierung geben Auskunft über die vorherrschenden Vorstellungen vom idealen Wohnen und gesellschaftliche Konstellationen, die sie bewirkt (oder bewirken könnte). Darüber hinaus wurde Wohnen zunehmend als ein Bereich verstanden, in dem in den Augen der Expert:innen Kultivierungsmaßnahmen notwendig sind. Etwa 5,5 Millionen Jugoslaw:innen migrierten von 1945 bis 1970 vom Land in die Städte; als Belgrad 1969 die Eine-Million-Bewohner:innen-Marke überschritt, kamen zwei Drittel der Bewohner:innen vom Land.[32]

Als roter Faden zieht sich durch dieses Kapitel die Frage nach dem Verlauf und den Folgen der massenhaften Umsetzung von Massenwohnungsbauten in den 1960er Jahren. Was passierte, als die Massenwohnungsbauten zur Realität vieler jugoslawischer Bürger:innen wurden? Wie veränderte sich der Diskurs, der bis zu dem Zeitpunkt zum größten Teil von Expert:innen bespielt wurde? So geht dieses Kapitel einerseits auf ideale Projektionen der neuen Wohnkultur in der Populärkultur ein und andererseits auf (bewusste oder notgedrungene) Widerstände und Anpassungen infolge der Besiedlung der Neubauten. In diesem Kapitel tauchen die Bewohner:innen in verschiedenen Quellengestalten auf: Als Befragte in Umfragen, Verfasser:innen von Bitt- und Beschwerdebriefen, Adressat:innen von Haushaltsratschlägen, Fiktion von Filmemacher:innen und Projektion der Architekt:innen.

---

30 Vgl. Vajda 1960; Bauer 1961; Berković 1962; Špeletić 1964, 5; Zlatar 1964, 5; o.V. 1968/b, 36; o.V. 1969/c, 5.

31 Zu Ausnahmen zählten in erster Linie kleinere Wohnungen für Alleinstehende, und zwar vorwiegend in Hochhäusern, die – wie im vorigen Kapitel erläutert – mit dem Individualismus und dem großstädtischen Habitus assoziiert wurden. Darüber hinaus wurde über Wohnungen für Senior:innen diskutiert. Vgl. o.V. 1952/d, 30 f.; Vuković 1961, 47; Ivanšek 1964.

32 Vgl. Calic 2010, 209.

3.1 Wohnkultur und Populärkultur

Während sich das vorige Kapitel dem fachöffentlichen medialen Raum widmete, finden sich in den 1960er Jahren stimmenstarke Positionen zum Massenwohnungsbau in den Massenmedien. Die Massenwohnungen wurden Teil des Alltags vieler Jugoslaw:innen – sei es durch eigene Umzugserfahrungen, durch Beiträge im Fernsehen, in Zeitschriften oder über Erzählungen von Verwandten und Kolleg:innen. Hand in Hand mit der Errichtung der ersten Massenwohnungsbauten und dem Einzug ihrer ersten Bewohner:innen in größeren jugoslawischen Städten gingen Fragen nach einer adäquaten Inneneinrichtung einher: Das Schlüsselwort der Stunde hieß „Wohnkultur". Erstbezügler:innen und Interessent:innen, die noch keine Erfahrung mit kleingeschnittenen Wohnungen in Neubaugebieten hatten, stellten einen wachsenden Markt für die Ratgeberliteratur dar. Manche Architekt:innen wurden zu Ratgeber:innen, die eine modern(istisch)e Wohnkultur an breite Bevölkerungsschichten kommunizierten.

Um sich der Herausbildung einer Massenwohnkultur in den 1960er Jahren anzunähern, werden in diesem Kapitel vorwiegend Haushaltsratgeber, Frauen- und Wohnzeitschriften untersucht. In ihnen wurden damalige Vorstellungen aus verschiedenen Fachbereichen wie Architektur, Medizin, Erziehung und Hauswirtschaftslehre kompiliert und für ein breites Publikum aufbereitet. Ausgewählt wurden Frauenzeitschriften mit einer erheblichen Reichweite über die Stammrepublik hinaus. Die Zagreber Zeitschrift *Svijet (Die Welt)*, die in der Zwischenkriegszeit als Medium für das aufstrebende Bürgertum erschien und ein mondänes Weltbild ausstrahlte, wurde 1953 erneuert.[33] Der Fokus lag nun auf der internationalen Modewelt und üppigen farbigen Illustrationen. Mit der Einführung der Rubrik „Alltagsleben" 1962 fanden sich vermehrt die Ratschläge zum Wohnen.[34]

Die Zeitschrift *Bazar* erschien 1964 in Belgrad. Die sozialistische Architektur schmückte schon die erste Titelseite: Hinter der bekannten Schauspielerin Milena Dravić war das neue Gebäude der serbischen Tageszeitung *Politika* zu sehen. Die Zeitschrift, die bis heute erscheint, lässt sich als eine moderatere Version von *Svijet* einzuordnen: günstiger und mit weniger Glanz. Ein fester Bestandteil war die Rubrik der Architektin Radmila Peronja zu Inneneinrichtung.

Žena, das Sprachrohr des Verbands der Frauenvereine Kroatiens, startete als der offizielle Pressekanal der Antifaschistischen Frauenfront mit einem deutlich aktivistischen Titel: *Žena u borbi (Frau im Kampf)*. Nach einer Neuausrichtung 1957 blieb als Titel *Žena* übrig.[35] Im Vergleich zu anderen Frauenzeitschriften wurde in *Žena* ausführlicher

---

33 Vgl. Todorović-Uzelac 1987, 76.
34 Vgl. o.V. 1962, 2.
35 Die Antifaschistische Frauenfront (AFŽ) wurde 1942 gegründet und beteiligte sich rege an den Partisan:innenkämpfen. In der Nachkriegszeit setzte sich die Organisation für Frauenrechte ein. Das

über die Vergesellschaftung von Haushaltsfunktionen berichtet, inklusive konkreter Hinweise auf lokale Initiativen.

Darüber hinaus existierte noch die jugoslawische Ausgabe der französischen Zeitschrift *Elle* (1969–1971). Die auf teurem Hochglanzpapier gedruckte Zeitschrift veröffentlichte – mit der Ausnahme des redaktionellen Leitartikels und Werbungen jugoslawischer Firmen – übersetzte Artikel aus ausländischen Revuen. *Elle* bildete die obere Spitze der Frauenzeitschriften, die sich nur wenige leisten konnten. Sie wurde auch von Architekt:innen und Designer:innen gelesen und fungierte so als eine in Fachzeitschriften hineinspielende Inspirationsquelle, welche über die neusten Inneneinrichtungs- und Modetrends aus Frankreich informierte.

Die ausgewählten Zeitschriften zeigen die sozialen Unterschiede in Jugoslawien auf. Während manche erschwinglich waren und Ratschläge für Geringverdiener:innen und Dorfbewohner:innen boten *(Žena),* spielten andere mit den Aspirationen der urbanen, bürgerlichen Bevölkerung *(Svijet, Bazar)* oder bildeten Lebensstile und Waren ab, die nur einem engen Kreis zugänglich waren *(Elle).* Sie wiesen deutliche Unterschiede in Preis, Papier- und Designqualität sowie in den beworbenen Haushaltswaren und -ratschlägen auf.

Die Quellenauswahl spiegelt erneut die binnenjugoslawischen Asymmetrien wider. Die größten und jugoslawienweit zugänglichen Medien kamen aus Slowenien, Kroatien und Serbien, wie es auch im Fall der Architekturperiodika im vorigen Kapitel war. Modernistische Haushaltsexpert:innen und Journalist:innen „nahmen sich als rechtmäßige Hüter:innen des öffentlichen Wissens und nicht als Moderator:innen der öffentlichen Debatte wahr".[36] Die Meinung der Wohnexpert:innen wog in den Massenmedien mehr als der Geschmack, die Erfahrungen und Vorlieben der Bewohner:innen.

Bei der Analyse der Frauenzeitschriften wird der von Penny Tinkler artikulierte holistische Ansatz verfolgt, um der zusammengesetzten, hybriden Form der Zeitschriften gerecht zu werden.[37] Thematische rote Fäden werden horizontal (in einer Ausgabe) und vertikal (durch mehrere Ausgaben) gezogen, die Visualität (Form und Qualität der Illustrationen, Textgestaltung) berücksichtigt und die vorkommenden Stimmen und

---

Regime warf der AFŽ eine zu starke Einmischung in die Politik vor. Im Jahr 1953 wurde die Organisation praktisch aufgelöst. In erst kürzlich veröffentlichten Studien konnten Chiara Bonfiglioli und Jelena Tešija zeigen, dass die Nachfolgeorganisation – das Bündnis der Frauenvereine Jugoslawiens (Savez ženskih društava Jugoslavije, SŽDJ) – lange unterschätzt wurde, da die AFŽ als einzige dezidiert emanzipatorische Institution für Frauenrechte verstanden wurde. Die SŽDJ setzte den Kampf mit anderen Mitteln fort und bemühte sich um eine umfassende Reformierung des Haushalts über die Vergesellschaftung einzelner Haushaltsfunktionen sowie den Ausbau zuverlässiger Kinderbetreuungsangebote. Vgl. Bonfiglioli 2014, 1–25; Tešija 2014.

36 Robinson 1977, 230.
37 Tinkler 2016, 31.

die Position der Sprecher:innen reflektiert.[38] In den genannten Zeitschriften habe ich Artikel ausgewählt, welche sich explizit der Inneneinrichtung und Wohnkultur widmen, und solche, in denen Wohnen nur am Rande auftaucht.

Die Haushaltsratgeberliteratur gibt vor allem Auskunft über kulturelle Ideale statt Wohnrealitäten.[39] Auch wenn konkrete Ratschläge in vielen Haushalten möglicherweise keine Anwendung fanden, weist ihre schiere Existenz auf eine diskursive Wende hin (die Wohnung wird neu gedacht), schreibt Catriona Kelly über sowjetische Ratgeber.[40] Für meine Studie ist die Neukonzeption der neuen urbanen Massenwohnung von zentralem Interesse. Die Haushaltsratgeberliteratur wucherte auf dem jugoslawischen Markt der 1960er Jahre und folgte den Ansätzen der sozialistischen Modernisierung. In diesem Klima entstand 1967 in Maribor, Slowenien, mit *Naš dom (Unser Zuhause)* die erste jugoslawische serielle Publikation, die sich ausschließlich mit Wohnen beschäftigte. Die Redaktion hatte Büros in Belgrad, Celje, Ljubljana, Murska Sobota und Ptuj, erschien auf Serbokroatisch und Slowenisch und zielte so auf ein überregionales Publikum.[41] Mit dem Untertitel „Zweckmäßigkeit, Schönheit und die Kultur des Wohnens" *(praktičnost, lepota i kultura stanovanja)* verortete die Redaktion das Ideal der einheimischen Wohnkultur zwischen Ästhetik und Rationalisierung.

Darüber hinaus erschienen zahlreiche Publikationen der Haushaltsratgeberliteratur als Bücher. Unter den Verfasser:innen befanden sich modernistisch gesinnte Architekt:innen wie Andrija Mutnjaković mit dem Band *Wisst ihr, wie man wohnt (Znate li stanovati, 1966)*,[42] aber auch Hygieniker:innen wie der Arzt Drago Chloupek (1899–1963), eine der zentralen Figuren der aufklärerischen Schule für Volksgesundheit in Zagreb. Das von ihm verfasste Buch *Das Buch für jede Frau (Knjiga za svaku ženu)* war gemessen an den Auflagen der wohl erfolgreichste Vertreter der jugoslawischen Haushaltsratgeberliteratur.[43] Während das erstgenannte Buch an die mittelständische urbane Schicht adressierte, suggerierte die bescheidene, preiswerte Gestaltung des letztgenannten Bandes – Zeichnungen statt Fotos, dünnes Papier – die Ausrichtung auf ärmere und rurale Haushalte.

---

38 Ebd., 32 f.

39 Leavitt 2002, 5.

40 Kelly 2001, 334.

41 Spuren der Übersetzung sind teilweise in den Artikeln sichtbar, was einen Rückschlss auf die Richtung der Übersetzung gibt. So finden sich für etliche slowenische Konjunktionen (wie *in* für „und") und ähnliche Wortarten unübersetzte Vokabeln. Dafür, dass es sich höchstwahrscheinlich um Versehen und nicht um Absicht handelt, spricht die Inkonsequenz und niedrige Frequenz solcher Überbleibsel.

42 Die Texte und Argumente im Buch erschienen vorher in der jugoslawischen Fach- und Massenpresse. 1959 wurde beispielsweise eine Serie seiner Artikel in *15 dana (15 Tage)*, der Publikation der Arbeiteruniversität Zagreb, veröffentlicht. Vgl. Vanette 2015, 7 f.

43 Vgl. Bracewell 2012, 178–185; Horvat 2014, 322–344.

Darüber hinaus wurden im Buch auch Themen angesprochen, die sich explizit an die bäuerliche Bevölkerung richteten.

Domaćin u kući (Der Mann im Haus, 1972), eine an den jugoslawischen Kontext angepasste Übersetzung des französischen Ratgebers *Monsieur dans sa maison* (1967), bot ein Kompendium der notwendigsten Haushaltskompetenzen für Männer. Im Grunde genommen wollte das Buch Männern vermitteln, „wie man ein Ei kocht, einen Knopf annäht oder – wenn notwendig – das Geschirr spült".[44] Im Vergleich zu den an Frauen adressierten Ratgebern waren die Erwartungen niedriger, die vermittelten Kompetenzen simpler und auf gelegentliche Hausarbeit ausgerichtet. Von Kindern wurde ein Pensum an Haushaltswissen erwartet, vermittelt in Ratgebern oder in der Grundschule, in der seit Mitte 1950er Jahre das allgemeine Pflichtfach Hauswirtschaft *(Domaćinstvo)* unterrichtet wurde.[45] Der von Milica Grabovac (1914–1987) in Sarajevo herausgegebene Ratgeber *Ja i moj dom: Priručnik za učenike osnovnih škola (Ich und mein Zuhause: Ein Handbuch für Grundschüler,* 1969) signalisiert mit dem Untertitel „Das Buch für alle Schüler, Mädchen und Jungs" den Anspruch, beide Geschlechter von Anfang an in die Hausarbeit miteinzubeziehen.

Darüber hinaus werden in dem vorliegenden Kapitel andere relevante Quellen mitberücksichtigt: Filme über das Wohnen, archivierte Briefe und Protokolle rund um das Warten auf eine Wohnung, für Montenegro die Tageszeitung *Pobjeda,* die oft über Wohnkultur schrieb und so die Abwesenheit spezialisierter lokaler Medien kompensierte. Besonders in der frühen Phase des Kalten Krieges sollten zahlreiche Wohnausstellungen die Vorzüge des jeweiligen Wirtschafts- beziehungsweise Wertesystems verdeutlichen, für die Produkte der einheimischen Industrie und einen entsprechenden Wohnstil werben.[46] Bereits in den 1940er Jahren wurde Wohnen in diesem Format gezeigt.[47] In den 1950er Jahren rückte das Thema der Wohnkultur immer mehr in den Mittelpunkt solcher Veranstaltungen, vor allem mit der Ausstellung *Eine Wohnung für unsere Umstände (Stan za naše prilike,* Ljubljana, 1956), der vorangegangenen *Ersten gesamtjugoslawischen Beratung über Wohnbau und Wohnung* und der Ausstellung *Familie und Haushalt (Porodica*

---

44 BÉNÉZET et al. 1972, 7.

45 Zur Einführung des Schulfachs ausführlicher in HORVAT 2021.

46 Die seit 1950 vom US-amerikanischen Propagandaapparat in Westberlin veranstalteten Wohnausstellungen *(Amerika zu Hause,* 1950; *Wir bauen ein besseres Leben,* 1952) warben für ein Konsumverhalten wie in den USA. Ostberlin antwortete mit Ausstellungen zur (angestrebten) sozialistischen Wohnkultur *(Besser leben – schöner wohnen!,* 1953; *neues leben – neues wohnen,* 1962). Die wohl berühmteste kaltkriegerische Auseinandersetzung an der ‚Hausfront' verkörperte die „Küchendebatte" zwischen Chruschtschow und Nixon, die sich 1959 bei der Amerikanischen Nationalausstellung in Moskau abspielte. Vgl. REID 2008, 154–161; CASTILLO 2014, 57–73.

47 In der Ausstellung des Bauwesens der Republik Serbien (Belgrad, 1948) und in der Ausstellung des gesellschaftlichen Standards (Zagreb, 1949) wurden Exponate zum Thema Wohnen gezeigt. Vgl. o.V. 1949, 61–75.

i domaćinstvo, Zagreb, 1957, 1958, 1960). Darüber hinaus wurden etliche ausländische Wohnausstellungen in der Fachpresse rezensiert. Sogar über kleinere, lokale Ausstellungen (z. B. die Möbelausstellung im Kaufhaus Novi dom, Belgrad, 1962) wurde in Fachmedien berichtet.[48]

In den 1960er Jahren, auf den Flügeln des gewaltigen Wirtschaftsaufschwungs, schien nicht nur in Jugoslawien vieles möglich und erreichbar. Der Wettlauf des Kalten Krieges ins All fand seinen Ausdruck auch in der Architektur. Insbesondere Fernsehtürme (in Moskau und Ost-Berlin), aber auch öffentliche Gebäude (Museen, Zirkusse) und Alltagsgegenstände waren geprägt vom von Raumschiffen und -raketen inspirierten *Space Design*.[49] In Jugoslawien wurde die Begeisterung für das Weltall am sichtbarsten an den „Raketen" des Architekten Vjenceslav Richter. Diese drei oben zulaufenden Wohntürme im erweiterten Zentrum Zagrebs stehen auf einem Plateau, welches an eine Startrampe erinnert. Richter zufolge stellte „der zeitgenössische kosmonautische Mensch – der Eroberer von neuen Diametern" das Subjekt der Stunde dar, welches im Wesentlichen durch Ungeduld und Sehnsucht zur Überschreitung von räumlichen und zeitlichen Grenzen bestimmt war.[50]

Den Höhepunkt von Richters ambitionierter, jedoch lediglich theoretischer *Paper Architecture*[51] bildete der Synthurbanismus *(sinturbanizam):* Eine aus Megastrukturen in Zikkuratform erdachte Stadt, „eine Einheit des Wohn-, Arbeits- und Versorgungsortes in einem Objekt für etwa 10.000 Menschen",[52] welche die langen Wege zwischen Arbeit, Freizeit und Wohnen reduzieren oder gar eliminieren sollte (Abb. 11). Der Synthurbanismus mag auf den ersten Blick wie ein obskurer Abstecher wirken, jedoch verarbeitet er zentrale Spannungen im Wohnwesen, was viel über die Kulturhorizonte in den jugoslawischen 1960er Jahren aussagt. Richter arbeitete sowohl an repräsentativen staatlichen Projekten (etwa am jugoslawischen Pavillon für die EXPO-58 in Brüssel) als auch an neoavantgardistischen, spekulativen Zukunftsvisionen in der Künstlergruppe EXAT-51 (dessen Mitglied Richter war) und der medial experimentalen Ausstellungsreihe *Nove tendencije*.

---

48 Peronja 1962, 52.

49 Vgl. Meuser 2015, 166–171.

50 Richter 1964, 85.

51 Unter dem Begriff *Paper Architecture* wird eine Architektur verstanden, die nur auf dem Papier funktioniert oder auf dem Papier bleibt, da sie den Realitätstest nicht bestehen würde oder zu bestehen beabsichtigt. So können die phantastischsten Ideen eine architektonische Form annehmen. Sie fand reichlich Anwendung in der britischen Gruppe *Archigram,* die Massenkultur mit utopischen Visionen von zukünftiger Urbanität kombinierte, etwa in Projekten wie *Plug-In City* oder *The Living City.* Allerdings wurde der Begriff des Papiers mit der Zeit auch irreführend, wie neuere Forschung die Anwendungsmöglichkeiten von Papier und Karton in der Architektur als Baumaterial aufzeigt. Vgl. Schmidt/Stattmann 2009.

52 Richter 1964, 86.

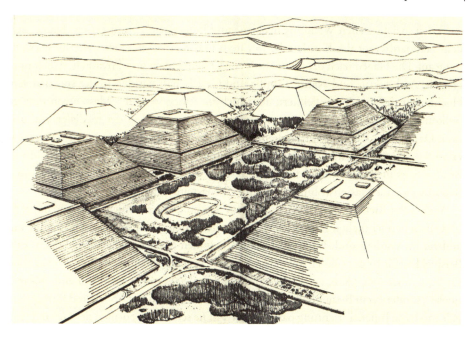

Abb. 11　Wohnen von morgen in Vjenceslav Richters *Synthurbanismus*: Die räumliche Konzentration der Wohnungen in Megastrukturen ermöglichte großflächige Grünbereiche, die für Muße, Erholung und Freizeit gestaltet werden konnten: In der Mitte ist ein Sportplatz zu sehen. Die Arbeitsplätze waren möglichst im Zikkurat untergebracht (etwa „saubere" Industrien). Die Zikkurats sind nur teilweise vollendet, was zum einen den Entwurfscharakter des Projekts aufzeigt und zum anderen das Potenzial für grenzenloses Wachstum widerspiegelt: Je nach Bedarf und Bevölkerungswachstum könnte die Basiseinheit wiederholt gebaut werden.

Der Synthurbanismus knüpfte an die internationale Architekturtheorie der Stunde an und vertrat die Abkehr von der funktionalistischen Stadt, welche greifbar wurde in den Megastrukturen und Experimenten um die neoavantgardistische Gruppe Archigram und metabolistische Architektur.[53] Gleichzeitig behielt er eine distinktiv jugoslawische Note, etwa in der Einplanung der für die Selbstverwaltung notwendigen architektonischen Infrastruktur (ein Plenarsaal für 6.000 Bewohner:innen in jedem Zikkurat).[54] Das Projekt fing die Spannung zwischen Kollektiv und Individuum auf: Zwar bildete die Megastruktur einen großen kollektiven Körper, doch bot sie zugleich ein hohes Maß an Geborgenheit und Privatheit, etwa eine sichtgeschützte Terrasse, wo „man locker nackt in der Sonne baden" könne.[55] Einerseits sieht sich das Projekt als „die Chance einer

---

53　Vgl. Düesburg 2013, 49–119.
54　Vgl. Richter 1964, 87.
55　o.V. 1970/e, 43.

124 | 3. Wohnung

radikalen sozialistischen Wendung ins Neue und Progressive",[56] andererseits baut es auf dem Standardrezept der Kernfamilie (= Eltern und Kinder) in einer Zweizimmerwohnung auf. Die Fragen nach dem Verhältnis von Öffentlichkeit und Privatheit, Arbeit und Freizeit, Architektur und Natur, Familie und Gesellschaft wurden in der spekulativen Hochkultur differenziert reflektiert, aber auch im Alltag in neuen Massenwohnungen (re)konfiguriert. Jedoch liegt ein entscheidender Unterschied in der medialen Zirkulation: Da Richters Buch an ein akademisches Publikum adressiert war (auch wenn es in exemplarisch modernistisch-sozialistischer Manier „der engagierten Jugend" gewidmet ist),[57] war es nicht annähernd so allgegenwärtig wie die Werbungen, Ratschläge und Reportagen zum Massenwohnungsbau in den Massenmedien.[58]

Auch wenn Richters Werk zweifelsohne ein relevanter Forschungsgegenstand darstellt und einen beträchtlichen Beitrag zu Wohnbildern leistete, steht in diesem Kapitel etwas anderes im Vordergrund: Bilder und Texte, die in den Massenmedien zirkulierten. Ein Beispiel hierfür ist der Ölofen auf dem Cover der Inneneinrichtungszeitschrift *Naš dom* für September 1969 (Abb. 12). Der Ofen ist laut *Naš dom* „nicht mehr nur eine Wärmequelle", sondern „ein Bestandteil des Möbelensembles", welcher „farblich und förmlich in jede moderne Inneneinrichtung passen kann".[59] Die schlichten Formen der Gebäude im Duktus der Nachkriegsmoderne wurden vom Ofenhersteller als Inbegriff von Modernität verstanden und wortwörtlich übernommen: Das Produkt sollte eine ebensolche Ästhetik ausstrahlen. Gleichzeitig wurde in der Zeit scharfe Kritik von Architekturexpert:innen am „Kitsch" geäußert. Insbesondere solche Gegenstände wurden kritisiert, die vorgaben, sie wären etwas anderes, beispielsweise eine Kanne in Katzenform. „[H]undertköpfiges Ungeheuer des schlechten Geschmacks" und „große Lüge, die auf den menschlichen Snobismus zählt"[60] sind nur einige Beispiele der harschen Kritik. Jedoch schien sich diese Logik nicht bis zum Ofen in der Form eines Massenwohnungsbaus zu erstrecken.

→ Abb. 12 Massenwohnbau-Heizkörper: Ein Ensemble von fünf neugebauten, schlichten Wohntürmen im Grünen, unter blauem Himmel, bildet den Hintergrund für eine Heizofen-Werbung, prominent platziert auf der Titelseite von *Naš dom* (1969). Mithilfe des Logos des Herstellers Litfam aus Stara Pazova (Serbien) auf der Titelseite sowie der Bildbeschreibung im Leitartikel wird das Objekt als ein Ölofen identifiziert. Dieser und die Wohntürme wurden ähnlich gestaltet, in braunen Nuancen gefertigt. Ihre größten Flächen sind eine rechtwinklige Rasterfront und der leicht angehobene obere Teil (die Dachterrasse im Fall der Wohntürme beziehungsweise der Deckel im Fall des Heizkörpers).

---

56 RICHTER 1964, 103.
57 Ebd., 8.
58 Sein Opus beschäftigt bis heute in erster Linie die Forscher:innen mit Fokus auf *High Art* und dem neoavantgardistischen Kanon. Vgl. GALJER 2009; DANZER 2018.
59 o.V. 1969/e, 3.
60 MUTNJAKOVIĆ 1966, 152–155.

3.1 Wohnkultur und Populärkultur | 125

Des Weiteren zeigt das Beispiel die Risse und Spannungen in der Modernisierung von Wohnkultur: Obwohl die neuen Wohnungen, wie diejenigen in der Litfam-Werbung, in der Regel einen infrastrukturellen Komfort (Zentralheizung, fließendes Wasser, Toiletten für jede Wohnung) versprachen, herrschten in der Realität immer noch teilweise Ölheizung und Holzöfen vor.

Die Verflechtungen zwischen Massenwohnsiedlungen, medialen Bildern vom „schönen Wohnen" und einer neuen materiellen Wohnkultur häuften sich im Jugoslawien der 1960er Jahre an. Die einzelnen Werbungen, Fotografien, Ratschläge und Reportagen mögen für sich keinen fortdauernden ikonischen Wert haben, dennoch prägten sie die Wahrnehmung des Massenwohnens in breiten Bevölkerungsschichten. Außerdem hielten sie sich an der greifbaren, bereits existierenden Materialität fest. Die Gegenstände und Räumlichkeiten, die sie beschrieben, waren im Hier und Jetzt verankert, schon produziert, errichtet und bewohnt.

Hierzu bespreche ich zunächst die Quellen für die Schnittstelle der Massen- und Wohnkultur. Danach widme ich mich dem Zugang zur Wohnung – zum einen den Kriterien und Wegen für einen Wohnungserwerb, zum anderen den kursierenden Narrativen und medialen Bildern vom Wartezustand. Schließlich analysiere ich die Verräumlichungen sozialer Beziehungen in den neuen Wohnungen – die Relationen (Ehe-)Mann – (Ehe-)Frau, Eltern – Kinder, Gast – Gastgeber:innen, Nachbar:innen – Nachbar:innen. Dabei bilden die Spannungen zwischen den Vorstellungen der Haushaltsratgeberliteratur[61] und den ersten (medialisierten) Erfahrungen der Bewohner:innen einen Schwerpunkt.

Das Konzept der Wohnkultur war zentral für sozialistische und modernistische Bauprojekte, von der Werkbundausstellung *wie wohnen?* in der Weimarer Republik bis hin zu den europäischen Sozialdemokratien in den ersten Nachkriegsdekaden.[62] Auf der anderen Seite gab es die *Kulturnost*-Kampagne in der stalinistischen Zeit, welche die kleinbürgerliche Wohnästhetik erneut legitimierte und damit wiederum paternalistische Züge in der Wohnkultur repräsentierte.[63]

Seit den späten 1950er Jahren wurden Massenwohnungen in Jugoslawien zunehmend als eine grundlegend neue Wohnform verstanden, die für die breite Öffentlichkeit erklärungsbedürftig war. Der Architekt Vjenceslav Richter stellte „die Tatsache der visuellen

---

61 An dieser Stelle, wie auch im Rest des Texts, wird unter dem Begriff „Haushaltsratgeber" die populäre und populärwissenschaftliche Ratgeberliteratur verstanden, während die Autor:innen solcher Schriften als „Haushaltsratgeber:innen" oder „Wohnexpert:innen" bezeichnet werden.

62 Dies lässt sich auch quantitativ bestätigen: Dem DWDS (dem von der Berlin-Brandenburgischen Akademie der Wissenschaften entwickelten Wortauskunftssystem zur deutschen Sprache in Geschichte und Gegenwart) zufolge war das Wort von 1960 bis 1969 im deutschen Sprachraum auf dem Höhepunkt mit der Frequenz 0.75. Zum Vergleich: die Werte für 2010–2017 und 1940–1949 liegen bei 0.31 beziehungsweise 0.64; vgl. o.V. 2023.

63 Boym 1995, 105.

Desorientierung und des niedrigen kulturellen Standards"[64] in Jugoslawien fest. „Das Funktionieren dieser Wohnungen ist nur möglich bei Menschen, die wissen, wie man wohnt [und] die eine zeitgenössische Wohnkultur haben", schrieb Andrija Mutnjaković anlässlich der vorgestellten Massenwohnungen auf der Ausstellung *Familie und Haushalt (Porodica i domaćinstvo*, Zagreb, 1958).[65] 1966 erschien seine ausführlichere Antwort – das Haushaltshandbuch mit dem Titel *Wissen Sie, wie man wohnt (Znate li stanovati).* „[W]egen der diversen Bevölkerungsstruktur taucht das Problem der Wohnkultur auf", zeigten sich Haushaltsratgeber:innen über die Auswirkungen der gewaltigen Land-Stadt-Migrationsbewegungen besorgt.[66] Wohnen in Hochhäusern wurde also zu einer Kompetenz konstruiert, welche keinesfalls bei jenen zu erwarten sei, welche „die Primitivität erst vor Kurzem hinter sich ließen", sondern nur bei jenen, „die ein intensives großstädtisches Leben führen".[67]

Die Vielfalt der Wohnpraktiken wurde hierbei nicht als Bereicherung, sondern als Problem angesehen, welches mit einer einheitlichen Wohnkultur zu beheben sei. Beobachtete Wohnpraktiken wurden seitens der Expert:innen gründlich revidiert und standardisiert mit dem Zweck, das Verhalten der Bewohner:innen zu korrigieren. Zugleich implizierte die Notwendigkeit einer Belehrung, dass die Massenwohnungen nicht makellos sind. Ähnlich wie Nähanleitungen eine Reaktion auf Schnittprobleme und eine bescheidene Kleidungswahl von Konfektionsware darstellten,[68] konnte, so das Versprechen der Wohnexpert:innen, eine kluge Wohnungsausstattung manche Probleme – wie die Raumknappheit – mildern oder gar beseitigen.

Die meisten Haushaltsratgeber:innen, die über eine neue Wohnkultur schrieben (Abb. 13/14/15), hatten einen Hintergrund in Architektur, Kunstgeschichte oder Design. Andrija Mutnjaković war ein praktizierender Architekt, Autor und Mitarbeiter der Arbeiter:innenuniversität Moša Pijade in Zagreb. Branka Tancig schrieb schon als Architekturabsolventin ihren ersten Haushaltsratgeber (zur Einrichtung kleiner Wohnungen) und entwickelte als Mitarbeiterin des Zentrums für Haushaltsförderung in Ljubljana eine Einbauküche.[69] Auch die

---

64 Der Begriff *likovnost,* hier in der Phrase *likovna dezorijentacija,* kommt von „Gestalt" *(lik)* und bezieht sich auf ein schwer übersetzbares Bündel aus Kunst, Gestaltung und Visualität. Vgl. RICHTER 1964, 17.

65 MUTNJAKOVIĆ 1958, 5.

66 MIRKOVIĆ 1967, 3.

67 MINIĆ 1961, 42.

68 Vgl. BUHIN 2017, 237.

69 Tancig schrieb über Kücheneinrichtung, Wohnen auf dem Land und in den neuen urbanen Wohnungen. Zum letztgenannten Thema sind die Ratgeber *Majhna stanovanja – toda udobna (Kleine Wohnungen – aber trotzdem gemütlich,* Ljubljana, 1954) und *Kuhinja. Planiranje i oprema (Die Küche. Planung und Ausstattung,* Ljubljana, 1958) ausschlaggebend und werden hier untersucht. Zudem war sie Koautorin von Lehrbüchern für Haushaltslehre in Grundschulen, welche bis in die 1990er im Gebrauch waren. Vgl. TANCIG 1954; TANCIG 1958.

128 | 3. Wohnung

Architektin Jakica Accetto (1924–1998) arbeitete für das Zentrum für Haushaltsverbesserung[70] und veröffentlichte zudem Bücher. Zvonimir Marohnić, der Autor des Ratgebers *Das zeitgenössische Wohnen* (Zagreb, 1960) leitete ein eigenes Architekturbüro, welches Wohnhäuser und öffentliche Einrichtungen projektierte, und zählte zu den Mitgründern der Architekturzeitschrift *Mensch und Raum (Čovjek i prostor)*. Drago Chloupek, der Herausgeber des Haushaltsratgebers *Das Buch für jede Frau*, arbeitete schon in der Zwischenkriegszeit am Institut für Hygiene in Zagreb, welches eine medial breit aufgestellte Bildungskampagne durch Kurse, Vorträge, Ausstellungen, Plakate, Broschüren und Filme betrieb.[71]

Auch Frauenverbände beteiligten sich an der Gestaltung und Popularisierung einer modernen Wohnkultur. Haushalt und Hauswirtschaft wurden nach dem Zweiten Weltkrieg zunächst zum Thema in der Antifaschistischen Frauenfront (Antifašistički front žena – AFŽ) und dann noch intensiver im Nachfolgedachverband der Frauenvereine diskutiert. In den 1950er Jahren wurden die Zentren und Institute für Haushaltsverbesserung (Centar za unapređenje domaćinstva; Zavod/Društvo za napredek gospodinjstva) errichtet, die sich für die Entwicklung einer zeitgemäßen Inneneinrichtung einsetzten,[72] Produktpräsentationen, Kurse und Ausbildungen organisierten sowie populärwissenschaftliche Publikationen zum Thema Wohnen und Ernährung veröffentlichten.[73] Sie sahen ihre Aufgabe in der Propagierung des „gesunden, gemütlichen und praktischen Wohnens" vorwiegend in Neubauten, wie es etwa in den Grundsätzen des Zentrums für

→ Abb. 13/14/15   Der Imagewandel der Wohnexpert:innen 1960–1970: In den frühen 1960ern wurden Expert:innen durch praktische Arbeit und unmittelbare Lehre gekennzeichnet. Am Seminar des Zentrums für Haushaltsverbesserung in Zagreb (Abb. 13) nahmen auch junge Männer teil, was in der begleitenden Publikation besonders gelobt wurde. Kursleiterinnen in schneeweißen Schürzen verkörperten die Expertise der Modernisierung, die durch Rationalität und Hygiene gekennzeichnet ist. Das Seminar „Benutzung der Haushaltsgeräte", veranstaltet in der Zagreber Fabrik „Pobjeda" (Abb. 14), zeigt eine gängige Einordnung der technischen Expertise in die männliche Sphäre. In diesem Fall überwogen unter den Teilnehmenden die Frauen. Auf der Titelseite von *Naš dom* im September 1970 (Abb. 15) sieht man ein grundlegend anderes Verständnis einer Haushaltsexpertin – eine modisch gekleidete Architektin. In den Bildkommentar „Der Rat des Architekten ist wie ein Spiegel" wurde das Schriftlogo des slowenischen Möbelherstellers Slovenijales integriert, während die junge Architektin das Werbebild eines Kinderzimmers wie einen Clipeus präsentiert. Haushaltsratgeber:innen vermittelten nach der Wirtschaftsreform Mitte der 1960er immer häufiger Produkte statt Praktiken und taten dies in einem medial größeren, mittelbaren Rahmen – wie die Haushaltszeitschrift *Naš dom*.

---

70   Accetto 1964.

71   Vgl. Dugac 2011, 193–230.

72   Branka Tancig entwickelte zum Beispiel für das Zentrum eine moderne Küche, die 1956 auf der Ausstellung *Wohnung für unsere Umstände* ausgestellt wurde. Vgl. Tepina 1957, 14–16.

73   Zum Beispiel die Reihe „Wie werden wir uns ernähren" mit jeweils einem Heft pro Monat, welche das Zagreber Zentrum für Haushaltsverbesserung 1955 veröffentlichte.

Kada govorimo o nezamjenjivosti porodice, kod toga mislimo u prvom redu na ono, što je bitno u porodici: na individualnu ljubav prema djetetu i individualnu povezanost djeteta s voljenim starijim bićem, koje je majka, otac i osoba, koja se jednako individualno povezuje s djetetom, kao roditelji, kada njih iz nekog razloga dijete nema.

Negiranje porodice, glorificiranje internata, domova i t. d., nasuprot porodici nosi u sebi isti pečat duboke nevjere u istinski socijalistički osjećaj, koji može i mora u socijalizmu prožimati porodicu, izražava sukob porodice sa staljinističkom koncepcijom društva i ustvari sputava razvitak novih ljudskih odnosa, nenamještenih i iskrenih, otuđuje čovjeka samom sebi, jer ostavlja otvoreni sukob između »viših«, zajedničkih interesa i »nižih«, ličnih interesa. Za nas ne može biti govora o nižim i višim interesima, jer je riječ o čovjeku, o građaninu socijalističkog društva, za kojeg se to društvo gradi.

Kada govorimo o oslobađanju porodice od zaostalosti domaćinstva, treba isto tako da pročistimo neke pojmove, koji nam smetaju u praksi. Razvitak u kapitalističkim zemljama u pogledu domaćinstva pokazuje s jedne strane pritisak samih proizvodnih snaga, koje pretvaraju domaćinske poslove u grane privrede, razvija se trgovina, servisi, ali s druge strane su te istovremeno pokušaji, da se ženu zadrži kao domaćicu u individualnoj porodici. To se nastoji i pored toga — zbog interesa same proizvodnje — što su kuću napunili modernim spravama, koje, istina ženi donekle olakšavaju rad, ali što još uvijek pokazuje stari način gledanja na ženu-domaćicu, t. j. ona treba da obavlja sve poslove u kući — ili ručno ili mehanizirano. Ne treba da se danas zadržavamo na pogledima u daleku budućnost, koja će ljudima stvoriti neslućene moguć-

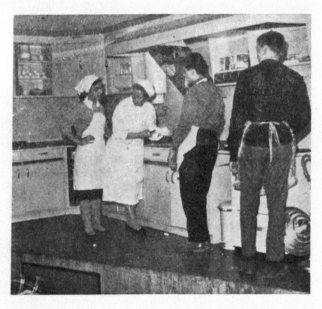

Nije rijedak slučaj da se i muška omladina zanima za kućanske poslove. To dokazuje i ova slika sa seminara »Centra za domaćinstvo« u Zagrebu.

Smatramo, da društvo mora ženama pomoći, kada se one nalaze u teškim materijalnim i socijalnim prilikama i kada je njihovo zdravlje u pitanju pa i time, da im omogući vršenje abortusa. Ali mi smatramo da treba ženama objasniti da izlaz, koji je trajan, nije u tome, da dobijemo svake godine tri puta dozvolu za abortus, već je pomoć u tome, da upotrebimo nauku u tom smislu, da uopće ne dođe do začeća. Meni se čini, da je potrebno naglasiti i to, da danas imamo sredstva, koja su prilično sigurna i koja su ne samo ovisna o volji muškarca, već su u rukama žene. Lako je zamisliti, koliko je to važno za one naše porodice, gdje je, naprimejr, muž alkoholičar, brutalan, koji ne zna i ne će čuvati svoju ženu. Sredstvo u rukama žene jedno je od bitnih elemenata odlučivanja o svojoj vlastitoj ličnosti. I zbog toga na proširenje organizacije službe kontracepcije gledamo kao na sastavni dio borbe za zdravlje čovjeka, za ličnu sreću žene i porodice. Ta služba mora postati sastavni dio naše zdravstvene službe.

U svom izlaganju, bojim se da nisam onima, koji prate naše napore na području borbe za bolji život čovjeka, mogla reći nešto novo. Ostala sam kod principa marksizma i općih principa još iz jednog razloga. Iz Marxovih i Engelsovih stavova naročito proizlazi i naglašava se revolucionarno značenje novog položaja žene u društvenoj ekonomici i upravljanju čitavog razvitka porodice. Vjerujem, da ćete u drugim predavanjima, gdje će govoriti ljudi, koji su za pojedina područja mnogo spremniji od mene, dobiti konkretnije odgovore. Zadržala sam se na principima, kojih treba da budemo svijesni u konkretnom radu. Mislim, da je to i jedan važan elemenat stimulacije za naš svakodnevni rad. Ako ne bismo imali pred sobom principijelne stavove, neki puta bi nam se činilo kao da još nismo ni do čega stigli.

Premda naša zajednica očekuje najveće rasterećenje porodičnih i domaćinskih problema, prelazom mnogih poslova iz individualnog domaćinstva u društvenu djelatnost, ipak se ne zanemaruje pomoć, koju zaposlena žena može dobiti upotrebom modernih kućanskih aparata.
Na slici seminar »Upotreba kućanskih aparata« u tvornici »Pobjeda« u Zagrebu.

18

3. Wohnung

Haushaltsverbesserung in Ljubljana explizit stand.[74] Es ist nicht möglich, ihr Tun von paternalistischen Modernisierungsbestrebungen zu trennen, wie schon der Begriff „Haushaltsverbesserung" suggeriert. Wie Anthropologe Jadran Kale schreibt, können die Aktionen der Zentren als „Hilfe von Frauen für männliche Urbanisten"[75] verstanden werden. Zugleich brachte die Institutionalisierung der Haushaltsverbesserung eine Reihe der Expertinnen hervor, die für ihre Arbeit bezahlt wurden, eine Entlastung der berufstätigen Frauen anstrebten und so als eine emanzipatorische Kraft zu verstehen sind.[76]

Neue Wohnräume wurden als materielle Realitäten verstanden, an die sich ihre Bewohner:innen anzupassen hatten und nicht andersrum.[77] Wie der Architekt Vladimir Bjelikov im Kolloquium zur Industrialisierung des Bauwesens (Belgrad, 1966) feststellte, waren die Wohnungen eine „Ware für einen unbekannten Käufer".[78] Das Interesse für die Position der Nutzer:innen *(user)*, schreibt Adrian Forty, boomte in den späten 1950er und den 1960er Jahren, vor allem in den europäischen Wohlfahrtsstaaten. Zugleich blieben die Nutzer:innen eine standardisierte Approximation ohne Klassen-, Berufs- und Geschlechtsidentität und dienten letztlich vor allem der Legitimierung der Entscheidungen seitens der Architekt:innen.[79]

Ähnlich wurden jugoslawische Massenwohnungen auf vermutete, durchschnittliche Bedürfnisse zugeschnitten. Anlässlich der Ausstellung *Eine Wohnung für unsere Umstände (Stan za naše prilike)* wurde eine Umfrage durchgeführt, welche die Einstellungen der Besucher:innen zu traditionellen und modern(istisch)en Möbelstücken erhob. Hierzu schrieb Andrija Mutnjaković, dass es „nicht wichtig" sei, ob die Übereinstimmung der Besucher:innen mit der Jury hinsichtlich der besten drei Projekte auf Respekt vor Autorität oder auf einer eigenen Meinung beruhe, solange sie überhaupt vorhanden sei.[80] Die im Belgrader Bauzentrum ausgestellte Musterwohnung, die in den Bloks 61–64 gebaut wurde, hätte weder in Theorie noch in Praxis von der Rückmeldung der Besucher:innen

---

74 Zbrali smo se da bi ustanovili društvo za napredek gospodinjstva v Ljubljani, 1954, Ljubljana, Archiv der Republik Slowenien (SI-AS), 1821-4; KALE 2009, 80.

75 Ebd., 80 f.

76 Vgl. HORVAT 2021/c, 36–39.

77 Zvonimir Marohnić (1915–2013), Architekt und Autor des Ratgebers *Zeitgenössisches Wohnen (Suvremeno stanovanje)*, bildete eine seltene Ausnahme und schrieb: „Wie auch immer dies auf den ersten Blick merkwürdig erscheinen mag, ist es einfacher, die Wohnung an sich anzupassen als sich wegen der Wohnung zu verändern". Dennoch mangelt es in seinem Ratgeber nicht an Versuchen, die Vorlieben von Bewohner:innen zu korrigieren. Auch wenn Marohnićs Rhetorik und Ton milder und versöhnlicher waren (als der äußerst direkte und ironische Mutnjakovićs), beruhte sein Ansatz auf einem modernistischen Ethos der Richtig-Falsch-Dynamik. Vgl. MAROHNIĆ 1960, 7.

78 BJELIKOV 1970, 6.

79 Vgl. FORTY 2000, 312–314.

80 MUTNJAKOVIĆ 1956, 4.

profitieren können, da die Typen schon bestimmt waren und die Ausstellung nur eine symbolische Geste der Bürger:innenbeteiligung bildete.[81]

Die Wohnexpert:innen suchten universal geltende Prinzipien, unter welche die individuellen Beispiele subsumiert werden konnten. Im Fall der einhändigen Zora B. aus Vinkovci, die in einem Leser:innenbrief nach einer für sie optimalen Positionierung von Küchengeräten fragte, lautete die Antwort: „Die [in der Zeitschrift dargestellte] Lösung dieses Problems stellt den technischen Forstschritt dar, welcher allen Frauen, die Haushaltsarbeit erledigen, zu Nutze kommen wird".[82] Sie erhielt also keine auf eine Person mit Behinderung zugeschnittenen Tipps, sondern in Selbstlob schwelgende Standardantworten. Ihr Fall wurde in die allgemeine Wohnproblematik eingeordnet und mit technischem Fortschritt als die universelle Lösungsformel erwidert. Die veröffentlichten Ratschläge sollten eine Anwendung über den einzelnen Haushalt hinaus finden und auf viele (Massen-)Wohnungen anwendbar sein. So wurden oft verschiedene Optionen zur Inneneinrichtung auf Grundrissen aus konkreten Bloks diskutiert.[83] In den dargestellten Variationen gingen die Haushaltsratgeber:innen in der Regel von heterosexuellen Paaren, mit und ohne Kinder, aus; Wohngemeinschaften mit mehr als zwei Generationen waren nicht vorgesehen.

Viele Expert:innen befürworteten langfristig eine Standardmöblierung, welche mit den Neubauwohnungen kommen sollte. Dies wurde allerdings nur in Einzelfällen realisiert, wie in den Wohnungsbauten aus den 1950er Jahren entlang der Allee der Proletarierbrigaden in Zagreb, wo Einbauküche und -schränke verbaut wurden.[84] Die in Jugoslawien Mitte der 1950er Jahren tobende, erhitzte Kampagne gegen Haushaltskitsch[85] bestärkte die Asymmetrie zwischen vermeintlich Wissenden und Unwissenden.[86] Die Ratgeberliteratur im Duktus der sozialistischen Modernisierung ähnelte einer Kombinatorik-Aufgabe, die vermeintlich im logischen, rationalen Denken verankert war, richtig und falsch kennt und kaum Spielraum für die Bewohner:innen vorsieht. Anstatt sich mit dem Geschmack der Bewohner:innen zu beschäftigen, wurde stets ausgeführt, warum er problematisch sei. Die Schwarz-Weiß-Rhetorik, üblicherweise von grafischen Richtig-Falsch-Beispielen

---

81 Vgl. STEVANOVIĆ 2015, 169.

82 o.V. 1968/j, 15.

83 Vgl. o.V. 1967/h, 8 f. ; o.V. 1967/i, 45; o.V. 1968/a, 30–33; o.V. 1970/c, 3 f.

84 Vgl. VANETTE 2015, 3 f.

85 Zum vergleichbaren Phänomen im sowjetischen Wohndiskurs Anfang der 1960er im Zusammenhang mit Chruschowkas siehe RÜTHERS 2007, 243 f.

86 Insbesondere Andrija Mutnjaković betrieb sie in zahlreichen Publikationen sowohl in Architektur- als auch in Frauenzeitschriften und bediente sich dabei an zugespitzter Schmähkritik und Begriffen wie „Orgien des Primitivismus" (orgije primitivizma), „Geschmacksdegeneration" (degeneracija ukusa) oder „sozialistisches Rokoko" (socijalistički rokoko). Vgl. MUTNJAKOVIĆ 1954, 6; MUTNJAKOVIĆ 1955/a, 6; MUTNJAKOVIĆ 1955/b, 1, 3, 10.

untermalt (wobei die vermeintlich fehlerhafte Option überkreuzt wurde),[87] zeigte die Machtverhältnisse in der Wohnkultur auf.

Durch den Einzug in Massenwohnungsbauten wurde zugleich die Perspektive der Bewohner:innen erstmals empirisch nachvollziehbar. So wurden seit den späten 1950er Jahren Umfragen zunehmend für die Erhebung des Wohnerlebnisses eingesetzt.[88] Die aktive Wohnperspektive entwickelte sich, wenn auch von Expert:innen oft diskreditiert und ignoriert, zu einer wachsenden Kraft. Dies bezeugt die Tatsache, dass manche Wohnexpert:innen, die im vorigen Kapitel in der Fachpresse aktiv waren, nun Ratgeber und Ratschläge für Massenmedien verfassten. Eine Folge der wachsenden Präsenz von Bewohner:innen war eine mediale Verschiebung hin zu einer neuen Fülle an populärwissenschaftlichen und publizistischen Beiträgen zum Thema Wohnen. In manchen Städten konnten sich Interessierte von Haushaltsexpert:innen beraten lassen, einen Kurs zur Benutzung der Waschmaschine belegen oder im Möbelsalon nach Rat fragen.

Auch in ersten Jahrgängen mancher Zeitschriften konnte ein persönlicher, direkter Austausch zwischen Expert:innen und Bewohner:innen teilweise gewährleistet werden. *Naš dom (Unser Zuhause)* versprach den Leser:innen individuelle, von Expert:innen verfasste Antworten.[89] Diese wurden in der Zeitschrift allerdings nicht gedruckt, sondern erreichten auf dem Postweg die Bewohner:innen. Dieser Weg macht jedoch mit der Zeit und der Expansion des populärwissenschaftlichen Diskurses um Wohnkultur unmöglich, den direkten Austausch beizubehalten.

Michel de Certeau unterscheidet zur Analyse von Alltagspraktiken zwischen Strategien (institutionelle Anstrengung zur Regelung) und Taktiken (Manöver und Einfälle der Bürger:innen im Alltag).[90] Bezogen auf Wohnkultur lassen sich Wohnexpert:innen als Teil einer Strategie sozialistischer Modernisierung einordnen, die einen wissenschaftlichen und politischen Konsens bildete. Die Bewohner:innen hingegen konnten durch ihre Taktiken bestimmte Aspekte dieser Wohnkultur annehmen, an ihre Umstände anpassen oder ablehnen. Jugoslawische Frauenzeitschriften, Haushaltsratgeber und Filme aus den 1960er Jahren gewähren heute einen Einblick in beide Seiten, indem sie Ratschläge der Expert:innen Aktionen und Ansichten der Bewohner:innen gegenüberstellen. Die neue, massentaugliche Wohnkultur ist daher nicht ohne die blühende Landschaft der Massenmedien analysierbar.

---

87 Vgl. ROKSANDIĆ 1963, 21; MUTNJAKOVIĆ 1966, 64 f., 80 f.; o.V. 1967/g, 26.

88 So wurden die Besucher:innen der Ausstellung *Eine Wohnung für unsere Umstände* in Ljubljana (1956) gebeten, die ausgestellten Möbelstücke zu bewerten. Auch unter den ersten Bewohner:innen in Jugomonts Montagebauten wurden ähnliche Umfragen durchgeführt. Vgl. MUTNJAKOVIĆ 1956, 4; SOLAR 1962/b, 77 f.

89 Vgl. o.V. 1967/e, 4.

90 Vgl. DE CERTEAU 1988, 105–115.

Dank der wachsenden Kaufkraft und Warenverfügbarkeit im Jugoslawien der 1960er Jahre kam es zu einer gewaltigen medialen Expansion der Massenmedien. Die Zahl der Zeitungen und Zeitschriften verdoppelte sich zwischen 1959 und 1970 (von 778 auf 1466 beziehungsweise von 775 auf 1401), auf ein Radio kamen nun sechs Menschen (1959 waren es noch 14), auf einen Fernseher zehn (im Kontrast zu 3518 im Jahr 1959) und die Anzahl der Fernsehgeräte wurde insgesamt von 12.000 auf fast 1,8 Millionen aufgestockt.[91] Auch eine intensive Kampagne gegen Analphabetismus schuf die notwendigen Voraussetzungen für die populäre Aufarbeitung der Wohnthematik. So sank der Anteil an Analphabet:innen von 50 % im Jahr 1945 auf unter 20 % im Jahr 1965, wenn auch mit deutlichen regionalen Unterschieden.[92]

Immer mehr mediale Inhalte waren jugoslawienweit sichtbar. Das Fernsehen, so Anita Buhin, „sollte ermöglichen, dass alles, was bisher nur privilegierte Städter:innen genießen konnten, über Fernsehsignale jedes Zuhause, selbst das letzte abgelegene Dorf erreichte".[93] Viele Medien folgten regionalen Charakteristika, dennoch konstituierte sich seit den 1960er Jahren eine übergreifende jugoslawische Medienöffentlichkeit. Auch für die Massenmedien galt, dass reichere Republiken eher als ärmere über ihre Grenzen hinaus sichtbar waren, ähnlich wie für die Formierung einer architektonischen Fachöffentlichkeit im vorigen Kapitel geschildert. In Slowenien, Kroatien und Serbien „wurden vier- bis sechsmal mehr Zeitungen pro tausend Bewohner" herausgegeben als in den restlichen Republiken.[94] In Bosnien und Herzegowina bildete hingegen eine in den 1960er Jahren noch relativ hohe Analphabet:innenrate ein bedeutsames Hindernis und in Montenegro erschwerte die spärliche Verkehrsinfrastruktur zusammen mit der gebirgigen Landschaft die Presselieferungen.[95] Noch 1963 lebten 53 % der jugoslawischen Bevölkerung in Ortschaften ohne Kiosk oder Zeitungsladen, das Abonnement-Modell war selten und unzuverlässig, wodurch das Zeitungswesen bis tief in die 1960er Jahre ein distinktiv urbanes Phänomen blieb.[96]

Diese Machtasymmetrien zwischen Arm und Reich, ländlich und urban lassen sich am Beispiel des 1969 in Belgrad eröffneten Zentrums für Wohnkultur der slowenischen Wohnzeitschrift *Naš dom* nachzeichnen. Das Zentrum war eine Beratungsstelle und gleichzeitig ein Schaufenster mit Modellinterieurs, welches „ausschließlich mit Gegenständen aus der einheimischen Produktion" eingerichtet war.[97] Mit dem Anspruch, „zugänglich

---

91 Die Statistiken wurden von der US-amerikanischen Medienwissenschaftlerin Gertrude Joch Robinson aus mehreren Quellen kompiliert. Vgl. Robinson 1977, 46.
92 Vgl. Calic 2010, 221.
93 Buhin 2017, 233 f.
94 Vgl. Robinson 1977, 47.
95 Vgl. Ebd.
96 Vgl. Janjetović 2010, 46 f.
97 o.V. 1970/c, 3 f.

für den weitesten Kreis der Verbraucher" zu sein, zeigte die Zeitschrift bescheidene, preiswerte und üppige Ausstattungen, Varianten für kleinere und größere Wohnungen und nahm somit die Existenz sozialer Ungleichheit stillschweigend zur Kenntnis.[98] Die Grundrisse der ausgestellten Räumlichkeiten waren von Belgrader Massenwohnungsbauten entliehen. Es galt die Annahme, dass die Bewohner:innen in Neubausiedlungen dieses Angebot am ehesten nutzen würden. Deshalb wurde ihnen die Adaption der Ratschläge in ihre Wohnungen maximal erleichtert. Während Belgrader:innen vor Ort eine Beratung in Anspruch nehmen und die Möbel inspizieren konnten, konnten andere Interessierte etwa über die Ausstellungsräume in der Zeitschrift lesen oder nach dem standardisierten Gütesiegel von *Naš dom* Ausschau halten.[99] Daher waren Massenmedien besonders für abgelegene Orte und ärmere Republiken eine wirksame Informationsquelle, auch wenn die Ungleichheiten in der jugoslawischen Publikationslandschaft dadurch nicht aufgehoben wurden.

3.2 Im Warteraum: Wege zu einer Wohnung

Sei es in Warteschlangen für Warenausgaben oder in der jahrelang ungestillten Sehnsucht nach einem eigenen Auto oder einer Wohnung: Warten zählt zu den wohl geläufigsten und hartnäckigsten Bildern des sozialistischen Alltags. Warten wird oft mit Nichtstun und Machtlosigkeit gleichgesetzt und die Wartenden als passiv wahrgenommen. Doch dem war nicht so, wie die folgenden Seiten zeigen werden. Warten war eine durchaus aktive Tätigkeit der Gestaltung der eigenen Möglichkeiten.

Neuere geistes- und sozialwissenschaftlichen Erkenntnisse ermöglichen komplexere Interpretationen des Wartens. Die Anthropologen Andreas Bandak und Manpreet K. Janeja etwa unterscheiden zwischen der Politik und der Poetik des Wartens: Während sich Ersteres auf den institutionellen Rahmen bezieht (wie die Institutionen die Wartezeiten [un]beabsichtigt produzieren und instrumentalisieren), beschreibt Zweiteres die Praktiken der Wartenden und ihr tagtägliches (Nicht-)Arrangieren mit der Wartesituation.[100] Der Philosoph Gabriel Marcel unterscheidet zudem zwischen dem passiven und dem aktiven Warten: Wenn die Gewissheit zu einem bestimmten positiven oder negativen Ausgang vorhanden ist, tendiert man zum passiven Warten, während Ungewissheit eher einen aktiven Warteprozess fördere.[101] Wie Warten zu einer proaktiven, kreativen Tätigkeit werden kann, legt Jocelyn Lim Chua im Konzept des „geübten Wartens" *(skillful*

---

98 Ebd.
99 Vgl. o.V. 1970/a, 15–18.
100 Vgl. Bandak/Janeja 2018, 3.
101 Marcel 1967, 277–285.

waiting)[102] dar, in dem Wartende ihre Ressourcen und Fähigkeiten einbringen, um die Wartesituation zu verkürzen oder erträglicher zu gestalten.

Übertragen auf die Wohnungssuche im sozialistischen Jugoslawien gehe ich zunächst auf die Politik des Wartens ein, die durch die Kriterien für Wohnungsvergabe und das Instrument der Warteliste untersucht wird. Im Anschluss beleuchte ich die Poetik des Wartens durch mediale Geschichten vom erfolgreichen oder, seltener, gescheiterten Weg zu eigenem Wohnraum. Meine Ausführung beginne ich mit der Analyse der üblichen Narrative der Wohnungssuche(nden), darauf aufbauend werden verschiedene Formen des aktiven Wartens (Nutzung von sozialem Kapital, finanzielle Eigenbeteiligung) identifiziert und schließlich das gängige „Happyend"-Narrativ besprochen.

3.2.1 Politik des Wartens: Wer hat Recht auf eine Wohnung?

Seit den 1950er Jahren und der reformierten Finanzierung des Wohnungsbaus waren Arbeitgeber:innen eine wichtige Anlaufstelle in der Wohnungssuche, die neben dem Eigenbau und den aufkommenden Kreditierungsmöglichkeiten im Laufe der Zeit an Bedeutung gewann. Da die Nachfrage das Angebot kontinuierlich überstieg, wurden in Firmen Wartelisten aufgesetzt, um eine Reihenfolge der Ansprüche auf eine Wohnung festzustellen. Wie der Historiker Steven E. Harris für die Sowjetunion bemerkt, ist das Instrument der Warteliste keine rein objektive Hilfe zur Bestimmung des Vorrechts auf eine Wohnung, sondern ebenso „a politically charged register of where one stood in Soviet society".[103] Die Auswahl und Gewichtung der Kriterien sind keine Gegebenheit, sondern ein Inventar der erwünschten und vom Regime honorierten Eigenschaften und Lebensentwürfe.[104]

Einem angeblich allgemeinen Recht auf eine Wohnung konnte in der jugoslawischen Praxis vieles im Weg stehen. Erstens gab es stets weniger Wohnungen als Interessent:innen. Zweitens machten sich die ökonomischen Unterschiede zwischen Republiken bemerkbar: Auf wirtschaftlich stärkere Regionen zugeschnittene Maßnahmen ergaben konsequenterweise schlechtere Ergebnisse in ärmeren Gegenden. So wurden in den späten 1960er Jahren 90 % aller jugoslawischer Bauersparnisse in Slowenien angespart, denn anderswo hatten Bürger:innen schlicht weniger Geld zum „Mobilisieren" parat.[105] Drittens war der

---

102 CHUA 2011, 112–137.

103 HARRIS 2013, 113.

104 Die Kriterien variierten abhängig vom lokalen sowie staatlichen Kontext. In der poststalinistischen Sowjetunion wurden die Wartelisten zum Teil von lokalen Behörden erstellt. Im Sankt Petersburg (damals Leningrad) der poststalinistischen Zeit spielte der Status der dort bereits ansässigen Bevölkerung eine Rolle in der Wohnungsverteilung, was in anderen Teilen der Sowjetunion hingegen nicht relevant war. Vgl. ebd., 133–135.

105 GAVRAN 1971, 229.

Anspruch auf eine Wohnung im Wesentlichen auf Berufstätige beschränkt. Menschen wurden durch ihre Lohnarbeit definiert und Menschenrechte waren damit in der sozialistischen Praxis Arbeiterrechte. Diejenigen, die keiner bezahlten Tätigkeit nachgingen, konnten sich für eine der wenigen Wohnungen für Härtefälle bewerben oder mussten sich auf andere Haushaltsmitglieder verlassen. Die Hilfsmaßnahmen der sogenannten Solidaritätsfonds waren für Geringverdiener:innen (Einkommen pro Familienmitglied unter oder knapp über dem Mindestlohn) und die Veteran:innen des Partisan:innenkampfs im Zweiten Weltkrieg gedacht.[106] In vielen Gemeinden wurden sie erst in den späten 1960er Jahren etabliert (wie 1968 in Belgrad, 1969 in Zenica und Novi Sad, 1970 in Bor).[107] Die Solidaritätsfonds verfügten über bescheidene finanzielle Mittel: In den frühen 1970er Jahren waren die Maßnahmen in den meisten Städten „immer noch in der Konsolidierungsphase"[108] und selbst als erfolgreich eingestufte Programme konnten nur statistisch vernachlässigbare Beiträge verbuchen.[109] Viertens hatten nicht alle Arbeiter:innen den gleichen Anspruch auf eine Wohnung. Ein komplexes Gewebe aus Privilegien, Bevorzugungen und Verdiensten prägte die Wohnungsverteilung. Zu den üblichen Kriterien zählten die Dauer der Erwerbstätigkeit, die Anzahl der Kinder, der Veteran:innenstatus, die aktuelle Wohnsituation, aber auch der Schulabschluss und die Bereitschaft zur finanziellen Eigenbeteiligung.

Doch selbst wenn die Voraussetzungen prinzipiell erfüllt waren, wurden die Kriterien von Unternehmen zu Unternehmen unterschiedlich gewichtet. Hiervon zeugen zwei Arbeitgeber aus Split, deren Listen und Kriterien bis in die 1980er Jahre im Gebrauch waren und nun im Staatsarchiv Kroatiens, Abteilung Split, aufbewahrt sind.

Das Bauunternehmen Konstruktor nutzte ein Punktesystem und verteilte die Punkte wie folgt:

- zwölf Punkte für den Kampf auf der Partisan:innenseite (allerdings nur fünf, falls sie sich erst nach der Kapitulation Italiens am 9. September 1943 anschlossen, als der Sieg der Partisan:innen wahrscheinlich wurde)

---

106 Vgl. Osnovni materijal I, 1973, SR-AJ, 495-67, 31.
107 Ebd., 28.
108 Ebd., 43.
109 Die Festlegung der Beiträge wurde auf der lokalen Ebene entschieden und schwankte zwischen 4 % und 8 % für die Pflichtbeiträge. Von diesen Einlagen gingen zwischen 5 % und 30 % für die lokalen Solidaritätsfonds ab, welche erst in den späten 1960ern etabliert wurden und daher über kein erhebliches Startkapital verfügten. 1970 wurden in Rijeka 300 Wohnungen verteilt, obwohl der Fond der Gemeinschaftswohnungen 1971 bei 25.124 lag. In Skopje waren es 1972 180 soziale Wohnungen und die Gesamtgröße des Fonds im vorigen Jahr betrug 17.133 Wohnungen. Vgl. Osnovni materijal II, 1973, SR-AJ, 495-67.

3.2 Im Warteraum: Wege zu einer Wohnung | 139

- 25 bis 75 Punkte für die aktuellen Wohnumstände (das Maximum für Wohnen zur Miete über drei Jahren, das Minimum für eine eigene Wohnung, deren Fläche mindestens 20 % unter der Mindestnorm lag)
- zwei Punkte pro Arbeitsjahr
- zwei Punkte pro enges Familienmitglied im gemeinsamen Haushalt
- zehn Punkte für schwere kriegs- oder arbeitsbedingte Behinderungen
- sechs bis 24 Punkte für eine Beteiligung der Bank oder der Arbeitgeber:in der Ehepartner:innen.[110]

Weitere Punkte wurden abhängig von der Komplexität der ausgeübten Arbeit vergeben.[111] Außerdem durften sich ehemalige Arbeiter:innen und ihre Kernfamilien bewerben, falls sie folgende Bedingungen erfüllten:

Rentner mit mindestens 15 Arbeitsjahren, falls er innerhalb der letzten 5 Jahre in die Rente gegangen ist, sich in der Rente wegen Arbeitsunfall/einer arbeitsbedingten Erkrankung befindet, die enge Familie eines Arbeiters, der im Zusammenhang mit einem Arbeitsunfall gestorben ist, die enge Familie eines verstorbenen Arbeiters, der mindestens 15 Arbeitsjahre hatte, Arbeiter, der seine Wohnung durch einen Elementarschaden verloren hat.[112]

Das Urbanistische Institut Dalmatiens rechnete hingegen die folgenden Umstände an:

- zehn Punkte für die Beteiligung am Partisan:innenkampf
- fünf bis 32 Punkte für den Schulabschluss (in der Spanne von unqualifizierten Arbeiter:innen bis zum Hochschulabschluss)
- die Arbeitsjahre am Institut multipliziert mit fünf (an anderen Arbeitsplätzen mit drei)
- sieben bis 35 Punkte für eine Eigenbeteiligung (in der Höhe von 10 % bis 50 %)
- fünf Punkte pro Kind
- 110 Punkte für Wohnen zur Miete
- 20 Punkte für schwere psychische Krankheiten oder Tuberkulose in der engen Familie.[113]

Durch die höhere Punktezahl für die Dienstzeit beim aktuellen Arbeitgeber wurde Loyalität honoriert, aber auch die bereits geleisteten Abgaben für den Wohnungserwerb, die seit 1956 vom Lohn abgezogen und lokal verwaltet wurden. Dies schlug sich bei Konstruktor

---

110 Samoupravni sporazum o zajedničkim osnovama i mjerilima za zadovoljavanje stambenih potreba radnika u građevnoj radnoj organizaciji ‚Konstruktor' Split, 1985, Split, Staatsarchiv in Split (HR-DAST), 102-277, 5–19.
111 Ebd.
112 Ebd., 13 f.
113 Stanovi /upitnici/ 1981-1991, 1981, HR-DAST, 119-411.

etwas anders nieder: Sollten mehrere Bewerber:innen die gleiche Punktezahl erreichen, hatten diejenigen mit mehr Berufserfahrung Vorrang.[114] In beiden Firmen konnten Eigenbeteiligung und berufliche Qualifikation die Punktezahl deutlich verbessern.

Die institutionalisierte Dimension der Ungleichheit bei der Wohnungsverteilung ermittelte eine in den späten 1960er Jahren von der Stadt Split beauftragte soziologische Studie zu Ursachen für illegalen Wohnbau, einem damals akuten sozialen Problem der Stadt. Wie der Soziologe Slobodan Bjelajac vom Urbanistischen Institut Dalmatiens anhand einer repräsentativen Umfrage unter Betroffenen feststellte, waren „unqualifizierte, halbqualifizierte und qualifizierte Arbeiter, beziehungsweise diejenigen Kategorien der Berufstätigen mit dem niedrigsten Einkommen", von Wohnungsnot am härtesten betroffen. Wenig überraschend suchten auch sie am häufigsten einen Ausweg im illegalen Bau.[115]

Wie wenig sie sich von der Wohnungsvergabe über Arbeitsplatz erwarteten, schilderte die Tatsache, dass die meisten erst gar keinen Antrag stellten und somit auch auf keiner Warteliste auftauchten.[116] Die Durchschnittsdauer der Erwerbstätigkeit lag unter den leer ausgegangenen Befragten bei 13 Jahren.[117] Jahrelang finanzierten sie den Wohnungsbau mit und bekamen nichts zurück, was die angestrebte Honorierung der Loyalität ernsthaft infrage stellte. Während die Gutverdienenden das Geld tendenziell in die Anschaffung von Wohnungen in Massenbauten investierten, waren eher rurale Einfamilienhäuser am Stadtrand typisch für Geringverdienende. Die Klassenunterschiede nahmen somit eine distinktive architektonische und urbanistische Form an.[118] Bjelajac sah die Schuld bei den Arbeitgeber:innen und schlug eine Modifizierung der Kriterien zur Wohnungsvergabe vor, „sodass auch weniger qualifizierte Menschen bessere Aussichten auf eine Lösung ihrer Wohnungsfrage haben".[119] In dieser Lesart trug der Staat keine direkte Verantwortung für die Lösung der Wohnungsfrage.

Darüber hinaus konnten die politischen, wirtschaftlichen und kulturellen Eliten Sonderwege nutzen, um die Warteschlange zu überspringen. „Neben der Rangliste mit Punkten ist die Möglichkeit der Lösung der Wohnungsprobleme für Schlüsselführungskader in der Quote von maximal zwei Wohnungen pro Jahr offengelassen", lautete die Regel bei Konstruktor.[120] Hochqualifizierte Arbeiter:innen wurden von ihren Arbeitgeber:innen *in spe* mithilfe von Wohnungsangeboten angelockt.[121] Funktionäre konnten

---

114 Samoupravni sporazum, 1985, HR-DAST, 102-277, 11.
115 BJELAJAC 1970, 17.
116 Ebd., 53.
117 Ebd., 45.
118 Vgl. LE NORMAND 2012, 357.
119 BJELAJAC 1970, 86.
120 Zaključci sa sastanka Komisije za rješavanje stambene problematike, 20.05.1974, HR-DAST, 102-288, 3.
121 LE NORMAND 2012, 356.

eine Wohnung samt spezifischer Einrichtung einfach einfordern. So beantragte Joža Vilfan, der Vizepräsident des Exekutivrats Sloweniens, mündlich für seine Wohnung im historischen Zentrum Ljubljanas einen neuen Boden, einen elektrischen Herd und einen Textilvorhang für den Balkon. Über den sprichwörtlichen kurzen Dienstweg vermied er so einen umfangreichen bürokratischen Prozess.[122]

Die Mobilisierung von Privatmitteln im Rahmen der Wirtschaftsliberalisierung ergab nach 1965 den zentralen Widerspruch in der Wohnungsvergabe: Diejenigen, die sich eine Wohnung selbst finanzieren konnten, gelangten oft mühelos an Wohnrechte. „In den Statistiken zu Lebenskosten wird die Miete gar nicht erfasst, da sie unter den monatlichen Ausgaben für Tabak liegt", kommentierte die Stadtsoziologin Dušica Seferagić ironisch die eher symbolischen Mieten.[123] Arbeiter:innen in handwerklichen oder körperlich anstrengenden Berufen hingegen – in der sozialistischen Mythologie glorifiziert als der Inbegriff der Arbeiterklasse – hatten schlechtere Aussichten. Zudem waren manche Branchen (etwa die Textil-, Holz- und Lederindustrie sowie der Einzelhandel) und kleinere Firmen strukturell benachteiligt und zahlten ebenso mehr Geld in die Fonds ein, als sie zurückbekamen.[124] Hochqualifizierte hatten nicht nur eine höhere Chance, an eine Wohnung zu gelangen, sondern auch die ihnen zur Verfügung gestellte Wohnfläche war im Durchschnitt größer.[125]

Das Recht auf Wohnen entpuppte sich damit im sozialistischen Jugoslawien als äußerst relativ. Neben den erwähnten Asymmetrien konnten weitere Faktoren wie die Baufreudigkeit der eigenen Arbeitgeber:innen und die Situation der anderen Kolleg:innen (ihre Punktzahl) die Aussichten der Bewerber:innen beeinflussen. Selbst wenn man sich für eine Wohnung qualifizierte, konnten Monate oder Jahre vergehen, bis man den Gipfel der Warteliste erreichte. Obwohl niemand endgültig abgelehnt wurde, wirkte der lange (bis endlose) Warteprozesses effektiv wie eine Absage. Die perfekte soziale Mischung („ein Professor wohnt neben der Kassiererin"), welche die Studien zu Massenwohnungsbauten aus allen sozialistischen Kontexten so oft anpriesen, war vielmehr eine „heterogene Homogenität"[126] als ein statistisch repräsentatives Bevölkerungsbild.[127]

---

122 Ureditev stanovanja pri podpredsedniku IS LS LRS v Wolfovi ul /dr.Vilfan, SI-AS, 21.05.1959, 2055-269.

123 SEFERAGIĆ 1988, 86.

124 LE NORMAND 2012, 356.

125 Dies zeigt sich deutlich in den firmeninternen Statistiken zur Wohnungsvergabe: Im Eisenwerk Sisak machten Hochqualifizierte 25,7 % aller Angestellten aus, erhielten aber 41 % aller Wohnungen und 44 % der Wohnfläche. Vgl. MARČETIĆ 2020, 30.

126 Vgl. GULIN ZRNIĆ 2009, 164–176.

127 Die Statistiken für die DDR zeigen ähnliche Muster: Die Bewohner:innen der neuen Siedlungen waren im Durchschnitt jünger, qualifizierter und gebildeter als Menschen, die in den Innenstädten wohnten. Vgl. HANNEMANN 2018, 134.

142 | 3. Wohnung

Die beiden Extreme – Überprivilegierte und stark Benachteiligte – standen nicht in der Warteschlange, sei es, weil ihnen bequemere Wege zur Verfügung standen oder weil sie ihre Aussichten als chancenlos betrachteten. Die Privilegierten entschieden sich für Wohnsegmente außerhalb des Massenwohnungsbaus – etwa für Villen oder, in Vilfans Fall, bürgerliche Wohnungen im Stadtzentrum. Berichte über Häuser und Wohnungen jugoslawischer Prominenter und Spitzenkulturschaffenden, die in der zweiten Hälfte der 1960er Jahre erschienen, zeigten „die Grenzen des tolerierten Luxus und Ungleichheit" auf. Diese Herausbildung „exzeptioneller sozialistischer Domestizitäten" war eine Folge der Marktliberalisierung.[128] Die zwar offiziell nicht als solche kodifizierte Politik des Wartens wurde durch die Wirtschaftsreformen der 1960er Jahre operationalisiert, um sowohl den andauernden Wohnungsmangel als auch die wachsende Ungleichheit zwischen den jugoslawischen Bürger:innen zu kaschieren. Unter dem Vorwand des Geistes der Selbstverwaltung leitete der Staat Wohnungssuchende und damit die staatliche Verantwortung an ihre Arbeitgeber:innen weiter, damit das potenzielle Scheitern staatlicher Wohnpolitik abgewendet werden konnte.

3.2.2 Poetik des Wartens

Geschichten und Erfahrungsberichte über das Warten etablierten sich in den 1960er Jahren als gängige Narrative zum Thema Wohnen. Sie werden im Folgenden vor dem Hintergrund des Erfahrungsraums und Erwartungshorizonts der Wartenden sowie der Kluft dazwischen analysiert. Reinhart Koselleck zufolge ist Erfahrung die „gegenwärtige Vergangenheit, deren Ereignisse einverleibt worden sind und erinnert werden können".[129] Erfahrung ist verankert in der eigenen Biografie oder in Geschichten aus dem sozialen Umfeld, sie wird durch das kommunikative Gedächtnis zugänglich oder ist in Institutionen angesiedelt und wird von ihnen vermittelt. Erwartung hingegen ist die „vergegenwärtigte Zukunft, sie zielt auf das Noch-Nicht".[130]

Massenwohnungen hinterließen nicht nur Spuren im Leben ihrer Erstbezügler:innen, sondern modifizierten nachträglich den „Erwartungshorizont"[131] aller Wohnungssuchen-

---

128 Horvat 2021.
129 Koselleck 2000, 354.
130 Ebd., 354 f.
131 Der Begriff „Erwartungshorizont" etablierte sich in den späten 1960ern in der literaturwissenschaftlichen Rezeptionsästhetik der Konstanzer Schule, insbesondere im Werk der Literaturwissenschaftler Hans Robert Jauß und Wolfgang Iser. Er bezieht sich auf das Spektrum des Möglichen, das Leser:innen in einem konkreten historischen Moment für Handlungen in einem bestimmten Genre vor Augen haben: „[Ein literarisches Werk] weckt Erinnerungen an schon Gelesenes, bringt den Leser in eine bestimmte emotionale Einstellung und stiftet schon mit seinem Anfang Erwartungen für ‚Mitte und Ende', die im Fortgang der Lektüre nach bestimmten Spielregeln der Gattung oder Textart aufrecht-

den. Insbesondere der Warteprozess lässt sich als ein Wechselspiel zwischen Erfahrung und Erwartung beschreiben: Die mittelbaren Erfahrungen von anderen Wartenden und ehemaligen Wartenden sowie angeleitete administrative Wege zur Wohnungsvergabe auf dem Arbeitsplatz schufen einen Erwartungshorizont mit recht konkreten Konturen. Gleichzeitig stellte eine Wohnung für viele immer noch ein in der Zukunft verortetes Versprechen dar. Die Gefühlsstruktur einer Erwartung, so Koselleck, enthält „Hoffnung und Furcht, Wunsch und Wille, die Sorge, aber auch rationale Analyse, rezeptive Schau oder Neugierde".[132] Diesem Gefühls- und Handlungscocktail nähere ich mich nun durch Beispiele aus der jugoslawischen Massenkultur der 1960er Jahre und Bitt- und Beschwerdebriefen an, um die Bedeutung der (Er-)Wartegeschichten für die Massenwohnkultur zu erörtern.

Musterwohnungssuchende: Junge Paare

Ein studentisches, heterosexuelles Paar sucht im Film *Martin in den Wolken (Martin u oblacima,* 1961, Regie: Branko Bauer) vergeblich nach einem geeigneten Raum für Intimität, da beide bislang zur Untermiete getrennt voneinander wohnen. Im Teil des Episodenfilms *Der Schlüssel (Ključ,* 1965, Regie: Vanča Kljaković, Krsto Papić, Antun Vrdoljak) wartet hingegen ein studentisches Ehepaar auf den Tod ihrer alten Vermieterin und damit auf die Wohnungsübergabe. Die Sehnsucht junger Paare nach einem eigenen Wohnraum kommt auch in einer Reportage über Jugendliche in Skopje zum Ausdruck, ein Jahr nach dem Erdbeben 1963. Der Untertitel „Auf der Wunschliste befindet sich kein ‚Fićo'. Der Wunsch Nummer 1: EINE EIGENE WOHNUNG" *(Na spisku želja nije ‚Fićo'. Želja br. 1.:* VLASTITI STAN)[133] macht nicht zuletzt wegen der Majuskeln ersichtlich, dass unter jungen Jugoslaw:innen die eigenen vier Wände zu dieser Zeit höchste Priorität hatten, noch vor Mobilität, einem Arbeitsplatz oder anderen Wünschen.

Noch häufiger als Jugendliche wurden junge Familien mit Kindern in der Rolle der Wohnungssuchenden abgebildet. Im international beachteten Kurzfilm *Meine Wohnung (Moj stan,* 1962, Regie: Zvonimir Berković) zieht ein Ehepaar mit zwei Kindern im Grundschulalter aus der Zagreber Altstadt in das Massenwohnungsgebiet Neu-Zagreb um, was als Errungenschaft dargestellt wird. Denselben Idealtyp einer vierköpfigen Kernfamilie repräsentiert die Lehrerin Rozika Lajtman, die mit ihrem Mann und zwei Söhnen aus

---

erhalten oder abgewandelt, umorientiert oder auch ironisch aufgelöst werden können". Der Erwartungshorizont wird von Werken, die neue Impulse bringen, Stück für Stück erweitert und ersetzt. Jedes neue literarische Werk trägt so zu einem „Horizontwandel" bei. Darauf aufbauend identifizierte Jauß die „Rekonstruktion des Erwartungshorizontes" als die zentrale Aufgabe der Literaturwissenschaft. Jauss 1979, 131–136.

132 Koselleck 2000, 355.

133 Zlatar 1964, 5.

Čakovec, einer Kleinstadt in Nordkroatien, nach Trnsko in Neu-Zagreb umgezogen war und darüber 1964 in der Zeitschrift *Svijet* berichtete.[134]

Die Frauenzeitschrift *Žena* begleitete ab 1961 monatlich den Alltag der stilisierten, fiktionalen Musterkleinfamilie Mirić (Abb. 16). Auch sie bestand aus einer Kernfamilie, namentlich der Fabrikarbeiterin Mira, ihrem Ehemann, dem Fabrikabteilungsleiter Mirko, der Teenagerin Snježana und dem Erstklässler Srećko. Dass die Autorin die Familie vermeintlich aus einem Erziehungskurs des Vereins Unsere Kinder *(Naša djeca)* kennt, soll das Ideal untermauern, wonach sich eine moderne Familie in Erziehungsfragen auf professionalisierte Hilfe verlassen sollte.[135] Die Idealfamilie der sozialistischen Modernisierung beruhte auf einer Mischung aus Emanzipation (Mira ist berufstätig) und patriarchalen Mustern (Mirko ist höher positioniert als Mira und verdient mehr, dafür ist er im Haushalt weniger engagiert). Bereits eine einfache digitale Bildersuche ergibt hierbei, dass das für die Kolumne als Aufmacher genutzte Familienportrait aus der US-amerikanischen Bilderwelt kopiert wurde (und damit freilich auch US-amerikanische Familienideale).[136]

Die aus zwei Generationen bestehende Kernfamilie nahm damit nicht nur im Kapitalismus einen besonderen Stellenwert ein, sondern auch in den meisten Phasen des sozialistischen Regimes. Entsprechend diente sie auch als Maßstab und Standard bei der Wohnungskonzeption und -verteilung.[137] Ehepaare wie die fiktionalen Mirićs wuchsen im sozialistischen Regime auf, kannten seinen Vorläufer eher aus zweiter Hand und das in der Ratgeberliteratur sprechende Heer an Modernisierungsexpert:innen war daher zuversichtlich, sie in einem noch „gestaltungsfähigen" Alter einfangen zu können. Auch pragmatisch bildeten sie eine dankbare Grundlage für die Haushaltsexpert:innen: Nur ein Bruchteil der Massenwohnungen konnte eine größere Familie unterbringen, sodass die Realitäten der häufig aus drei Generationen bestehenden Haushalten ausgeblendet wurden. Ein Effekt der klein geschnittenen Massenwohnungen war dennoch, dass die

→ Abb. 16 Die Musterfamilie Mirić: Die schwarz-weiße Fotografie zur Kolumne „Ein Nachmittag bei Mirićs" *(Jedno poslijepodne kod Mirićevih)* zeigt eine Szene am Esstisch, bei der alle lachen, der Mann im Anzug und die Kinder am Tisch sitzen, während die Frau die Mahlzeit serviert. Auch wenn die gezeigte Familie ein fiktionales Konstrukt sein mag, stellt sie das damals aktuelle Verständnis von einer durchschnittlichen und gleichzeitig vorbildlichen Familie effektiv zur Schau.

---

134 Vgl. Špeletić 1964, 5.

135 Vgl. Šnajder 1961, 18.

136 Dieselbe Bildvorlage erhielt im 21. Jahrhundert ein unerwartetes Nachleben und wurde als Hintergrund für eine Reihe antimuslimischer Memes instrumentalisiert.

137 „Junge Ehen" wurden bei der Wohnungsvergabe in der DDR offen bevorzugt, unverheiratete, alleinerziehende Mütter hingegen waren in den neuen Siedlungen deutlich unterrepräsentiert; vgl. Hannemann 2018, 195.

kod Mirićevih

Dogodilo se da je ovo obećanje došlo na red sa zakašnjenjem od tri mjeseca.
Nazvala sam Mirinu tvornicu.
— Četvrtak poslije 17 sati, rekla je, oboje smo kod kuće!
Cvijeće je u ruci: prvi put u kuću — pažnja domaćici, mali dar, mala pažnja ...
Mirin je rođendan! Sve je dobro ispalo!
Prihvatili su me kao da sam oduvijek s njima. Ne samo mene, kažu odmah da bi se i ja oslobodila. Oni svakom tako, ako ga žele za prijatelja: osjećaš se kao kod kuće tu ti je ovo, a tamo ono. Posluži se, sjedi gdje hoćeš, ostani dok želiš!
Oni nemaju vremena za neka izmotavanja i neke velike pripreme za doček gostiju. I nelagodno se osjećaju, ako su na »špagi« ...
Primaju samo prijatelje.
Upravo su »rješavali« Srećkovu čestitku, koju je on na vidno mjesto izložio, a pored nje tople kućne cipele i taška — dar Snježanin i tatin. Čestitka je zapravo odgovor Srećkov na maminu izjavu, danu prije tri dana, da je njoj najdraži neki crtež od njega.
Srećko sad štampanim slovima (vidi se da je Snježana asistirala!) piše: » ... bolje je da cvijeće bude pravo, novac je dao tata, možeš ga pitati.«
A u svoje ime Snježana je dodala: »Draga majčice, puno sreće, puno godina, novaca više nemamo, to ti je i novogodišnji dar!«
— Ovo je Srećko cijeli, cjelcati kaže mama, iznaći će načina da se izvuče, kako smo pogodili s imenom, sama se sebi divim!
— On ne voli da crta, a ti samo potpomaži njegovu lijenost.
To je bilo upućeno Mirku, u šali, ali i kao nastavak ranijih razgovora.
Mira žustra, sva jedan impuls, takvu sam je zapamtila i sa tečaja, sad odmah mora da istjera stvar na čistac.
No Mirko se ne da »zapaliti«. On vaga svaku, on je staloženiji (i stariji, ja sam ga ocijenila na četrdeset godina), sušta suprotnost Mirina.
— Ali, ako smo već započeli, može i sad — uvlači me u raspravu: dijete i novac!
— Treba da imaju svoj džeparac, Snježana nije više mala, a i Srećko neka se uči, predlaže.
— Snježana će sve spiskati u tri dana!, pozna mama svoju kćer.
— Pa neka, to će jedan, dva i tri mjeseca, a onda će već početi da računa i priželjkuje veće stvari, a veće želje traže i odricanja.
I Mira je u svoje teke zabilježila da djeca treba da se uče samostalnosti i planiranju, i da je tu svoj dinar vrlo pogodan ... no sad u decembru?, počela je da se brani od ovakvih historijskih odluka.
— A Nova godina? Znaš da Srećko sanja konstruktor broj 3 i Snježana da vruće želi nove skije, i cipele znaš da smo odlučili dva para kao najnužnije. A moj kaput? Krojač poručuje, ja ga sve naširoko obilazim.
Ali tata ostaje kod svoje.
— Upravo sada prije praznika, pa da vidimo tu tvoju neozbiljnu i rastrošnu djecu. Da damo svakom po 200 dinara tjedno?
— Jedna od njenih odlika je da izmišlja nepremostive zapreke, pa je onda sva važna, kad ih riješi svojom spretnošću, Mirko se kao meni obraća i kao tiše, no Mira već parira:
— On isplanira, i sve lako ćemo, a ja onda izvlači i dovijaj se! Nemoj da sad počnem redati sve što gradiš na mojoj snalažljivosti.
Zvonce je prekinulo ovaj razgovor ugodni, u najpraviji čas.
Djeca! Zbog njih samo što se ne porječkamo koliko puta, i onda smo sretni ... s njima.
Čestitke i zagrljaji! Mama saopćava da su joj cipele bile neophodne, i tašku da je priželjkivala baš takvu. I cvijeće, kako je samo pronašao Srećko mamino najdraže ... poljupci i zagrljaji. A tata odmah konkretan uzeo da odbrojava prvi džeparac, uz sva potrebna objašnjenja.
Snježana nije pravo ni saslušala, opet leti mami, ponovo je ljubi i zajedno brišu »to ti je i novogodišnji dar«.
Srećko ne reagira tako bučno, on je izrezani otac, prevrće novac: kamo s njim, u torbu ili u džep?
— Kako u školi, pokušavam ga razgovoriti.
Samo je to trebalo da ga pitam.
Briga, velika!
— Drugarica stalno govori da učimo znakove, a svi znamo da su to slova.
Mi da se iskidamo od smijeha. Snježana vrišti, mama briše suze.
Srećko je uvrijeđen nerazumijevanjem. Spašava ga otac:
— Ona to da vama pomogne, a vi već veliki. Morat ćemo joj to nekako reći!
— Večer se dobrano spustila i vrijeme je ...
— Ako sada počnete da se izvinjavate na smetnji, sve ćete pokvariti, opet će Mira. Naša vrata su Vam uvijek otvorena.

Emanzipation der „jungen Ehen" von der älteren Generation gefördert wurde. Zum einen kann dies als Versuch einer beschleunigten Verbreitung und Formung junger Menschen und Familien entlang sozialistischer Werte interpretiert werden. Zum anderen lassen sich die Veränderungen der Familienstrukturen zugunsten der Kernfamilie als Teil allgemeiner Modernisierungsprozesse in der Nachkriegszeit einordnen.[138] Die Haushaltsratgeber:innen setzten hier ein, um die Familie neu zu formieren.

Parallel erfolgte eine langsame Normalisierung von sogenannten „unvollständigen Familien",[139] die von der Musterfamilie, bestehend aus Vater, Mutter und Kindern, infolge von Trennung, Scheidung oder Tod abwichen. Zunächst stieg ihre Sichtbarkeit in den Medien und in der Forschung. So stellt eine Untersuchung der Lebensumstände von Schulkindern in Slowenien 1957 fest, dass diese Familienform „seit Langem eine übliche Erscheinung" sei und 16,7 % aller Familien in Jugoslawien ausmachten.[140] Die legale Akzeptanz solcher Familienstrukturen wurde zum Fortschrittsmerkmal im Unterschied zum vorsozialistischen Jugoslawien stilisiert. Dennoch barg schon der abwertende Begriff „unvollständige Familie" ein Verständnis dieser Haushalte als inhärent defizitär. Darüber hinaus bestätigten die Ergebnisse der Untersuchung eine ökonomische Benachteiligung von Kindern solcher Familien. Als Gegenmaßnahmen wurde stärkere staatliche Unterstützung angeregt, aber auch striktere Gesetze (und ihre effizientere Umsetzung) beim Bezug von Unterhalt für alleinerziehende Mütter gefordert.[141]

Obwohl Familienstrukturen, die sich von einer idealisierten patriarchalen Kernfamilie unterschieden, langsam institutionelle Anerkennung fanden, wurden sie bei der Planung von Massenwohnungsbauten und in der Ratgeberliteratur kaum berücksichtigt. „Unsere normale Wohnung ist eine Zweizimmerwohnung. Unsere Durchschnittsfamilie ist ein Ehepaar mit zwei Kindern",[142] begründete Andrija Mutnjaković die Ausrichtung der Grundrisse auf Kernfamilien. Hiermit betonte sie das konventionelle Familienmodell, dem die neuen Wohnungen Raum geben sollten: Ehemann – Ehefrau und Eltern – Kinder.

Noch ein Grund spricht für die hohe Sichtbarkeit der jungen Wohnungssuchenden in den Erzählungen: Obwohl sie noch keine Wohnung hatten, war ihre Lage bei Weitem

---

138 Junge, heterosexuelle Paare, die eine eigene Kernfamilie gründen und ihre Großfamilie und ethnische Gruppen verlassen, waren auch in der US-amerikanischen Populärkultur der 1950er Jahre ein gängiges Narrativ. Vgl. LOOKER 2015, 123.

139 BERGANT 1960, 19, 26.

140 Ebd.

141 Allerdings zeigte die Umfrage, dass Kinder von geschiedenen Müttern in der Schule deutlich besser als der Durchschnitt abschnitten, im Unterschied zu außerehelichen Kindern und Kindern verwitweter Eltern, deren Noten unterdurchschnittlich waren. Dies wurde durch die sozioökonomischen Umstände der Mütter (meist hoher Bildungsstand, aus dem urbanen Milieu) erklärt, die sich für eine Scheidung entschieden, vgl. ebd.

142 MUTNJAKOVIĆ 1966, 42.

nicht aussichtslos. Ein paar Jahre Berufserfahrung und die Geburt von Kindern würden ihnen die notwendigen Punkte einbringen. Die in die Zukunft projizierte Lösung ihrer Wohnungsfrage wirkte plausibel und als Aufstiegsgeschichte sogar gerecht. Ihre Wartegeschichte war mit Hoffnung statt mit Tragik und Scheitern verknüpft. Wenn die Geschichten von Wohnungssuchenden eines anderen Profils doch gelegentlich in den Massenmedien zu finden waren, unterschieden sie sich deutlich von dem Warteprozess junger Familien. Im Film *Die gemeinsame Wohnung (Zajednički stan*, 1960, Regie: Marijan Vajda) erheben fünf Parteien Anspruch auf unfertige Wohnungen. Einige sind mit Einzugserlaubnis eingezogen (Student Miša und ein Trompeter mit drei Kindern), andere illegal (ein Großvater mit seiner Tochter, Schwiegersohn und Enkelin; eine alte Witwe; ein arbeitsloser Vagabund). Miša verband sich mit der Enkelin und folgte, wie der Trompeter, dem Ideal der Kernfamilie und wurde dafür schließlich mit einer Wohnung belohnt. Die Alten und Arbeitslosen hingegen verblieben jenseits der legalen Wohnungsvergabe.[143]

Aktives Warten: Soziales Kapital nutzen

Manche Wohnungssuchende hatten wenig Hoffnung, Vertrauen oder Geduld für die Arithmetik der offiziellen Wartelisten und versuchten stattdessen, eine Lösung ihres Wohnungsproblems in Eigeninitiative über geübtes Warten zu finden, etwa durch die Aktivierung des eigenen sozialen Kapitals. Im Kurzfilm *Moj stan* drängt die Frau ihren Mann, von seinen Bekanntschaften Gebrauch zu machen.[144] Diese Taktik kam auch in der Realität zum Einsatz. So sind verschiedene Versuche dokumentiert, den eigenen Wartestatus zu verbessern, indem man sich an die politische Spitze wandte. Über Dekaden hinweg wurden Wohnungsbittbriefe etwa Edvard Kardelj persönlich und sogar über seinen Tod hinaus adressiert.

Jože Pacek bat etwa 1968 im Namen eines Mannes um eine Wohnung, der nach der Scheidung wegen des Unterhalts für sein(e?) Kind(er?) bei seinen Eltern wohnen müsse und bereits mehrfach vergeblich einen Antrag für eine Wohnung gestellt habe.[145] Franc Kočijančič setzte sich hingegen 1974 für eine Rentnerin ein, seine kranke Nachbarin und Mitstreiterin im Zweiten Weltkrieg, die nun in einem feuchten, verschimmelten Zimmer

---

143 Ende der 1960er, mit dem Aufkommen gesellschaftskritischer Filme, im Nachhinein „Die schwarze Welle" genannt, werden solche zuvor überwiegend unsichtbaren Bürger:innen und Probleme thematisiert. Statt fröhlicher neuer Menschen dominierten in der „Schwarzen Welle" Arbeitslose, Wohnungslose und unkonventionelle Gestalten. Dementsprechend lag der Fokus auf „the muddy wastes of the countryside" – auf den gesellschaftlichen Randgruppen der modernen Urbanität und nicht auf den Lebenswelten der neuen Massenwohnsiedlungen. Vgl. HATHERLEY 2013, 204–206.

144 BERKOVIĆ 1962, 2:10–2:20.

145 Pismo J. Packa Tonetu, 22.11.1968, SI-AS, 1277-1902.

ohne fließendes Wasser und Toilette hauste.[146] Sie sei „immer an meiner Tür", schrieb er, „und klagt ständig: Damals war ich ihnen gut genug. Heute, wenn ich bedürftig bin, sieht mich niemand".[147] Marija Hribar wiederum schilderte 1980 die Lage ihres pensionierten Cousins, eines ehemaligen Mitarbeiters von Kardelj. Wegen Krankheit konnte er nicht wie geplant mit seiner Frau in die Wohnung seiner Tochter, Schwiegersohns und zwei Enkel einziehen. Sie bewarben sich für eine Wohnung im Neubaugebiet Fužine, wussten aber nicht, ob das geliehene Geld (90 Millionen Dinar) reiche, da die Preise noch nicht feststünden und wohnten deshalb zu sechst in einer Zweizimmerwohnung.[148]

In jedem dieser Fälle schrieben also nicht die Bittstellenden selbst, sondern Angehörige und Bekannte (Nachbar, Verwandte, im Fall Pacek vermutlich ein Kollege oder Freund) die Briefe; einige Wohnungssuchende (Fall Hribar) wurden angeblich nicht einmal darüber informiert.[149] Dadurch wurde die im sozialistischen Jugoslawien hoch angesehene Tugend der Bescheidenheit signalisiert, indem das Problem der Betroffenen anscheinend objektiv und akut inszeniert (da von fürsorglichen Anderen [an]erkannt) und ihre Eingebundenheit in das lokale soziale Gefüge belegt wurde. Während Kočijančič keinen persönlichen Bezug zu Edvard Kardelj hatte und sich für ein förmlicheres Schreiben entschied, spielte Hribar bewusst auf bestehende Kontakte an. Sie spricht Kardelj mit „Du" an und erwähnt die treuen Dienste des Cousins bei ihm, während Pacek Kardeljs Spitznamen „Tone" nutzt. Im Fall Hribar traf der Brief nach Kardeljs Tod ein und war adressiert an seine Frau Pepca in der ihr hier zugesprochenen Rolle als Beschützerin und Verwalterin des Erbes ihres Mannes.

In allen Fällen wurde eine Lücke im System der Wohnungsvergabe angedeutet und eine auf der ideellen, wenn auch nicht gesetzlich festgehaltenen Ethik beruhende Argumentationslinie entwickelt. Im Fall Pacek wurde der finanzielle Verlust ironisch als eine „,Weisheit' einer Juristin"[150] eingeordnet und somit implizit die Wiederherstellung von patriarchalen Spielregeln gefordert, nach welchen der Mann nach der Trennung keine Folgen zu fürchten habe und die Wohnung als Kompensation für Unterhaltszahlung bekommen müsse. Kočijančič hingegen beklagte die erodierte Sonderstellung sozialistischer Partisanenkämpfer:innen und Veteran:innen („Helden"), Hribar sah eine Bedrohung der sozialistischen Werte und Wertschätzung für diejenigen, die „nicht nur bis Januar 1945 als Partisan:innen gekämpft ha[ben]".[151] Dabei kritisierten Kočijančič

---

146 Kožar Marija, Ljubljana, stanovanjski problem, 1974, SI-AS, 1277-6754.
147 Ebd.
148 Hribar Marija v svojem pismu opisuje stanovanjski problem Lojzeta Culkarja, bivšega uslužbenca RSNZ in spremljevalca Edvarda Kardelja, 11.06.1980, SI-AS, 1277-6917.
149 Ebd.
150 Pismo J. Packa Tonetu, 22.11.1968, SI-AS, 1277-1902.
151 Hribar Marija v svojem pismu opisuje stanovanjski problem Lojzeta Culkarja, bivšega uslužbenca RSNZ in spremljevalca Edvarda Kardelja, 11.06.1980, SI-AS, 1277-6917.

und noch expliziter Hribar eine schleichende Klassenbildung im Sozialismus – die Kluft zwischen „einigen, die mühelos auf großem Fuß leben", und „den anderen, darunter auch den Kämpfern [Partisan:innen im Zweiten Weltkrieg], die ein Leben der Vergessenen und im Übrigen Enttäuschten leben".[152] Das Gefühl, von der Gesellschaft vergessen und verlassen zu sein, intensivierte sich im Spätsozialismus, als tiefgreifende Wirtschaftskrisen Jugoslawien heimsuchten und die Ungleichheit noch greifbarer wurde. Wie der Historiker Rory Archer am Beispiel der Kampagne *Imaš kuću – vrati stan (Du hast ein Haus – gib die Wohnung zurück)* aus den 1980er Jahren feststellt, wurde der Ton der öffentlichen Debatten zunehmend zynischer und begleitet von „antielitistischen Sentiments".[153]

Über den Erfolg der Bittstellen verraten ihre Briefe nichts. Dennoch bezeugt ihre sorgfältige Archivierung sowie die roten Markierungen und Unterstreichungen von Schlüsselinformationen, dass jemand die Briefe aufmerksam las. Die direkte Kontaktaufnahme dürfte somit als nicht vollkommen aussichtsloser Sonderweg zur Lösung der individuellen Wohnproblematik gegolten haben.

Aktives Warten: „Jagd auf Kredite"

Ende der 1960er Jahre erschienen in *Naš dom* mehrere Artikel über die Wege zum eigenen Wohnraum, welche die Vielfalt der Optionen schilderten: Ein Haus bauen, einen Kredit aufnehmen (für eine Wohnung im Blok oder ein Einfamilienhaus), ein Montagehaus kaufen, eine Wohnung von der Firma bekommen oder sich in einer Wohnkooperative engagieren.[154] Solche Berichte, häufig als Hybrid zwischen Artikel und Werbung für eine Bank geschrieben, spiegelten die Wohnmarktliberalisierung nach 1965 wider. Insbesondere in Slowenien, der ökonomisch stärksten Republik, wurde die Bankenlandschaft zunehmend ausgebaut. Eine Bank warb, ihre Kredite könnten auch Gastarbeiter:innen und Bürger:innen aus anderen Republiken und „sogar aus Belgrad" in Anspruch nehmen.[155] Auch wenn gewisse Voraussetzungen der Kredibilität erfüllt werden mussten,[156] handelte es sich um relativ günstige Kredite, die einen Zwischenweg mit kapitalistischen und sozialistischen Zügen repräsentierten.

Das Angebot der Banken richtete sich in erster Linie an junge Paare und Familien. Schon im Vorspann des Werbefilms *Die Wohnung (Stanovanje, 1966)* der Kreditbank Ljubljana stand der Massenwohnungsbau als die Standardwohnform der Stunde. Der

---

152 Ebd.; Kožar Marija, Ljubljana, stanovanjski problem, 1974, SI-AS, 1277-6754.

153 ARCHER 2013, 120–129.

154 Vgl. o.V. 1968/d, 33; o.V. 1969/c, 5; o.V. 1969/f, 5; o.V. 1969/e, 14; o.V. 1970/d, 29–31.

155 o.V. 1969/e, 14.

156 So forderte die Kreditbank Ptuj (Slowenien), dass Kreditnehmer:innen mindestens 13 Monate vor der Kreditbewilligung regelmäßig einzahlten. Damit prüften und förderten sie Bonität und Treue. Vgl. o.V. 1969/e, 14.

Werbefilm begann mit einer von einem Hochzeitsmarsch unterlegten Szene eines frisch verheirateten Paars.[157] Als sich der Interviewer näherte und die notorische Frage „Haben Sie eine Wohnung?" stellte, verzerrten sich sowohl Musik als auch die fröhlichen Mienen. Daraufhin folgten im Stil einer Straßenumfrage ein Dutzend Aussagen von Personen auf der Wohnungssuche sowie einer Minderheit von ehemaligen Wohnungssuchenden. Allerdings waren alle jung oder im mittleren Alter und lediglich die einzige ältere Person hatte schon eine Wohnung. So wurde die hier bereits besprochene Gefahr einer prekären Wohnsituation im Alter ausgeblendet. Die Werbung inszenierte eine eigene Wohnung als „Quelle des Familienglücks"[158] und schilderte indirekt die akuten Schwierigkeiten von Wohnungssuchenden in Jugoslawien: Mehrere Familien in einer Wohnung, Wohnen mit den Eltern, lästige Schreiben an Wohnungsausschüsse von Unternehmen. Die Bank hingegen präsentierte sich in der Werbung als eine demokratisierende Instanz, die höchstens das Problem der „Qual der Wahl" verursachte. Auch die Frau aus dem Paar am Ende des Films wünschte sich eine Massenwohnung im Neubaugebiet, während ihr Partner ein Reihenhaus bevorzugte. Der Streit in der Bankfiliale wurde rasch durch einen Kuss hinter der Werbebroschüre der Bank geschlichtet und von der Freude an den Wahlmöglichkeiten verscheucht.

Allerdings stellte die Kreditoption in der Realität oft keine geradlinige, unkomplizierte Lösung dar. In seiner Einzugsgeschichte schilderte Milan Kuster, ein Bautechniker aus Maribor, diese „tatsächlich verworrene Sache": Er bekam 50.000 Dinar Kredit von einer Bank über seinen Arbeitgeber (Stavbar), dann lieh er seinem Arbeitgeber 4000 Dinar für zehn Jahre, um von ihm weitere 18.000 Dinar zu erhalten, und schließlich kamen 25.000 Dinar durch eine Ausschreibung der Kreditbank Maribor hinzu.[159] Auch über die Familie Neral aus Maribor wird in einem Artikel berichtet, dass sie zwei Kreditoptionen (ein Standardkredit der Kreditbank Maribor sowie ein subventionierter Kredit durch den Arbeitgeber, die Firma Nigrad) kombinieren musste.[160] Es war zwar offensichtlich, wie kompliziert und unüberschaubar die Kreditlage war, dennoch gaben die handverlesenen Erfolgsgeschichten Zuversicht, dass sie am Ende eine wirkungsvolle Maßnahme darstelle. In Milan Kusters Worten war die „Jagd auf Kredite" der entscheidende Schritt und die „Hauptarbeit" auf dem Weg zum eigenen Wohnraum.[161] Hierbei wurden Eigenschaften wie Risikofreude, Findigkeit und Eigenbeteiligung betont. Die Wohnpolitik stützte sich somit auf einen Idealtypus von *homo oeconomicus* und schuf ihn gleichzeitig in der sozialistischen Realität.

---

157 Stanovanje, 1966, SI-AS, 1086-169.
158 Ebd.
159 Vgl. o.V. 1969/c, 5.
160 Vgl. o.V. 1968/b, 36.
161 Vgl. o.V. 1969/c, 5.

Glück, Verdienst und höhere Gewalt

Auch höchst rationalisierte Szenarien von einem erfolgreichen und regelkonformen Wohnungserwerb kamen selten ohne eine Prise Glück aus. So ein Beispiel stellte die Geschichte der Familie Neral aus Maribor dar, welche „schon jahrelang" ein Sparguthaben bei der Bank hatte und „auf jeden Dinar aufpasste".[162] Die Vorzüge des hybriden Finanzierungsmodells und insbesondere der Teilfinanzierung über einen Kredit beim Bauunternehmen Konstruktor wurden im Vergleich zum vorfinanzierten Selbstbau hervorgehoben. Die Familie konnte „durchaus ausgeruht", „mit minimalen Sorgen nach der Unterschreibung des Vertrags" einziehen, ohne „im Alltag hin- und herrennen" zu müssen.[163] Die Firma „Nigrad nahm unerwartet Konstruktors Angebot für den Kauf des neugebauten Reihenhauses an",[164] erzählte die Familie. So tauchte das Element des Zufalls auch in einem scheinbar makellos rationalisierten Lebenslauf auf.

Das Wohnungsglück konnte noch flüchtigere Gestalten nehmen, etwa im Versprechen von Gewinnspielen. So trat im Werbefilm *Stanovanje* ein Straßenverkäufer auf, der erfolgreich zahlreiche Lotterietickets mit einem eigenen Zuhause als Hauptpreis verkaufte.[165] Im Film signalisierte das Mittel des Glücksspiels die Verzweiflung und Sehnsucht nach einer schnellen Lösung, insbesondere unter denjenigen Wohnungssuchenden, die nicht ausreichend Ressourcen für eine Beschleunigung ihrer Wohnungsproblematik hatten.

Im Oktober 1968 warb *Naš dom* selbst mit einem ähnlichen Angebot um potenzielle Abonnent:innen: „Großes Gewinnspiel: Eine Zweizimmerwohnung kann Ihr Eigentum werden" (Abb. 17).[166] Der scheinbar konkrete Preis entpuppte sich rasch als ein vages Versprechen: Anstatt der abgebildeten Wohnung wurde nur das Geld verlost (zehn Millionen Dinar) und die auf der Titelseite prominent platzierte Wohnung diente lediglich als Symbolbild.[167] Die Wohnung stellte den ersten Preis unter 11.000 anderen dar (darunter Reisen durch Europa, Haushaltsgeräte, Bücher, Möbel, ein Ferienhaus und ein Montagehaus), die unter neuen Abonnent:innen verlost wurden.[168] Doch obwohl eine Verlosung nach jeweils zehn neuen Abonnent:innen stattfand, verblieben alle Lose stets in der Trommel. In der Theorie konnte also jede:r (Neu-Abonnent:in) „der glücklichste Jugoslawe" werden und alle 11.000 Preise gewinnen.[169] Die Verlosung der Wohnung

---

162 Bjelajac 1970, 86.
163 Ebd.
164 Ebd.
165 Stanovanje, 1966, SI-AS, 1086-169.
166 o.V. 1968/h, 1.
167 Ein Montagehaus wurde als zweiter Preis versprochen, was die Hierarchie der Wohnformen ausdrückte, in der Massenwohnungsbauten höher als Montagehäuser standen.
168 Vgl. o.V. 1968/i, 10.
169 o.V. 1968/h, 3 f.

beziehungsweise ihres Ankaufspreises sollte allerdings erst dann erfolgen, wenn die Anzahl von 100.000 Neuabonnent:innen erreicht war. Wenn man die Größe des jugoslawischen Pressemarkts, die Einwohner:innenzahl (etwa 18,5 Millionen 1961) sowie das spezialisierte Thema von *Naš dom* berücksichtigt, schien die Verlosung der Wohnung von Anfang an höchst unwahrscheinlich. Die Zeitschrift versuchte sich schlicht in ausgefeilten, modernen Werbestrategien.

Die Verbreitung von Gewinnspielen korrelierte mit der Wirtschaftskrise in Jugoslawien ab den 1980er Jahren und einem daraus folgenden sinkenden Lebensstandard, wie Igor Duda am Beispiel der allgemein wachsenden Beliebtheit der Lotterie aufzeigte.[170] Lotterien und ähnliche Instant-Lösungen konnten von den tiefgreifenden Problemen kurzfristig ablenken und angesichts des fortbestehenden Wohnungsmangels ein kleines Hoffnungszeichen bieten. Dennoch war ihre praktische Anwendbarkeit eingeschränkt oder, wie im Fall eines Gewinnspiels mit nie vergebenem Hauptgewinn, erst gar nicht vorhanden.

Um diese Unberechenbarkeit und Willkür bei der Wohnungsvergabe hervorzuheben, nutzten damalige Auseinandersetzungen mit der Wohnungsfrage oft ironisch konnotierte Bezüge auf religiöse Motive. Im Film *Zajednički stan* schworen die Bewohner:innen, „so wahr mir die Wohnungsabteilung helfe", während Marija Hribar in ihrem Brief an Pepca Kardelj „der heilige Staninvest [die Wohnungsbaufirma] erbarme sich [ihrer]" rief.[171] In diesem Szenarium steht dem Bittstellenden eine unverständliche, flüchtige und fast transzendentale Instanz gegenüber, die Anfragen beliebig erhört oder ignoriert. So wird die sozialistische, auf einem Wissenschafts- und Modernisierungskult beruhende Rationalität mit religiösen Zügen vermischt und damit ihrem angeblichen vorsozialistischen Gegenteil.

Abb. 17   Hauptgewinn Zweizimmerwohnung: Auf der Titelseite von *Naš dom* (1969) ist die mit Wellblech überzogene Fassade eines Massenwohnbaus zu sehen, eine Wohnung ist durch eine Sprechblase eingefasst. Der Zustand des Gebäudes befindet sich im Übergang zwischen Neubau (einige leere Fenster und Balkons ohne persönliche Gegenstände) und Bewohntsein (besonders deutlich mit der aufgehängten Wäsche konnotiert).

---

170 Vgl. Duda 2014, 49–51.

171 Vajda 1960, 18:28–18:35; Hribar Marija v svojem pismu opisuje stanovanjski problem Lojzeta Culkarja, bivšega uslužbenca RSNZ in spremljevalca Edvarda Kardelja, 11.06.1980, SI-AS, 1277-6917.

154 | 3. Wohnung

Ende gut, alles gut?

Wie zunächst von Literaturwissenschaftler:innen und später von Historiker:innen erkannt, ist das Ende einer Geschichte beziehungsweise historischen Episode ausschlaggebend für ihre Einordnung und Bewertung. Auch in der wissenschaftlichen Geschichtsschreibung in narrativen Formen kommt das Bedürfnis durch, so Hayden White, das Ende auf den Anfang zu projizieren und bereits im gesamten Verlauf der Geschichte Vorzeichen für ihr Ende zu suchen.[172] Darüber hinaus enthält das Ende eines Narrativs „einen moralisierenden Impuls",[173] da die erzählende Instanz durch die Punktsetzung entscheidet, was genau ein historisches Ereignis ausmacht und ob es sich dabei um Scheitern oder Erfolg handelt.

Die Erfolgsgeschichte war ein gängiges Narrativ zum Thema Wohnungssuche in den 1960er Jahre, insbesondere in Frauenzeitschriften. Dies entsprach nicht nur einem sozialistisch-modernistischen Zukunftsoptimismus, sondern damaligen Genre-Konventionen auch über Jugoslawien hinaus. Anhand englischer Frauenzeitschriften der Nachkriegszeit identifizierte Marjorie Ferguson als gängiges Muster in Narrativen die Bewältigung von Schwierigkeiten *(Triumph over Tragedy)*.[174] Dieses Narrativ bekräftigte eine optimistische Botschaft und normalisierte ein proaktives Verhalten als vielversprechende Strategie für Wohnungssuchen. Der Einzug in eine moderne Wohnung war in vielerlei Hinsicht eine „tiefe Zäsur" *(profound rupture)*[175] für die Bewohner:innen. Die Lehrerin Rozika Lajtman berichtete *Svijet* von ihrem Schock, „echter Verzweiflung", als sie 1961 zum ersten Mal das halbfertige Gelände am Stadtrand von Zagreb gesehen und fast ihre Umzugspläne aufgegeben habe.[176] Im nächsten Jahr war schon mehr zu sehen und ihre Zuneigung zur neuen Wohnung habe sich langsam entwickelt.[177] Auch wenn bestehende Mängel in der Siedlung (mangelhafte Verkehrsanbindung und Kapazitäten in der Kindertagesstätte) nicht verschwiegen wurden, war das Narrativ von kontinuierlicher Verbesserung, einem linearen Wachstum und Zuversicht geprägt. Erst durch den Erfolg wurde die Erzählung über die strukturellen Probleme bei der Wohnungssuche entschärft.

Zugleich ließ die glückliche Erlösung die Mängel in den Hintergrund treten. In der Komödie *Zajednički stan* unterbricht der Hilferuf des Großvaters Boga das Chaos, welches durch die semilegalen Überbelegungen zu einer unfertigen Wohnung entstand: „Ich kann so nicht mehr, ich kann nicht [mehr]".[178] Letztlich arrangieren sich die fikti-

---

172 White 1990, 24.
173 Ebd., 21 f.
174 Ferguson 1983, 51.
175 Rubin 2016, 7.
176 Špeletić 1964, 5.
177 Ebd.
178 Vajda 1960, 59:58.

ven Bewohner:innen mit einer Notlösung in Form einer Eheschließung zwischen den Konfliktparteien. Wenn auch zugespitzt und fiktionalisiert, entpuppt sich die Institution der Ehe und Kernfamilie in der Geschichte als nahezu unerlässlich zur Lösung der Wohnungsfrage.

Weniger erfolgreiche Wohnungssuchende bekamen deutlich nicht so viel Erzählraum zugewiesen. Als eine Reportage in *Žena* über junge Architektinnen 1964 berichtete, „die für andere bauen, aber selbst keine Wohnung haben", erwähnte sie sogleich, dass die Lösung der Wohnungsproblematik für Architektinnen bereits in Sicht sei und für das kommende Jahr bereits verbindlich angeordnet war.[179] Andere Gruppen von Wohnungssuchenden tauchten in den Zeitschriften ohne Namen auf, wurden nur nebenbei in Statistiken oder in allgemeinen Behauptungen über einen chronischen Wohnungsmangel erwähnt. Ihre Geschichten wurden weder biografisch beleuchtet noch in einem repräsentativen Umfang erzählt. So blieben sie zum größten Teil unsichtbar. Die erzählerische Perspektive bestimmte hierbei den Ton der Erzählungen. Falls die Protagonist:innen der Geschichten bereits ihre neuen Wohnungen erhielten oder zumindest in Aussicht hatten, lag der Schwerpunkt auf Lösung oder zumindest Entschärfung. Den individuellen Gefühlen der Erleichterung und Freude wurde entsprechend großzügig Platz eingeräumt. Befanden sie sich hingegen noch immer im Warteraum, waren die Erzählungen düsterer, kürzer und allgemeiner gehalten, ohne eine Empathie fördernde Individualisierung. Die Geschichten derjenigen, die noch auf Wohnungssuche waren, blieben so selbst in der Warteschleife.

3.3 Verräumlichte Beziehungen in der neuen Wohnung

Die Steuerbarkeit menschlicher Aktionen und Affekte durch die Raumkonzeption war eine in der europäischen Nachkriegszeit weitverbreitete Annahme.[180] Sowohl sozialistische als auch modernistische Diskurse zeigten ein ausgeprägtes Vertrauen in die transformative Kraft der Architektur und beabsichtigten, die sozialen Beziehungen und Handlungen in von ihnen erwünschte Formen zu lenken. Im frühen Sozialismus kam der Mythos eines „Neuen Menschen" hinzu, welcher eine Befreiung von vorsozialistischen Denkmustern proklamierte und die Entwicklungskurve „aus der Rückständigkeit bis in das Weltall"

---

179 Kodemo 1964, 4 f.

180 Heute stellen Architekturhistoriker:innen und -theoretiker:innen die eindeutige Verbindung zwischen architektonischen Formen und erwarteten Gefühlen sowie Beziehungen infrage und betonen stattdessen eine Vielfalt an Erfahrungen (mit Variablen wie Alter, Geschlecht, *race,* Sozialisation, Klasse). Vgl. Kozlovsky 2015, 111–115; Schäfers 2006, 35.

skizzierte.[181] Dabei sollten neu geschaffene Räume seine Transformation beschleunigen und aktiv gestalten.

In diesem Sinne waren jugoslawische Haushaltsratgeber:innen seit den 1950er Jahren intensiv um eine Gestaltung der Tagesabläufe und „Beziehungsmuster"[182] der Bewohner:innen (nicht nur) in Massenwohnsiedlungen bemüht. Ich konzeptualisiere ihre Bemühungen als „verräumlichte Beziehungen", eine in Grundriss und Inneneinrichtung eingefangene, von Wohnexpert:innen ausgearbeitete und geförderte Auffassung von erwünschten Familienstrukturen und -dynamiken. Der Begriff „verräumlichte Beziehungen" bezeichnet in diesem Kontext nicht die Entfaltung von Beziehungen im konkreten Raum, sondern die Erwartungen, welche den Subtext der Ratschläge bildeten (wie sollten Wohnbeziehungen im sozialistischen Jugoslawien aussehen und warum?). Wie die Medienwissenschaftlerin Lynn Spigel am Beispiel der Popularisierung des Fernsehers in den USA zeigte, fungierten insbesondere Frauenzeitschriften seit den 1950er Jahren als Vorreiter der erwünschten Realität: „[T]he magazines included television as a staple home fixture before most Americans could even receive a television signal, much less consider purchasing the expensive item".[183] Spigel zeigt hier, wie das Ideal des Familienzusammenhalts durch die Formel vom „family circle" (die Familie sammelt sich um den Fernseher im Raum mit Fernseher, „family room" genannt) gefördert wurde.[184]

Lag dem Beispiel der Fernsehpopularisierung in den USA eine Mischung aus konservativen Familienwerten und kapitalistischer Konsumsteuerung zugrunde, sahen jugoslawische Haushaltsexpert:innen in neuen Wohnungen eine Chance für die Beschleunigung der Frauenemanzipation. „Wir sind der Meinung, dass eine Entwicklung von neuen Verhältnissen in der Familie nicht nur abzuwarten ist, sondern diese bewusst angeleitet werden muss", unterstrich Vida Tomšič (1913–1998), eine slowenische Spitzenpolitikerin und Partisanin der ersten Stunde, das Interesse der Frauenvereine und Institutionen für Haushaltsförderung an der neuen Wohnkultur.[185]

Ein Grundriss, die Gliederung der Wohnung in Räume verschiedener Größen und Formen, die Trassierung der Kommunikation durch Wege und Blicke, „interpretiert eine bestimmte Vorstellung vom Wohnen".[186] Er gibt Auskunft über die Annahmen seiner Schöpfer:innen über die zukünftigen Bewohner:innen, über ihre Bedürfnisse, Interessen und Beziehungen, aber auch über technische und finanzielle Möglichkeiten

---

181 DUDA 2017/b, 5–22. Zum Topos des „Neuen (sozialistischen) Menschen" in Jugoslawien siehe andere Beiträge im Sammelband. Für sozialistische Kontexte über Jugoslawien hinaus siehe LÖFFLER 2013; GROYS/HAGEMEISTER 2005.

182 SCHÄFERS 2006, 34.

183 SPIGEL 1992, 86 f.

184 Ebd., 81–98.

185 o.V. 1959/d, 11.

186 SCHNEIDER 2011, 30.

im Wohnungsbau sowie persönliche Vorstellungen und Vorlieben der Architekt:innen. Grundriss, Größe und Haushaltsinventar einer Wohnung sind geprägt von der Ökonomie, Politik und Kultur der Gesellschaft, in der sie entstehen, und enthalten somit Informationen über Geschmack und die sozialen Umstände der Bewohner:innen.[187] Jede Grundrissbildung und -entscheidung arbeitet in gewissem Maße mit Vermutungen und Approximationen. Allerdings was das Versprechen eines objektiv und spürbar besseren Wohnens für Viele durch optimale Wohnarchitektur in den 1960er Jahren auf beiden Seiten des Eisernen Vorhangs verbreitet und fungierte als eine Art „Sozialbetreuung".[188]

Im Mittelpunkt dieses Abschnitts zum Familienleben in Massenwohnungsbauten und Massenkultur stehen die täglichen Interaktionen zwischen Haushaltsmitgliedern. Wie sahen die „Gebrauchsanweisungen" der Haushaltsratgeber:innen aus, wie malten sie sich die idellen und durchschnittlichen Beziehungen im Zuhause aus? Welche Neuigkeiten, Erleichterungen und Herausforderungen brachten Massenwohnungsbauten für den Alltag ihrer Bewohner:innen und ihren Umgang miteinander? Nach einer Verortung der neuen Wohnungen hinsichtlich ihrer räumlichen Rahmen (Größe, Grundriss) untersuche ich soziale Relationen, die auffällig häufig in den ausgewählten Medien besprochen wurden – (Ehe-)Mann und (Ehe-)Frau, Eltern und Kind(er), Gastgeber:in und Gast sowie nachbarschaftliche Beziehungen.

Im Vergleich zu den bürgerlichen Wohnungen aus der Zwischenkriegszeit waren die neuen Wohnungen durch kleinere Zimmer mit niedrigeren Decken sowie durch das Verschwinden der bürgerlich aufgeladenen Räume (Boudoir, Bibliothek, Empfangssalon, Esszimmer) gekennzeichnet.[189] Die Suche nach einem Allheilmittel oder zumindest einer Abhilfe für die knappen Quadratmeter in Neubauwohnungen und Versprechen wie „Gemütlich auf nur 11,3 m²"[190] wurden schnell zum Leitmotiv der Ratgeber:innen. Bereits in den 1950er Jahren wurde das Problem über die Fachöffentlichkeit hinaus rege diskutiert. Auch das erste Buch der Zeitschrift *Arhitekt,* angekündigt als „erster Schritt zur Popularisierung der Fragen zeitgenössischer Architektur",[191] widmete sich der Einrichtung von kleinen Wohnungen. Branka Tancig (1927–2013), Absolventin der Fakultät für Architektur in Ljubljana und Mitarbeiterin des dortigen Zentrums für Haushaltsförderung, zählte im Buch *Kleine Wohnungen – aber trotzdem gemütlich (Majhna stanovanja – toda udobna,* 1954) Zimmer für Zimmer Tipps für Inneneinrichtungen mit modernen Möbeln auf. Auch wenn solche Wohnungen zu dem Zeitpunkt noch kein allgegenwärtiges Phänomen waren, betonte der Herausgeber France Ivanšek

---

187 Vgl. Drozg 2014, 52.
188 Gieselmann 2011, 22–24.
189 Vgl. Marohnić 1960, 61; Chloupek 1962, 43.
190 o.V. 1962/g, 12.
191 Ivanšek 1954, 5.

(1922–2007) die Notwendigkeit, „die Mentalität der zukünftigen Bewohner gründlich zu verändern"[192] und bereits an baldige Wohnrealitäten zu gewöhnen. Somit wurden kleine Wohnungen zu einer unausweichlichen Entwicklung erklärt und die Bewohner:innen auf passive Nutzer:innen reduziert, die sich damit schlicht abzufinden hätten. Die kleinen Wohnungen fanden ihren zugespitzten Ausdruck im neuen Typus der Eineinhalbzimmer-wohnung.[193] Sie stellte eine bescheidenere Version einer Zweizimmerwohnung dar und der Kernwohnraum bestand aus einem großen und einem wesentlich kleineren Zimmer, einer sogenannten „Schlafkabine".[194]

Der Eindruck von Knappheit, Enge und sogar Beklommenheit der Massenwohnungen wurde in den 1960er Jahren durchaus als ein Problem gesehen. Dennoch etablierten sich diese Bauten langsam als neue Realität in der jugoslawischen Bevölkerung und die Ernüchterung wich einer häufig mit Ironie begleiteten Akzeptanz: „Wir haben zwei schöne, niedliche Zimmer, wie für eine Puppe", kommentierte das etwa zehnjährige Mädchen ihre neue Neu-Zagreber Wohnung im Film *Moj stan*.[195]

Der heikle Umgang mit der Größe der Wohnungen teilte die einheimischen Ratgeber:innen in zwei Lager, die hier als Empathiker:innen und Leugner:innen eingeteilt werden. Die Empathiker:innen zeigten sich verständnisvoll gegenüber Erstbezügler:innen und räumten ein, dass die Wohnungen tatsächlich zu klein seien („wir müssen uns noch lange mit dem sehr engen Wohnraum versöhnen").[196] Zugleich boten sie pragmatische Abhilfen für das Problem:

> Die Freude, die ein geschmackvoller Mini-Rock im Modebereich anbietet, kann sich unmöglich auf eine Mini-Wohnung beziehen! Es gibt keinen Menschen, der sich in einer zu kleinen Wohnung wohlfühlt. Überall ist es eng. Es ist eng für Erwachsene, aber vielmehr noch für Kinder. Ein Familienmitglied stört das andere. Wievielmal haben Sie schon geseufzt: Wenn unsere Wohnung größer wäre, wäre alles ganz anders! Aber auch in Ihrer Mini-Wohnung lassen sich die Umstände verändern![197]

Vor allem Einzimmerwohnungen wurden zum absolut suboptimalen Wohnraum für Familien erklärt. Die Familien seien dazu „gezwungen, alle Funktionen in einem Raum

---

192 Ebd., 6.

193 Solche Grundrisse entwickelte unter anderen auch Ivo Bartolić, ein in Zagreb tätiger Architekt und Pionier des Montagebaus, welcher den sogenannten „Typus Bartolić" entwarf. Nach seinen Entwürfen wurden etwa 10.000 Wohnungen jugoslawienweit gebaut. Vgl. Bobovec/Korlaet/Virag 2015, 165 f.

194 Marohnić 1960, 83.

195 Berković 1962, 6:06–6:10.

196 Marohnić 1960, 37.

197 o.V. 1969/a, 9.

3.3 Verräumlichte Beziehungen in der neuen Wohnung | 159

zu erledigen".[198] Das Leben in einem einzigen Raum sei „nicht normal", denkbar gefährlich für den Familienfrieden und darüber hinaus sucht-, kriminalitäts- und krankheits-
erregend, so die Meinung eines Teils der damaligen Wohnexpert:innen.[199] Zu wenige
Quadratmeter wurden zum entscheidenden Unglücksindikator in Massenwohnungen,
welcher zu bedrückenden Gefühlen und belasteten Beziehungen führe. Die Empathi-
ker:innen verwiesen darauf, dass die Situation einer „Familie in einem Zimmer" Menschen mit unterdurchschnittlichem Einkommen und niedrigem Bildungsstand besonders
hart traf, ebenso Arbeitslose und diejenigen, die erst seit Kurzem arbeiteten, und auch
alle, die keine Ersparnisse zum Eigenbau hatten.[200] Etliche Ratgeber räumten somit die
strukturellen Probleme ein und nahmen die Beschwerden durchaus ernst.

Zugleich wurde die Lage als vorübergehend erklärt, auf eine noch düsterere Vergangenheit hingewiesen und das Versprechen einer glücklichen Zukunft beschworen. Einige
Wohnexpert:innen entwickelten sogar Pläne für eine Zukunft ohne Wohnungsnot, in
der die Fusionierung („perspektivische Integration")[201] von mehreren kleineren zu einer
größeren Wohnung erfolgen würde. Die Statistiken stützten diese Hoffnung: 1951 lag
die Durchschnittswohnfläche pro Person bei 8,7 m², 1961 erreichte sie 10 und 1971 schon
12,2 m².[202] Im Vergleich zur bürgerlichen Wohnung der Zwischenkriegszeit mochten die
Massenwohnungen enger ausfallen, dennoch stieg der durchschnittliche Wohnstandard.
Was für das ehemalige Bürgertum wie ein Rückschritt wirken musste, war für viele in
der Zwischenkriegszeit schlechter aufgestellte Jugoslaw:innen ein Schritt nach vorne.

Im Gegensatz zu den Emphatiker:innen beharrten die Leugner:innen darauf, dass die
meisten Wohnungen nur scheinbar zu knapp seien. Ihnen zufolge sei diese Wahrnehmung
auf die mangelnde Wohnkompetenz der Bewohner:innen zurückzuführen, die durch
Ratschläge und Anleitung der Wohnexpert:innen zu korrigieren sei. „Ihre Wohnung
ist nicht trostlos", wurden die Leserinnen in *Bazar* für ihre vermeintlich irrationalen
Erwartungen gerügt:

> Vielleicht sind auch Sie unter denjenigen, die ihre neue, lange erwartete Wohnung trostlos
> finden? (…) Sie finden, sie soll auf jeden Fall ein ganz getrenntes Schlafzimmer haben, wel-
> ches Sie mit zwei Eheliegeplätzen ausstatten, mit Nachtkästen, einem dreiflügeligen Schrank,
> einer Toilette und ähnlichen Elementen. Oder vielleicht in einer Zweizimmerwohnung ein

---

198 Ebd.
199 Ebd., 6.
200 o.V. 1968/f, 5.
201 Vladimir Bjelikov entwarf solche Lösungen für etliche Massenwohnungen in Skopje, Belgrad und
Novi Sad. Vgl. Bjelikov 1970, 15 f.
202 Vgl. Miljković 1986, 145.

160 | 3. Wohnung

Zimmer zum Schlafen bestimmen und das andere betrachten Sie als Empfangszimmer und das ganze Familienleben findet auf der Achse Vorraum-Küche statt.[203]

Auf rhetorische Fragen nach dem subjektiven Eindruck der Bewohner:innen hatten die Ratgeber:innen stets eine Antwort parat. Die Zweifel wurden abgewiesen unter dem Motto „Der Raum ist immer so groß, wie wir ihn zu nutzen wissen".[204] Das Leben im Massenwohnungsbau wurde zur moderneren, überlegeneren Wohnform erklärt, real existierende Mängel und enttäuschte Erwartungen wurden als rückständig verlacht oder nicht aufgenommen. Die Abschaffung eines elterlichen Schlafzimmers stellte in dieser Auffassung die sozialistische Option dar, welche der „falschen Moral" und der bürgerlichen Neigung zur Repräsentation entgegenwirken würde.[205] Mit denselben Argumenten wurde eine Fülle an dekorativen Gegenständen („Gemälde, Vasen, Schüssel") und sperrigen Schränken abgelehnt, die als „nicht nur überflüssig, sondern auch gefährlich", weil wohnhemmend, angesehen wurden.[206]

Die Beseitigung der empfundenen oder tatsächlichen Enge des Wohnraums wurde mit verständnisvollem oder strengem Tonfall angeregt. Die gemeinsame Grundlage der Emphatiker:innen und Leugner:innen war ein Plädoyer für „passende" Möbel (modern, leicht, schlicht, modular, flexibel), welche als die „logische" Wahl galten.[207] Darüber hinaus wurden die Möglichkeiten der optischen Täuschung ausgeschöpft: Hellere Farben und feinere Muster sollten die Wohnung geräumiger erscheinen lassen. Ebenso signalisierten durchsichtige Flächen und Materialien (Abb. 18) wie „Schubladen aus durchsichtigem Plastik"[208] die Dematerialisierung (visuelle Reduktion) und symbolische Transparenz (Offenheit im Gegensatz zur bürgerlichen Fassade und Repräsentativität). In einem extremen Entwurf waren in einer Einzimmerwohnung nur Bett und Schrank aus Holz und der Rest der Ausstattung aus transparentem Plastik.[209]

→ Abb. 18   Transparent wohnen: Auf der Skizze in *Naš dom* (1970) ist eine Reihe von durchsichtigen Gegenständen zu sehen: Aufpumpbare Kissen aus Plastik, polyfunktionale Tischlein/Stühle aus Hartplastik, Regalböden aus Glas. Durch die Präsentationsform als Zeichnung wirkt die vorgeschlagene Inneneinrichtung noch luftiger und immaterieller. So ist es ohne Spiegelungen auf den durchsichtigen Flächen schwierig zu sagen, wo manche Möbelstücke aufhören – eine radikale Reduktion des Möbels zugunsten des freien Raums.

---

203 o.V. 1964/a, 15.
204 o.V. 1971/d, 5.
205 Mutnjaković 1966, 14.
206 Dobrić 1963, 18 f.
207 o.V. 1971/a, 24.
208 Marohnić 1960, 17.
209 o.V. 1970/b, 7.

6 m²

Izgled prostranosti nije dokaz nedovoljnog korišćenja prostora

Izgled vara — ali će nam i to biti dobrodošla pomoć u krajnje malim prostorijama.

Materijal i izrada elemenata nameštaja nisu ništa manje značajni za utisak prostranosti nego sam broj elemenata.

Glatke površine, prave linije, svetle boje i tanki profili u znatnoj meri doprinose prividnom proširenju prostorije. Krajnost u ovoj tendenciji svakako predstavlja providan, bezbojan nameštaj.

Mali sobičak za samca opremljen je svim neophodnim komadima nameštaja: ležajem, garderobnim nameštajem, radnim mestom i nameštajem za sedenje. 6 m² površine tla predstavlja slabu garanciju za ugodan osećaj među tolikim nameštajem. Zato ćemo samo ležaj i visoke ormare za garderobu izabrati u klasičnoj izradi od drveta, dok su sve ostale dopune na izgled neprostorne, jer je njihov materijal providno staklo i plastika.

Staklene su police regala iznad ležaja, staklena je radna ploča ili toaletni stočić pod prozorom, providni su elementi za sedenje od plastike, koji ujedno služe kao pomoćna površina za serviranje ili samo kao prikrevetska površina za ostavljanje stvari. Gomila jastuka je takođe providna, jer su punjeni vazduhom a omotač je od providne plastike.

1 — staklena ploča leži na malim metalnim nastavcima i uglavljena je između dva ormara. Tek predmeti na njoj nagoveštavaju da tamo nema praznine.

2 — Usled krajnje jednostavnog oblika stočići mogu takođe služiti za sedenje a sa svojim providnim materijalom uklapaju se u svaku prostoriju, ne menjajući joj izgled.

3 — Nameštaj punjen vazduhom pod pritiskom 0,5 atm nije više retkost. Najjednostavniji su jastuci od providne plastike.

4 — Stojeća pokretna svetiljka može da rešava sve situacije i dovoljna je za tako malu prostoriju.

(Molimo, okrenite list)

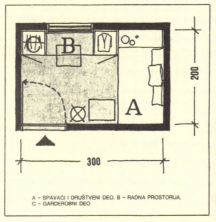

A — SPAVAĆI I DRUŠTVENI DEO, B — RADNA PROSTORIJA,
C — GARDEROBNI DEO

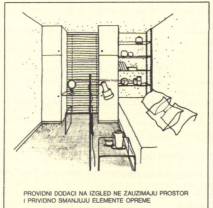

PROVIDNI DODACI NA IZGLED NE ZAUZIMAJU PROSTOR
I PRIVIDNO SMANJUJU ELEMENTE OPREME

NAŠ DOM 7

162 | 3. Wohnung

Plastik und transparente Einrichtungen kursierten in den 1960er Jahren damit als modische Optionen der Inneneinrichtung und fanden auch Resonanz in der Jugendkultur. Statt sie ausschließlich als einen minderwertigen Ersatzstoff zu betrachten, wurde ihre Ästhetik (etwa in futuristisch aufblasbaren Wohnlandschaften) von Designer:innen der Stunde ausgestaltet.[210] Die Einbindung in Massenwohnungen als eine Platzsparmaßnahme attestierte allerdings eine Zweckmäßigkeit, welche über einen modischen Trend hinaus ging.

Ein weiterer Vorschlag sah eine Komprimierung vor: „[I]n unseren Wohnumständen hat jedes Zimmer immer mehrere Funktionen",[211] manifestierten die Wohnexper:innen die Wohnerwartungen gegenüber Massenwohnsiedlungen. Anstelle von monofunktionalen Zimmern schlugen sie „Wohngruppierungen" *(stambene grupacije)*[212] und entsprechende „Garnituren"[213] für die Zimmerecken vor: Eine Arbeitsecke, ein Erholungsbereich mit Lehn- oder Schaukelstuhl, ein Essbereich. Die so entstandenen Funktionsbereiche wurden voneinander visuell (mithilfe unterschiedlicher Boden- oder Wandausführung)[214] oder physisch (durch Schränke, Paravents oder Bambusgerüste mit Pflanzen) getrennt.[215]

Das „Eckenprinzip",[216] eine Form der „„Zonenplanung' innerhalb der Wohnung",[217] war kein reiner Ausdruck von Not: in einer positiveren Deutung verräumlichte es die sozialistische *vita activa* einer in der Idealvorstellung vielfältig engagierten Familie. Das Ziel einer Effizienzsteigerung und Rationalisierung ging über den Arbeitsplatz hinaus. So wurde seit den 1930er Jahren untersucht, wie sich die menschliche Produktivität in den verschiedenen Tagesabschnitten verhält. Darauf aufbauend herrschte in den 1960er Jahren ein reges disziplinübergreifendes Interesse für den „circadianen" Rhythmus (1959 vom lateinischen *circa diem* hergeleitet und heißt „etwa ein Tag") und seine Auswirkungen auf die Menschen, heute als Tag-Nacht-Routinen bezeichnet.[218] Auch die jugoslawischen Wohnexpert:innen beschäftigten sich in den 1960er Jahren intensiv mit den Tagesabläufen der Bewohner:innen und möglichen räumlichen Anpassungen zur weiteren Rationalisierung und Optimierung des Tag-Nacht-Rhythmus.[219] Sie bemühten sich um eine Minimierung des räumlichen Verlusts etwa durch fabrikähnliche Optimierungseingriffe

---

210 Vgl. STOKES 2000, 65-80; JACKSON 2004, 198–202; CROWLEY 2008, 138–141.

211 o.V. 1970/a, 11–14.

212 ROKSANDIĆ 1964, 40–42.

213 o.V. 1970/a, 11–14.

214 Vgl. o.V. 1971/a, 25.

215 Vgl. ROKSANDIĆ 1964, 40–42.

216 Vgl. HORVAT 2015/a, 31–34.

217 Vgl. RÜTHERS 2007, 229.

218 Vgl. FOSTER/KREITZMAN 2005, 177 f.

219 Diese Möglichkeiten wurden in den späten 1950ern als eine hypothetische Idee reflektiert, etwa im Entwurf einer Zweizimmerwohnung des Architekten Bernardo Bernardi für die Ausstellung *Haushalt und Familie* (Zagreb, 1958). Vgl. GALJER/CERAJ 2011, 283. Vgl. auch MUTNJAKOVIĆ 1966, 31–40.

wie die Ersetzung des tagsüber ungenutzten Schlafzimmers durch ein „kombiniertes Zimmer" *(kombinirana soba),* welches tagsüber als Wohnzimmer und nachts als elterliches Schlafzimmer genutzt werden konnte.[220] Das „kombinierte Zimmer" bestand in den 1960er Jahren aus zwei Couches, zwei Sesseln, einem niedrigen Tisch und mehreren kleineren Regalen, die in den 1970er Jahren durch die Schrankwand, „die Verkörperung der modernistischen Obsession mit Ordnung und reinen Formen", ersetzt wurden.[221] Bescheidene Aufbewahrungselemente, die nach und nach angeschafft werden konnten, weisen seitens der Ratgeberliteratur auf ein vorsichtiges Ertasten der neuen Wohnungen sowie der Kaufkraft ihrer Bewohner:innen hin. Die Tag-Nacht-Transformation erfolgte mithilfe multifunktionaler und komprimierbarer Möbel wie ausziehbaren Sofas, im Schrank versteckten Liegeflächen, aufklappbaren Stühle und Möbelstücken auf Rädern.[222]

Wie Adrian Forty in seinem kritischen Wörterbuch der modernen Architektur ausführt, versprach der Begriff „Flexibilität" durch die Offenheit gegenüber zukünftigen Entwicklungen und unbekannten Variablen eine mögliche Aktualisierung des Funktionalismus.[223] Dennoch konnte die Spannung zwischen der vollen Kontrolle (Architekt:innen formulieren alle möglichen Nutzungen aus oder deuten sie zumindest an) und dem absichtlich Unvollendeten (Warten auf Bewohner:innen, welche die Wohnung erst durch ihre Nutzung endgültig gestalten) auch bei flexiblen Arrangements nicht vollständig aufgelöst werden.[224]

Viele Prototypen für ein komprimiertes, multifunktionales Wohnen blieben in der experimentellen Phase stecken. So ging der vom Architekten Zvonimir Marohnić 1956 entwickelte kompakte Küchenschrank mit eingebauter Spüle, Speicherraum und Herdplatte für kleine Wohnungen und Single-Haushalte trotz großer medialer Aufmerksamkeit nie in die Massenfertigung.[225] Auch die Grundrisse fielen am Ende wesentlich weniger flexibel aus als von ihren Autor:innen gepriesen. Die „Belgrader Wohnung", ein in Neu-Belgrad verbreiteter Grundriss, der Flexibilität und „erweiterte Kommunikation" explizit versprach, sah zwar drei Bereiche vor (einen individuellen Teil, Haushaltsräume [Küche und Bad] und den Tagesbereich), die aber kaum modifizierbar waren.[226] Neben der mangelnden Berücksichtigung von Wünschen der Bewohner:innen erfolgte die Implementierung der „technischen Flexibilität",[227] die auf mobile, leichte Elemente (auf Rädern, aufklappbare und aufpumpbare Möbelstücke) setzte, nur schleppend. Diese Flexibilität

---

220 MAROHNIĆ 1960, 37.
221 Vgl. ERDEI 2016, 109 f.
222 o.V. 1971/a, 24–26.
223 Vgl. FORTY 2000, 142–148.
224 Ebd.
225 Vgl. VANETTE 2015, 6.
226 Vgl. STEVANOVIĆ 2015, 162–164.
227 FORTY 2000, 143–148.

rechnete mit einem gut geschmierten, einwandfrei funktionierenden Mechanismus der Wohntransformation entlang des Tag-Nacht-Rhythmus und entsprechend körperlich agilen Haushaltsmitgliedern, die täglich die notwendigen Choreografien zur Anpassung der Möbel an die jeweiligen Bedürfnisse ausführen können. Analog zu den Medialisierungen von Chruschtschowka in der Sowjetunion wurde die Tag-Nacht-Transformation nicht abgebildet.[228] Das logistisch herausfordernde Hantieren mit umwandelbaren Möbelstücken, ein Leben im stetigen Wandel, wirkte auf Seiten der Haushaltsratgeber wie eine mühelose, selbstverständliche Leichtigkeit.

3.3.1 (Ehe-)Mann – (Ehe-)Frau

Das jugoslawische sozialistische Regime erklärte die Gleichstellung der Geschlechter zu einem wichtigen Ziel und leistete dazu einen legislativen und institutionellen Beitrag. Dazu gehörten das liberale Scheidungs- und Abtreibungsrecht, Aufklärungskampagnen zu Verhütung (etwa durch das 1961 in Ljubljana gegründete Institut für Familienplanung – Inštitut za načrtovanje družine), Bemühungen um Kinderbetreuung sowie eine neue gesellschaftliche Akzeptanz berufstätiger Frauen.[229] Jedoch war eine allumfassende Emanzipation der Frauen längst nicht erreicht. Diese Kluft zwischen Versprechen und realem Alltag verband Jugoslawien mit anderen sozialistischen Ländern. Frauen waren zwar zunehmend berufstätig, aber immer noch hauptverantwortlich für den Haushalt und die Adressatinnen der allermeisten Haushaltsratschläge in den Massenmedien.[230] Die überwiegende Mehrzahl der Teilnehmenden an den Abendkursen für Hauswirtschaftslehre an den Volksuniversitäten war weiblich: In Gesamtjugoslawien 94,1 % im Schuljahr 1961/62, in den Republiken Montenegro und Mazedonien sogar 100 %.[231] Frauen litten unter doppelter, oder, wenn das erwünschte politische Engagement im Rahmen der Selbstverwaltung mitgezählt wird, „dreifacher Belastung".[232] Gleichzeitig wurden mediale Darstellungen von Liebesbeziehungen immer noch auf patriarchalen Rollenbildern aufgebaut.[233] So war „Er sagt – sie sagt" eine gängige Textsorte in damaligen

---

228 Vgl. Rüthers 2007, 231.

229 Vgl. Calic 2010, 218.

230 Die Kluft zwischen dem Versprechen der Emanzipation und dem weiterhin patriarchalen Alltag existierte auch in anderen sozialistischen Ländern: In der DDR erledigten Frauen geschätzt 75 % der Haushaltsarbeit; vgl. Hannemann 2018, 190.

231 Im selben Jahr lag der Anteil der Frauen in Weiterbildungen für Führungskräfte in der Wirtschaft bei 15 % (Gesamtjugoslawien) – 3,9 % in Serbien, 6,8 % in Bosnien und Herzegowina, 8,5 % in Montenegro, 20,1 % in Slowenien und 26,1 % in Kroatien. Frauen waren überrepräsentiert im Haushaltswesen, Männer hingegen in Führungspositionen in Unternehmen. Vgl. o.V. 1964/b, 22 f.

232 Hahn/Massey/Sekulić 1995, 359–379.

233 Vgl. Saurer 2014, 262.

Frauenzeitschriften.[234] Das Format suggerierte, dass Frauen und Männer unterschiedliche Sprachen der Liebe sprechen und aneinander vorbeireden würden.

Doch was verstanden die Haushaltsexpert:innen unter einem vorbildlichen, harmonischen Zusammenleben in einer Partnerschaft? Wie wurde diese gerade in Hinsicht auf die angestrebte Gleichstellung in Jugoslawien in Massenwohnungen verräumlicht? Dies wird im Folgenden anhand der Folie einer idealen Aufteilung von täglichen Abläufen nach dem Schema 8/8/8 (je 8 Stunden für Arbeit, Freizeit und Schlafen) ausgeführt. Dieses Modell stellte seit dem 19. Jahrhundert eine zentrale Forderung der Kämpfe von Arbeiter:innen dar, welche im sozialistischen Jugoslawien angeblich erfüllt war. Das Wechselspiel von (Haushalts-)Arbeit zwischen Zusammenarbeit und „Frauensache" diskutiere ich am Beispiel der Küche und des Kühlschranks, die Gestaltung der Freizeit konkretisiere ich in der Hobbyecke und am Arbeitstisch und die Schlafzeit untersuche ich im Schlafzimmer und Ehebett.

Im Zuge der international wachsenden Frauenbewegung und der Vernetzung von Frauenverbänden in Jugoslawien[235] wurde in den Medien seit den 1950er Jahren zunehmend anerkannt, dass die Haushaltsarbeit eine erhebliche Belastung für Frauen darstelle. „Es ist nicht möglich, die maximale Arbeitsproduktivität in der Produktion zu erreichen, falls unser Familienhaushalt so bleibt wie bisher", argumentierten Frauenvereine und Institutionen für Haushaltsverbesserung mit dem Hinweis auf den wirtschaftlichen Schaden des patriarchalen Modells.[236] Alle Ratgeber:innen traten mit dem Anspruch an, diese Belastung zwar zu reduzieren, aber nicht abzuschaffen. Um die Haushaltsarbeit als Arbeitsform sichtbar zu machen, griffen sie zu Vergleichen aus der Welt der (Industrie-) Arbeit, welche im sozialistischen Wertesystem einen hohen symbolischen Stellenwert einnahm. Die Haushaltsleistung einer Frau wurde in die Anzahl der beladenen Frachtwaggons übersetzt,[237] die Länge ihres Arbeitstages („von morgens bis abends, bis oft tief in die Nacht") übertraf den in einer Fabrik oder einem Büro[238] und die dabei entstandenen Krankheiten wie Rückenschmerzen und Kreislaufprobleme wurden als „Arbeitsverletzungen" eingestuft.[239] Neben der Leistung wurde auch der repressive Charakter von Haushaltsarbeit visualisiert, etwa als angekettete Kugel um das Bein der Frau als Ausdruck einer „lebenslangen Zuchthausstrafe".[240] „Die Küche ist ein Arbeitsplatz, für welchen sich keine Gewerkschaft, keine Sozialversicherung, kein Vorgesetzter interessiert",

---

234 Vgl, etwa o.V. 1962/d, 30; o.V. 1962/c, 30; o.V. 1963/b, 30.
235 Vgl. Bonfiglioli 2014; Bonfiglioli 2016, 145–151; Lóránd 2020.
236 o.V. 1959/b, 2–5.
237 Chloupek 1962, 5.
238 Marohnić 1960, 113.
239 Tancig 1958, 14.
240 Accetto 1964, 15.

166 | 3. Wohnung

kritisierte *Naš dom* die Ausklammerung der Hausarbeit in privaten Haushalten aus dem im Sozialismus zentralen Begriff der (Lohn-)Arbeit.[241]

Die anhaltende Spannung zwischen Theorie und Praxis in der Gleichstellung, zwischen den Bestrebungen nach Emanzipation und dem Erhalt patriarchaler Geschlechterrollen machte sich besonders in der Küche bemerkbar. Mit keinem anderen Raum in der Wohnung wurden Frauen so selbstverständlich assoziiert. In Filmen, Werbung für Küchenmöbel und -geräte sowie auf Abbildungen in Haushaltsratgebern tauchte zuverlässig die Figur der Haus(halts)herrin *(domaćica)* auf, immer in Gestalt einer gepflegten und modisch gekleideten jungen Frau. Die Darstellung weiblicher Körper im Küchenraum ging dabei auch über die symbolische Ebene hinaus: Jugoslawische Hersteller:innen nahmen die Durchschnittsgröße von Frauen (165 cm) als Maßstab bei der Proportionierung von Küchenmöbeln.[242]

Zugleich brachte die sozialistische Selbstverständlichkeit der berufstätigen Frau neue Impulse. Marija Erbežnik-Fuks, in den 1960er Jahren Chefredakteurin von *Žena*, berichtete über eine vom Institut für Städtebau Sloweniens durchgeführte Untersuchung zum Alltag von 200 Familien in Massenwohnungen Folgendes:

> Die Küche wird zum sekundären Zimmer in der Wohnung, sobald die Frau berufstätig ist. Dann wird das Wohnzimmer primär. (…) Die Berufstätigkeit der Frau spiegelt sich am stärksten im Familienleben in der Wohnung wider, und gerade diese diktiert den Bedarf nach einer andersartigen Behandlung der zeitgenössischen Wohnung.[243]

Die Küche sollte sich nun vor allem für das schnelle Aufwärmen (halb)fertiger Gerichte oder für die Zubereitung einfacher Speisen eignen; der ganztägige Aufenthalt und ausgiebiges Kochen waren nicht mehr vorgesehen. 1963 prognostizierte der Journalist Krešo Špeletić, der die Themen rund um Haushalt bearbeitete, eine baldige Ablegung des „Kochlöffels ad acta".[244] Dementsprechend konnte der Raum schrumpfen, mit dem Nebeneffekt verkürzter Wege, welche die Hauswirtschaftslehre bereits in den 1920er Jahren gefordert hatte, um das Arbeitspensum zu reduzieren. Die Vergesellschaftung der Hausarbeit wurde in den späten 1950er Jahren unter dem Begriff *servis* (Dienstleistung, Service) zusammengefasst. Auf dem *5. Plenum des Verbandsausschusses des Sozialistenverbandes der*

---

241 Vgl. o.V. 1967/a, 13.

242 Vgl. Tancig 1958, 15.

243 Erbežnik-Fuks 1961/a, 21.

244 Er verwies auf sechs in Zagreb damals existierende Alternativen zum eigenen Kochlöffel, die noch viele Schwierigkeiten aufwiesen, aber bereits ihre Kund:innen fanden: die Fabrikkantine, neuartige Supermärkte mit Selbstbedienung, die Abholung von Fertiggerichten, „klassische" Restaurants („mit oder ohne Abonnement") oder ein Mittagessen in einem Mini-Gewerbe, in dem eine Frau regelmäßig kocht. Vgl. Špeletić 1963, 4.

Werktätigen Jugoslawiens (Brijuni, 18.–19. April 1957) wurde *servis* politisch legitimiert und in die Selbstverwaltungseinheit der Wohngemeinde eingegliedert.[245] Vida Tomšič forderte, dass die Wohngemeinde den „sich immer weiter verschärfenden Konflikt" zwischen der modernen Arbeit und dem „rückständigen Haushalt" aufzulösen habe.[246]

Die Auswirkungen der theoretischen Debatten auf die Praxis können anhand der damaligen großen Haushaltsausstellungen nachgezeichnet werden. Wie die bereits erwähnte Umfrage im Rahmen der Ausstellung *Familie und Haushalt* 1957 zeigte, priorisierten 38,2 % der Befragten *servis,* während 19,2 % der modernen Küche im eigenen Haushalt den Vorzug gaben, der Rest legte besonders viel Wert auf moderne Haushaltsgeräte.[247] Im detailliert dokumentierten Planungsprozess zur Ausstellung *Familie und Haushalt* zeigten sich insbesondere die Vertreterinnen des Frauenverbands Jugoslawiens engagiert und arbeiteten eine Reihe konkreter Vorschläge zur Vergesellschaftung der Haushaltsarbeit heraus.[248] Sie waren aus erster Hand über ähnliche Einrichtungen in West- und Nordeuropa informiert und schlugen konkrete Anpassungen an die jugoslawischen Rahmenbedingungen vor.[249] Eine Fülle an Berichten (besonders ausführlich in *Žena*) präsentierte Dienstleistungen und Programme der Zentren für Haushaltsverbesserung als neues Haushaltsideal und brachte sie mit dem Konzept der Wohngemeinde zusammen, wie es Pepca Kardelj (1914–1990), die Vorsitzende des Organisationskomitees der Ausstellung, gefordert hatte.

Außer Frauenzeitschriften berichtete auch die 1959 gegründete Zeitschrift *Stambena zajednica (Wohngemeinde)* unermüdlich über Erfolge aus der Praxis. Während Neda Todorović-Uzelac (*1948), eine der ersten Forscherinnen zu Frauenzeitschriften in Jugoslawien, in den späten 1980er Jahren solche Berichte als „engagierte ‚Alibi-Themen'" abtat, die es lediglich ermöglichten, ein patriarchales Weltbild im Rest der Zeitschrift zu bewahren, wird hier das Gegenteil behauptet. Die Tatsache, dass Marija Erbežnik-Fuks, die damalige Chefredakteurin von *Žena,* mehrere Artikel zum Thema verfasste

---

245 Vgl. o.V. 1957/d.

246 o.V. 1959/d, 11.

247 Anketa o mišljenju posjetilaca sa I. međunarodne revijalne izložbe ‚Porodica i domaćinstvo 1957‘, 1957, SR-AJ, 117-236-437.

248 Als Beispiel bietet sich die Tätigkeit von Maja Jankez an, die sowohl im Ausstellungskomitee als auch am Institut zur Untersuchung der Arbeitsproduktivität tätig war. Im Rahmen einer Studienreise unmittelbar vor der Ausstellung besuchte sie vergleichbare Einrichtungen in Kopenhagen und kam zum Schluss, dass dortige große Waschmaschinen (die in Jugoslawien noch nicht hergestellt werden konnten) und Wäschereien einen erheblichen Aufwand für die jugoslawische Industrie darstellen würden und befürwortete stattdessen die Etablierung mehrerer kleinerer Einrichtungen. Des Weiteren schlug sie hybride Modelle der Obst- und Gemüsekonservierung vor: Die von Kund:innen mitgebrachten Früchte sollten mithilfe der vor Ort angebotenen Dienstleistungen verarbeitet werden. Vgl. Sastanak grupe o servisima, 15.07.1957, SR-AJ, 117-236-437.

249 Vgl. Horvat 2021.

und regelmäßig an Konferenzen, Beratungen und Studienreisen teilnahm, bezeugt den besonderen Stellenwert des Themas in der Zeitschrift.[250] Eher mit Themen rund um Mode und das Leben der jugoslawischen Stars lockten diese Zeitschriften potenzielle Käufer:innen an und konnten so gleichzeitig Aufmerksamkeit für die Diskussionen über die Lage und Rolle der Frau im jugoslawischen Sozialismus schaffen.

Schul-, Lern- und Mensaküchen anstatt privater Haushalte sollten bestens technisch ausgerüstet sein, forderten die jugoslawischen Haushaltsaktivistinnen. Das Ideal der amerikanischen Küche mit ihrer üppigen Ausstattung wurde auf die Wohngemeinde übertragen. Die Ausstattung der slowenischen Zentren für Haushaltsverbesserung wurde bewundert für den „Eindruck von Reichtum und Vollständigkeit, wie im amerikanischen Film oder in jenen Werbebüchern mit ideal eingerichteten Haushaltsräumlichkeiten".[251]

Die Dichte der jeweiligen lokalen Verfügbarkeit einzelner Angebote, Informiertheit der Bewohner:innen, Erfolg jeweiliger Angebote waren von den lokalen Umständen und bereitstehenden Mitteln abhängig und daher anfällig für eine Reproduktion binnenjugoslawischer Ungleichheiten. Trotz des Engagements von Frauenvereinen und Haushaltsexpert:innen und der Zustimmung des Brijuni-Plenums blieb die ökonomische Basis (eine Mischung aus Fördertöpfen, Spenden von Herstellern und freiwilligen Abgaben der Bewohner:innen) solcher vergesellschafteten Dienstleistungen prekär.[252]

Selbst im hypothetischen Idealfall, in dem gut ausgestattete, fußläufig erreichbare und preiswerte Services einen Teil der Haushaltsarbeit übernehmen würden, war keine vollständige Gleichberechtigung in Sicht. Die Ratgeber:innen erwarteten, dass es weiterhin die Frauen waren, die früher aufstehen, um alle anfälligen Haushaltsarbeiten in ihren Tagesablauf integrieren zu können, während ihre Männer länger schlafen konnten und nur sich selbst herrichten mussten.[253] Doch manchmal fiel nicht einmal dies in den (Selbst-)Verantwortungsbereich der Männer: Manche Ratgeber redeten Frauen ein, sie seien „direkt oder indirekt verantwortlich" dafür, dass „jedes Detail seiner Kleidung perfekt ist", und ermutigten sie, sich „auf die Suche nach dem Fehler, der _sein_ gutes Aussehen bedroht", zu begeben.[254] In einer Gegenüberstellung einer vorbildlichen und einer fehlerhaften Morgenroutine wurde das Aufstehen des Ehemannes vor der Ehefrau als ein Ausdruck ihrer Fahrlässigkeit bezeichnet.[255]

---

250 Vgl. O.V. 1957/e, 18; Erbežnik 1957, 40; Erbežnik 1959, 15; Sever 1959, 25; Erbežnik-Fuks 1959, 4; Erbežnik-Fuks 1960/a, 34 f.; Erbežnik-Fuks 1960/b, 16 f.; Maletić 1960, 34 f.; Erbežnik-Fuks 1961/b, 28 f.; O.V. 1960/i, 4–7; O.V. 1960/e, 16 f; Todorović-Uzelac 1987, 78 f.

251 O.V. 1957/a, 19 f.

252 Vgl. Horvat 2021.

253 Ebd.

254 O.V. 1962/h, 26 f., [Hervorhebung wie im Original].

255 Vgl. Peran 1960, 6.

3.3 Verräumlichte Beziehungen in der neuen Wohnung | 169

Die Wirtschaftsliberalisierung stärkte auch die konsumorientierte Auffassung des „jugoslawischen Traums".[256] So häuften sich in den Zeitschriften der zweiten Hälfte der 1960er Jahre Werbungen für üppige, farbenfrohe Einbauküchen der jugoslawischen Möbelindustrie. Diese richtete sich insbesondere an die Bevölkerung in den reicheren Republiken, welche sich die entsprechenden Geräte, die oft auch dort hergestellt wurden wie etwa in der slowenischen Fabrik Gorenje, eher leisten konnte. Allerdings bildeten manche Aspekte von *servis* bis zum Ende des sozialistischen Jugoslawiens ein weit verbreitetes und stark frequentiertes Angebot, zum Beispiel eine warme, kostenlose oder stark subventionierte Mahlzeit in der Betriebskantine.[257]

Nachdem eine gerechte Aufteilung der Hausarbeit leise vom Tisch gerutscht war, blieb für eine ausgeglichenere Arbeitsteilung noch, wie in Westeuropa und den USA, der Weg der Umverteilung und der technischen Nachrüstung übrig. Obwohl sich viele Haushaltsratgeber:innen für Sichtbarkeit und die Anerkennung der Hausarbeit engagierten, befürworteten sie keine radikale Umverteilung der Aufgaben zwischen Eheleute. Es wurde zwar bestritten, dass der Haushalt alleinige „Frauensache" sei,[258] jedoch waren die Ratschläge regelmäßig und explizit auf Frauen ausgerichtet. In den zahlreichen Karikaturen und Witzen um die Figur eines „unbeholfenen", „infantilisierten" Mannes im Haushalt boten Frauenzeitschriften ein humoristisches Ventil. Zugleich bezeugten sie die überproportionale Belastung von Frauen im Haushalt, die sie schlussendlich resigniert in Kauf nahmen.[259]

Eine Ausnahme bildete die jugoslawische *Elle*, in der etwa die folgende, explizit feministische Position der französischen Autorin Benoîte Groult (1920–2016) zu lesen war:

Sie [die Geschlechter] werden sich genug annähern, wenn die Frau eines Tages sonntagnachmittags angeln gehen kann, während ihr Mann zu Hause mit den Kindern und einem Haufen Wäsche zum Bügeln bleibt, und diese Handlung, so natürlich für den Mann, wird keine Schande in Augen der ganzen Welt darstellen.[260]

Jedoch war die Lage der kurz währenden Zeitschrift *Elle* in mehrerlei Hinsicht ein Sonderfall: Sie bestand nahezu ausschließlich aus importierten Artikeln und war wesentlich

---

256 PATTERSON 2011, 196.
257 Vgl. ARCHER/MUSIĆ 2019, 73.
258 Neben der Wahrnehmung des Haushalts als reine Privatsache wurde im *Buch für jede Frau* das Verständnis von Haushalt als Frauensache unter den größten fortbestehenden Vorurteilen gelistet, welche vor 1945 vorherrschten. Die Hartnäckigkeit der vorsozialistischen, veralteten Praktiken wurde als Erklärungsmuster genutzt und somit die eventuelle (Mit-)Verantwortung des sozialistischen Regimes an den Mängeln in der Gesellschaft relativiert. Vgl. CHLOUPEK 1962, 6 f.
259 HORVAT 2016, 158 f.
260 GROULT 1969, 38 f.

teurer als die anderen Frauenzeitschriften in Jugoslawien. Entsprechend entsprang der Beitrag aus dem Kontext des französischen Feminismus und wurde ohne jeden Bezug zur jugoslawischen Situation veröffentlicht.

Eine in Jugoslawien angepriesene Zwischenlösung für Haushaltsemanzipation bildete hingegen das Prinzip der gegenseitigen Ergänzung: Statt „Alle machen alles" wurden Hausarbeiten zwischen den Haushaltsmitgliedern geschlechtsspezifisch aufgeteilt. So war der Modellvater im Haushaltsratgeber für Kinder *Ich und mein Zuhause* morgens mit der eigenen Toilette beschäftigt (Gesicht waschen, sich rasieren), während die Mutter das Frühstück vorbereitet, die Tochter das Bett macht und der Sohn Brot und Zeitung kauft.[261] Ähnlich funktionierte der Haushaltsratgeber für Männer, welcher sich auf einfache Gerichte und Basiskompetenzen konzentrierte und den Schwerpunkt auf Basteln und Heimwerken – anstatt auf alltägliche Haushaltsarbeiten und Körperpflege – legte. Männer wurden im besten Fall zur Teilzeitaushilfe, denen sogar die eigene Hygiene als Arbeit angerechnet wurde. Die Lösung der Geschlechterungleichheit wurde mit einem größeren Eifer in neuen Generationen verfolgt: So wurden die Kinder regelmäßig belehrt, sich aktiv an der Haushaltsarbeit zu beteiligen, während Haushaltsexpert:innen die „Umerziehung" der Männer als weniger aussichtsvoll einschätzten.[262]

Als Hauptstrategie zur Lösung der Asymmetrien in der Haushaltsarbeit wurde die Optimierung von Routinen, Küchenräumen und -geräten verfolgt. Diesen Weg hat schon die in den 1920er Jahren boomende Hauswirtschaftslehre *(Home Economics)* in den USA eingeschlagen, welche auf den Ideen von Taylorismus und Fordismus aufbaute und im Königreich Jugoslawien zügig rezipiert wurde.[263] Im wegweisenden Buch *Household Engineering. Management in the Home* (1923) der amerikanischen Haushaltsexpertin Christine Frederick (1883–1970) wurde eine Rationalisierung des Haushalts vorgenommen, die in der Frankfurter Küche von Margarete Schütte-Lihotzky (1897–2000) ihre erste umfassende Anwendung fand. Die Wissenschaftshistorikerin Ruth Schwartz Cowan nannte die Mechanisierung der Küche auf Basis von *Scientific Management* eine tiefgreifende „industrielle Revolution", welche die Familienrollen und Hausarbeiten transformierte. Jedoch bliebe diese Revolution unsichtbarer als ihr Pendant in den Fabriken, da Hausarbeit selten als Arbeit wahrgenommen wurde.[264]

Im sozialistischen Jugoslawien fand die moderne Hauswirtschaftslehre ihren Ausdruck zunächst im Grundriss: Die Küchenfläche in den neuen Wohnungen wurde knapp bemessen. Genau darin sah die Architektin Branka Tancig das Hauptmerkmal der Einbauküche, die sie auf den Spuren der Frankfurter Küche und skandinavischer

---

261 Vgl. GRABOVAC 1969, 10.
262 Ebd., 8.
263 Vgl. HORVAT 2021, 33–35.
264 Vgl. SCHWARTZ COWAN 2018, 73.

3.3 Verräumlichte Beziehungen in der neuen Wohnung | 171

Modelle für das Zentrum für Haushaltsverbesserung in Ljubljana entwickelte.[265] Die Laufwege sollten verkürzt werden, um Zeit und Energie zu sparen. Im Einklang mit der Forderung nach günstigen Massenwohnungen wurde auch beim Bauen gespart. Statt umfangreicher Vorräte in den kleinen Wohnungen waren von den Planer:innen nun regelmäßige Einkäufe vorgesehen, die von einer modernisierten, zuverlässigeren Versorgungslage ausgingen, zugleich aber auch zusätzliche Arbeit für die Frauen bedeuteten.[266]

Darüber hinaus sollten technische Geräte bei der individuellen Haushaltsarbeit entlasten. Sie fügten sich in das Vorhaben einer allumfassenden Technisierung der jugoslawischen Gesellschaft ein, welches seit 1948 auch in der Monatszeitschrift *Tehnika narodu (Die Technik dem Volke)* vom Verband für Volkstechnik Jugoslawiens bekräftigt wurde.[267] Der Vision nach sollten Jugoslaw:innen neue Geräte kompetent aussuchen, ordnungsgemäß benutzen und kleine Defekte selbst beseitigen können. Jedoch entsprach das Versprechen einer zunehmend rationalen und vereinfachten Hausarbeit nicht ganz der Realität. Wie Polona Sitar in ihrer *Oral History* zur Einführung von Waschmaschinen in slowenischen Haushalten aufzeigt, stiegen parallel zur Technisierung auch die Sauberkeitsstandards. So wurde Wäsche häufiger und oft gleich mehrmals gewaschen.[268] Frauen gewannen, entgegen dem Werbeversprechen, immer noch nicht mehr Freizeit.

Die Rhetorik der rationalen technischen Optimierung ebbte in der zweiten Hälfte der 1960er Jahre ab. Die Haushaltsratgeber:innen argumentierten zunehmend mit emotionsgeladenen Metaphern. So wurden Einbauküchen als „gute Fee" (Modell Corona der Firma Petar Drapšin aus Kikinda, Vojvodina) oder „beste Freundin" (Modell Vega 60 der Firma Brest aus Slowenien) beworben, die der Frau stets zur Seite steht.[269] Überwogen in den Frauenzeitschriften in der ersten Hälfte der 1960er Jahre Diskussionen über *servis,* häuften sich nach 1965 sinnliche Bilder gut ausgestatteter, nahezu opulenter Haushalte: Volle Regale und Küchenflächen, eine endlose Reihe von Elementen (inklusive der in den USA üblichen Kücheninsel), die in keine Kleinküche im Massenwohnungsbau passen würde.[270] Den Mittelpunkt bildeten immer formell bis festlich gekleidete, frisch frisierte Frauen. Die Marktliberalisierung, ein wachsender Wohlstand und die neue Akzentuierung des Konsums begünstigten diese patriarchalen Rollenmuster weiter.

Das Genre der Werbebilder trug damals besonders stark zur Idealisierung der Kernfamilie bei. Haushaltsgeräte werden, mal mit Schleife, umgeben von einer breit lächelnden

---

265 Ihre Küche wurde in den neuen Massenwohnungen slowenienweit (das heißt in Ljubljana, Maribor, Jesenice, Celje, Kočevje) eingebaut. Vgl. Tancig 1958, 6–8.
266 Vgl. Drozg 2014, 58 f.
267 Vgl. Duda 2005, 373.
268 Vgl. Sitar 2015, 159 f.
269 o.V. 1971/c, 8–19.
270 Vgl. o.V. 1968, 37.

3.3 Verräumlichte Beziehungen in der neuen Wohnung | 173

Abb. 19/20   Auf Abb. 19 ist die Werbung des montenegrinischen Elektroherstellers Obodin (von 1965) zu sehen, während auf Abb. 20 die slowenische Firma Gorenje 1969 für ihr Produkt wirbt. Beide boten eine Vision an, in der die Frau in der Küche bleibt. Sie ist gut gelaunt und gepflegt – trägt Schuhe mit hohen Absätzen (Obodin), ein festliches, enges Kleid und Make-Up (Gorenje). In einem Fall ist der Kühlschrank übervoll, im anderen sind die Produkte davor ausgebreitet, um einen umfassenden Blick auf die Warenwelt zu gewährleisten. Die ausgewählten Lebensmittel bilden das Spektrum ab, das damals unter jugoslawisch-sozialistischen Konsumwohlstand verstanden wurde – exotisches Obst (Bananen, Ananas), Alkohol, industriell hergestellte Säfte, frisches Gemüse, aber auch traditionelles getrocknetes Fleisch. Die Obodin-Werbung ist jedoch etwas weniger spektakulär, nicht zuletzt wegen der zeitungsüblichen Fotoqualität. So zeigt der direkte Vergleich die ungleichen Wettbewerbsverhältnisse zwischen den jugoslawischen Unternehmen auf. Zudem spielte die Werbung auf eine andere Luxusebene an – der Kühlschrank war für Devisen erhältlich.

Kernfamilie, als Geschenk inszeniert, welches der Mann für seine Frau besorgte.[271] Da Männer weiterhin häufiger als Frauen berufstätig waren und im Schnitt mehr als Frauen verdienten, wirkte dieses Werbenarrativ durchaus plausibel. Frauen wurden als dankbare Rezipientinnen in einer nahezu liebevollen Beziehung zu ihrem Kühlschrank abgebildet. „Die Emotionalisierung der Haushaltsarbeit", stellt Ruth Schwartz Cowan fest, war eine Nebenwirkung der Haushaltstechnologisierung, die sich nach dem Ersten Weltkrieg zunächst in den USA ausbreitete: Frauen bekamen neue Aufgaben zugewiesen (insbesondere im Erziehungsbereich), Haushaltsarbeit wurde zu einem Ausdruck von Liebe und Fürsorge umgedeutet.[272]

Als ein konkretes Beispiel für diesen Prozess dient die Kühlschrankwerbung. Kühlschränke wurden als „das ökonomischste Haushaltsgerät" gepriesen, und zwar vorwiegend von Männern, die häufiger als Frauen über Elektrogeräte schrieben.[273] Der Kühlschrank erscheint hier als Ersatz für den abwesenden, weil berufstätigen Mann. Seine schlichte Form und technischer Charakter entsprachen ebenfalls dem damals vorherrschenden Männlichkeitsbild.

Zugleich kompensierten Haushaltsgeräte die berufsbedingte (Teil-)Abwesenheit der Frauen in Kernfamilien und fungierten als Statussymbol der Mittelklasse. Laut einer Umfrage in 3.000 jugoslawischen Haushalten besaßen Anfang der 1960er Jahre zwei- und dreiköpfigen Haushalte (Paare ohne Kinder oder mit einem Kind) die meisten Haushaltsgeräte.[274] In Großfamilien, die von den Geräten mehr profitiert hätten, erledigten Frauen den Großteil der Hausarbeit weiterhin eigenhändig.

Einen Beitrag zur Sichtbarkeit und Beachtung von Hausarbeit leistete die neue Bedeutung des Essbereichs, welcher nach amerikanischem Vorbild in der Küche[275] oder (häufiger empfohlen) in einer Ecke oder Nische mit Esstisch direkt daneben eingerichtet wurde. Anstatt auf einer Arbeitsküche zu beharren, wurde der Küchenraum platzbedingt halbdurchlässig. In den 1970er Jahren wurde diese Verbindung in Grundrissen neuer Wohnungen weiter bestärkt, sodass sich Wohnzimmer und Küche annäherten.[276] Während die Arbeitsküche Kochgerüche und -geräusche und somit die Mühen der Haushaltsarbeit kaschierte, bot die Wohnküche der ganzen Familie quasi einen Einblick in die täglichen Routinen der Küchenarbeit. Bis in die 1960er Jahre erklärten nicht wenige Haushaltsratgeber:innen die Küchengerüche zu einem unerwünschten Nebenprodukt häuslicher Aktivitäten.[277] Die Scheu dagegen kann durch die damalige hygienische und

---

271 Vgl. Horvat 2016, 156.
272 Vgl. Schwartz Cowan 2018, 77–81.
273 Vgl. Fluks 1961, 43.
274 Vgl. Čučković 1962, 27.
275 Vgl. Marohnić 1960, 73.
276 Vgl. Drozg 2014, 58.
277 Vgl. Tancig 1958, 92 f.; Mutnjaković 1966, 13.

zugleich modernisierende Perspektive erklärt werden. Gleichzeitig führte sie zu einem Unsichtbarmachen und einer Herabsetzung von manueller Küchenarbeit.

Ein Zusammentreffen am Esstisch – ein beliebter visueller Ausdruck von Zweisamkeit – war im April 1969 auf der Titelseite von *Naš dom* (Abb. 21) zu sehen. Anders als bei der Musterfamilie Mirić, wo die stehende Frau den sitzenden Vater und die Kinder bedient, saß das Paar zusammen am Tisch, je mit einem Aperitif in der Hand. Sie wirken wie Modepuppen, ihre konzentrierten Gesichtsausdrücke und die Diagonalen in der Komposition evozieren die sexuelle Spannung eines Dates. Ihre Blicke kreuzen sich nicht: Der Mann beobachtet die Frau, sie blickt zur Seite und zeigt sich im Profil. Damit wird sie zum visuellen Mittelpunkt, sowohl für ihr Gegenüber als auch für die Leser:innen. Ihr knallroter Pullover hebt die roten Details der Inneneinrichtung (Lampe, Aschenbecher, Kerze, Telleruntersetzer) hervor und erzeugt eine visuelle Dynamik mit dem kontrastierenden Blau der Küche.

So offenbart sich den Betrachter:innen dekorative Rolle der Frau und ihre „natürliche" Verbindung zur Küche, während der Mann in seinem braunen Anzug unauffällig und fast wie ein Fremdkörper wirkt. Die Küche war nun nicht mehr allein Arbeitsplatz, sondern wurde auch als ein Raum mit Potenzial für Geselligkeit dargestellt. Gleichzeitig blieben manche traditionellen Vorstellungen von Arbeitsteilung und Rollenzuschreibungen visuell wie in der täglichen Praxis erhalten.

Sowohl Architekt:innen als auch Haushaltsratgeber:innen legten ihren Schwerpunkt auf das Wohnzimmer als den Kern der Massenwohnungen. Das Zimmer sollte der größte und hellste Raum in der Wohnung sein. Als Epizentrum von Geselligkeit fungierte es als Ersatz für die Küche (in ärmeren Haushalten) oder den Salon (in wohlhabenderen Familien).[278] Die Ratschläge malten dabei ein Bild einer nach Geschlecht ausdifferenzierten Freizeitgestaltung: für Frauen wurden etwa Häkeln, Nähen, Haushaltsbuchführung und Körperpflege genannt und für Männer Zeitungslektüre.[279] Diese Aktivitäten wurden nicht nur funktional verräumlicht, sondern in einen stillen Kampf „über Verfügbarkeiten, Rückzugsmöglichkeiten, Kommunikationszonen" verwickelt.[280] Den Männern räumten Architekt:innen und die Ratgeberliteratur dabei mehr Raum und Zeit für Freizeit als den Frauen ein, bei denen auch hier alles auf die Erfüllung ihrer ihr zugedachten Rolle ausgerichtet wurde.

Die Standardrolle der modernen Frau sah in der ersten Hälfte des 20. Jahrhunderts eine in verschiedensten Haushaltsbereichen kompetente Person vor. Infolge des schrittweisen Verschwindens der Bediensteten aus bürgerlichen Haushalten entstand in den USA der späten 1930er Jahre „Mrs. Three-in-One", die Figur in Kniggeratgebern, welche

---

278 Vgl. Drozg 2014, 64.
279 Vgl. o.V. 1969/b, 8–10; Peronja 1967, 34; Novak 1958, 2.
280 Sandgruber 2006, 221.

zugleich kocht, serviert und am Tisch unterhält.[281] Im jugoslawischen *Handbuch für jede Frau* sollte sie sogar „ein Dutzend Berufe" vereinen: „Köchin, (…) Putzfrau, Waschfrau, Träger, Schneiderin, Erzieherin, Gärtnerin, Buchhalterin und Schatzmeister, Heizer und Inneneinrichter, nach Bedarf auch Krankenschwester und Magaziner".[282]

In den 1960er Jahren wurde derselbe Anspruch der Omnipräsenz auch auf die Freizeit ausgedehnt. Auch jugoslawische Massenmedien verbreiteten das Ideal einer aktiven, berufstätigen Frau „mit hundert Hobbys", wie es beispielhaft die *Žena*-Leserin Cvetka Radovanović-Miloš verkörperte.[283] Die verheiratete Übersetzerin und Mutter eines zehnjährigen Sohns verband „in einer Person Schneiderin, Fotoamateur, Tischler, Modistin, leidenschaftlicher Schifahrer und Kugelstoßer mit einigen Medaillen, Motorradfahrer, der Geschwindigkeit liebt, Dichter, Weberin und Häklerin, Maler, gute Köchin und jahrelangen Musiker".[284] Auf den Fotos ist Cvetka vor einer Staffelei, in der Küche, am Nähtisch und am Webstuhl zu sehen. Die Sprache gab Auskunft über die damalige geschlechtsasymmetrische Kodierung von Aktivitäten (Dichter *versus* Weberin). In der Aufzählung vermischten sich die üblichen Tätigkeiten aus dem Repertoire der Haushaltsarbeit mit Hobbys ohne Bezug zu anderen Haushaltsmitgliedern wie zum Beispiel Sport und Kunst. Dass Cvetka Kleidung für ihren Mann und Sohn nähte und die Küche renovierte, wurde zwar als produktive Freizeitbeschäftigungen gelobt, aber nicht als Arbeit eingestuft; ein gängiges geschlechtsspezifisches Deutungsmuster in den 1960er Jahren. Das Aufkommen des Topos einer vielseitig interessierten und aktiven Frau sorgte dennoch für Beziehungskonflikte. So wurde Cvetkas Mann als skeptisch

Abb. 21 Paarzeit im Schaufenster: In *Naš dom* wurden regelmäßig Produkte slowenischer Firmen prominent und vorteilhaft platziert. Im Hintergrund der Titelseite (1969) sind die blaue Küche der Firma Marles sowie ein Gorenje-Kühlschrank zu erkennen. Die Titelseite würde aus heutiger Sicht klar als Werbung für die zur Schau gestellten Produkte eingeordnet. Die starren Posen der Models sowie die leeren Küchenelemente im Neuzustand erinnern an ein Schaufenster oder ausgestellte Einrichtungen in einem Möbelhaus. Der Tisch ist herausziehbar, eine idealtypische Platzsparmaßnahme, entworfen für kleine Massenwohnungen. Jedoch wirkt die Szene durch eine geschickte, kontrastierende Farbenkombination, vorteilhafte Ausleuchtung sowie elegante Models nahezu glamourös. So wird gezeigt, wie bescheidener Luxus im Massenwohnungsbau aussehen könnte.

---

281 Schwartz Cowan 2018, 76.
282 Chloupek 1962, 5.
283 Šnajder 1963, 32 f.
284 Ebd.

gegenüber ihren zahlreichen Interessen dargestellt und wünschte sich, „sie würde durch das Fenster gucken, das nur er ihr öffnen würde und nur in dem Moment, in dem er es öffnet".[285] Die Ängste des Mannes vor der Emanzipation der Frau wurden hier durch eine verräumlichte Sprachfigur der Einschränkung ausgedrückt.

Frauen waren omnipräsent auf den Bildern von neuen Massenwohnungen. Fotos der frisch einzugsfertigen Massensiedlungen ließen sie Kinderwägen schieben, Skizzen der Haushaltsratgeber:innen integrierten sie als festen Bestandteil in die Hausarbeit und in Werbung für Möbel und Haushaltsware erwarteten sie freudig neue Gegenstände. Gleichzeitig wurde ihnen kontinuierlich weniger Wohn- und Entfaltungsraums zugesprochen. Zwar sahen Architekt:innen kein separates Arbeitszimmer für die kleinen Massenwohnungen vor, da der Raum ein zu knappes Gut war, die Ratgeber:innen schlugen aber Ecken in kombinierten Zimmern als Kompromiss vor. Auf diese Weise gewonnene Quadratmeter wurden in der Regel dem Mann zugesprochen. Diese Verteilung des Wohnraums war nicht kodifiziert und im Grundriss verankert, sondern entstand durch die Raumknappheit in Kombination mit den alltäglichen Wohnpraktiken und Haushaltsratschlägen. Am Beispiel der Plattenbauwohnungen in der DDR schildert Christine Hannemann den Aneignungsprozess: Der Mann „blockierte" einen Teil des Gemeinschaftsbereichs für andere Haushaltsmitglieder.[286] Der französische Haushaltsratgeber für Männer, Anfang 1970er Jahre ins Serbokroatische übersetzt, widmete das erste und längste Kapitel *Ihre Ecke zu Hause* der Raumfindung für stereotypisch männlich konnotierte Hobbys: Sammeln, Spielen, intellektuelle Muße (Schreiben und Lesen).[287] Die Leitidee war, einen Raum einzurichten, in dem Männer ungestört und „nach eigenem Willen"[288] verweilen können.

Demgegenüber wurde Frauen zu Hause weniger Raum und Zeit für sich eingeräumt. Wie eine Umfrage unter 114 berufstätigen Frauen in Montenegro Mitte der 1960er Jahre dokumentierte, hatte keine einzige eine im 8-8-8-Schema versprochene Ruhezeit von acht Stunden. Viele mussten tatsächlich mit fünf Stunden Schlaf auskommen.[289] Das zeigte sich in einem Beitrag zu Arbeitstischen, in welchem *Naš dom* eine Vielfalt von genderspezifischen Annahmen und Vorurteilen reproduzierte. Statt eines Tisches war für Frauen eine Tischplatte oder ein Hängeregal vorgesehen. Diese stellte eine minimale Version eines eigenen Arbeitsraumes dar, der „sehr passend für die Haushaltherrin ist, welche schließlich erst abends Zeit für ihre ‚notarische Buchhaltung' hat".[290] Das idealtypische Zimmer einer jungen Frau im Ratgeber *Das zeitgenössische Wohnen* (1960) beherbergte nur

---

285 Ebd., 33.
286 Vgl. Hannemann 2018, 195 f.
287 Vgl. Bénézet 1972, 8–60.
288 Vgl. Stevanović 1965, 10.
289 Ebd.
290 o.V. 1969/b, 8.

einen kleinen Tisch, welcher gerade für das Ablegen einer Zeitschrift reichte.[291] Auch der Nähtisch (Motto: Die Frau wird „überglücklich, auch wenn sie mindestens eine kleine Arbeitsecke hat") und sogar der Toilettentisch wurden als „Arbeitstisch für Frauen" angeführt.[292] Während die anderen Optionen auf schlichtes modernistisches Design setzten, wurde der Toilettentisch als ein sinnliches Erlebnis inszeniert. Dies geschah vor allem mithilfe von Flokati, einem flauschigen Teppich, welcher in den 1960er Jahren in Mode war. Wie Chad Randl in seiner Kulturgeschichte solcher Teppiche in der Nachkriegszeit aufzeigt, wurden sie sowohl mit einer weichen, harmlosen, kindlichen Umgebung in Verbindung gebracht (Geborgenheit einer „Gebärmutterarchitektur"[293]) als auch mit sexualisierter, extravaganter Sinnlichkeit.[294] Beide Interpretationspole verankerten den Teppich im stereotypisch Weiblichen.

Der für Frauen vorgesehene Raum in der heimischen Wohnung fiel nicht nur kleiner aus, sondern wurde auch zeitlich eingeschränkt. Den Arbeits-/Toilettentisch, welcher sich mit einem Brett in den Esstisch transformieren lässt, stellte Architektin Radmila Peronja in *Bazar* als eine Lösung für kleine Massenwohnungen vor. Hierfür verwendete sie ein altes Möbelstück (einen Schrank, der vorher unter dem Waschbecken war) wieder.[295] Dabei kam der Schrank nicht zufällig aus dem Badezimmer: Die Toilette weist auf die Arbeit am körperlichen (Selbst-)Bild hin.

Wie die wortwörtliche Verbindung zwischen Toilettentisch und Arbeitstisch zeigt, wurde die Pflege des Äußeren zu den Haushaltspflichten der Frau gerechnet. Sie sollte auch zu Hause „gepflegt" wirken, woran Beiträge wie „Modeschau in den vier Küchenwänden" oder „Hübsch auch im Bett" in den 1960er-Frauenzeitschriften regelmäßig erinnerten.[296] Mit einer massenhaften Erhöhung des Lebensstandards im Zuge des wirtschaftlichen Aufschwungs ab den späten 1950er Jahren änderten sich auch Essgewohnheiten. Während in den ersten Jahren nach dem Krieg die Unterernährung für viele noch eine Realität oder unmittelbare Vergangenheit darstellte, wurde seit den späten 1960er Jahren zunehmend vor Übergewicht gewarnt.[297] Frauenzeitschriften bewarben vermehrt Maßnahmen zur körperlichen Selbstdisziplinierung: Diäten und Personenwaagen als Standardausstattung im Badezimmer richteten sich in erster Linie an Frauen.[298]

---

291 Vgl. Marohnić 1960, 86.

292 o.V. 1969/b, 8.

293 Colomina 1992, 92.

294 Randl 2014, 29–43.

295 Peronja 1966/a, 34.

296 Vgl. Stojanović 1967, 11; o.V. 1962/e, 26 f.; o.V. 1965/a, 34.

297 Vgl. Tivadar/Vezovnik 2010, 393.

298 Die Personenwaage des slowenischen Herstellers Libela aus Celje wurde für „Mädchen, Frauen und Männer" angepriesen. Frauen standen im Fokus der Werbung, während Jungen nicht vorkamen. Vgl. o.V. 1967/j, 14.

Jedoch sollten Frauen wiederum auch nicht zu viel Zeit mit Pflege ihrer Körper verbringen. So wurde ihnen etwa empfohlen, bei der Erledigung der Hausarbeit gleichzeitig Gymnastik zu betreiben.[299] Der weibliche Körper und die Wohnung sollten vor allem gepflegt und sauber sein, die Arbeit hierfür diskret und zeiteffektiv. Die somit „getarnte" Arbeit an der eigenen Optik ereignete sich in den Zeitschriften hinter verschlossenen Türen. Das Badezimmer wurde zu dem Raum für die Frau erklärt: Auf fast keiner Abbildung des Badezimmers war ein Mann zu sehen.

Das „private" Schlafzimmer entstammte einer konsequenten Entwicklung in den europäischen bürgerlichen Wohnkulturen, welche zu einer immer stärkeren Trennung von öffentlich und privat neigten. Auch sozialreformistische Bewegungen forderten seit dem 19. Jahrhundert ein eigenes Bett als hygienisches Mindestmaß für ärmere Bevölkerungsschichten.[300] So war Intimität (Sexualität, Privatsphäre) mit medizinischen und sozialen Regulierungsversuchen verflochten.

Die bereits thematisierte Ersetzung des separaten Schlafzimmers durch ein „kombiniertes Zimmer" (Abb. 22) gehörte zu den Hauptinterventionen der Expert:innen in der Massenwohnkultur der jugoslawischen 1960er Jahre. Die Haushaltsratgeber:innen schrieben unermüdlich über die Gründe (in erster Linie Raumknappheit) und Alternativen. Das Paar verlor nicht nur einen exklusiven Raum, sondern auch einen gemeinsamen Ort für Intimität und Ruhe.[301] Dadurch entstandene Einschränkungen der Intimsphäre des Paars wurden von den Ratgeber:innen höchstens angedeutet. Das Schlafzimmer wurde zugunsten eines Kinderzimmers abgeschafft und so als ein notwendiges Opfer elterlicher Liebe eingeordnet.

→ Abb. 22 Logistik des „kombinierten Zimmers": Wie die Transformationen des Zimmers in der Praxis aussehen konnten, zeigten beispielhaft Diagramme in *Svijet* (1963). Die messbaren Raumersparnisse (die freie Bodenfläche) und nicht die Gefühle der Bewohner*innen wurden dabei in den Mittelpunkt gestellt, was sich auch in der schematischen Visualisierung der Kombinatorik äußerte. So wurde etwa vorgeschlagen, die Ehegatten in einem Hochbett unterzubringen, um so „1 m² zu sparen". Zugleich machte sich ein leichtes Zögern im Titelartikel bemerkbar. Die Frage „Ist das Schlafzimmer Vergangenheit?" wurde noch nicht endgültig entschieden; die Zeitschrift wandte sich ja auch an die eher wohlhabende Mittelschicht. Der materielle Horizont der Zielgruppe wird daran deutlich, dass in derselben Ausgabe von *Svijet* das Problem der Einrichtung von Ferienhäusern behandelt wurde.

---

299 o.V. 1960/a, 36.
300 Ebd., 249.
301 o.V. 1963/a, 12.

3.3 Verräumlichte Beziehungen in der neuen Wohnung | 181

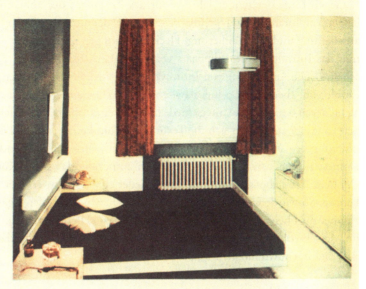

M ože se reći da je vrijeme kompletnih spavaćih soba — prošlost. Prošlost zbog toga, što je klasični stambeni prostor današnjice skućeniji. Za posebnu spavaću sobu više nema dovoljno mjesta, a nema dovoljno mjesta ni za smještaj spojenih kreveta. Ali oni, kojima je strana ideja odjeljenih kreveta, morat će se pomiriti s mišlju da će, osim krevetnog bloka i ormara za rublje i odijela — jedva još što stati u sobu ● Daleko je svrsishodnije rješenje odjeljenih kreveta, jer se time može uštedjeti dragocjeni prostor ● Evo 4 mogućnosti razmještaja kreveta i ostalog pripadajućeg namještaja u sobi, čija površina ne iznaša više od 14 m² ili tačnije čije su proporcije 4 × 3,5 m.

Je li spavaća soba prošlost?

Kreveti, ili ležaji smješteni JEDAN IZA DRUGOGA NA ISTOJ STRANI ZIDA imaju tu prednost da ostavljaju jednu stranu zida potpuno slobodnom. Ormar za odijela, polica za knjige, veliki i mali stol sa stolicama — naći će svoje mjesto, a da soba uopće neće djelovati natrpano.

Evo jedne mnogo elastičnije i manje stroge razdiobe prostora, gdje su ležajevi smješteni u DIJAGONALNO POSTAVLJENIM UGLOVIMA. Ormar, širok 2 metra, stoji desno od vratiju, a stol sa stolicama — pod prozorom. Ako se preko dana posteljina sklomi, ležajevi mogu poslužiti kao sjedišta.

Za one, koji skučeno stanuju i za one koji u jednoj sobi moraju boraviti mnogo vremena, a istovremeno bi željeli zadržati punu slobodu kretanja — tu će se možda odlučiti za jedan nekonvencionalni način smještaja ležaja JEDNOG IZNAD DRUGOG. Ovaj smještaj ima svoje puno opravdanje, jer se njime prišteđuje 1 m² prostora, što je mnogo, ako se uzme u obzir da se radi o zaista malenoj prostoriji.

Četvrta mogućnost je smjestiti ležajeve u UGLU SOBE JEDAN DO DRUGOGA, tako da sredina sobe ostaje potpuno slobodna, što je nemoguće postići kod spojenih ležaja. Ormar, stol, stolice i polica za knjige imaju još dovoljno preostalog mjesta.

182 | 3. Wohnung

Gegen Ende der 1960er Jahre verlor das Argument des unbedingten Platzsparens langsam an Intensität und Sichtbarkeit. Anstelle der unerschöpflichen Fragen zur Möbelanschaffung und -positionierung, Fleckentfernungen und Wohnungsgestaltung wurde nun das Intimleben des Ehepaars vermehrt thematisiert: Liebe, Eifersucht, Leidenschaft.[302] Die Aufwertung von Intimität und Sexualität als Folge der globalen sexuellen Revolution, aber auch der jugoslawischen Marktliberalisierung, die zur Vertiefung und Sichtbarkeit der sozialen Unterschiede führte, trug zu einem tiefgreifenden Wertewandel bei. Langsam entfernten sich die Texte über Wohnkultur vom Ziel einer Durchmodernisierung der Wohnkultur und zeigten nun vermehrt „außerordentliche sozialistische Domestizitäten", insbesondere die Wohnräume jugoslawischer Kulturschaffender.[303] Der luxuriöse Lebensstil der Elite hatte wieder einen Schauwert, der ausgestellt werden konnte. So wurden in Massenmedien etwa Schlafzimmer oder sogar getrennte Schlafzimmer für Eheleute (im Fall des Schauspielerpaars Hlebš-Jovanović) porträtiert,[304] was im Massenwohnungsbau ein kaum mögliches Luxusarrangement darstellte. Es reichte, dass dies irgendwo möglich war.

3.3.2 Kinder – Eltern

Vor der Moderne wurden Kinder als kleine Erwachsene betrachtet und vorwiegend als physische Arbeitskraft (in unteren Schichten) und Erben (in der Oberschicht) angesehen. Erst im Laufe des 19. und insbesondere im 20. Jahrhundert etablierte sich die Auffassung, die Kindheit sei eine eigenständige Lebensphase.[305] Elternschaft konzentrierte sich nicht mehr stark auf den Nutzen des Kindes für Eltern, sondern entpuppte sich zunehmend als eine hingebungsvolle Aufgabe.[306] Die intensivierte Sorge um das Kindeswohl gehörte auch zur „neuen emotionalen Ökonomie der Sozialdemokratie",[307] die eine Reformierung der Orte für Kinder verfolgte. Wie Roy Kozlovsky am Beispiel des Vereinigten Königreichs nach dem Zweiten Weltkrieg zeigte, wurde der Raum für mütterliche Liebe wesentlich

---

302 Vgl. HORVAT 2016, 161 f.
303 In der zweiten Hälfte der 1960er erschien in *Naš dom* eine Reportagenserie, in der die Wohnungen ausgewählter Personen des öffentlichen Lebens dargestellt wurden. Keiner dieser Wohnorte befand sich im Massenwohnungsbau. Die hochindividualisiert eingerichteten und architektonisch gestalteten Orte wurden als eine Notwendigkeit für die Arbeit der Kulturschaffenden interpretiert. Im Unterschied zu Ratschlägen für Wohnende in Massenwohnungen verkniffen sich die Beiträge jegliche Kritik: Der Wohnraum wurde ausschließlich als ein Ausdruck der individuellen Vorlieben und Persönlichkeit verstanden. Ausführlicher in: HORVAT 2021.
304 Vgl. o.V. 1967/c, 30–33.
305 Vgl. ARIÈS 1973, 125.
306 Ebd., 413 f.
307 Vgl. KOZLOVSKY 2015, 111–115.

3.3 Verräumlichte Beziehungen in der neuen Wohnung | 183

erweitert.[308] So wurde zunehmend die Anwesenheit von Müttern in Kinderkranken-
häusern ermöglicht, neue Schulen bekamen offenere Grundrisse und sahen Raum für
viel Bewegung vor, Spielplätze auf Kriegsruinen sollten Kinder zur Eigeninitiative und
Kreativität anregen sowie negative Gefühle ventilieren.[309]

Auch im sozialistischen Jugoslawien wurde elterliche Liebe in wachsendem Umfang
zugelassen. Die Politikerin Vida Tomšič grenzte in dieser Frage den jugoslawischen
Sozialismus vom sowjetischen ab und kritisierte eine umfangreiche Kollektivierung durch
Internate, Ganztagsbetreuung und allumfassende Vereine als „ein Stempel des tiefen
Misstrauens auf ein echtes sozialistisches Gefühl" in der UdSSR.[310] Stattdessen forderte
sie „individuelle Liebe für das Kind" und eine „individuelle Verbindung des Kindes mit
einem geliebten Erwachsenen", wobei Mutter, Vater, aber auch explizit andere Bezugs-
personen gemeint waren.[311] Massenwohnkultur und ein zugewandtes Verständnis vom
Kind gingen also Hand in Hand.

Doch welche Empfehlungen gaben Haushaltsratgeber:innen hinsichtlich der Gestaltung von Kinderzimmern in den neuen Massenwohnungsbauten? Was kann daraus über
das damalige Verständnis von Kindheit und die Eltern-Kind-Dynamik abgeleitet werden?
Zur Beantwortung dieser Fragen wird hier vorwiegend die Dimension von „Räumen
für Kinder" untersucht, wie sie Kim Rasmussen definiert. Während unter „Kinderräu-
men" diejenigen Orte verstanden werden, die sich Kinder aneignen und selbst schaffen,
bezeichnen „Räume für Kinder" die von erwachsenen Expert:innen unter Annahme
der kindlichen Bedürfnisse entworfenen Räume.[312] Letztere lagen im Fokus der Ratgeberliteratur und verraten daher viel über die damalige gesellschaftliche Wahrnehmung
von Kindheit, weshalb sie den Untersuchungsschwerpunkt in diesem Abschnitt bilden.

Die jugoslawische Haushaltsratgeberliteratur plädierte in den 1960er Jahren nahezu
einstimmig für ein separates Kinderzimmer. Dies entsprach der Vorstellung vom Kind
als ein konstant eigenständiger werdendes Subjekt, die sich auch im Verständnis vom
Kinderzimmer als einem Raum mit eigener Logik und Inhalten äußerte. Sowie Kinder
nicht mehr als kleine Erwachsene verstanden wurden, entfernte sich auch die Vorstellung
weg vom Kinderzimmer als ein Erwachsenenzimmer in Miniaturformat. Stattdessen
wurde das Kinderzimmer nun als multifunktionaler Ort für Arbeit (Hausaufgaben),
Erholung (Schlaf) und Freizeit (Spielen) entworfen, welcher tagsüber (sprich: häufig
genug, um keine Raumverschwendung zu sein) genutzt werden sollte.

---

308 Ebd., 102–114.
309 Ebd.
310 o.V. 1959/d, 11.
311 Ebd.
312 Kim Rasmussen zit. nach Kozlovsky 2015, 99.

184 | 3. Wohnung

Von allen Wohnungsräumen war das Kinderzimmer am stärksten vom Glauben an die transformative Kraft der Architektur betroffen. Möbel, Spielzeuge und die räumliche Gestaltung wurden als „eine Welt für sich" gesehen, „die auf ihnen für immer einen Stempel hinterlassen und ihren Geschmack lenken wird".[313] Das Kinderzimmer war somit der Ort, an dem der modernistische Traum von der Schaffung eines neuen Menschen besonders intensiv geträumt wurde. Das Kinderzimmer in knapp gemessenen Neubauwohnungen war ein räumlicher Ausdruck von neuem Status der Kindheit, der dem Motto „Kinder haben Vorrang" und dem Ideal der elterlichen Liebe und ihrer Selbstlosigkeit folgte.[314]

Auch wenn Ratgeber:innen, Architekt:innen und Eltern den Kindern in der Regel das kleinste Zimmer zuteilten, gaben sie ihnen auch Raum im Rest der Wohnung. So berichtete *Naš dom* von der Leserin Marija Kuzman, welche im Neubaugebiet in Velenje, Slowenien lebte. Ihre zwei Kinder teilten sich zwar ein nur 6 m² großes Kinderzimmer, dafür sollten sie aber auch einen Bereich im Wohnzimmer bekommen, namentlich „eine Spielecke für Kinder", die sich laut der Ratgeberliteratur vom Rest des Wohnzimmers klar unterscheiden sollte, etwa durch Bodenbelag und Ausrichtung.[315] Dadurch konnten ein Sonderraum für Kinder errichtet und die Spezifika dieser Altersgruppe berücksichtigt werden.

Allerdings brachte diese Raumzuschreibung mehr Kontrolle und Aufsicht mit sich. Die Spielecke aus dem letzten Beispiel wurde „unmittelbar vor der Küche platziert, sodass die Mutter die Kinder im Auge haben kann".[316] In einer anderen Reportage über einen Nachmittag in einer Zagreber Massenwohnsiedlung bemängelte ein Autor, der selbst dort wohnte, dass die für einen Kindertreff vorgesehenen und eingerichteten Räumlichkeiten im Luftschutzkeller unbenutzt bleiben würden, weil „sich die interessierten Mütter nicht einigen können, endlich einen Aufsichtszeitplan zu erstellen, sodass jede einen Nachmittag im Monat für die Kinder opfert".[317] Die Aufsichtsfunktion wurde – entsprechend dem bereits besprochenen Frauenbild in der Ratgeberliteratur – als Aufgabe der Mütter gesehen und als eine beiläufige Tätigkeit dargestellt, die nicht als „richtige" Arbeit zählte. Auch wenn das Bild der Frau im Sozialismus neue Facetten erhielt – Arbeiterin und engagierte Bürgerin –, blieb die Mütterlichkeit ein unerlässlicher Teil ihres Idealbilds und der Rollenerwartung.[318]

Anstatt autonomer Versteckräume und geborgener Kinderreiche wurde in Haushaltsratgebern eine absolute Transparenz bevorzugt. Zunehmende Affektivität und Kontrolle

---

313 o.V. 1965/c, 10.
314 Vgl. Marohnić 1960, 37; Dobrić 1963, 19; Mutnjaković 1966, 42; o.V. 1967/h, 8 f.
315 o.V. 1969/g, 11.
316 Ebd. Vgl. auch o.V. 1967/b, 18.
317 Jurić 1963, 6.
318 Vgl. Betscher 2013, 390.

3.3 Verräumlichte Beziehungen in der neuen Wohnung | 185

brachten ein Paradoxon mit sich: Kinder bekamen zwar immer mehr Räume zugeteilt, aber nicht zwingend mehr persönliche Freiräume. Die Kindheit wurde als eine so
wichtige Lebensphase gesehen, dass die Expert:innen mehr Elternverantwortung sowie
höhere Erziehungsstandards einforderten. Kleine Massenwohnungen und noch kleinere
Kinderzimmer, aber auch die häufige Verbindung zwischen dem offenen Wohnzimmer
und Küchenbereich bildeten einen übersichtlichen räumlichen Rahmen für elterliche
Kontrolle.

Die Einrichtung eines eigenen (oder mit einem Geschwisterkind geteilten) Kinderzimmers solle spätestens im Schulalter erfolgen, plädierte *Naš dom*.[319] Der Haushaltsratgeber für Kinder *Ich und mein Zuhause (Ja i moj dom)* bestand darauf, in Haushalten
ohne Kinderzimmer mindestens eine „Lernecke" einzurichten, inklusive Vorschlag der
Beteiligung der Kinder an der Einrichtung: Sie könnten etwa die Regale selbst bauen.[320]
Dies wies zum einen auf die symbolische Wertschätzung physischer Arbeit im sozialistischen Jugoslawien hin, zum anderen auf das Imperativ der Bildung verantwortungs-
voller, disziplinierter Bürger:innen als arbeitsfreudige, gewissenhafte Arbeiter:innen.
Gleichzeitig sollten die Mängel des Marktes und eventuelle finanzielle Schwierigkeiten
der Familie durch Einfallsreichtum und handwerkliche Kompetenz subtil ausgeglichen
werden. Kinder arbeiteten nicht nur im,[321] sondern auch am Kinderzimmer. Dadurch
übten sie sich in Selbstständigkeit.[322] Hier überschnitten sich der Raum für Kinder und
der Kinderraum.

Während das Spielen selten differenziert besprochen wurde, wurde das Aufräumen
ausgiebig thematisiert und ein Bestandteil fast jeder Anleitung zur Einrichtung eines
Kinderzimmers.[323] Stets schlugen Ratgeber:innen ein ausgearbeitetes Aufräumkon-
zept als Milderung der räumlichen Knappheit vor. Damit wurde Ordnung als ein
erwünschter gesellschaftlicher Wert gestärkt. Die Sachen in Ordnung zu bringen,
„lernen, dass jede einzelne Sache ihren Platz haben muss",[324] stand für Disziplin und
Kontrolle über das eigene Leben. Die Auswahl der Wanddekorationen (Motive, die
Kinder „in ihrem Lernstoff finden" sollten),[325] Handwerken am eigenen Zimmer sowie
ausgefeilte Aufräumroutinen waren ein räumlicher Ausdruck des vorherrschenden
Erziehungskonzeptes, das die Entwicklung von Arbeitsmoral und Ordnungssinn in
den Vordergrund stellte.

---

319 o.V. 1967/h, 8.
320 Vgl. Grabovac 1969, 16 f.
321 Vgl. o.V. 1960/b, 40; Kunst 1962, 29; Peronja 1965/a, 41; o.V. 1967/d, 16 f.
322 Vgl. Horvat 2019, 179.
323 Vgl. Grabovac 1969, 25–30; o.V. 1961/d, 15.
324 o.V. 1961/a, 11.
325 o.V. 1963/c, 7.

Der besondere Stellenwert der Kinder wurde nicht nur quantitativ, im eigenen Raum, sondern auch qualitativ ausgedrückt, und zwar in der speziellen Ausstattung und günstigen Lage der Zimmer. Den damaligen hygienischen Vorstellungen zufolge waren „Sonne, Luft, Licht, Wärme und Durchlüftung" für keinen anderen Raum so wichtig wie für das Kinderzimmer.[326] In diesen Aufforderungen hallten unmissverständlich „Licht, Luft und Sonne" wider, die Ideale des *Neuen Bauens* in der Zwischenkriegsmoderne. Die starke symbolische Assoziierung von Kindern mit der zukunftsorientierten Moderne wurde auch im Mobiliar sichtbar. Keines der Möbelstücke, welche die jugoslawische Möbelindustrie für Kinder herstellte, verarbeitete historische Stile. Sogar Familienfotos wurden als überflüssige Belastung der Vergangenheit angesehen.[327] Stattdessen herrschte die angeblich geschichtslose visuelle Sprache des Modernismus: Primärfarben und schnörkellose Formen. Ähnlich den europäischen Sozialdemokratien der Nachkriegszeit gingen jugoslawische Expert:innen von einer „direkten, unvermittelten, emotionalen"[328] Auswirkung von moderner Architektur auf die neue Generation aus. Diese Idee erschien so plausibel, weil sie zwei Modernisierungsprojekte und -hoffnungen vereinten: die Lenkbarkeit der Kinder und die lenkende Kraft der modernen Architektur.

Die Gesundheit der Kinder wurde in den Ratgebern häufig thematisiert, um die Herausbildung von vorbildlichen Bürger:innen und eines gesunden Volkskörpers zu unterstützen. Die traditionelle Erziehung in den Ratgebern wurde durch ärztliche und ähnliche professionalisierte Akteur:innen untergraben und schließlich ersetzt. Beispielsweise warnte im Jahr 1962 *Knjiga za svaku ženu (Das Buch für jede Frau)* vor „dickköpfigen" Großmüttern, die den Säuglingen Obst, Gemüse und Sonne entziehen würden.[329] Dabei schilderten die Expert:innen die in Konkurrenz zu ihnen stehenden Autoritäten nicht bloß als altmodisch, sondern als gefährlich für Kinder und warnten vor schwerwiegenden Folgen der falschen Erziehung, die von Krankheiten bis zum Kindstod reichten.[330] Der Autoritätskampf der Ratgeber gegen Großeltern und andere traditionelle Stimmen war zugleich ein Streben nach kollektiver, professionalisierter Mitgestaltung der Kindererziehung.

Das Kinderzimmer war nicht nur eine Verräumlichung von Elternliebe und institutioneller Aufmerksamkeit, sondern auch Speicherraum für zunehmend erhältliche Konsumgüter. Radina Vučetić spricht von einer „Disneysierung der Kindheit" in Jugoslawien der 1960er Jahre: Mit Disney-Filmen und dazugehörigem Merchandise zogen

---

326 Vgl. Marohnić 1960, 93.
327 Ebd.
328 Kozlovsky 2015, 102–114.
329 Vgl. Chloupek 1962, 224 f.; vgl. auch Žanko 1960, 12 f.
330 Chloupek 1962, 224 f.

auch Disney-Spielzeuge (Originale oder häufiger selbstgemachte Versionen)[331] und eine konsumfördernde Haltung in die Kinderzimmer ein.[332]

Doch bis in die 1960er Jahre waren Kindermöbel eine Rarität auf dem jugoslawischen Markt (Abb. 23/24). Diese Abwesenheit lässt sich mit dem vormodernen Verständnis von Kindern als kleine Erwachsene, aber auch mit den knappen Finanzmitteln der meisten jugoslawischen Haushalte erklären. Ein häufiger Wechsel der Möbelgarnitur war für die meisten finanziell schlicht nicht erschwinglich. Eine vergleichbare Verbrauchs- und Wertewende zeigte sich Mitte der 1950er Jahre im wachsenden Interesse für Kinderkleidung. Der slowenische Frauenverband beschäftigte sich mit der Produktion von Kinderkonfektion[333] und signalisierte so neue Bedürfnisse der Verbraucher:innen. Das Anliegen, das die jugoslawischen Haushaltsratgeber:innen in den 1960er Jahren vereinigte, war die Popularisierung kindergerechter Möbel. Die Zentren für Haushaltsverbesserung organisierten sporadisch Wettbewerbe zur Kindermöbelgestaltung, zunächst für die Anwendung in kollektiven Einrichtungen wie Schulen und Kindergärten. Ab der zweiten Hälfte der 1960er Jahre erstreckten sich die Appelle zudem auf das Zuhause.[334] „Lieben Sie Ihre Kinder?", fragte Andrija Mutnjaković rhetorisch in seinem Ratgeber und beabsichtigte, die Eltern mit stark emotionalisierten Aussagen zur Anschaffung von Kindermöbel zu motivieren.[335] Wie im Fall eines separaten Kinderzimmers wurde auch bei kindergerechten Möbeln an die von Eltern erwarteten Gefühle der Liebe und Selbstlosigkeit appelliert.

Die Objekte im Kinderzimmer häuften sich seit dem wirtschaftlichen Aufschwung in den 1960er Jahren. Bücher, Puppen, Plüschtiere, Landkarten und Plakate sollten den Zimmern ein kindergerechtes Aussehen verleihen. Zudem verkörperten sie Heiterkeit, welche auch farblich unterstrichen werden sollte, wie aus den Anleitungen („Lebendigkeit der Farben", „das Kinderzimmer erträgt viele Farben", „die rote Farbe ist die erste, die sie anlächeln werden") ersichtlich.[336] „Ein neues Leben voller Freude und Heiterkeit" war bis 1983 das Versprechen der Tito-Pioniere, der jugoslawischen Massenorganisation für Kinder.[337]

Auch wenn Kinderzimmer und -ecken knapp bemessen waren, sollten sie ein sozialer Raum sein. Kinder sollten hier lernen, mit anderen zu spielen und zu kooperieren, ihre Sachen zu teilen und sich in der Rolle der Gastgeber:innen üben. Auch im breiteren Sinne wurde eine gesellige Weltoffenheit gefördert. Die Idealvorstellung des Weltfriedens und

---

331 Vgl. Horvat 2015/a, 75 f.
332 Vgl. Vučetić 2012, 306–313.
333 Zapisnik sestanka okrajnjega odbora Zveze ženskih društev, 02.12.1955, SI-AS, 1821-4.
334 Vgl. o.V. 1968/e, 18–20.
335 Mutnjaković 1966, 42.
336 o.V. 1961/a, 11; o.V. 1962/a, 12; Peronja 1965/b, 36 f.
337 Vgl. Duda 2017/a, 45.

188 | 3. Wohnung

3.3 Verräumlichte Beziehungen in der neuen Wohnung | 189

Abb. 23/24   Heiterkeit der sozialistischen Modernisierung im Kinderzimmer: Die von damaligen Haushaltsexpert:innen oft angepriesene Klarheit im Kinderzimmer manifestierte sich in den meist rechtwinkligen Formen sowie den intensiven und meist primären Farben (Rot, Blau, Gelb), die etwa an ein Mondrian-Gemälde erinnern. Im ersten Beispiel aus den frühen 1960ern (Abb. 23) wurde dieses ästhetische Ideal modular mithilfe mehrerer Quadrate umgesetzt und konnte selbst gebaut werden Über dem zweiten Beispiel aus den späten 1960ern (Abb. 24) steht „Möbel für eurer Kinderzimmer heißt Matjaž", worunter das gleichnamige Einrichtungssystem eines slowenischen Möbelherstellers verstanden wurde. Im Laufe der 1960er veränderte sich die erwünschte Ästhetik nur unwesentlich, der Herstellungsmodus aber bedeutend.

der „Freundschaft der Völker" war ein beliebtes Motiv für jugoslawische Kinderzimmer in den 1960er Jahren, dem Höhepunkt der Bewegung der Blockfreien Staaten und der Dekolonialisierung. Dies wurde paradigmatisch im Bild von Kindern aus aller Welt in traditioneller Kleidung dargestellt, welche zusammen die Erde umarmen und somit die globale Dimension von Völkerfreundschaft betonen. In *Svijet* erschien zum Beispiel eine Bastelanleitung für ein Filzensemble von Händchen haltenden Kindern verschiedener Hautfarben und Trachten (Turban, Sombrero, Reishut). In ihrem Mittelpunkt stand allerdings ein blondes Mädchen. Darin „kann das Kind seine kleinen Freunde erkennen",[338] hieß es im Text, um die Prinzipien der Bewegung der Blockfreien Staaten kindergerecht zu kommunizieren. Trotz der proklamierten antikolonialen Gesinnung waren solche Bilder gesättigt von Stereotypen über andere Kulturen. Vor allem Schwarze[339] und asiatische Menschen wurden folkloristisch stilisiert, womit das Klischee einer stillstehenden, statischen, traditionellen Kultur reproduziert wurde.

Ebenso ambivalent war Darstellung der Offenheit hinsichtlich der Geschlechterrollen. Einerseits wurden Kinder von Ratgeber:innen aufgefordert, sich an Haushaltsarbeiten zu beteiligen und so die sozialistischen Werte der Gleichstellung der Geschlechter auszuleben. Andererseits bedienten sich Ratgeber:innen spätestens ab der Pubertät reichlich an patriarchalen Mustern,[340] allerdings selten so explizit wie im Beitrag „Das Zimmer für eine junge Frau" in *Žena* 1959.[341] Das Blumenmuster auf Bettwäsche und Gardinen, ein dekorativer Blumentopf, eine Lampe auf dem Tisch für „warme Stimmung"[342] *(topli štimung)* anstatt Arbeitsstimmung und das Fehlen von Büchern auf dem Bild (obwohl sie im Text erwähnt wurden) postulierten ein von Schönheit, Blümchen und Gemütlichkeit getränktes Frauenbild; Bildung und Ambitionen hatten hier keinen Platz. Selbst die Beteiligung an der Einrichtung des Zimmers wurde als ein Mittel zur „Entwicklung des Sinnes für Schönheit"[343] bei jungen Frauen begründet.

Eine konsequente, verfestigte Differenzierung der Kinderzimmer nach Geschlecht war sowohl aus ideologischen als auch aus finanziellen Gründen nicht tragfähig. Da die wenigsten Massenwohnungen Platz für mehrere Kinderzimmer boten, arbeiteten Ratgeber mit selbstgebastelten Trennungsoptionen. Mal wurden gemeinsame Räume zum Spielen und Arbeiten empfohlen, welche nur für die Nachtruhe aufzuteilen waren,[344] mal wurde keinerlei Unterschied zwischen den Kindern gemacht und ein Kinderzimmer

---

338 o.V. 1962/a, 12.
339 Vgl. auch Peronja 1965/b, 37.
340 Horvat 2019, 182–184.
341 o.V. 1959/c, 30.
342 Ebd.
343 Ebd.
344 Mutnjaković 1966, 46.

"für einen Jungen oder ein Mädchen"[345] vorgesehen. Die wohl waghalsigste Variante sah ein Hochbett in der Mitte des Zimmers vor, welches durch Paravents den Raum in zwei gliederte. Hierdurch wurde das Mädchen- und Jungenzimmer visuell vollständig voneinander getrennt.[346] Einerseits beharrte das sozialistische Regime auf der Gleichstellung der Geschlechter, andererseits, wie am Beispiel der (Ehe-)Paardynamik nachgezeichnet, wurden die Unterschiede auf der Systemebene weiterhin hingenommen und teilweise reproduziert sowie gefördert.

3.3.3 Gäst:innen – Gastgeber:innen

Gäste befinden sich in einer Gleitzone, an der Grenze zwischen außen und innen, öffentlicher und privater Sphäre. Sie sind weder fester Bestandteil eines Haushalts noch komplette Außenseiter:innen. In den Verhaltensweisen zu Gästen spiegeln sich auch die Beziehungen, Werte und Selbstvorstellungen innerhalb der Familie wider. Die Gastfreundschaft wurde in letzten zwei Jahrhunderten in Europa grundlegend neu ausgerichtet. Im Laufe des 19. Jahrhunderts wurden die Interaktionen innerhalb der Kernfamilie stärker von anderen sozialen Verhältnissen getrennt, der Umgang mit Gästen zunehmend formalisiert, durch die Etikette strukturiert und private von repräsentativen Räumen klarer getrennt.[347]

Darüber hinaus veränderte sich auch die Bedeutung von Gastfreundschaft „von der Bereitschaft, Gäste jederzeit willkommen zu heißen, zur Bereitschaft, Freunde zu einer bestimmten Zeit zu Hause als Gäste zu bewirten".[348] Während im christlich geprägten Verständnis der Gastfreundschaft Fremde (in Not oder nicht) eine wichtige Rolle innehatten, wurde die Gastfreundschaft mit der Moderne exklusiver und setzte nun ein freundschaftliches Verhältnis voraus. Gleichzeitig wurde ihr ein klar begrenztes Zeitfenster zugeteilt.

Massenwohnungen boten einen neuen Rahmen und damit neue Herausforderungen für die Ausübung von Gastfreundschaft. Welche Empfehlungen für Gastfreundschaft kursierten in der jugoslawischen Wohnkultur der 1960er Jahre? Was gaben diese über damalige Vorstellungen von (Halb-)Öffentlichkeit preis? Um Antworten auf diese Fragen zu finden, gehe ich auf die Beziehungsstruktur Gäste – Gastgeber:innen ein und bespreche die Entfamiliarisierung (den Zuwachs an Gästen ohne Verwandtschaftsverhältnis zu den Gastgeber:innen). Anschließend analysiere ich die Modalität der Selbstdarstellung.

---

345 o.V. 1963/c, 7.
346 Vgl. o.V. 1967/d, 17.
347 Vgl. Göhlich/Zirfas 2016, 328; Sandgruber 2006, 221.
348 Göhlich/Zifras 2016, 328 f.

3. Wohnung

Schließlich hebe ich die geschlechtsspezifische und zugleich elastische Arbeitsteilung und damit das Pendeln zwischen traditionellen Geschlechterrollen und Gleichstellung hervor.

Im Ratgeber *Wir haben einen Gast (Imamo gosta,* 1962) des Slowenischen Zentrums für Haushaltsverbesserung wurden zwei scheinbar disparate Gastfiguren gesondert behandelt, nämlich „der touristische Gast" *(turistični gost)* und „der Familiengast" *(družinski gost)*.[349] Der Tourismus, im Sommer an der Adria, im Winter in den slowenischen Alpen, war seit den 1950er Jahren ein aufkommender jugoslawischer Wirtschaftszweig[350] und zunehmend wichtige Einnahmequelle für private Vermieter:innen. Zwar mussten sie die Zimmer über die lokalen Tourismusverbände anbieten und deren Preise akzeptieren, aber ihr Spielraum erweiterte sich schrittweise, konnte allerdings zusätzliche Kosten verursachen.[351] Anfang der 1960er Jahre waren Tourismusratgeber um eine Kommunikation der staatlichen Richtlinien und Gesetze von gewerblichen bis privaten Vermieter:innen bemüht. Dem Umgang mit ausländischen Gästen wurde große Aufmerksamkeit geschenkt. Entsprechend bemüht forderten die Vorsitzenden des Tourismusverbands Sloweniens die Gastgeber:innen in ihrer Rolle als „Vertreter unseres Volkes" zu einem stets korrekten Verhalten auf.[352] Die einzige Ausnahme sei, wenn sich „der Gast beleidigend gegenüber unserem Volk benehmen würde".[353] In dem Fall wurde dem Gastgeber geraten, die „eigene Meinung zu sagen und ihm die Tür zu zeigen".[354] Im offiziellen Diskurs waren die Prioritäten damit klar gesetzt: Die Repräsentation des eigenen Landes stand vor dem privaten Profit.

Die Wechselwirkung zwischen der Gastfreundschaft im Tourismus und im Privatleben äußerte sich zum einen in einer Kodifizierung der Beziehung mit klar definierten Aufgaben und Forderungen für beide Gasttypen. Die Haushaltsratschläge in den 1960er Jahren wimmelten entsprechend vor Benimmregeln zum Umgang mit Besucher:innen. Es wurde unermüdlich ausgeführt, wer wen vorstellen solle, wer zuerst zu begrüßen sei oder wann anzustoßen sei.[355] Die Empfehlungen fielen detailliert aus: Sie bestimmten den optimalen Zeitpunkt und die Dauer des Besuchs (am besten vormittags zwischen 11 und 13 Uhr), das Menü (keine Getränke nach der Suppe, zuerst Fleisch, dann Gemüse servieren) sowie die musikalische Begleitung (leise im Hintergrund während der Mahlzeit).[356] Zum anderen ist die Zeit für Familiengäste knapper geworden infolge neuer konkurrierender Freizeitangebote wie Sport- und Kulturveranstaltungen oder „Ausflüge

---

349 Vgl. o.V. 1962/b, 9–106.
350 Vgl. Tchoukarine 2010, 107–140.
351 Vgl. Weiss 1962, 6.
352 Žigon 1962, 12.
353 Ebd.
354 Ebd.
355 Vgl. o.V. 1961/e, 4.
356 Vgl. Marinčič 1962, 43–64.

3.3 Verräumlichte Beziehungen in der neuen Wohnung | 193

in die Natur", die „nicht mehr Luxus, sondern Bedürfnis" geworden seien. Clubs und
Cafés stellten weitere Alternativen dar, mit denen eine Ratgeberin ihren Text zu Fami-
liengästen begann.[357]

Die Akzentsetzung auf (halb)öffentliche Räume kann auch als sozialismuskonforme
Verstärkung des Kollektiven verstanden werden. Die Tendenz zur Auslagerung von Gastlichkeit außerhalb der eigenen Wohnung nahm im Laufe des 20. Jahrhunderts auch im
restlichen Europa zu.[358] Das Wohnen wurde damit über die Kernfamilie hinaus erweitert.
Der Platzmangel in Massenwohnungen beschleunigte diese Entwicklung und versetzte
größere Feiern notgedrungen in Gaststätte oder auf öffentliche Grünflächen.

In den 1960er Jahren wurde der Anspruch an die Hausbesuchsregeln auf die breite
Bevölkerung erstreckt und an einen kleineren räumlich-finanziellen Rahmen angepasst.
Mit einem geschrumpften Zeitfenster für Hausbesuche ging die räumliche Reduktion
einher. Den Gastgeber:innen wurde unter dem Motto „Lieber zwei Gäste weniger als
einer zu viel" stets geraten, beim Zusammenstellen der Gästeliste ihre räumlichen Kapazitäten zu berücksichtigen.[359] Für kleine Neubauwohnungen bedeutete dies im Endeffekt,
dass nur ein oder zwei Gäste zu Besuch kommen konnten. Dementsprechend wurde
der Besuch in der Ratgeberliteratur in der Regel als ein (männlicher) Gast im Singular
imaginiert.[360] Statt aus den Reihen der Familie kamen diese idealtypischen Gäste häufig
aus der Arbeitswelt in Form von Kolleg:innen. Sie deuteten die erwünschte stärkere
Einbindung der Menschen in das Arbeitskollektiv an, wogegen fernere Verwandte langsam an Bedeutung verloren. Blieb ein Gast über Nacht, sollten die Bewohner:innen
laut den Ratgeber:innen die Wohnung auf kurze Zeit umorganisieren, um ihren Gast
möglichst im Wohnzimmer unterzubringen.[361] Weitere Liegeflächen und Sitzplätze am
Esstisch konnten aus Platzgründen kaum angeboten werden; eine Musterlösung stellte
Ratgeberliteratur nicht parat.

Der Kurzfilm *Meine Wohnung* zeigte zugespitzt, wie auch beim Besuch von nur einem
Gast „immer ein Gedränge entsteht",[362] wie die Tochter der Gastgeber berichtete. Beim
Besuch des Genossen Kadić, einem Freund des Familienvaters, wird der Raummangel
in der neuen Massenwohnung zur Hauptquelle der Komik. Schon am Eingang stieß
der Gast mit dem Kopf gegen den Türrahmen, kurz danach gegen den Schrank im
Wohnzimmer. Während die Eltern mit dem Gast am Tisch saßen, aßen die Kinder am
Nähmaschinentisch. Zum Schluss sah man mithilfe eines Spiegels vom Flur aus fern,
um der unangenehmen körperlichen Nähe rund um das Gerät zu entkommen. Die

---

357 Ebd., 43.
358 Vgl. GÖHLICH/ZIFRAS 2016, 329.
359 MARINČIČ 1962, 56.
360 Vgl. o.V. 1967/h, 9.
361 Ebd.
362 BERKOVIĆ 1962, 10:10–10:15.

räumliche Organisation weist auf die geschlechts- und altersbedingten Hierarchien hin: Der Gast Herr Kadić und der Familienvater in der ersten Reihe, die Mutter in der zweiten und erst hinter ihr die Kinder. Der schwarze Kaffee, auch damals ein Standard der Gastfreundschaft, den die Erwachsenen tranken, wurde von der Mutter zubereitet und serviert und bietet sich als ein Beispiel für unsichtbar gemachte überproportionale Haushaltsarbeit die Frauen in der Ausübung von Gastfreundschaft an. Die Menschen saßen dicht nebeneinander, es gab keinen Abstellplatz für die Tassen. Die Enge wurde also durch nur eine zusätzliche Person dermaßen verstärkt, dass sie die Bewegungsmöglichkeiten innerhalb der Wohnung sichtbar einschränkte. Dennoch wurde der Gast durch improvisierte Lösungen in den Familienalltag eingebunden, wodurch die alltäglichen Abläufe und Routinen zwar modifiziert und erschwert, aber dennoch aufrechterhalten werden konnten.

Auch für größere Feiern wurde geraten, die Gäst:innenliste klein zu halten. Anlässlich der Neujahrsfeier 1966 plädierte Architektin Radmila Peronja in *Bazar* für eine möglichst kleine Gruppe, um die Intimität zu bewahren und genug Sitzplätze anbieten zu können.[363] Als Notlösung – nur für die Jüngeren – empfahl Peronja Sitzkissen auf dem Boden.[364]

Einerseits lassen sich die Sitzkissen als kluge Kompromisslösung für die räumliche Enge lesen. Andererseits ist der Ratschlag im Licht der aufkommenden Jugendbewegung zu sehen, die eine Dehierarchisierung und den Bruch mit bürgerlichen Konventionen forderte.[365] Lässige Sitzpositionen und bunte Kissen im Duktus der Hippie-Subkultur waren zudem mit einer Begeisterung für nichtwestliche Kulturen aufgeladen. „Ein kleiner und neuer Haushalt kann nicht alles Notwendige für alle Anlässe haben", beruhigte *Svijet* die Gastgeber:innen und schlug vor, statt mehrere Gläser pro Gast anzubieten, die Namen mit Nagellack auf die Gläser zu schreiben und diese später wieder mit Nagellackentferner zu löschen.[366] Der Text wurde anonym veröffentlicht, wie oft im Fall kurzer Ratschläge. Die begleitende Abbildung mit Gläsern von „Fred", „Bobby" und „Margaret"[367] wies auf einen weiteren Import – hier von Namen – aus dem englischsprachigen Raum hin, der mit dem Hinweis auf die kleinen Wohnungen an die jugoslawischen Umstände angepasst war.

Trotz der gelegentlichen Verwendung angloamerikanischer Quellen und Karikaturen wurde der Wunsch nach einem ausgeschmückten, bei Gästen Eindruck schindenden Wohnraum als anachronistische Orientierung am bürgerlichen, kapitalistischen Ideal des Repräsentierens kritisiert. Als dessen Inbegriff galten in den Ratgebern sperrige, opulente

---

363 Vgl. Peronja 1966/b, 34.
364 Ebd.
365 Vgl. Jackson 2004, 17.
366 o.V. 1961/e, 4.
367 Ebd.

Möbelstücke an der Grenze zu Kitsch („großer Schrank mit geschnitzten pummeligen Kinderköpfchen und diverse Blumen").[368] Dem Repräsentationsbedürfnis der alten Möbelstücke stellten sie den Komfort von modernen, schlichten Möbeln gegenüber, welche den Familienalltag erleichtern würden.[369]

Als ein solcher „unverzeihlicher Fehler (…) auf Kosten der Familie" wurde ein Wohnzimmer kritisiert, welches nur bei Besuch als Ort für Geselligkeit diene, während sich die Familie ansonsten in der kleinen Arbeitsküche eingeengt arrangieren müsse.[370] Mit ähnlichen Argumenten kämpften die Ratgeber:innen gegen ein Gästezimmer in den neuen Wohnungen: „Ein gesondertes Zimmer für Gäste haben? Während des aktuellen Wohnungsmangels? Seien wir realistisch!"[371] Stattdessen empfahlen sie, den Gast im Wohnzimmer oder im Kinderzimmer (das Kind übernachtet währenddessen bei den Eltern) unterzubringen.[372] Zwar wurden kleine Zugeständnisse – eine freie Abstellfläche, ein zusätzliches Handtuch, ein Zeitplan für die Badbenutzung – empfohlen und damit die diskrete Grenze zwischen Gast und Gastgeber:innen wahrgenommen und gezogen, im Großen und Ganzen sollte aber der alltägliche Familienrhythmus auch bei Besuch beibehalten werden.[373]

Zugleich wurde das Empfangen von Gäst:innen als ein wesentlicher Bestandteil des sozialistischen Weltbilds etabliert. Schon Kinder sollten sich in Gastfreundschaft üben, indem sie Freund:innen zu sich einluden.[374] „Solange er sich bei euch aufhält, ist er stets ein Gast des ganzen Kollektivs", wurden die Leser:innen für eine besondere Sorgfalt beim Empfang von Geschäftspartnern instruiert.[375] Eine ähnliche Aufmerksamkeit wurde Gäst:innen aus dem Ausland gewidmet, sowohl Ausländer:innen als auch jugoslawischen Ausgewanderten.[376] Die Gastgeber:innen wurden durch die Zugehörigkeit zum Arbeits- und Nationalkollektiv definiert und stets gemahnt, dass sie Teil von etwas Größerem sind und dieses auch zu repräsentieren haben.

---

368 CHLOUPEK 1962, 43.
369 Ebd., 44.
370 MIRKOVIĆ 1967, 7.
371 MARINČIČ 1962, 105.
372 Ebd., 105 f.; o.V. 1967/h, 8 f.
373 Vgl. MARINČIČ 1962, 55.
374 Ihre Initiative bei der Auswahl der Gäst:innen, Essensvorbereitung und Basteln von Dekorationen wurde ermutigt. Ihre Geselligkeit fand häufig als eine parallele Veranstaltung entweder im Kinderzimmer oder am Kindertisch statt, wobei sich die Kleinen im Empfang der Gäst:innen zu üben hatten. So hatten die Erwachsenen eine Vorbildfunktion und die Kinder wurden ermutigt, früh selbstständig zu agieren. Vgl. KRALJ et al. 1967, 159–173; GRABOVAC 1969, 46–50.
375 MARINČIČ 1962, 72.
376 Ebd.

Wie so oft im Sozialismus oszillierten die Geschlechterrollen der Gastgeber:innen und Gäst:innen zwischen Gleichberechtigung und patriarchalen Erwartungen. Die Ratgeberliteratur zur Partyveranstaltung für Jugendliche empfahl den Jungen einfachere Gerichte zuzubereiten. Sie sollten zudem um die Unterstützung ihrer Mutter und Schulfreundinnen beim Kochen bitten.[377] Mädchen hingegen sollten aufwendigere Rezepte aussuchen und möglichst wenig Hilfe erfragen.[378] Somit wurden die Festvorbereitungen implizit zur Frauensache deklariert. Als Kompensation sollte der Frau besondere Aufmerksamkeit des Gasts zukommen: kleine Geschenke (etwa ein Blumenstrauß) oder eine Tanzeinladung.[379] Zugleich sollte sie ihre Arbeit möglichst diskret erledigen, am besten vor der Ankunft der Gäst:innen, dabei präsentabel aussehen sowie den Eindruck hinterlassen, ihre Arbeit sei leicht und keinesfalls belastend.

Der Bruch mit aufwendigen Repräsentationsritualen im Sinne einer allgemeinen Vereinfachung und Optimierung von Begrüßung und Bewirtung wurde in *Wir haben einen Gast* durch zahlreiche Abbildungen schlichter, aber sorgfältig gestalteter Gegenstände unterstrichen.[380] Schnörkellose Keramikschüsseln, Vasen, Teller und Besteck versprachen dieselbe Unkompliziertheit wie die Möbel und Massenwohnungen der sozialistischen Moderne. Allerdings schien den Ratgeber:innen bewusst zu sein, wie mühsam die Vorbereitungen für eine gelungene Gastfreundschaft waren. So empfahlen sie dezidiert, den Geburtstag der Gastgeberin im Restaurant zu feiern oder mit einem einfachen Vormittagskaffee/-tee mit gekauftem Gebäck: „[I]hr würde guttun, sich ein Menü auszusuchen und bedient zu werden".[381] So schwebte die Ungleichheit der Geschlechter im Haushalt weiter mit, ohne sie aber direkt auszusprechen.

3.3.4 Nachbarschaft

Durch den in den 1960er Jahren intensivierten Massenwohnungsbau wurde das Ideal der Kleinfamilie als Hauptzelle der Gesellschaft bestätigt. Einfamilienwohnungen etablierten sich gegenüber Wohngemeinden und Kommunen, mit welchen insbesondere der frühe sowjetische Sozialismus experimentierte, aber auch gegen die vormoderne, mehrere Generationen umfassende Hofgemeinschaft. Dennoch galt das Kollektiv als der Stützpunkt der sozialistischen Gesellschaft[382] und wurde in Massenwohnsiedlungen

---

377 Vgl. o.V. 1967/f, 34 f.

378 Ebd.

379 Vgl. Marinčič 1962, 46.

380 Ebd., 47–52.

381 Ebd., 66.

382 In der DDR ging das Kollektivierungsimperativ einen Schritt weiter: Im Rahmen der Doktrin der „sozialistischen Hausgemeinschaft" wurden die nachbarlichen Beziehungen noch stärker vom Regime gesteuert. Vgl. Reutlinger/Stiehler/Lingg 2015, 129.

3.3 Verräumlichte Beziehungen in der neuen Wohnung | 197

gezielt gefördert, etwa durch großzügige öffentliche und halböffentliche Räume. Diese wurden in deutlicher Abgrenzung vom kapitalistischen Modell der nachbarschaftlichen Beziehungen verstanden und theoretisch begründet. Der Historiker Benjamin Looker schildert, wie in den USA der 1950er Jahre eine symbolische Verschiebung erwünschter nachbarschaftlicher Eigenschaften erfolgte. Während in den Krisenzeiten des New Deals und des Zweiten Weltkriegs die Solidarität einen hohen Stellenwert innehatte, wurde sie auf den Flügeln der antikommunistischen Rhetorik durch das autonome Individuum und den Wert der Freiheit ersetzt.[383]

Im Jugoslawien der 1960er Jahre war die Gemeinschaft(lichkeit) nicht nur eine ideologisch erwünschte Eigenschaft, sondern auch eine pragmatische Lösung für manche Probleme der Massenwohnungen. Das sogenannte „erweiterte Wohnen" *(prošireno stanovanje),*[384] eine Ausdehnung der Wohnungsfunktionen in das (halb)öffentliche Umfeld (etwa Gemeinschaftsräume, Grünflächen, Wäschereien), sollte die knapp bemessenen Wohnungen ausgleichen. Dadurch vermehrten sich mögliche Interaktionen mit Nachbar:innen. Die Wechselwirkungen zwischen dem Individuellen und dem Kollektiven waren auch in der Wohnung selbst ersichtlich: Private, intime Räume verschwanden zwar nicht, jedoch wurden ihre kommunikativen Eigenschaften deutlich erhöht, etwa durch das „kombinierte Zimmer", das tagsüber als Wohnzimmer und nachts als Schlafzimmer diente.

Aktuelle Forschung zeigt, dass Massenwohngebiete spezifische Nachbarschaftsbeziehungen mit sich brachten und keinesfalls zum befürchteten anonymen Gemenge der Fremden führten. Zum einen teilten alle Nachbar:innen die Einzugserfahrung in neue, oft noch unfertige Siedlungen samt der noch mangelhaften öffentlichen Verkehrsverbindungen und Versorgungsmöglichkeiten. Zum anderen waren unter ihnen viele Familien mit minderjährigen Kindern, die sich über Kindergarten, Spielplatz oder Schule kennenlernten.[385] Außerdem verband sie eine gewisse „heterogene Homogenität",[386] da infolge der Wohnungsvergabe eine bestimmte soziodemografische Mischung entstand, welche zwar unterschiedlichste Berufe und Wohlstandsstufen enthielt, zugleich aber die Extreme von sehr arm und sehr reich ausschloss.

Wie aber stellte sich die damalige Haushaltsliteratur das soziale Gefüge der Nachbarschaft vor? Welche Interaktionsarten wurden gefördert? Auf der Suche nach Antworten kombiniere ich zwei Verständnisse von Nachbarschaft, nämlich einerseits die Nachbarschaft als Territorium und andererseits als Netzwerk.[387] Als inhaltliche Schwerpunkte die-

---

383 Vgl. Looker 2015, 106.
384 Bjelikov 1970, 16.
385 Vgl. Jansen 2018, 3.
386 Gulin Zrnić 2009, 164–176.
387 Vgl. Hüllemann/Brünschweiler/Reutlinger 2015, 28.

nen kollektive Verantwortung (Fallbeispiel: Wäschereien), Ästhetik (Fallbeispiel: Fassaden) und eine ausgefeilte Nähe-Distanz-Dynamik (Fallbeispiel: Treppenhaus/Flur/Aufzug).

Ende der 1950er Jahre wurde das Konzept der Wohngemeinde[388] als mikroterritoriale und -politische Einheit der Selbstverwaltung etabliert. Diese startete mit dem Anspruch, Funktionen des Wohnens außerhalb der individuellen Wohnung zu verorten. Jede Wohngemeinde sollte mit einer öffentlichen Infrastruktur für Kinder (Schule, Kindertagesstätte, Spielplatz) und alle anderen Bewohner:innen (Ambulanz, Grünflächen, Läden) ausgestattet sein. Hierfür wurde auf die Eigenbeteiligung und -initiative der Bewohner:innen gesetzt. Für das Gelingen des „erweiterten Wohnens" benötigte es verlässliche und vertrauensvolle Beziehungen. Deswegen wundert es nicht, dass der Umgang mit Nachbar:innen in der damaligen Ratgeberliteratur ausführlich diskutiert wurde. Dem wird im Folgenden am Beispiel von (halb)öffentlichen Wäschereien nachgegangen.

Manche kollektiven Wäschereien funktionierten wie heutige Waschsalons, in denen jede:r die Arbeit selbst erledigte, andere boten eine umfangreichere Leistung an (Waschen, Bügeln, bis hin zur Lieferung der sauberen Wäsche).[389] Analog zur bereits geschilderten Spannung zwischen vergesellschaftetem Kochen und privaten Einbauküchen in Massenwohnungen fand in den späten 1950er Jahren ein reger Wettbewerb zwischen Wäschereien und Waschmaschinen im privaten Haushalt statt. Die kollektive Verantwortung wurde als zentral für das reibungslose Funktionieren der kollektiven Wäschereien gesehen. Vom Sarajevoer Zentrum für Haushaltsverbesserung (Gradski zavod za unapređenje domaćinstva) wurden die Bewohner:innen folgendermaßen über das ordnungsgemäße Verhalten in den Räumen belehrt:

> Bei der Nutzung der Gemeinschaftswäscherei muss jeder Bewohner die festgelegte Reihenfolge der Benutzer respektieren. Nach dem Waschen muss jeder Bewohner seine Wäsche entfernen, den Müll abholen und den Boden mit einem feuchten Tuch abwischen. Falls im Waschraum eine Waschmaschine oder andere modernere Geräte montiert sind, muss man mit ihnen vorsichtiger umgehen als mit den eigenen. Jeder verursachte Schaden ist nicht nur für den Bewohner ein Verlust, sondern auch für die ganze Gemeinschaft.[390]

---

388 Diesem Thema widmete sich der *7. Kongress des Verbands der Urbanisten Jugoslawiens* (Zagreb, September 1958). Diese Einheit war kleiner als ein Mikrorajon oder eine Nachbarschaftseinheit *(jedinica susjedstva)* und sollte sich als Basis für städtebauliche Grundeinheit etablieren. Vgl. PETROVIĆ 1958, 1, 5.

389 Vgl. SITAR 2015, 155.

390 MIRKOVIĆ 1967, 66 f.

3.3 Verräumlichte Beziehungen in der neuen Wohnung | 199

Die Haushaltsratgeber:innen betonten üblicherweise die kollektive Verantwortung. Eine kaputte Waschmaschine oder eine verstopfte Toilette bedeuteten nicht nur für die „Schuldigen" Probleme, sondern potenziell für alle Nachbar:innen.[391] Die mehrmals wiederholte Bezeichnung „jeder" unterstrich den allumfassenden Anspruch der Ratschläge.

Während in Massenmedien eine Fülle von Kurzberichten zu funktionierenden Wäschereien erschien, lief es im Alltag nicht so reibungslos. Zunächst waren die Bewohner:innen nicht überzeugt vom Teilen einer kollektiven Verantwortung für die Wäschereien. Wie eine 1961 vom Architekten France Ivanšek in Massenwohnsiedlung Savsko Naselje, Ljubljana durchgeführte Studie zeigte, war die öffentliche Meinung in der reichsten Republik für eine private Waschmaschine. 70 % der Befragten wünschten sich eine eigene Waschmaschine, während nur 20 % die kollektiven Einrichtungen positiv bewertete. Die Studie wurde aufgrund angeblich heikler Inhalte von Verlagen abgelehnt und erst Ende 1988 als Buch veröffentlicht.[392] Gleichzeitig konnten sich in den ärmeren Teilen Jugoslawiens nur wenige ein solches Gerät leisten. Eine eigene Waschmaschine rief großen Enthusiasmus hervor und brachte größere Änderungen in den Haushalt als etwa ein Kühlschrank oder Staubsauger. Manchmal wurde sie sogar mit einer „Willkommensfeier" begrüßt.[393] Die Entwicklung eines günstigen und zuverlässigen Waschsystems hatte damals gerade in den weniger entwickelten Gebieten große Erfolgschancen.

Des Weiteren wurden die Gemeinschaftswäschereien nicht immer ordnungsgemäß genutzt, wie auch das oben angeführte Zitat vermuten lässt. Manche Bewohner:innen behielten die Gemeinschaftsschlüssel oder ließen Unordnung hinter sich, was freilich zu Konflikten in der Nachbarschaft führte. In einem Bericht über unsaubere Waschräume in einer Zagreber Massenwohnsiedlung (der Kessel war nach dem Gebrauch schmutzig, die Asche nicht entfernt), ließ die nächste Nutzerin die Wäscherei kommentarlos im gleichen Zustand zurück mit der Erklärung: „Ich möchte bei ihr [meiner Nachbarin] nicht anecken".[394] So nahmen nachbarschaftliche Beziehungen eine, laut der Ratgeber:innen, unerwünschte Richtung. Anecken ist nur relevant, wenn den nachbarlichen Beziehungen ein beträchtlicher Stellenwert zugesprochen wird, wenn man die eigenen Nachbar:innen kennt und eine Beziehung zu ihnen pflegt. So wird deutlich, dass hinter der Forderung nach nachbarschaftlicher Solidarität und Gemeinschaftlichkeit in der Ratgeberliteratur häufig ein Beharren nach Ordnung und einer geregelten Wohnkultur stand.

---

391 Ebd., 52–59.
392 Dennoch zirkulierten sechs Exemplare der nicht veröffentlichten Studie intern innerhalb der jugoslawischen Institute für Architektur, Wohnen und Städtebau. Die Ergebnisse wurden jedoch in den 1960ern in Schweden veröffentlicht. Ivanšek arbeitete in den 1950ern für sechs Jahre in Stockholm und ließ sich durch dortige Ansätze zur Erfassung der Befragung von Bewohner:innen inspirieren. Vgl. Ivanšek 1988, 10.
393 Vgl. Sitar 2015, 146.
394 Jurić 1963, 6.

200 | 3. Wohnung

Die Kompetenz, gemeinsame Innen- und Außenräume ordnungsgemäß und einwandfrei zu benutzen, diente stets als „Beweis für die Kultur und Disziplin der Bewohner, aber auch als ein Beleg für die richtige Kindererziehung"[395]. Die Ratschläge, welche sich vor allem an die vom Land Zugezogenen richteten, sollten die Erwachsenen an ihre Kinder weitergeben. Eine gelungene nachbarschaftliche Dynamik erschien demnach als eine vollfunktionsfähige, von den Bewohner:innen in Eigeninitiative und sorgsam gepflegte Infrastruktur, welche auch nach außen hin ein einheitliches Bild zu erzeugen habe (Abb. 25). So riet das Sarajevoer Zentrum für Haushaltsverbesserung den Bewohner:innen in Massenwohnungsbauten, einen Konsens über die Positionierung der Blumenkisten (vor, auf oder hinter dem Geländer) zu erreichen.[396] Die Fassade fungierte hier als ein kollektives Gesicht und die Nachbarn wurden instruiert, der Außenwelt ihre beste Seite zu zeigen. Eine visuell einheitliche Außendarstellung symbolisierte somit ebenso Ordnung und Einigkeit unter den Nachbar:innen.

Auf dem Balkon aufgehängte Wäsche wurde besonders stark kritisiert, weil sie „dem ästhetischen Aussehen der Gebäude schadet" und „einen sehr schlechten Eindruck auf Passanten macht".[397] So „aufgehängte Bettwäsche wirkt wie eine ausgestreckte Zunge", ermahnte die Titograder *Pobjeda*, wodurch sie die Verletzung der Verhaltensregeln mit dem Benehmen unerzogener Kinder verglich.[398] Sowohl Haushaltsexpert:innen als auch Leser:innen lieferten teils widersprüchliche Negativbeispiele wie zum Beispiel kahle Balkons oder aber aufgehängte Wäsche. Sie wurden auf Fotos zur Schau gestellt, oft über Straßen- oder Siedlungsnamen auffindbar und ihre Bewohner:innen so an den Pranger gestellt.[399] Die Nachbarschaft wurde als eine Gemeinschaft gesehen, die zu „einem vollständigeren ästhetischen Erlebnis beitragen" könne, wie *Naš dom* den

→ Abb. 25   Kollektive Verantwortung für die Ästhetik der halböffentlichen Räume: „Ein düsteres Wohngebäude ohne eine einzige Blume auf dem Balkon. Es gibt unzählige solcher Gebäude", stand unter dem Foto eines Neubaugebiets in Titograd. Der:die anonyme Verfasser:in schlug in der Tageszeitung die Bildung eines Vereins vor, der sich um die Ästhetik der Siedlung kümmern solle, oder eine stärkere Einbindung der für Parks und Wälder zuständigen Behörden. Als Lösung wurde ein kollektives Korrektiv gefordert, welches in den halbprivaten Balkonraum eingreifen würde. Dieser Wunsch ging allerdings nie in Erfüllung, auf der Nachbarschaftsebene waren die jugoslawischen Kontrollmechanismen relativ locker.

395 Mirković 1967, 61.
396 Ebd., 70.
397 Ebd., 72–74.
398 o.V. 1965/d, 11.
399 Vgl. Rakočević 1965, 10.

ТИТОГРАДСКИ БАЛКОНИ

СПОРТСКЕ ХАЉИНЕ ЗА ЉЕТО

КЊИГА—НАЈБОЉИ ПОМОЋНИК У ВАСПИТАЊУ МЛАДИХ

БИЛО ИХ ЈЕ ШЕСТ

ИЗ МЕДИЦИНЕ
ОДМАРАЊЕ

Sarajevoer Stadtteil Grbavica lobte.[400] Der Mangel von nachbarschaftlichem Engagement könne allerdings auch, wie in Titograd, „unfreundliche Fassaden"[401] ergeben und einen schlechten Eindruck hinterlassen. Bezog sich vor dem Zweiten Weltkrieg die Bewahrung der öffentlichen Fassade auf das (klein)bürgerliche Individuum, wurde der Geltungsbereich solcher Sittenkodizes im Sozialismus – in abgewandelter Form – auf breitere Bevölkerungsschichten und neue Wohnformen ausgeweitet.

Eine notwendige Voraussetzung für „richtiges" Benehmen war nicht nur die entsprechende Sozialisierung, sondern auch die entsprechende Infrastruktur. Die Kritiker:innen der Titograder Balkons mussten eingestehen, dass in vielen Fällen die notwendigen Gitter für Blumentöpfe fehlten oder in ihrer Konzipierung bereits dysfunktional waren.[402] Die Lehrerin Rozika Lajtman, die 1964 mit ihrer Kernfamilie nach Neu-Zagreb gezogen war, räumte ein, dass die Wäsche zwar ein „Schandfleck auf jedem Fenster" sei, rechtfertigte es allerdings mit der Abneigung „unserer Hausherrinnen" gegen die schlechten Bedingungen zum Wäschetrocknen im Keller.[403] Diese Geschichte zeigt, wie die neuen Normen in der Theorie akzeptiert und in der Praxis, abhängig von den Umständen, dennoch überschritten werden konnten. An dieser Stelle stoßen zwei Modernisierungsmaßnahmen aufeinander: Der Imperativ des Licht-Luft-Sonne-Ideals und die Ästhetik einer brandneuen, einheitlichen Fassade. Die Selbstverwaltung lies Heterogenität zu, zugleich waren starke Abweichungen von der „goldenen Mitte" unerwünscht. Bei (zu) eigensinnigen und ausgefallenen Nachbar:innen wurde versucht, diese mit an (Klein-)Bürgerlichkeit grenzenden Kultivierungs- und Normierungsmethoden ins Kollektiv einzureihen.

Neben der Sensibilisierung für den Umgang mit dem Gemeinwohl beschäftigten sich jugoslawische Haushalts- und Wohnratgeber intensiv mit der drohenden Entfremdung, einer erwarteten Begleiterscheinung der raschen Urbanisierung. Das Nachbarschaftsideal orientierte sich in den 1960er Jahren immer noch an einem idealisierten Stereotyp einer organischen dörflichen Gemeinschaft. Städtische Nachbarschaften wurden durch Assoziationen wie „Anonymität, Beliebigkeit in Bezug auf Normen und Werte, sozial[e] Isolation und Konflikteskalation" von Sozialwissenschaftler:innen eher skeptisch beäugt.[404] Zugleich echauffierten sich die Ratgeber:innen über eine „Ruralisierung" der Städte, welche als Folge der stark zugenommenen Land-Stadt-Migration angesehen wurde. In einem Neubaugebiet in Cetinje, der Vorkriegshauptstadt Montenegros, wurde ein „entsetzliches Register" dieser Entwicklung festgestellt: Hundehäuser im Treppenhaus, ein Durchbruch von Innenwänden mitten in der Nacht, vollgestopfte Balkone, Trocknen

---

400 o.V. 1968/c, 38.
401 o.V. 1965/d, 11.
402 Ebd.
403 Špeletić 1964, 5.
404 Hüllemann/Brünschweiler/Reutlinger, 23 f.

3.3 Verräumlichte Beziehungen in der neuen Wohnung | 203

von Fleisch in der Wohnung.[405] Zusätzlich munkelte man, „dass es auch einen ‚phantasie-vollen' Bewohner gab, der das geschlachtete Schwein in der Badewanne gesalzen hat".[406] In den gängigen ländlichen Praktiken wurden vor allem die schädlichen Folgen für die Gemeinschaft und damit für das Gemeingut gesehen, denn sie störten die Nachbar:innen und zerstörten vermeintlich neue Wohnungen. In der Spannung zwischen Stadt und Land stellte sich das sozialistische Regime in Jugoslawien stets auf die Seite der Stadt. Die rurale Bevölkerung zeigte wenig Begeisterung für Kollektivierungsversuche und blieb politisch konservativ.[407] Daher sollte man die publizistischen Exzesse über ländlich tradierte Rückständigkeit mit Vorsicht zur Kenntnis nehmen. Bereits damals hatten viele solcher Geschichten den Charakter einer urbanen Legende, wie das Beispiel der geschlachteten Schweine verdeutlicht.

Das Wechselspiel zwischen Intimität (typisch für rurale, eng verbundene vormoderne Gemeinschaften) und Fremdsein wurde immer wieder aufgegriffen. So wurde das groß-städtische Leben über den Bruch mit den ausgeprägten dörflichen Kommunikations-netzwerken charakterisiert, in dem alle alles über alle wussten. Im Haushaltsratgeber für Grundschulkinder *Ich und mein Zuhause* (*Ja i moj dom*, 1969) wurden die Leser:innen etwa belehrt, die Tür abzuschließen, wenn sie allein zu Hause seien.[408] Der Grenze von Wohnungen sowie der individuellen Privatsphäre wurde höhere Relevanz beigemessen.

Zwar förderten und befürworteten die Haushaltsratgeber:innen die Herausbildung eines tragfähigen sozialen Gefüges in der Nachbarschaft, in der Praxis aber wurde Bewoh-ner:innen von verschiedenen Formen lockerer Zusammenkunft abgeraten. Bei Konflikten zwischen Nachbar:innen wurden ihnen institutionelle Ansprechpartner:innen vor-geschlagen und somit eine Distanz zur konkreten Nachbarschaft aufrechterhalten. Im Fall der schmutzigen Wäscherei wurde eine Kontaktaufnahme mit der Hausmeisterin empfohlen, mit den Hundehäusern im Treppenhaus solle sich hingegen der Haushaltsrat beschäftigen. Spontane, informelle Kinderspiele im Treppenhaus wurden verurteilt und kompromisslos abgelehnt. „Sie lebten ein Jahr in diesem Wohnhaus, aber sie kannten sich nicht. Im Club haben sie sich innerhalb einer Woche kennengelernt", wurde die Gründung eines Jugendclubs in Neu-Belgrad als Paradebeispiel für Eigeninitiative und erwünschte sozialistische Soziabilität gelobt.[409] Massenwohnsiedlungen sollten Unmög-liches erreichen: Sich beziehungstechnisch an einem Dorf zu orientieren und dabei die eigene Urbanität erhalten.

---

405 Vgl. o.V. 1965/b, 5.
406 Ebd.
407 Vgl. Calic 2010, 198–200.
408 Grabovac 1969, 7.
409 Savić 1966, 28 f.

3.4 Wohnung zusammengefasst

In den 1960er Jahren wurden Massenwohnungsbauten in Jugoslawien zahlreicher und architektonisch vielfältiger. Zugleich konsolidierte sich in den populären und populärwissenschaftlichen Medien eine relativ einheitliche und in der sozialistischen Modernisierung verwurzelte Wohnkultur: schlichte Möbel, praktische statt repräsentativer Räumlichkeiten. Das Wechselspiel zwischen der Einheitlichkeit und Heterogenität besprach ich zunächst anhand des Weges zu eigenem Wohnraum, konzeptualisiert als „Politik des Wartens". In der Zusammensetzung der Bewohner:innen der neuen Massenwohnungsbauten wurden die Extreme ausgeblendet – stark Benachteiligte und extrem Privilegierte waren woanders zu Hause, in selbstgebauten Häusern oder in prachtvollen Villen. Zugleich war das Recht auf Wohnen nie universell, sondern setzte eine Reihe von Bedingungen voraus. Insbesondere Besserverdienende und hochqualifizierte Angestellte in gehobenen Positionen konnten von den angewendeten Kriterien für Wohnungsvergabe profitieren.

Unter der „Poetik des Wartens" verstand ich die ungleiche Medialisierung von Wartegeschichten. Das Ehepaar mit zwei kleinen Kindern wurde zum überrepräsentierten Prototyp der Wohnungssuchenden. Zum einen verkörperte es die idealen Adressat:innen der Wohnungspolitik, nach deren Bedürfnissen die Wohnungen auch entworfen wurden. Zum anderen hatte diese Gruppe mittelfristig gute Aussichten auf eine eigene Wohnung. Darüber hinaus wurden die Geschichten erst ausführlich thematisiert, sobald eine (individuelle) Lösung in Form einer Wohnung in Sicht war. Mit der Wirtschaftsliberalisierung Mitte der 1960er Jahre wurde der Imperativ des aktiven Wartens immer lauter: Eine finanzielle Eigenbeteiligung und Kredite wurden dem passiven Warten entgegengesetzt. Während die erwähnten Optionen in den Massenmedien als ein durch und durch rationales Instrument porträtiert wurden, tauchten als ihr Gegenpol Gewinnspiele auf.

Mit den neuen Wohnungen wurde auch eine allgemeine Rekonfiguration der zwischenmenschlichen Beziehungen angestrebt. Das Verhältnis zwischen Wohnexpert:innen und Erstbezügler:innen wurde hier anhand der Größe der Wohnung analysiert. Während „Empathiker:innen" das Verständnis für die Anpassungsschwierigkeiten der neuen Bewohner:innen zeigten, zeichneten sich die „Leugner:innen" durch einen strengeren Ton der Ermahnung zur Anpassung aus. Allerdings unterschieden sich ihre Ratschläge kaum. Sie förderten oder forderten eine optische Täuschung, Komprimierung der Funktionen sowie *vita activa* der Bewohner:innen, verstanden als einen täglichen Wandel der Wohnung, wie ihn das „kombinierte Zimmer" als Paradebeispiel erforderte. Die Beziehung zwischen Eheleuten sollte sich am Ziel der Gleichstellung orientieren, allerdings in wechselnder Intensität. Eine grundlegende Umverteilung der Haushaltsarbeit war keine Option. Anfang der 1960er Jahre wurden stattdessen vergesellschaftete Haushaltsdienstleistungen lauter propagiert und Ende der 1960er Jahre wiederum flächendeckende Anschaffung und Ausstattung individueller Küchen. Frauen wurden kleinere Räume und Zeitfenster für die eigene Freizeitgestaltung zugesprochen als Männern, was in der komprimierten Rolle der vielseitigen, sich mit wenig zufriedengebenden (Haus-)Frau zugespitzt wurde.

Die Intimität des Paares wurde durch das Konzept des „kombinierten Zimmers" eingeschränkt, jedoch zogen seit Ende der 1960er Jahre die Emotionalität und Sexualität in den populären Diskurs verstärkt ein. Das Kinderzimmer als ein separater Raum wurde mit elterlicher Liebe und Aufopferung begründet. Kinder, die für die Zukunft des Sozialismus standen, sollten optimale und entwicklungsfördernde Bedingungen haben, welche als „gesunde Heiterkeit" beschrieben werden kann. Gleichzeitig ermöglichten die kleinen Wohnungen eine engmaschige Aufsicht, die anschließend auch in den halb-öffentlichen Räumen der Wohngemeinde von den Müttern erwartet wurde. Außerdem verräumlichte sich im Kinderzimmer die Bedeutung von Arbeit und Geselligkeit. Bereits im jungen Alter sollten Kinder, dem Ideal des fleißigen Arbeiters folgend, als kleine Handwerker:innen ihr eigenes Zimmer aktiv mitgestalten.

Unter der zu fördernden Geselligkeit wurden selbstorganisierte Treffen mit Freund:innen verstanden, die auch eine explizite Weltoffenheit im Sinne der blockfreien Bewegung beinhalteten. Die Gastfreundschaft wurde in den 1960er Jahren zunehmend ent-familiarisiert: Arbeitskolleg:innen wurden zum Prototyp des Gastes, die Routinen der Gastfreundschaft wurden vereinfacht und weniger auf Repräsentation ausgerichtet. Das Alltagsleben sollte unter der Gastfreundschaft nicht leiden und die Abläufe und Räumlichkeiten nur minimal modifiziert werden. Zugleich wurden Frauen weiterhin stärker im unsichtbaren Bereich der Logistik des Besuchs verortet. Schließlich entstand durch das „erweiterte Wohnen" eine neue Schnittfläche für Interaktion mit Nachbar:innen. Die Ratgeber:innen appellierten an kollektive Verantwortung. Kultivierung wurde in der einheitlichen Fassadengestaltung angestrebt (dem Gesicht der Nachbarschaft) und eine Nähe zwischen den Nachbar:innen bei gleichzeitiger Ablehnung jeglicher Ruralität gefordert. Dabei war die Einheitlichkeit eines ordentlichen äußeren Erscheinungsbildes oft wichtiger als informelle Zusammenkünfte.

Im Kapitel legte ich also dar, wie eine Reihe tiefgreifender Veränderungen ausgehend von den Wirtschaftsliberalisierungen Mitte 1960er Jahre in die jugoslawische Wohnkultur einzog. In der zweiten Hälfte der 1960er Jahre wurden, ausgehend von wohlhabenderen Republiken, Waren den DIY-Praktiken und (vergesellschafteten) Dienstleistungen vorgezogen. Zudem lösten sich die Haushaltsexpert:innen zunehmend von der Fixierung auf den Durchschnitt, sodass sie stärker auf die individuelle Lebenssituation eingehen konnten. Darüber hinaus wurde mit durchwachsenem Erfolg das Projekt sozialisierter Hausarbeit verfolgt. Mit diesen Veränderungen zog eine leichte Repatrialisierung des Haushalts ein und die normative Weiblichkeit der Hausherrin wurde wieder stärker betont. Die Ebene der Wohnung offenbarte viele Spezifika der Massenwohnsiedlungen, sowohl hinsichtlich ihrer Vorteile als auch ihrer neuralgischen Punkte. Allerdings konnte sie nicht alles erklären und lösen. So rückt in der folgenden Dekade eine andere Ebene in den Vordergrund: Die Gesamtheit der Siedlung.

4. Siedlung

> Die Form der neuen Siedlungen bewirkt keine gemeinschaftlichen Beziehungen, außer dass
> sie manche verhindert und andere (z. B. die Unterhaltung der Jugendlichen beziehungsweise
> ihre Aggressivität) fördert.
> Stadtsoziologin Dušica Seferagić (1988)[1]

> [T]agein, tagaus sehen wir, wie die Menschen in den Neubausiedlungen nicht alles anneh-
> men, was ihnen die Urbanisierung, beziehungsweise die neue Siedlung angeboten hat, sondern
> sie wählen auf ihre Weise aus, nach bestimmten Kriterien. Die Stadt selbst bewertet diese
> menschliche Auslese oft negativ. Wir Ethnologen müssten sie hingegen untersuchen (…). Vor
> unseren Augen werden noch unvollendete Baustellen zu Boccia-, Schlittschuh- und Eislauf-
> bahnen, zu Wiesen und Fußballplätzen, aus Balkonen werden vielfältigste Abstellräume oder
> Zimmer, oder sie werden zum Schauplatz des nachbarlichen Wettbewerbs in der Bepflanzung
> und im Anbau von Zierpflanzen.
> Ethnologin Dunja Rihtman-Auguštin (1980)[2]

Die zwei Dekaden vor dem Zerfall Jugoslawiens sahen Zeithistoriker:innen weniger
enthusiastisch als noch die „goldenen" 1960er Jahre. In den 1970er Jahren hielt der
jugoslawische Staat die Investitionen und den Lebensstandard „über alle Grenzen des
wirtschaftlichen Verstands" mithilfe von ausländischen Krediten aufrecht. Auf diese Weise
wuchsen die Staatsschulden innerhalb von zehn Jahren von 1,2 Milliarden US-Dollar
im Jahr 1971 auf 20,8 Milliarden im Jahr 1981 an.[3] Dies lag zum Teil an den globalen
Ölpreiskrisen 1973 und 1979, die auch in europäischen sozialistischen und sozialdemokratischen Staaten eine Aushöhlung des Wohlfahrtsstaats und die Steuerung in Richtung
eines „Minimalstaats" beschleunigten.[4] Traf die erste Ölkrise dank Benzins aus Libyen
Jugoslawien in einer abgemilderten Form, bekamen Jugoslaw:innen die zweite Ölkrise
in Form von erheblichen wirtschaftliche Engpässen zu spüren. Die ökonomische und
politische Krise prägte Jugoslawien in 1980er Jahren dermaßen, dass Marie-Janine Calic

---

1 Seferagić 1988, 117.
2 Rihtman-Auguštin 1980, 68.
3 Vgl. Bilandžić 1985, 449; Duda 2014, 27–29.
4 Lyotard 1986, 28.

208 | 4. Siedlung

von der Herausbildung einer „Krisologie" spricht, einer disziplinübergreifenden, medial allgegenwärtigen Analyse von Krisenursachen, -auswirkungen und möglichen Lösungen.[5] Durch Warenengpässe und verringerte Kaufkraft erreichte die Krise breite Schichten der jugoslawischen Bevölkerung. Kaffee, Waschmittel und Fleisch wurden auf einmal knapp, der Treibstoffmangel führte 1979 zu Fahrverboten für Autos mit ungeraden Kennziffern an geraden Kalendertagen und für Autos mit geraden Kennzeichen entsprechend an ungeraden Tagen. Musste man 1976 etwa 70 % eines durchschnittlichen Monatslohns für eine Couch ausgeben, lag der Prozentanteil 1987 bei 110 % und damit zehn Prozent über dem Niveau von 1967.[6] Der seit den 1960er Jahren steigende Wohlstand sank nun wieder. Der Grundmythos der sozialistischen Moderne, das Narrativ eines linearen Fortschritts, war für die breite Bevölkerungsschicht im Alltag widerlegt. Ausgerechnet die breite Teilnahme an einem relativ liberalen, gut ausgestatteten und erreichbaren Markt war seit den 1950er Jahren die „stabilisierende Kraft" und der jugoslawische Vorteil gegenüber anderen sozialistischen Regimen hinter dem Eisernen Vorgang.[7] Patrick Hyder Patterson interpretierte diese unter dem Motto „[W]hat made it special, made it dangerous" als ein Paradoxon des sozialistischen Jugoslawiens, das (zu) hohe Erwartungen hegte, welche in großen Enttäuschungen endeten und schließlich zum Kriegsausbruch und Zerfall Jugoslawiens beitrugen.[8]

Außenpolitisch verlor die Bewegung der Blockfreien Staaten in den globalen Umwälzungen des Kalten Krieges langsam an Bedeutung,[9] innenpolitisch bröckelte die viel beschworene „Brüderlichkeit und Einheit". Der linke Flügel des jugoslawischen Sozialismus um die philosophische Zeitschrift *Praxis* warnte vor der wachsenden Ungleichheit.[10] Interessenkonflikte zwischen wirtschaftlich besser und schlechter aufgestellten Republiken spitzten sich immer weiter zu.[11] Vor diesem Hintergrund forderten die Politiker:innen in Slowenien, Mazedonien, Kroatien und auf dem Kosovo immer lauter eine stärkere Föderalisierung. Die Spannungen kulminierten im „Kroatischen Frühling" (1971), der Massenbewegung, an der auch die kroatische Parteispitze teilnahm, und den kosovoalbanischen Protesten gegen die serbische Vorherrschaft (1971, 1981). Die staatlichen Methoden der Bekämpfung – Polizeigewalt und politische Säuberungen (über 700 Mitglieder wurden aus dem Bund der Kommunisten Kroatiens ausgeschlossen) – deuteten auf eine „Rückkehr zum Dogmatismus" hin, aber auch auf eine innere Instabilität.[12]

---

5 CALIC 2010, 280.
6 Vgl. DUDA 2014, 133.
7 PATTERSON 2011, 313–319.
8 Ebd.
9 Vgl. DINKEL 2018, 242–246.
10 Vgl. PATTERSON 2011, 148–196; DIMITRIJEVIĆ 2016, 68–72.
11 Vgl. RAMET 1992, 187–207.
12 GOLDSTEIN 2019, 178; CALIC 2010, 254.

In diesem konfliktreichen und spannungsgeladenen Jahrzehnt der 1970er Jahre fand noch eine gängige titoistische Konfliktlösungsstrategie Anwendung, welche die Politikwissenschaftlerin Sabrina P. Ramet als „[J]ail the troublemakers, but grant their non-disintegrative demands" zusammenfasst.[13] Die 1974 verabschiedete Verfassung kann als eine Kardelj'sche Antwort auf Forderungen zur Dezentralisierung in Teilen Jugoslawiens sowie auf die radikal linke Kritik an Wirtschaftsliberalisierungen und den neuen technokratischen Eliten verstanden werden.[14] Sie brachte mehr Autonomie für die Teilrepubliken (etwa in Fragen der Auslandsverschuldung) und autonomen Provinzen Kosovo und Vojvodina mit sich. Die Selbstverwaltung wurde nach der Prämisse „Das ganze Einkommen den Arbeitern" radikal ausgebaut und ein Delegat:innensystem band Millionen der Jugoslaw:innen in die Entscheidungsprozesse an ihrem Arbeitsplatz und in ihren Gemeinden ein.[15] Gleichzeitig wurde das institutionelle Gewebe des jugoslawischen Sozialismus immer verworrener, umständlicher und kostenintensiver.[16] Nach Titos Tod 1980 kam zur wirtschaftlichen Krise auch das politische Machtvakuum hinzu. Dieses wurde erst 1986 mit dem Aufstieg von Slobodan Milošević zum Präsidenten des Bundes der Kommunisten Serbiens ausgefüllt, der nationalistische, großserbische Ressentiments schürte. Nur fünf Jahre später, im Jahr 1991, begann mit den Unabhängigkeitserklärungen von Slowenien und Kroatien der Zerfall Jugoslawiens.

Auch im Wohnungswesen waren die Auswirkungen der Krisen in den 1980er Jahren sichtbar. Während 1976 bis 1980 142.000 Wohnungen pro Jahr gebaut wurden (65 % davon finanziert durch Bürger:innen), im Durchschnitt 10.000 mehr als in der vorherigen Dekade, sank die Zahl nach 1980 wieder unter das Niveau von 1975, wobei der gemeinschaftlich finanzierte Bau besonders stark zurückging.[17] Etwa ein Viertel der jugoslawischen Haushalte zahlte Anfang der 1980er Jahre einen Baukredit für entweder Wohnungskauf, -bau oder -einrichtung ab.[18] Die Umwälzungen im System der Selbstverwaltung hatten Auswirkungen auch im Wohnungswesen. Im Jahr 1976 führte das Gesetz über die vereinigte Arbeit das Konzept der selbstverwalteten Interessengemeinschaft (samoupravna interesna zajednica – SIZ) ein, welches verschiedene Akteur:innen vertraglich miteinander verband. Im Bauwesen bedeutete dies, dass Bauunternehmen, Stadtverwaltung und Kund:innen (= Arbeitgeber:innen, die Wohnungen für ihre Angestellten kauften) einen Vertrag schlossen.[19] Die Einführung von SIZ wurde von einem

---

13 Ramet 1992, 192.

14 Vgl. Bilandžić 1985, 443–445; Jović 2003, 103–156.

15 Vgl. Bilandžić 1985, 438–461.

16 Für ausführlichere Analysen des Stands der jugoslawischen Selbstverwaltung im Spätsozialismus siehe ebd., Jakovljević 2016; Unkovski-Korica 2015, 21–44.

17 Vgl. Miljković 1986, 100 f.

18 Vgl. Duda 2014, 117.

19 Vgl. Topham 1990, 404; Seferagić 1988, 86–89.

neuen logistischen Aufwand begleitet, was den Bau verkomplizierte und verlangsamte. Gleichzeitig ermöglichte dieser Rahmen ambitioniertere Projekte wie Blok 5 in Titograd.

Bis zum Ende der 1960er Jahre pendelte sich der Alltag in Massenwohnungsbauten ein. Waren Massenwohnsiedlungen aus den späten 1950er Jahren und frühen 1960er Jahren in einer schlichten, funktionalistischen Ästhetik verankert, fielen die Formen bereits in der zweiten Hälfte der 1960er Jahre heterogener aus. Dies setzte sich in den 1970er und 1980er Jahren fort. Die Bauten wurden nun expressiver und auffälliger (in der späteren Fachliteratur „Betonbarock"[20] genannt), die Siedlungen häufiger in ausgefeilten Mustern jenseits einer rigiden Orthogonalität konzipiert. In Pristina wurde 1972 bis 1978 die Siedlung Dardania errichtet, eine Megastruktur mit Fußgängerplateaus, und in den 1980er Jahren entstand Bregu i Diellit, eine kleinere Siedlung am Stadtrand in einem ähnlichen Stil.[21] Im Blok 19A in Neu-Belgrad zeigten sich postmoderne Tendenzen: Die Abkehr von orthogonalen urbanistischen Mustern und die Rückkehr zu schiefen Dächern.[22] Am Stadtrand Ljubljanas wurde 1977 bis 1988 die Massenwohnsiedlung Nove Fužine gebaut. In Neu-Zagreb folgten weitere Siedlungen (Dugave, Siget) und mit Mamutica in der neuen Massenwohnsiedlung Travno erhielt die Stadt den größten Massenwohnungsbau Jugoslawiens. In Split wurde der Bau des Kapitalprojekts Split 3 mit neuen Wohnstraßen fortgesetzt. Auch in Titograd kam ein Großprojekt zustande, der bereits mehrfach erwähnte Blok 5, ein Ensemble aus Massenwohnungsbauten mit einem bewegten Fassadenbild mit gewaltigen herausragenden Formen. In Sarajevo entstanden ebenfalls höhere Bauten in komplizierteren urbanen Mustern (Alipašino Polje, Otoka, Ciglane). Außerdem wurde das für die Olympischen Winterspiele in Sarajevo 1984 errichtete olympische Dorf Mojmilo später als Massenwohnsiedlung genutzt.

Antifunktionalistische Positionen am Ende der Moderne kündigten die Postmoderne an. In den USA geriet der funktionalistische soziale Wohnungsbau im Rahmen des *Urban-Renewal*-Programms in die Kritik – sowohl von links (wie James Baldwin pointiert formulierte, bedeutete *Urban Renewal* „Negro removal" und begünstigte rassistische Segregation) als auch von rechts (Geldverschwendung und Zügelung kommerzieller Interessen).[23] Den Abriss einer solchen Siedlung, Pruitt-Igoe in St. Louis/

---

20 Damljanović Conley/Jovanović 2012, 302–306.

21 Dardania wurde nach dem erstplatzierten urbanistischen Wettbewerbseintrag des Zagreber Architekten Dražen Janković geplant. Einzelne Bauten wurden von verschiedenen Architekt:innen aus Kroatien, Serbien und dem Kosovo entworfen. Den Wettbewerb für Bregu i Diellit gewann der Zagreber Architekt Darko Kozjak, dieser entwarf auch die meisten Wohnungsbauten. Vgl. Kabashi 2015, 31–44.

22 Vgl. Damljanović Conley/Jovanović 2012, 308.

23 Steven Conn entwickelt die Argumentation weiter und weist unter anderem auf die Widersprüche in der kollektiven Ablehnung vom sozialen Wohnungsbau in den USA hin: Während staatliche Subvention für soziale Wohnungen auf Ablehnung stießen, wurden Bundesgelder für einen massiven Ausbau der Autobahninfrastruktur ganz selbstverständlich akzeptiert. Vgl. Conn 2014, 157–179.

Missouri, am 15. Juli 1972 erklärte der Architekturtheoretiker Charles Jencks 1977 zum Tod der Architekturmoderne.[24] Die neue Wertschätzung für historische Urbanität (alte Stadtkerne, Fußgängerstraße, Platz) sowie Hybridität (Mischung von Funktionen und Formen, Hochkunst und Massenkultur), Ironie, Zitat, Pastiche, „Komplexität und Widerspruch"[25] wurden zu Kennzeichen der Postmoderne. Die Postmoderne als offenes Paradigma, welche Jencks „radical eclecticism" oder „adhocism" nannte,[26] konnte sowohl das *laissez-faire* der neoliberalen Deregulierung als auch ein marxistisch artikuliertes Recht auf die Stadt bedienen.

In den europäischen sozialdemokratischen Staaten wurden Massenwohnsiedlungen seit den späten 1960er Jahren zunehmend von der Lösung der Wohnungsfrage selbst zu einem Problem. Ein Teil der Erstbezügler:innen zog aus Massenwohnsiedlungen in Einfamilienhäuser um, ihren Platz nahmen ärmere Menschen (oft mit Migrationshintergrund) ein.[27] Das in den 1980er Jahren formulierte Modell der Spirale des Verfalls in Massenwohnsiedlungen beförderte diese Stigmatisierung noch zusätzlich.[28] Auch in sozialistischen Ländern überdachten Architekt:innen und andere Wohnexpert:innen das Konzept der Massenwohnungsbauten – allerdings schrieben sie es nicht ab, sondern arbeiteten Vorschläge zu ihrer Neuerfindung aus. Realisierungen folgten schon bald: In Ungarn veranlassten 1975/76 neofolkloristische Tulpen-Dekorationen auf Fassaden von Plattenbauten eine rege Debatte über die Moderne sowie regionale und nationale Identität.[29] Die sogenannte „ernste Postmoderne" in der DDR zog als „Altstadtplatte" in die Stadtkerne ein und brachte historische Motive wie norddeutsche Giebel für die Fassaden mit.[30]

In den letzten Jahren begann in der Forschung ein Umdenken zur Periodisierung der Geschichte des 20. Jahrhunderts, welches die „Zeitenwende" bereits in den späten

---

24 Vgl. Jencks 1977, 9.

25 Schäfers 2006, 145–147.

26 Jencks 1977, 92.

27 Die *grands ensembles* Frankreichs wurden noch Anfang der 1960er in den einheimischen Medien wohlwollend rezipiert und ihre Mängel als durch wissenschaftliche Intervention korrigierbar bewertet. Ende der 1960er wurden sie scharf kritisiert, was neben der Ölkrise und einer graduellen neoliberalen Schrumpfung des Wohlfahrtsstaates 1973 zum Ende des Bauprogramms führte. Ein ähnlicher Wertewandel fand auch in Westdeutschland statt. Vgl. Urban 2012, 51–64.

28 Die Sozialwissenschaftler Niels Prak und Hugo Priemus schrieben 1986 über drei Phasen: Den sozialen, wirtschaftlichen und technischen Verfall. Die jüngere Forschung weist darauf hin, dass im Verfallsmodell eine angeblich unerklärliche und unaufhaltsame Dynamik geschildert wird, wodurch die Stigmatisierung der Massenwohnsiedlungen nur bekräftigt wird. Vgl. van Beckhoven/Bolt/ van Kempen 2009, 30–32.

29 Vgl. Molnár 2019, 47–61.

30 Vgl. Angermann/Hilse 2013.

1970er Jahren verortet.[31] Anstatt, wie in der Forschung üblich, 1980 und Titos Tod als die periodisierungsprägende Zäsur in der Architektur zu verstehen,[32] behandle ich in meiner Studie die 1970er und 1980er Jahre als eine eigenständige Periode. Ungeachtet der politischen Entwicklungen stellten die 1970er und 1980er Jahre im Massenwohnungsbau eine entscheidende Epoche dar: Bereits Ende der 1960er Jahre häufte sich die Kritik an Massenwohnsiedlungen von verschiedenen Seiten, wie im folgenden Absatz weiter ausgeführt werden wird. In den 1970er Jahren waren große Projekte wie Blok 5 in Titograd oder Split 3 entsprechend bemüht, die Probleme der funktionalistischen Siedlungen nicht zu wiederholen und Kritikpunkte zu berücksichtigen. Ungeachtet dieser Kritik wurden weiterhin die in den späten 1960er Jahren und 1970er Jahren konzipierten Massenwohnsiedlungen ohne nennenswerte Innovationen bis in die 1980er Jahre errichtet.

Für die damalige Zusammenballung der Kritik an den Massenwohnsiedlungen in Jugoslawien spielen mehrere Faktoren eine Rolle. Erstens offenbarte das Altern der ersten Massenwohnungsbauten einige Probleme. Zweitens stellte die Postmoderne die Grundsätze der funktionalistischen Wohnsiedlungen infrage. Drittens wuchs seit den späten 1960er Jahren international das Bewusstsein für die Endlichkeit von Ressourcen auf der Erde. In diesem Licht schienen die großen Betonklötze und ihre Kompatibilität mit dem Konzept der Autostadt nicht zukunftsfähig. Viertens brachte die in Jugoslawien aufkommende Stadtsoziologie mit ihrem ausgeprägten Interesse an Massenwohnsiedlungen neue Themensetzungen ein, wie die Ungleichheit und Gemeinschaftsbildung in der Siedlung.[33] Sowohl die einheimischen Anstrengungen zum marxistischen Humanismus im Rahmen der Praxis-Gruppe als auch die internationale soziologische Forschung beflügelten diese Schwerpunkte. 1983 formulierte der ungarische Soziologe Iván Szelényi in seiner auf Englisch erschienenen Studie *Urban Inequalities under State Socialism* die These, die Wohnungsvergabe im Sozialismus begünstigte Privilegierte anstatt soziale Ungleichheit zu amortisieren. Diese These wurde auch in der jugoslawischen Stadtsoziologie rezipiert.[34] Ging es in den Debatten jugoslawischer Stadtforscher:innen in den 1960er Jahren um Schlagwörter wie Wohnkultur, „Nutzwert der Wohnung" *(uporabna*

---

31 Der Historiker Frank Bösch schlägt das Jahr 1979 als den Wendepunkt vor, den er unter anderem mit der Iranischen Revolution, dem sowjetischen Einmarsch in Afghanistan, dem Aufstieg des Thatcherismus im Vereinigten Königreich und der politischen Konsolidierung der westdeutschen Grünen begründet. Vgl. Bösch 2019.

32 Am Beispiel der Zeitschrift *Arhitektura* von 1980, welche in derselben Ausgabe auf postmoderne Architektur und Titos Tod einging, weist Vladimir Kulić auf eine Verbindung zwischen Postmoderne und Spätsozialismus in Jugoslawien hin; vgl. Kulić 2019, 1 f.

33 Dies entsprach der gleichzeitigen Neuausrichtung der Soziologie in europäischen Sozialdemokratien, dem „Erstarken der (Großstadt-)Soziologie", die eine „Neubewertung des Gemeindebegriffs" vollzog, und der Entstehung einer „aufstrebende[n] Gemeindesoziologie", die sich aktiv in die Stadtplanung einbringen möchte. Vgl. Reutlinger/Stiehler/Lingg 2015, 101–124.

34 Vgl. Szelényi 1983; Seferagić 1988, 30.

vrednost stanovanj) für einen „unbekannten Nutzer" *(neznani potrošnik)*,[35] standen in den 1970er und 1980er Jahren Begriffe wie „Lebensqualität", Ungleichheit, „Agency der Bewohner", „Regionalisierung" und „lokale Selbstverwaltung" im Mittelpunkt.[36]

In diesem Kapitel rückt die Ebene der Siedlung in den Vordergrund. Sie und ihre Segmente boten einen Rahmen für die Stadtplanung und gesellschaftliche Teilhabe, der größer war als eine Wohnung. In den 1920er Jahren bauten darauf das Konzept der *neigborhood unit* vom New Yorker Stadtplaner Clarence Perry sowie reformistische Siedlungen des Neuen Bauens auf. Nach 1945 wurde die ortsgebundene Gemeinschaft etwa im DDR-Konzept der „Sozialistischen Hausgemeinschaft" als neue Siedlungen in den europäischen Sozialdemokratien oder als „Mikrorayons" in der Sowjetunion für 6.000 bis 20.000 Einwohner:innen (re)interpretiert.[37] Diese Einheiten bildeten die Basiseinheit der Demokratie (etwa in Schweden) oder Selbstverwaltung (in Jugoslawien). Sie sollten eine Fülle von öffentlichen Einrichtungen für die lokale Bevölkerung in sich vereinen.

Das Reinzoomen in die Ebene der Siedlung ist nicht nur mein methodisches Werkzeug, sondern entspricht auch dem Vorgehen in den Primärquellen. Der Urbanismus erhielt einen neuen Stellenwert. Im Jahr 1974 ging der prestigeträchtigste Architekturpreis Jugoslawiens zum ersten Mal an eine urbanistische (und nicht architektonische) Lösung, und zwar an das Team hinter Split 3 (Vladimir Mušič, Marjan Bežan, Nives Starc).[38] Auch für die in den 1970er Jahren aufkommende jugoslawische Umweltbewegung spielten die Meso- und Makroebene (das Ökosystem mit allen seinen Verflechtungen) eine wichtige Rolle. Die Grundprämisse der Stadtsoziologie war, dass die Siedlung mehr als die Summe aller Wohnungen sei. Im Buch *Die Stadt nach Menschenmaß (Grad po mjeri čovjeka,* 1980) untermauerte der Philosoph und Soziologe Rudi Supek seinen Fokus auf den „Mesoraum" („Ebene der Siedlung") mit dem Argument, „gerade in diesem Raum ließe sich das Grundproblem des Verhältnisses zwischen dem Mensch als soziales Wesen und seiner Sozial- und Lebensgemeinschaft lösen".[39] So wurde die Siedlung als Basisarena der Selbstverwaltung verstanden.[40] Eine Vision von Gemeinschaft und Kollektiv stand ebenfalls im Mittelpunkt der westeuropäischen „Neuen Linken". In Kommunen und Kämpfen um den öffentlichen Raum beabsichtigten sie, das Gemeinschaftsgefühl

---

35 Rojec 1962, 6 f.

36 Diese Zusammenfassung der Schwerpunkte der jugoslawischen Stadtsoziologie im Spätsozialismus wurde Anfang der 2010er von einer der Protagonist:innen, Dušica Seferagić, vorgeschlagen. Auch wenn die Zusammenstellung im Nachhinein erfolgte und auf eigenen Erinnerungen basierte, wird sich im Laufe dieses Kapitels zeigen, dass die meisten Themen tatsächlich im Expert:innendiskurs vertreten waren. Vgl. Seferagić 2013, 285.

37 Vgl. Reutlinger/Stiehler/Lingg 2015, 244–246.

38 Vgl. Tolić 2012/b, 372–391.

39 Supek 1987, 5 f.

40 Ebd., 6 f.

zu stärken, der Kommerzialisierung der Räume entgegenzuwirken und eine Alternative zur bürgerlichen Kernfamilie anzubieten.

Das Potenzial der Bewohner:innen, eine Gemeinschaft im Massenwohnungsbau zu bilden, wird in Sanja Ivekovićs (*1949) Performance *Neu-Zagreb (Die Menschen hinter den Fenstern)* aus dem Jahr 1979 sichtbar:[41] Die Bewohner:innen entlang der Straßen, die Tito und seine Frau Jovanka im Rahmen eines offiziellen Besuchs passieren sollten, bekamen Anweisung, sich von den Fenstern und Balkonen fernzuhalten. Iveković, berühmt für ihre feministischen Auseinandersetzungen mit Massenmedien, dokumentierte die eigene Missachtung der Regeln, allerdings nicht in Neu-Zagreb, sondern an der Straße der Proletarischen Brigaden. Zudem hob sie die Fensterfronten von 28 ungehorsamen Bürger:innen auf einem Pressefoto farblich hervor. So wurde eine stille Gemeinschaft sichtbar, welche möglicherweise unterschiedliche Motive hatte (Neugier, Lässigkeit, Protest). Durch die Benutzung von Primärfarben ordnete Iveković das Gebäude in die modernistische Ästhetik im Stile Mondrians ein und wies gleichzeitig auf das Individuum als primäre Basis der Gesellschaft hin. Ein Jahr vor Titos Tod funktionierte die sozialistische Machtsprache immer noch. Verankert in der Idee der Emanzipation durch Modernisierung, wurde sie mal stärker, mal schwächer von einem repressiven Apparat (motorisierten Sicherheitskräften auf dem Foto) sichergestellt.

Wie an den bisherigen Ausführungen bereits zu sehen war, rückte die Siedlung ab den 1970er Jahren auch in den öffentlichen Diskurs: Die Hinwendung der Debatte zur Siedlung erfolgte prozessual: So lassen sich ihre Anfänge bereits 1962 auf der Ausstellung und Konferenz *Mensch – Wohnung – Siedlung (Človek – stanovanje – naselje)* in Ljubljana nachzeichnen. Nach der wissenschaftlichen Auseinandersetzung mit der Wohnungsebene bot sich eine Auseinandersetzung mit der Siedlungsebene an.[42]

Während in den 1960er Jahren eine auf Massenwohnungsbauten zugeschnittene Wohnkultur intensiv thematisiert wurde, gingen solche Inhalte seit der zweiten Hälfte der 1960er zurück. Ein trivialer Nachweis für das Ende der Dominanz von Massenwohnungen in den Massenmedien lieferte ein 1968 in *Svijet* erschienener Persönlichkeitstest, der auf der Auswahl verschiedener Wohnmöglichkeiten basierte, genauer auf Hochhaus, Schloss, Festung, Hütte, Reihenhaus usw. Die Präferenz für Hochhäuser erhielt eine ausgesprochen negative Auswertung:

> Sie wissen selber nicht, was Sie vom Leben wollen. (…) Diese Instabilität macht Sie unzufrieden, unruhig, labil. Sie haben keinen Sinn für Neues. Sie mögen nicht, wenn sich jemand in Ihre privaten Angelegenheiten einmischt.[43]

---

41 Für eine ausführliche kunsthistorische Analyse von Ivekovićs Perfomance vgl. Noack 2013.

42 Vgl. Ivanšek 1962.

43 o.V. 1968/g, 41.

Zum einen wurden Hochhäuser und damit auch Massenwohnsiedlungen als ein Ort der Unruhe beschrieben, zum anderen als eine nun schon anachronistische Wohnform, rückständig und ohne Willen zur Innovation. Dieser Spagat zwischen einer zu weit führenden und zugleich irreführenden Modernität, der neurotischen und anonymen Stadt auf der einen Seite und einer unvollständigen Urbanisierung der Massenwohnsiedlungen auf der anderen Seite, wird die Debatte in den 1970er Jahren und 1980er Jahren entscheidend prägen.

In diesem Kapitel nehme ich die Kritik an Massenwohnsiedlungen im spätsozialistischen Jugoslawien in den Blick und analysiere ihre Ziele sowie Auswirkungen. Was genau wurde kritisiert und von wem? Welche Alternativen wurden angeboten? Ging es um die zukünftige Abschaffung von Massenwohnungsbauten oder um ihre Optimierung und Reformierung? Ich stelle hierzu die These auf, dass sich Jugoslawien in der Kritik stark an europäischen Sozialdemokratien orientierte, während die Baurealitäten den anderen sozialistischen Ländern ähnelten, in denen Massenwohnungssiedlungen intensiv weitergebaut wurden.

Hierzu gehe ich zuerst auf die baubegleitenden Einwände ein. Sie helfen hierbei, die Diskussion historisch zu verankern und Kontinuitäten sowie neue Argumente zu erkennen. Als zweiten Fokus diskutiere ich die Perspektive ökologischer Kritik am Beispiel von Rudi Supek (1913–1993), dem ersten akademischen jugoslawischen Umweltaktivisten, und dem umweltbewussten Bau von Siedlungen in Ljubljana. Architektonisch-städtebauliche Vorschläge stellen den dritten und die Untersuchung von stadtsoziologischen Beiträgen den vierten thematischen Schwerpunkt in diesem Kapitel dar. Zuletzt betrachte ich die in den 1970er Jahren und 1980er Jahren gebauten Wohnsiedlungen Split 3 und Blok 5 und ihr Potenzial als Beispiel für materialisierte Kritik. Zu diesem Zweck kommen neben den jeweiligen Fachpublikationen (Artikel in Fachzeitschriften, Monografien, Sammelbände) auch Archivquellen (etwa Tagungsdokumentation oder interne Studien) zu Wort. Daneben werden auch multimediale Quellen berücksichtigt: Rockmusik, Fotografien und Filme.

4.1 Baubegleitende Kritik

Hand in Hand mit dem Entstehen der ersten Massenwohnungsbauten gingen auch erste Beanstandungen (Abb. 26). Die 1964 erschienene Sonderausgabe der Fachzeitschrift *Unsere Themen (Naše teme)* zur Frage „Urbanismus am Sozialismus vorbei?" *(Urbanizam mimo socijalizma?)* widmete sich der Kritik am Massenwohnungsbau ausführlich. Unter den acht Beiträgen von Urbanisten, Kunsthistorikern und Architekten[44] waren grundlegend unterschiedliche Meinungen zu Massenwohnungsbau und Funktionalismus zu finden und sie bieten sich entsprechend einer Untersuchung der baubegleitenden Kritik an.

Ähnlich wie es Florian Urban bei den ersten Kritiken der *grands ensembles* beobachtet, zielten die Kritikpunkte in zwei Richtungen, namentlich die architektonische Form (Monotonie, kleine Wohnungen) und urbane Missstände (Lage, bedürftige Infrastruktur kommunaler Einrichtungen und des öffentlichen Verkehrsnetzes).[45] Dabei erschienen beide Problemkomplexe noch korrigierbar (die Kritik war im Kern konstruktiv und voller Verbesserungsvorschläge). Insbesondere Architekt:innen und Kunsthistoriker:innen befürchteten Monotonie im Sinne einer visuellen Langeweile, die aus der Industrialisierung der Bauweise hervorging. Bereits 1950, bevor der Montagebau im Wohnwesen durchstartete, prognostizierte der Architekt Igor Blumenau „monotone Siedlungen" und schlug Variationen in Farbe und Material vor.[46] Wie im 1. Kapitel ausgeführt, sah ein Teil der Kritiker:innen gerade in der Präzision der architektonischen Wiederholung eine wertvolle Errungenschaft der jugoslawischen Bauindustrie. Sogar der Kunsthistoriker Žarko Domljan (1932–2020), ein scharfer Kritiker der „kalten und entfremdeten" funktionalistischen Bauten, räumte ein, diese seien „nicht hässlich", sondern entsprächen „einer

→ Abb. 26   Kritik an den Ungereimtheiten und Verzögerungen im Modernisierungsprozess: Das Foto einer Massenwohnsiedlung (unten), welche „ein Gefühl der Zufriedenheit und Sicherheit weckt", wurde im Konferenzband *Človek – stanovanje – naselje* (Ljubljana, 1962) als ein Positivbeispiel veröffentlicht. Es weist viele Gemeinsamkeiten mit typischen Werbe- und Propagandabildern für Massenwohnsiedlungen der Nachkriegsmoderne auf – von neuen sowjetischen Vierteln bis zu skandinavischen Beispielen. Im Vordergrund stehen helle, unversehrte, weiße Flächen, gegliedert in schlichte, ordentliche Rechtecke (Fenster, Tür, Balkon). Kinder und junge heterosexuelle Paare, die sich auf gepflegten Fußgänger:innenwegen bewegen, fungieren als Musterbewohner:innen. Allerdings wurden über dem Bild drei Negativbeispiele gezeigt: Eine schiefe Wäscheleine im gekieselten, nicht ordentlich gepflasterten Hof, dicht geparkte Autos vor dem Hauseingang und eine Straße mit niedrigen umzäunten Häusern. „Wir haben uns zu sehr daran gewöhnt, dass unsere alltägliche Umgebung so wie auf den Fotos 2, 3 und 4 aussieht", mahnte der Architekt Mitja Jernejec. Diese Art der Kritik anhand anschaulicher Positiv- und Negativbeispiele war üblich in den Diskussionen um die jugoslawische Wohnkultur der 1960er. Sie stellte nicht die neuen Siedlungen infrage, sondern war um eine Korrektur bemüht. Sowohl die übliche Lesart von oben nach unten als auch der Titel des Beitrags („Unsere Wohnsiedlung heute und morgen") suggerieren eine lineare Entwicklungslinie hin zur leuchtenden Zukunft des Positivbeispiels.

---

44   Die meisten waren Kunsthistoriker (Žarko Domljan, Matko Meštrović, Milan Prelog, Grgo Gamulin und Eugen Franković), danach folgten zahlenmäßig Architekten und Urbanisten (Zdenko Kolacio, Vjenceslav Richter, Ante Marinović-Uzelac).

45   Vgl. Urban 2012, 50.

46   Blumenau 1950, 63 f.

4.1 Baubegleitende Kritik | 217

NASE STANOVANJSKO NASELJE DANES IN JUTRI Ilustracije

2

3
4
5

218 | 4. Siedlung

34

Ordnung, die nicht unsere ist".[47] Auch wenn die Ästhetik der sozialistischen Moderne, darunter auch Massenwohnungsbauten, in den 1950er Jahren und frühen 1960er Jahren manchen Stadtkritiker:innen zu mechanisch und repetitiv erscheinen mochte, erfuhr sie keine totale Ablehnung, sondern wurde als gewöhnungsbedürftig verstanden und mit Vorschlägen für mehr Vielfalt bedacht.

Die noch fehlenden öffentlichen Einrichtungen, mangelhafte bis unvollendete Infrastruktur und etliche Baufehler in Wohnungen gehörten seinerzeit zu den zentralen Kritikpunkten aus urbanistischer Sicht.[48] Im Film *Moj stan* grasten die Kühe neben der nach Neu-Zagreb verlängerten Tramlinie, Baustellenschutt lag vor der Eingangstür der Massenwohnungsbauten und asphaltierte Wege waren kaum zu sehen.[49] Kinder spielten in Pfützen in einem noch undefinierten Raum, der eher wie eine Baustelle als eine fertige Siedlung erschien. Allerdings wurde im Film deutlich, dass die Alternative noch schlimmer seien: Überfüllte, bröckelnde Altbauwohnung oder das Häuschen am Rand der Massenwohnsiedlung ohne Wasseranschluss. Die auch in Aufsätzen geäußerte Kritik, die neuen Siedlungen seien „nicht vollständig und eingebunden in das normale Leben der Stadt",[50] suggerierte, dass einfache infrastrukturelle Interventionen spürbare Verbesserungen bezwecken könnten. Die Autor:innen sahen die Verantwortung dafür mal bei den Bauträger:innen, mal bei den Bewohner:innen, insbesondere bei der arbeitsbedingt

Abb. 27   Ein Gebäudeensemble, zwei Bildseiten: Im Film *Grad* sind die unscharfen Silhouetten von fünf Hochhäusern zu sehen, mit einer überfüllten Mülltonne im Vordergrund. Das Rauschen des Windes im Dunkeln verstärkt den Eindruck von Gefahr, Trostlosigkeit und Orientierungslosigkeit. Die Reihe der Hochhäuser, in *Grad* ohne Referenz auf einen konkreten Stadtteil, lässt sich als erster Belgrader Hochhauswohnkomplex identifizieren, von Ivan Antić entworfen und Ende der 1950er gebaut. Die weißen Wohntürme wurden in der damaligen Architekturpresse von der anderen Seite und im hellen Tageslicht fotografiert. Die Abbildung in *Arhitektura* legt den Fokus auf die architektonische Artikulation der Fassade sowie die Skyline-Kontur. Auch wenn einzelne einstöckige Bauten zu sehen sind, liegt der Schwerpunkt auf der Darstellung von Modernität. Bus und Tram standen für die Modernisierung des öffentlichen Verkehrs, die hohen Wohntürme für den Fortschritt im Hochbau, der Ende der 1950er möglich wurde. Mit dem Ablichten der Rückseite als Hintergrund für die Mülltonnen dreht *Grad* dieses Narrativ um – die kleineren Fenster und eine undefinierte Umgebung tragen zu einem wesentlich düsteren Bild bei.

---

47   Domljan 1964, 1768.
48   Vgl. Levi 1972, 25; o.V. 1960/c, 7; Arhanić 1963, 2 f.; Holub 1962, 78 f.
49   Berković 1962, 3:39, 4:08.
50   Meštrović 1964, 1822.

zugezogenen Bauern und Bäuerinnen, mit der auch eine „Verdörflichung" *(poseljačivanje)* und „Rurbanisierung" *(rurbanizacija)* der Stadt eingezogen sei.[51]

Speziell in einem Punkt führten die Wohnhochhäuser zur „Ernüchterung"[52] bei den Kunsthistoriker:innen, wie der Kunsthistoriker Milan Prelog (1919–1988) 1964 beobachtete. Insbesondere architektonische Interpolationen in die historischen Stadtkerne von Zadar, Koper, Sarajevo, Dubrovnik und Varaždin wurden hinterfragt. In Koper, einer kleinen Küstenstadt in Slowenien, wurde der 1957 gebaute Tomosova stolpnica (Tomos-Wolkenkratzer, Architekt: Edo Mihevc) mit 90 Wohnungen für Alleinstehende nun heftig kritisiert. Solche Bauten „zerrütteten" die visuelle Gesamtheit der Altstadt, so der Kunsthistoriker Matko Meštrović.[53] Im empfundenen Konflikt zwischen „Tradition" und „Maschinen"[54] positionierten sich viele Kunsthistoriker:innen auf der Seite der Tradition.

Der Episodenfilm *Grad (Stadt,* Regie: Kokan Rakonjac, Marko Babac, Živojin Pavlović, 1963) behandelt Szene für Szene Angst, Entfremdung und vermeintliche Lasterhaftigkeit in der modernen Stadt. Alkoholisierte Sexarbeiterinnen in Gaststätten *(kafana)* am Stadtrand, in die Dunkelheit gedrängtes schwules Begehren, Schlägereien junger Männer neben Wohnungslosen unter Brücken, kollabierende Männer, streitende und verhängnisvoll schweigende Paare reihten sich pausenlos aneinander. Dieser einzige offiziell verbotene Film im sozialistischen Jugoslawien war ein Vorgänger der gesellschaftskritischen „Schwarzen Welle".[55] Der Film bildete einen starken Kontrast zu den leichten, optimistischen Dokumentaraufnahmen der neuen Siedlungen, die regelmäßig als *Filmnachrichten (Filmske novosti)* im Kino gezeigt wurden (Abb. 27). Diese positiven Bilder währten über die 1960er Jahre hinaus. So wurde etwa die Erweiterung von Titograd in dem kurzen Werbefilm *Titograd durch die Jahrhunderte (Titograd kroz vjekove)* 1980 opulent in Szene gesetzt. Die Kamera im Hubschrauber, einem einschlägigen Symbol für Modernität, kreiste am Anfang und Ende des Films in Dauerschleife über die Stadt, wodurch der städtische Raum größer wirkte und wie eine potenziell endlose Ausstreckung der funktionalistischen Stadt.[56] Wo *Grad* die existenzielle Einsamkeit des Individuums betont, bietet *Titograd* enthusiastische Sprecher:innenstimmen und Luftaufnahmen der Baufortschritte mit Kindern und Berufstätigen, die ein gesundes, lebendiges Miteinander repräsentieren.

---

51 KOLACIO 1964, 1800; ŠUVAR 1973, 125 f.
52 PRELOG 1964, 1825.
53 MEŠTROVIĆ 1964, 1820.
54 MARINOVIĆ-UZELAC 1964, 1808.
55 Vgl. JANEVSKI 2011, 56.
56 BANOVIĆ, Rajko: Titograd kroz vjekove, 1980, 00:00-2:27, Podgorica, Montenegrinische Cinemathek – Nationales Filmarchiv Montenegros (CG-CK-NFACG).

Nach dem Zerfall Jugoslawiens übertrugen manche Kulturkritiker:innen die in *Grad* angesprochenen Probleme der modernen Stadt auf Neu-Belgrad. Laut einem Essay von 2008 sei *Grad* „der erste und vielleicht der einzige Film des NEU-Belgrads".[57] Die Hochhäuser mögen an Neu-Belgrad erinnern, jedoch befindet sich die dargestellte Hochhausreihe nicht dort, sondern im Belgrader Stadtteil Zvezdara. Außerdem fanden im Film keine konkreten Toponyme Erwähnung, vielmehr wurden moderne urbane Zustände sowohl im Zentrum als auch am Stadtrand problematisiert. Viele Szenen wurden in der Belgrader Altstadt gedreht und sind als solche auch im Film zweifelsfrei identifizierbar. Die allgemein formulierte Kritik der modernen urbanen Misere wurde in der Rezeption dann aber selektiv auf die Massenwohnsiedlungen angewandt. Durch die Mechanismen der Kompilation, Selektion und Transposition wurde *Grad* im Nachhinein zum Sinnbild einer negativen Massenwohnungsurbanität.

4.2 Ökologische Kritik

„Heutzutage ist jedem klar, dass der Mensch seine natürliche Umgebung schützen muss", hielt der slowenische Urbanist Vladimir Braco Mušič 1965 fest und sprach sich damit für mehr Natur im Städtebau und gegen eine Polarisierung der Gegenüberstellung von Natur und Stadt aus.[58] Umweltschutz und -bewusstsein formierten sich im sozialistischen Jugoslawien spätestens in den 1970er Jahren und bereits am Ende der Dekade beherrschten sie dermaßen den öffentlichen Diskurs, dass sie als „modisch" bezeichnet wurden.[59] Zum einen wurde die Endlichkeit der natürlichen Ressourcen durch die Ölkrisen greifbar, zum anderen konnte sich der Umweltschutz durch die erste UN-Weltumweltkonferenz (Stockholm, 1972) international konsolidieren. Im Anschluss auf die Konferenz veröffentlichte ihr Teilnehmer Rudi Supek, ein jugoslawischer Philosoph, Soziologe, Buchenwald-Überlebender und Widerstandskämpfer, das erste jugoslawische Buch über Ökologie mit dem Titel *Diese einzige Erde. Gehen wir in die Katastrophe oder in die Dritte Revolution? (Ova jedina Zemlja. Idemo li u katastrofu ili u Treću revoluciju?).* Laut Maja Fowkes lag in der zeitnahen und medial sichtbaren Reaktion auf die globale Diskussion der wesentliche Unterschied zwischen Jugoslawien und den von Zensur und Informationsblockaden geprägten Umweltpolitiken in anderen sozialistischen Ländern (Süd-)Osteuropas.[60]

---

57 Kostić 2008.
58 Mušič 1965, 5–10.
59 Vgl. Jančar-Webster, Barbara 1993, 164; Perković 1977, 827.
60 Vgl. Fowkes 2015, 11 f.

Auch wenn die Umweltfrage im sozialistischen Jugoslawien kein Tabuthema war, blieb eine breite Finanzierung von Umweltprogrammen aus. Gesetzesänderungen wurden zwar beschlossen, aber selten flächendeckend umgesetzt.[61] Barbara Jančar-Webster, Wissenschaftlerin und Umweltaktivistin im Spätsozialismus, sah in der Dezentralisierung und Selbstverwaltung sowohl Chancen als auch Hindernisse für den Umweltschutz in Jugoslawien. Jančar-Webster zählte die Kampagne gegen Atomkraftwerk auf der Insel Vir (Argument: Schaden für den Tourismus) und den Naturschutz für den Ohridsee zwischen Mazedonien und Albanien zu den erfolgreichsten Aktionen im jugoslawischen Umweltschutz.[62] Beide konzentrierten sich auf eine klar abgrenzbare lokale Frage, welche mit wirtschaftlichem Interesse kompatibel und in Gebieten mit wenig Industrie verortet war.[63] Umgekehrt waren im zunehmend dezentralisierten Staat mit wachsendem Wettbewerb zwischen den Teilrepubliken keine Initiativen erfolgreich, deren Anliegen Republikgrenzen überschritten. Ferner strebten diese Kampagnen an, die mühsam aufgebaute staatliche Schwerindustrie zu zügeln.[64] Daher blieben die urbanen Umweltprobleme zum größten Teil ungelöst.

Doch warum waren Massenwohnsiedlungen aus einer ökologischen Perspektive problematisch oder gar problematischer als andere Wohnformen? Erstens bemängelten die Kritiker:innen die in der Charta von Athen empfohlene Funktionstrennung in einer Autostadt, welche – obzwar nur in eingeschränktem Umfang – auch die sozialistische Urbanität prägte.[65] Da Massenwohnsiedlungen oft am Stadtrand gebaut und in funktionalistische Muster eingebettet wurden, war das tägliche Pendeln der Bewohner:innen zur Arbeit oder zum Stadtzentrum vorprogrammiert. Innerhalb der Siedlung wurden kleine Straßen für Bewohner:innen geplant, die breiten Alleen am Rand der Siedlung dienten als Verbindung mit anderen Städten und Republiken und brachten so eine erhebliche Verkehrsbelastung für die Siedlungen mit sich. Wenn die Stadtplaner:innen eine Funktionsmischung und kurze Arbeitswege anstreben würden, so Supek, wäre die Umwelt wesentlich entlastet.[66]

Zweitens wurden einige Umweltprobleme erst durch eine rasche Automobilisierung sichtbar und spürbar. Der Sprung von 6500 Autos (1950) auf 721.000 (1970) und dann 2.700.000 (1984) war gewaltig. Im Jahr 1968 hatten 8 % der jugoslawischen Haushalte ein Auto, 1983 lag der Anteil bereits bei 35 %.[67] Die Kapazitäten im öffentlichen Verkehr (Tram, Trolleybus, Bus) stiegen zwar auch, jedoch wesentlich langsamer: Von 50.000

---

61 Ebd., 177.
62 Jančar 1992, 344 f.
63 Ebd.
64 Ebd., 346 f.
65 Vgl. Bernhardt/Engler 2014, 109–126.
66 Vgl. Supek 1987, 125.
67 Vgl. Miljković 1986, 105, 137.

Plätzen (1950) auf 382.000 (1975), dann 637.000 (1980) und schließlich 937.000 (1985).[68] Die *Ständige Konferenz der Städte Jugoslawiens (Stalna konferencija gradova Jugoslavije)* tagte dann 1968 in Sarajevo zum Thema „Schutz vor Luftverschmutzung und Lärm in den städtischen Gebieten" *(Zaštita vazduha od zagađenja i zaštita od buke u gradskim sredinama)* und verlieh so den von Autos erzeugten, gesundheitsschädlichen urbanen Problemen politische Sichtbarkeit.[69]

Die Bewohner:innen hatten ein zwiespältiges Verhältnis zu Autos in den Siedlungen. Einerseits waren die Autobesitzer:innen auf einen Parkplatz angewiesen, andererseits wollten die Bewohner:innen nicht, dass die Autos in die Nachbarschaft integriert waren. Insbesondere der Lärm und Großverkehr machten den Bewohner:innen Sorgen. So führten die Belgrader:innen diese Argumente in einer erfolgreichen Initiative gegen den Bau einer großen Garage neben dem Nama-Kaufhaus in den späten 1960er Jahren an.[70] Gleichzeitig beklagten sich manche Bewohner:innen über mangelnde Parkplätze, welche zu zugeparkten Straßen in der Siedlung führten. Das Problem verschärfte sich dadurch, dass die Finanzierungslage und -zuständigkeit für die Zwischenbereiche unklar blieb.[71] Als Konsequenz hieraus wurden Pläne zum Bau von Gemeinschaftszentren und Geschäften, aber auch Parkplätzen verschoben oder ganz aufgegeben. Manche Projekte sahen moderne, elegante Lösungen für unterirdische Garagen vor, die aber aus Kostengründen nicht gebaut wurden, wie etwa Split 3 und Kurrizi in Pristina.[72]

Schwerwiegender als die Autofrage erschienen den damaligen jugoslawischen Umweltaktivist:innen ein unbegrenztes wirtschaftliches Wachstum und eine drohende Überbevölkerung. Ökologie und Expansion schließen sich gegenseitig aus, darin waren sich die umweltbewussten Kritiker:innen einig.[73] Anfang der 1970er sahen sie in den neuen Siedlungen – immer mehr Wohnungen in immer größeren Bauten – zunehmend einen besorgniserregenden Ausdruck des unkontrollierten Wachstums.[74] Während sich die Dis-

---

68 Ebd., 106.
69 Vgl. Ličina Ramić 2017, 123.
70 Vgl. Le Normand 2014, 138.
71 Ebd., 132.
72 Vgl. Poduzeće za izgradnju Splita 1973, 23; Kabashi 2015, 30–34.
73 Vgl. Supek 1973, 245; Perković 2011, 828.
74 In Slowenien war die Präferenz für kleinere Wohnungsbauten bereits in den frühen 1960er Jahren ausgeprägt. Zum einen waren die Städte in Slowenien relativ klein und gleichmäßig über die Republik verteilt; daher war eine hohe Bevölkerungsdichte nicht notwendig. Zum anderen arbeiteten slowenische Urbanist:innen mit skandinavischen Siedlungstheorien und -vorlagen. Insbesondere das Ehepaar France und Marta Ivanšek (1920–2003) zog aus ihrer längeren Beschäftigung mit dem schwedischen Kontext den Schluss, „niedrige aber dichte Wohneinheiten für einzelne Familien" wären die Lösung, mit der sowohl Architekt:innen als auch Bewohner:innen zufrieden seien. Darauf basierend entwarfen sie die Siedlung Murgle, die heutzutage in Ljubljana einen hohen Marktwert hat und allgemein als durchaus gelungen gilt. Die Ivanšeks zit. nach Malešič 2012, 337.

kussion in den 1960er Jahren um die Kostenwirksamkeit der Hochhäuser im Spannungsfeld zwischen „Rationalität" und „Rationalitätsmythos" drehte,[75] wandelte sich die Frage
in den 1970er Jahren zu einem ethisch aufgeladenen Dilemma. Sah Vjenceslav Richter
den Synthurbanismus in den 1960er Jahren noch als eine Wohnutopie, bewerteten Öko-
kritiker:innen solche Vorschläge nun als Dystopie. Bereits in den 1960er Jahren plädierte
Milan Prelog dafür, den „schrecklichen Visionen von ‚Megalopolis' und ‚Wabenstadt'"
für „eine Generation von ‚Menschen-Insekten'" ein Ende zu setzen.[76] Supek stellte sich
die Auswirkungen einer Überbevölkerung folgendermaßen vor:

> Was ist mein Leben wert, wenn ich auf dem 536. Stock des Wolkenkratzers in einer Megalo-
> polis leben würde, weil sie alle eingeschossigen Häuser in den Vororten bereits umgepflügt
> haben, wenn ich Sauerstoff und Wasser aus einigen Apparaten auf den höheren oder nied-
> rigeren Etagen dieses Riesenhauses zu mir nehmen würde, wenn ich mich von den sehr
> schmackhaft parfümierten Proteinpillen ernähren würde (…)? Was nützt mir mein Leben,
> wenn ich mich auf einen Materiekreis reduziert habe von diesem Zimmer, in dem ich das
> Leben eines Kosmonauten führe?[77]

Dieses Sprachbild und die Argumentation waren entscheidend durch die Überbevölkerungstheorien des Biologen Paul Ehrlich geprägt. In seinem Bestseller *The Population
Bomb* (1968) prognostizierte er bereits für die 1970er Millionen Tote infolge der Überbevölkerung. Seine Theorie hat sich nicht bestätigt, jedoch leistete sie einen Beitrag zum
wachsenden Umweltbewusstsein und seiner Institutionalisierung, etwa in der von Ehrlich
mitgegründeten Organisation *Zero Population Growth*. Supek zitiert *The Population Bomb*
in seinem Buch ausgiebig, darunter auch die Zukunftsprojektion eines monolithischen
Zuhauses für sechzigtausendtrillionen Menschen in 900 Jahren:

> Ein englischer Physiker, J. H. Fremlin, hat ausgerechnet, dass diese Menschenmasse in ein
> ununterbrochenes Gebäude mit 2.000 Stockwerken gesetzt werden könnte, das den ganzen
> Planeten bedecken würde. Die oberen 1.000 Stockwerke wären nur von Maschinen besetzt,
> die diese gigantische Wohnkaserne funktionsfähig machen würden. Rohrleitungen, Drahtseile,
> Kräne usw. würden etwa die Hälfte der unteren Etagen ausfüllen. Das bedeutet, dass für jeden
> Mensch etwa drei bis vier Quadratmeter übrigbleiben. Die physischen Lebensbedingungen
> in diesem Ameisenhügel möchte ich der Fantasie der Leser überlassen.[78]

---

75 Jernejec 1962, 64.
76 Prelog 1964, 1825–1829.
77 Supek 1973, 8 f.
78 Ebd., 41.

Durch den Begriff „Wohnkaserne" zog Ehrlich eine Parallele zur „Mietskaserne", die er folglich als Anfang vom Ende identifizierte. In beiden Beispielen wird das extreme Aufeinanderstapeln von Etagen zur einzigen Wohnoption unter den Umständen des exponentiellen Bevölkerungswachstums, das letztlich zur Selbstzerstörung führen würde. Eine einzige, ungeheure Megastruktur wurde zum Sinnbild einer dystopischen Zukunft. Während in den 1960er Jahren das „Leben eines Kosmonauten" sowie radikale, utopische Architektur (etwa Richter oder die Gruppe Archigram) noch verlockend wirkten, verwandelte sich in den 1970er Jahren die weitere Mechanisierung des Haushalts in eine klaustrophobische Vorstellung von der Wucherung von Maschinen und technischer Infrastruktur. Die Lebensmittelindustrie samt Fertigprodukten (bei Supek verdichtet im Bild parfümierter Proteinpillen) rief keine Faszination mehr hervor, sondern Ekel und Ablehnung eines mit Kunststoffen und Technologie gesättigten, entfremdeten Lebensstils. Sowohl die Bauweise als auch die dazugehörige Wohnkultur wurden als naturfern und selbstzerstörerisch interpretiert. Zugleich zeigt sich in den bisherigen Ausführungen, wie schnell die westlichen Umweltdebatten Jugoslawien erreichten und ihre apokalyptischen Prognosen ohne Anpassung an die jugoslawischen Umstände wiederholt wurden.

In der Praxis führte das wachsende Umweltbewusstsein dennoch zu einer intensiven Begrünung der Siedlungen. Im Begrünungsplan der Siedlung BS-3 in Ljubljana (1969) platzierte Mitja Jernejec (1924–1997) große grüne Korridore („grüne Straßen") zwischen den Bauten, während eine wesentlich kleinere Fläche für Autos vorgesehen war.[79] Zwei in der ersten Version geplanten Riesenblöcke wurden durch die von Ilija Arnautović entworfenen Wohntürme mit schiefem Dach am Rande der Siedlung ersetzt. Dadurch wurde die Dichte der Siedlung reduziert, in Übereinstimmung mit den dezentralisierenden Impulsen.

Die Siedlung Koseze (Architekt Viktor Pust, 1968–1974) in Ljubljana wurde nicht nur mit „grünen Straßen" für Fußgänger:innen ausgestattet, sondern auch mit grünen Fassaden.[80] Wohnungen in den stufenförmigen Wohnhäusern kamen mit einer großzügig geschnittenen Terrasse daher, welche bis heute üppig bepflanzt sind. Außerdem wurde neben der Siedlung ein Erholungsgebiet mit einem Teich angelegt. Eine reduzierte Besiedlungsdichte, die Lage der Siedlung am äußeren Stadtrand sowie ein „grüner Faden" zwischen und an den Wohnungsbauten zeigen, wie die Verbindung zwischen Dezentralisierung und Umweltinteresse im slowenischen Kontext implementiert wurde.

---

79 Pregled zelenih površin, 1969, SI-AS, 319-16.
80 Vgl. KOSELJ 2020, 194–217.

4.3 Urbanistisch-architektonische Kritik

Im Kompendium für Architekturstudierende *Mehrfamilienhäuser (Višestambene zgrade)* von 1986 nannte der Zagreber Architekturprofessor Grozdan Knežević (1928–2008) drei gleichrangige Optionen: Die Rückkehr „zu unserem kleinen mit Blumen umgebenen Häuschen", das Vertrauen auf den technologischen Fortschritt (samt Begeisterung für das *Space Design)* und einen Kompromiss in Form von Aufstockung und Nachbesserung für bereits existierende Siedlungen.[81] Eine solche Multioptionalität lässt sich teils durch zunehmend liberale Züge der jugoslawischen Wirtschaft erklären. Besonders seit der Wirtschaftsreform 1965 ermutigten die Politiker:innen und die Banken die Bürger:innen dazu, eigenes Geld in den Bau ihrer Wohnung zu investieren. Das Versprechen der Wahlfreiheit wandelte wachsende soziale Ungleichheiten diskursiv um. Zugleich war die Multioptionalität ein Ausdruck der von Jean-François Lyotard festgestellten postmodernen Abkehr von „großen Erzählungen" der Moderne.[82] Die großen Themen wie Rationalität und Fortschritt, welche in Aufklärung und idealistischer Philosophie verwurzelt waren und auch sozialistische Modernisierungsprojekte inspirierten, wurden nun durch „Instabilitäten" und „Performativität" infrage gestellt.[83] Heterogenität wurde nicht nur in verschiedenen Wohnformen gesucht, sondern auch in einer Heterogenisierung innerhalb von Massenwohnungsbauten. Statt eines „gleichförmigen Urbanismus und einer gleichförmigen Architektur"[84] wie in den funktionalistischen Neubaugebieten (unter den vielen besonders Grbavica, Trnsko, Savsko Naselje) und „des ermüdenden Universalismus des zeitgenössischen Ambientes"[85] forderten Architekt:innen und Urbanist:innen nun eine einschlägige Verbindung zu der jeweiligen lokalen Geschichte, Klima sowie Landschaft.[86]

Die folgenden Ausführungen beschäftigen sich mit den in den 1970er Jahren und 1980er Jahren kursierenden architektonisch-urbanistischen Lösungsansätzen für eine nachhaltige, plausible Gegenwart und die Zukunft der Massenwohnsiedlungen. Hierzu gehe ich zunächst auf technozentrische Beiträge ein (Architechnoutopien, Architechnokratien), danach stehen durch die Geschichte inspirierte Ideen zur Diskussion und schließlich schildere ich das Potenzial des Perspektivwechsels – einer Wahrnehmung und Wertschätzung der alltäglichen Beiträge der Bewohner:innen in den Massenwohnsiedlungen.

---

81 Vgl. Knežević 1986, 12.

82 Lyotard zufolge wurden die großen Legitimationserzählungen der Moderne mit der Postmoderne widerlegt – der aufklärerische Ansatz, der „die Menschheit als Helden der Freiheit zum Thema hat", und das Prinzip hegelianischer Philosophie, welchem zufolge „das Wissen zunächst seine Legitimität in sich selbst" habe. Lyotard 1986, 96–111.

83 Ebd., 140–174.

84 Mutnjaković 1987, 22.

85 Ebd.

86 Ebd.

4.3.1 Technologie

Während Umweltschützer:innen das Potenzial von Technologie für die Rettung der Natur regelmäßig abstritten,[87] verfolgten Architekt:innen im Spätsozialismus immer noch diese Option. Zum einen setzten die Architekt:innen auf diese Weise modernistische futuristisch geprägte Visionen des unendlichen Wachstums und einer konstanten Verbesserung fort. Zum anderen nutzten die Bauunternehmen Technologien zur Kostenreduktion. Um zwischen diesen Deutungen zu unterscheiden, greife ich zu den Begriffen Architechnoutopie und Architechnokratie. Mit Architechnoutopie bezeichne ich spekulative, theoretisch und konzeptionell ambitionierte und oft waghalsige Projekte, welche sich auf noch nicht zugängliche oder erfundene Technologien stützen und dementsprechend an *paper architecture* grenzen. Unter Architechnokratie verstehe ich den Einsatz der Technologie und optimierte Abläufe in Bauunternehmen, um die Kosten zu reduzieren.

Für die Ausstellung der internationalen Architektur *TERRA 2* (Breslau, 1981) entwarf Andrija Mutnjaković eine extreme Liebeserklärung an den technologischen Progress und die Utopie. Das Projekt *Cocoon Town* (Abb. 28/29) imaginierte mobiles, schwebendes Wohnen: Die kugelförmigen Wohnungen, analog zu Booten, waren an einem Kai angedockt. Die „pneumatische Architektur" der Kugel wurde dabei mittels Heliums zwischen der Außen- und Innenwand in Bewegung gesetzt. Mutnjakovićs Entwurf erwähnte Versuche der späten Moderne, die Siedlungen umzudenken, und berücksichtigte dabei Beiträge von Arata Izosaki (Metabolismus), Peter Cook (Archigram), Yona Friedman und Constantinos Doxiadis.[88] Sie alle glaubten an den zunehmenden technologischen Fortschritt und ließen Lücken für die zukünftige räumliche Expansion zu. In Ambition, utopischem Potenzial und Ahistorizität unterschied sich *Cocoon Town* kaum von Vjenceslav Richters Synthurbanismus in den frühen 1960er Jahren.[89] Allerdings konzipierte Mutnjaković seinen Entwurf von Anfang an als spekulative Utopie, ohne ernste Ambitionen an der praktischen Umsetzung zu haben.

Auch wenn Mutnjaković die „Blok-Idolatrie"[90] ablehnte, blieben seine Gegenentwürfe in der modernistischen Logik verankert. Im Glauben an ein wachsendes Verkehrsvolumen, welches nach Mutnjakovićs Ansicht als individuelle Mobilität in Form von Privathubschraubern die Luft erobern würde, gestand er dem Verkehr am Boden eine großzügige

---

87 Vgl. Supek 1973, 8.

88 Mutnjaković 1982, 249.

89 Ihre Arbeit überlappte sich kurz in den 1960er Jahren. Želimir Koščević, der innovative Programmleiter der Galerie beim Studentischen Zentrum Zagreb, organisierte 1969 ihre gemeinsame Ausstellung, allerdings arbeitete jeder an seiner Hälfte. Während Mutnjaković mit urbanistischen Experimenten bis in die 1980er Jahre weitermachte, widmete sich Richter seit den 1960er Jahren zunehmend Einfamilienhäusern und Kunstprojekten. Vgl. Margetić Urlić 2008, 58 f.

90 Mutnjaković 1982, 113.

228 | 4. Siedlung

Abb. 28/29   Wohnen auf Papier: Andrija Mutnjakovićs *Cocoon Town* (1981): Während das Äußere der Siedlung einem dünn bepflanzten Baumwollfeld ähnelt, wirken die Interieure wie eine Übung in Weltraumästhetik. Die Mischung aus Menschen in Superheld- oder Astronautenanzügen, Sitzgarnituren in Bläschenoptik, stalaktitenhaften, unregelmäßigen Säulen und Kugeln auf Röhren (vermutlich als Lichtquelle oder Belüftung) deutet auf eine Verschmelzung von organischen und mechanischen Formen hin. Angesiedelt in einer an die Entwürfe von Quasar Khanh der 1960er Jahre angelehnten futuristischen Ästhetik beruht *Cocoon Town* auf der modernen Zuversicht in den Triumph von Innovation („Sieg des Menschen über die Schwerkraft") und einer Verkapselung der Gesellschaft.

Fläche zu und förderte somit die Visionen einer Autostadt. Weiterhin blieb die Zoneneinteilung, wenn auch abgemildert, ein Bestandteil seiner urbanen Visionen. Schließlich hatten die Architekt:innen und Stadtplaner:innen das Sagen in der Ausstattung der Stadt und des Wohnens. Der Spielraum der Bewohner:innen wurde durch den „programmierten Zufall" *(programirana slučajnost)*[91] von Architekt:innen kontrolliert. Nachdem der Wirtschaftsoptimismus der 1960er Jahre abebbte, schafften es solche Projekte nicht mehr, eine kritische Masse für ihre Utopie zu begeistern, und sind heute meist vergessen.

Das utopieferne Dämpfen der Erwartungen war in den jugoslawischen 1980er Jahren weitaus verbreiteter. Immer mehr Stadtexpert:innen forderten einen Fokus auf das Heute,

---

91 Ebd., 168. Der Aufsatz „Oblikovanje slučajnosti grada" wurde 1971 verfasst.

vielleicht noch auf das Morgen und wehrten sich gegen langfristige Zukunftsprognosen und -ziele. „Es ist offensichtlich, dass die einzigen relevanten Anstrengungen auf die weitere Humanisierung der existierenden Städte zu lenken sind", argumentierte der Soziologe Ognjen Čaldarović (1947–2022) gegen umfangreiche urbane Utopien.[92] Der „visionäre Urbanismus", wie ihn der Urbanist Zorislav Perković (1933–1997) nannte, stieß nun auf Skepsis:

> Die Protagonisten sind meistens renommierte Architekten, die formell-technische Lösungen für Gesellschafts- und Raumprobleme der fernen Zukunft bieten. Meistens fokussieren sie sich auf ein Problem (z. B. Raummangel aufgrund der Bevölkerungsexplosion oder Zeitverlust beim Pendeln o.Ä.). Wegen dieser Einseitigkeit, aber auch wegen des unvermeidbaren Unwissens über das Zeitalter, dessen Probleme sie zu lösen versuchen, hängen ihre (ohnehin) spektakulären Konstruktionen auch wortwörtlich in der Luft.[93]

Zum einen zeugte Perkovićs Einwand von einer neu gedachten Zukunftsvorstellung. Im Unterschied zu modernistischer Zukunftsbegeisterung wurden Stimmen für eine analytische Überprüfung des Zukunftsbegriffs in den späten 1970er Jahren lauter. Da die Geschichte einem linearen Fortschritt nicht mehr zu folgen schien, wurde dadurch auch die Zukunft ungewisser, ja unberechenbarer und die kurz- und mittelfristige Planung gewann an Bedeutung. Zum anderen stellte Perković die Einseitigkeit einer Sofortlösung eines vermeintlichen Genies infrage, das in die „ferne Zukunft" flüchtete und aktuelle Probleme künstlich kleinredete.

Auch wenn die Entwürfe nicht realisiert wurden und oft gar nicht realisierbar waren, spiegeln sie die Zukunftsängste der Expert:innen wider: Überbevölkerung, verschwindende Grünflächen, visuelle Einöde. Wenn man die Reflexionen über Wohnen, Stadt und Siedlungen aus dieser Zeit heute untersucht, kann nicht von einem langsamen Ausklingen der Ideale und Utopien die Rede sein.[94] In Bezug auf den Massenwohnungsbau drängt sich ein anderer Schluss auf. Eine kritische Masse jugoslawischer Architekt:innen, Urbanist:innen und Bauunternehmen gab die Idee der Massenwohnsiedlung nicht auf, sondern erneuerte sie mit Lokalität und Gegenwartsfokus, welche die neuen sinnstiftenden Akzente werden sollten. Mochten ihnen die Utopien unseriös und realitätsfern erscheinen, bedeutet dies nicht, dass die Stadtexpert:innen keinen Werteanspruch hatten. Im Gegenteil, diese Werte entstanden in einer Mischung aus „kritischem Humanismus"

---

92 Čaldarović 1987/b, 29.

93 Perković 1977, 813.

94 Diese Zuschreibungen wurden für gewöhnlich mit dem Spätsozialismus in Verbindung gebracht und erst neuere Forschung revidierte diese Zuschreibung. Vgl. Yurchak 2005, 156–208; Kulić 2019, 1 f.

(Fokus auf Bewohner:innen) und „kurzfristigen Pragmatismus" (Leitfrage: Was ist aktuell möglich?).[95]

Architekt:innen beschwerten sich seit den späten 1960er Jahren zunehmend über den eigenen schwindenden Einfluss. Zu der Zeit wurde „Technokratismus" zu einem gängigen Unwort, welches zur Beschreibung der Systemmängel infolge der Wirtschaftsliberalisierung seit 1965 genutzt wurde. Im Wesentlichen richtete sich die Kritik an die aufkommende Wirtschaftselite: Chefs in großen, erfolgreichen Unternehmen, die mit der Reform 1965 den staatlichen Anreiz für Wachstum und gewinnorientierte Geschäftsführung erhielten und das System der Selbstverwaltung für eigene Interessen nutzten.[96] Der Soziologe Slobodan Vuković ordnete ihren Einfluss als einen „arrogante[n] technisch-bürokratische[n] Terror" *(bahati tehničko-birokratski teror)* ein, als eine skrupellose, allumfassende Konzentration auf den Profit.[97] Der Urbanist Zorislav Perković warnte bereits 1977 vor der „Technomanager-Kaste" als „Hauptträger der Privatisierung von Raum".[98] Technokrat:innen tauchten als eine distinktive, privilegierte Schicht auf, die den jugoslawischen Sozialismus und seine Werte wie Solidarität und Gemeinschaft für eigene Klasseninteressen aushöhlte.

Die Technokratie manifestierte sich in Massenwohnsiedlungen durch abwechslungsarme Siedlungen und Komplexe wie den Blok 45 im Süden Neu-Belgrads. Etwa drei Dutzend nahezu identische, vertikale Hochhäuser mit einheitlichen weiß-ziegelroten Fassaden wurden dort in einem orthogonalen Raster angeordnet. Die Planer:innen und Bauunternehmen schufen eine große Masse an Wohnungen, um möglichst viel von ihrem Verkauf zu profitieren, während den lokalen öffentlichen Räumen und Institutionen wenig Aufmerksamkeit zukam. Kulić und Mrduljaš interpretierten Blok 45 als eine durch „minderwertiges Design" gekennzeichnete Gruppe, welche für das Ende des Utopischen im Urbanismus Neu-Belgrads steht.[99]

„Während sich jugoslawische zelluloide Architekt:innen in den 1950er Jahren mit den Themen ‚Rekonstruktion und Entwicklung' beschäftigten, und in den 1960er Jahren mit ‚Liebe und Mode', war in den 1970er Jahren ihr Hauptanliegen das Überleben in dem (korrupten) Beruf", vermerkte Medientheoretikerin Irena Šentevska.[100] Dies liest sich wie eine Metapher für die spätsozialistische „Phase der (Selbst-)Zerstörung",[101] lässt sich aber auch als eine Vertiefung der aus vielen disziplinären Ecken kommenden Kritik verstehen.

---

95 PERKOVIĆ 1977, 812 f.
96 Vgl. BILANDŽIĆ 1985, 438–440; ARCHER 2016, 63.
97 VUKOVIĆ 1979, 3.
98 PERKOVIĆ 1977, 821.
99 KULIĆ/MRDULJAŠ/THALER 2012, 124.
100 ŠENTEVSKA 2012, 106.
101 Ebd.

232 | 4. Siedlung

Ein vielsagendes Beispiel für eine grundlegende Kritik an den verheerenden Folgen des technokratischen Ansatzes für Massenwohnsiedlungen bot der Spielfilm *Živi bili pa vidjeli (Lebt, und ihr werdet sehen*, 1979). Janko, ein Absolvent der Zagreber Architektonischen Fakultät aus bescheidenen Verhältnissen, verliebt sich in Martina und wird schließlich bei ihrem Vater angestellt, dem Direktor der Baufirma URBING. Während der junge Architekt voller Enthusiasmus eine Massenwohnsiedlung entwirft, erlebt er, wie im internen Entscheidungsprozess gemeinnützige Inhalte rasch gelöscht werden: Schwimmbad, Hochtram, Stadion. Zudem wurde das Rekreationszentrum an den Rand der Siedlung gedrängt, während die zentrale Lage einem Parkplatz zukam. In der Mitte des Teams um das Modell der geplanten Siedlung steht der Direktor, der als Motor dieser Entscheidung dargestellt wurde. Im Unterschied zu den Angestellten, deren Expertise durch weiße Kittel ausgedrückt wurde, trägt er einen „weltlichen" Anzug. Janko stellt sich quer gegen diese Entscheidungen mit klaren Worten an seine Kolleg:innen:

> Genossen, die Architektur löst die wichtigsten Fragen des menschlichen Schicksals. Sie prägt unser Leben nachhaltig und ich finde, das Gespräch, das wir bisher geführt haben, ergibt wenig Sinn. Wir waren uns alle einig beim ersten Projekt, dann haben wir es ein bisschen verstümmelt, wieder haben wir uns geeinigt und jetzt fällt wieder dies und das weg und wir sind uns wieder einig. (…) Alles, was dem Leben in einer solchen Siedlung und unserer Arbeit Sinn gibt, wurde ausgemistet. Wir bauen das nicht nur für heute, sondern für die Zukunft. Was ist in diesen Würfeln von dieser Zukunft übriggeblieben? Nichts! Nichts! Zimmer zum Weinen, Zellen für Einsame, Schlafzimmer – das alles haben wir schon.[102]

Jankos Empörung verkörperte das Ethos der modernistischen Architektur: Idealistisch, zukunftsorientiert, sozial engagiert. Ihr Scheitern erklärte der Film durch den Zusammenstoß mit einer technokratischen Gier. Als Janko den Kolleg:innen Profitsucht vorwirft, erwiderte eine Kollegin: „Aber es geht nicht um Profit, sondern um unser Gehalt".[103] Ihre Aussage trifft den Kern des Problems: Nicht nur Chef:innen, sondern auch die Mitarbeiter:innen handelten profitorientiert, da die Gewinne zum Teil auch ihnen zukamen. Je weniger beim Bau ausgegeben wurde, desto mehr blieb für die Angestellten übrig.

Jankos und Martinas Geschichte findet kein Happyend. Nachdem er gewissenhaft kündigte, findet er keine neue Stelle, denn seine Rechtschaffenheit spricht sich in der Branche rum. Notgedrungen arbeitet er beim Abriss der illegal gebauten Häuser. In einem solchen Haus lebt auch er mit Martina und ihrem Neugeborenen teuer zur Miete. Als auch ihr Haus vor dem Abriss steht, errichten sie demonstrativ ein Wohnzimmer für sich auf dem Zagreber Hauptplatz. Nach der Zwangsräumung und einer erfolglosen Suche

---

102 Gamulin/Puhlovski 1979, 1:01.
103 Ebd., 1:02:40–1:02:43.

4.3 Urbanistisch-architektonische Kritik | 233

nach Hilfe (Studierendenheim, Rotes Kreuz, Zentrum für Sozialarbeit, Zentrum für Mutter und Kind) fahren die drei in einem LKW-Anhänger in eine ungewisse Zukunft.

Der Film stellt zwar das Bausystem samt seinen (korrupten) Hierarchien an den Pranger, nicht aber die Massenwohnsiedlungen. Diese galten hier nicht als grundsätzlich trostlose, unrettbare Wohnform, sondern erst der Planungsprozess verstümmelte sie nach und nach. Die Architekt:innen konnten kaum etwas daran ändern, lautete das Urteil im Film. Falls sie es einmal wagten, eine Veränderung vorzuschlagen, mussten sie mit verheerenden Folgen für ihr berufliches Leben rechnen. Die Lösung, so der Film, lag in einer organisierten gesellschaftlichen Bemühung um Veränderungen im jugoslawischen Sozialismus. Allerdings waren technokratische Unternehmen hier schuld an der Wohn-Ungerechtigkeit und nicht die politische Führung. Entsprechend begrüßte die Politik den Film, wofür die Auszeichnung mit dem Debüt-Preis auf dem Filmfestival von Pula, der bedeutendsten jugoslawischen Filmveranstaltung, spricht.[104]

Eine ähnliche Geschichte der Degradierung eines ursprünglich guten Projektes für die Massenwohnsiedlung ist im letzten DDR-Film *Die Architekten* (1990) sowie im unvollendeten, 1974 erschienenen Roman *Franziska Linkerhand* von Brigitte Reimann zu finden. In *Die Architekten* wurden ein (nicht mehr ganz) junger, motivierter Architekt und sein Team von den alten Machtverhältnissen entmutigt. „Uns muss man gar nichts verbieten, wir verbieten uns das selbst", beklagte der Architekt die Autozensur unter seinen Kolleg:innen.[105] Neben einer bitteren und ausführlichen gesellschaftlichen Kritik bieten diese literarisch-filmischen Vorlagen also durchaus eine Aufwertung des modernistischen Ethos der Massenwohnsiedlung.

Megastrukturen schlugen den Weg zwischen Architechnoutopie und Architechnokratie ein. In den 1970er Jahren entstand in Jugoslawien eine ganze Reihe von Wohnungsbauten für mehrere hunderte oder gar tausende Bewohner:innen, etwa „Mammutin" (Mamutica), der Genex-Turm als West-Tor Neu-Belgrads, und „Kreuzer" (Krstarica) in Split 3.[106] In westlichen Ländern erlebten Megastrukturen ihren Höhepunkt zwischen 1955 und 1975 und waren begünstigt durch die nachkriegszeitliche „Aufbaustimmung", die antiautoritäre „Revolution" der Jugendlichen, die „Machbarkeit" durch den wachsenden Wohlstand und die „Verkaufbarkeit" oder vorhandene Nachfrage, schreibt Christoph Düesburg.[107] In den 1970er Jahren wurden in Megastrukturen zunehmend totalitäre

---

104 Vgl. PETERLIĆ 1990, 386.
105 KAHANE 1990.
106 Die „Mamutica" wurde von Đuro Mirković für die Siedlung Travno in Neu-Zagreb 1974 entworfen. Das Genex-Hochhaus war ein von Mihajlo Mitrović entworfenes 35-stöckiges Gebäude aus zwei durch eine Skybridge verbundenen Teilen, mit Wohnungen im nördlichen und Büros im südlichen Turm. Der „Kreuzer" des Architekten Frane Gotovac war ein Bestandteil des gewaltigen Massenwohnungsgebiets Split 3.
107 DÜESBURG 2013, 23.

234 | 4. Siedlung

Dystopien gesehen. Zudem erschwerten zunehmend neoliberale Eigentumsregelungen ihren Bau und Erhalt, da sich die lokalen Besitzverhältnisse atomisierten.[108]

In Jugoslawien wurden riesige Wohnkomplexe erst in den 1970er Jahren intensiv gebaut. Zum einen war dies nun erstmals technisch ohne größere Probleme möglich und zum anderen standen viele internationale Vorbilder und Beispiele zur Verfügung, insbesondere die japanischen Metabolisten wurden in Jugoslawien seit Kenzo Tanges Projekt für den Wiederaufbau Skopjes intensiv rezipiert. Die gewaltigen Maße erforderten neue gestalterische Ideen, sodass die meisten Großstrukturen durch ihre einzigartigen Fassaden zu Orientierungs- und Identifikationsankern in der Stadt wurden: Der Genex-Turm, sichtbar bei der Einreise über die westliche Zufahrt zur Stadt oder beim Weg vom Flughafen in die Altstadt, gehört heute zu den architektonischen Wahrzeichen Belgrads und „Mamutica" wurde in den 2000er Jahren in einer gleichnamigen Serie verewigt.

Das massenhafte Unterbringen von einer möglichst großen Anzahl an Bewohner:innen in einem einzigen Gebäude (das man nur unter Vorbehalt Megastruktur nennen kann) samt integrierter Infrastruktur rekonfigurierte die Idee der Nachbarschaft und schuf eine Stadt in der Stadt. Die Vielfalt fand ihren Ausdruck in reliefartigen Fassadenfronten mit Plug-In-Effekt. Technologieinspirierte Visionen versprachen eine umfassende Optimierung, sei es für die Bewohner:innen, denen individualisierte Mobilität, viel Grün und raffinierte Inneneinrichtungen versprochen wurden, oder für die Bauunternehmen, die möglichst viele Wohnungen möglichst günstig auf möglichst kleinem Grund unterbringen sollten.

4.3.2 Von der Vergangenheit lernen?

Neben einer kompromisslosen Zukunftsorientierung gewann der Blick in die Vergangenheit immer mehr Anhänger:innen. Sie suchten Ideen für Massenwohnsiedlungen in regionalen vernakularen Bautraditionen, in der Landschaft oder bei vergangenen architektonischen Stilen. So unternahm der Architekt und Theoretiker Bogdan Bogdanović (1922–2010), ein Erzfeind von funktionalistischen Siedlungen, konkrete Maßnahmen zur Weiterentwicklung, oder – aus seiner Sicht – Rettung von Neu-Belgrad.

Während seiner Zeit als Bürgermeister 1986 schrieb die Stadt Belgrad einen internationalen Wettbewerb zur Verbesserung der Neu-Belgrader Struktur aus. Insbesondere die Lücke im Zentrum Neu-Belgrads sollte umgestaltet werden. Bogdanović zufolge war Neu-Belgrad das ultimative Massenwohnungsgebiet und damit Ausdruck eines stumpfen, ideenlosen Städtebaus, der grundsätzlich falsch und daher abzulehnen sei. Ihm ging es in erster Linie darum, dass Neu-Belgrad „schwimmen lernt", das heißt, die Stadt sollte die Wasserfront der Flüsse Save und Donau stärker nutzen. Die Neugestaltung sei „die

---

108 Ebd., 171–181.

letzte Chance, eine Stadt am Wasser, von Wasser durchdrungen, zu bauen und nicht eine Stadt neben dem Wasser und vor dem Wasser versteckt".[109] Denn obwohl Neu-Belgrad von den zwei Flüssen umgeben ist, waren ihre Ufer in der Stadtplanung kaum berücksichtigt. Dies kann als ein Argument gegen eine allzu rationalistische Architektur verstanden werden, der es an tiefgründigen Verbindungen mit der umgebenden Natur mangelt. Anfang der 2000er Jahre führte Bogdanović dies auf den Primitivismus eines Urbanisten zurück, der „aus dem wasserlosen dinarischen Karst nach Belgrad gekommen war"[110] und dabei selbst nicht schwimmen könne.[111] Der primitive Urbanist spielte auf Slobodan Milošević und seine Herkunft aus dem gebirgigen Montenegro an, der in den späten 1980er Jahren auch eine zunehmende Kontrolle über Stadtlandschaft ausübte.

Modernistisch-funktionalistische und traditionell-vernakulare Architektur müssen allerdings keine sich gegenseitig exkludierenden Gegensätze bilden, sondern konnten beide von einer Person vertreten werden, wie das Beispiel des Architekten Juraj Neidhardt eindrücklich belegt.[112] Wie im 1. Kapitel thematisiert, unternahm er Anfang der 1950er Jahre zusammen mit Dušan Grabrijan einen umfangreichen Versuch, die Qualitäten der vernakularen bosnischen Architektur osmanischer Prägung herauszuarbeiten. Im Jahr 1968 leitete Neidhardt in der Fach- und Tagespresse eine Kampagne gegen den Bau von Wolkenkratzern in Sarajevo am Fuß des Bergs Trebević. Seines Erachtens nach drohten sie „die Harmonie und Optik des Ambientes und die Seele vom alten Sarajevo wie eine Sturmflut – weil sie eine Sturmflut sind – zu töten, da die Berghänge Trebevićs einen Teil von Sarajevos Muschel bilden".[113] Im nicht realisierten Gegenentwurf schlug Neidhardt eine kleine Anzahl von Wohnungsgruppen vor, gegliedert in Waben verschiedener Größen, welche den Berghang wie ein Amphitheater gestalteten.[114] In den dreieckigen Knoten, in denen sich die Winkel der Montagekonstruktion trafen, unterbrachte er vertikale Kommunikationen, um eine optimale Beleuchtung für den Rest des Ensembles zu sichern. Auch die diagonale Reihung der Bauten minimierte die Beschattung.[115]

---

109 Bogdanović 2002, 14.

110 Die rhetorische Verbindung zwischen den gebirgigen, wirtschaftlich armen Karstregionen (den ‚Hinterwäldlern') und dem Primitivismus währt in Ex-Jugoslawien bis heute. Vgl. ebd., 15.

111 Ebd.

112 Der in Zagreb geborene Architekt wurde in der Zwischenkriegszeit im dezidiert modernistischen Geiste ausgebildet und arbeitete bei Behrens in Berlin und Le Corbusier in Paris. Kurz vor dem Ausbruch des Zweiten Weltkriegs zog er nach Sarajevo um und widmete sich bis zu seinem Lebensende den dortigen architektonischen Problemen. Die „duale Faszination mit dem Vernakularen und mit dem hochkosmopolitischen Erscheinungsbild" prägte derzeit nicht wenige jugoslawische Architekt:innen, wie Kulić und Mrduljaš aufzeigten. Vgl. Kulić/Mrduljaš/Thaler 2012, 90.

113 Bunić 1969, 1 f.

114 Vgl. Neidhardt 1968, 6 f.

115 Ebd.

Anhand dieses Beispiels lassen sich einige generelle Einwände gegen die modernistische Stadtplanung ableiten. Erstens zeigte die Kampagne eine Polarisierung zwischen der Bauindustrie auf der einen und Architekt:innen und Urbanist:innen auf der anderen Seite. Neidhardt, der seinerzeit berühmteste Architekt Bosniens, äußerte seine Unzufriedenheit öffentlich; der wachsende Einfluss der Bauunternehmen konnte dadurch jedoch nicht eingedämmt werden und die Hochhäuser wurden trotzdem gebaut.[116] Zweitens erschien die Stadt nicht mehr nur als eine modernistische Maschine, sondern als ein Organismus, welcher in den Einklang mit der Natur zu bringen sei und nicht über die Natur triumphieren müsse. So inspirierte die Natur Neidhardt zu seinen Formen wie Muscheln und Honigwaben und er strebte ausdrücklich eine Harmonie von Stadt und Natur an. Dies korrespondierte mit dem internationalen Interesse für organische Architektur, welche in Jugoslawien im Konzept „Biourbanismus" *(Bio-Urbanizam)* von Andrija Mutnjaković theoretisch ausgearbeitet wurde.[117] Drittens rückten „die Seele" und die Geschichte wieder in das Sichtfeld der Urbanist:innen. Funktionalistischen Siedlungen wurden Seelenlosigkeit und geistige Leere vorgeworfen und flüchtige Begriffe wie Ambiente und Atmosphäre ersetzten nach und nach die quantitativen Erfolgskriterien einer Siedlung (Durchschnittswohnfläche pro Kopf, Prozent der Haushalte mit Kanalisationsanschluss usw.). Neidhardts Entwurf inkorporierte hingegen das in der osmanischen Zeit reichlich angewandte, wenn auch nicht kodifizierte „Recht auf Aussicht".[118] Die räumliche Zick-Zack-Organisation der Bauten sollte sicherstellen, dass sich die Wohnungen nicht behinderten, sondern möglichst aufeinander abgestimmt sind.

Das neue Interesse für eine historische und fußgänger:innenfreundliche Urbanität, Atmosphäre und Ambiente tauchte im internationalen Kontext als Bestandteil des sogenannten „Neuen Urbanismus" auf, der sich in den 1980er Jahren in den USA konsolidierte.[119] Wie unter dem Abschnitt zur baubegleitenden Kritik ausgeführt, sprachen Kunsthistoriker:innen diese Punkte bereits in den frühen 1960er Jahren an, was durch ihre Beschäftigung mit historischen Stilen und Epochen zu erklären ist. Jedoch blieb Neidhardts Vision einer gelungenen Massenwohnsiedlung immer noch im modernistischen Ethos verankert. So forderte er weder eine Abkehr von Massenwohnsiedlungen am Stadtrand noch vom industrialisierten Wohnungsbau (auch sein Gegenentwurf

---

116 Neben Neidhardts Kampf gegen die Hochhäuser unter dem Trebević in Sarajevo wurden auch andere vergleichbare Kampagnen geführt, mal erfolgreich (in Dubrovnik), mal erfolglos (in Koper). Vgl. MUTNJAKOVIĆ 1987, 22.

117 Mutnjakovićs prägendes Essay mit einer Definition des Biorubanismus wurde 1965 veröffentlicht, in den 1980er Jahren erschien unter diesem Titel eine Anthologie seiner Schriften. Vgl. MUTNJAKOVIĆ 1982, 136–139; BLAGOJEVIĆ 2007, 198–201.

118 Vgl. GRABRIJAN/NEIDHARDT 1957, 10 f.

119 Jane Jacobs zählte mit ihrem urbanen Aktivismus in den 1960er Jahren zu den entscheidendsten Vorgänger:innen des „Neuen Urbanismus". Für einen historischen Überblick siehe GRANT 2006.

beruhte auf vorgefertigten Elementen!), sondern lediglich eine Reform im Sinne einer Abweichung von einer „seelenlosen Beton-Architektur" und zugleich ihre Anpassung an die natürliche Umgebung.

Anstatt das historische Zentrum als eine chaotische, unhygienische Gefahr zu verstehen, wie in den 1950er und frühen 1960er Jahren üblich, zog unter Stadtexpert:innen in den späten 1960er Jahren ein neues Verständnis für historische Bauweise und Stadtkonzeption ein. Architekt:innen und Städtebauer:innen zitierten nun die historischen Hauptstraßen und -plätze in den Stadtzentren als Vorbilder eines gelungenen Urbanismus: Etwa Stradun (Dubrovnik), Ilica (Zagreb), Baščaršija (Sarajevo) und Mestni trg (Ljubljana).[120] Insbesondere die Konzepte Blockbau, Straße und Platz erfuhren neue Aufmerksamkeit. Der Belgrader Urbanist Zorislav Perković empfahl sogar, „die alten Stadtteile, ihre Struktur und Maße zu hüten und neue Stadtteile den alten möglichst ähnlich zu errichten – zumindest solange wir nicht in der Lage sind, etwas Besseres zu schöpfen".[121] Wie Perković anmerkte, fiel das Versprechen von Wohnhäusern im Grünen in der Praxis deutlich bescheidener aus: Anstatt strukturierter Grünflächen würden einem häufiger Parkplätze oder undefinierte, „nichtfunktionale, schlecht gepflegte" Grünflecken begegnen.[122] Hoben in den 1950er und 1960er Jahren die jugoslawischen Expert:innen die mit Licht, Luft und Sonne gefluteten Wohnungen und modernen Installationen wie Zentralheizung sowie die greifbaren Vorzüge von Massenwohnsiedlungen im Vergleich zu Altbauten hervor, wurden diese Vorzüge nun langsam selbstverständlich.

Allerdings sahen die Stadtexpert:innen der 1970er Jahre den Schaden, den die Massenwohnsiedlungen im Stadtgewebe vermeintlich verursachten, als reversibel. Die Publikation *Erfahrungen aus der Vergangenheit (Iskustva prošlosti*, 1985)[123] des Instituts für Stadtentwicklung Belgrad mit Miloš R. Perović (1939) an der Spitze brachte die Zukunft Neu-Belgrads mit lokalen und internationalen historischen Beispielen in Zusammenhang. Die Publikation war üppig illustriert mit alten Kupferstichen, Skizzen und Zeichnungen. Veduten von Rom und Paris aus dem 18. Jahrhundert sollten exemplarisch eine gelungene, graduelle Verdichtung illustrieren. „[D]as Wohngebäude in Mäanderform im Blok 21 ist größer als das von der Stadtmauer umgebene Dubrovnik, während die Altstadt von Korčula problemlos in den Raum vor dem Bundesexekutivrat passt", lauteten etwa Vergleiche von Teilen Neu-Belgrads mit anderen jugoslawischen Stadtkernen.[124] Während

---

120 In den Unterlagen des Unternehmens für den Aufbau Splits wurden diese lobend erwähnt. Vgl. PODUZEĆE ZA IZGRADNJU SPLITA 1973, 20 f.

121 PERKOVIĆ 1977, 830.

122 Ebd., 29.

123 Das Buch erschein in einer zweisprachigen Ausgabe (auf Serbokroatisch und Englisch) und in der englischen Variante des Titels *Lessons From the Past* wird die Nützlichkeit der Geschichte als „Lehren" für die Zukunft noch deutlicher.

124 PEROVIĆ 1985, 142 f.

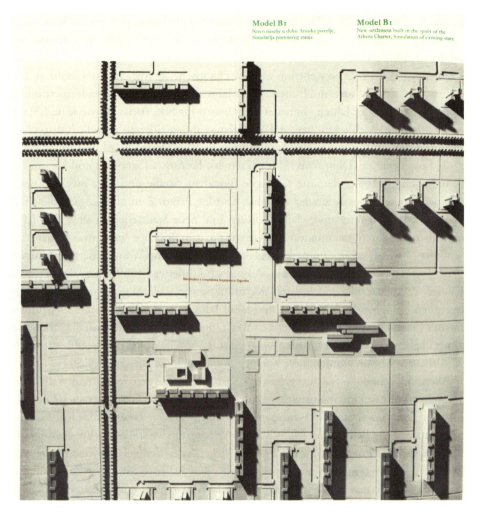

Abb. 30/31 Eingliederung der Massenwohnsiedlungen in die traditionelle Urbanität: Eine Verdichtung der Bloks („inneres Wachstum") wurde 1985 von Miloš R. Perović vorgeschlagen, um den „verschwommenen" Raum durch eine „kompakte" Stadtstruktur zu ersetzen. Mit Straßen, Plätzen und Blockrandbebauung wurden urbane Formen, die der Funktionalismus ablehnte, wieder aktuell. Am Beispiel eines Neu-Belgrader Bloks wurde der Vorschlag konkretisiert. Links ist der vorgefundene Stand zu sehen, rechts der Umbauvorschlag. Die Wahl des Maßstabs sowie die Darstellung der Zwischenräume als weiße Lücken (und nicht etwa als Parks oder Grünflächen, wie am Begrünungsplan der Siedlung BS-3 in Ljubljana exemplifiziert) bestärkte den Eindruck von Raumverschwendung und Leere.

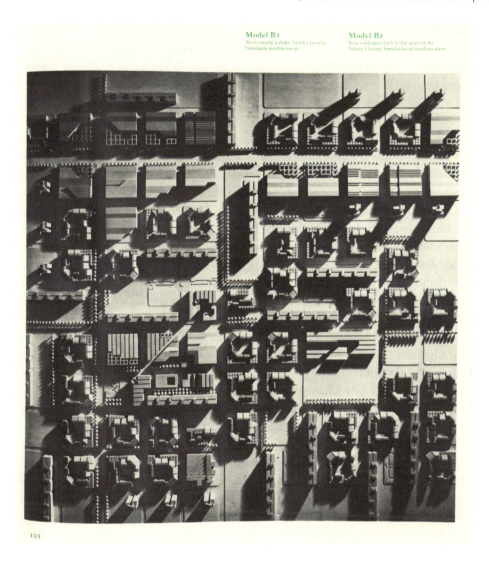

Massenwohnsiedlungen in den späten 1950er und frühen 1960er Jahren die Galionsfiguren der modernen Stadt darstellten, wurde ihnen im Spätsozialismus eine Art Beitrittsprozess zu einer „wahren" Urbanität in Aussicht gestellt. Da „nichts Besseres" aktuell zu erwarten sei, sollten alte Muster befolgt werden. Auch wenn Massenwohnsiedlungen auf diesem Weg den Status einer Stadt (und nicht eines Schlafzimmers) zugesprochen wurde, blieb für Perović klar, welche Form der Urbanität überlegen war.

Perović bezog sich hierbei auf Lewis Mumford und seine Idee von der Auflösung der Moderne („alles ist aktuell und alles ist retro") sowie Baudrillards Deutung der funktionalistischen Siedlungen als vergangenheitsorientiert, als ein frühes Stadium der

240 | 4. Siedlung

Stadtentwicklung und nicht als ihre Endphase.[125] Die Postmoderne bildete den theoretischen Rahmen zugunsten der Vermischung von historischen und neuen Architektur- und Wohnstilen in der Stadt. Die Verdichtung wurde nun als ein unvermeidlicher Prozess angesehen, der in der Geschichte schon unzählige Male stattgefunden habe.

Dies wird besonders greifbar im Gleichnis zwischen dem Diokletianspalast in Split und den Neu-Belgrader Bloks, in dem der spätantike Palast als „Makrorahmen, relativ ähnlich zu den heutigen Bloks in Neu-Belgrad"[126] gesehen wurde. So wie sich der Palast seit dem Mittelalter mit Bewohner:innen und neuen Strukturen füllte und letztlich zum Stadtkern Splits wurde, würden sich dieser Logik folgend die Massenwohnsiedlungen durch eine Verdichtung in respektable Blockrandbebauungen umwandeln (Abb. 30/31). Die in *Iskustva prošlosti* geschilderten Vorschläge würden diese designierte Wende schlicht beschleunigen, so die implizite Deutung Perovićs. Das Programm einer umfangreichen Nachbesserung, welches das modernistische Konzept der Siedlung im Grünen idealisierte, wurde diskursiv als eine Weiterentwicklung der Massenwohnsiedlung behandelt. Auch Rudi Supek forderte von Architekt:innen und Urbanist:innen eine Abkehr von durchregulierten Siedlungsschemata. In den Massenwohnsiedlungen sollte eher „ungenutzter Raum" *(neiskorišteni prostor)* eingeplant werden, welchen Kinder und Jugendliche selbst gestalten sollten.[127] Allerdings schuf man dadurch gleichzeitig die Voraussetzungen für eine zügellose, unkontrollierte Privatisierung: *New Urbanism* war sowohl für das neomarxistische Recht (des Individuums) auf die Stadt als auch für kapitalistische Privatisierung von öffentlichen Räumen nutzbar. Sobald die „freien" Flächen wie Wiesen und Gemeinschaftsräume in der Siedlung nicht mehr als unantastbar, sondern als leer galten, konnten private Initiativen sie vereinnahmen, was nach 1990 auch rasch geschah.

Wenn Perović symbolische Brücken zwischen Alt und Neu in den Neu-Belgrader Bloks suggerierte, kamen im Projektentwurf von Serge Renaudie, Pierre Guilbaud und Henri Lefebvre zum Wettbewerb für die Verbesserung der Neu-Belgrader urbanen Struktur (1986) wortwörtliche Brücken zum Tragen. Das architektonisch-soziologische Team plädierte für den Ausbau der Viertel auf beiden Sava-Ufern und die Förderung von „[u]nerwarteten Begegnungen, Zufällen und Konjunktionen".[128] Lefebvre sah jedoch Potenzial im jugoslawischen Kontext und Neu-Belgrad:

---

125 Ebd., 147, 243.

126 Ebd., 55 f.

127 Supek 1987, 224.

128 Das Faksimile des Bewerbungseintrags wurde 2009 im Künstlerbuch im Rahmen der in Linz organisierten Ausstellung zu Lefebvres Aktivitäten in Belgrad veröffentlicht. Es ist nicht spezifiziert, wie die Rollen innerhalb des Teams verteilt waren. Eine zweifelsfreie Attribuierung der Ideen ist daher nicht möglich. Allerdings kann vermutet werden, dass die Konzeption auf dem von Lefebvre theoretisch artikulierten „Recht auf Stadt" basierte und er für die theoretischen Grundprinzipien des Vorschlags

4.3 Urbanistisch-architektonische Kritik | 241

Because of self-management, a place is sketched between the citizen and citadin, and Yugoslavia is today perhaps one of the rare countries to be able to concretely pose the problematic of a <u>New Urban</u>.[129]

Ihm zufolge könnte ausgerechnet das administrative Skelett der Selbstverwaltung die Entfaltung von „citadins" befördern, den in der Stadt wohnhaften Menschen, die sich vorwiegend mit der lokalen Ebene identifizierten und in diesem Rahmen politisch beteiligten.[130] Zugleich stilisierte der Beitrag die Abkehr vom funktionalistischen Neu-Belgrad zum Idealfall. Belgrad solle sich in die andere Richtung, auf die benachbarten Berge ausbreiten, wie in der vormodernen Zeit, wohingegen sich Neu-Belgrad in „die Ruine einer anderen Zeit [verwandele], ein Museum der Erinnerung an eine vergangene Epoche, in der die Individuen kein Recht hatten, in vollem Maße Bürger zu sein".[131] Eine Verflechtung zwischen Alt und Neu deutete das Ende der großen Dichotomien, aber eben auch der Aufbruchstimmung an, welche die Massenwohnsiedlungen in den 1950er und frühen 1960er Jahren geprägt hatten. Im postmodernen Verständnis war kein Platz mehr für zwei konkurrierende Stadtmodelle, namentlich die traditionelle und die moderne Stadt. Unter der Verflechtung verstanden die Autoren die einseitige Anpassung der Neustadt an die Altstadt und nicht andersrum. Auch Lefebvres ideale Szenario für Neu-Belgrad – der Zerfall zu einer Ruine! – zeigt unverkennbar, dass die funktionalistische Neustadt aus seiner Sicht im Fall einer Verschmelzung wenig beizutragen hätte.

Das neue Geschichtsbewusstsein beeinflusste nicht nur die Nachbesserung der Siedlungen aus der Nachkriegszeit, sondern auch etliche im Spätsozialismus neu gebauten Siedlungen. Dies illustriere ich nun am Beispiel der Massenwohnsiedlung Dugave im Ostteil Neu-Zagrebs. Die Gestaltung der Siedlung wurde 1975 in einem Wettbewerb ausgeschrieben. Gleich zwei gleichwertige Projekte wurden ausgewählt, darunter ein Entwurf des Zagreber Teams um Ivan Čižmek (Tomislav Odak, Tomislav Bilić, Zdenko Vazdar), das schlussendlich die Umsetzung übernahm. Dugave bildete bewusst „eine Reaktion auf den heutigen Zustand der Neubausiedlungen"[132] und wurde, nach späteren Aussagen des Architekten, vom Umdenken der Massenwohnsiedlungen im Kontext von Split 3 inspiriert.[133]

Während die Blockrandbebauung einer unspezifizierten europäischen Stadt des 19. Jahrhunderts Perović als Inspiration diente, entsprangen die Details in Dugave der

---

zuständig war, während Renaudie und Gilbaud konkrete architektonische Formen entwarfen. Vgl. RENAUDIE/GUILBAUD/LEFEBVRE 2009, 25; BLAGOJEVIĆ 2009, 119–133.

129 RENAUDIE/GUILBAUD/LEFEBVRE 2009, 2 f. [Hervorhebung wie im Original].

130 Zu „citadin" vgl. LEFEBVRE 1996, 128.

131 RENAUDIE/GUILBAUD/LEFEBVRE 2009, 6.

132 ČIŽMEK 1979, 22.

133 Vgl. das Interview mit Ivan Čižmek: LEBOŠ 2018.

lokalen Tradition. Die Wohnungsbauten im Norden und Osten wurden in 45°-Winkel in „Hörnchen" oder „Kipferl" *(kifle)* gruppiert, in der Mitte entstand ein großer Park und am südlichen und östlichen Rand löste sich Siedlung in Reihen- und Einfamilienhäuser aus. Die halbgeschlossenen Blöcke ordnete Čižmek als eine „transponierte Ähnlichkeit mit der traditionellen Struktur der Zagreber Innenstadtblöcke" ein.[134] Das kommerzielle Gemeinschaftszentrum Neues Oktogon erinnerte an die gleichnamige Jahrhundertwende-Einkaufspassage in der Zagreber Innenstadt,[135] *kifle* repräsentierten lokales kulinarisches Erbe. Der moderne Stil wurde mit lokalspezifischen identitätsstiftenden Details erweitert. Dabei fungieren die stark überarbeiteten historischen Elemente eher als Hommage denn als Geste der Absage an die Moderne.

Auch eine Mischung von Wohntypologien (größere und kleinere Hochhäuser, Einfamilienhäuser) fand seit den 1970er Jahren vermehrt ihren Platz in neuen Siedlungen. Diese Entwicklung begann mit der Rhetorik von einer freien Wahl der Wohnform, welche die Kreditwerbungen seit Mitte 1960er Jahre versprachen. Sie suggerierte, dass soziale Unterschiede zwischen großen und kleinen Wohnungen, luxuriös und schlicht eingerichteten Wohnräumen gesellschaftlich akzeptabel sind, wie im vorherigen Kapitel ausgeführt. Mit Ausnahme von Slowenien fanden alleinstehende Einfamilienhäuser zuvor wenig Beachtung in sozialistischen Projekten. Anstatt sie zu ignorieren oder gar abreißen zu lassen, versuchten nun die Architekt:innen und Urbanist:innen vermehrt, sie in die Siedlungen zu integrieren.[136] Der Ostteil von Dugave beherbergte etwa exklusive Reihenhäuser vorwiegend für Armeefunktionäre und bekam in den 1990er Jahren dank der starken Präsenz von Prominenten den Spitznamen „Dugaves Beverly Hills". Die Einfamilienhäuser bildeten eine geduldete Ungleichheit, die der Gesamtheit der Siedlung untergeordnet war.

Auch die Massenwohnsiedlung Alipašino Polje (8200 Wohnungen gebaut 1974–1979) in Sarajevo wich von rigiden geometrischen Mustern ab. Sie besteht aus zwei mit einer Straße umgebenen Teilen, die sich jeweils aus vier kreisförmig organisierten Wohngebäuden zusammensetzen. In der Mitte von jedem Kreis wurden verkehrsfreie Innenhöfe mit Grünflächen und gemeinnütziger Infrastruktur (Bänke, Spielplätze) geplant. Mit dem nach innen gekehrten Grundmuster der Siedlung sollte traditionelle Gemeinschaftlichkeit gefördert werden.[137] Die Bauten variierten in Höhe und Ausbuchtungen. So sprengt Alipašino Polje zwar nicht den Rahmen einer monofunktionalen Siedlung

---

134 Čižmek 1979, 22.

135 Ebd.

136 Ähnliche Entwicklungen lassen sich auch in anderen sozialistischen Kontexten finden, zum Beispiel in der letzten geplanten sowjetischen Stadt Slawutytsch. Dort waren die Einfamilienhäuser eine privilegiertere und begehrtere Wohnform, welche aber in unmittelbarer Nähe von Massenwohnungsbauten entstanden. Vgl. Gubkina 2016, 66–125.

137 Vgl. Aganović 2009, 218 f.

4.3 Urbanistisch-architektonische Kritik | 243

(vorwiegend Wohnen, am Stadtrand, umgeben von großen Verkehrsadern), ist aber visuell aufgelockert und verkörpert den Anspruch, nachbarschaftliche Beziehungen in der Raumplanung mitzudenken.

In den 1970er und 1980er Jahren entstanden also vermehrt asymmetrische, plastisch abwechslungsreiche Formen von Massenwohnsiedlungen, vom „Kipferl" bis zum Hexagon.[138] Die Kunsthistorikerin Miljenka Fischer formulierte 1985 eine Periodisierung der Neu-Zagreber Massenwohnsiedlungen auf Basis ihrer Komposition. Überwogen in den 1950er und 1960er Jahren „rechtwinklige" Siedlungsgrundrisse, sind die Siedlungen der 1970er und 1980er Jahre (Sloboština, Dugave) durch „mäandernde" Konturen gekennzeichnet.[139] Eine vergleichbare Komplexität sowohl bei Grundrissen als auch bei der Anordnung der Bauten stellte Philipp Meuser für die Sowjetunion im Spätsozialismus fest.[140] Um den Siedlungen eine organischere Erscheinung zu geben, wurden oft abgerundete, asymmetrische Formen benutzt. Es bleibt allerdings offen, inwieweit solche Auflockerungen tatsächlich zu einer gelungeneren Urbanität und Nachbarschaft beigetragen haben, oder ob es sich letztlich um oberflächliche Anpassungen und ästhetische Variationen früherer Massenwohnungsbaukonzepte handelt.[141]

Funktionalistische Wohnsiedlungen waren zwar nie absolut monofunktional, jedoch waren Einkaufsmöglichkeiten und Freizeitangebote vorwiegend für die Siedlungsbewohner:innen vorgesehen. Im Spätsozialismus wurde dies zunehmend infrage gestellt und die Funktionsmischung tauchte als postfunktionalistisches Allheilmittel für modernistische Siedlungen auf.[142] Der Vorschlag von Renaudie, Guilbaud und Lefebvre zur Neukonzipierung von Neu-Belgrad forderte „urban complexity" und „relational richness".[143] In diesem Sinne stellte die Platzierung von Cafés im Erdgeschoss der Wohngebäude eine

---

138 In seinem Konzept für den Umbau von Neu-Zagreb schlug Andrija Mutnjaković das Hexagon als Basis vor, welches sich als zunächst beliebig ausgesuchtes Modul erst mit der Zeit zu „einem individualisierten Ausdruck, welcher der Stadt die Existenzfreude zurückgibt", entwickeln würde. Vgl. Mutnjaković 1982, 177.

139 Fischer 1985, 90.

140 Meuser spricht von drei Generationen der Bausegmente eines Gebäudes: Schachbrettmuster in den 1950er Jahren (starre Raster, bestimmte Anzahl der Segmente), Dominomuster in den 1960er Jahren (bedingte Variationsmöglichkeiten) bis Tetrismuster in den 1970er Jahren und 1980er Jahren (Wohnung als Grundmodul). Dabei nahmen mögliche Formkombinationen in der Siedlung zu. Vgl. Meuser 2015, 378–383.

141 Am Beispiel einer Siedlung in Frankreich äußerte auch Rudi Supek Zweifel daran. Vgl. Supek 1987, 160 f.

142 Die Abkehr vom Funktionalismus zum Postfunktionalismus manifestierte sich systemübergreifend im internationalen Kontext der Postmoderne. Siehe dazu Demchenko 2018; Eisenman 1980, 96–100.

143 Renaudie/Guilbaud/Lefebvre 2009, 11–14.

typische Forderung dar.[144] Allerdings ging Lefebvres Vorschlag ein Stück weiter und plädierte für eine stärkere Einbindung von Arbeit in den Wohnraum:

> Work in all its forms (offices, workshops, non-polluting industries, services,…) should reinstall itself in the lodging and discover in that liaison, new dynamisms and organisations in the relations of production.[145]

Es ist symptomatisch, dass die Vorschläge für eine stärkere Funktionsmischung in erster Linie eine Verbindung von Wohnen und Vergnügen vorsahen. In diesem Verständnis reproduzierten die Kritiker:innen das Bild einer öden, inhaltsleeren Siedlung, eines Ortes, der unterhaltsamer werden sollte. Die Ideen sahen eine räumliche Annäherung zwischen Arbeitsplätzen im zweiten Sektor (Fabriken, Unternehmen) und Wohnungen vor. Lefebvres Vorschlag zielte aber auf die Arbeit im Dienstleistungsbereich ab und nahm dabei eine neoliberale Arbeitswelt vorweg, in welcher die Grenzen zwischen Arbeitsplatz und Zuhause verschmelzen würden. Dies war allerdings wenig aussagekräftig für den damaligen jugoslawischen Kontext, wo sich der Sektor der Dienstleistung erst langsam herausbildete.

4.3.3 Bewohner:innen machen es?

Orientierten sich alle bisher angesprochenen Lösungsansätze an kleineren oder größeren Interventionen, kam auch das Nichtstun und Aussitzen als Optionen vor. Bereits in den 1950er Jahren plädierte Bogdan Bogdanović im Buch *Der kleine Urbanismus (Mali urbanizam)* für ephemere Formen und kritisierte große Siedlungen.[146] Bogdanovićs Vorstellungen von Massenwohnungsbau waren höchst individualisiert, mit diversen historischen Referenzen und traditionellen Baumaterialien angereichert. Er kritisierte die Neu-Belgrader Bloks kontinuierlich und lehnte, eigenen Äußerungen zufolge, eine Beteiligung an dessen Projektierung ab.[147] Jedoch war seine Ablehnung in der Praxis weniger vehement, als seine Schriften suggerieren mögen. Seine Exkursionen mit Studierenden,

---

144 Vgl. SUPEK 1987, 167.

145 RENAUDIE/GUILBAUD/LEFEBVRE 2009, 30.

146 Vgl. BOGDANOVIĆ 1959, 8.

147 Bogdanovićs einzige tatsächlich gebaute Siedlung ist die Wohnsiedlung des Instituts für Hydrotechnik Jaroslav Černi. Diese wurde 1952 bis 1953 geplant, Mitte der 1950er Jahre wurden acht von ursprünglich 24 geplanten Objekten errichtet. Sie liest sich als ein Gegenentwurf zu einer Massenwohnsiedlung. Die etwa 12 km von Belgrad entfernten Einfamilienhäuser mit unregelmäßiger Wandverkleidung aus Stein rufen vernakulare Architekturtradition hervor. Außerdem wurden Fliesenscherben auf den Schornsteinen sowie ein Sgraffito-Ornament auf der Fassade geplant, aber am Ende nicht realisiert. Vgl. BOGDANOVIĆ 2002, 16; RISTIĆ 2009, 136.

4.3 Urbanistisch-architektonische Kritik | **245**

stets auf der Suche nach Urbanität in den unscheinbarsten Ecken Belgrads, führten ihn auch nach Neu-Belgrad:

> Ich ging auf die Jagd nach kaum bemerkbarem urbanologischen Flitterkram, in der festen Überzeugung, daß man selbst aus den bedeutungslosesten Krümeln vieles über die Stadt, ihre Lebenskraft, ihren Charakter, ihre Persönlichkeit und ein wenig auch über ihre Zukunft lernen kann. (…) Mit den Studenten zog ich kreuz und quer durch Belgrad, seine verborgenen und ihnen meist unbekannten Winkel, wir stiegen in Keller und die städtische Unterwelt und kletterten auf Dächer. (…) Wir besuchten Kneipen am Stadtrand und schwatzten mit originellen Leuten, an denen es in Belgrad nie mangelte. So begannen hochgestochene Debatten über die Stadt, über Städte, über den Menschen in der Stadt, über das Schicksal und das Glück der Menschen.[148]

Die „Johnnie-Walker-Methode"[149] eines Flaneurs weist Parallelen auf zu den Reflexionen von Jane Jacobs (1916–2006) über die Wege aus der „erosion of cities by automobiles" in den amerikanischen Städten.[150] Auch wenn Bogdanović eine andere Form der Urbanität als die Neu-Belgrader Bloks bevorzugen würde, räumte er ein, dass in den organisierten oder noch mehr in den unbewussten Handlungen der Bewohner:innen auch Einfallsreichtum, Kreativität und Humor ihren Platz hätten, und zwar nicht dank, sondern trotz der funktionalistischen städtebaulichen Intervention. Die Bewohner:innen waren für ihn kein Gegenpol zu den Expert:innen, sondern brachten wertvolle Einblicke mit sich, von denen Urbanist:innen lernen könnten. Anstelle des modernistischen Vertrauens auf Expert:innen traten die Bewohner:innen als mögliche Retter:innen auf: Sie könnten die Stadt mit ihren Praktiken beleben. Sogar Andrija Mutnjaković, ein entschlossener Vertreter des sozialistischen Paternalismus, sprach nun von einer „Selbsterschaffung der Wohnung" *(samostvaralaštvo stana)*, dem Recht der Bewohner:innen auf Kreativität und eine freie Gestaltung ihrer Wohnräume:

---

148 Bogdanović 2002, 16–18.

149 Ebd., 16–21.

150 Jacobs forderte keine absolut autofreien Städte, sondern ausreichende Räume und Infrastrukturen für Fußgänger:innen. Nach dem Tod von Jane Jacobs 2006, entstand als Andenken das Stadtführungskonzept „Jane's Walk", das mittlerweile seine Umsetzung in ehrenamtlichen Aktivitäten weltweit findet und Aufmerksamkeit auf urbane Probleme und Spezifika der jeweiligen Städte lenkt. Mit ihrem Fokus auf Fußgänger:innen, Gemeinschaft in der Stadt und urbane Neugierde überlappt sich das Konzept mit der von Bogdanović artikulierten Johnnie-Walker-Methode. Vgl. Jacobs 1961, 338–371.

246 | 4. Siedlung

Wie absurd ist es denn, dass der einzige Ausdruck der menschlichen Anwesenheit in unseren neuen Objekten die an den Fassaden aufgehängte schöne bunte Wäsche bildet – und dass dieser Ausdruck polizeilich untersagt ist.[151]

Ein Schlüsselelement von Bogdanovićs Opus bilden Gefühle, Erinnerungen und Sinnlichkeit. Nicht zufällig nannte er seine urbanistischen Erkundungen neben „Urbanologie" *(urbanologija)* und „Urbano-Poetik" auch „Urbano-Erotik".[152] In diesem Verständnis hatten die Räume, die Erinnerungen hervorbringen, mit Unerwartetem überraschen und zwischenmenschlichen Kontakt boten, Vorrang vor dem funktionalistischen Wohnen. All diese Merkmale korrespondierten mit Bogdanovićs früher Faszination für den Surrealismus[153] und erhielten durch das Interpretationsprisma der Postmoderne eine neue Kraft.

Die architektonisch-urbanistischen Überlegungen zu konzeptuellen Änderungen von Massenwohnsiedlungen deckten in den 1970er Jahren und 1980er Jahren eine breite Spanne an Optionen ab, von einer stärkeren Technologisierung der Siedlung über den Rückgriff auf historische Stile bis hin zum Einbezug der Bewohner:innen bei der Gestaltung. Dies lässt sich sowohl mit der international aufkommenden Perspektive einer postmodernen Multioptionalität als auch mit der zunehmenden Dezentralisierung Jugoslawiens in Verbindung bringen. Impulse aus internationalen, zumeist im Westen geführten Debatten fanden sich auch im jugoslawischen Kontext wieder, etwa in Lefebvres Recht auf Stadt oder einer Humanisierung der Stadt auf den Spuren von Jane Jacobs. Zugleich blieben die Massenwohnsiedlungen der konsensuale Rahmen für Reform. Auch Vorschläge zu ihrer Verbesserung, Neukonzipierung oder Ergänzung sahen keine grundlegende Abkehr von Massenwohnsiedlungen vor.

4.4 Sozialwissenschaftliche Kritik

In sozialistischen Gesellschaften hatte die Soziologie eine heikle, zwiespältige Position: Einerseits sollte sie die Gesellschaft analytisch erfassen, andererseits sollte sie weder die Herrschaftselite noch das politische System infrage stellen. In der Sowjetunion war Soziologie bis 1956 von den Universitäten und Instituten verbannt, die Tauwetter-Periode brachte eine Liberalisierungsphase, die mit der Invasion auf die Tschechoslowakei 1968 zu Ende ging. Danach widmete sich die sowjetische Soziologie vorwiegend der

---

151 Mutnjaković 1982, 136–139.
152 Bogdanović 2002, 16–21.
153 Vgl. Kulić 2017, 78.

Optimierung von Abläufen in der Gesellschaft *(smart governance)* und verzichtete auf eine grundlegende Gesellschaftskritik.[154]

Die Abkehr Jugoslawiens vom sowjetischen stalinistischen Modell brachte 1955 die Anerkennung der Soziologie als Wissenschaft mit sich.[155] Im Buch *Soziologie und Sozialismus* (1966) notierte Rudi Supek, wie sich die einheimische Soziologie durch die Abgrenzung vom stalinistischen Dogma des historischen Materialismus profilierte, die Bedeutung der Empirie hervorhob und „bürgerliche" Methoden und Theorien aus dem Korpus der westlichen Soziologie legitimierte.[156] So kam der jugoslawischen Soziologie die Aufgabe zu, die Zufriedenheit der Bewohner:innen und die Folgen der Stadtplanung in der Praxis zu messen. Weiterhin kristallisierte sich der marxistische Begriff der Entfremdung *(otuđenje)* als roter Faden der jugoslawischen Soziologie heraus.[157] Entfremdung, bei Marx vorwiegend auf Lohnarbeit bezogen, wurde nun breiter ausgelegt und war somit ebenfalls für Wohnen und Freizeit relevant.[158]

In den späten 1960er Jahren entwickelte sich die jugoslawische Soziologie in Richtung des marxistischen Humanismus und überlappte sich inhaltlich mit den westlichen Neuen Linken der 68er-Bewegung. Im Städtebau definierte der slowenische Soziologe Zdravko Mlinar (*1933) den „sozialistischen Humanismus" in Abgrenzung zu „Pragmatismus", „institutionellem Ritualismus" (Technokratie), „verbalistischem Radikalismus" (Ablehnung des Bestehenden ohne Alternativen anzubieten), „Funktionalismus und Strukturalismus" und „altruistischem Elitismus" (Architekt:in ist Expert:in, und nicht Bewohner:innen, aber er:sie glaubt, im Interesse der Bewohner:innen zu handeln).[159]

Im Hinblick auf die Marktliberalisierung 1965 vertraten einige Soziolog:innen in Jugoslawien die These, dass der jugoslawische Sozialismus nicht (mehr) sozialistisch genug sei und dem Kapitalismus zu sehr entgegenkomme. Ihre Kritik bezog sich auf unterschiedliche soziale Probleme, welche zum Gegenstand ihrer Untersuchung wurden: Wohnungslosigkeit, „informeller", sprich illegaler Wohnungsbau und soziale Ungleichheit. Dieselben Themen nahmen gesellschaftskritische Filme der „Schwarze Welle" ins Visier. Dušica Seferagić, eine der führenden Stadtsoziolog:innen Jugoslawiens in den 1970er Jahren und 1980er Jahren, schrieb in ihrem Aufsatz „Rekonstruktion oder Revitalisierung?" (1978) über die

---

154 Vgl. Titarenko/Zdravomyslova 2017, 44.
155 In den Folgejahren wurde die institutionelle Infrastruktur geschaffen: Zunächst das Institut für Soziologie an der Philosophischen Fakultät in Belgrad (1959), gefolgt vom Institut für Sozialforschung in Sarajevo (1961), dem Institut für Soziologie an der Philosophischen Fakultät in Zagreb (1963), dem Institut für Sozialforschung in Zagreb (1964) und dem Institut für soziologische und politisch-rechtliche Forschung in Skopje (1965). Vgl. Lay 1975, 12–14.
156 Vgl. Supek 1966, 16–20.
157 Ebd., 63–69.
158 Ebd., 78.
159 Mlinar 1983, 36–41.

248 | 4. Siedlung

Möglichkeiten einer Intervention im sozialistischen urbanen Bestand und bezog sich in der ersten Fußnote auf Dušan Makavejev, einen der Schlüsselregisseure der „Schwarzen Welle".[160] Als Ursache der wachsenden ökonomischen Ungleichheit identifizierten sowohl die Filme der „Schwarzen Welle" als auch kritische Soziolog:innen die politische und wirtschaftliche Elite, welche die Protestierenden 1968 die „rote Bourgeoisie" nannten.[161] Im Spätsozialismus wurde ökonomische Ungleichheit, die Kluft zwischen den reichen und armen Republiken und Einwohner:innen nicht nur tiefer, sondern auch medial präsenter.[162]

Eine theoretisch ausgefeilte Kritik der Ungleichheit und des Demokratiedefizits wurde von der philosophischen Gruppe Praxis in der gleichnamigen Zeitschrift (1964–1975) ausgeübt. Der Begriff der Entfremdung in Anschluss an den frühen Marx und den Existenzialismus prägte die Gruppe seit ihrer Vorgeschichte in den 1950er Jahren.[163] Die Sommerschule auf der Insel Korčula wurde zum einmaligen Treffpunkt linker Denker:innen aus dem Westen (etwa Henri Lefebvre, Herbert Marcuse, Erich Fromm und Jürgen Habermas), dem Ostblock (György Lukács, Leszek Kołakowski) und jugoslawischen Befürworter:innen eines radikal demokratisierten humanistischen Marxismus. Praxis genoss eine eigenartige Position des „marxistischen Häretikers im sozialistischen Land, dessen Kennzeichen die Ablehnung des marxistischen Dogmas ist".[164] Die wissenschaftlich und politisch heterogene Gruppe, mit einem akademischen Flügel in Zagreb und einem aktivistischen in Belgrad, stellte eine ausgeklügelte Alternative zum theoretischen Gerüst des Bunds der Kommunisten Jugoslawiens dar. Infolgedessen wurde die Gruppe mit wachsender Skepsis beäugt, obstruiert und schließlich Mitte 1970er durch staatlichen Druck aufgelöst.[165]

Obwohl die ersten jugoslawischen raumsoziologischen Studien bereits die ländlichen Regionen erforschten, befassten sich die Soziolog:innen in den 1970er Jahren

---

160 Vgl. SEFERAGIĆ 1978, 51.

161 Auf dem studentischen Protest im Juni 1968 in Belgrad stach das Transparent „Runter mit der roten Bourgeoisie" *(Dole crvena buržoazija!)* auf dem Gebäude der Philosophischen Fakultät heraus. Der begriffliche Vorgänger der „roten Bourgeoisie" findet sich in den 1950er Jahren im Terminus der „Neuen Klasse". Milovan Đilas, einst hochrangiges Parteimitglied, verfasste 1953 und 1954 eine Reihe parteikritischer Artikel und prägte den Begriff der „Neuen Klasse" für eine privilegierte Parteispitze, die sich von marxistischen Prinzipien entfremdet hat. Đilas wurde als prominentester jugoslawischer Dissident bekannt, verbrachte vier Jahre im Gefängnis und veröffentlichte seine Schriften im Ausland. Sein Buch *Die neue Klasse. Eine Analyse des kommunistischen Systems (Nova klasa: Analiza komunističkog sistema)* erschien 1957 auf Englisch und Deutsch. Seit den späten 1960er Jahren durfte er ausreisen und hielt Vorträge in den USA und in England, jedoch blieb er bis zu seinem Tod 1995 in Belgrad. Vgl. KLASIĆ 2012, 126.

162 Vgl. ARCHER/DUDA/STUBBS 2016, 3.

163 Vgl. SHER 1977, 21.

164 Ebd., xi.

165 1974 wurden acht Praxis-Mitglieder, Professor:innen an der Belgrader Universität, suspendiert (und 1980 endgültig entlassen), 1975 wurde die jugoslawische Ausgabe der Zeitschrift eingestellt. Vgl. FUSS 2019, 13.

vor allem mit Städten.[166] In den 1960er Jahren etablierte sich die stadtsoziologische Forschung zunächst in Ljubljana (Jože Goričar, Zdravko Mlinar, Marjan Tavčar) und Belgrad (Miroslav Živković, Cvetko Kostić).[167] Frühe stadtsoziologische Auseinandersetzungen mit Massenwohnsiedlungen fanden ihren Platz auf der bereits erwähnten Konferenz und Ausstellung *Mensch – Wohnung – Siedlung* (Ljubljana, 1962). Diese Veranstaltung bereitete – wie schon zu lesen war – eine öffentliche Themenverschiebung von Wohnungen zu Siedlungen vor. Im Beitrag zu soziologischen Komponenten in der Siedlungsplanung forderte Jože Goričar (1907–1985)[168] eine stärkere Einbindung von Soziologie beim Städtebau. Hierzu umriss er mögliche soziologische Forschungsthemen wie Familienstrukturen, die Freizeitbeschäftigungen der Bewohner:innen und soziale (Des-)Integration.[169] Soziologische Untersuchungen der Massenwohnsiedlungen fingen in Slowenien an – etwa Savsko Naselje in Ljubljana,[170] Nova Gorica (eine neue Stadt an der Grenze zu Italien) und der Stadt Velenje, die um die Fabrik Gorenje im Norden Sloweniens wuchs.[171] „Funktionalität" war das Schlagwort in Goričars Analyse und er erklärte sie zum obersten Ziel für Siedlungen.[172] Somit äußerte er seine grundlegende Zustimmung zu den Grundlagen funktionalistischer Siedlungen.

Stadtsoziolog:innen in Zagreb (Ognjen Čaldarović, Dušica Seferagić, Vladimir Lay) und Belgrad (Sreten Vujović, Miroslav Živković) fokussierten sich auf die soziale Ungleichheit und „soziale Integration im urbanen Raum".[173] Bereits durch die Nennung der Forschungszentren wird die regionale Asymmetrie ersichtlich. Slowenien, Kroatien und

---

166 Der anfängliche Fokus auf rurale Kontexte war auch im Namen einer der wichtigsten fachlichen Presseorgane ersichtlich. In der 1963 gegründeten Zeitschrift *Soziologie des Dorfes (Sociologija sela)*, veröffentlichten zunächst auch Stadtsoziolog:innen ihre Forschungsergebnisse.

167 Mit dem Seminar *Soziologie der lokalen Gemeinschaften* an der Universität Ljubljana führte der Soziologe Zdravko Mlinar 1963 den Stadtraum in soziologische Untersuchungen ein. Cvetko Kostić, der Autor von *Sociologija sela (Dorfsoziologie)* veröffentlichte 1973 mit *Sociologija grada (Stadtsoziologie)* den ersten umfassenden Überblick der Subdisziplin. Ausgehend vom Schwerpunkt Dorf, bildet Kostić ein Beispiel des Quereinstiegs in das Thema. Vgl. Mlinar 1983, 2–19; Kostić 1973.

168 Goričar lehrte Soziologie an der Juristischen Fakultät in Ljubljana, erhielt 1957 die erste Professur für Soziologie an der Juristischen Fakultät in Ljubljana und zählte somit zu den Quereinsteiger:innen in die Disziplin. Vgl. Rajović/Radošin 1970, 313 f.

169 Vgl. Goričar 1962, 109–118.

170 Der Hauptautor der Studie, France Ivanšek, war zwar Architekt, wandte aber soziologische Methoden an, in erster Linie standardisierte Interviews. Zudem wurde die Inneneinrichtung fotografisch dokumentiert, eine Inventarisierung der Wohnungsausstattung sowie Zeitdiagramme der täglichen Abläufe der Bewohner:innen erstellt. Vgl. Ivanšek 1962, 32–36.

171 Vgl. Mlinar 1965.

172 Vgl. Goričar 1962, 114.

173 Dem Thema wurde 1977 auch eine eigene von der *Urbanen Abteilung der Kroatischen Gesellschaft für Soziologie* organisierte Tagung mit dem Namen „Soziale Integration in den Städten" gewidmet. Vgl. Seferagić 1977, 863.

250 | 4. Siedlung

Serbien nahmen wieder zentrale Rollen bei Themensetzung und Diskussionsbeteiligung ein, während Beiträge und der Austausch mit Forscher:innen aus anderen Republiken und Regionen kaum Beachtung fanden. Da meine Studie auf den zentralen, jugoslawienweit bekannten und gelesenen Diskussionsbeiträgen aufbaut, bleiben die Entwicklungen in den restlichen Republiken erneut außen vor.

Die Historikerin Brigitte Le Normand argumentiert, dass es in der zweiten Hälfte der 1960er zu einem Wendepunkt kam und Sozialwissenschaftler:innen ihre untergeordnete „supportive role" im Planungsprozess durch zunehmend kritische Positionen ersetzten.[174] Ende der 1960er begann auch eine intensivere Zusammenarbeit mit Urbanist:innen, wobei sich Stadtsoziolog:innen vor allem in der Rolle der „Vermittler und ‚Dolmetscher'" zwischen Planer:innen und Bewohner:innen sahen. Hierbei hatten sie den Anspruch, die Bewohner:innen „als Subjekte und nicht als Objekte" zu behandeln.[175] Ähnlich wie im Frankreich der 1960er Jahre waren sie davon überzeugt, dass sie allein „die Kompetenz haben, die fundamentalen Forderungen und Erwartungen der Bewohner:innen herauszukristallisieren".[176] So deutete sich ein Gegenentwurf zum bis dahin dominanten Paternalismus der Stadtplaner:innen an, welcher sich vom Programm der sozialistischen Aufklärung entfernte. Anstatt die Wünsche und Bedürfnisse der Bewohner:innen zu lenken, zu „kultivieren" und an die Wohnkultur der sozialistischen Moderne anzupassen, wurden die Bewohner:innen selbst nun (zumindest vorgeblich) gefragt. Diese langsame Wende war auch in der Terminologie ersichtlich: Waren in den 1960er Jahren „Wohnkultur" und „Standard" zentral, gewann in den 1970er Jahren und 1980er Jahren der Begriff der „Lebensqualität"[177] an Bedeutung. Dem neuen Anspruch nach sollte das Verständnis vom guten Wohnen nicht mehr von den Planer:innen diktiert, sondern vom Leben der Bewohner:innen selbst bestimmt werden.

Die Konferenz- und Publikationsreihe *Kommunikationen (Komunikacije,* Belgrad, seit 1976) bildete ein zentrales Forum für das interdisziplinäre Umdenken der Urbanität.[178] *Komunikacije* trat mit einem klaren Wertekatalog an, der 1981 in der Einleitung prominent platziert wurde:

> Wir setzen uns ein für eine induktive, kurz- oder mittelfristige Planung, mit dem Grundziel von Lebensqualität in der Stadt. Dies setzt natürlich bescheidene Ambitionen voraus, eine Zurückweisung der „Wachstumsreligion", eine Befreiung von Puritanismus und Technizismus, das Operieren im kleinen Maßstab, eine fortlaufende Zusammenarbeit mit den Bürgern.

---

174 Vgl. Le Normand 2014, 193.
175 Lay 1975, 12–14.
176 Rudolph 2015, 160.
177 Čaldarović 1987/b, 75.
178 Vgl. Seferagić 2013, 284.

4.4 Sozialwissenschaftliche Kritik | 251

Im konkreten, räumlichen Sinne bedeutet dies, die alten Teile der Stadt zu bewahren, ihre Struktur, Dimensionen, und neue Stadtteile den alten möglichst ähnlich zu bauen – zumindest so lange, bis wir in der Lage sind, etwas Besseres zu schaffen.[179]

Der Wunsch nach einer moderaten, maßvollen Stadt *(umereni grad* im Untertitel von *Komunikacije)* verband eine heterogene Gruppe von Autor:innen wie Bogdan Bogdanović, Dušica Seferagić und Milica Jakšić. Diese sahen Umweltschutz, die Wertschätzung regionaler Spezifika, den Denkmalschutz und die Forderung nach einer allumfassenden Basisdemokratie als Prioritäten für die weitere Entwicklung Jugoslawiens an.

4.4.1 Interna(tiona)lisierte Kritik an Massenwohnsiedlungen

Unter jugoslawischen Soziolog:innen entwickelte sich in den 1970er Jahren und 1980er Jahren der Konsens, dass die Massenwohnsiedlungen der Moderne, mit ihrem Ursprung in Le Corbusiers Ideal einer „Wohnmaschine", eher kritisch zu sehen seien. Theoretische Untermauerung der Kritik stützte sich im Wesentlichen auf die französische Debatte zu den *grands ensembles.* Paul-Henry Chombart de Lauwe (1913–1998), Pionier der Stadtsoziologie in Frankreich, führte die ersten systematischen Studien zum Leben in französischen Massenwohnsiedlungen durch und sprach sich für die Abkehr von der Architekt:innenperspektive hin zu bewohner:innenzentrierten Ansätzen aus.[180] Der Soziologe Sreten Vujović zitierte ihn im Artikel „Wohnen in neuen Wohnsiedlungen" *(Stanovanje u novim naseljima,* 1972), einem der ersten wissenschaftlichen Einordnungen von Massenwohnsiedlungen in der jugoslawischen Soziologie, reichlich inspiriert von Chombart de Lauwe und Henri Lefebvre.[181]

In jugoslawischen stadtsozialistischen Schriften in den späten 1970er Jahren tauchten die Untergangsszenarien im Hinblick auf Massenwohnsiedlungen vermehrt auf. In der Studie zu den Wohnverhältnissen von Jugendlichen in kroatischen Städten nutzten 1976 Soziolog:innen 80.000 leerstehende Wohnungen in der Schweiz und 50.000 in Holland als Argument dafür, an einer nachhaltigen Zukunft der Massenwohnsiedlungen in Jugoslawien zu zweifeln.[182] Auch der Zagreber Stadtsoziologe Ognjen Čaldarović diskutierte den Leerstand in (westeuropäischen) Massenwohnsiedlungen, den Auszug der ursprünglichen Bewohner:innen (Mittelklasse) und den Einzug von marginalisierten Randgruppen, ohne dabei konkrete Siedlungen zu nennen, aber mit dem Hinweis, dass

---

179 Zorislav Perković zit. nach Lazić 1981, i f.
180 Vgl. Rudolph 2015, 150 f.
181 Vgl. Vujović 1972, 203–221.
182 Vgl. Gaković/Lay/Čaldarović 1978, 61.

dies auch in Jugoslawien möglich sei.[183] Dabei schlich sich die Annahme ein, der jugoslawische Kontext sei mit dem Westen vergleichbar und könne entsprechend mehr von den Entwicklungen in West- als von denen in Osteuropa lernen. So galten die Trends in den sozialdemokratisch regierten Ländern Westeuropas als Maßstab und Orientierungspunkt für die Zukunft Jugoslawiens. Die Zeitgenossen im Osten, beispielsweise die größte ostdeutsche Plattenbausiedlung in Berlin-Marzahn oder spätsowjetische Siedlungen, wurden hingegen ignoriert.

Da systematische soziologische Statistiken für Massenwohnsiedlungen in Jugoslawien abseits von Fallstudien und kleineren Zeitfenstern nicht erhoben wurden, schien die intensive Rezeption von Untersuchungsergebnissen aus Westeuropa unvermeidlich, inklusive der Übernahme ihrer Tücken. So musste Vujović einräumen, die Daten aus einer von ihm zitierten französischen Studie seien „widersprüchlich und nicht zuverlässig genug, da nicht alle Variablen kontrolliert wurden".[184] In der Tat war Jugoslawien in den 1970er Jahren und 1980er Jahren vom drohenden Leerstand weit entfernt, denn allein unter jungen Berufstätigen hatten in Kroatien über 90 % keine eigene Wohnung.[185] Neben der fragwürdigen Quellenlage und der Übernahme teils dubioser Untersuchungsergebnisse wie dem Leerstand flossen die im westeuropäischen Kontext entstandenen Stereotype über Massenwohnsiedlungen in jugoslawische Studien ein.

Nicht nur Argumente, sondern auch die Bilder aus dem westeuropäischen Kontext fanden sich in den Texten jugoslawischer Stadtsoziolog:innen wieder. Besonders deutlich wird das in Rudi Supeks Buch *Die Stadt nach Menschenmaß (Grad po mjeri čovjeka)*.[186] Unter den Abbildungen finden sich duzend Karikaturen und Zeichnungen frankophoner Autoren (Jean-François Batellier, Gérard Goosen, Gilles Rousseau). Die Abbildungen verarbeiten westliche negative Stereotype, Ängste und Kritik rund um Massenwohnungsbau (Abb. 32), sei es durch die Platzierung der Figur aus *Der Schrei* von Edvard Munch

→ Abb. 32   Kritik durch zugespitzte, importierte Illustrationen: Die Zeichnung von Gérard Goosen zeigt eine einsame Figur, die auf dem Dach eines von vielen Massenwohnungsbauten mit einem Rasenmäher fährt. Die unüberschaubaren, unmenschlichen Maße und die daraus resultierende Entfremdung wird auch in der Bildunterschrift thematisiert, welche mit einem Zitat der österreichischen tachistischen Künstler:innengruppe den „gottlosen und unmoralischen" Charakter der geraden Linien beschreibt.

---

183 Vgl. ČALDAROVIĆ 1987/b, 24.
184 VUJOVIĆ 1972, 211.
185 Vgl. GAKOVIĆ/LAY/ČALDAROVIĆ 1978, 48.
186 Obwohl das Buch in der Kulturanthropologie angesiedelt ist, entsprang es Supeks soziologischen Studien.

4.4 Sozialwissenschaftliche Kritik | 253

»Lineal je postao simbolom i simptomom pravih linija, u jednoj džungli pravih linija. Prava linija je bezbožna i nemoralna. Ona nije stvaralačka već reproduktivna linija. U njoj ne živi bog i ljudski duh, već samo mravlja gomila.«

Austrijski »tašisti«

160

254 | 4. Siedlung

in eine Massenwohnsiedlung oder durch das Bild eines einsamen Menschen umgeben von Hochhäusern, die aus der Vogelperspektive noch höher wirken.[187]

Eine weitere Illustration in Supeks Buch (Autor: Jean-François Batellier) zeigt einen Mähdrescher, der traditionelle, als vielschichtig dargestellte Städte in monotone, aufgeräumte Reihen von Massenwohnungsbauten umwandelt. Die Bildunterschrift fällt ähnlich dramatisch aus: „Der ‚Mähdrescher‘ der modernen Technologie hat die Straßen in isolierte Objekte (‚Container‘ für Menschen) umgewandelt".[188] Sowohl der Rasenmäher (erinnert an Gärten von Einfamilienhäusern in Vororten) als auch der Mähdrescher unterstellen den Massenwohnsiedlungen einen nicht urbanen oder gar antiurbanen Charakter. Das Argument, sie seien keine „richtigen" Städte, in denen Menschen leben könnten, findet in den sterilen Bloks seinen visuellen Ausdruck.

Die hauptsächliche Nutzung von Karikaturen und negativer Zuspitzung zur Darstellung von Massenwohnsiedlungen war kein Spezifikum von Supeks Werk. Ähnliche Bilder begleiteten Massenwohnsiedlungen seit ihren Anfängen, wie Philipp Meuser am Beispiel der Sowjetunion verdeutlicht.[189] Allerdings wurden sie selten so ausgiebig im wissenschaftlichen Kontext angewandt. Die oben diskutierten Illustrationen erschienen 1984, drei Jahre vor Supeks Buch, in der Publikation *Living Cities. A Case for Urbanism and Guidelines for Re-urbanization* der Architekten Jan Tanghe, Sieg Vlaeminck und Jo Berghoff. Die Studie plädierte für die Ersetzung der weiteren Zersiedlung der Stadt *(outward sprawl)* durch eine Verdichtung der Innenstadt *(inner growth)*.[190] Bei der Übernahme vieler Illustrationen und sogar ihrer Reihenfolge gab Supek zwar die Bilderquellen korrekt an, wies jedoch nicht die Thesen aus *Living Cities* als solche aus, was für eine (zu) starke Bedienung Supeks an der Quelle spricht. Beide Publikationen bezogen eine im Grunde ablehnende Position zu funktionalistischen Massenwohnsiedlungen. Jedoch brachte *Living Cities* im zweiten Teil des Buchs eine Reihe von Beispielen für die Revitalisierung belgischer Städte, während sich Supeks Buch mehr aus Sekundärquellen speiste.

4.4.2 Gemeinschaft in der Siedlung

Nach den Einführungsbemerkungen zur Herausbildung der (Stadt-)Soziologie in Jugoslawien und der Internalisierung westeuropäischer Thesen zur funktionalistischen Stadt folgen nun drei Themenkomplexe, die jugoslawische Sozialwissenschaftler:innen in Bezug auf Massenwohnsiedlungen hervorhoben. Sie gewährleisteten einen dezidiert sozialwissenschaftlichen Blick auf die Problematik und manövrierten dabei zwischen Kollektiv

---

187 Vgl. SUPEK 1987, 160.
188 Ebd.
189 Vgl. MEUSER 2015, 32–37.
190 Vgl. TANGHE/VLAEMINCK/ BERGHOFF 1984, 145–206.

und Individuum. Das erste Beispiel ist hierbei die Gemeinschaft, das Beziehungsgewebe zwischen Nachbar:innen, die Beteiligung an der Selbstverwaltung in den Massenwohnsiedlungen und – breiter angelegt – die „soziale Integration"[191] in die Siedlungen. Als zweiten Fall untersuche ich die Vorstellung von deviantem Verhalten – insbesondere Jugendkriminalität und Gewalt in den Massenwohnsiedlungen. Jugoslawische Sozialwissenschaftler:innen beschäftigten sich mit der Frage, ob sie Folge des Bautyps waren und wie sie sich vorbeugen lassen. Im letzten Fallbeispiel widme ich mich den soziologischen Überlegungen zur unverwechselbaren Identität der Massenwohnsiedlungen und dem Zugehörigkeitsgefühl ihrer Bewohner:innen.

Erste soziologische Studien zum Stadtleben im sozialistischen Jugoslawien entstanden in den frühen 1960er Jahren und bewegten sich hauptsächlich auf der Ebene der Wohnung.[192] Entsprechend standen die Fachbegriffe wie die „erweiterte Netto-Fläche" *(razširjeno neto območje)*[193] im Vordergrund, die den minimalen und durchschnittlichen Wohnraum (pro Kopf oder pro Familie) für Standardisierung ausrechneten. Im Rahmen der Konferenz und Ausstellung *Mensch – Wohnung – Siedlung* suchten Sozialwissenschaftler:innen und Urbanist:innen nach gemeinschaftsfördernden Elementen, sowohl in der Wohnung („aus der Wohnung ein Zuhause [machen]") als auch in der Siedlung („aus der Nachbarschaft eine Gemeinschaft [machen").[194] Dabei nahmen sie Bezug auf Clarence Perrys Konzept von Nachbarschaftseinheiten *(neighborhood units)*, eine Ebene in der Gesamtheit der gesellschaftlichen Integration (Nachbarschaft < Viertel < Siedlung < Stadtteil).[195] Jede Ebene brachte ein Gefüge an sozialen Beziehungen mit sich: Von einem unkomplizierten alltäglichen Austausch auf dem Siedlungsspielplatz bis zur Teilnahme am Stadtplanungsprozess für die gesamte Siedlung.

Im Laufe der 1970er und 1980er setzte sich eine infrastrukturelle und technische Ausstattung der Wohnungen mit Strom, Toilette und Haushaltsgeräten langsam durch, obwohl diese weiterhin nicht für alle verfügbar waren.[196] Die Erstbezügler:innen lebten sich ein und gewöhnten sich an die neuen Wohnverhältnisse. Dementsprechend konnten

---

191 Čaldarović 1987/b, 77.
192 Ebd., 86–90.
193 Jernejec 1962, 71.
194 Rojec 1962, 5.
195 Vgl. Jernejec 1962, 48–53; Mušič 1962, 146.
196 Vergleicht man die Statistiken für die Jahre 1951 und 1984, erhöhte sich in dem Zeitraum die durchschnittliche Wohnungsfläche von 41 m² auf 62 m², die durchschnittliche Wohnfläche pro Kopf von 9 m² auf 18 m², während die Anzahl der Bewohner:innen pro Wohnung von 4,7 auf 3,5 sank. Hatte im Jahr 1951 36 % der Wohnungen einen Stromanschluss, lag der Anteil der elektrifizierten Wohnungen 1985 bei 96 %, mit geringfügigen regionalen Unterschieden (die meisten Anschlüsse wurden in Slowenien mit 98,8 % erreicht, während Kosovo mit 95,1 % das Schlusslicht bildete). Auch die Anzahl der Anschlüsse ans Kanalisationssystem hat sich zwischen 1951 und 1984 nahezu verdoppelt und stieg von 34 % auf 70 % der Wohnungen, allerdings mit signifikanten innerjugoslawischen Unterschie-

256 | 4. Siedlung

in städtebaulichen und sozialwissenschaftlichen Untersuchungen andere Themen in den Vordergrund rücken, die den größeren Rahmen der Nachbarschaft oder der Siedlung in den Blick nahmen. So untersuchte 1978 das Urbanistische Institut Sloweniens Gemeinschaftsräume und -aktivitäten in acht Wohnsiedlungen Ljubljanas.[197] Setzten sich jugoslawische Stadtforscher:innen in den 1960er Jahren in erster Linie mit dem „privaten Standard" (Einrichtung der Wohnungen) auseinander, wurde nun der „gesellschaftliche Standard" (Ausstattung der öffentlichen Räume) intensiv untersucht. Der Urbanist Zorislav Perković, ein Anhänger des kritischen Humanismus, sprach sich für eine Schwerpunktsetzung zugunsten eines gesellschaftlichen Standards aus. Dieser definiere schließlich, so Perković, das städtische Leben und aus der Stadt „unser gemeinsames Zuhause".[198] Zudem argumentierte er, eine Aufwertung des gesellschaftlichen Standards wäre nur „auf Kosten des Privatstandards (durch seine Senkung, Stagnieren oder ein relativ langsames Wachstum)" möglich.[199] Privater und gesellschaftlicher Standard gingen in dieser Perspektive nicht mehr Hand in Hand, sondern wurden gegeneinander ausgespielt. Diese Spannung erforderte eine Prioritätensetzung, politisches Handeln und den Abschied der Architekt:innen und Urbanist:innen von der „Überzeugung von einer allgemeinen Handlungsneutralität".[200]

Der von slowenischen Stadtforscher:innen theoretisch ausgearbeitete Begriff „erweitertes Wohnen"/„erweiterte Wohnung" *(razširjeno stanovanje)* wendete diesen Widerspruch produktiv an und vereinte den privaten mit dem gesellschaftlichen Standard. Wohnen erstreckte sich hier auf das gesamte Wohngebäude und seine Umgebung.[201] Zum einen konnten so die Nachteile der Wohnungen ausgeglichen werden. Statt im engen Kinderzimmer sollten Kinder auch in Gemeinschaftsräumen spielen können. Zum anderen bekam die Geselligkeit in der Siedlung einen neuen Stellenwert: Durch ein komplexes Gefüge der Familiarität und des Austauschs würde das Städtische auch in die Neubausiedlungen einziehen, so die Erwartung. Das Konzept „erweitertes Wohnen" hatte einen Vorgänger aus den 1960er Jahren im Begriff „Wohnungsergänzung" *(stanovanjsko dopolnilo)*.[202] Allerdings impliziert der Letztgenannte, die Umgebung sei zweitrangig, während die Wohnung den Hauptfokus der Wohnexpert:innen bilde. Ein weiterer Unterschied zu den 1950er Jahren und frühen 1960er Jahren lag darin, dass nicht mehr die Auslagerung der Hausarbeit Vorrang hatte, sondern Vergemeinschaftlichung im Freizeitbereich.

---

den. Wieder landete Slowenien mit 92,4 % auf dem ersten, Kosovo mit 42,7 % der Wohnungen mit Kanalisationsanschluss auf dem letzten Platz. Vgl. MILJKOVIĆ 1986, 216.

197 Vgl. KLEMENČIČ/VOVK 1978.

198 PERKOVIĆ 1977, 828.

199 Ebd.

200 ČALDAROVIĆ 1977, 856.

201 Vgl. KLEMENČIČ/VOVK 1978, 2.

202 JERNEJEC 1962, 52.

Bereits in den 1970er Jahren und 1980er Jahren, also vor der allumfassenden Privatisierung der Gemeinschaftsräume nach 1991, wurden die Gemeinschaftsräume im Laufe der Jahre beschädigt oder neu genutzt. Die Studie zum erweiterten Wohnen in slowenischen Siedlungen lieferte konkrete Beispiele – etwa die Umwidmung von Gemeinschaftsräumlichkeiten in eine Wohnung (Siedlung Koseze) oder in ein Altersheim (Siedlung Vič).[203] Obwohl die Studie das Fehlverhalten der einzelnen Bewohner:innen, „die kein Gefühl für Gemeinschaftsgut haben" *(nimajo občutka za družbeno lastnino)*,[204] in den Vordergrund stellte, zeigten die Ergebnisse, dass dieses nicht ausreichend durch die Legislatur und die Architektur der Baufinanzierung geschützt wurde. Jedoch stellten Klemenčič und Vovk fest, dass es in älteren, vorsozialistischen Stadtsiedlungen oft nicht nur an Geld, sondern auch an Platz mangele.[205] Die „Lücken", die nicht immer optimal ausgefüllt wurden, waren keine Selbstverständlichkeit, sondern ein Merkmal der sozialistischen Massenwohnsiedlungen, eine Chance für die Gestaltung seitens der Bewohner:innen und der lokalen Gemeinschaft in der Praxis der Selbstverwaltung.

Trotz der beeinträchtigten Funktionalität der Gemeinschaftsräume verteidigten Soziolog:innen im Spätsozialismus ihren Ausbau und Instandhaltung. So beharrte der Soziologe Čaldarović Ende der 1980er Jahre auf ihre unbedingte Beibehaltung, wies auf eine breite, durch Umfragen bestätigte Akzeptanz der Gemeinschaftsräume unter Bewohner:innen hin und plädierte für unterstützende Maßnahmen gerade dort, wo die Räumlichkeiten beschädigt oder zweckentfremdet waren.[206] Gemeinschaftsräume erfuhren eine Wertschätzung als die architektonische Basis der Gemeinschaftlichkeit. Es galt deshalb, sie proaktiv zu schützen.

Allerdings ging Gemeinschaft in einem breiteren Sinne deutlich über die Gemeinschaftsräume hinaus. Lässt sich eine für Massenwohnsiedlungen spezifische Gemeinschaft(lichkeit) feststellen? Falls ja, handelt es sich dabei um eine unterstützungswerte oder um eine problematische Erscheinung? Diese Fragen beschäftigten jugoslawische Sozialwissenschaftler:innen und Stadtforscher:innen in den 1970er Jahren und 1980er Jahren.

Jene, die der Gemeinschaft in Massenwohnsiedlungen wohlwollend und wertschätzend gegenüberstanden, lehnten Umweltdeterminismus ab.[207] Während Stadtsoziolog:innen und Architekt:innen höchstens einen förderlichen Rahmen schaffen könnten, rückte in dieser Perspektive der Eigensinn der Bewohner:innen in den Mittelpunkt: Sie tragen das soziale Gefüge oder eben nicht. Damit ging die Kritik einer eng verbundenen

---

203 Vgl. Klemenčič/Vovk 1978, 3–20.
204 Ebd., 13.
205 Ebd., 21.
206 Vgl. Čaldarović 1987/b, 96 f.
207 Ebd., 21 f.

258 | 4. Siedlung

Gemeinschaft einher. Diese wurde, so Čaldarović, aus ihrem ursprünglich ruralen Kontext herausgerissen und in die neuen Umstände verklärend übertragen. Dabei blende man die Vorteile der städtischen Anonymität (etwa für Zugezogene, „die niemand fragt, woher sie kommen") und Nachteile der ruralen Gemeinschaften („negative soziale Kontrolle", „Provinzialismus", kaum Kulturangebote) aus.[208] Auch die Ethnologin Dunja Rihtman-Auguštin (1926–2002) kritisierte den Dorfbegriff in der jugoslawischen Soziologie und Anthropologie als eine romantisierende Konstruktion, die sich an einer Situation „aus dem letzten Jahrhundert" orientiere.[209]

Manche wiesen die Gemeinschaftsdefizite auf die Neuheit der Siedlungen zurück. So schrieb die Architektin und Urbanistin Milica Jakšić 1981, Neu-Belgrad würde „an eine gerade vollendete Wohnung" erinnern, in welcher der „Geist des Lebens an Stelle des Geruchs der Farbe noch nicht eingekehrt ist".[210] Das „Ambiente" für Gemeinschaftlichkeit künstlich zu erzeugen, wäre unrealistisch und größenwahnsinnig, schrieb Goran Božović. Denn „was jahrzehntelang durch harte Arbeit entstand",[211] könne nicht in einem Augenblick nachgebaut werden. „Je älter die Siedlungen, desto weniger Unvollständigkeiten", lautete Čaldarovićs These, welche er auf die infrastrukturelle Weiterentwicklung, Anpassungen durch die Bewohner:innen und das Baumwachstum bezog.[212] Am Beispiel von Savsko Naselje in Ljubljana wurde dies plastisch: Zu der in den späten 1950er Jahren errichteten Siedlung kamen in den 1970er Jahren ein Gemeinschaftsgebäude und ein Kindergarten hinzu.[213] Infolge vieler Kinder und ihrer „integrativen Rolle", so Soziologe Zdravko Mlinar, hätten die Massenwohnsiedlungen gute Chancen, ein Beziehungsgefüge schneller als erwartet aufzubauen.[214]

Milica Jakšić warnte vor einer Homogenisierung, wenn dieselben Vorschriften und Ideale für alle Stadtteile gelten würden. Sie plädierte stattdessen dafür, die Stärken der jeweiligen Stadtteile zu betonen, was etwa in Alt-Belgrad die Vielfalt der Unterhaltungs- und Kulturangebote und historische Bauten, in Neu-Belgrad die Freiheit der weiten Räume und den Kontakt zur Natur bedeutete.[215] Gleichzeitig solle man die restlichen Eigenschaften auf ein „Toleranzniveau" bringen (höhere Wohnungsstandards in Altbauten, mehr Versammlungsorte in Neu-Belgrad).[216] Dieses Verständnis implizierte, dass die Geselligkeit in den Neubausiedlungen eine andere Form haben würde. Im Vergleich zu

---

208 Ebd., 79–84.
209 Rihtman-Auguštin 1971, 87.
210 Jakšić 1981, 90.
211 Božović 1981, 127.
212 Čaldarović 1987/b, 104 f.
213 Vgl. Klemenčič/Vovk 1978, 6.
214 Vgl. Mlinar 1983, 201.
215 Vgl. Jakšić 1981, 92 f.
216 Ebd.

den vielfältigen, jedoch oft anonymen Beziehungs- und Interaktionsverflechtungen im Stadtzentrum würden sich diese nicht weniger wertvoll, sondern komplementär dazu entwickeln und sich entsprechend stärker auf die Kernfamilie, die Nachbarschaftsbeziehungen sowie lokalen Freizeitaktivitäten (zum Beispiel gemeinsamer Sport) ausrichten.

Die Gegenstimmen zu Massenwohnsiedlungen beharrten hingegen auf einem Umweltdeterminismus, also der Überzeugung, dass die Umgebung die Bewohner:innen entscheidend prägen und ihnen kaum möglich machen würde, sich ihm zu entziehen. Sie sahen den Fehler allein im Konzept der funktionalistischen Massenwohnsiedlungen oder sogar im allgemeinen Konzept von Wohnsiedlungen. Da die Siedlungen inhärent „falsch" seien, könne man diesem Verständnis zufolge auch nichts daran ändern.

Ein schlagkräftiges Beispiel für die totale Ablehnung der Massenwohnsiedlungen bildet die Studie *Die Lebensqualität und die neuen Wohnsiedlungen* (1988) der Zagreber Stadtsoziologin Dušica Seferagić. Als einzige Vorzüge nannte sie den anfänglichen Enthusiasmus der Architekt:innen und Bewohner:innen – ein „joie de vivre", der allerdings nach und nach „verdunstet" – und die Ausstattung der Wohnungen mit modernen Installationen (Zentralheizung, Kanalisation).[217] Eine ideelle Wohnsiedlung sei „contradictio in adiecto", die Massenwohnsiedlungen würden „ihren Bewohnern kein hochqualitatives Wohnleben anbieten, weder in der Planung und Produktion noch in der Verteilung und Nutzung", schrieb Seferagić.[218] Sie sprach von einer Entfremdung dieser Orte durch Monofunktionalität, fehlende Einbindung der zukünftigen Bewohner:innen in den Bauprozess, ungerechte Wohnungsvergabe und Reduzierung der Bewohner:innen auf Nutzer:innen oder Verbraucher:innen.[219] Davon ausgehend sah sie Massenwohnsiedlungen als einen Verstoß gegen den humanistischen Marxismus und damit gegen Grundsätze der Praxisphilosophie an, sodass sie letztlich eine Bedrohung für die Gemeinschaft als Ganzes darstellen. Sie widersprach damit auch der „kollektivisierenden Wirkung der neuen Siedlungen" und behauptete stattdessen, räumliche Nähe ließe keine Gemeinschaftlichkeit entstehen, sondern führe vielmehr zur Entfremdung und Isolation.[220]

Seferagićs Argumentation ist an zahlreichen Stellen spekulativ und basiert allein auf Sekundärliteratur. Diese dünne Wissenschaftlichkeit wurde von der Autorin selbst thematisiert und mit Redundanz abgewehrt (die Kolleg:innen und Rezensent:innen hätten ihr angeblich versichert, dass entsprechende empirische Daten wohlbekannt seien).[221] Dazu kam eine systematische Ablehnung aller positiven Ergebnisse in Umfragen: Beispielsweise nannte sie die Zufriedenheit der Bewohner:innen „Wohn-Flitterwochen von Menschen

---

217 Seferagić 1988, 36, 107.
218 Ebd., 146.
219 Vgl. ebd., 30–36.
220 Ebd., 41.
221 Vgl. ebd., 99.

260 | 4. Siedlung

mit niedrigen Standards".[222] Im Gegensatz zu den proklamierten Zielen der Stadtsoziolog:innen stand sie den Bewohner:innen keine eigene Meinung zu und bezeichnete ihre Perspektive als Irrglauben. So eine Verallgemeinerung mag auf dem Hintergrund von Seferagićs praktischen Erfahrungen noch überraschender wirken. Mitte der 1970er wurde sie als Soziologin in die Planung der Neu-Zagreber Massenwohnsiedlung Dugave einbezogen. Im Planungsprozess wurden die Einwände der Soziolog:innen gehört und manche Änderungen vorgenommen und beispielsweise eine Reihe von Gemeinschaftsräumen hinzugefügt.[223] Andere Beteiligte entwickelten dann durchaus eine positive und enge Beziehung mit der Siedlung. So lebt der 85-jährige Architekt Ivan Čižmek bis heute dort in der Wohnung, die er vom Honorar für das Projekt kaufte, und engagiert sich nach wie vor für eine Wertschätzung der dortigen Architektur.[224]

In Seferagićs Kritik, nach welcher wortwörtlich alle Massenwohnsiedlungen schlecht konzipiert, unbefriedigend ausgeführt und identisch, ja „eindimensional" seien,[225] hallt der „eindimensionale", „entfremdete" Mensch von Herbert Marcuse mit, der die westliche 68er-Bewegung prägte.[226] Das Plädoyer gegen Massenwohnsiedlungen liest sich wie eine spätsozialistische Geste der Aufgabe, der sich in der Enttäuschung in den Sozialismus aufgrund der weiterbestehenden Ungleichheiten begründet, als dessen Konsequenz eine Rückkehr zum Individuum und der Familie mit Einfamilienhaus erfolgte.[227] Seferagićs Ansichten zeugen von einer tiefen politischen Resignation: „Wer sollte die Studien zur Ungleichheit finanzieren – etwa die Partei, die von ihr profitiert?", fragte sie rhetorisch.[228]

Seferagić war mit ihrer Kritik nicht allein, wofür das in den 1980er Jahren erstmalige und sogleich intensive Forschungsinteresse für Einfamilienhäuser sprach.[229] Die Kritik barg zudem eine Analogie zum Zustand des Sozialismus: Man konnte die Massenwohnungsbauten wie auch den Sozialismus nicht einfach umbauen (etwa demokratisieren), also hörte man einfach komplett auf mit dem Weiterbauen. So überlappten sich nun der marxistische Humanismus und die stadtsoziologische Ungleichheitsforschung mit den Argumenten für einen demokratischen Kapitalismus.

Abseits vom „ausgeprägten Stereotyp von Entfremdung" verbarg sich eine Fülle an unverbindlichen und zum größten Teil unerkannten Geselligkeiten: Schach und Boccia spielen, vom lokalen Kulturzentrum in den 1970er Jahren und 1980er Jahren organisierte

---

222 Seferagić 1977, 864 f.
223 Vgl. Ebd., 871 f.; Seferagić 1976.
224 Vgl. Sančanin 2012, 328–335.
225 Seferagić 1977, 870–872.
226 Vgl. Marcuse 1967.
227 Vgl. Seferagić 1988, 55 f.
228 Ebd., 99.
229 Vgl. Čaldarović 1987, 107–117; Bratić/Malešević 1982, 144–155.

Feste und Konzerte sowie Kunstausstellungen im öffentlichen Raum.[230] Zum Beispiel wurde Neu-Zagreb zum wichtigen Schauplatz der Neuen Kunstpraxis (Nova umjetnička praksa), die Interaktionen mit den Bewohner:innen suchte und den urbanen Alltag in den Mittelpunkt stellte.[231] Außerdem konnten etwa ältere Nachbarinnen als eine Art erweiterter Familie fungieren, die Engpässe im öffentlichen Kinderbetreuungsnetz kompensierten.[232] Das Miteinander sei nicht verschwunden, sondern in neuer Gestalt aufgetaucht, etwa im Ideal eines „unaufdringlichen Nachbars", der stets freundlich, aber auf einer Distanz bedacht war und die Wohnungsschwelle als Grenze respektierte.[233] Eine kritische Überprüfung von Gemeinschaftsindikatoren jenseits tradierter Vorannahmen bleibt daher eine Notwendigkeit, um die Vielfalt der Begegnungsoptionen in Massenwohnsiedlungen nicht zu übersehen.

4.4.3 Die Massenwohnsiedlung als Diagnose

Seit den 1970er Jahren interessierten sich jugoslawische Sozialwissenschaftler:innen nicht nur für das Gemeinschafts-, sondern auch für das Konfliktpotenzial in Massenwohnsiedlungen, insbesondere für die Jugendkriminalität. Da die Jugend die Zukunft verkörperte, war es allen sozialistischen Regimen in Europa besonders wichtig, diese einzubinden und im Blick zu behalten.[234] Die Kluft zwischen der die Jugend fördernden Rhetorik und der sozialen Lage der Jugendlichen deutete eine Studie von 1977 an, die eine systematische Benachteiligung der Jugendlichen bei der Wohnungsverteilung darlegte und zeigte, wie diese Altersgruppe überdurchschnittlich unter suboptimalen Wohnbedingungen litt.[235]

---

230 Vgl. GULIN ZRNIĆ 2009, 108–128.

231 Hier werden nur zwei Beispiele erwähnt. Im April 1978 veranstaltete Vera Fischer im Rahmen vom *Frühling in Neu-Zagreb (Proljeće u Novom Zagrebu)* auf dem Plateau vor Mamutica eine Ausstellung von im Müll gefundenen Gegenständen, ausgewählt von Mitarbeitern der Stadtreinigung. Im Mai 1979 entstand die Lichtinstallation *Die Lichter Neu-Zagrebs (Svjetla Novog Zagreba)* mit Bewohner:innen von Jugomonts „Blechdosen" in Zapruđe, die ihr Licht nach einer abgesprochenen Choreografie an- und ausschalteten. Vgl. PERKEC/ POČANIĆ 2022, 137–142.

232 Vgl. RUBIĆ/LEUTLOFF-GRANDITS 2015, 228–230.

233 Vgl. GULIN ZRNIĆ 2009, 143–150.

234 Wie die Jugendlichen ihre Freizeit verbringen, interessierte auch jugoslawische Sozialist:innen. Die sozialismuskonformen Aktivitäten und Werte wurden insbesondere durch den *Bund der Pioniere Jugoslawiens* befördert. Vgl. DUDA 2015.

235 In der Studie *Die Probleme des Wohnens von Jugendlichen (Problemi stanovanja mladih)*, durchgeführt 1977 an der Universität Zagreb, wurde auf Basis von Umfragen unter Jugendlichen (14 bis 27 Jahre alt) in Zagreb, Split, Osijek, Rijeka und Karlovac festgestellt, dass nur 8,3 % der jungen Berufstätigen eine eigene Wohnung zur Verfügung hatten. Die Jugendlichen bewiesen nur bedingt vertikale Mobilität: Die meisten übernahmen den sozialen Status und die Wohnungssituation ihrer Eltern. Die Autor:innen wiesen darauf hin, dass Jugendliche nur 3 % im jugoslawischen Parlament ausmachten und plädierten für eine Reform des Punktesystems für die Wohnungsvergabe, das weniger an der

Die Konferenz *Der Einfluss einiger ökologischen Faktoren auf die Jugenddelinquenz und Stadtplanung* (Zagreb, 1981) der *Ständigen Konferenz der Städte Jugoslawiens*[236] verdeutlichte die damaligen Ängste und Befürchtungen der Sozialwissenschaftler:innen bezüglich Massenwohnsiedlungen. Basierend auf den in den 1970er Jahren von Kriminolog:innen und Stadtsoziolog:innen durchgeführten Studien in Ljubljana, Zagreb und Belgrad stuften sie die Massenwohnsiedlungen als Risikogebiete für Jugendkriminalität ein.[237] Die dortigen Jugendlichen wurden als besonders bedrohte Gruppe gesehen, die den negativen Einflüssen am meisten ausgeliefert sei, weil sie kaum Möglichkeiten zur Gestaltung ihrer Umgebung habe.[238]

Bei der Fachkonferenz identifizierten Autor:innen Massenwohnsiedlungen als eine potenziell gesundheitsschädliche Umgebung. Sie warnten etwa, die „übertriebene Geschossanzahl" bringe zusätzlichen Stress mit sich und wirke sich negativ auf die Gesundheit der Bewohner:innen aus.[239] Auf diesem Weg erklärten sie die Materialität der funktionalistischen Siedlung zu einer pathologischen Struktur. Die Hygieniker:innen und Architekt:innen fokussierten sich in den 1950er Jahren und 1960er Jahren auf mechanische Unfallrisiken (den Fall aus dem Fenster oder vom Balkon) und biologische Gefahren (das Risiko für ansteckende Krankheiten, insbesondere Tuberkulose).[240] Sie erarbeiteten Standards zum Gesundheitsschutz und verliehen ihnen einen quantitativ-mechanischen Ausdruck, der sich an (idealen und tatsächlichen) Durchschnittswerten orientierte. Für eine Gleichung zur optimalen Zimmeranzahl pro Haushalt empfahl der Arzt Srđan Sevnik folgende Werte: Säuglinge = 0, ein- bis zehnjährige Kinder = 0,5, Erwachsene = 1 und sah dabei nicht nur zu kleine sondern auch zu große Wohnungen (aufgrund des Eindrucks der „Leere, Unvollendung") als gesundheitsschädlich an.[241] Die standardisierten Massenwohnungen wurden mit dem frühmodernistischen Anspruch auf Luft, Licht und Sonne als eine Maßnahme im Kampf gegen unhygienische Zustände und die daraus resultierenden ansteckenden Krankheiten angeführt.

Im Spätsozialismus sahen die Expert:innen die Gefahren vorwiegend in sozialen Dimensionen: Zu viele zusammengepferchte Bewohner:innen bedeuteten ein erhöhtes

---

Dauer der Erwerbstätigkeit und mehr an der Bedürftigkeit und den sozialen Umständen orientiert wäre. Vgl. GAKOVIĆ/LAY/ČALDAROVIĆ 1978. 48; LAY/DAKIĆ/ČALDAROVIĆ 1978, 24.

236 Die *Ständige Konferenz der Städte Jugoslawiens (Stalna konferencija gradova Jugoslavije)* war ein Forum für den Austausch diverser Stadtverwaltungen und somit ein Bestandteil der jugoslawischen Selbstverwaltung. Die Beratungen stellten lokale Unterschiede und Erfahrungen zur Diskussion und zeigten die stark föderalistische Ausrichtung des jugoslawischen Sozialismus auf.

237 MEJOVŠEK, Milko/UZELAC, Slobodan/VRGOČ, Ivan: Ekološka struktura i delinkventno ponašanje mladih u gradu Zagrebu, Zagreb, 15.–16.01.1981, SR-AJ, 495-75.

238 Ebd., 32.

239 Rezime rasprave, Zagreb, 15.–16.01.1981, 20 f., SR-AJ, 495-75.

240 Vgl. SEVNIK 1962, 129–131; FINCI 1955, 37.

241 SEVNIK 1962, 126 f.

4.4 Sozialwissenschaftliche Kritik | 263

Konflikt- und Aggressionspotenzial und psychische Belastung „sowohl für Erwachsene als auch für Kinder".[242] Neugeschaffene Krankheitstypen wie „Sarcellitis", eine „nervöse Depression", welche Hausfrauen angeblich durch Langeweile und Isolation in *grands ensembles* wie Sarcelles entwickeln würden, waren Anfang der 1960er ein Bestandteil des Schreckbilds von Massenwohnsiedlungen in den französischen Medien.[243] Da mentale Erkrankungen damals stark tabuisiert wurden, ihre Diagnose häufig nicht eindeutig ausfiel und ihre Behandlung als langwierig galt, war der Weg von darauf aufbauenden Krankheitsbildern und pathologischen Entwicklungen in den Massenwohnsiedlungen bis hin zur Stigmatisierung des Massenwohnungsbaus im Allgemeinen besonders kurz.

Im Jahr 1979 behauptete der Neuro- und Gerichtspsychiater Arso Vujošević in der Titograder Tageszeitung *Pobjeda,* dass die Massenwohnungsbauten bei ihren Bewohner:innen „neurotische Reaktionen" mitverursachen würden.[244] Der Kommentar bezog sich implizit auf den Blok 5, die größte Siedlung dieser Art in Titograd und damals noch eine Baustelle, der so bereits vor dem Einzug der ersten Bewohner:innen pathologisiert wurde. Das Beispiel zeigt, wie diese negativen Zuschreibungen oft ohne empirische Beweise kursierten und Stereotype mitgestalteten.

Zudem aufschlussreich ist der Fachbereich der Expert:innen. Gaben in den späten 1950er Jahren und 1960er Jahren oft Ärzte und Hygieniker Auskünfte über Themen der öffentlichen Gesundheit in Massenwohnsiedlungen, fanden sich im Spätsozialismus zunehmend Expert:innen für Devianz, Kriminalität und psychische Erkrankungen. Einerseits sahen sie die neuen Siedlungen als eine mögliche Gefahr für die psychische und moralische Gesundheit der Jugendlichen an. Andererseits identifizierten sie die Jugendliche selbst als eine potenziell destruktive Kraft. In Statistiken zu Jugendkriminalität erfassten sie den Wohnort der Täter:innen und suchten nach den Gründen innerhalb ihrer Familie und in der Gestaltung ihrer Nachbarschaft.[245] Besonders „unvollständige Familien" mit nur einem Elternteil gerieten in Kritik. Obwohl die Statistiken zeigten, dass die meisten straffälligen Jugendlichen aus „vollständigen Familien" kamen, fand die hohe Anzahl „unvollständiger Familien" in den neuen Siedlungen eine stigmatisierende Erwähnung.[246] Das Mahnbild einer dysfunktionalen Familie wurde in den 1980er Jahren zunehmend mit Massenwohnsiedlungen assoziiert und kriminalisiert, auch wenn die Statistiken ein weniger eindeutiges Bild aufzeigen. Dabei machten die Forscher:innen ausgerechnet ein Lebensmodell für die Devianz verantwortlich, das im Sozialismus

---

242 Vgl. Klemenčič/Vovk 1978, 11; Horvat 2021/b, 78.

243 Vgl. Rudolph 2015, 177.

244 Vuković 1979, 3.

245 Mejovšek, Milko/Uzelac, Slobodan/Vrgoč, Ivan: Ekološka struktura i delinkventno ponašanje mladih u gradu Zagrebu, Zagreb, 15.–16.01.1981, 33, SR-AJ, 495-75.

246 Ebd., 35.

gefördert wurde: Berufstätigkeit beider Elternteile, die deshalb zu wenig Zeit für die Kindererziehung haben.[247]

Ein Novum der stadtsoziologischen Sorgen und Bedenken in den 1980er Jahren bildete die diskursive Gleichsetzung von Massenwohnsiedlungen mit den informellen Siedlungen am Stadtrand, die sich größtenteils ohne urbanistisch-architektonische Eingriffe entwickelten.[248] Während die Stadtforscher:innen bis in die frühen 1970er solche Siedlungen als den Gegenpol beziehungsweise eine komplementäre Notwendigkeit zu den sozialistisch geplanten Siedlungen ansahen,[249] entstand in den 1980er Jahren der Eindruck, beide Wohnformen seien auf eine ähnliche Weise misslungen. So erwähnten sie Neu-Zagreb plötzlich in einem Zug mit der anfangs informellen Siedlung Dubrava.[250] Zum einen erklärten sie dies über die Bevölkerungsstruktur, denn in beiden Teilen gab es überdurchschnittlich viele Zugezogene, meistens aus ruralen Regionen, welche die Nachbarschaften vor Integrationsherausforderungen stellen würden.[251] Zum anderen würde ihnen die Infrastruktur für geregelte Freizeitangebote der Jugendlichen fehlen.[252] Während das Stadtzentrum über zahlreiche kulturelle Angebote (Kinos, Theater, Museen, Clubs) verfügte, boten die Wohnsiedlungen weniger Freizeitmöglichkeiten.

Allerdings ließ dieses düstere Bild mehrere Gegenargumente aus: Wie die Architektin Iva Marčetić in ihrer Studie zu (post)jugoslawischen Wohnpolitiken zeigt, fungierten jugoslawische Massenwohnsiedlungen als ein „vielfach umverteilendes Element der sozialistischen Gesellschaft".[253] Sie wurden in den relativ peripheren (ursprünglich ruralen oder sozial benachteiligten) Gebieten angesiedelt und brachten einen hohen Anteil an hochgebildeten Bewohner:innen sowie urbane Verkehrs-, Installations- und Versorgungsinfrastruktur mit sich, wovon auch ihre Umgebung profitierte.[254]

Dabei waren die Jugendlichen in den Massenwohnsiedlungen nicht untätig. Ihre Freizeitbeschäftigung entsprach jedoch häufig nicht den Idealvorstellungen der Sozialforscher:innen und Ortsvorsitzenden, welche informelle Aktivitäten entweder nicht erkannten oder abwertend interpretierten. In der Umfrage des Slowenischen Instituts für Städtebau beantworteten die Vertreter:innen der acht Ortsgemeinschaften die Frage „Welche informellen bedeutenden Bewohnergruppen haben sich herausgebildet und treffen sich regelmäßig?" mit „Keine", eine mit „Drogensüchtige im Schülerheim" und

---

247 Vgl. LATIN, Ivo: Uvod, Zagreb, 15.–16.01.1981, 4, SR-AJ, 495-75.

248 Vgl. HORVAT 2021/b, 79.

249 Vgl. BJELAJAC 1970; ŠUVAR 1973, 157 f.

250 MEJOVŠEK, Milko/UZELAC, Slobodan/VRGOČ, Ivan: Ekološka struktura i delinkventno ponašanje mladih u gradu Zagrebu, Zagreb, 15.–16.01.1981, 40, SR-AJ, 495-75.

251 Ebd., 36.

252 Ebd., 35.

253 Vgl. MARČETIĆ 2020, 32.

254 Ebd.

eine mit „Buffets“. Sie beäugten urbane Trinkkultur kritisch und erwähnten Bars als ihren Schauplatz in nahezu jeder Umfrage als Negativbeispiel.[255]

Dabei waren Bars ein essenzieller Treffpunkt der in den späten 1970er Jahren und in den 1980er Jahren lebendigen jugoslawischen Rockszene, welche als „Neue Welle“ bekannt wurde. Das panjugoslawische und urbane Phänomen kombinierte ausgefeilte, teils gesellschaftskritische Texte mit einprägsamen Rhythmen der Rockmusik und erreichte so Hunderttausende, vor allem Jugendliche.[256] Ironischerweise war die erste Generation, die eine (gesamt)jugoslawische Jugendkultur erlebte, auch die letzte (gesamt)jugoslawische Generation.[257] Die Bewegung hatte einen stark urbanen Charakter: Sie lebte in und von den Städten.[258] Entsprechend besangen die Protagonist:innen urbane neuralgische Punkte wie Sucht, Entfremdung und Gefühle der Sinnlosigkeit. Auch die Neubausiedlungen samt ihren Problemen wurden musikalisch erörtert. Im Song *Neću da živim u Bloku 65 (Ich möchte nicht im Blok 65 wohnen)* zeichnete die Belgrader Band Riblja Čorba ein düsteres Bild vom Leben in dem Blok:

Der Baustellenwächter vertreibt die Passanten
Kinder an den Eingängen trinken Schnaps
Der Wind *[košava]* weht um die Wolkenkratzer
Die Banden der Zugezogenen schlagen sich jede Nacht
Grau, grau, grau, alles ist grau
Die Bewohner schlafen, jeder in seiner Ecke *[budžak]*
Um neun abends gibt es nichts Lebendiges
Nur die Gebäude schwärzen im Dunkeln
Die Mücken an der Wand wandle ich in Flecken um
Zu viel Asphalt, um zum Fluss zu kommen
Ich möchte nicht im Blok 65 leben
Ich hasse die ganze Welt.[259]

---

255 KLEMENČIČ/VOVK 1978, 3-19.
256 Die „Neue Welle“ wurde von den Machtinstanzen mal wohlwollend, mal skeptisch beäugt: Manche Songs mit politischen Botschaften *(Poljska u mom srcu, – Polen in meinem Herzen* der Band Azra, welche mit Solidarność sympathisierte) wurden für die Veröffentlichung nicht freigegeben. Vgl. SPASKOVSKA 2011, 355–372.
257 Vgl. PERKOVIĆ 2011, 41–44.
258 Die meisten Bands äußerten sich in den 1990er Jahren dezidiert gegen den Jugoslawien-Krieg, nicht zuletzt, weil sie im wiederkehrenden Einfluss der ländlich-regionalen Kultur (des Völkischen, Epischen, Folkloristischen) ihren Gegenpol erkannten. Vgl. SPASKOVSKA 2011.
259 Das Lied erschien 1982 auf dem Album *Buvlja pijaca (Flohmarkt)*.

Damals gab es den Blok 65 noch nicht, daher liest sich der Text als eine verallgemeinerte Kritik an Neu-Belgrader Bloks.[260] Die Baustelle im ersten Vers deutet auf den unvollendeten Zustand der Siedlung hin, welche auch die Inhaltslosigkeit des Bloks erklärt. Im Allgemeinen wurden zwei Wahrnehmungen entgegengesetzt, nämlich die Passivität (ausgedrückt durch die gängige Schlafzimmer-Metapher für Massenwohnsiedlungen) einerseits und die Fülle an illegalen oder semilegalen Aktivitäten (Trinken in der Öffentlichkeit, Schlägereien) andererseits. Es wird suggeriert, dass Einfallslosigkeit, Langeweile und das Fehlen sinnvoller Freizeitangebote (nach „neun abends gibt es nichts Lebendiges") zu Gewaltausbrüchen führen. Die visuelle Ödnis wird durch Wiederholung („grau grau grau") hervorgehoben, das Unangenehme durch das ungünstige Wetter *(košava,* ein in Zentralserbien gängiger kalter Wind) zugespitzt und positive Naturerlebnisse aufgrund von „zu viel Asphalt" und letztlich menschlicher Überformung ausgeschlossen. Wie in der „Neuen Welle" üblich, vermischen sich gesellschaftliche Themen wie Migration und Alkoholismus mit einer emotionsgeladenen Geste der Ablehnung („ich hasse die ganze Welt"), welche zudem eine durch die Wirtschaftskrise der 1980er aufkommende „aggressiv-pessimistisch[e] Grundstimmung" bei Jugendlichen ausdrückte.[261]

Die Sorge über die Jugendkriminalität ist allerdings nicht empirisch zu belegen, denn in den 1970er Jahren sanken die Zahlen der von Jugendlichen ausgeübten Straftaten.[262] Jedoch sagt sie viel über die damaligen Bedenken von Sozialwissenschaftler:innen zu Massenwohnsiedlungen aus. Auch die Massenwohnsiedlungen durchliefen eine Adoleszenzphase. Einerseits sind aus den Kleinkindern der 60er längst Jugendliche geworden. Andererseits war die erste Freude und Erleichterung über eine Wohnung verflogen und neue Ansprüche entstanden. Während Kinder aus den unfertigen Siedlungen noch einen Spielplatz zauberten, langweilten sich die Jugendlichen in den Siedlungen mit wenigen Angeboten und orientierten sich zunehmend Richtung Stadtzentrum. Die Radiuserweiterung verweist auf die Schwächen der Siedlungen, gehört aber gleichzeitig zum Erwachsenwerden und dem Aufbruch aus dem ersten Zuhause.

4.4.4 Die Massenwohnsiedlung als Identitätsangebot

Je mehr Bedürfnisse in einer Nachbarschaft unbefriedigt blieben, „desto intensiver [war] der Desintegrationsprozess dieser [Nachbarschaft] als enge Einheit und ihre gleichzeitige Integration in eine erweiterte Einheit auf der höheren Ebene", schrieb der Soziologe Jože

---

260 Viele singen heute noch „45" anstelle von „65". Man kann den Text auch als Anspielung auf den bis in die 1970er Jahre gebauten Blok 45 verstehen. Da dieser für eine einprägsame Verdichtung der funktionalistischen Wohnarchitektur stand, passt auch diese Interpretation zu einer allgemeinen Darstellung von Bloks.

261 Calic 2010, 281.

262 Rezime rasprave, Zagreb, 15.–16.01.1981, 19, SR-AJ, 495-75.SR-AJ, 495-75.

Goričar 1962.[263] Falls eine Siedlung nicht genug Angebote biete, so die Interpretation im Frühsozialismus, würden sich die Bewohner:innen nicht mit ihr, sondern mit der Stadt als Gesamtheit identifizieren. Im Spätsozialismus wurde diese Feststellung jedoch bezweifelt. So bestand Čaldarović auf der These, dass eine tiefgreifende Identifikation mit der gesamten Stadt nicht möglich sei; nur einzelne Stadtteile könnten diese Rolle übernehmen.[264] Wie kann sich Identität, das Unverwechselbare an einer Siedlung oder an einem Wohnbau manifestieren? Da Stadtsoziolog:innen keine Architekt:innen waren, deuteten sie die gestalterischen Möglichkeiten meistens vage an, etwa mittels mehr Farbe oder verspielten architektonischen Formen.[265] Sie wiesen auf die Details wie Straßennummern und -namen hin und auf die Notwendigkeit, sie sorgfältig auszuwählen, um dem Eindruck der „Desorientierung" entgegenzuwirken.[266] Zugleich würden sie die Einzigartigkeit des Ortes stärken.

Die Sinnstiftung durch Namensgebung wurde sowohl „von oben" durch den Planungsprozess betrieben als auch „von unten" durch die Spitznamen, die Bewohner:innen den Bauten gaben.[267] Angeregt vom Architekten Ivan Zemljak (1893–1963) wurde der Schriftsteller Gustav Krklec (1899–1977) mit der Namensfindung für einzelne Neu-Zagreber Siedlungen beauftragt und extrahierte Toponymie aus den historischen Landkarten der Gegend.[268] So entstanden Namen wie Siget (Archaismus für „Insel"), Utrine (von *utrti* – ebnen), Sopot (Archaismus für „Quelle"), Dugave (Archaismus für „Überschwemmungsgebiet"), Sloboština (historischer Begriff für das Gelände außerhalb des Kirchenbesitzes) und Zaprude (in Anlehnung an *prud* – Sandbank).[269] Sie hatten eine Verbindung zum jeweiligen Ort und riefen gleichzeitig nahezu vergessenes Vokabular wieder in das kollektive Gedächtnis. Während die Stadtforscher:innen in den umgangssprachlichen, von Einheimischen genutzten Bezeichnungen ein „Bedürfnis nach einem

---

263 Goričar 1962, 112.

264 Vgl. Čaldarović 1987/b, 9.

265 Vgl. Supek 1987, 6.

266 Klemenčič/Vovk 1978, 12.

267 Im Volksmund bildeten sich nach und nach informelle Bezeichnungen für bestimmte Massenwohnungsbauten und -siedlungen, etwa „Krstarica" (Kreuzer) und „Kineski zid" (Chinesische Mauer) in Split, „Potkovica" (kleines Hufeisen), „Televizorke" (die Fernseher), „Šest Kaplara (Sechs Korporale), „Mercedesice" (Mercedesinnen) in Neu-Belgrad, „Kutije šibica" (Streichholzschachteln) „Pet udovica" (Fünf Witwen) „Vukovarka" (Vukovarin), „Šargarepa" (Möhre), „Vampirica" (Vampirin),und „Lordovka" (Lordin) in Titograd oder „Papagajka" (Papagei) in Sarajevo.

268 Die toponymischen Verbindungen wurden hier zum Teil von der Anthropologin Valentina Gulin Zrnić, zum Teil mithilfe des *Hrvatski jezični portal* (Kroatisches Sprachportal – das kroatische Duden-Äquivalent) nachverfolgt. Vgl. Gulin Zrnić 2009, 99 f.; Stichwörter „sloboština", „siget", „sopot" in HJP.

269 Ebd.

268 | 4. Siedlung

effizienten Kommunikationssystem"[270] sahen, lässt sich darin auch ein Bedürfnis nach Identitätsstiftung erkennen. Während der Plan für die Neu-Zagreber Siedlung Travno (1974) eine von der Natur inspirierte Namensgebung vorschlug und die Bauten mit Blumennamen wie Kornblumen und Löwenzahn belegte, konnten sich die Namen nie durchsetzen und die Megastruktur wurde nicht als zierliches „Gänseblümchen", sondern als „Mammut" bekannt.[271] In dieser Ablehnung kam die Agency der Bewohner:innen zum Ausdruck und widersprach dem Stereotyp der passiven Bewohner:innen.

Insbesondere die Ethnologin Dunja Rihtman-Auguštin (1926–2002) setzte sich für eine gründliche Neugestaltung der Integrations- und Urbanisierungsmerkmale ein. Sie schlug vor, in Massenwohnsiedlungen beobachtete Phänomene an den dafür nicht bestimmten Orten (wie Gemüsegärten, informelle Zusammenkünfte von Jugendlichen in Parks, eingelaufene Spuren jenseits der geplanten Wege sowie spontanes Schlittenfahren oder Fußballspielen) als „alternative Urbanisierung" zu verstehen.[272] Des Weiteren wies sie darauf hin, dass sich laut einer Umfrage von 1970 unter 945 Zagreber Haushalten in fünf Stadtteilen 70,2 % der Befragten als Zagreber:innen fühlten und 77,4 % sich wieder für Leben in Zagreb entscheiden würden, obwohl nur 30 % der Befragten in Zagreb geboren wurden.[273]

Dieses urbane Zugehörigkeitsgefühl veranschaulicht sie anhand der Daten zum häuslichen Verzehr von *mlinci*, eines in Zagreb und Umland gängigen Teiggerichts. 70,4 % aller Befragten aßen *mlinci* zu Hause, (davon 66,3 % selbstgemacht, 33,7 % gekauft). In der Massenwohnsiedlung Zapruđe waren es noch mehr (76,6 %; davon 43,0 % selbstgemacht, 57,0 % gekauft).[274] Die hohe Rate an gekauften *mlinci* in Zapruđe zeigt die überdurchschnittliche Akzeptanz der dortigen Bewohner:innen für industriell hergestellte Lebensmittel, einer Errungenschaft der sozialistischen Modernisierung. Auch die vielen Umbaumaßnahmen in den Wohnungen (entfernte Wände, neue Installationen), die 66 % der Zagreber Wohnrechtinhaber:innen in der sozialistischen Zeit auf eigene Kosten unternahmen,[275] zeigen nicht nur die perzipierten Mankos der Wohnungen auf, sondern auch die Verbindung der Bewohner:innen mit ihrem Zuhause sowie ihre Bereitschaft, in eine Nachbesserung zu investieren. Die Bewohner:innen der Massenwohnsiedlungen schienen sich mit ihrem Wohnort und den dortigen Traditionen auszukennen und identifizierten sich mit diesen. Allerdings übersahen manche Stadtexpert:innen diese aktive Gestaltung des erweiterten eigenen Wohnraumes durch die Bewohner:innen oder stritten sie ab.

---

270 Maričić/Petrić 2009, 45.
271 Vgl. Gulin Zrnić 2011, 74.
272 Vgl. Rihtman-Auguštin 1980, 68; Rihtman-Auguštin 1988.
273 Vgl. Rihtman-Auguštin 1971, 89.
274 Ebd., 92.
275 Vgl. Čaldarović 1993, 1026 f.

Die Theorie der Selbstverwaltung bekräftigte bewohner:innenzentrierte Sinnstiftungs-prozesse. In ihrer theoretischen Ausformulierung waren die frühen funktionalistischen Wohnsiedlungen größtenteils in sich vollendet. Der Paradigmenwechsel in den 1970er Jahren – zurückzuführen auf eine Mischung aus postmodernen Stadttheorien und Prag-matik – brachte Siedlungen mit Raum für Zufall und für neue Bedürfnisse hervor. Henri Lefebvre und sein Team sahen in der Mischung aus unvollendeten Bau- und Planungs-prozessen und dem administrativen Gerüst der Selbstverwaltung in Neu-Belgrad eine vielversprechende Lücke („we can only rejoice that Novi Beograd is unfinished") für die Initiativen von Bewohner:innen.[276] Die Verzögerung der Bauprojekte ebnete den Weg für einen Umbau der Massenwohnsiedlungen auf den Spuren des Neuen Urbanismus und sozialistischen Humanismus. An dieser Stelle setzt die These von Vladimir Kulić und Maroje Mrduljaš zur Bedeutsamkeit der unvollendeten Modernisierung für die jugoslawische sozialistische Architektur an.[277] Diese Unvollkommenheit ist nicht nur negativ besetzt – als Scheitern –, sondern bietet auch Raum für Neues und steht für das Streben nach einer sozialistisch gefärbten permanenten Revolution. Auch das soziali-stische Jugoslawien war am Ende „ein unvollendeter Staat"[278] im stetigen Wandel, mit wechselnden Namen und Grundgesetzen.

Allerdings hatte die Eigeninitiative nicht immer die erwünschten Effekte. So zeichnete sich mit wachsender Intensität die Frage ab, wie der Ausdruck der Einzelnen zugleich zuzulassen und einzuschränken sei und wie ein Gleichgewicht zwischen Individualisie-rung und Gemeinschaftsgut erreichbar wäre. Der große Spielraum für das Individuum brachte auch mehr Möglichkeiten der Manipulation und Verhandlung von Eigeninteres-sen mit sich. Daher interessierten sich Architekt:innen und Urbanist:innen zunehmend für den kontrollierten Zufall und Maßnahmen, welche Abwechslung brachten, aber auch Ordnung schufen, wie im Folgenden zu sehen sein wird.

4.5 Materialisierte Kritik: Split 3

Zwei in den 1970er Jahren und 1980er Jahren errichtete Großprojekte artikulierten besonders eindrücklich die theoretischen Ansprüche auf eine Änderung der Baupraxis: Split 3 an der adriatischen Küste und der Blok 5 in Montenegros Hauptstadt Titograd. Im Folgenden analysiere ich sie daher als „materialisierte Kritik", die auf Mankos funk-tionalistischer Siedlungen reagierte und eine neue Interpretation vom sozialistischen

---

276 Renaudie/Guilbaud/Lefebvre 2009, 6.
277 Vgl. Mrduljaš/Kulić 2012, 6–13.
278 Jović 2012, 14.

270 | 4. Siedlung

Wohnen anbot. Im Fall von Split 3 fand ein Umdenken in erster Linie auf der Ebene des Urbanismus statt, während Blok 5 ein Weiterdenken der Selbstverwaltung repräsentierte.

In den Nachkriegsjahren erlebte Split, die größte Stadt an der jugoslawischen Küste und die zweitgrößte Stadt Kroatiens, wie viele andere Städte Jugoslawiens, einen gewaltigen Zuzug und es bestand folglich ein kontinuierlicher Bedarf an neuen Wohnungen. Angrenzend an die vorsozialistische Stadt, die über Jahrhunderte im und um den spätantiken Diokletianspalast wuchs, entstand 1945 bis 1965 das Bausegment im funktionalistischen Duktus des CIAM-Urbanismus, später Split 2 genannt.[279] In Split wurde in den 1950er Jahren intensiv mit günstigen seriellen Bauten (etwa E-57) experimentiert, allerdings mit gemischten Ergebnissen. Mit dem 1968 ausgeschriebenen Wettbewerb für die urbanistische Lösung von Split 3 wurde nach einem Konzept für das für 30.000 Bewohner:innen designierte Areal im Osten der Stadt gesucht. Die elfköpfige Jury aus Split, Zagreb, Ljubljana und Belgrad entschied sich unter den 18 eingereichten Einträgen aus allen Republiken (außer Montenegro) für das Projekt „Žnjan" des Slowenischen Instituts für Städtebau (Vladimir Braco Mušič, Marjan Bežan, Nives Starc).[280] Der Bau begann am 26. Oktober 1970 und dauerte bis in die 1980er. Es handelte sich um eine der ambitioniertesten Baustellen in Jugoslawien, im Umfang vergleichbar nur mit Neu-Belgrad und dem Umbau von Skopje nach dem Erdbeben, so Mušič im Jahr des Wettbewerbs.[281]

Das Projekt generierte eine gewaltige Resonanz in den Medien. Bereits Zeitgenoss:innen sahen es als den Wendepunkt vom funktionalistischen zum postfunktionalistischen Ansatz in der Stadtplanung.[282] Zahlreiche einheimische und internationale Expert:innen besichtigten Split 3 und bezeugten nicht zuletzt mit ihrer schieren Anwesenheit und ihrem Interesse seine Außergewöhnlichkeit. Der Berkeley-Professor Donald Appleyard (1928–1982) und der italienische Architekturprofessor Giancarlo De Carlo (1919–2005) besuchten Split 3 dreimal und äußerten sich optimistisch über die Siedlung. 1981 folgte Jane Jacobs und notierte dabei: „Split 3 makes me feel so optimistic. Thank you! I already look forward to returning for another look".[283] Jacobs war für Split 3 das, was Kultermann für das Jugomont-System J-61 war: Eine respektable internationale (westliche) Legitimationsquelle. Bis heute wird sie in Zeitungsbeiträgen und in der Forschungsliteratur zu Split 3 dermaßen jubelnd zitiert.[284]

Mehrere Teile von Split 3 erschienen in den späten 1980er Jahren und frühen 1990er Jahren in Anthologien jugoslawischer und kroatischer Architektur, dargestellt durch

---

279 Vgl. Grgić/Matijević Barčot 2013, 70–72.
280 Vgl. Tušek 1996, 184 f.
281 Vgl. Skansi 2016, 49.
282 Für eine ausführliche Bibliografie vgl. Tušek 1996, 200.
283 Vgl. Kukoč 2010, 115–117.
284 Vgl. Skansi 2018, 157; Magdić 2013.

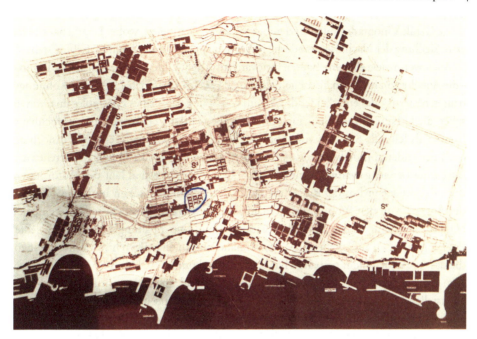

Abb. 33 Wohnstraßen in Split 3: Die östliche Nord-Süd-Straße sollte mit vorwiegend touristischen Inhalten an der Küste (auf der Karte mit „T" gekennzeichnet) abgeschlossen werden, während die westlich gelegene Straße („Universitätsstraße") die Universität mit der Küste verbinden sollte. Wie auf dem Plan aus den frühen 1970ern ersichtlich ist, machten Wohnungsbauten den Großteil des Plans aus und waren bereits relativ präzise herausgearbeitet, während andere Inhalte später (Universitätsbibliothek in den 2000ern) oder nie (polyfunktionaler touristisch-gewerblicher Komplex an der Küste) dazukamen. An den Kreuzungen der Wohnstraßen waren Plätze für Begegnungen und Konsum vorgesehen.

schwarz-weiße Fotografien der frisch errichteten Bauten.[285] In den 2010er Jahren konzentrierte sich die architekturhistorische Forschung intensiv auf einzelne Architekten, wie etwa Frano Gotovac (1928–1990). Im 1,5-minütigen Teaser für die Ausstellung *Concrete Utopia* im MoMA erschienen aktuelle Bilder aus Split 3 – die sonnenbestrahlten Jalousien und üppigen Wohnstraßen mit mediterraner Bepflanzung.[286] Die zeitgenössische Laudatio auf Split 3 hebt das lebendige Straßenleben hervor, um zu beweisen, dass sich das geplante Konzept von Split 3 bewährte. Außerdem prägte Split 3 viele darauffolgende Massenwohnsiedlungen in Jugoslawien. Kurrizi in Pristina und der Belgrader Blok 19A

285 Vgl. GAMULIN 1991, 31.
286 Vgl. o.V. 2018/c.

sowie Cerak Vinogradi zählen zu den bekanntesten Beispielen, wobei Letztgenannte als erste Siedlung der Nachkriegsmoderne in Serbien seit 2019 unter Denkmalschutz steht.[287]

Auch wenn viele einzelne Bauten innovativ ausfielen, bildete die urbanistische Lösung – die Abkehr von funktionalistischen Siedlungen, welche dennoch auf Massenwohnungsbauten basierte – das entscheidende Novum von Split 3. Statt eines Ensembles im Grünen sahen die Urbanist:innen Fußgänger:innenstraßen entlang beider Seiten der Hochhausfronten als leitende Struktur vor (Abb. 33). Sie planten nicht mehr eine Wohnsiedlung nach der anderen *(naselje po naselje)*, sondern boten ein Gerüst für die Weiterentwicklung einer bereits gewaltigen Stadtfläche.[288] Des Weiteren waren laut den Autor:innen der urbanistischen Lösung die Autos samt „den Motorgeräuschen und dem Gestank der Abgase" von den Wohnungen fernzuhalten.[289] Marjan Bežan sah im Auto eine der Hauptursachen für urbane „Konfliktsituationen" und eine „Spaltung", die durch „belebte" Fußgängerstraßen aufzuheben sei, „eine Annäherung an diejenigen historischen Straßen, die das Auto noch nicht gespalten hat oder spalten konnte".[290] Das Auto avancierte nun zum notwendigen Übel, das diskret am Siedlungsrand und in unterirdischen Garagen abzustellen sei. Die Autostadt der Moderne geriet in Kritik und wurde, so gut es geht, außer- und unterhalb der Siedlung versteckt. Nach einem öffentlichen und anonymen Wettbewerb für die urbanistische Leitidee und der zehntägigen öffentlich zugänglichen Ausstellung aller Bewerbungseinträge[291] erfolgte eine Reihe interner Wettbewerbe und Auftragsvergaben für die architektonische Gestaltung einzelner Straßen, die das Unternehmen für den Erbau Splits (Poduzeće za izgradnju Splita – PIS) koordinierte.[292] Im logistischen Gewebe des Projekts zeichneten sich Schlüsselkonturen des sozialistischen Jugoslawiens ab, ein Wechselspiel zwischen liberaler Politik und Kontrollinstanzen.

Das wiedergefundene Interesse für eine unverwechselbare visuelle Identität von Städten (kanonisiert 1960 im Buch *The Image of the City* von Kevin Lynch), die Forderung nach lebendigen Straßen, eine Privilegierung von Fußgänger:innen (wie 1961 Jane Jacobs in *The Death and Life of Great American Cities* und Lewis Mumford in *The City in History* ausführten) und eine neue Wertschätzung regionaler Unterschiede und historischer Schichten bildeten das urbanistische Herz von Split 3. Die US-amerikanische Forschung

---

287 Vgl. Bjažić Klarin 2018, 91; Skansi 2018, 157.

288 Vgl. Poduzeće za izgradnju Splita 1973, 2.

289 Amižić 1969, 8.

290 Aussage aus der folgenden Reportage: Mirković 1970, 3.

291 Vgl. o.V. 1969/d, 6.

292 Die architektonische Artikulation der einzelnen Wohnstraßen wurde zwischen mehreren Architekten und Baufirmen aufgeteilt: S 2/5 (Danko Lendić, Tehnogradnja), S 2/1 (Marijan Cerar, Lavičević), S 3/1 (Frano Gotovac, Konstruktor), S 3/4 (Dinko Kovačić, Mihajlo Zorić, Lavičević), S 3/3 (Dinko Kovačić), S 3/2 (Ivo Radić, UZD), S 2/2 (Frano Gotovac), S 2/3 und S 2/1 (Danko Lendić). Vgl. Poduzeće za izgradnju Splita 1973, 55.

4.5 Materialisierte Kritik: Split 3 | 273

war dem slowenischen Team hierbei wohlbekannt: Mušič studierte 1963/64 an der Harvard Graduate School of Design und betrieb 1964 bis 1974 ein Kooperationsprojekt zwischen dem Urbanistischen Institut Sloweniens und Universitäten in Ithaca, New York und Detroit.[293]

Mušič sprach sich bereits 1962 für einen behutsamen Umgang mit den bestehenden Baukomplexen aus:

> In unseren Maßstäben können wir nicht immer mit uniformierten modernen Wohnsiedlungen rechnen. Unsere Nachbarschaften umfassen üblicherweise auch Wohngebiete mit alten Bauten sowie Stadtteile aus vergangenen Zeiten. (…). In diesen Fällen dürfen wir nicht einem Schematismus unterliegen (…).[294]

Neben pragmatischen Gründen (Jugoslawien, und insbesondere Slowenien, bestand vor allem aus vergleichsweise kleinen Städten) erkannte Mušič den urbanen Wert vom „Ambiente".[295] Dieses Ambiente schufen dabei nicht nur die Bauten, sondern auch der Einbezug der Natur. Als Gegenentwurf zum „Schematismus" plädierte Mušič in seinem kurzen Buch *Naturschutz und Städtebau (Varstvo narave in urbanizem*, 1965) dafür, landschaftliche Besonderheiten – die „alpine, dinarische, karstige, pannonische und Küstenwelt" – in den neuen Siedlungen zum Ausdruck zu bringen.[296] Der kritische Regionalismus, eine erwartbare Folge von zunehmender Dezentralisierung, kam ansatzweise bereits in den 1950er Jahren zum Vorschein.[297]

Insbesondere das mediterrane Bauerbe wurde in diesem Zusammenhang schnell anerkannt, wie im 2. Kapitel erörtert. Modernist:innen wie der serbische Architekt Milan Zloković (1898–1965) interessierten sich schon in der Zwischenkriegszeit für das Mediterrane und behaupteten, die vernakulare Architektur der Region sei mit ihren Baumaterialien und klaren geometrischen Formen „unabsichtlich modern".[298] In den 1960er Jahren, mit der endgültigen Beilegung des Streits zwischen Jugoslawien und Italien um Triest und der Entwicklung von Massentourismus an der Adria wurde die Bezeichnung „mediterran" zu einem attraktiven Identitätsangebot für Jugoslawien. Sie ermöglichte es, die Ost-West-Teilungen zu umgehen und eine deutlich positivere Wahrnehmung im Westen hervorzurufen als etwa die Bezeichnung „slawische Länder".[299]

---

293 Zu biografischen Details und konkreten Begegnungen vgl. Zupančič 2016, 212–216.
294 Mušič 1962, 157.
295 Ebd.
296 Mušič 1965, 7.
297 Ein Beispiel ist der Wiederaufbau der antiken Stadt Zadar nach dem Zweiten Weltkrieg, welcher sich am alten Maßstab orientierte, aber neue, schlichtere Formen nutzte. Vgl. Jovanović/Kulić 2018, 61.
298 Blagojević 2003, 194–200.
299 Vgl. Rolandi 2019, 161.

Abb. 34/35   Split 3: Schichten und Texturen: Das für das Archiv des Urbanistischen Instituts Dalmatien angefertigte Foto (Abb. 34) aus den frühen 1970ern stellt nicht die repräsentativen Fassadenfronten, sondern einzelne Details in den Vordergrund. Neben einem gewaltigen Massenwohnungsbau ist ein kleines Steinhaus mit einem traditionellen Walmdach zu sehen. Die Bewohner:innen der Massenwohnungsbauten hingen ihre Wäsche im Hof auf, ähnlich zu vormodernen Wohnpraktiken. Eine niedrige Steinmauer trennte das Gebäude vom neuen Parkplatz. So wurden Autos im Hinterhof untergebracht, mit Abstand von den Fußgängerstraßen. Auf dem Foto sind die Wohnreihen mit unterschiedlichen Höhen gut sichtbar, die den Meeresblick für viele Wohnungen ermöglichen, sowie die Expressivität des Bauvolumens einzelner Bauten.

Während Mušič die Spuren des Hochmittelalters, Barocks und der ersten industriellen Revolution als entscheidende Wendepunkte in der Entwicklung Sloweniens identifizierte,[300] kritisierte er frühsozialistische Siedlungen wegen ihrer Monotonie, Dichte und dem Mangel an Raum für Kinderspiel und Erholung.[301] Allerdings lehnte er sie keinesfalls dezidiert ab, sondern betonte, dass Massenwohnsiedlungen aus der Geschichte lernen können und müssen. Die für Split und Umland typische Baugeschichte, Landschaft, Materialien und Lebensstile wurden sorgfältig untersucht, zitiert und neuinterpretiert (Abb. 34/35). Zu diesem Zweck siedelte das slowenische Projektteam 1969, also zwei Jahre vor dem Baubeginn, zeitweilig nach Split um.[302]

---

300   Vgl. Mušič 1965, 26.
301   Ebd., 15–20.
302   Vgl. Tušek 1996, 196.

4.5 Materialisierte Kritik: Split 3 | 275

90.
Stambene zgrade
Apartment Buildings
Autor / Author
Dinko Kovačić
Lokacija / Location
Split, Ul. Dinka
Šimunovića
Projektirano / Designed
1974, „I.L. Lavčević"
Split
Izvedeno / Completed
1976, „I.L. Lavčević"
Split

Den wichtigsten historischen Referenzpunkt für Split 3 stellte der etwa 3 km entfernte spätantike Diokletianspalast dar. Split 3 übernahm bewusst das Konzept der römischen Grenzziehung und Landvermessung *(limitatio)* und implementierte die Kreuzung der Hauptstraßen *cardo* (Nord-Süd) und *decumanus* (Ost-West). Die größten

276 | 4. Siedlung

Nord-Süd-Straßen (Universitätsstraße und Wohnstraße) waren auch wortwörtliche Parallelen zu den Achsen des Diokletianspalasts.[303] Außerdem wurden etliche vorgefundene Bauten (Häuser, aber auch eine Kirche) und Topografien (Berghänge, Felsen) in das Projekt integriert.[304] Auch Hommagen an die vernakulare mediterrane Architektur zählten dazu, unter anderem inspirierten *kale* (enge Gassen in mediterranen Altstädten) die Fußgänger:innenstraßen in Split 3. Dazu kamen auch die niedrigen Mauern, um die sich Menschen traditionell versammelten, ein ausgefeiltes Begrünungsschema mit mediterranen Pflanzen, großzügige Balkons sowie „dalmatinische Konoba" (Keller).[305] Neben einem behutsamen Umgang mit der regionalen historischen Urbanität setzten die Planer:innen viele dieser Elemente ein, um die vermeintlich traditionelle mediterrane Sozialität in öffentlichen Räumen zu stimulieren. Dies bildete eine deutliche Gegenposition zur spärlichen Gestaltung der öffentlichen Räume in Split 2, welche die Architekturhistorikerinnen Ana Grgić und Sanja Matijević Barčot als eine „Armut der Antizipation von vielfältigen Erscheinungsformen sozialer Aktivitäten" bewerten.[306]

Im Kontrast zu Neu-Belgrad, welches Bogdanović zufolge trotz zweier Flussufer nicht „schwimmen" konnte, sollte Split 3 die Nähe zur Küste ausgiebig verwerten. Die Planer:innen bekräftigten 1969 in einem Interview den Anspruch vom „Genießen von allem, was dieses Klima und die moderne Zivilisation hergeben, [also] in erster Linie die Sonne und das Meer".[307] Der „Meeresblick für alle",[308] gewährleistet durch die Komposition der Wohnstraßen und die Platzierung höherer Gebäudereihen weiter weg von der Küste, liest sich als ein Versprechen des sozialistisch-mediterranen Hedonismus: Sonne, Meer, Gleichheit.

Die Siedlung war polyfunktional konzipiert. Im Norden sollte sich die Universität befinden und an der Küste im Süden war der touristische Komplex Žnjan vorgesehen, eine Mischung aus Wohnungen, Einkaufsmöglichkeiten, Bars, Restaurants und einem Kongresszentrum.[309] Direkt am Küstenufer war „das Kirchlein Žnjan" (ein „Kulturdenkmal") und „eine Gruppe kleiner Häuser im traditionellen Maß" vorgesehen, mit kleinen Restaurants und Cafés im Erdgeschoss, die „das Leben in der Marine beleben

---

303 Vgl. Perković Jović/Dumandžić 2011, 231.
304 Vgl. Grgić/Matijević Barčot 2013, 74; Cerar, Marjan et al.: Prijedlog urbanističkog programa za izradu provedbenog plana zone Žnjan na Splitu 3, 1978. HR-DAST, 119, unsortierte Bestände.
305 Luketa, D./Lendić, Danko/Bežan, Marjan: Urbanistički nacrt kompleksa S 2/3 na području Splita, 1973, HR-DAST, 119, unsortierte Bestände.
306 Grgić/Matijević Barčot 2013, 71.
307 Amižić 1969, 8.
308 Ebd.
309 Cerar, Marjan et al.: Prijedlog urbanističkog programa za izradu provedbenog plana zone Žnjan na Splitu 3, 1978. HR-DAST, 119, unsortierte Bestände.

und bereichern" sollen, dazu ein Strand und eine Strandpromenade.[310] Laut der Erweiterungspläne des Projekts aus den frühen 1980er Jahren sollte Žnjan das *Split Sommerfestival (Splitsko ljeto)* beherbergen, mit einer „Sommerbühne, einer größeren und ein paar kleineren Hallen, einer Galerie in einem Glashaus, die „mit einem dauerhaften Pflanzenhaus für mediterrane und exotische Pflanzen kombiniert wäre, beziehungsweise mit einem überdachten Statuenpark, Aviarium usw.".[311] Laut PIS würden der Komplex Žnjan und die Universität „nicht nur ‚Split 3' dienen, sondern auch dem existierenden Split und noch mehr dem zukünftigen Split bis nach Stobreč [Vorort Splits]".[312]

Das Hotel mit Unterhaltungsangeboten wurde bis heute nicht gebaut, stattdessen entstand „eine Straße, die eigentlich nirgendwohin führt und eine in sich geschlossene Entität bleibt".[313] Die Universität hingegen zieht bis heute Studierende aus anderen Stadtteilen an. So bewährte sich die These mehrerer jugoslawischer Stadtsoziolog:innen aus den 1980er Jahren, wonach der Erfolg einer Siedlung darauf beruhe, dass dort nicht ansässige Menschen einen Grund haben müssen, sie zu besuchen.

„Eine möglichst breite Skala und Auswahl an Wohnformen"[314] wurde bereits in der Ausschreibung für Split 3 gefordert und ergab in der architektonisch-urbanistischen Lösung eine Mischung aus Hochhäusern *(visoke lamele)*, etwa vier- und fünfstöckigen, horizontal ausgerichteten Wohnungsbauten *(niske lamele)* und Atriumhäusern.[315] PIS verneinte die daraus resultierende Ungleichheit (Einfamilienhäuser waren beliebter und prestigeträchtiger als Massenwohnungen). Das Unternehmen berief sich hierzu auf soziologische Studien, welche eine typologische Uniformität von Wohnsiedlungen mit „urbanosoziologischen Deformationen" in Verbindung brachten.[316] Dieses pathologisierende Untergangsszenario kam aus dem westlichen architektonischen Diskurs und hatte damit erneut keine empirischen Bezüge zum jugoslawischen Kontext.

Das erste vollendete Gebäude, im Volksmund „Kreuzer" *(Krstarica)*, entwarf Frano Gotovac für etwa 1100 Bewohner:innen und stattete es mit zahlreichen herausragenden und eingezogenen Nischen und Gebäudesegmenten im dynamischen „Plug-in-Megastruktureffekt" aus.[317] Während „Krstarica" eine ausgesprochene Massivität mit zum Teil kaum verarbeiteten Fassaden in der Manier von *beton brut* aufwies, hatte die von

---

310 Ebd.

311 Jagodič, Boris: Urbanističko-arhitektonski preduvjeti kao podloga za izradu provedbenog urbanističkog plana Žnjan-Dragovode, Programska rješenja T3 i M I. varijanta (lučica), 1981, HR-DAST, 119, unsortierte Bestände.

312 Poduzeće za izgradnju Splita 1973, 4.

313 Tušek 1996, 188.

314 Zit. nach: Pasinović 1970, 4.

315 Poduzeće za izgradnju Splita 1973, 25.

316 Ebd.

317 Perković Jović 2015, 135–138.

278 | 4. Siedlung

Ivo Radić (1930–2006) entworfene Wohnstraße eine luftige Erscheinung, erzeugt durch weiße Brisesoleils über jeder Loggia. Durch ihr Öffnen und Schließen entstand täglich ein neues Bild der Fassade.

Der programmierte Zufall funktioniert auch hier als eine hervorragende Interpretationslinse für die Innovation und ihre Grenzen in Split 3. Die bedingte Öffnung des Entwurfsprozesses (lediglich eine interne Ausschreibung für einzelne Straßen) förderte eine formelle Heterogenität. So wurde ein Rahmen geschaffen, der für mehr Abwechslung sorgte, als dies in den funktionalistischen Siedlungen der 1960er der Fall war. Jedoch folgte diese Öffnung nicht in einem *laissez-faire,* sondern definierte klar die Tätigkeitsfelder sowie die Räume und Grenzen für die Handlungsfähigkeit der Bewohner:innen, Architekt:innen und Urbanist:innen. Das damals im Hintergrund der sich schleichend vollziehenden Computerisierung der Architektur und Stadtplanung in Mode gekommene Konzept vom „Programmieren" fand auch explizite Erwähnung in den Projektunterlagen.[318] Darunter verstanden die Planer:innen etwa die Berücksichtigung der Stoßzeiten für Einkäufe und der vorausgesagten Mobilitätsbedürfnisse. Es galt, die zukünftigen Bedürfnisse der Bewohner:innen zu berechnen und die angenommenen alltäglichen Routinen in der Planung zu berücksichtigen.[319]

Split 3 blieb in vielen Aspekten in einer funktionalistischen Logik verankert, insbesondere im Verständnis der Rollen von Bewohner:innen und Architekt:innen. In einer Umfrage zu gewünschten Wohnungseigenschaften adressierte PIS nicht die zukünftigen Bewohner:innen, sondern die direkten Kund:innen (Arbeitgeber:innen, die Wohnungen für ihre Angestellte erwerben wollen). Allerdings beteiligte sich nur ein Bruchteil der Befragten an der Umfrage und viele wollten im Nachhinein doch kleinere Wohnungen kaufen, als die Ergebnisse der Umfrage prognostizierten.[320] Am Ende überwog bei den Auftraggeber:innen der Wunsch nach Kostenminimierung, in dem sich der immer ausgeprägtere Charakter von Wohnung als Ware widerspiegelte. Die Architekt:innen legten den Handlungsraum für die Bewohner:innen fest. Die Kombinationsmöglichkeiten auf der Fassade von Radićs Gebäude waren keine Einladung zum uneingeschränkten Kreativitätsausdruck im Sinne eines „Fensterrechts".[321] Letztlich standen die Bewohner:innen vor

---

318 JAGODIČ, Boris: Urbanističko-arhitektonski preduvjeti kao podloga za izradu provedbenog urbanističkog plana Žnjan-Dragovode, Programska rješenja T3 i M I. varijanta (lučica), 1981, HR-DAST, 119, unsortierte Bestände.

319 Ebd.

320 Vgl. PODUZEĆE ZA IZGRADNJU SPLITA 1973, 9 f.

321 Der österreichische Architekt und Aktivist Friedensreich Hundertwasser, ein Vertreter der radikalen Abkehr von den funktionalistischen Prinzipien der Moderne, malte sich die Handlungsfähigkeit der Bewohner:innen folgendermaßen aus: „Ein Mann in einem Miethaus muß die Möglichkeit haben, sich aus seinem Fenster zu beugen und – so weit seine Hände reichen – das Mauerwerk abzukratzen. Und es muß ihm gestattet sein, mit einem langen Pinsel – so weit er reichen kann – alles rosa zu

der relativ bescheidenen Wahl, ob und wie weit sie ihr Fenster aufmachen wollen. Die modernistische Wohndidaktik auf den Spuren von Mutnjakovićs Zweifel an Geschmack und Urteilskraft der Bewohner:innen („Wissen Sie, wie man wohnt?") war im Konzept von Split 3 spürbar. Dies wird deutlich in der Anekdote, die Dinko Kovačić (*1938), Architekt einer der Wohnstraßen, im Dokumentarfilm zu Split 3 erzählte:

> Ich würde alle Bewohner einladen, würde 40 oder 50 Kaffees bei Putzfrauen bestellen, sie würden diese für mich kochen, und ich würde ihnen erzählen, was die neue Wohnung ist, wozu sie dient und was von ihnen erwartet wird. Man erwartet Teilnahme, man erwartet Unterstützung, wenigstens Grüßen. Wenn wir aus ihnen zumindest Grüße herauslocken, wäre das eine große Sache.[322]

Bis heute ist Kovačić von der Notwendigkeit einer „Wohnschule" überzeugt, einer mündlichen „Gebrauchsanweisung" für gerade vom Land in die Stadt Zugezogene, die er „komplett leer" nennt.[323] Diese Aussage zeigt, wie der modernistische Ethos, wenn auch durch postmoderne Einwände abgemildert, im Wesentlichen weiterbestand und die Emanzipation der Bewohner:innen der architektonischen Emanzipation hinterherhinkte. Während die Vorgeschichte des Geländes eine Berücksichtigung und Einbindung in den Planungsprozess erfuhr, galten zukünftige Bewohner:innen immer noch als stark beratungs- oder sogar führungsbedürftig. Das Idealbild von einem leeren Blatt, einer *tabula rasa,* bezog sich zwar nicht mehr auf das Baugelände, aber immer noch auf Menschen. Einerseits entstand durch diesen Anspruch der unmittelbare Austauschraum zwischen den Bewohner:innen und Architekt:innen, andererseits war dieses Gespräch von Anfang an asymmetrisch. Die Bewohner:innen bekamen Anweisungen und Forderungen zu hören und hatten kaum Möglichkeiten, Kritik oder eigene Vorlieben zu äußern. Trotz der deklarativen Selbstverwaltung bis zur Mikroebene fand eine umfangreiche und tiefgreifende Einbindung der Bewohner:innen in der Gestaltung von Split 3 im Sozialismus nicht ernsthaft statt.

Sucht man nach von Bewohner:innen und Einheimischen geäußerten Kritikpunkten zu Split 3, sind diese in den Quellen zerstreut und nur in Spuren vorhanden. Im Gästebuch zur Ausstellung der Split-3-Pläne – vom Urbanistischen Institut Dalmatiens

---

bemalen, so daß man von weitem, von der Straße, sehen kann: Dort wohnt ein Mensch, der sich von seinen Nachbarn unterscheidet, dem zugewiesenen Kleinvieh! Auch muß er die Mauern zersägen und allerlei Veränderungen vornehmen können, auch wenn dadurch das architektonisch-harmonische Bild eines sogenannten Meisterwerkes der Architektur gestört wird, und er muß sein Zimmer mit Schlamm oder Plastilin anfüllen können". HUNDERTWASSER 1964.

322 BAN 2019, Staffel 2, Folge 3, 28:45–29:18.

323 Ebd., 28:00–28:45.

280 | 4. Siedlung

organisiert – finden sich einige Kommentare. Aus diesen ist zu entnehmen, dass nicht alle mit der Mischung aus alten und neuen Gebäuden zufrieden waren:

> Beanstandungen hinsichtlich Split III. Beim Bau der großen Wohnungsbauten auf dem Gebiet Blatina wurden niedrige Familienhäuser übriggelassen, die (zum Beispiel wegen der großen Anzahl der Familien in einem Haus oder aufgrund der Freundschaft mit einem der Planer) geblieben sind [...]. Den Platz dieser Familienhäuschen könnte man sehr schön für Garagen oder Kindergärten nutzen. Außerdem sind die Bewohner nicht damit zufrieden, dass sie dauerhaft im Schatten der Bauten leben, in ständiger Feuchtigkeit, ohne Sonne ... Nichtdestotrotz, der Plan von Split ist wunderbar![324]

Für die geplante Mischung der alten mit neuen Wohnungsbauten fanden die Bürger:innen zwei Erklärungen: Wohnungsnot in überbevölkerten Häusern und Klientelismus. Beide bezogen sich auf Ungleichheit im Wohnungswesen und stempelten die von den Architekt:innen angepriesene Lösung als suboptimal ab. Dabei spielte neben dem Geschmack (Vorstellungen von einer attraktiven Siedlungsoptik) auch eine Unzufriedenheit mit Hygienestandards eine Rolle. Darin hallte das im Modernismus verbreitete Unbehagen hinsichtlich der alten, organisch gewachsenen Siedlungen wider. Die vorgeschlagenen alternativen Nutzungen – Garage, Kindergarten – deuten auf die perzipierten Prioritäten in der Siedlung hin (eine bequeme Automobilität, institutionelle Kinderbetreuung).

Auch manche direkt Betroffene äußerten ihren Unmut über die Planung und Entwicklung von Split 3, wie etwa Mauro P.:

> Unsere Familie, die vorwiegend ländlich ist, landwirtschaftlich, verliert auf diese Weise das bisschen, was sie hatte, und das war die Hoffnung auf eine günstigere Lösung unserer Situation. Wir verlieren das Land und sind zum hoffnungslosen Warten verurteilt, wenn unser Haus abgerissen wird, um in den Beton zu übergehen, der mir nie gefiel.[325]

Während der Autor oder die Autorin des erstzitierten Eintrags die Siedlung im Großen und Ganzen „wunderbar" fand und nur ein paar Verbesserungsvorschläge hatte, lehnte Mauro P. das Leben in einer Massenwohnsiedlung ab. Mauro P. und Menschen in seiner Situation fielen durch die Angabe ihrer Kontaktdaten und Adresse im Gästebuch auf.[326] Mila M. nutzte 1977 sogar das Gästebuch, um eine Bitte für eine Baugenehmigung an

---

324 Knjiga utisaka s izložbe koncepcije GUP-a (1973) i prijedloga GUP-a (1977), Split, 1973–1977, HR-DAST, 119-183.
325 Ebd.
326 Ebd.

das Institut für Städtebau Dalmatien einzureichen.[327] Dieses extreme Beispiel bezeugt, wie die administrativen Vorgänge manche Betroffene verwirrten. In der Hoffnung, die Verantwortlichen so zu erreichen, versuchten sie, ihre Unzufriedenheit in den ihnen zugänglichen Kanälen wirksam zu machen.

Split 3 bedeutete im jugoslawischen Kontext ein gründliches Umdenken der Massenwohnsiedlungen. So war es auf einmal vorstellbar, dass solche Siedlungen polyfunktional ausgerichtet waren, vorgefundene Bauten integrierten und sich auffällig an der lokalen urbanistisch-architektonischen Tradition bedienten. Der Rahmen des kontrollierten Zufalls sicherte gleichzeitig einen Spielraum für Variationen und die Autorität der Architekt:innen und Urbanist:innen ab. Wie in der Baubranche üblich, wurde nicht alles Geplante am Ende umgesetzt, sei es aus Kostengründen, logistischen Schwierigkeiten oder Interessenkonflikten. So fehlen die touristischen Hotelkomplexe an der Küste (heutzutage stehen dort verrostete Ansätze), eine Zentralheizung wurde in mehreren Wohnstraßen *(stambene ulice)* aus Kostengründen nicht eingebaut und preiswertere Garagenhäuschen ersetzten – mit zwei Ausnahmen – die Tiefgaragen.[328]

In den 1990er Jahren überließ die kommunalpolitische Aufsicht und fachliche Kontrolle den öffentlichen Raum weitestgehend der Willkür von Investor:innen. Brach liegendes Land, das bebaut werden sollte, sobald die finanziellen Mittel zur Verfügung standen, wurde rasch zum Interessengebiet kommerzieller Akteur:innen und zum dauerhaften Schauplatz urbaner Konflikte um die (Um-)Widmung, Nutzung und Gestaltung der öffentlichen Räume.[329] Die Errichtung einer Großwohnsiedlung, die mit Intimität, Vielfalt und Tradition – alles Merkmale, die damals im Widerspruch zu neuen Siedlungen zu stehen schienen – vereinbar wäre, gehört zu den Schlüsselerrungenschaften in Split 3. Allerdings war die architektonische Emanzipation deutlich ausgeprägter als die Einbindung der Bewohner:innen oder die strukturierte Selbstverwaltung, wie sie im Mittelpunkt von Blok 5 in Titograd stand.

---

327 Ebd.

328 Poduzeće za izgradnju Splita 1973, 6, 23.

329 Nach 1990 entstanden eine Kirche, eine private Augenklinik, zahlreiche in Ferienhäuser umgewandelte Wohnungen und Parkplätze auf grünen Flächen, aber auch ein „illegaler Park", den Bewohner:innen gegen die Privatisierung der öffentlichen Räume einrichteten. Weitere Pläne für eine kommerzielle Nutzung wie Wolkenkratzer mit Büros oder ein großes Einkaufszentrum lauern am Horizont und werden von der lokalen Bevölkerung und NGOs kritisiert. Vgl. Pavičić 2016.

282 | 4. Siedlung

4.6 Materialisierte Kritik: Blok 5

Während Split 3 seit seinen Anfängen eine internationale Aufmerksamkeit genoss, ist Blok 5[330] bis heute über die Grenzen der Hauptstadt Montenegros hinaus kaum bekannt. In nahezu allen jugoslawischen Statistiken zum Lebensstandard lag Montenegro am Ende der Rangliste[331] und hatte Anspruch auf Mittel aus dem 1965 gegründeten föderalen Fonds zur Kreditierung der wirtschaftlich unterentwickelten Republiken und autonomen Provinzen. Da Montenegro weder über eine Architekturfakultät noch über eine auf Architektur spezialisierte Fachzeitschrift verfügte, fand Blok 5 kaum Erwähnung im jugoslawischen Architekturdiskurs. Dabei handelte es sich um das erste Großprojekt einer Wohnsiedlung in Titograd, das im lokalen Kontext eine gewaltige Bedeutung entfaltete und eine theoretisch ausgefeilte Anwendung des Paradigmas der Selbstverwaltung für Massenwohnsiedlungen bildete. So zeugt Blok 5 nicht nur von architektonischer Innovation, sondern auch von der bis heute andauernden asymmetrischen Sichtbarkeit der Massenwohnsiedlungen im medialen jugoslawischen Raum.

Die Quellenlage ist entsprechend dürftig und die Nordwest-Südost-Asymmetrie, die sich auch in der (post)jugoslawischen Forschung bemerkbar macht, erschwert die historische Erschließung noch zusätzlich. Um dies auszugleichen, wenn auch im kleinen Ausmaß, widme ich mich Blok 5 und bediene mich in diesem Unterkapitel unsortierter Archivbestände und Notizen aus dem persönlichen Gespräch mit dem Architekten Bojović (*1941) im Februar 2019.

Vor dem Zweiten Weltkrieg war Podgorica eine Kleinstadt und das administrative Zentrum von Montenegro Cetinje. Im Zweiten Weltkrieg wurde die Stadt dann schwer zerbombt. 1944, als Partisan:innen die Stadt befreiten, lag die Bevölkerungszahl bei nur 6.207 Einwohner:innen.[332] So wurde Podgorica schnell zum sozialistischen Projekt des Wiederaufbaus: Schon im Jahr 1946 wurde die Stadt in Titograd umbenannt und begann kontinuierlich zu wachsen.[333] Die Stadtentwicklung fokussierte sich nun auf die Neustadt

---

330 Für eine ausführlichere Interpretation durch die analytische Linse der *thick description* von Clifford Geertz vgl. Horvat 2020/a, 68–92.

331 Im Jahr 1983 hatten 29,1 % der Haushalte in Montenegro ein Auto (der jugoslawische Durchschnitt lag bei 35,3 %, während in Slowenien 56,1 % der Haushalte automotorisiert waren). Mit einem Kühlschrank waren im Folgejahr 53,2 % der montenegrinischen Haushalte ausgestattet (60,7 % in Gesamtjugoslawien, 89,7 % in Slowenien). Im selben Jahr hatten 53 % der Wohnungen in Montenegro ein Bad (73,3 % in Slowenien, 54,1 % in Gesamtjugoslawien), 64,7 % waren an das Kanalisationssystem angeschlossen (92,4 % in Slowenien, 70 % in Gesamtjugoslawien). Vgl. Miljković 1986, 215 f.

332 Vgl. Burzan 2016, 473.

333 Der neue Name lautete offiziell Titovgrad, aber der Buchstabe „v" ging im alltäglichen Gebrauch schnell verloren. Im Jahr 1948 zählte die Stadt etwas über 10.000 Einwohner:innen, 1961 waren es bereits 30.675, 1971 lag die Einwohner:innenzahl bei 61.757 und 1991, im letzten gesamtjugoslawischen Jahr, erreichte sie 117.875; vgl. Ebd., 44, 473 f.

(Nova Varoš). Außerdem überquerte sie den Fluss Morača und der Stadtteil Preko Morače („Über die Morača"), ausgestattet mit funktionalistischen Wohnungsbauten, breiten Alleen, Einkaufsmöglichkeiten, Hotels und Ministerien, entstand.[334] Titograd benötigte nicht nur Wohnungen, sondern auch die institutionelle und kommerzielle Infrastruktur einer Republikhauptstadt. Aufgrund des Fachkräftemangels kamen die Expert:innen in der Regel von außerhalb (meistens aus Belgrad), kannten den lokalen Kontext nur ansatzweise und berücksichtigten ihn dementsprechend nur bedingt. Entsprechend verstärkten die Expert:innen auch teilweise bestehende soziale Unterschiede. So wurde 1964 ein Villenkomplex für französische Ingenieur:innen errichtet, welcher im Nachhinein von der montenegrinischen Parteispitze übernommen wurde.[335]

Blok 5 war die erste gewaltige Massenwohnsiedlung in Titograd, die zu einem Zeitpunkt entstand, als funktionalistische Massenwohnsiedlungen zunehmend auf Kritik stießen. So beherbergte Blok 5 bereits eine Mischung aus funktionalistischen Merkmalen und postfunktionalistischen Impulsen. Im urbanistischen Plan von Vukota Tupa Vukotić (1932–2002) aus dem Jahr 1975 waren 13 Gebäude vorgesehen, genauer fünf Hochhäuser und acht horizontal ausgerichtete Wohnungsbauten. Die Gebäude wurden nicht in einem orthogonalen Raster organisiert, wie noch im Preko Morače und allgemein in den jugoslawischen Siedlungen der 1950er und 1960er, sondern in einem dynamischen Muster mit Verschiebungen. An der südlichen Seite wurden sie etwa diagonal eingezogen, um Platz für einen Waldpark zu machen.

Bei einem anonymen Wettbewerb für die Ausarbeitung der einzelnen Gebäude gewann der Architekt Mileta Bojović, ein gebürtiger Montenegriner aus dem gebirgigen Norden der Republik, mit dem Beitrag *Praxis*. Der Plan musste im Nachhinein nur leicht überarbeitet werden: Die Geschosszahl bei Hochhäusern um vier, bei horizontal ausgerichteten Gebäuden um ein bis zwei Etagen gesenkt werden.[336]

Die Forderung der Stadtverwaltung, niedriger zu bauen, lässt sich vor dem Hintergrund einer wachsenden Skepsis gegenüber dem Hochbau erklären. Diese war umwelt- und sicherheitsbedingt (im Hinblick auf die erhöhte Erdbebengefahr in Montenegro), beinhaltete aber auch eine Wertschätzung für traditionelle Formen von Urbanität. Bojovićs Vorschlag basierte auf einem 6 × 6 m großen Basismodul,[337] aus welchem sich ein bewegtes Fassadenbild mit vielen herausragenden „Kästen" und „Lücken" ergab. Der

---

334 Auch wenn sie medial als ein Neuanfang im Sinne einer *tabula rasa* inszeniert wurde, folgte die Erweiterung von Nova Varoš dem bereits 1886 festgelegten Straßenraster. Vgl. Generalni plan Titograda, 1971, 24–26, Podgorica, Staatsinstitut für Urbanismus und Stadtplanung (CG-RZUP), unsortierte Bestände; BURZAN 2016, 90–92.

335 Vgl. BURZAN 2016, 92.

336 Vgl. JOVIĆEVIĆ 2017, 15.

337 Ebd., 14.

284 | 4. Siedlung

Grundbaustein wurde am 1. Oktober 1977 gelegt, die Baustelle überstand das Erdbeben im Jahr 1979 und der Blok wurde größtenteils 1983 fertiggestellt.

Ein Jahr nachdem acht Professor:innen der Praxis-Gruppe aus der Universität Belgrad ausgeschlossen wurden und die Zeitschrift *Praxis* eingestellt wurde,[338] nannte Bojović seinen Wettbewerbsbeitrag Praxis und verstand darunter ein „ideal commitment to self-management".[339] Diese Konzipierung kam nicht von ungefähr: Bojović studierte Architektur in Belgrad, spezialisierte sich in Frankreich und studierte 1964 bis 1969 Soziologie in Paris.[340] Als Student von Lefebvre in den frühen 1970er Jahren war er mit den damaligen Ansätzen der marxistischen Stadtsoziologie in Frankreich bestens vertraut und kombinierte sie mit der Theorie der jugoslawischen Selbstverwaltung: Seine Doktorarbeit widmete sich schließlich der jugoslawischen Selbstverwaltung in der Architektur.[341] Allerdings brach er 1978, nach dem Erfolg seines Wettbewerbseintrags für Blok 5 und der Emeritierung Lefebvres, sein Promotionsstudium ab und fokussierte sich nun auf die Baupraxis in Montenegro. So lässt sich der Schluss ziehen, dass der junge Architekt die Verwirklichung einer Architektur im Sinne des marxistischen Humanismus vor allem im sozialistischen Rahmen als umsetzbar ansah, und seine Rückkehr nach Jugoslawien bildete den Einstieg in die eigene Praxis.[342] Zuletzt wies Praxis auf die zentrale Rolle der Bewohner:innen in der Projektidee hin. Die Praxis des Wohnens stand im Zentrum des architektonischen Prozesses des Entwurfs und bedeutete auch eine Zentrierung auf die Perspektive der Bewohner:innen.[343]

Blok 5 (Abb. 36) strebte eine „maximale Flexibilität auf der Ebene des Bloks, des Objekts, des Treppenhauses beziehungsweise der Wohnung selbst" an.[344] Einzig die Wände um die Sanitäranlage in der Mitte der Wohnung waren tragend, alle anderen Wände konnten nach Wunsch verschoben oder ganz entfernt werden; auf dem Grundriss erscheinen sie deshalb nur als dünne, kaum sichtbare Linien.[345] Die Fassaden weisen herausstehende Formen auf allen Achsen auf. Auch ein Wechselspiel zwischen Individuum und Kollektiv ist in den Fassaden angelegt: Zwischen den Balkonpaaren auf der nördlichen und südlichen Fassade waren Trennwände vorgesehen zur Gewährleistung der Privatsphäre, während größere Terrassen als Gemeinschaftsräumlichkeiten konzipiert wurden.[346]

---

338 Zur ausführlicheren Einordnung der Sanktionen gegen Praxis vgl. SHER 1977, 194–241.

339 Vgl. HORVAT 2020/a, 75–77.

340 DRAGOVIĆ 2017, 22.

341 Vgl. Urkunde Université de Paris X Nanterre, 31.01.1976, Privatarchiv Mileta Bojović.

342 Vgl. HORVAT 2020/a, 88.

343 Ebd., 75 f.

344 Stambeni objekti E1, B1, C1, G1 i C3 – Blok 5 – Titograd. Glavni projekat – Tehnički izvještaj, 1980, CG-RZUP, unsortierte Bestände.

345 Ebd.

346 Vgl. D3 lamela 3, 1978, Podgorica, Staatsarchiv Montenegros, Abteilung Podgorica (CG-DA2-POD-AO), 19786-126.

4.6 Materialisierte Kritik: Blok 5 | 285

Abb. 36   Blok 5: Erste Jahre: Auf dem 1985 von Mileta Bojović aufgenommenen Foto sind die zentral gelegenen Hochhäuser im Blok 5 zu sehen. Die Farben der Fassaden sollten ursprünglich im oberen Teil heller sein, um eine visuelle Leichtigkeit zu suggerieren. Die Abweichung davon bildete eine der wenigen Änderungen im Bauprozess. Als das Foto aufgenommen wurde, war die Siedlung erst ein paar Jahre alt: Die Bäume sind noch klein, die Wohnhäuser sehen noch neu aus. Zugleich kündigen sich die ersten Nutzspuren an: Graffiti, informelle Fußpfade.

Diese Flexibilität wurde durch technische Innovationen ermöglicht, in erster Linie durch die in Titograd erstmals errichtete Wandspanne von 580 cm. Zugleich blieb der Plan anpassungsfähig an die lokalen Umstände und konnte „sowohl in klassischer Bauweise als auch in kompletten Vorfabrikaten" ausgeführt werden.[347]

Der Architekt forderte einen direkten Kontakt zu den zukünftigen Bewohner:innen und bot seine persönliche Hilfe bei Umbauplänen für einzelne Wohnungen an. Sein Ansatz korrespondierte mit den Vorstellungen von jugoslawischen Stadtsoziolog:innen, sich im Planungsprozess mit einem „bekannten Bewohner" statt einer hypothetischen Durchschnittsfamilie auseinanderzusetzen. Dies sollte die Wohngesetzreform ermöglichen, welche in den 1970er Jahren eine Weiterentwicklung der Selbstverwaltung darstellte. Neugegründete Interessengemeinschaften übernahmen die Rolle der Bauherr:innen, die

---

347   Stambeni objekti E1, B1, C1, G1 i C3 – Blok 5 – Titograd. Glavni projekat – Tehnički izvještaj, 1980, CG-RZUP, unsortierte Bestände.

interessierten Unternehmen und Institutionen finanzierten den Bau und gaben anschließend die Wohnungen an ihre Angestellten weiter (die Anzahl der Beschäftigten entsprach der Höhe der finanziellen Beteiligung). Die zukünftigen Bewohner:innen und ihre Bedürfnisse ließen sich so im Voraus ermitteln und hätten theoretisch in die Planung und Umsetzung der Siedlung einfließen können.[348] Allerdings war die Vermittlungsinstanz nicht bereit, den Extraaufwand zu betreiben und das Angebot breit zu kommunizieren. Dass die „Idee einer ‚offenen Wohnung‘" am institutionellen Unwillen scheiterte, thematisierte die damalige Titograder Tagespresse offen.[349] Laut Bojović nahmen einige Bewohner:innen über informelle Kanäle dennoch zu ihm Kontakt und er konnte sie bei der Anpassung ihrer Wohnungen beraten.[350] Diese Art der (informell) praktizierten Selbstverwaltung auf Ebene der Wohnung bedeutete daher nicht die Abwesenheit von Expert:innen, sondern eine engere, problemorientierte Zusammenarbeit zwischen Bewohner:innen und Entwerfer:innen bei gleichzeitiger Auflockerung bestehender Hierarchien.

Keine zwei Fassadenfronten waren identisch, da die Balkone und Nischen für eine visuelle Dynamisierung sorgten. Damit bot die Fassade ein symbolisches Bild von Vielfalt und Individualität und repräsentierte so auch auf formeller Ebene ein Idealbild der Selbstverwaltung: Jede Person, jeder Haushalt ist individuell, besonders und anders, ist aber durch kleine Adaptionen in ein Gesamtbild integrierbar.[351] Gleichzeitig war es das Anliegen des Architekten, eine Gerechtigkeit in der Raumverteilung sicherzustellen: So erhielten die Wohnungen im Erdgeschoss einen Stück Garten vor der Tür als Kompensation für ihre ungünstigere Lage, Nischen und Balkone wurden möglichst gleich verteilt.[352] Wenn eine Wohnung auf der Südseite keinen Balkon hatte, verfügte sie über eine Nische auf der West- oder Ostseite. Zudem sollte die konstruktiv wagemutige Lösung mit den herausragenden, tragenden Konsolen das Bild einer selbstverwalteten Gesellschaft ausdrücken, in welcher alle Mitglieder das Zusammenleben aktiv gestalten und tragen.[353] Allerdings entstand dieses Fassadenbild nicht mit der Beteiligung der Bewohner:innen, sondern wurde vom Architekten entworfen und folgte dementsprechend symbolisch den Spuren des kontrollierten Zufalls. Gerade im Vergleich mit Split 3 wird deutlich, dass die Selbstverwaltung verschiedene Erscheinungsbilder einnehmen konnte. In jedem

---

348 Vgl. Seferagić 1988, 89 f.

349 Vgl. Vuković 1979, 3.

350 Aussage aus einem Gespräch mit Mileta Bojović am 26. Februar 2019 in Podgorica.

351 Vgl. Horvat 2020/a, 67 f.

352 Aussage aus einem Gespräch mit Mileta Bojović am 26. Februar 2019 in Podgorica.

353 Nach dem Erdbeben in Montenegro 1979 wurde die Konstruktion noch skeptischer beäugt und letztendlich wurde sie in einem intrajugoslawischen Arbitragefall von den mazedonischen Ingenieur:innen verteidigt, welche als die führenden Expert:innen für erdbebensicheres Bauen in Jugoslawien galten. Vgl. Dragović 2017, 24.

Fall ist sie weder mit einer uneingeschränkten *Laissez-faire*-Agency der Bewohner:innen noch einer Abwesenheit von Expert:innen gleichzusetzen.

Neben Überlegungen zur Wohnarchitektur im Einklang mit Selbstverwaltung ist Blok 5 ein hervorragendes Beispiel für die Entwicklung der Massenwohnsiedlungen in wirtschaftlich abgelegenen Regionen. Die relativ periphere Lage und die bescheidene Ausgangslage der Stadtentwicklung nach dem Zweiten Weltkrieg (eine Kleinstadt mit knapp 6000 Einwohner:innen) erklären die Beibehaltung vieler funktionalistischer Merkmale in Blok 5, die in anderen jugoslawischen Städten in den späten 1970er Jahren langsam als überwunden galten, insbesondere die Monofunktionalität. Darin wird deutlich, wie eine Siedlung auf unterschiedlichen (räumlichen) Ebenen verschiedenen architektonischen, urbanistischen und politischen Ansätzen folgen kann. Auch wenn Verbindungen zum internationalen Architekturkorpus ersichtlich sind,[354] betonte Bojović gerade das regionale Element. Anstatt sich auf andere jugoslawische Siedlungen zu beziehen, bevorzugte er den Bezug zur Gebirgslandschaft in seiner Heimatstadt Žabljak.[355] Die periphere Lage ermöglichte hier eine (deklarative) Distanzierung vom Zentrum ganz im Sinne der seit den 1970er Jahren angestrebten Dezentralisierung. Zugleich blieb das Projekt in der Fachpresse und in den Anthologien der jugoslawischen Architektur weitgehend unsichtbar, und dies bis heute: Selbst auf der MoMA-Ausstellung *Toward a Concrete Utopia. Architecture in Yugoslavia, 1948–1980* (2018/19) war Blok 5 nicht ausgestellt.

Dabei ging Blok 5 auf viele Kritikpunkte an Massensiedlungen ein. Das bewegte, dramatische Fassadenbild konterte den Vorwurf der Monotonie. Ein großzügig proportionierter, leicht asymmetrischer Wald am Rande der Siedlung brachte Grün und frische Luft in die Nachbarschaft und nahm so Bezug auf die Umweltperspektiven.[356] Unfreiwillig kam das Projekt einer weiteren umweltinspirierten technoskeptischen Forderung entgegen: Der Reduktion der Geschossanzahl.

Die überschaubare Größe und Konstellation der Akteure im Bauverlauf brachte auch Vorteile, sodass Blok 5 nur minimal vom Projektplan abwich und zügig fertiggestellt werden konnte. Darin bestätigt sich die These der Umweltwissenschaftlerin Barbara Jančar-Webster, welche einen überschaubaren räumlichen Rahmen als eine wichtige Voraussetzung für erfolgreiche Selbstverwaltung sah, insbesondere in Angesicht der steigenden administrativen Komplexität im Spätsozialismus. Weiterhin ist es auffällig, dass die lokalen Politiker:innen aufgeschlossen für Erneuerungen waren, während Bojovićs

---

354 Zu nennen ist insbesondere das dynamische, herausragende Wohngebäude, welches Moshe Safdie für Habitat 67 entwickelte. Vgl. Markuš 2008, 32.

355 Aussage aus einem Gespräch mit Mileta Bojović am 26. Februar 2019 in Podgorica.

356 Der Blok 6, gebaut seit 1987, setzte mit Solarpanels auf den Wohnhäusern neue ökologische Impulse. Vgl. Burzan 2016, 95.

Kolleg:innen die konstruktive Waghalsigkeit bemängelten, die Umsetzbarkeit in Zweifel zogen und erst durch eine innerjugoslawische Arbitrage überzeugt werden konnten.[357]

Den Kern des Bloks 5 bildete die Suche nach Selbstverwaltung im Wohnen, namentlich in den Grundrissen, auf den Fassaden, in den Gemeinschaftsräumlichkeiten. Eine gerechte Verteilung, ein Gleichgewicht zwischen dem Kollektiv und dem Individuum funktionierten nur mit aktiven, interessierten Bürger:innen. Der Architekt erweiterte den architektonischen Rahmen bis zu den Grenzen des Möglichen, um den Bewohner:innen den größtmöglichen Freiraum zu bieten.[358] Zugleich enthielt er Kontrollinstanzen, um das Equilibrium zu bewahren – niemand sollte seine Individualisierungswünsche auf Kosten der Gesamtheit des Wohnbaus oder der Siedlung ausüben können. Die eingeplante Mündigkeit der Bewohner:innen schlug in den 1990er Jahren einen Weg der Privatisierung und Kommerzialisierung ein, bei dem zunächst der Konsens des Gemeinguts schrittweise aufgehoben wurde. Als ihr physischer Ausdruck entstanden An- und Aufbauten, welche zum Teil die Statik der Bauten bedrohten, wovor Bojović in öffentlichen Auftritten warnte.[359]

Allerdings verschwand die selbstverwaltete Gemeinschaft in Blok 5 trotz des Systemwechsels nicht vollständig, was lebhafte Proteste gegen den Bau eines 22-geschössigen Wolkenkratzers im Waldstück des Bloks 5 im Jahr 2017 zeigten. Unter dem Motto „Der Blok gehört uns! Auch du wirst gefragt!" *(Blok je naš! I ti se pitaš!)* starteten Architekt:innen und Aktivist:innen einer jüngeren Generation eine Kampagne mit dem Zweck der „Aktivierung der Teilnehmer im Planungsprozess" und Forderung nach transparenten öffentlich zugänglichen Informationen zum Projekt.[360] Rasch gelang es ihnen, eine kritische Menge zu mobilisieren, welche die Errichtung schließlich stoppen konnte.[361] Die Gemeinschaft, deren Wurzeln in sozialistische Selbstverwaltung zurückreichen, kann also immer noch aktiviert werden.[362]

4.7 Siedlung zusammengefasst

In den 1950er Jahren und frühen 1960er Jahren, als die ersten Massenwohnsiedlungen in Jugoslawien geplant und gebaut wurden, entstand innerhalb des Fachkreises von Architektur und Städtebau die baubegleitende Kritik bezüglich der formellen Monotonie, der hinterherhinkenden sozialen Infrastruktur und dem fehlenden Gemeinschaftsgefühl.

---

357 Vgl. Dragović 2017, 21.
358 Vgl. Horvat 2020/a, 85.
359 Dragović 2017, 21.
360 Vujošević 2017, 41–70.
361 Ebd.
362 Vgl. Horvat 2020/a, 88 f.

Diese Protokritik beinhaltete damit spätere Beanstandungen der 1970er und 1980er Jahre. Die Kritiker:innen oszillierten zwischen Schuldzuweisungen an die Bewohner:innen, die Planer:innen oder die Bauunternehmen. Viele Probleme und negative Stereotype über Massenwohnungsbauten fanden schon baubegleitend Erwähnung, obgleich die Expert:innen die genannten Probleme als lösbar bewerteten.

In den 1970er Jahren und 1980er Jahren wurden Massenwohnsiedlungen aus verschiedenen disziplinären Kreisen kritisiert. Jede brachte hierbei eigene Anliegen und Vorschläge ein. Mit der Konsolidierung des Umweltaktivismus geriet die Autostadt und grenzenloses Wachstum, untermauert von Überbevölkerungstheorien, versinnbildlicht durch ungeheure Wolkenkratzer, unter Kritik. Zu Lösungsvorschlägen zählten niedrigere Bauten, eine Reduzierung der Autos im öffentlichen Raum (unterirdische Garagen, bessere öffentliche Verkehrsanbindungen) und eine qualitative Begrünung der Siedlungen.

Davon ausgehend zeichnete sich innerhalb der architektonisch-urbanistischen Diskussionen eine neue Multioptionalität ab. Während manche die Lösung in einer Zunahme der Technologie sahen, befürworteten andere einen neuen Blick auf die Vergangenheit und schlugen die Berücksichtigung von regionalen Architekturtraditionen vor. Zu den Vorschlägen zählten auch eine Neuinterpretation historischer Stile und urbaner Elemente, eine Vielfalt der Wohntypologien und eine stärkere Polyfunktionalität der Siedlungen. Die sozialwissenschaftliche Kritik beschäftigte sich mit Fragen der Gemeinschaft und Gemeinschaftlichkeit, sozialer Ungleichheit und sozialen Problemen in Massenwohnsiedlungen sowie der dortigen Identitätsstiftung. Insbesondere die Stadtsoziologie stützte sich wesentlich auf französische Erfahrungen und Reflexionen über die *grands ensembles* und die Beiträge der Neuen Linken. Diese internationale und zugleich internalisierte Kritik projizierten sie antizipatorisch auf Jugoslawien, ungeachtet großer Abweichungen in der Empirie und den Differenzen zwischen den (kapitalistischen) westeuropäischen Staaten und dem sozialistischen Jugoslawien.

Zusammenfassend ist daher festzuhalten: Die Massenwohnsiedlungen im Jugoslawien der 1970er und 1980er gerieten unter Beschuss, weil sie als umweltbelastend, hässlich, die Ungleichheit weiter fördernd und nicht gemeinschaftlich (genug) galten. Allerdings muss betont werden, dass die Kritik nur in Ausnahmefällen vernichtend und entsprechend ablehnend ausfiel. Vielmehr artikulierten die Kritiker:innen Vorschläge, die sich in bereits gebauten Siedlungen einbauen oder beim Bau neuer Siedlungen implementieren ließen. Auch die hier analysierten Fallbeispiele Blok 5 und Split 3 bestätigen diesen Grundkonsens. Trotz unterschiedlicher Medienwirksamkeit und fachlicher Akzeptanz, die durch die innerjugoslawischen Nord-Süd-Asymmetrien bedingt wurde, kombinierten beide den damaligen Forschungsstand und theoretische Impulse aus den USA und Westeuropa mit den Möglichkeiten jugoslawischer Massenwohnungsbauten.

Die Herausforderungen, vor denen Massenwohnsiedlungen in den 1970er Jahren und 1980er Jahren standen, fanden sich in Debatten um die Gegenwart und Zukunft des sozialistischen Jugoslawiens wieder. Die vorherrschende Ebene der Diskussion – Siedlung statt Wohnung oder einzelne Bauten – deutete auf die Öffnung anderer Grundfragen in der Gesellschaft hin. Die Multioptionalität korrespondierte mit der wachsenden zentrifugalen, dezentralisierenden Ausrichtung der Selbstverwaltung und des Föderalismus, wobei die einzelnen Republiken Jugoslawiens Autonomie anstrebten. Auch die Wechselwirkungen zwischen Vielfalt und Ungleichheit, einer breiten Produktspanne und einer immer schwindenden egalitären Einkommensverteilung verschärften sich in den letzten zwei Dekaden des sozialistischen Jugoslawiens. Der immer lautere Ruf nach mehr Individualität in Massenwohnsiedlungen fand seine Verfechter:innen sowohl unter Sympathisant:innen eines neomarxistischen Humanismus als auch unter den Befürworter:innen einer wirtschaftlichen Liberalisierung Richtung Kapitalismus. So konnte unter dem Plädoyer für das Individuum der Eigensinn der Bewohner:innen und Bürger:innen mit den kommerziellen Interessen koexistieren, solange das sozialistische Regime einen kollektiven Rahmen festlegte. Das Dilemma *Reformieren oder Aufgeben?* wurde im Massenwohnungsbau zugunsten des Erstgenannten beantwortet, während der jugoslawische Staat Ende der 1980er den entgegengesetzten Weg einschlug.

5. Bild

> Countryside scents seem surreal between high-rises, but only during the day. At night, the
> darkness is so thick that the high-rises resemble props rather than real buildings.
> I have long forgotten how to behave at traffic lights, but my orientation in the darkness is
> perfect. Cities develop from villages. When the opposite happens,
> when a city melts into a village, it's a bad sign.[1]
> Der Journalist Ozren Kebo während der Belagerung Sarajevos

> Ich ging zu meiner Kameradin, Dimićka. Sie wohnt auf der anderen Seite der Stadt in der
> Professorenkolonie und denkt, dass Neu-Belgrad, woher ich komme, nicht existiert.
> Sie war nie dort, verachtet offen alles, was jünger als hundert Jahre ist, mit Ausnahme von
> Männern unter dreißig, und sagt mir, Neu-Belgrad sei eigentlich eine pure,
> leere Illusion, ein Hologramm aus TV-Bildern. Daran ist es etwas Wahres,
> das Fernsehen kam nach Jugoslawien zum ersten Mal im Rahmen der Ausstellung neuer tech-
> nischer Errungenschaften auf der Messe auf der anderen Seite der Sava
> kurz vor Beginn des Zweiten Weltkrieges.[2]
> Der Neu-Belgrader Autor Mihajlo Pantić in der Kurzgeschichte *Ravnodnevica*
> *(Tagundnachtgleiche)*

Das Ende des Kalten Krieges war in Jugoslawien alles andere als ein sanfter Start in den Postsozialismus. Die Jugoslawienkriege bildeten eine Reihe sich lose überlappender Konflikte zwischen wechselnden Seiten. Am Anfang stand der am 27. Juni 1991 ausgebrochene Zehn-Tage-Krieg in Slowenien zwischen slowenischen Streitkräften und der serbisch dominierten Jugoslawischen Volksarmee. Zwischen August und Dezember 1991 formierte sich der serbisch kontrollierte Para-Staat namens Serbische Republik Krajina. Die „Zusammenarbeit zwischen Volksarmee, einheimischen serbischen Milizen, paramilitärischen Banden und ‚Spezialeinheiten' aus Serbien"[3] zeigte zum ersten Mal die komplexe Zusammensetzung der „serbischen" Seite in dieser bewaffneten Auseinandersetzung. Im Bosnienkrieg (1992–1995) erfolgten die Belagerung Sarajevos und der Völkermord in Srebrenica. Bis zum Washington-Abkommen mit Kroatien 1994 wurde ein zum großen Teil trilateraler Krieg geführt, in welchem Bosnien und Herzegowina im Zentrum großkroatischer sowie großserbischer Aspirationen standen. Das Dayton-Abkommen 1995

---

1 KEBO 2016, 220.
2 PANTIĆ 1994, 81.
3 SUNDHAUSSEN 2012, 313.

führte zu einem fragilen Frieden zwischen Bosnien und Herzegowina, Kroatien und Serbien, und erst 1999 endeten die Jugoslawienkriege nach einer internationalen Intervention im Kosovokrieg in Form der NATO-Bombardierung Serbiens.

Der gewaltsame Zerfall Jugoslawiens – und damit des Territoriums, der Idee von „Brüderlichkeit und Einheit", aber auch des sozialistischen Regimes – brachte „ethnische Säuberung",[4] Flucht, Tod, Not, materielle Zerstörung, wirtschaftliche Umwälzungen und prägte die gesamten 1990er Jahre. Auch die Architektur und Struktur in den Städten (zerstörte Moscheen und Kirchen, zerbombte Straßen, Brücken und Stadtkerne) und in den Dörfern (angezündete Häuser, minenkontaminierte Felder) erlebten Kollateralschaden oder absichtliche Zerstörung. Andrew Herscher zufolge standen nicht symbolische Strukturen wie Tempel und Denkmäler, sondern Dörfer und städtische Nachbarschaften im Mittelpunkt der Aggression in den Jugoslawienkriegen.[5] Dementsprechend erfolgte die Vertreibung von anderen Bevölkerungsgruppen vorwiegend durch die Zerstörung ihres Zuhauses.

Stück für Stück entstanden aus dem ehemaligen sozialistischen Jugoslawien sieben Staaten. 1991 erklärten Slowenien, Kroatien und Mazedonien ihre Unabhängigkeit, 1992 folgte Bosnien und Herzegowina und 2006 Montenegro. Mit der Unabhängigkeitserklärung des Kosovo fiel Gesamtjugoslawien im Jahr 2008 endgültig auseinander. In allen Nachfolgestaaten konsolidierten sich demokratische Regierungen und kapitalistische Marktwirtschaft, die allerdings in der Intensität und praktischen Modalitäten unterschieden. Manche Elemente des sozialistischen Regimes wirkten noch lange nach (gesetzliche Krankenversicherung, gebührenfreies Studium). In anderen Aspekten trat die Wende rasch und intensiv ein, etwa im „Turbourbanismus"[6] eines wenig regulierten marktbetriebenen Baubooms und der Privatisierung der öffentlichen Räume.

Im ersten Teil des vorliegenden Kapitels gehe ich auf die Auswirkungen des Kriegs auf Massenwohnsiedlungen ein. Wie verlief der Krieg in Massenwohnsiedlungen? Welche materiellen und symbolischen Spuren hinterließ er? Dazu stelle ich die These einer janusköpfigen medialen Wahrnehmung der Massenwohnsiedlungen als gleichsam Opfer und Täter vor. Denn einerseits galt ihre Baumasse als besonders gefährdet, brüchig und wenig belastbar, andererseits sahen manche Kritiker:innen in ihnen einen Ausdruck der architektonischen Gewalt, wie im Folgenden zu sehen sein wird.

Im zweiten Teil folgen Überlegungen zur erweiterten Gegenwart der Siedlungen, genauer ihrem Über- und Nachleben im Postsozialismus nach den Jugoslawienkriegen.

---

4   „Ethnische Säuberung" wurde zu einem der Begriffe, die im Zusammenhang mit den Jugoslawienkriegen intensiv genutzt wurden. Er wurde zunächst in der zweiten Hälfte des Jahres 1991 in Kroatien angewandt, als etwa 80.000 Kroat:innen aus Gebieten unter serbischer Kontrolle vertrieben wurden. Vgl. CALIC 1996, 123; SUNDHAUSSEN 2012, 314.

5   Vgl. HERSCHER 2018, 113 f.

6   Vgl. VÖCKLER 2008.

Dies untersuche ich anhand des Begriffs „Besitz". Überall in europäischen postsozialistischen Ländern kam es zu einer „dramatischen Kehrtwendung" in der Wohnungspolitik und Eigentumsstruktur: Massenwohnungen wurden massenhaft privatisiert und Restitutionsprozesse in Gang gesetzt.[7] Seit 1991 bekamen die Bewohner:innen in Jugoslawien die Wohnungen zum ermäßigten Kauf angeboten.[8] Diese Prozesse setzten bereits in den 1980er Jahren als eine Reaktion auf die Krise ein und zeichneten sich in auf Privateigentum zentrierten Reformvorschlägen ab. Der Zerfall des Landes sowie die Forderungen der Weltbank zur Minimierung der staatlichen Rolle im Wohnungswesen und die Anpassung an den neoliberalen Markt beschleunigten dann lediglich diese Entwicklungen.[9] Die nach der Wende gebauten Wohnungen verloren den Anspruch auf eine Lösung der Wohnungsfrage für alle: Sie fielen zwar größer aus, dafür gab es weniger Wohnungen und sie wurden vorwiegend an die obere (Mittel-)Schicht verkauft.[10] Allerdings unterschieden sich die Privatisierungsprozesse zwischen den ehemaligen sozialistischen Ländern deutlich. Während in der ehemaligen DDR die Wohnungen zu Wohnungsbaugesellschaften wanderten, bekamen die Bewohner:innen in Ex-Jugoslawien, Ungarn und baltischen Ländern ein Kaufangebot und wurden so zu Besitzer:innen. Infolgedessen lag die Wohneigentumsquote nach der Privatisierung in postsozialistischen baltischen Ländern und in Ex-Jugoslawien bei über 90 % und damit deutlich über dem EU-Durchschnitt.[11]

Bei Besitz geht es nicht nur um finanzielle Aspekte der Privatisierung, sondern auch um den symbolischen Besitz, genauer um die Deutungshoheit. Welche Bilder und Narrative zu Massenwohnsiedlungen kursierten? Waren Bewohner:innen oder Außenstehende die Erzählenden, die Produzent:innen? Der Begriff „Bild" fungiert hierbei als leitende Denkfigur des vorliegenden Kapitels. Es bezieht sich einerseits auf die Visualität, die Darstellung der Gebäude und Siedlungen. Im weiteren Sinne geht es um die Selbst- und Außenwahrnehmung, wie sie der englische Begriff *image* beinhaltet.

In manchen Fällen ist ihr Image belastet durch Denkfiguren wie „Ghetto" oder „sozialer Brennpunkt". Der Begriff „Ghetto" kann eine bedeutsame Tradition der Fiktionalisierung vorweisen. In der frühen Neuzeit bezog er sich ausschließlich auf jüdische Viertel, die „compulsory, segregated and enclosed"[12] waren. Seit dem 19. Jahrhundert bezeichnete das Ghetto zunehmend Arbeiterviertel und Viertel mit einem hohen Anteil an

---

7   Vgl. STANILOV 2007, 175–177.
8   Vgl. SPEVEC/KLEMPIĆ BOGADI 2009, 459.
9   Vgl. MARČETIĆ 2020, 46–51.
10   Während die Durchschnittsgröße der Neubauwohnung stieg, hat sich der Wohnungsbau in den 1990er Jahren überall in den postsozialistischen Ländern verlangsamt: Im Vergleich zum Jahr 1990 wurden 2000 in Slowenien 80 % der Neubauten erreicht, in Kroatien 70 % und in Belgrad waren es im Jahr 2003 sogar nur 25 %. Vgl. STANILOV 2007, 175–177; VUJOVIĆ/PETROVIĆ 2007, 363.
11   Vgl. STANILOV 2007, 178.
12   RAVID 2018, 31.

Minderheiten (in den USA insbesondere der Schwarzen Bevölkerung).[13] Mit der begrifflichen Ausdehnung kam im Zentraleuropa des 19. Jahrhunderts das Genre der „Ghettoliteratur" auf, welche das Bild der „Rückständigkeit" des Viertels – sei es erzählt von ehemaligen Bewohner:innen oder von außenstehenden Beobachter:innen – weiter manifestierte.[14] Die Außenperspektive und der selektive Fokus auf (fiktionale) Geschichten über Siedlungsnachteile finden sich auch in Fiktionalisierungen der Massenwohnsiedlungen wieder. Manche Nachbarschaften haben hingegen als Folge der sozialen Differenzierung innerhalb der Massenwohnsiedlungen kein „Imageproblem".[15] Diese Geschichten werden aber selten erzählt. Der Begriff „sozialer Brennpunkt" wiederum beschrieb im westdeutschen Kontext der 1960er Jahre die Wahrnehmung der urbanen Krisengebiete als ein löschbares Feuer und damit als einen vorübergehenden Fehler im Raster des kontinuierlichen Progresses.[16] Allerdings entpuppte sich die Bezeichnung als eine anhaltende „Form diskursiver Stigmatisierung", die vielfältige Perspektiven der Bewohner:innen und krisenlose Alltagsgeschichten kaum zuließ.[17]

Zwischen dem Image einer Siedlung und den Alltagserfahrungen der Bewohner:innen öffnet sich nicht selten eine Kluft. Das Bild ist eine hochsubjektive Kategorie: Die Wirkung und Interpretation hängen von den Betrachter:innen ab. Für den Massenwohnungsbau bietet sich als Analysekategorie damit das „Raumbild" als „kulturspezifische, diskursiv erzeugte, wieder erkennbare Konfigurationen von Dingen" an.[18] Dabei geht es in erster Linie um die Abkürzungen, Zusammenfassungen und Verdichtungen, die persönliche und kollektive Einstellungen zu Massenwohnsiedlungen erahnen lassen. Die Bilder können zwischen Kontexten zirkulieren und dabei die Bedeutung mehr oder weniger modifiziert übertragen. Nicola Diehl zeigte am Beispiel von deutschen Massenwohnsiedlungen in Hiphop-Videos, wie die Bilderwelten aus dem US-amerikanischen Kontext ihren Weg in den deutschen Hiphop fanden, wobei die Schwarze US-Bevölkerung durch Bewohner:innen mit (vorwiegend) türkischem und arabischem Migrationshintergrund ersetzt wurde:

[A]uch wenn die jugendlichen Rapper den Ghetto-Diskurs nicht selbst ‚erfunden' haben und ihre Gestaltungskonventionen auf einem bereits bestehenden hegemonialen Diskurs über Großwohnsiedlungen aufbauen, so sorgen sie dennoch dafür, dass das den Stadtvierteln anhaftende Image manifestiert und perpetuiert wird.[19]

---

13 Vgl. ebd., 31–35.
14 Ebd.
15 Vgl. Petrović/Backović 2009, 80–86.
16 Vgl. Hohm 2003, 39.
17 Niedermüller 2004, 8.
18 Rüthers 2007, 20.
19 Diehl 2014, 116.

Beim Transfer hatten die Ähnlichkeiten zwischen dem US-amerikanischen und deutschen Kontext Vorrang vor den Unterschieden. Wie Florian Urban kommentierte, gilt ein Stadtteil mit unter 20 % Bewohner:innen aus einer Bevölkerungsgruppe in Deutschland schnell als Ghetto, während amerikanische Ghettos einen deutlich höheren Homogenitätsgrad bezüglich der *race* und sozialen Lage der Bewohner:innen aufzeigten. Matthew Taunton beobachtete eine „damaging misapprehension" in Fiktionalisierungen der französischen *grands ensembles* seit den 1970er Jahren (etwa im Film *La Haine* von Mathieu Kassovitz aus dem Jahr 1995), die in den Massenwohnsiedlungen fast ausschließlich die Schwarze und arabisch-französische Bevölkerung verorten.[20] Neben der Visualität und Metaphorik zählt auch der Ton des Narrativs. So zeigt die Historikerin Christiane Reinecke, wie zwischen den 1950er und den 1970er Jahren die Kritik an Großwohnsiedlungen in Frankreich und Westdeutschland eine „emotional landscape" um „notions of coolness and despair", „loneliness and bleakness" der Großwohnsiedlungen diskursiv erzeugte und einen Gegensatz zu „warmth and solidarity of traditional neighborhoods" bildete.[21] Mediale Bilder zeigen entsprechend die vorherrschenden Einstellungen zu Massenwohnsiedlungen auf und helfen dabei, negative Stereotype und klischeehafte Denkmuster aufrechtzuerhalten und weiter zuzuspitzen.

Der Kriegsausbruch bildete einen immensen Einschnitt in die Gegenwart und Zukunft der jugoslawischen Massenwohnsiedlungen. Zum einen drang kriegsbedingte Gewalt in die Siedlungen ein und zum anderen brachte die Systemwende zum Kapitalismus Änderungen für Massenwohnungsbauten und ihre Bewohner:innen. Während Stadtsoziolog:innen wie Sreten Vujović weiterhin soziale Ungleichheiten erforschten und sich manchmal publizistisch engagierten,[22] fiel bei der Durchsicht der Primärquellen für dieses Buch schnell auf, dass die bis zum Spätsozialismus einflussreiche Akteur:innen aus den Debatten nahezu verschwunden waren: Die Architekt:innen und Urbanist:innen. Hierzu haben verschiedene Faktoren beigetragen: Im Krieg wird vorwiegend zerstört und nicht gebaut. Auch hatten die neuen Regime in den postjugoslawischen Staaten keine Absicht, Wohnungsbau als sozialen Wert zu fördern und Wohnbauprogramme zu unterstützen. Selbst wenn Architekt:innen Visionen für ambitionierten Massenwohnungsbau formuliert hätten, fanden sich keine an der Realisierung interessierten Investor:innen. Diese wollten lieber Einfamilienhäuser, Gewerbebauten und Kirchen bauen. Die Architekturgeschichte spricht daher von einem Abebben des professionellen Interesses an der Gegenwart der Massenwohnungsbauten. Sie schienen ein abgeschlossenes Kapitel der Wohngeschichte zu sein.[23]

---

20 Taunton 2009, 131 f.
21 Reinecke 2022.
22 Vgl. Vujović 1997.
23 Vgl. Sonderausgabe der Zeitschrift *Arhitektura* 42–44/1–3 (1991) zum Thema Wohnarchitektur.

296 | 5. Bild

Als Đuro Mirković (*1937), mit Nevenka Postružnik (1938–2010) der Architekt von Mamutica, 1995 in einem wissenschaftlichen Artikel die Vor- und Nachteile der Präfabrikation abwog, analysierte er sie ausschließlich aus technischer Sicht.[24] Der historische Kontext oder gar der Begriff „Sozialismus" kamen nicht vor. Bis auf einen eigenen Artikel stammen alle bibliografischen Einträge aus dem westeuropäischen Kontext. Kein einziges Beispiel aus Ex-Jugoslawien fand Besprechungen und auf den Abbildungen ist lediglich ein halbvorfabriziertes Gebäude aus Den Haag zu sehen. Mirković pauschalisierte die Massenwohnsiedlungen als „qualitativ, insbesondere im Sinne von Wohnattraktivität, weniger wertgeschätzt", mit dem Hinweis darauf, dass „manche dieser Bauten nach nur 20–30 Jahren Nutzung sogar abgerissen wurden".[25] Die aus den westeuropäischen Studien übernommenen Befürchtungen, wie im vorigen Kapitel diskutiert, kamen erneut zum Ausdruck: Obwohl keine Massenwohnungssiedlung in Ex-Jugoslawien abrissgefährdet war, verschmolz der lokale Kontext mit westeuropäischen Erfahrungen. Es mag verwundern, dass ausgerechnet der Autor eines der ikonischsten jugoslawischen Massenwohnungsbauten die Diskussion stark dekontextualisierte und Massenwohnsiedlungen pauschal abschrieb. Allerdings lässt sich sein Beharren auf technische Aspekte auch als ein Versuch deuten, die Vorfertigung im Postsozialismus zu legitimieren, sie als „einfache und effiziente Bauweise"[26] im scheinbar rationalen und ideologiefreien bautechnischen Diskurs zu verankern und sie so vor „Säuberungen" der sozialistischen Merkmale zu schützen. Diese Vermutung bestätigt ein Artikel aus dem Jahr 1999, in dem Mirković mit dem Architekten Marino Šneler Revitalisierungsmöglichkeiten für Massenwohnungsbauten untersuchte. Der Begriff „Sozialismus" kam auch in diesem Text nicht vor, stattdessen nutzten die Autoren die Bezeichnung „Nachkriegszeit".[27]

Im postjugoslawischen Alltag waren die Massenwohnungsbauten jedoch längst nicht abgeschrieben, sondern blieben ein lebendiger Wohn- und Lebensraum der Städte. Um nun der Rolle und Lage der Massenwohnsiedlungen im Krieg nahezukommen, untersuche ich Texte und Bilder, die in der Kriegszeit entstanden. Die Jugoslawienkriege wurden in den lokalen und internationalen Medien durch Fotos, Videoaufnahmen, Beobachtungen internationaler Kriegsreporter:innen, Reportagen und Tagebüchern umfangreich dokumentiert. Die Auswahl der Quellen erfolgte über die Fragen nach Narrativen (Welche Geschichten von Massenwohnsiedlungen erzählen sie?) und Deutungshoheit (Wer stellt die Bilder her? Sind die Bewohner:innen Subjekt oder Objekt?) über Massenwohnsiedlungen.

---

24 Vgl. Mirković 1995, 385–396.
25 Ebd., 388.
26 Ebd., 394.
27 Vgl. Mirković/Šneler 1999, 113–120.

Die Angriffe auf Altstädte und denkmalgeschützte Architektur wie die Dubrovniks oder die Brücke in Mostar erfuhren verstärkte mediale Aufmerksamkeit.[28] Da Bosnien und Herzegowina vom Krieg am stärksten betroffen war, ist eine besondere Dichte der Repräsentationen nachvollziehbar. Deshalb fokussiere ich mich hier besonders auf diese Regionen.

Zudem ziehe ich Materialien aus und zu Sarajevos Neubausiedlungen heran: Kriegsfotografien, Tagebücher, Memoiren, Schriften internationaler und einheimischer Journalist:innen. Die Quellen unterscheiden sich in der Art der Relevanz und Sichtbarkeit. Den größten Teil der gesichteten Fotografien nahmen internationale Autor:innen auf. Die Asymmetrie lässt sich am besten durch die materielle Knappheit während der Belagerung erklären: Der lokalen Bevölkerung fehlte es an Bedingungen und Mitteln, um Fotos zu schießen und zu entwickeln. Schreiben war deutlich preiswerter und damit zugänglicher trotz Papierknappheit. Daher fokussiere ich mich auf die Texte von Belagerten, unter anderem Ozren Kebo (*1959) und Zlatko Dizdarević (*1949).

Trotz des gängigen „myth of photographic truth"[29] ist Fotografie nie ein Ebenbild der Realität, sondern mit ihr auf komplexe Weise verflochten. Fotograf:innen wählen Motiv, Blickwinkel und Komposition aus. Sie entscheiden, was ausgelassen und was betont wird, wo eine Nachbearbeitung und Retusche notwendig ist. Ihre Auswahl für die mediale Verbreitung (in Ausstellungen, Massenpresse, Sammlungen) ist nicht neutral. Daher erfordert die Analyse von fotografischen Quellen dem Fotografen und Theoretiker Allan Sekula zufolge eine „historically grounded sociology of image".[30] In der Interpretation der Fotografie unterscheidet Roland Barthes zwischen *studium* (einer „klassischen Information", die ein „höfliches Interesse" der Öffentlichkeit bedient und etwa die allgemeinen Kriegsumstände schildert) und *punctum* (Details, die eine emotionale Dringlichkeit bergen, intrigieren, verwundern und einem „Stich" ähneln).[31] Auch die Kriegsfotografie enthält die Spannung zwischen Objektivität und Subjektivität: Sie wird als Beweis vor Gericht akzeptiert und bietet zugleich eine verdichtete, zum Teil subjektive Wahrnehmung des Krieges.[32]

---

28 Die elfmonatige Belagerung Dubrovniks (Oktober 1991 bis Oktober 1992), einer Stadt ohne stationierte Soldaten der Jugoslawischen Volksarmee, oder das Zerbomben der osmanischen Brücke in Mostar – beide unter UNESCO-Schutz – waren in erster Linie von symbolischer Bedeutung. Die Angriffe der serbisch-montenegrinischen Streitkräfte zielten auf das Selbstbild der Unabhängigkeit aus der Geschichte Dubrovniks (Republik Ragusa, 1358–1808), ebenso wie die kroatischen Angreifer das in der Brücke verkörperte muslimisch-kroatische Zusammenleben in Mostar zu zerstören beabsichtigten. Vgl. RADOVIĆ MAHEČIĆ 2015, 32 f.

29 SEKULA 1984, 4.

30 Ebd., 6.

31 Vgl. BARTHES 2009, 33–56.

32 Vgl. HÜPPAUF 2015, 159.

298 | 5. Bild

Die Sichtung der Kriegsfotografien ergab schnell, dass die medial am stärksten verbreiteten Bilder aus Bosnien nur wenig Relevanz für die vorliegende Studie haben. Denn sie legen ihren Fokus zumeist auf die Armee, Tod, Aktion – wie etwa die Aufnahmen des amerikanischen Fotojournalisten Ron Haviv (*1965)[33] –, auf moralische Dringlichkeit und gleichzeitig spektakuläre Bilder[34]. Massenwohnsiedlungen und der dortige Kriegsalltag hatten entsprechend wenig Platz in den internationalen Medien, da ihnen diese Dringlichkeit fehlte.

Die meisten Fotografien, die sich als Quelle eigneten, bilden einen Gegenpol zu Havivs Ansatz. Ein Beispiel hierfür sind die über 1.300 Fotos, die der katalanische Fotojournalist und Aktivist Miquel Ruiz Avilés (1954–2023) während der Belagerung Sarajevos gemacht hat. Viele Motive fotografierte er mit kleinen Variationen, wodurch die Technik den Alltag nachahmt. Die Bilder waren zum Zeitpunkt ihres Entstehens nur im begrenzten Maße sichtbar. Manche wurden in Spanien ausgestellt oder in der Lokalpresse veröffentlicht. Durch die Zusammenarbeit mit der Sarajevoer Zeitung *Oslobodenje,* die auch nach der schweren Bombardierung ihres Hauptquartiers ihre Arbeit fortsetzte, waren seine Fotos auch im lokalen Kontext sichtbar. 2007 schenkte Ruiz Avilés den Korpus dem Historischen Museum Bosnien und Herzegowinas. Dementsprechend wuchsen die Wirkung und Bedeutung der Sammlung. Der quantitative Umfang des Materials (zurzeit das größte zusammenhängende Korpus an Fotografien aus dem belagerten Sarajevo in diesem Museum) sowie der Fokus auf Alltagsroutinen und -räume machen die Fotos für meine Studie relevant. Sie haben keinen mit Havivs Werk vergleichbaren ikonischen Wert, vielmehr weisen sie Parallelen mit Dokumentation der ethnografischen Feldforschung auf.[35]

Statt einer umfangreichen, systematischen Recherche der Kriegsberichterstattung in der internationalen Presse bespreche ich die Bücher, Tagebücher, Memoiren oder Textsammlungen, die während des Bosnienkriegs oder kurz danach erschienen und bis heute in größeren Bibliotheken erhältlich sind. Dabei lege ich den Fokus auf englischsprachige, insbesondere US-amerikanische Publikationen, denn sie beinhalten die Perspektive des Außenstehenden, des neutral Beobachtenden, auch wenn sie sich in der Gründlichkeit deutlich unterscheiden. Barbara Demick (*1959), Journalistin für den *Philadelphia*

---

33 Vgl. HAVIV 2000. Der Großteil des Fotobuchs besteht aus Havivs Fotowerk, ergänzt durch Essays von Chuck Sudetic, David Rieff und Bernard Kouchner, die den historischen und politischen Kontext des Bosnienkriegs schildern. Sie zeigen extreme Zustände, emotionale Tumulte und Gewalt. Ein Junge weint auf der Beerdigung seines Vaters, ein Soldat der bosnischen Serben tritt eine angeschossene muslimische Frau.

34 SONTAG 2003, 63.

35 Motivisch ähnliche Fotos wurden von der Anthropologin Ivana Maček während der Belagerung aufgenommen und schließlich in *Sarajevo Under Siege: Anthropology in Wartime,* der wohl bekanntesten Anthropologie der Belagerung der ersten Stunde veröffentlicht. Vgl. MAČEK 2011, 62–85.

Inquirer, etwa machte in ihrem Buch *Logavina Street. Life and Death in a Sarajevo Neig-hborhood* (1996) Alltag und Veränderungen infolge des Krieges auf der Mikroebene am Beispiel einer Straße deutlich. Der freiberufliche amerikanische Journalist Greg Campbell (*1970) veröffentlichte 1999 *The Road to Kosovo. A Balkan Diary,* welches mit den Ereignissen in Grbavica am Ende der Belagerung anfängt. Die Wahl auf diese Quellensorte begründet sich darin, dass sie zum einen eine größere und internationale Reichweite hatten. Zum anderen waren die USA intensiv in den diplomatischen Verhandlungen involviert. Entsprechend waren zahlreiche Berichterstatter:innen und Autor:innen vor Ort anwesend und erzeugten mediale Aufmerksamkeit in den USA.

Die Erinnerungsspuren der lokalen Bevölkerung in der lokalen Sprache erfuhren hingegen denkbar wenig Rezeption im internationalen Kontext. Im Ausland erschienen Übersetzungen der niedergeschriebenen Erinnerungen oft in kleinen Verlagen wie etwa der Sammelband *Das Leben ist stärker: Ein bosnisches Lesebuch, geschrieben von Frauen im Krieg,* den eine christliche Frauenzeitschrift aus Österreich finanzierte und von dessen Verkaufserlös sie 50 % für „Frauen in Bosnien" spendete.[36] Bereits in der ersten Woche der Belagerung, im April 1992, verabschiedete *Oslobođenje* einen Dokumentationsaufruf an die Belagerten. Mit der rhetorischen Frage „Wenn die Ereignisse bereits heute gefälscht werden, was kann morgen passieren?" ermutigte die Redaktion die Bewohner:innen zum Führen eines „kollektiven Tagebuches", zum Schreiben, Fotografieren und sogar zur Sendungsaufnahme.[37] Die meisten Schriften entstanden während der Belagerung und erschienen, sobald die materiellen Engpässe überwunden waren, in Buchform, etwa *Sarajevo za početnike* (*Sarajevo für Anfänger,* 1996) von Ozren Kebo und *Der Alltag des Krieges: Ein Tagebuch aus Sarajevo* (1995) des *Oslobođenje*-Journalisten Zlatko Dizdarević.

Einen besonderen Stellenwert in der Quellenlandschaft nimmt die umfangreiche Sammlung der FAMA ein, des ersten unabhängigen Multimediaunternehmens auf dem Territorium des ehemaligen Jugoslawiens. FAMA kam dem Projekt eines „kollektiven Tagebuchs" am nächsten. Sie sammelte die Erfahrungen der Bewohner:innen, veröffentlichte diverse Materialien wie den *Sarajevoer Überlebensratgeber* (*Sarajevski vodič za preživljavanje)* und organisierte künstlerisch-aktivistische Interventionen wie das *Survival Art Museum.* Die Sammlung weist eine mediale Heterogenität auf und besteht aus Video-, Audio-, Text- und Bildmaterial.

In Anlehnung an den Begriff „Stadttext" des Literaturwissenschaftlers Wladimir Toporow unterscheidet Frithjof Benjamin Schenk zwischen einem „primären" („die gebaute und belebte Stadt") und einem „sekundären Stadttext" (das „Korpus an Texten, Bildern und Filmen über die und von der Stadt"),[38] der in den nachfolgenden Ausführungen im

---

36 Vgl. Tomašević 1996.
37 o.V. 1992/e, 2.
38 Vgl. Schenk 2007, 47 f.

300 | 5. Bild

Fokus stehen wird. Laut dem Literaturwissenschaftler Matthew Taunton ähnelt *urban fiction* einem architektonischen oder urbanistischen Traktat. Sie erstellt „Annahmen über die Stadt und die Art und Weise, wie sie funktioniert", und zugleich „porträtiert sie eine subjektive Erfahrung der Stadt".[39] Während der Jugoslawienkriege und insbesondere in den Folgejahren tauchten Massenwohnungsbauten besonders häufig in der Fiktion auf: In Bildungsromanen und Kurzgeschichten, in Filmen und Fernsehserien. Wie die Literaturwissenschaftlerin Maša Kolanović feststellte, wurde Anfang der 2000er Jahre in Kroatien „urbane Prosa" über die Zagreber Massenwohnsiedlungen fast „forciert".[40] Eine „Hypertrophie des Vororts" kam zustande und die Gesamtheit der Stadt wurde vorwiegend auf einzelne Stadtviertel *(kvart)* am Stadtrand reduziert.[41] Diese Fülle an Material untermauert den Fokus auf die Fiktion in diesem Kapitel und die Bedeutung von Fiktion als Diskussionsarena zur Lage des Massenwohnungsbaus.

5.1 Massenwohnsiedlungen im Krieg

Krieg bedeutet Zerstörung und Gewalt, auch in Bezug auf bestehende Wohninfrastruktur. Doch auch in der Architektur hat Zerstörung viele Facetten. Sie kommt als Abriss vor, etwa im Rahmen des intensiven Baus von Neubauten anstelle alter Strukturen in Jugoslawien nach dem Zweiten Weltkrieg (auch der Basar in Pristina fiel diesem zum Opfer). Die Architektur kann neben Zerstörung aber auch Gewalt durch Segregation und soziale Ausgrenzung ausüben.[42] In den Jugoslawienkriegen sah Bogdan Bogdanović das „rituelle Städtemorden" *(urbicid)* als eine „ermordete Utopie" und beschrieb die Kriegszerstörung der 1990er Jahre als einen antiurbanen Impuls der „Städtehasser und Städtezerstörer".[43] Auch die Rekonstruktion alter Baustrukturen kann eine Fortsetzung von „Konflikt mit anderen Mitteln" sein, wie die Architekturhistorikerin Mirjana Ristic am Beispiel von Aufbauprojekten in Sarajevo nach 1996 zeigte.[44] Um dies näher zu beleuchten, befasse ich mich mit Kriegsgewalt im wortwörtlichen Sinn und bespreche sie am Beispiel der Frontlinie in der Belagerung von Sarajevo. Ferner behandle ich auch die Effekte der Kriegsgewalt im Fronthintergrund, Massenwohnsiedlungen in Ljubljana, Zagreb und Belgrad. Außerdem beleuchte ich auf die Nachwirkung der Kriegsgewalt im postjugoslawischen Diskurs um Massenwohnungsbau.

---

39 Taunton 2009, 1, 184 f.
40 Kolanović 2008/b, 69.
41 Ebd., 76.
42 Vgl. Millards Interpretation von Suburbia als Aggression der Mittelklasse „gegen andere Klassen, gegen nationalen Sinn für öffentliche Räume und gegen die Erde". Millard 2011, 249.
43 Bogdanović 1994, 35, 53.
44 Ristic 2018, 170.

Die Bilder der Massenwohnsiedlungen an der Kriegsfront während der Belagerung Sarajevos gingen in zwei Richtungen.[45] Die breit publizierten Kriegsfotografien, meistens von internationalen Journalist:innen, dokumentierten Kriegsschäden, insbesondere die materielle Zerstörung der Bauten und das Leid der Menschen. Bei anderen Quellenkorpora, meistens von einheimischen Autor:innen, lag der Untersuchungsschwerpunkt dieses Buchs auf den Alltagspraktiken der Bewohner:innen, ihren Bewältigungstaktiken und Einfällen. In diesem Kontext relevant ist auch das weitverbreitete Bild von Massenwohnsiedlungen als besonders fragil im Vergleich zu anderen Wohnformen.

5.1.1 Beschädigte Fassaden: Der erste Blick

Im März 1992, als der Krieg zwischen Kroatien und Serbien bereits seit Monaten wütete, nahmen 63 % der Bewohner:innen Bosnien und Herzegowinas am Referendum teil und 99,4 % sprachen sich für die Unabhängigkeit aus.[46] Einen Monat später belagerten die Streitkräfte bosnischer Serb:innen Sarajevo und damit kam der Krieg nach Bosnien. Während der längsten Belagerung im Europa des 20. Jahrhunderts trafen die Hauptstadt im Durchschnitt 329 Granaten am Tag.[47] Zwischen dem 4. April 1992 und dem 29. Februar 1996 wurden 56 % der Wohnungen beschädigt und 7 % komplett zerstört, die meisten davon in Massenwohnsiedlungen.[48] Massenwohnsiedlungen aus der sozialistischen Zeit waren aus zahlreichen Gründen besonders gefährdet: Erstens verlief die Frontlinie mitten durch eine solche Siedlung. Die Siedlung Grbavica, angrenzend an den in der Habsburgerzeit erbauten Stadtteil, wurde von den bosnischen Serb:innen besetzt und nun von drei Seiten von der Frontlinie umgeben. Der Rest der Massenwohnsiedlungen befand sich auf der bosnischen Seite, aber näher an der Frontlinie als der osmanische und der habsburgische Stadtteil. Zweitens ergab „die Morphologie der sozialistischen Stadt eine Makrogeografie der Gefahr in großen urbanen Zonen", wie Mirjana Ristic festhält.[49] Im Hinblick auf die Angriffsart (Scharfschützen und Granatfeuer) wurden hohe Bauten und großzügige freie Flächen zwischen ihnen zu perfekten Zielscheiben. Außerdem war die Verletzlichkeit in der Bausubstanz der modernen Massenwohnsiedlungen

---

45 Sniper Alley bildet eine umfangreiche digitale Sammlung der Fotografien aus der Belagerungszeit und findet sich online auf *SniperAlley.photo*. Im Rahmen des Projekts archiviert Džemil Hodžić seit 2019 die Werke von Fotograf:innen, welche die Belagerung Sarajevos dokumentierten. Hodžić startete das Projekt in Erinnerung an seinen Bruder Amel, der 1995, im Alter von 16 Jahren, von einem Scharfschützen ermordet wurde. Aktuell zählt die Online-Sammlung Bilder von 106 Fotograf:innen. Vgl. Hodžić 2019–2023.

46 Vgl. Calic 1996, 44.

47 Vgl. Sundhaussen 2014, 326.

48 Vgl. Aganović 2009, 360.

49 Ristic 2018, 57.

302 | 5. Bild

und modernistischen Bauten allgemein veranlagt und die dünnen Wände und großzügig dimensionierten Fenster hielten dem bewaffneten Angriff nicht lange stand.

Wie alle Kriegsgebiete seit der Moderne zog auch Sarajevo viele internationale Beobachter:innen und Akteur:innen an: Diplomat:innen, Journalist:innen, Aktivist:innen oder auch neugierige Abenteurer:innen.[50] Die meisten verfügten über keine oder nur rudimentäre bosnische Sprachkenntnisse und erhielten nur manchmal Unterstützung durch Dolmetscher:innen. Daher waren ihre Eindrücke besonders durch Bilder geprägt. Diese Umstände trugen zu der Stärkung einer verzerrten, einseitigen Repräsentation von Massenwohnsiedlungen bei, die infolge einer höheren internationalen Sichtbarkeit bis heute nachwirkt. Das so medialisierte und vermittelte Image, so meine These, beruht auf drei Stützen: Dem vermeintlichen architektonischen Scheitern des Massenwohnungsbaus, dem seit dem 19. Jahrhundert weitverbreiteten Verständnis von Wohnen als reproduktive, passive Tätigkeit und zuletzt auf dem Fokus der internationalen Zeitzeug:innen auf Bilder, während die Materialität in den Hintergrund rückte.

Massenwohnsiedlungen stellten auf den bekanntesten Pressefotos der Belagerung kein zentrales architektonisches Motiv dar. Vielmehr ging es um die Zerstörung der ikonischen Bauten, etwa des Rathauses von Sarajevo und des in Flammen stehenden Parlaments. Allerdings wurden sie oft beiläufig erwähnt oder abgebildet. Im Sinne von Barthes' *studium* lassen sich Massenwohnungsbauten jedoch als die ausgeprägte, allumfassende Kulisse betrachten, die über zerstörte Bauten informieren. Nahezu alle Autor:innen berichteten über „grim apartment houses"[51] und „chockablock twentieth-century highrises",[52] betonten ihre architektonische Monotonie und graue Eintönigkeit. Richard Holbrooke (1941–2010), US-Sondergesandter für den Balkan in den 1990er Jahren, der am Dayton-Abkommen beteiligt war, schreibt zwar, „in diplomacy, as in architecture,

---

50 Darunter waren die *New-York-Times*-Korrespondenten John Burns, Roger Cohen und Steve Engelberg, Roy Guttman, für *Newsday,* Kurt Schork für *Reuters,* Alan Little für BBC, Christiane Amanpour für CNN. Susan Sontag verbrachte mehrere Wochen in Sarajevo und inszenierte 1993 vor Ort das Theaterstück *Warten auf Godot* von Samuel Beckett. Sie begründete ihre Aktion folgendermaßen: „I was not under the illusion that going to Sarajevo to direct a play would make me useful in the way I could be if I were a doctor or a water systems engineer. It would be a small contribution. But it was the only one of the three things I do – write, make films, and direct in the theatre – which yields something that would exist only in Sarajevo, that would be made and consumed there". Die Folk-Sängerin Joan Baez spielte 1993 mit einem Straßenmusiker auf den Straßen Sarajevos. Diese Kurzaufenthalte und Gesten erfuhren eine ambivalente Bewertung. Während manche Kommentator:innen und Belagerte darin performative, „pretentious and insensitive" Selbstdarstellungen sahen, ordneten sie die anderen als einen lobenswerten Versuch der internationalen Sichtbarmachung und Aufruf zur Beendung der Belagerung ein. Vgl. HOLBROOKE 1998, xv; SONTAG 1994, 87–89.
51 CAMPBELL 1999, 2.
52 DEMICK 2012, 53.

details matter",[53] dennoch verurteilte er sozialistische Architektur „from Beijing to Bratislava" als reizlose, gigantische „ugly and banal buildings".[54]

Diese von Vorurteilen belasteten Verurteilungen sind in einer allgemeinen Ablehnung der sozialistischen Architektur verwurzelt, die sich in die Dynamik des Kalten Kriegs einordnen lässt. Die meisten internationalen Journalist:innen waren keine Spezialist:innen für (Süd-)Osteuropa und haben die Massenwohnungsbauten in diesem Umfang möglicherweise zum ersten Mal gesehen. Dabei könnten Stereotype über eine düstere sozialistische Architektur und die Erfahrung mit dem gescheiterten sozialen Wohnen *(social housing projects)* in den USA in die Deutung eingeflossen sein.

Ein extremes Beispiel für diese Wahrnehmung findet sich im Tagebuch des Journalisten Greg Campbell. Er arbeitete für eine Lokalzeitung in Colorado, wurde nach Sarajevo nach dem Dayton-Abkommen geschickt und begab sich danach auf den Weg in den Kosovo. Ohne viele Kontakte, Dolmetscher:innen und mit wenig Wissen über die Region repräsentiert er den Inbegriff eines flüchtigen Blickes von außen. Entsprechend ist sein Buch voller Fehler (falsch geschriebene Namen und serbokroatische Begriffe, geografische Verschmelzung von Grbavica im Tal und dem Berg Trebević).[55] Seine ablehnende Haltung formulierte er ohne Beschönigungen in einer zugespitzten Sprache:

> [T]he mustard-yellow cube of the Holiday Inn, a blunt and garish architectural nightmare before the shooting began, [is] now arguably more pleasing to the eye full of holes and freckled with for years' worth of small arms fire.[56]

Die Aussage, dass eine Teil- oder Totalzerstörung im Krieg eine Verbesserung der sozialistischen Architektur bedeuten könnte, bildet ein zutiefst zynisches Resümee auf das sozialistische Bauerbe. Auch Roger Cohen (* 1955), Korrespondent bei der *New York Times,* hob in seinem kurz nach dem Kriegsende erschienenen Buch *Hearts Grown Brutal. Sagas of Sarajevo* die „furchterregende" architektonische Wirkung des Holiday Inns hervor, jedoch ohne Campbells Zynismus.[57]

Campbell betrachtete mit Unverständnis die Anstrengungen eines Ehepaars, ihre Wohnung (von Campbell als „rat-filled shit-hole apartment" bezeichnet)[58] zu beschützen. Dieser Interpretation zufolge zog der Tod in die sozialistische Architektur bereits vor dem Krieg ein, und zwar mit der Sinnlosigkeit des sozialistischen Projekts: „Everything

---

53 Holbrooke 1998, xv.
54 Ebd., 136.
55 Campbell 1999, 13.
56 Ebd.
57 Vgl. Cohen 1998, 120.
58 Cambell 1999, 22.

304 | 5. Bild

about Grbavica, this sordid suburb of Sarajevo, sucked".[59] „ Every street was littered with destroyed vehicles, lying on their sides and blown apart, and I saw not a single building that was not damaged", beschrieb Richard Holbrooke im Tagebucheintrag am Neujahrstag 1993 das vom Krieg verwüstete Sarajevo.[60] Mit Metaphern wie „hellhole" (Campbell) und „inferno" (Holbrooke)[61] rückte das Bild der totalen, postapokalyptischen Zerstörung in den Vordergrund, während die in der Stadt noch lebende Bevölkerung und ihre Praktiken kaum Erwähnung fanden.

Der Fokus auf Oberflächen (die Fassaden, den ersten Eindruck, die Bilder) weist eine weitere Komponente der Außenperspektive auf: Eine Abstufung des Images von Massenwohnsiedlungen zu einem zweidimensionalen Bild. Aussagen wie „[a]t first glance from a car"[62] bestärken diesen Eindruck einer bloß flüchtigen Wahrnehmung ohne Tiefgang. Die Stadtlandschaft ließ sich aus der sicheren Distanz, hinter der Fensterscheibe im Auto betrachten, die Bilder flatterten schnell im Vorbeifahren an dem Auge des Betrachters vorbei. „[P]ictures of a woman sobbing were a dime a dozen. If only there were a burning apartment in the background …",[63] machte Campbell nicht ohne Ironie deutlich, dass das Bild der Massenwohnsiedlungen und der Stadt als Ganzes eine spektakuläre Kulisse war. Dies zeigt sich am Beispiel eines Fotos der *Associated Press Agency* aus dem Jahr 1995, das also gegen Ende des Bosnienkrieges aufgenommen wurde. Eine ältere angeschossene Frau, ihr Helfer und eine etwas orientierungslose Frau im weißen Kittel wurden auf dem Foto so abgebildet, dass Massenwohnsiedlung Alipašino Polje im Hintergrund gut sichtbar ist.[64]

Die Silhouette der Siedlung samt verstreuten Trümmern auf dem Boden steckte den Rahmen ab. Die Feuerwehrperson im Hintergrund verstärkte den Eindruck der Dringlichkeit und Aktualität der Szene. Allerdings schauten die Betroffenen nicht in die Kamera – aus dieser Richtung schienen sie keine Hilfe zu erwarten. Die hier Anwendung findenden Begriffe wie „surreal" und „Theaterproduktion" fangen in Bildern die Verfremdung und Distanz zwischen den Betrachter:innen und dem Geschehen auf, wobei die Wohnblöcke einen visuell einprägsamen Hintergrund boten. Ihre Geschichten wurden nicht näher nacherzählt oder untersucht. Gleichzeitig verweisen sie auf den medialen Charakter, auf die Suche nach fesselnden, einprägsamen Bildern und Metaphern wie etwa „Swiss-cheese architecture" oder der Vergleich von Feuer in der Wohnung mit einer *Fourth-of-July*-Feier im geschlossenen Raum.[65] Die fotografische Motivation und

---

59 Ebd., 2.
60 HOLBROOKE 1998, 48.
61 Ebd.
62 Ebd., 36.
63 CAMPBELL 1999, 2.
64 o.V. 2018/b.
65 CAMPBELL 1999, 2, 19.

Präferenz für Massenwohnungsbauten als Bildhintergrund lässt sich daher im Bedürfnis nach einer kontextgebenden spektakulären Kulisse finden.

Dem tatenlosen Beobachten auf internationaler Seite, etwa eine passive Rolle der UN-Mission mit bescheidenen personellen Kapazitäten, begegnete die lokale Bevölkerung insbesondere nach dem Genozid von Srebrenica zunehmend mit Skepsis,[66] woran das Graffiti „UNinvolved in peace" im Zentrum von Sarajevo auch heute noch erinnert. Nicht nur die katastrophenfokussierten oder -faszinierten (Foto-)Journalist:innen wurden hierbei kritisiert,[67] sondern auch die internationale Gemeinschaft, die Marie-Janine Calic zufolge „eine reine Politik der Schadensbegrenzung" führte, da sie zunächst keine eigenen Interessen im Konflikt erkannte.[68] Im Gedicht von Ferida Duraković (geb. 1957) kämpfen ein französischer Professor („ein gebildeter Postmodernist"), der die Belagerung in große Begriffe verpackt, und ein einheimischer Schriftsteller („Ein unzuverlässiger Zeuge bist du, dazu noch befangen") um die Deutungshoheit der Kriegsgeschehen in Sarajevo.[69] Diese „Befangenheit" strukturierte das Selbstbild und die selbstauferlegte Ethik. „Nicht selten legte er die Kamera zur Seite, um seinen Mitbürgerinnen und Mitbürgern helfen zu können! In solchen Momenten dachte er, dass es wichtiger sei, ein Mensch als ein Fotograf zu sein!", schrieb der Journalist Nihad Kreševljaković (*1973) über den Fotografen Hidajet Delić (1948–2017).[70] Vielen dramatischen Momentaufnahmen für das internationale Publikum (aufgenommen von internationalen Fotojournalist:innen) stehen wenige, eher alltägliche Fotos und Porträts gegenüber, die im Fokus der lokalen Fotograf:innen standen. Der Unterschied liegt nicht nur in der technischen Ausstattung[71] und Auftragskonstellation, sondern auch in der (Un-)Gebundenheit zu den Belagerten, welche die Motive und den Kodex der lokalen Fotograf:innen beeinflusste. Während ausländische Korrespondent:innen den Schwerpunkt auf grafische Darstellungen von

---

66 Zum zögerlichen UN-Verhalten vgl. Donia 2006, 328–337; Sundhaussen 2012, 355–358.

67 Wenn überhaupt wurden Journalist:innen oft erst nach dem Kriegsende zur Rechenschaft gezogen. Im ersten Jahr der Belagerung Sarajevos fotografierte der französische Fotoreporter Luc Delahaye eine durch Granatensplitter Verletzte mit ihrem Hund und bot keine Hilfe an. Nachdem die Geschichte im Dokumentarfilm *Slike s ugla* (2003) von Jasmila Žbanić aufgegriffen wurde, verschwanden seine Fotos aus der Online-Galerie des *World Press Photo Awards*. Vgl. ZIMMERMANN 2014, 386.

68 CALIC 1996,176, 223.

69 DURAKOVIĆ 1996, 112.

70 KREŠEVLJAKOVIĆ/BAJRIĆ 2017, 13.

71 Džemil Hodžić erklärt seine Motivation für die Online-Archivierung von Belagerungsfotografien auf *SniperAlley.photo* zum Teil durch Lücken im Familienarchiv: „I do not have any photos of growing up in Sarajevo during the war, as we did not have the means [to take them], nor any of my family, and that is something that I think of all the time. (…) It bothers me that I do not have any school, birthday or family photos from that period. A single photo from that time would make my day". LAKIĆ 2019.

5. Bild

Leid legten, wurden von der belagerten Bevölkerung etwa die Namen der im Krieg verstorbenen Zivilist:innen sorgfältig notiert, um die Erinnerung an sie zu bewahren.[72]

Der Anthropologe Stef Jansen zeigt in seiner Studie zu Dobrinja, der im Spätsozialismus gebauten olympischen Siedlung, dass Langeweile und Banalität im Kriegsalltag eine prägnantere Rolle für die Bewohner:innen einnahmen als spektakuläre Dramen: „The war period, then, was reconstructed as a time when a commitment to banal routine had served to resist the onslaught of ‚abnormality‘".[73] Jansen greift nach der Metapher des Rasters *(grid)*, der Ordnungen und infrastrukturellen Gerüste wie öffentlicher Verkehr, Stromleitungen und Grundschulen, die der sozialistische Staat aufgespannt hat. Durch *Gridding*, die Aufrechterhaltung der im Sozialismus installierten Raster durch eine *Bottom-up*-Initiative, bemühten sich die Bewohner:innen Sarajevos in der Belagerungszeit intensiv darum, „das Reguläre, das Regulierte und das Regulierende" *(regular, regulated and regulating)* herzustellen: Den Schulunterricht zu organisieren oder Wasserversorgung sicherzustellen.[74]

Der Kriegsvoyeurismus und die Nachfrage danach, mit Wohnungen und ihren Bewohner:innen als Requisiten und Kulissen eines Spektakels, bedienten einerseits die Logik des Medienmarkts, der zufolge es nur die prägnantesten Bilder in die Nachrichten schafften und verkäuflich waren. Andererseits dienten sie der Eigenwerbung der Autor:innen und Fotograf:innen, da ein unausgesprochener Wettbewerb um das Bild des Krieges herrschte. „The entire war, all that we've been through, has been reduced to a few images: an odd mortar round, a bit of hunger, a few art exhibitions, a few water queues, a few massacred, and that's that", sagte Ozren Kebo über die Aufmerksamkeitsspanne des internationalen Publikums.[75]

In der Einleitung ihres 2019 erschienenen Reiseberichts für die *New York Times* schildert Reisejournalistin Sarah Khan die noch sichtbaren Fassadenschäden folgendermaßen:

> As much as I'd prepared myself, it didn't register when I first glimpsed it: an apartment block a few minutes from Sarajevo's airport, its otherwise unremarkable facade speckled with unseemly blisters. Soon after, a building with a gaping chasm where a window might have once been, and then another, with chunks of plaster gouged out like missing teeth. „Are those from the war?" I asked my cabdriver. He didn't understand me, or chose not to respond, but some questions don't need answers. The lingering scars are reminders of an evil

---

72 Vgl. Tucaković 2017, 518–520.
73 Jansen 2018, 81.
74 Ebd., 70–73.
75 Kebo 2016, 150.

transpired not once upon a time but just a quarter of a century ago, from curses that were the doing of neighbors and friends, not the spell of some spiteful witch.[76]

Kaum eine ausländische Reportage über Sarajevo nach den Jugoslawienkriegen lässt die Spuren der Kriegsschaden auf Fassaden unerwähnt. Der Fokus auf Löcher ist eine leichte Modifikation des Themas Massenwohnungsbau als (Erzähl-)Hintergrund. In der Regel kommen sie als ein dankbarer Einstieg in den Text zum Einsatz, der den Leser:innen die Kriegsszenerie ins Gedächtnis ruft. Oft wirken die Journalist:innen durch sie an den Krieg überraschend erinnert und kontrastieren diese Spuren mit der Lebendigkeit der Stadt.

Die gängigen Metaphern von Wunden und Narben wurden in diesem Beispiel durch „missing teeth" erweitert, ein gängiges Bild aus dem Stereotypenrepertoire, welches die Soldat:innen der internationalen Friedensmissionen auf die bosnische Bevölkerung anwandten. In ihrem berühmten Werk *Bosnian Girl* verband die bosnische Künstlerin Šejla Kamerić den Graffiti-Text eines niederländischen Soldaten in Srebrenica (1994/95) mit ihrem Fotoporträt. Das stereotype Narrativ „No teeth …? A Mustache …? Smel [sic!] like shit …? Bosnian girl!" stellt das Bild infrage und exponiert zugleich die Vorurteile der internationalen Streitkräfte. Auch Khans Schilderung ist im Wesentlichen durch einen flüchtigen Rezeptionsmodus gekennzeichnet: Der erste Eindruck der Außenstehenden bleibt auch hier die vorherrschende Perspektive.

In dieser Episode ist die Reaktion des Taxifahrers vielsagend. Es mag sich um ein Unverständnis aufgrund der Sprachbarriere handeln, es ist aber durchaus möglich, dass das Überhören auf eine allgemeine Ermüdung mit der häufig gestellten Frage hinweist. Ein Teil der Passivierung von Massenwohnsiedlungen und Bosnien und Herzegowina im Allgemeinen kann auch mit dem Stellen der „falschen", meistens nur rhetorischen Fragen ohne Erkenntniswert oder -intention verbunden werden.

Die Frage, warum die Fassaden nicht repariert wurden, wird von Khan nicht ernsthaft untersucht. Die Gründe hierfür sind ebenfalls vielfältig: Etwa der Preis der Reparatur (im Verhältnis zum Durchschnittslohn und der Arbeitslosenquote in Bosnien und Herzegowina) oder die während des Privatisierungsprozesses entstandenen „unklaren Grenzen der Verantwortung"[77] für Gemeinschaftsräume und Fassaden oder der Beeinträchtigungsgrad (ist das Problem nur kosmetisch oder bringt er spürbare Nachteile für die Wohnqualität?). Die Interpretation der Fassadenlöcher erschöpft sich in der Feststellung ihrer Existenz, während die Perspektive der Bewohner:innen noch weniger Aufmerksamkeit erfährt.

---

76 Khan 2019.
77 Stanilov 2007, 182 f.

308 | 5. Bild

5.1.2 Beschädigte Fassaden auf den zweiten Blick: Wohnzeichen

Die Wahrnehmung der zerbombten Massenwohnsubstanz als besonders zerbrechlich lässt sich nicht ausschließlich über das Unverständnis für sozialistische Architektur und als Ergebnis der ungünstigen Lage der Siedlungen erklären. Auch die Bewohner:innen teilten diesen Eindruck. „So many people have been killed in their homes. When a shell hits, the walls of our flats are more vulnerable than cardboard. Everyone knows that",[78] schrieb Ozren Kebo.

Obwohl Massenwohnungsbauten kontinuierlich unter Beschuss standen und ihre Materialität bedroht war, waren sie nicht einmal oberflächlich „monochrom in Schlamm, Qualm und Tod", wie sie Greg Campbell abwertend beschrieb.[79] Nahezu alle Bilder der angeschnittenen, löchrigen Fassaden bezeugen auch Spuren des Widerstands und die Anstrengungen der Bewohner:innen, der Kriegszerstörung entgegenzuwirken. Zudem wimmelte es von Schriften der lokalen Bevölkerung von Beschreibungen der alltäglichen Anschaffungen und Mahlzeiten. So notierte der Historiker und Autor Šemso Tucaković (*1946) im Februar 1994 den Kauf eines Herds oder eines Kaffees und Kartoffelstrudels bei seinen Schwiegereltern. Alte Gewohnheiten wurden zunehmend mit aktuellen Notständen verflochten, wie etwa der Preis auf dem Schwarzmarkt (30 DM für ein halbes Kilo Kaffee, 10 DM für ein Kilo Kartoffeln) oder die Lieferung des Herds auf Schlitten.[80]

→ Abb. 37   Der Flickenteppich der Wohnzeichen: Auf dem von Miquel Ruiz Avilés aufgenommenen Foto einer der Fassaden aus dem im Sozialismus gebauten Teil Sarajevos hat sich eine dichte Assemblage von Wohnzeichen angesammelt. Manche Hohlwände sind unrepariert – sei es wegen der niedrigen Priorität (wie eine verschollene Glasplatte auf dem Balkon), Ressourcenmangel oder infolge des Leerstands, falls die Bewohner:innen einen Ausweg aus Sarajevo gefunden haben. Auf zwei Balkonen ist bunte Wäsche aufgehängt. Während sozialistische Haushaltsratgeber unermüdlich vor dieser Praxis warnten, ist die aufgehängte Wäsche im Krieg ein unmissverständliches Wohnzeichen, ein Beweis dafür, dass das Gebäude immer noch bewohnt ist und seine Bewohner:innen am Leben sind. Das Foto wirkt nur auf den ersten Blick wie eine statische Bestandsaufnahme der fragilen Materialität; vielmehr fängt sie ein Spektrum widerstandsfähiger (Zwischen-)Lösungen der Bewohner:innen ein. Die unterste Fensterreihe auf dem Foto wurde durch die von der UNHCR zur Verfügung gestellten Plastikplanen geflickt. In der darauffolgenden Fensterreihe wurde ein selbstgemachter, improvisierter Fensterrahmen aus Holz hinzugefügt, möglicherweise aus einem zerstückelten Möbelstück. Die Fenster in der nächsten Reihe wurden mit Karton ausgefüllt.

---

78 Kebo 2016, 135.
79 Campbell 1999, 5.
80 Vgl. Tucaković 2017, 523 f.

Die verschiedensten Wohnpraktiken mitten im Krieg stellten eine wichtige Leistung und Quelle für einen „sense of agency" und Stolz der Belagerten dar, wie anthropologische Forschungen zeigen.[81] Ich nenne ihre sichtbaren Ausdrücke *Wohnzeichen* (Abb. 37) und meine damit Details, die zeigen, dass Gebäude noch bewohnt sind und die Menschen der Zerstörung etwas entgegensetzten. Die Wohnzeichen korrespondieren mit Barthes' Konzept vom *punctum*, dem Gegenpart von *studium*. So gaben die Belagerungsfotos dem internationalen Publikum eine allgemeine Auskunft über die Belagerungsumstände. *Punctum* hingegen setzt ein genaueres Hinschauen voraus und befördert bei den Betrachter:innen emotionale Reaktionen.[82] Während viele von den Belagerten selbst geschaffene Bilder und Texte Wohnzeichen beinhalten, lassen sie sich auch beiläufig in anderen Quellen finden, etwa die mitten an der Fensterseite befestigten Gardinen auf dem Foto der angeschossenen Frau in Alipašino Polje.

Auf dem von Hidajet Delić aufgenommenen Foto aus dem ersten Jahr der Belagerung (1992) wird eine Mischung aus der Vorkriegsnormalität (Frau auf dem Balkon, Pflanzen in Töpfen) und Kriegsschäden (Schusslöcher, Berstungsbrüche) abgebildet.[83] Dabei ist das ultimative Wohnzeichen die Anwesenheit der Bewohnerin. Der Balkonzaun teilt das Bild in zwei Teile: Oben eine übliche Szene eines Balkonaufenthalts, die sich so auch vor dem Krieg hätte ereignen können, unten die Löcher und Explosionsspuren. Allerdings werden auf den zweiten Blick Fenster- und Türschutzmaßnahmen, wie auf dem oberen Foto, sichtbar.

Auch wenn die provisorischen Vorrichtungen zur Milderung der Kriegsschäden notwendigerweise unbefriedigend waren (Karton und Möbel verdunkelten die Zimmer, „UNHCR plastic sheeting cannot replace window panes"[84]), belegen sie die entscheidende Rolle von Bewohner:innen in Bewahrungsprozessen. Die Bilder zeigen zudem, wie der Kriegsalltag zu einer heterogenen Mischung aus Vorkriegsnormalität und Kriegsschäden führte.

Neben Wohnzeichen lassen sich in Sarajevos Massenwohnsiedlungen auch Gemeinschaftszeichen in Form von Spuren der Geselligkeit und der gegenseitigen Unterstützung in der Nachbarschaft nachweisen. Insbesondere die Belagerten und die lokale Presse dokumentierten eine Fülle an Gemeinschaftsaktivitäten. Die mediale Aufmerksamkeit für gemeinschaftliche Aktivitäten und Geselligkeit verdeutlicht einem allgemeinen Publikum den Zusammenhalt der Bevölkerung während der Belagerung. Folgende Szene ereignete sich beispielsweise einen Monat vor der Belagerung, als Sarajevo bereits von ersten Blockaden, Gewaltausbrüchen, Brotmangel heimgesucht wurde:

---

81 MAČEK 2011, 62–72.
82 Ebd.
83 Vgl. KREŠEVLJAKOVIĆ/BAJRIĆ 2017, 28 f.
84 KEBO 2016, 147.

5.1 Massenwohnsiedlungen im Krieg | 311

Dass es auch anders geht, haben gestern in dieser ‚heißen' Zeit die Bewohner von Mojmilo gezeigt, in der Olympischen Straße, in der sowohl Serben als auch Kroaten und Muslime wohnen. Man weiß nicht wer (ist das überhaupt wichtig?) vorgeschlagen hat, die Angst und Psychose durch Freude und Betriebsamkeit zu ersetzen. Im Nu fanden sich vor dem Gebäude in der Olympischen Straße 31–35 Tische, Stühle, Teller und Schüssel mit diversen Leckereien [dakonije]. Die Nachbarinnen aus dem Eingang haben im Moment Mezze vorbereitet, ein guter Tropfen war auch dabei und natürlich der Lautsprecher am Fenster nebenan, der statt Nachrichten Sevdah-Musik freudig gespielt hat. Langsam haben sich auch die anderen Bewohner von Mojmilo versammelt. Mit mancher Schüssel, Pita [gefüllter Filoteig], Mezze, mit leeren Händen, aber mit viel guter Laune. Ach, wenn es uns allen gestern schon so gegangen wäre.[85]

Mojmilo wurde als Olympisches Dorf für die Olympischen Winterspiele in Sarajevo 1984 errichtet. Aufgrund des Wohnmangels wurden die eigentlich temporären Strukturen beibehalten und die ersten Bewohner:innen sind Mitte der 1980er Jahre eingezogen. Wie der Artikel „Trotz des Wahnsinns" betonte, wohnten in der Siedlung Menschen verschiedener jugoslawischer Herkunft. Auch das begleitende Foto hob den Zusammenhalt hervor. Im Zentrum fanden sich Menschen, die in einem Kreis eng zusammensitzen, mit Kindern und ein paar Erwachsenen dahinter stehend. Als Kontrast fand man auf der folgenden Seite ein Foto der „leeren Straßen in Sarajevo" – mit Straßenbahnen, Habsburg-Architektur und ein paar für sich stehende Menschen.[86]

Auch in der Nachbarsiedlung Dobrinja, ebenfalls erbaut für die Olympischen Winterspiele 1984, fanden zahlreiche Gemeinschaftsaktivitäten vor und während des Kriegs statt. Anfang März 1992 startete von dort der vorwiegend aus Kindern und Jugendlichen zusammengesetzte Nachtumzug gegen die Blockade durch bosnische Serb:innen und führte am Studentenheim vorbei Richtung Stadtzentrum.[87] Obwohl Dobrinja und Mojmilo vergleichsweise junge Siedlungen waren und die Gemeinschaften keine jahrzehntelange Kontinuität aufweisen konnten, beherbergten sie zahlreiche spontane und informelle Versammlungen. Im Widerspruch zu den Befürchtungen der Stadtsoziolog:innen in den 1980er Jahren blühte dort die Gemeinschaft auf, sowohl auf der Ebene der Nachbarschaftshilfe als auch im politischen Sinne in Form von Teilnahme an Protesten. Die Geselligkeit mit Essen und Umtrunk belegt einen sichtbaren Zusammenhalt angesichts der ungewissen Zukunft. Damit wurden sowohl die stadtsoziologische Skepsis hinsichtlich der Gemeinschaftsbildung in Massenwohnsiedlungen als auch ihre passive, leblose Darstellung durch internationale (Foto-)Journalist:innen in der Praxis widerlegt.

---

85 o.V. 1992/d, 5.
86 PUDAR 1992, 6.
87 MRKIĆ 1992, 2.

312 | 5. Bild

Ein wichtiger Bestandteil der Belagerungsstrategie bosnischer Serb:innen war die Unterbrechung der Versorgung mit Lebensmitteln, Strom, Gas, Wasser und anderen lebensnotwendigen Ressourcen. Die hungernde, an Durst leidende und frierende Bevölkerung Sarajevos sollte sich so der serbischen Übernahme ergeben.[88] Bereits vor dem Anfang der Belagerung wurden Ängste um die Sicherstellung der Versorgung in den Medien ersichtlich. „Das Rennen um das Saatgut läuft, obwohl die Preise ‚gepfeffert' sind. (…) Die Angst ist größer als die Menschen und sie haben Angst vor Hunger", schrieb Anfang März 1991 *Oslobodenje*.[89] Ein Foto mit einer älteren Frau aus Bihać mit einem Sack Maissaatgut auf dem Kopf unterlegt die Dramaturgie dieses Nachrichtenbeitrags. Dabei stammten nur der eng geschnittene Mantel und eine schwarze Ledertasche unverwechselbar aus der zweiten Hälfte des 20. Jahrhunderts; ihre Kopftuchart, typisch für Bäuerinnen, sowie die Tragweise des Sacks (auf dem Kopf und zu Fuß) hätten auch in das vorsozialistische Zeitalter gepasst.

Alle Siedlungen aus der sozialistischen Zeit waren mit großen Grünflächen ausgestattet: Wiesen, Wäldchen und Parks. Allerdings war Gärtnern nicht vorgesehen. Die gelegentlichen Wünsche der Zugezogenen nach Flächen für Gemüsegärten oder Tierhaltung lehnten die modernistischen Architekt:innen als unerwünschte Ruralisierung der Stadt ab. Zum einen waren Gemüsebeete für Wohnexpert:innen im Sozialismus lange ein missbilligtes Phänomen, weil sie die Stadt-Land-Dynamik infrage zu stellen schienen. Zum anderen haftete dem Gemüseanbau in der Stadt das Stigma der Not und Armut an. In der ukrainischen Stadt Slawutytsch machten Bewohner:innen auch nach der Wende den Unterschied zwischen den „besseren" (reicheren) und den ärmeren Vierteln weiterhin auf Basis der Nutzung der Grünflächen zwischen den Plattenbauten fest: Blumen für Wohlhabende, Kartoffeln für Bedürftige.[90]

Die Stereotype wie Tante Pola, die in der Filmkomödie *Zajednički stan* (1960) ihre Ziege in der Badewanne hält, waren in den 1960er Jahren eine Lachnummer. Die Botschaft war eindeutig und entsprach dem Konsens der damaligen Stadtexpert:innen: Die Menschen, die sich so etwas wünschen, sollten auf dem Land bleiben, anstatt die Stadt in einen Stall zu verwandeln. Pola stand als fiktionale Verdichtung für die Verfechter:innen von bäuerlichen Aktivitäten in der Stadt. Sie kamen aus Dörfern oder Provinzstädtchen und aus einer älteren Generation: Ihr Wunsch nach einem Garten zur Eigenversorgung galt als Ausdruck ihrer Rückständigkeit, als ein Überbleibsel der vormodernen Zeit. Zudem stellten Stadtsoziolog:innen im Spätsozialismus den Urbanitätsgrad der

---

88 Diese Strategie wurde größtenteils von den Streitkräften bosnischer Serb:innen angewandt, allerdings wurde seit 1994 auch die bosnische Seite dieser Kriegsmittel verdächtigt, um internationale Sichtbarkeit und Dringlichkeit zu erzeugen. Vgl. Maček 2011, 63 f.

89 o.V. 1992/a, 10.

90 Vgl. Otrishchenko/Sklokina 2019, 495.

5.1 Massenwohnsiedlungen im Krieg | 313

Abb. 38/39 Gemüsegärten in urbanen Zwischenräumen: Das eine Foto (Abb. 38) fängt ein, wie zwei Männer ein Gemüsebeet auf dem leeren Raum zwischen Straße und den hohen Wohnbloks im Hintergrund errichten. Vor dem gewaltigen Band der Massenwohnsiedlung Ciglane sieht man niedrige Steildachstrukturen – anonyme, informelle Architektur. Auf dem anderen Foto (Abb. 39) sind zwei ältere Frauen arbeitend im Garten zu sehen, die dritte schaut in eine andere Richtung, als ob sie Wache halten würde. Die Kriegssituation wird durch den Stacheldraht greifbar. Die Diagonale des Zauns schafft zwei scheinbar disparate Räume. Beide Fotos stellen eine Koexistenz von Urbanität und Ruralität, Modernisierung und ihrer Unvollendetheit dar.

314 | 5. Bild

Massenwohnsiedlungen immer wieder infrage, was ein weiterer Grund war, rurale Elemente zu entfernen und urbane Komponenten zu fördern.

Auch in Sarajevo existierte zwar das Stigma der Stadtgärten, doch entwickelten sie sich während der Belagerung zu einem prägnanten Wohnzeichen. Durch Blumen und Palmen anstatt Gemüseanbau zeigten manche Haushalte ihren Widerstand. „We refuse to reduce ourselves to bare physical survival", interpretierte die Anthropologin Ivana Maček diese Praktiken.[91] Faktisch wurden dennoch nahezu alle verfügbaren Flächen während der Belagerung für den Anbau von Lebensmitteln benutzt. Gemüsegärten (Abb. 38/39) wurden zu einer wichtigen Quelle der Selbstversorgung und konnten die Unterversorgung abmildern.

Expert:innen wie die Agronomin Ljerka Latal-Danon (1929–2020) forderten den Anbau auch „im kleinsten Blumentopf" und gaben praktische Ratschläge zur Zusammensetzung der Erde und gegenseitigen Verträglichkeit der Pflanzenkulturen.[92] Auf Fotos von Miquel Ruiz Avilés sind solche improvisierte Gärten zu sehen. Mehrere Aufnahmen eines Gartens zeigen, wie sich die Bewohner:innen beim Gärtnern abwechseln: Ältere Frauen, ein älterer Mann, ein (Enkel-?)Kind. Dies illustriert die kollektive Dimension der informellen Gärten während der Belagerung deutlich.

Dass der Schnitt zwischen Stadt und Land, Moderne und Vormoderne in Sarajevo letztlich doch nicht so kompromisslos wie von sozialistischen Stadtplaner:innen gewünscht ausfiel, verdeutlicht das bei der Siedlung Ciglane von Ruiz Avilés aufgenommene Foto. Die Siedlung Ciglane („Ziegelwerke"), entworfen von den Architekten Namik Muftić (1937–2021) und Radovan Dellale (*1935) und gebaut von 1976 bis 1989, inkorporierte unterschiedliche Kritikpunkte an der funktionalistischen Wohnarchitektur der Moderne. Sichtbare Ziegel auf der Fassade waren eine Hommage an die Vorgeschichte des Geländes, der zentrale Fußgängerweg wurde als eine zeitgenössische Interpretation der *čaršija* geplant, dem historischen osmanischen Stadtzentrum und zugleich Epizentrum des öffentlichen Lebens.[93] Trotz eines deutlich liberaleren Umgangs mit der Vergangenheit fanden auch undefinierte, informelle Grünflächen Platz in der Siedlung. Man könnte das Bild als ein Loch in der Modernität verstehen – einen Ausdruck der „unvollendeten" Modernisierung im negativen Sinne. Allerdings plädiere ich für eine emphatischere Interpretation. Genau diese Lücken sorgten für eine bessere Anpassung an die Belagerungsbedingungen.

Da die Modernisierung nicht flächendeckend war, überlebte das traditionelle Wissen wie technisch einfaches Gärtnern noch. Ausgerechnet diejenigen, die in der sozialistischen Moderne zu den „Rückständigen" erklärt wurden – (ältere) Menschen mit Kenntnissen

---

91 Maček 2011, 76.
92 Vgl. Latal-Danon 1996, 119 f.
93 Vgl. Sirčo/Jašarević 2019.

zum Gebrauch von Gartenwerkzeugen und Ansätzen der Landarbeit –, beherrschten solche Praktiken noch aufgrund von Erinnerung und Erfahrung.

Analog lässt sich eine aus dem Strom- und Energiemangel hervorgehende Detechnologisierung der Wohnung während des Kriegs feststellen. Der Architekt Zoran Doršner nutzte 1994 den Grundriss einer typischen Wohnung in Sarajevo und skizzierte darauf sowohl die Bedrohungen (Granaten und Splitter, Feuer, schwere Artillerie) als auch die in Antwort darauf entstandenen Wohnzeichen (Küchengarten, Schornstein, Fensterplanen aus Plastik, Fass zum Aufsammeln von Regenwasser, Schutzmauer aus Sandsäcken, neu errichteter Bereich zum Holzhacken). Auf der Grundrisszeichnung[94] liest und sieht man, was nun „nicht mehr benutzt werden kann": „Zentralheizung, Toilette, elektrischer Herd, Licht, TV, Hi-Fi, Kühlschrank, Waschmaschine, Boiler, Staubsauger, Ventilator, Mixer".[95] Aufgrund der unsicheren Treibstoffversorgung waren auch Autos kaum mehr nutzbar.

In Ciglane entstand ein improvisierter Autowrackhof, den Kinder kurzerhand in einen Spielplatz umwandelten. Im Kurzdokumentarfilm *Djeca putuju (Kinder reisen,* 1993) spielten Kinder in beschädigten, verlassenen Autos ein Als-Ob-Spiel, bei dem sie sich vorstellten, außerhalb von Sarajevo zu reisen, und blendeten so in ihrer Fantasie die Belagerung kurzzeitig aus.[96]

Ausgerechnet die prestigeträchtigen Haushaltsgeräte und Komfortversprechen einer modernen Wohnkultur, die in den 1960er Jahren in Jugoslawien zu einer Massenkultur wurde, wurden aufgrund der Zerstörungen in der Basisinfrastruktur (Strom, Gas, Wasser) nutzlos. Doršner illustriert den Vorher-Zustand mit der Zeichnung des Idealfalls und verortet ihn in die Glanzzeit Sarajevos der 1980er Jahre, wo die Stadt sogar kurzfristig zum Mittelpunkt des internationalen Wintersports wurde durch die Olympischen Winterspiele 1984.

Vormodernistische Wohnpraktiken wie das Heizen mit Holz nahmen wieder mehr Zeit und Raum in Anspruch: In der Wohnung entstanden Ecken für das das und Aufbewahren von Holz und ein improvisierter Schornstein.[97] Auch Karren für den Transport von Holz und anderen Notwendigkeiten zogen provisorisch in die Wohnung ein. Die Plastikfolien der UNHCR wurden über Fensteröffnungen gespannt und der Balkon diente dem Gärtnern.

Während zentral gelegene, fensterlose Bäder in der sozialistischen Zeit von Bewohner:innen kritisiert wurden, waren sie nun wegen ihrer Lage mitten im Gebäude relativ

---

94 Der Grundriss wurde unter anderem auf der Ausstellung *Sarajevo: Dream and Reality* (Parsons School of Design, New York, Februar 1995) gezeigt. Vgl. RISTIC 2018, 125.

95 DORŠNER, Zoran: *Destructive :metamorphosis: of 35.000 apartments into urgent facilities for survival,* Juli 1994, reproduziert in: PILAV 2018.

96 ŽALICA 1993.

97 Vgl. PRSTOJEVIĆ 1993, 10 f.

316 | 5. Bild

sichere Orte. Auch die Vorratskammern wurden zu einem „Bunker" umfunktioniert. Die zehnjährige Jana Jevtić hielt hierzu fest:

> Die ersten Kriegsmonate verbrachte ich in der Vorratskammer. Wißt ihr, die Vorratskammer ist ein Raum in unserer Wohnung, in den man vom Treppenhaus gelangt. Die Kammer hat keine Fenster und ist in die Erde eingegraben. Dort schlief, aß und spielte ich. Ich ging nicht raus. Ich ließ mich nicht überreden.[98]

Die fehlenden Fenster und die Enge boten unter den Belagerungsumständen zwar nicht immer einen zuverlässigen Schutz, aber doch ein Sicherheitsgefühl. Die vor dem Krieg hervorgehobene Nachteile wie abgestandene, stickige Luft und Feuchte erschienen nun als kleinere Übel. Zudem zählten mittig gelegene Treppenhäuser und Flure zu „neuen Arten öffentlicher Begegnungsorte".[99] Miroslav Prstojević beschrieb diese Bewohner:innen als „Besitzer des Treppenhauses", die Besucher:innen in ihren „echten Spähbüchern" registrierten.[100] So organisierten Bewohner:innen eine Mikrostruktur der Überwachung, die zugleich einen Ausdruck der Selbstorganisation darstellte.

Ältere Einfamilienhäuser waren für die winterliche Kälte besser gerüstet als sozialistische Wohnkomplexe, da sie keine Zentralheizung, sondern alternative Heizmethoden hatten, bemerkte die amerikanische Journalistin Barbara Demick in ihren Schriften während und nach dem mehrmonatigen Aufenthalt in der Logavina Straße (erste Ausgabe 1996).[101] „Esad and Šaćira were not particularly well adapted to wartime living. The prosperity of Esad's dental practice has spoiled them with all the conveniences of modern life", führt Demick weiter aus. Diese Bequemlichkeiten wurden noch zusätzlich ergänzt durch das Inventar der elektrischen Küchengeräte aus besseren Zeiten: Mikrowelle, Kleinschneider, Toaster (zwei Stück), Grill, Entsafter.[102] Auch wenn keinesfalls alle Wohnungen so üppig ausgestattet waren, nahm die Technologisierung jugoslawischer Haushalte im Allgemeinen zu, wie im 3. Kapitel ausgeführt, und der Luxus aus den 1950er Jahren ist in den 1970er Jahren zum Standard geworden. Diese Ordnung der Moderne, eine Entwicklung des Fortschritts, wurde durch den Krieg wieder rückgängig gemacht. „The washing machine is a household appliance from some long-gone times", schrieb Miroslav Prstojević voller Ironie in einem Überlebensratgeber.[103]

Paradoxerweise lag eine Schwäche der Haushaltsmodernisierung in ihrem eigenen Erfolg: Das kontinuierliche Wachstum sorgte nicht für mögliche Ausfälle der Technik

---

98 JEVTIĆ 1996, 91.
99 RISTIC 2018, 123.
100 PRSTOJEVIĆ 1993, 10.
101 Vgl. DEMICK 2012, 53.
102 Ebd., 52.
103 PRSTOJEVIĆ 1993, 13.

vor. Diejenigen, die auf eine Modernisierung im vollen Umfang vertrauten, fanden es am schwierigsten, den gewohnten Komfort gegen „unvertraute und schwere Hausarbeiten"[104] einzutauschen. Wie Ivana Maček betont, waren Gas, Strom und Wasser zwar nicht vollkommen verschwunden, sondern knapp und die Versorgung unzuverlässig.[105] Trotzdem warteten nicht wenige Bewohner:innen darauf, die Waschmaschine zu starten, obwohl sie damit rechneten, dass der Waschgang wahrscheinlich nicht beendet werden würde.[106] Trotz der Umstände setzte die Bevölkerung also weiterhin auf die im sozialistischen Jugoslawien etablierten Haushaltsstandard und Hausarbeitsroutinen.

Doch das Granatfeuer machte dann manche Teile der Wohnung nahezu unbewohnbar und den Rest schützten provisorische Barrikaden (Sandsäcke auf dem Fundament). Die Wohnungen wurden kleiner und die Versammlung um den warmen, relativ sicheren Herd rief die Bedeutung von Holzöfen in den Häusern, wie sie in den der unteren Schichten bis ins 20. Jahrhundert üblich waren, wieder hervor. Ozren Kebo beschreibt diese „counter-evolution" mit folgenden Worten:

> We keep our rooms warm with firewood. No lights can be seen through our windows at night. Smoke gushes from our chimneys. No one watches TV: people spend their evenings in long conversations. What keeps us away from this idyllic vision is the knowledge that this is not our choice, that we have been forced to live like this. (…) The difference between a city and a village is in the scents. And Sarajevo has been smelling like a village for quite a while: there is no smog, there are no cars, there are no factories. Countryside scents seem surreal between high-rises, but only during the day. At night, the darkness is so thick that the high-rises resemble props rather than real buildings. I have long forgotten how to behave at traffic lights, but my orientation in the darkness is perfect. Cities develop from villages. When the opposite happens, when a city melts into a village, it's a bad sign.[107]

Es ging zwar um eine allgemeine Ausnahmesituation, aber dennoch stellte der Kriegszustand die Logik der Modernisierungsprozesse entlang einer immer vorwärtsschreitenden Kontinuitätslinie infrage. „[D]ie Welt ist geschrumpft", schrieb Zlatko Dizdarević in seinem Tagebuch.[108] Anonymität und Vielfalt der Interaktionen in der Großstadt wurden durch rural geprägte Strukturen der Interdependenz ersetzt. Alle Ebenen des Stadtlebens erlebten eine Einschränkung: Die Belagerungslinie verlief durch die Stadt, die Gemeinschaft, die Wohnung. Angesichts der Stromengpässe näherte sich auch der urbane

---

104 Vgl. Maček 2011, 63.
105 Ebd., 64 f.
106 Ebd.
107 Kebo 2016, 220.
108 Dizdarević 1995, 28.

318 | 5. Bild

Tagesrhythmus dem Dorfleben an und richtete sich nach dem Tageslicht: „[E]veryone goes to sleep at eight in the evening and they get up at five".[109]

Auch wenn die medialen Bilder der Sarajevoer Massenwohnsiedlungen ihre Verletzlichkeit betonten und sie somit als „Opfer" konstruierten, findet sich auch eine andere Seite der Geschichte: Massenwohnsiedlungen als räumliche Strukturen, welche die Angriffe erleichterten. Die Hochhäuser in Grbavica dienten den Streitkräften bosnischer Serb:innen als *shooting nest*,[110] weil die Höhe eine optimale Plattform für Heckenschütz:innen bot. So befanden sich die Nachbarsiedlungen in einer breiten Zone einer permanenten Lebensgefahr. Die im vorigen Kapitel thematisierte langjährige Assoziierung von Wolkenkratzern mit Gefahren des urbanen Lebens war nicht mehr nur symbolisch, sondern nun sehr konkret.

Die Tatsache, dass sich Massenwohnsiedlungen im Epizentrum des Konflikts, entlang der Frontlinie, befanden, spielte eine gewichtige Rolle in ihrer Wahrnehmung als fragile Konstrukte. Jedoch verstärkte sich diese Verwundbarkeit durch die Modernität als Einbahnstraße, wie diese Ausführungen zeigen. Vormoderne Wohnpraktiken waren ob ihrer vermeintlichen Rückständigkeit in den Planungsprozessen nicht mehr vorgesehen, ungeachtet der Wünsche der Bewohner:innen. Doch boten ausgerechnet diese traditionellen Praktiken eine Basis für das Überleben in der belagerten Stadt und damit für den Widerstand.

5.1.3 Krieg jenseits der Frontlinie

Auch wenn viele Massenwohnsiedlungen nicht in der direkten Schusslinie lagen und keine Beschädigungen erlebten, wurden sie durch den Krieg verändert. Während Sarajevo und Großteile Bosniens und Herzegowina besonders hart betroffen waren, zogen Gewalt und Not auch in die Städte ohne direktes Kampfgeschehen ein. Im autobiografischen Roman *Sloboština Barbie* arbeiten die Kinder in der Neu-Zagreber Massenwohnsiedlung Sloboština das Kriegsgeschehen und den Luftalarm im Rollenspiel mit Barbies auf.[111] Im serbischen Spielfilm *Rane (Wunden,* 1998, Regie: Srđan Dragojević) steht ein Neu-Belgrader in einem fiktiven Gemüsegarten. Das Motiv weist Parallelen zu den Gemüsegärten in Sarajevo auf. Mit dem Kartonschild, welches auf das berüchtigte Pappschild „Vorsicht, Scharfschütze" *(Pazi snajper)* aus dem belagerten Sarajevo erinnert, wird ein Parkverbot angezeigt.[112] Die ungezügelte Privatisierung der Nachbarschaft – darunter Grünflächen, die schleichend zu Parkplätzen umgenutzt wurden – brachte allerdings weniger beachtete Formen der Gewalt gegen öffentliche Güter mit sich. Die in die Kamera gesprochene

---

109 KEBO 2016, 218.
110 RISTIC 2018, 53.
111 Vgl. KOLANOVIĆ 2008/a.
112 DRAGOJEVIĆ 1998, 61:59.

Nachricht – „Beruhig dich, Nachbar, alles wird gut sein!" – lässt sich auch als ein zynischer Kommentar zum jugoslawischen Bürgerkrieg verstehen.

Die Gemüsegärten in Neu-Belgrad etwa waren eine implizite Reaktion auf die kriegserschöpfte Wirtschaft Serbiens. Der monatliche Durchschnittslohn schrumpfte 1993 in Serbien und Montenegro von 70 auf 13 DM. Damit befanden sich 90 % der serbischen Bevölkerung unter der Armutsgrenze.[113] Die Gewalt und ihre Auswirkung waren entsprechend nicht nur auf das Kriegsgebiet beschränkt, sondern schadeten auch der restlichen Bevölkerung Serbiens und Montenegros. Sogar Ljubljana, die Hauptstadt des postjugoslawischen Sloweniens, welches „nur" einen Zehn-Tage-Krieg (26. Juni–7. Juli 1991) erlebte, war durch die Migration von Geflüchteten und der Politik der ethnischen Homogenisierung von den Konflikten und Kriegen in anderen ex-jugoslawischen Republiken betroffen.

Die Kriegsauswirkungen auf die Massenwohnsiedlungen weit hinter der Frontlinie bespreche ich erneut am Beispiel von Neu-Belgrad. Filme, Fernsehserien und fiktionale Texte thematisierten die Transformation von Neu-Belgrad in den 1990er Jahren. Der häufigste narrative Strang fokussierte sich auf die Herausbildung des kriminellen Milieus und der Schattenwirtschaft im Krieg. Drogenhandel und -konsum, Schlägereien, Schießereien, Geschäfte der Kriegsprofiteure kamen in zahlreichen Kombinationen vor. Der Fokus auf Neu-Belgrad ist in diesem Kontext durchaus nachvollziehbar. Als Hauptstadt von Gesamtjugoslawien und Serbien war Belgrad geopolitisch wichtig und behauste viele entscheidende Kriegsakteur:innen. Zudem war Neu-Belgrad das ambitionierteste und größte Massenwohnungsbauprojekt im sozialistischen Jugoslawien, wie in Kapitel 4 besprochen, und sein sozialistisches Gewebe bietet sich entsprechend hervorragend für die Untersuchung der Entwicklungen im Postsozialismus an.

Manche Architekt:innen und Stadtexpert:innen, die dem Funktionalismus der Nachkriegsmoderne kritisch gegenüberstanden, verbanden bereits im Sozialismus die Architektur mit Gewaltpotenzial. In Neu-Belgrad sah der Architekt Bogdan Bogdanović, seit 1993 im Exil (erst in Paris, dann in Wien), eine Basis der gegen Ende des Sozialismus immer lauter gewordenen Unzufriedenen:

> Schon 1968, während der großen Studentendemonstrationen, hallten Schüsse von den Balkonen der Neu-Belgrader Wohnhochhäuser – in privater Regie, gewiß, aber in Übereinstimmung mit dem kategorischen Imperativ rassenreiner Kriegsveteranen. Als isolierter suburbaner Charakter, als sichtbar und unsichtbar profilierte gesellschaftliche und, schlimmer noch, mentale Gemeinschaft war Neu-Belgrad eifrig dabei, als sich unter Milošević ‚das Volk ereignete'. Es spielte eine entscheidende Rolle bei seiner Eroberung von ganz Belgrad, ganz Serbien und bei seiner mißlungenen Besetzung des gesamten einstigen Jugoslawiens. (…)

---

113 Vgl. Calic 1996, 172.

320 | 5. Bild

Viele Bewohner von Neu-Belgrad verabschiedeten mit Blumen die traurigen nächtlichen Lastwagenkolonnen voller ‚Freiwilliger', die von der Polizei in der Stadt eingesammelt und unter Bewachung an die Front in Vukovar geschickt wurden.[114]

Die Wahrnehmung, Neu-Belgrad wäre ein Herd für Gewaltausbrüche, lässt sich teilweise – neben den bereits in Kapitel 4 und in der Einleitung dieses Kapitel ausgeführten Faktoren – auch durch die Konzentration der Armeewohnungen in den dortigen Neubaugebieten erklären. Der Wohnungsfond der Jugoslawischen Volksarmee befand sich in erster Linie in Massenwohnsiedlungen, was die Armee zu einer bedeutenden Investorin werden ließ. Die daraus entstandene räumliche Nähe erleichterte die Kommunikation zwischen ihnen. Das Militär stellte sich im Konflikt auf die Seite von Slobodan Milošević. Er selbst wohnte bis in die 1980er Jahre in Neu-Belgrader Blok 45.

Die Präfiguration grenzt an eine selbsterfüllende Prophezeiung, aber auch an eine postfaktische Beurteilung. Neben pragmatischen Erklärungen für eine deutliche Präsenz von Milošević-Unterstützer:innen in Neu-Belgrad beschrieb Bogdanović die Neu-Belgrader Architektur als inhärent aggressiv. Als ein „titanisches Quadrat mit neun kleineren inneren Quadraten" „erinnerte [Neu-Belgrad] an das ‚größte Castrum der Welt'" und damit an eine der bedeutendsten Architekturformen der Militärgeschichte, dem viereckigen und in mehrere Rechtecke unterteilte römische Militärlager.[115] Und weiter: „Die parallel stehenden Prismen erstreckten sich in erbarmungslos präziser Anordnung bis ins Unendliche und erinnerten aus der Ferne an die fabrikgefertigten Eisblöcke aus der Vor-Kühlschrankzeit der modernen Zivilisation."[116] Die Architektur der Moderne mit ihren rechten Winkeln, der Ordnung und Eingliederung vieler Wohnungen in immense Komplexe wohnte demzufolge eine Zwanghaftigkeit mit gewalttätigen Zügen inne.

Statt des unmenschlichen Projektes gesättigt mit Gewalt rief Bogdanović das Vorbild einer humanen Stadtmitte hervor. Mit dieser Meinung war er nicht allein. Im Jahr 1992 schrieb der Soziologe Sreten Vujović von einem „anderen" oder „zweiten" Belgrad *(drugi Beograd)*, als Stadt der Kosmopolit:innen und des Widerstands. Wie Bogdanović fand er sie in der Belgrader Altstadt, dem Stadtteil, in dem die Opposition und nicht Miloševićs Partei die ersten Wahlen nach dem Ende des Sozialismus gewann.[117] So deutete Vujović den Zug der Streitkräfte durch Neu-Belgrad als eine unmissverständliche Aussage der dort wohnenden Bevölkerung, während er pazifistischen Überzeugungen nur mit der Altstadt in Verbindung brachte.

---

114 Bogdanović 2002, 13 f.
115 Ebd., 14.
116 Ebd., 217.
117 Vgl. Vujović 1997, 15–21.

Im Film *Rane* wurde diese polarisierende Gegenüberstellung mit filmischen Ausdrucksmitteln verstärkt. Schnelle Schnitte und Zooms ließen den Kriegsumzug durch Neu-Belgrad wie einen fieberhaften, grotesken und unkontrollierbaren Wahnsinn erscheinen. Ihn verkörperten die auffälligsten Gestalten, wie ein Mann mit Kind auf der Schulter, der in die Luft schießt, oder ein frenetischer Tschetnik mit weit aufgerissenen Augen. Der Antikriegsprotest von 1996 wurde hingegen als ein langsamer Umzug ohne Fokus auf einzelne Gesichter inszeniert – die kollektive Bewegung wurde in den Vordergrund gestellt.[118] Dieser Protest wurde dann ironischerweise eine Hürde für das kriminelle Protagonistenduo im Auto: Sie können nicht weiterfahren und ihre illegalen Geschäfte werden gestört. Die architektonische Kulisse kommt immer wieder ins filmische Bild. Statt horizontaler Bauten sieht man in Neu-Belgrad vor allem Wohntürme, vermutlich um das extreme „Raumbild" der Massenwohnsiedlungen zu verdichten. In allen Szenen des nationalistischen Pro-Krieg-Umzugs sind die Neu-Belgrader Hochhäuser im Hintergrund zu sehen.[119] Eine mögliche Schlussfolgerung ist der räumliche Spielraum der Proteste: Die ausladenden Räume zwischen den Bauten boten genug Platz für Panzer, während die Altstadt durch engere Straßen und dichtere Bebauung eine kanalisierte Handlung und weniger Platz für Extreme anzubieten schien. Die Gegenüberstellung der kriegsbegeisterten Massen und Antikriegsproteste hatte eine klare räumliche Zuweisung: Der Protestort wurde mit einem Wohnort identifiziert und die Bewohner:innen der Massenwohnsiedlungen so implizit zu Kriegsunterstützer:innen erklärt.

Die neue Aufwertung der im Sozialismus missbilligten Bezeichnung „Bürgertum" *(građanstvo)* konsolidierte sich im Laufe der 1990er Jahre. Die slowenischen Soziologinnen Maruša Pušnik und Breda Luthar erforschten den „myth of middle-classness", die Selbstwahrnehmung der Mehrheit als Mittelklasse bei gleichzeitigem Herunterspielen der Extreme (Elite und Marginalisierte) und der Klassenunterschiede im neoliberalen Kapitalismus.[120] Die Rehabilitierung der Mitte brachte einen neuen Glauben an das (Bildungs-)Bürgertum und den Intellektuellen mit Anstand und Manieren. „[D]iesmal, anstatt des ‚Volksgeschehens' *(događanje naroda)* in der populistischen, ethnonationalistischen Bewegung Ende der 1980er Jahre in Serbien, geschah ‚der Bürger', und zwar nicht unterwürfig, sondern ungehorsam";[121] dies deutete Vujović in den Protesten Ende 1996/ Anfang 1997 in Belgrad als Hoffnung auf eine bürgerliche Machtumwälzung. Während die „Masse" das sozialistische Projekt unterstützte – das sozialistische Jugoslawien wurde schließlich erst durch einen Massenwiderstand gegen Faschismus möglich –, wurde ihr revolutionäres Potenzial in den postsozialistischen Machtkämpfen stark bezweifelt. Die

---

118 Dragojević 1998, 2:31.
119 Ebd., 86:23.
120 Luthar/Pušnik 2017, 82–85.
121 Vujović 1997, 169.

322 | 5. Bild

Basis der Gegenrevolution waren nicht mehr Arbeiter:innen oder Bauer:innen, sondern die gebildeten Bürger:innen.

Ausgeblendet wurde dabei, dass ein großer Anteil der Bevölkerung in Massenwohnsiedlungen genau dieser Schicht angehörte. Der Mittelstand, vor allem Intellektuelle und Angestellte, konnte einfacher an eine dieser begehrten neuen Wohnungen gelangen als die „Masse", hier verstanden als wenig gebildete oder gar unqualifizierte Arbeiter:innen. Die Versuche, eine Grenze zwischen den politischen Ansichten zu ziehen, sie so zu verräumlichen, dass auf einer Seite „die Guten" und auf der anderen Seite „die Bösen" stehen, brachten daher keine überzeugenden, belastbaren Ergebnisse. Dieses Denken in absoluten und mit Stereotypen durchtränkten Kategorien deutet vielmehr auf eine allgemeine Unsicherheit und den Versuch hin, den Ursprung der Gewalt so zu lokalisieren, dass sich die schreibenden Intellektuellen dadurch nicht „anstecken" können. Die Gewalt wird ausschließlich den „Anderen" auf dem anderen Sava-Ufer in ihren Massenwohnungsbauten zugeschrieben, also den Zugezogenen, den Apparatschiks, der Armee, und damit die Fragen nach kollektiver Verantwortung vermeintlich einfach beantwortet.

Ein Echo der Kriegsgewalt ist auch in einer einschleichenden ethnischen Homogenisierung der Siedlungen zu finden. In Banja Luka, der Hochburg und später Hauptstadt der bosnischen Serb:innen, bedeutete dies die Vertreibung und Flucht der nichtserbischen Bevölkerung.[122] Kroatien verabschiedete zwischen 1991 und 1996 eine Reihe von (zum Teil verfassungswidrigen) Gesetzen, welche der serbischen Bevölkerung den Abkauf der Wohnungen erschwerten und letztendlich den Kauf von etwa 100.000 Wohnungen durch Serb:innen verhinderten.[123] Die Anthropologin Valentina Gulin Zrnić zeigte in ihrer *Oral History* von Neu-Zagreb, wie „die Kriegsjahre die Wahrnehmung der homogenen Heterogenität zerstörten und die ethnische Differenzierung anregten", was zu einer Spannung zwischen den „Familien der Offiziere" (vermeintliche Atheist:innen, Nicht-Kroat:innen) auf der einen und den Nicht-Offiziersfamilien (vermeintliche Katholik:innen, Kroat:innen) auf der anderen Seite führte.[124] So berichteten Befragte, wie sie nur nach und nach in ethischen Kategorien dachten und ihnen erst in Etappen aus Spitznamen und anderen Eckdaten bewusst wurde, dass manche ihrer Schulkolleg:innen, Freund:innen und Nachbar:innen nicht kroatisch waren.[125]

Einen besonderen Fall stellten die Wohnungen dar, welche der jugoslawischen Armee gehörten. Am Anfang des Krieges waren die Änderungen im Besitzstatus der

---

122 Vgl. HERSCHER 2018, 113 f.

123 Dies wurde etwa durch eine Klausel erreicht, die den Anspruch auf den Wohnungsabkauf als nichtig erklärt, falls die Bewohner:innen länger als sechs Monate im Ausland waren und zum Termin nicht persönlich erschienen. Das Gebiet unter serbischer Besetzung wurde zum Ausland gezählt. Vgl. MARČETIĆ 2020, 56–58.

124 GULIN ZRNIĆ 2009, 169–171.

125 Ebd., 170.

5.1 Massenwohnsiedlungen im Krieg | 323

Armeewohnungen weitgehend unklar. Noch vor dem Rückzug der Soldat:innen und ihrer Familien aus den Wohnungen außerhalb von Serbien begann „die Jagd auf Armeewohnungen", wie die Ereignisse in der Siedlung Jane Sandanski in Skopje zeigten:

> Die Beispiele, dass an die Tür eine unbekannte Person klopft, üblicherweise spät am Abend oder früh am Morgen, und sich erkundigt, wann sie, oder Nachbarn, endlich ausziehen werden, sind allgegenwärtig.[126]

Dabei hatten Polizist:innen eine wichtige Rolle in der Vereinnahmung der Wohnungen. Das mazedonische Ministerium des Inneren unterstützte den Einzug zunächst mit gemäßigten Tönen und der Erklärung, man werde „andere Wohnungen vor Usurpation schützen, bis die besitzbezogenen Probleme geklärt sind", bis die Vereinnahmung Ende Februar 1992 wenig wirksam verboten wurde.[127] Die Mittel (Streit, Waffe, körperliche Gewalt) und der Zeitpunkt solcher Einbrüche brachten Aggression in Siedlungen, die eigentlich weit weg von der Frontlinie waren, und damit auch nach Mazedonien und Slowenien, also in Länder, die offiziell außerhalb des Kriegsgeschehens lagen. Zudem machen diese Ereignisse deutlich, warum die Massenwohnsiedlungen der Nachkriegszeit mit einer überdurchschnittlichen Gewaltbereitschaft assoziiert werden.

Auch Flucht ließ die jugoslawischen Massenwohnsiedlungen nicht unberührt. Die Mehrheit der Vertriebenen flüchtete innerhalb des Gebiets des ehemaligen Jugoslawiens,[128] oft nach einem ethnischen Schlüssel. Bosnische und kroatische Serb:innen zogen nach Serbien um, serbische und bosnische Kroat:innen nach Kroatien. Inmitten einer starken Wirtschaftskrise brachten die Aufnahmeländer nur einen kleinen Teil der Geflüchteten auf eigene Kosten unter. Die Behörden gingen früh davon aus, dass die Geflüchteten gekommen waren, um zu bleiben, und integrierten sie, gemäß der neuen nationalistischen Staatsideologien, deklarativ in den Nationalkörper und instrumentalisierten sie für ihre politischen Ziele. So stand 1996 in der Studie des Serbischen Instituts für Städtebau, dass Geflüchtete in den unterbesiedelten Regionen mit negativer demografischer Entwicklung

---

126 Joksić 1992, 6.

127 Ebd., 6.

128 1992 blieb die große Mehrheit der 300.000 kroatischen und 200.000 serbischen Geflüchteten auf dem ex-jugoslawischen Territorium; nur etwa 80.000 gingen ins Ausland. Von 2,5 Millionen bosnischen Geflüchteten emigrierten etwa die Hälfte außerhalb des formal jugoslawischen Territoriums, während der Rest innerhalb von Bosnien (600.000) oder in eine andere ex-jugoslawische Republik ausgesiedelt ist. Vgl. Goeke 2011, 631 f.

324 | 5. Bild

unterzubringen seien und keinesfalls in großen und mittelgroßen Städten.[129] Somit verfolgte Serbien demografische Ziele.[130]

Für die Unterbringung der Geflüchteten nahmen die offiziellen Programme also Massenwohnsiedlungen und überhaupt größere Städte aus, da sie schon dicht besiedelt waren. Jedoch wohnten 14,5 % aller in den 1990er Jahren nach Serbien Geflüchteten in Neu-Belgrad und machten noch 2002 7,4 % der Gesamtbevölkerung Neu-Belgrads aus.[131] Das Auseinanderlaufen der staatlichen Wohnpolitik und des Wohnalltags der Geflüchteten ergab eine Fülle an informellen Wohnoptionen und heterogenen Kohabitationspraktiken, etwa vorübergehendes Unterkommen bei Verwandten und Bekannten.

5.2 Massenwohnsiedlungen und Besitz

Wem gehörten im Sozialismus gebaute Wohnungen? Wie wurden sie in die Begriffe des kapitalistischen Markts übersetzt? Anfang der 1990er Jahre glaubten viele Jugoslaw:innen noch an einen graduellen, sanften Übergang. So gab es Hoffnung, dass das Projekt des solidarischen Wohnungsbaus, finanziert aus dem gleichnamigen Fond, ein paar weitere Jahre währen würde.[132] Dem Philosophen Boris Buden zufolge war das Schlagwort am Anfang der jugoslawischen Transition vielmehr „Demokratie" als „Kapitalismus".[133] Vor diesem Hintergrund scheint die Hoffnung auf eher milde Änderungen durchaus plausibel. Allerdings wurden seit 1991 tiefgreifende Gesetze zur Privatisierung des Wohnungsfonds und Verkauf an die Bewohner:innen verabschiedet. Eine „Lücke in den Vorschriften"[134] zeigte sich jedoch in den ersten Jahren der Privatisierung, besonders in prekären Kriegsumständen. In *Sarajevo: Survival Guide* schilderte Miroslav Prstojević die komplexen Besitzverflechtungen vor Ort:

---

129 Vgl. Perišić/Petovar/Čelebčić 1996, 1–6.

130 Dies äußerte sich insbesondere in der Bemühung, geflüchtete Serb:innen in den Dörfern im Kosovo anzusiedeln, nach dem Vorbild der „Kolonisierung" Kosovos im Königreich Jugoslawien. Das serbische Institut für Städtebau und Architektur unterstützte den Versuch, die serbische Bevölkerungszahl mit „einem sehr wertvollen Bevölkerungskontingent" (relativ junge und qualifizierte Bauer:innen) durch die Planung der neuen Siedlungen im Kosovo. In diesem Zusammenhang entwickelte sich der Konflikt mit UNHCR, einem wichtigen Geldgeber, der sich für Ansiedlung in Orten in Zentralserbien, mit serbischer Mehrheit und ohne offene territoriale Fragen aussprach. Vgl. Malobabić 1996, 33–40.

131 Vgl. Maričić/Petrić 2009, 46.

132 Im März 1992 wurde in Sarajevo der Bau von 1.100 neuen Wohnungen aus dem Programm für die folgenden drei Monate angekündigt, die Mehrheit (470) in Dobrinja. Vgl. o.V. 1992/c, 6.

133 Buden 2017, 348.

134 Karabeg/Behram 1992, 7.

> Those who were lucky, still live in their apartments. Refugees and those whose apartments have been burned or destroyed by grenades are inhabiting the apartments of those who left Sarajevo before or during the war. Temporary leases and bills of sale are being issued. Some entered flats by breaking the doors and changing lock. You can change the apartment if one of your friends manages to leave the town. Some people have two or three apartments. Depending on what each of them can offer [–] electricity, gas, water, or minimal security – they move from one apartment to another.[135]

Viele Menschen flüchteten, die Wohnungen wurden getauscht, friedlich oder gewaltsam übernommen. Bereits vor der Belagerung häuften sich Manipulationsversuche. Im März 1992 wurden in Kleinanzeigen für Sarajevo Wohnrechte angeboten – 8000 DM für Einzimmer-, 15.000 DM für Zweizimmerwohnungen.[136] Ein solcher Verkauf war, wie *Oslobođenje* bekräftigte, illegal und riskant, da die Käufer:innen laut Gesetz das Einzugsrecht erst nach acht Jahren in der Wohnung hätten – und auch dann nur bedingt. Jedoch ließ das Aufkommen solcher zwielichtigen Angebote die Konturen des neuen Wirtschaftssystems erahnen in Form von individuellen Versuchen, an der Privatisierung zu verdienen.

5.2.1 Privatisierung und Unsicherheit

Der Wohnungsfond „wurde zum Glück noch nicht zerstört, da er die Form einer harten Währung hat – Beton", schrieb ein Leser der Sarajevoer Tageszeitung *Oslobođenje* bereits 1992.[137] Diese Stellungnahme ist keine einfache Beschreibung der Eigenschaften von Beton als Baustoff, vielmehr weist sie auf den währenden Wert dieser Bauten für die soziale Absicherung ihrer Bewohner:innen hin.

Die Wohnungen wurden relativ günstig (zusätzlich reduziert durch die Inflation) zunächst den Bewohner:innen angeboten, die das Angebot in der großen Mehrheit wahrnahmen. Dies bekräftigte auch die erste soziologische Studie zu Einstellungen von Bewohner:innen zur Wohnungsprivatisierung im ex-jugoslawischen Raum (Zagreb, 1992). Der Stadtsoziologe und Ungleichheitsforscher Ognjen Čaldarović erfasste im Auftrag des Ministeriums für Umweltschutz, Raumgestaltung und Wohnwesen die Hindernisse bei Privatisierungen. Čaldarović stellte ein gewaltiges „allgemeines Interesse" von über 90 % der Befragten für einen Aufkauf der eigenen Wohnung fest, unabhängig von der Lage, Größe, Zustand und Bauqualität sowie von Identitätsmerkmalen der Bewohner:innen

---

135 Prstojević 1993, 11.
136 Vgl. Avdagić 1992, 6.
137 Berberović 1992, 8.

5. Bild

(Alter, Geschlecht, Einkommen).[138] Zugleich wies er auf finanzielle Schwierigkeiten hin, die vielen im Weg standen, denn um die 50 % bevorzugten den Kauf in Raten und in der kroatischen Währung anstatt in Fremdwährungskrediten.[139]

Verschiedene Forscher:innen beschrieben den Privatisierungsprozess in (Süd-)Osteuropa als „Stoßdämpfer",[140] der die Auswirkungen der Wirtschaftskrise milderte und viele Menschen vor unmittelbarer Armut rettete. Dies bestätigen die Umfragewerte in Zagreb in den frühen 1990er Jahren: Knapp über 94 % der Wohnrechtinhaber:innen beabsichtigten, nach dem Abkauf in der Wohnung zu bleiben, und nur 5,8 % gaben an, sich auf die Suche nach einer besseren Wohnung zu begeben und keine einzige befragte Person hatte eine Weitervermietung in Aussicht.[141] Daraus folgt, dass Wohnung in den frühen 1990er Jahren weder als Mittel zur Profiterzeugung noch als eine minderwertige Ware gesehen wurde, sondern als ein naheliegendes Absicherungsinstrument.

Außerdem kam den vertrauten Räumen der eigenen Wohnung eine wichtige Funktion in der emotionalen Stabilisierung und des psychischen Halts in der turbulenten Wendezeit zu.[142] So waren die Bewohner:innen durch den gesetzlichen Übergang zum privaten Eigentum stärker an ihre Wohnungen gebunden als etwa in der ehemaligen DDR. Im deutschen Modell der Teilprivatisierung großer Wohnbauunternehmen bei weiterbestehenden Mietverhältnissen konnte zu einem Faktor bei der Bestärkung von Leerstand werden, einem Problem, das in den Massenwohnungsbauten im postjugoslawischen Kontext größtenteils ausblieb.[143]

Während sich die Haushaltsliteratur im Sozialismus vorwiegend mit der Inneneinrichtung und Wohnkultur beschäftigte, erschien nach dem Ende des Bosnienkriegs eine neue Form von Haushaltsratgebern, die „Privatisierungsratgeber".[144] In *Mein Ratgeber für den Wohnungsabkauf (Moj vodič za otkup stana,* 1997) beabsichtigte Mehmedalija Huremović, die Vorschriften für den Wohnungsabkauf für die allgemeine Öffentlichkeit verständlich zu erklären. Demnach galt es zuerst, den Wert der Wohnung festzustellen. Die Formel lautete: 600 DM × Quadratmeter × Koeffizient zur Lage (zwischen 0,80 und 1,20, je nach Ausstattung, Stockwerk, Lage, Ortschaft).[145] Dazu kamen noch Abzüge: Für die

---

138 Vgl. ČALDAROVIĆ 1993, 1021–1040.

139 Ebd.

140 STANILOV 2007, 177.

141 Vgl. ČALDAROVIĆ 1993, 1031.

142 Vgl. ZARECOR 2012, 495.

143 Christoph Haller sieht die Ursachen des Leerstands, einem Hauptproblem der ostdeutschen Plattenbausiedlungen in den 1990er Jahren, in einer Mischung aus materiellen Eigenschaften der Siedlungen (etwa Größe der Wohnung, Grundrisstyp, Lage) und Transformationseffekten (insbesondere Ein- und Auszugsbewegungen, Wirtschaftslage in den konkreten Städten, Wohnpolitik). Vgl. HALLER 2002, 49–51.

144 Vgl. ĐORĐEVIĆ 1991; FILIPOVIĆ 1992.

145 Vgl. HUREMOVIĆ 1997, 14.

finanzielle Eigenbeteiligung (max. 30 %), ein Amortisierungsabzug (1 % für jedes Jahr des Gebäudealters, max. 60 %), 1 % für jedes Jahr der Erwerbstätigkeit des/der Besitzer:in und Ehegatt:in in Jugoslawien, 0,25 % für jeden Monat in der bosnischen Armee, 30 % für Zahlung in Bargeld oder mit Zertifikaten (Zahlung von der Armee, Firmenanteile nach der Privatisierung …) und Rabatte für Kriegsveteran:innen.[146]

Die Vorschriften und Ermäßigungskriterien bildeten ein Pendant zu den Kriterien für Wohnungsvergabe im Sozialismus und geben damit Auskunft über Werte und Prioritäten der Regierung. Der Zweite Weltkrieg ist aus dem Kriterienkatalog verschwunden, an seine Stelle trat der Bosnienkrieg. In beiden Fällen war die Kriegsseite klar definiert und nur die Armee der Republik Bosnien und Herzegowina brachte Extrapunkte, wie im vorigen Regime der Partisan:innenbefreiungskampf honoriert wurde. Die bevorzugte Zahlungsweise – Wertpapiere neben Bargeld – war eine rein pragmatische Lösung. So konnten die Bewohner:innen Wertpapiere loswerden, die schnell am Wert verloren und nicht ausgezahlt werden konnten. Im Fall von unbekannten Eigentumsverhältnissen sollte 30 % des Verkaufspreises in den Wohnfonds für Familien der sogenannten Kriegsmärtyrer *(šehid)* einfließen.[147] Ähnlich wurden in Kroatien nur die für Kroatien kämpfenden Kriegsveteran:innen mit Privilegien belohnt und Wohnkomplexe nun ausschließlich für diese Gruppe gebaut. Allerdings äußerten Sozialwissenschaftler:innen bald Kritik an der räumlichen Konzentration der Veteran:innen und der Rolle des Staates in Homogenisierungs- und Segregationsprozessen.[148]

Ein weiterer Unterschied zu den Wohnungsvergabekriterien im Sozialismus war eine geringere Gewichtung der materiellen Bedingungen: Die finanzielle Situation des Haushalts spielte keine Rolle und soziale Härtefälle wurden nicht gesondert berücksichtigt. Im Amortisierungsabzug wurde der Wohnungszustand nicht genauer untersucht, denn es wurde pauschal angenommen, dass ältere Wohnungen zwangsweise in einem schlechteren Zustand sind.

Wie der Wohnungserwerb während des Sozialismus war der Wohnungsabkauf für viele Bewohner:innen ein unübersichtlicher Prozess, über den Interessent:innen mittels informeller Informationsquellen – Massenmedien und Kontakte im Familien- und Bekanntenkreis – Herr zu werden versuchten.[149] Der fiktive Bewohner Mirza Tavančić durchlebte in einem Ratgeber exemplarisch den Privatisierungsprozess. In der 1992 in Zagreb durchgeführten Umfrage gaben nur 13,4 % der Teilnehmenden an, sich über zuständige administrative Organe zu informieren; 54 % gaben Zeitungen an, 42 %

---

146 Ebd., 14–16.
147 Ebd., 20.
148 Vgl. Spevec/Klempić Bogadi 2009, 466.
149 Vgl. Čaldarović 1993, 1034.

Fernsehen.[150] Wie im Sozialismus war die Modellfamilie ein heterosexuelles Ehepaar mit einem Sohn und einer Tochter. Die Eltern sind mittleren Alters (Mirza ist 40) und die Kinder um die 20. Die junge Modellfamilie, medial beliebte Wohnungssuchenden in den 1960er Jahren, waren nun allerdings bosnisch und nicht mehr jugoslawischer Herkunft. Zudem fand das freiwillige Engagement von Vater und Sohn im Bosnienkrieg wiederholt Erwähnung.

Zwar impliziert der Ratgeber, dass Mirza hauptverantwortlich für den Abkauf ist und damit derjenige, der sich durch Vorschriften kämpfen muss, allerdings wird mehrmals betont, dass der Prozess ohne externe Hilfe kaum zu meistern sei. Mirzas Familie wendet sich hierfür an einen befreundeten Ingenieur, der bei der Vermessung der Nutzfläche half, und an eine Freundin der Tochter, eine Bankangestellte, welche die Tabelle mit Koeffizienten verstand. Zudem liehen die Tavančićs sich den Ratgeber von Kollegen aus: „Jeden Tag, mit dem Nachmittagskaffee in der Hand, öffnen sie zu viert die Publikation und halten sich auf einer Seite auf".[151] Die Erfahrungen von Frustration und Überforderung kamen im Text kaum vor, gemildert und aufgelockert durch Kaffee und die Aufteilung der Aufgabe in kleinere Schritte. Dabei zeigte die Geschichte deutlich, dass eine erfolgreiche Wohnungsprivatisierung Ressourcen wie Geduld, Bekanntschaften und Zusammenarbeit erforderte.

Hand in Hand mit dem Wohnungsabkauf etablierte sich eine neue Dynamik zwischen Gemeinschafts- und Privaträumen. Das Verhältnis zwischen Individuum und Kollektiv kippte schrittweise zugunsten des besitzfreudigen Individuums. Während die Wohnungstür in der sozialistischen Ratgeberliteratur und Populärkultur kaum eine Erwähnung fand, rückte sie nach der Wende als „Sicherheitsvorrichtung" und „Eigentumsvorbehalt" in den Vordergrund,[152] die entsprechend in erster Linie geschlossen und nicht mehr geöffnet war. Die Ansprüche an einen „hohen Sicherheitsgrad" im Eingangsbereich – sprich Überwachung und Zugangskontrolle – wuchsen.[153] In den 1990er Jahren häuften sich konsequenterweise Werbung für Schlösser und Überwachungsmechanismen. Die Wohnung wandelte sich zu einer geschützten Festung, die es vor allem und jedem vor der Wohnungstür zu schützen galt. Das Treppenhaus, in der sozialistischen Haushaltsliteratur als ein Ort des nachbarschaftlichen Miteinanders gedeutet, und der Wohnungsflur, früher geselliger Empfangsbereich, sollten nun vor allem einen uneingeschränkten Blick auf die Besucher:innen vor der Tür ermöglichen.[154]

---

150 Vgl. HUREMOVIĆ 1997, 231–238.
151 Ebd., 232.
152 Zu weiteren symbolischen Konnotationen der Tür in der Wohngeschichte vgl. SELLE 2011, 35–43.
153 Vgl. NEIDHARDT 1999, 158.
154 Vgl. ILIĆ 1995, 12.

Im Tatjana Neidhardts Ratgeber *Kultura stanovanja (Wohnkultur)* wurden die „Sicherheitsgeräte" in damals ausgefallenen Varianten (Schließen mit Karte, Kennwort für den Zugang zum Schloss, das Überwachungssystem mit Alarm) vorgestellt. Die auffällig entschlossen wirkende Demonstratorin zeigt dreifache Absicherung der Eingangstür.[155] Sie wurden als „Notwendigkeit der Gegenwart" *(nužnost današnjice)* vorgestellt, obwohl eine so umfangreiche Ausstattung der Wohnung eine postsozialistische Entwicklung war. Die Sensoren legten sich ein Netz von Sichtachsen über den Grundriss, wobei der Eingang als eine besonders bedrohte, unsichere Stelle markiert wurde, womit das Bild der Wohnung als Festung, entgegengesetzt der gefährlichen Außenwelt, vermittelt wurde.

Allerdings traf die Abwertung des Kollektiven die Massenwohnsiedlungen besonders intensiv. Die Gemeinschaftsräume sollten ursprünglich die Nachteile der kleinen Wohnungen ausgleichen. Dass sie nun zunehmend verschwanden, bedeutete konsequenterweise die verstärkte Wahrnehmung der Nachteile der Wohnungen. Während die Gemeinschaftsräume als gefährlich, vernachlässigt oder irrelevant galten, wurde dem privaten Interesse und Kapital eine hervorgehobene Stellung zugeschrieben. In der Abspaltung individueller Räume von „urban commons" verwendet die Architekturhistorikerin Sonia Hirt den Begriff „postsozialistische Stadt" als eine analytische Kategorie.[156] Die Privatisierung kehrte in alle Teile der postsozialistischen Städte ein: Von neuen Vororten mit Eigentumswohnungen und -häusern bis auf Kommerz ausgerichtete Stadtzentren. Als aus Wohnungen Privateigentum wurde, blieb auch die Frage nach Zwischenräumen und dem Gebäude als Gesamtheit (etwa die Fassade, Gemeinschaftsräume, aber auch Grundlegendes wie die Statik der Bauten) ungeklärt, da nun mehrere Eigentümer:innen sich hierauf verständigen mussten.

Manche postsozialistischen Länder verabschiedeten staatliche Fördermaßnahmen zur Sanierung und Renovierung von Massenwohnsiedlungen. Das PANEL-Programm in Tschechien (eingeführt 2004) etwa fokussierte sich auf die Fassaden und Gemeinschaftsräume.[157] Voraussetzung hierfür war eine klar definierte Ansprechpartnerin: Wohnungsbaugesellschaft oder Bewohner:innenvereinigung. In Ex-Jugoslawien entstand stattdessen ein Graubereich für geduldete Aneignungen. Sreten Vujović und Mina Petrović erkannten in der informellen Aneignung der Gemeinschaftsräume in und um die Massenwohnungsbauten „a new form of illegal construction",[158] die vorwiegend die Mittelschicht praktizierte, ermöglicht durch die Duldung seitens politischer Instanzen entstanden „consensual chaos" und „organized irresponsibility".[159]

---

155 Vgl. Neidhardt 1999, 159.
156 Hirt 2012, 49.
157 Vgl. Zarecor 2011, 498 f.
158 Vujović/Petrović 2007, 363.
159 Ebd., 379.

Allerdings schauten die Bewohner:innen der sich buchstäblich über Nacht einschleichenden Privatisierung des umliegenden Baugrundes nicht tatenlos zu. In Hrasno, einer Sarajevoer Massenwohnsiedlung, verhinderte die Ortsgemeinschaft um den Pero-Kosorić-Platz den Bau eines Gewerbebaus in der unmittelbaren Nähe eines Wohnhauses. Zunächst wandten sich die Bürger:innen an die Bauinspektion, dann an die Medien und schließlich blockierten sie den Bau auch mit ihren Körpern. „Wir haben nichts gegen die Auftragnehmer, aber wir wollen wissen, wer diesen Bau erlaubt hat und für wen das gemacht wird. Solange wir das nicht wissen, werden wir weitere Bauarbeiten auf diesem Standort behindern und verhindern", sagte der Präsident der Ortsgemeinschaft Lazar Obradović der *Oslobođenje*.[160] Das Beispiel zeigt erstens eine Kontinuität der in der Selbstverwaltung verwurzelten Selbstorganisation. Die institutionelle Organisation der lokalen Ebene im sozialistischen Jugoslawien und ihre Basiseinheit – die Ortsgemeinschaft – zeigte sich als eine prägende, nachhaltig tragfähige Struktur für kollektive Protestaktionen.

Zweitens ordneten die Bewohner:innen das Interesse der Investor:innen schnell als suspekt ein und schöpften diverse Gegentaktiken aus: Bauinspektion, Medien, *Grassroots*-Blockade. Solche Fälle häuften sich in den frühen 1990er Jahren und die Massenmedien berichteten hierüber. Nur eine Seite nach der Nachricht über Bewohner:innenproteste in Hrasno wurde ein illegales kommerzielles Bauprojekt in Mostar, der größten Stadt Herzegowinas, kritisiert.[161] Das Sekretariat für Urbanismus verurteilte das „Unkraut" *(korov)* dieser „neukomponierten", „vorwiegend wilden" Bauten einstimmig und brachte es als einen „beispiellosen Raub der gemeinsamen, öffentlichen Räume" mit Korruption und ungezügelten Privatinteressen in Verbindung.[162]

Im Artikel „Rascjep u propisima" (*„Kluft in den Vorschriften"*, 1992) in der Tageszeitung *Oslobođenje* wurde ein frühes Beispiel für einschleichende Privatisierung der öffentlichen Räume diskutiert. Die Fotos zeigen eine „Betonschmach" und den Weg einer freien Fläche „nachtsüber zum Kiosk".[163] Würde Greg Campbell mit „Betonschmach" vermutlich die Wohnhäuser im Hintergrund verbinden, besteht im Text-Bild-Zusammenhang der Zeitung kein Zweifel daran, dass sich das Schimpfwort auf den Neubau mit Rundbögen bezieht.

Für die Investor:innen stellten Massenwohnsiedlungen durch große Freiflächen für Wiesen, Parks und allgemeine Freizeitbeschäftigungen und nur wenigen, meistens kleinen Einkaufsmöglichkeiten, Cafés und Restaurants potenziell lukrative Chancen dar. Die meisten sozialistischen Massenwohnsiedlungen im postjugoslawischen Raum schnitten und schneiden nach wie vor auf dem Immobilienmarkt gut ab und viele von ihnen sind

---

160 o.V. 1992/b, 6.
161 Vgl. Karabeg/Behram 1992, 6.
162 Ebd.
163 Ebd.

5.2 Massenwohnsiedlungen und Besitz | 331

unter Bewohner:innen beliebt. Neu-Belgrad, oft „Manhattan von Belgrad"[164] genannt, wurde zum Zentrum des internationalen Handels im postsozialistischen Belgrad. In den 2000er Jahren gingen die meisten Investitionen in Serbien nach Neu-Belgrad.[165] So fand die Verankerung des zwar unvollständigen und mythologisierten Anfangs von Neu-Belgrad als *tabula rasa* eine Erweiterung, zugleich blieben Gegenbewegungen in Form von Widerstand der Bewohner:innen nicht aus.

5.2.2 (Nicht ganz) neu im Bild: Kirchen und Einkaufszentren

Nach der raschen Privatisierung der Wohnungen und der individuellen Vereinnahmung von Gemeinschaftsräumen, dem „Überbau" *(nadogradnje)*[166] durch zusätzliche Stockwerke und der Ummauerung von Balkonen entstanden in den 2000er Jahren größere Projekte.

Die neue Präsenz der Kirchen und Einkaufszentren in Massenwohnsiedlungen scheint hierbei postsozialistische Schlüsselmerkmale zu verkörpern: Desäkularisierung und Konsumismus. Einerseits lässt sich dies über pragmatische Gründe erklären. Geräumige Außenräume waren wenig bebaut und nicht mit Restitutionsklagen verbunden.[167] Andererseits waren Massenwohnsiedlungen der Inbegriff sozialistischer Urbanität. Sie mit neuen Werten zu überschreiben war für die im vorherigen Regime weniger sichtbaren Akteur:innen wie Kirchen und internationale Konzerne entsprechend attraktiv.

Allerdings handelte es sich nicht um einen absoluten Bruch, denn sowohl Kirchen als auch Einkaufszentren wurden auch im Sozialismus erbaut. In Titograd wurde 1969 die katholische Kirche des Heiligsten Herzens Jesu eröffnet, ein markantes Gebäude mit einer diagonalen Betonsilhouette. In Neu-Zagrebs Nachbarschaft Siget entstand von 1971 bis 1982 die Kirche des Heiligen Kreuzes. Eine grundlegende Rekonstruktion der Weißen Moschee in der bosnischen Stadt Visoko brachte dem Architekten Zlatko Ugljen (*1929) 1983 den Aga-Khan-Preis ein, die höchste Auszeichnung für muslimische Architektur.[168] Split 3 schloss die vorgefundene Kirche aus dem 19. Jahrhundert bereits in das Projekt ein und der Bau einer weiteren Kirche war geplant. Auch wenn die Kirchen nicht zur Grundausstattung neuer Siedlungen gehörten und manche Gemeinden sich wegen Mangel an geeigneten Räumen in Wohnungen versammelten,[169] war ihr Bau nicht

---

164 Vujović/Petrović 2007, 372.
165 Vgl. Maričić/Petrić 2009, 49.
166 Zum Phänomen *nadogradnje* und dem Interpretationsspektrum von einer erweiterten Selbstverwaltung über den organischen Prozess der Urbanisierung bis zum deregulierten Turbokapitalismus der Wendezeit vgl. Quadflieg/Theune 2015; Lakić 2018.
167 Vgl. Vujović/Petrović 2007, 370.
168 Mehr zu architektonischen Besonderheiten des Umbaus in: Zatrić 2018, 164–167.
169 Vgl. Božić 2007, 8.

unmöglich und ihre Gestaltung weder unscheinbar noch altmodisch, sondern durchaus zeitgemäß und von namhaften Architekten geplant.

Einkaufszentren gehörten zur Idealausstattung von Massenwohnsiedlungen, auch wenn ihre Implementierung sich oft verzögerte. Der Handel und Kommerz wuchsen in den 1960er Jahren vor dem Hintergrund der ökonomischen Liberalisierungen.[170] Neue Nachbarschaften wurden nun mit einem größeren Versorgungszentrum geplant, etwa das 1965 eröffnete Kaufhaus Nama in Trnsko, der ältesten Neu-Zagreber Nachbarschaft. In den 2000er Jahren drängten erste Einkaufszentren in die postjugoslawischen Massenwohnsiedlungen wie die Avenue Mall (2009) in Neu-Zagreb oder das Mercator Centar und Delta (2007) in Neu-Belgrad. Dabei verschärften sie einerseits urbane Konflikte um öffentliche Räume,[171] andererseits werteten sie die Nachbarschaften auf dem Immobilienmarkt auf.[172]

So bestätigte sich auch im postjugoslawischen Kontext die von der Architekturhistorikerin Zarecor aufgestellte These, dass sich die Tragfähigkeit der Massenwohnsiedlungen im Postsozialismus ironischerweise in Kommerz begründet, der hier ausreichend Entfaltungsmöglichkeiten und Kaufkraft findet.[173] Zugleich führten neue Inhalte zu einer sozialen Differenzierung der Massenwohnsiedlungen. Wie die Soziologinnen Mina Petrović und Vera Backović anhand von Neu-Belgrad erforschten, entstehen seit den 2000er Jahren gentrifizierte Gegenden um neue Konsumangebote, wohingegen sich ärmere Bloks mit höherem Anteil der Zugezogenen aus China und Geflüchteten aus den Jugoslawienkriegen etablierten.[174] Die Bewohner:innen der bessergestellten Bloks konnten hingegen ihr monetäres und soziales Kapital für die Renovierung und die dazugehörigen Behördengänge mobilisieren, Renovierungen häufiger durchführen und sogar für diejenigen Nachbar:innen aufkommen, die sich nicht beteiligen konnten oder wollten.[175] Dementsprechend verräumlichte sich die Ungleichheit aufs Neue im Siedlungsbild, als Kontrast zwischen aufgefrischten und heruntergekommeneren Fassaden, zwischen gewarteten und kaputten Aufzügen. Es ist erwähnenswert, dass sich die Bewohner:innen in der Umfrage wenig über die ursprüngliche architektonisch-urbanistische Ausstattung ihrer Bloks beschwerten: Sie sahen nicht die sozialistische Bausubstanz und

---

170 Zum Ausbau des Einzelhandels in Jugoslawien der 1960er Jahre siehe ŽIMBREK 2018, 213–227.

171 Zur Verkleinerung des öffentlichen Raumes in Neu-Zagreb und seiner Ersetzung durch den „pseudoöffentlichen Raum" im Einkaufszentrum Avenue Mall siehe ZLATAR 2011, 317–331. Zu vergleichbaren Spannungen in anderen postsozialistischen Kontexten siehe BARTETZKY 2014, 166–179; MAKHROVA/MOLODIKOVA 2007, 101–116; IOAN 2007, 301–312.

172 Vgl. PETROVIĆ/BACKOVIĆ 2009, 84.

173 Vgl. ZARECOR 2012, 501.

174 Vgl. PETROVIĆ/BACKOVIĆ 2009, 63–86.

175 Es ist erwähnenswert, dass sich die Bewohner:innen in der Umfrage wenig über die ursprüngliche architektonisch-urbanistische Ausstattung ihrer Bloks beschwert haben. Sie sahen nicht die sozialistische Bausubstanz und Siedlungsorganisation, sondern postsozialistische Entwicklungen als Ausgangspunkt der Wohnungleichheit. Vgl. ebd., 82.

Siedlungsorganisation, sondern postsozialistische Entwicklungen als Ausgangspunkt der Wohnungleichheit.[176]

Die Gotteshäuser gaben einen anderen Impetus für die räumliche und symbolische Neukonzeptualisierung des Siedlungsbilds. Die Istiqlal-Moschee („indonesische Moschee", 2001 in der Neu-Sarajevoer Nachbarschaft Otoka eröffnet), die „jordanische Moschee" (Grbavica, 2002), die katholische Kirche des Heiligen Lukas Evangelist (Neu-Zagreber Travno, 2006) sowie die orthodoxe Kirche des Heiligen Demetrios von Thessaloniki (Blok 32, Neu-Belgrad, 2001) und des Heiligen Simeon (Neu-Belgrad, 2011) zählen zu den größten sakralen Bauprojekten seit dem Ende der Jugoslawienkriege. Mehrere Faktoren begünstigten einen sakralen Bauboom im postjugoslawischen Raum nach der Wende. Infolge einer Abkehr von Säkularismus und verstärkter Verknüpfung von Religion und ethnischer Identität erhielten institutionalisierte Mehrheitsreligionen nach der sozialistischen Zäsur wieder großzügig staatliche Förderung. Hinzu kamen Restitutionsansprüche sowie Förderungen aus den Ländern mit geopolitischen Interessen im postjugoslawischen Raum und von der Diaspora. Ihren gestiegenen gesellschaftlichen Einfluss kommunizierten religiöse Gemeinschaften nun auch in entsprechenden repräsentativen Bauten. Dieser gewachsene Bauboom fand insbesondere in Massenwohnsiedlungen ein lohnendes Wirkungsfeld, da hier bisher kaum Gotteshäuser standen. Die meisten erwähnten Beispiele der sakralen Architektur aus den 1990er Jahren lassen sich als architektonischer Kontrast zum sozialistischen Modernismus der Umgebung einordnen. Die Istiqlal-Moschee wurde von Indonesien finanziert und nach der berühmtesten Moschee in Jakarta benannt, die „jordanische Moschee" wurde dank Spenden des dortigen Königshauses erbaut.

Nicht nur Namen, sondern auch ihre architektonischen Formen verbanden sie mit den Spenderländern. Die Istiqlal-Moschee erscheint im Spielfilm *Grbavica* im Hintergrund, als die illegalen Geschäfte im Vordergrund geschlossen werden.[177] Beide wurden als postsozialistische Entwicklungen implizit eingeordnet. Die Moschee besteht aus einem Kubus einer Kuppel auf Trompen, den für nordafrikanische und mittelöstliche Moscheen typischen Formen. So unterscheiden sich die „jordanische" und die „indonesische" Moschee in Grbavica von der bosnischen sakralen Tradition, die auf der osmanischen Architektur der abgerundeten Grundrisse und Kuppeln über Pendentifs aufbaute.

Die 2006 errichtete Kirche in Travno stellt eine Ausnahme dar: Ihre rechteckigen Fassaden und der Grundriss korrespondieren mit der Mamutica, der sehr präsenten Megastruktur im Hintergrund der Kirche, sodass die Kirche architektonisch in die Siedlung integriert ist. In ein paar Dekaden wird es für das ungeschulte Auge vermutlich nicht sofort sichtbar sein, dass zwischen der Mamutica und der Kirche ein Altersunterschied

---

176 Ebd.
177 Vgl. Žbanić 2006, 70:37.

von einigen Jahrzehnten besteht.[178] Darin bestätigt sich die Feststellung von Kip und Sgibnev, dass „alternative Artikulationen der Moderne" ebenfalls eine Taktik des Widerstands gegen die Hinterlassenschaft der sozialistischen Urbanität darstellen können.[179] Obwohl in dem Fall die Architektur der Kirche keinen Kontrast bildet, steht die Kirche urbanistisch im Konflikt mit der sozialistischen Umgebung. Sie wurde mitten im Park auf der Wiese gebaut und nimmt einen zentralen Raum in der Siedlung ein. Dabei zersetzte sie das aus den 1970er Jahren stammende Konzept des großzügigen Parks als Ausgleich für die Megastruktur der Mamutica. Das ursprüngliche Konzept der Siedlung folgte schließlich dem Bild einer riesigen Wiese; der Name der Siedlung Travno ist hergeleitet aus *trava* (Gras) und Mamutica trug in den Plänen den Namen „Gänseblümchen".

Die verstärkte Präsenz der Sakralbauten in den Massenwohnsiedlungen begleitete der organisierte Widerstand eines Teils der Bewohner:innen. Die 2005 gegründete Nachbarschaftsinitiative Travno, moj kvart (Travno, mein Viertel) betonte mit dem Slogan „Ja zur Kirche – aber nicht im Park" *(Crkva da – u parku ne)*, dass sie nicht prinzipiell gegen sakralen Neubauten ist – auch in ihren Reihen seien viele Gläubige –, sondern nur gegen die Zerstörung der Hauptgrünfläche der Nachbarschaft.[180] Acht Jahre später organisierten sich Nachbar:innen im Zagreber Viertel Savica in der Bürger:inneninitiative Čuvamo naš park (Wir bwarhren unseren Park) mit mehr Erfolg. Sie konnten den schon 2003 beabsichtigten Kirchenbau auf dem Grundstück des einzigen Parks in der Siedlung seit 2013 mehrmals abwenden, worin sich die medienwirksame Kraft der Zivilgesellschaft sowie ein Anspruch der Bürger:innen auf eine Beteiligung an der Gestaltung ihrer Siedlung widerspiegelt.[181]

5.2.3 Kampf um die Deutungshoheit

Im Kampf um die Deutungshoheit und Narrative um Massenwohnsiedlungen fanden Konflikte um Besitz nicht nur auf der Straße, sondern auch im fiktionalen Raum statt. Am Anfang der Kurzgeschichte *Ravnodnevica* („Tagundnachtgleiche"), die 1994 im Kurzgeschichtenband *Novobeogradske priče* („Neu-Belgrader Geschichten") des Neu-Belgraders Mihajlo Pantić erschien, zeigt sich die Problematik:

> Ich ging zu meiner Kameradin, Dimićka. Sie wohnt auf der anderen Seite der Stadt in der Professorenkolonie und denkt, dass Neu-Belgrad, woher ich komme, nicht existiert. Sie war nie dort, und verachtet offen alles, was jünger als hundert Jahre ist, mit Ausnahme von Männern unter dreißig, sagt mir, Neu-Belgrad sei eigentlich eine pure, leere Illusion, ein

---

178 Für eine ausführlichere Analyse des Beispiels siehe Horvat 2020/b, 265–279.
179 Kip/Sgibnev 2014, 4.
180 Vgl. Božić 2007.
181 Vgl. Svirčić Gotovac/Zlatar 2020, 5–20.

Hologram, gemacht aus TV-Bildern. Da ist es etwas Wahres dran, Fernsehen wurde auf dem Gebiet Jugoslawiens zum ersten Mal im Rahmen der Ausstellung neuer technischer Errungenschaften auf der Messe auf der anderen Seite der Sava kurz vor Beginn des Zweiten Weltkrieges vorgestellt.[182]

Der Protagonist ist als Berater eingeladen, um die Kulisse von Neu-Belgrad für ein Theaterstück zu inszenieren. Seine Kameradin, eine Dramaturgin, erinnerte sich an ihren alten Neu-Belgrader Freund beim Überarbeiten des Textes eines renommierten Schriftstellers, „der aus lauter Verpflichtungen keine Zeit zum Schreiben hat".[183] Die Kritik am fiktionalen Neu-Belgrad ist eindeutig: Die Bilder dieses Viertels kamen in beschriebenem Fall nicht aus erster oder zweiter, sondern aus dritter Hand, und zwar von Menschen, die keinerlei Wissen über oder Sympathie für Neu-Belgrad hatten. Stereotype Regieanweisungen wie „der Eingang ist typisch für Neu-Belgrad, bekritzelt, halbdunkel und grau" und die Betonung der „verödeten Straßen" geben Auskunft darüber, wie Neu-Belgrad als Kulisse auszusehen hat: Eine bedrohliche und vernachlässigte urbane Wüste.[184]

Ausgangspunkte für eine andere Geschichtslinie finden sich in Pantićs Auffassung, welche Neu-Belgrad als Pionier in der Geschichte der Modernität verortete. So verkörperte Neu-Belgrad die Ambivalenz der Moderne: Der technische Fortschritt auf dem Messegelände ist mit dem auch kurz danach errichteten Konzentrationslager verflochten.[185] „[M]odern architecture only becomes modern with its engagement with the media", argumentierte die Architekturtheoretikerin Beatriz Colomina in der Studie *Privacy and Publicity: Modern Architecture as Mass Media*.[186] Hierzu passt die Behauptung des Protagonisten in der Kurzgeschichte Pantićs, Neu-Belgrad wäre „gut für eine TV-Drama, aber auf keinen Fall für das Theater".[187] Auch er spricht sich dafür aus, dass die räumliche Modernität erst durch moderne Medien ihre Wirkung entfalten kann.

Das Auseinandergehen der Innen- und Außenwahrnehmung findet sich in vielen verschiedenen Siedlungen von den Pariser *grands ensembles* bis Neu-Zagreb. Die negativen Bilder scheinen nahezu unvermeidlich an Massenwohnsiedlungen zu haften. Es soll in der vorliegenden Studie gar nicht darum gehen, die Richtigkeit dieses „Raumbildes" zu überprüfen, sondern die Darstellungsweisen und -funktionen der Probleme in und von Massenwohnsiedlungen zu analysieren. Was sagen die Bilder über Massenwohnsiedlungen aus? Sind die Bilder in der Tat so einseitig negativ?

---

182 Pantić 1994, 81.
183 Ebd., 82.
184 Ebd., 85.
185 Vgl. Saiger 2021.
186 Colomina 1994, 6–14.
187 Pantić 1994, 82.

336 | 5. Bild

Hierzu arbeitete ich zwei narrative Linien heraus, die sich in nahezu jedem fiktionalen Text oder (bewegten) Bild zu Massenwohnsiedlungen im postsozialistischen und postjugoslawischen Raum finden. Zunächst analysiere ich das Narrativ von Siedlungen als soziale Brennpunkte von seinen Anfängen in den 1990er bis in die späten 2000er Jahre. Als thematischen Gegenpol untersuche ich eine vorwiegend affektive, „liebevolle" Geschichte von Siedlungen, die durch lokale Initiativen und Internet-Communitys mittels Ausstellungen, Publikationen und des Austauschs in sozialen Medien und Internetforen erzählt und abgebildet werden.

Insbesondere die Hervorhebung von „schmutzigen Details", so Kolanović, war zu dem Zeitpunkt der postsozialistischen Transformation eine beliebte literarische Vorgehensweise für die Beschreibung der Massenwohnsiedlungen.[188] Metaphern wie das Bild der radikalen Ränder, „das ‚Ende' der Welt" *(„kraj" svijeta)*[189] oder die Betonwüste werden nicht nur von Außenstehenden aufrechterhalten, sondern auch von Autor:innen aus solchen Siedlungen. Wie im vorigen Kapitel dargelegt, gerieten jugoslawische Massenwohnsiedlungen bereits im Spätsozialismus zunehmend in Kritik. Auch Mitte der 1990er Jahre prophezeiten Expert:innen das „Harlem-Syndrom", eine Ghettobildung nach dem Vorbild des New Yorker Stadtteils mit überwiegend Schwarzer Bevölkerung „in einer nicht so fernen Zukunft" für serbische Städte[190] sowie eine „Slumisierung" Neu-Zagrebs.[191]

In vielen Fällen stimmten die Ghettobilder nicht mit den Forschungsergebnissen aus der Sozialwissenschaft und Stadtgeschichte überein. Sogar diejenigen, die auf solche Metaphern und Schreckbilder zurückgriffen, wie der Urbanist Ilić im Harlem-Beispiel, verorteten sie ausnahmslos in der Zukunft und bekundeten so, dass sie auf die aktuelle Situation in jugoslawischen Städten nicht zutreffen. Bezogen auf tschechische Plattenbausiedlungen schreibt Zarecor, dass „das Versprechen der sozialistischen Stadtplanung" ironischerweise erst im Postsozialismus seine Verwirklichung erlebte, etwa durch die Erweiterung des U-Bahn-Netzes in Prag bis zu den Siedlungen hinaus.[192] Forscher:innen sind sich einig,[193] dass in Jugoslawien gebaute Massenwohnsiedlungen „generell immer noch gute Lebensbedingungen bieten und attraktiv für die Mittelklasse sind",[194] auch wenn die Differenzierungsprozesse innerhalb der Siedlungen langsam zunehmen.

Eine weitere Facette der Massenwohnungsbauten im Widerspruch zum hoffnungslosen Problemviertel entpuppte sich in der Herausbildung der urbanen alternativen Jugendkulturen – von Graffiti-Künstler:innen bis Untergrund-Musiker:innen – in den 1990er

---

188 Kolanović 2008/b, 82.
189 Ebd., 76.
190 Ilić 1995, 2.
191 Čaldarović 1993, 1027.
192 Zarecor 2012, 505.
193 Vgl. Petrović/Backović 2009, 84.
194 Spevec/Klempić Bogadi 2009, 465.

Jahren, die das Umfeld der Massenwohnsiedlungen bevorzugten. Ein Beispiel für diese unvorhergesehene Allianz zwischen Wohnsiedlungen der sozialistischen Modernisierung und der alternativen Kulturszene zeigt der Film *Kurrizi* („Wirbelsäule"). Die Geschichte der Massenwohnsiedlung in Pristinas Stadtteil Dardania, geplant vorwiegend von serbischen Architekten, nahm in den 1990er Jahren einen unerwarteten Verlauf, denn während der serbischen Repression wurde Kurrizi zum Epizentrum der kosovo-albanischen Jugendkultur. Die Jugendlichen trafen sich in zahlreichen Cafés und Bars, Konzerte und Partys fanden in Untergrundclubs und Wohnungen statt und neue Gruppen, wie etwa die fünfköpfige Girlband Terror, kamen zustande. Wie Zeitzeug:innen berichten, war die Siedlung für sie „ein Tunnel mit viel Licht", „der einzige Treffpunkt unserer Jugend und es wurde als traumhaft wahrgenommen", „eine Art Intranet Pristinas, wie Facebook, gesellig und nicht virtuell, wo wir abhingen, und Alltagsgeschichten erzählten und Bücher und Tonbänder tauschten", „ein Ort der Akkumulation der vom System unterdrückten Energie", „ein Ort, an dem man die eigene Verbindung zur Welt spüren konnte", im Endeffekt „ein Ort, an dem die Jugend vor allen beschützt wurde, vor den Eltern, vor der Gesellschaft und vor der Polizei, na ja, vor der Polizei nicht so ganz".[195]

Der Fall Kurrizi zeigt das Potenzial der Massenwohnungsbauten jenseits des Stereotyps eines sozialen Brennpunkts. Bereits im Spätsozialismus entwickelte sich in Massenwohnsiedlungen eine distinktive Jugendkultur, die vom sozialistischen Regime teils als „Delinquenz" interpretiert wurde, wie in Kapitel 4 ausgeführt. Dank der dezentralen Lage außerhalb des Stadtzentrums, aber auch außerhalb der Einflussbereiche der staatlichen Macht, konnten Jugendliche eine gewisse Art von Freiheit verspüren und ausleben.

Jedoch war das Narrativ des Verbrechens eine beliebtere „Storyline" für jugoslawische Massenwohnsiedlungen im Film. Die Krimifiktion beschäftigte sich seit ihren Anfängen mit aktuellem Geschehen. Während Edgar Allan Poes Kurzgeschichten mit den Vereinigten Staaten nach dem Unabhängigkeitskrieg ringen, wurden in Arthur Conan Doyles *Sherlock Holmes* zwischen den Zeilen die Folgen des Kolonialismus in der viktorianischen Ära verhandelt.[196] Es ist daher nachvollziehbar, dass die Behandlung von Kriminalität ein heikles Thema im Sozialismus darstellte und das Krimigenre entsprechend selten war.[197] Im jugoslawischen Kontext griffen insbesondere die Werke der „Schwarzen Welle" die Probleme von benachteiligten Gruppen (Wohnungslose, Arbeitslose, Roma,

---

195 ARIFI 2017, 00:44–08:15.

196 Vgl. JUKIĆ 2017, 46.

197 Andererseits wurde die gewalttätige, hyperrationalisierte Ordnungsverliebtheit angesprochen, wie die Literaturwissenschaftlerin Tatjana Jukić am Beispiel von *Ritam zločina (Der Rhythmus des Verbrechens*, R. Zoran Tadić, 1981) zeigt. Der Protagonist strebt an, eine Regelmäßigkeit der Kriminalfälle aufrechtzuerhalten, wenn notwendig auch durch Selbstmord. Am Ende des Films steht das abrissreife vorsozialistische Haus vor der Demolierung und der Umzug in eine moderne Neubausiedlung wird durch das Versprechen der Weiterarbeit in noch „perfekterer" Form begleitet. Ebd., 54.

338 | 5. Bild

Rebell:innen) auf, um die Lücken in der sozialen Sicherheit aufzuzeigen. Ihre Räume lagen ebenso an der Grenze zwischen Stadt und Land, unter den Brücken, in unfertigen und verwahrlosten Wohnungen, Toiletten, und damit weit weg von den sozialistischen Massenwohnsiedlungen. In Slobodan Šijans Film *Kako sam sistematski uništen od idiota (Wie ich systematisch von Idioten zerstört wurde*, 1983) bringt der Protagonist Babi, ein wohnungsloser Lebenskünstler und Störenfried, der sich mit Che Guevara identifiziert, Rita, die er an jenem Abend kennengelernt hat, in eine Wohnung, die ihm ein Freund zur Verfügung stellt.[198] Marode Wohnungen in einem baufälligen Altbau oder in einem Gebäude bildeten gängige Visualisierungen von prekären städtischen Unterschlupfen. Nicht Massenwohnsiedlungen, sondern Altbauten ohne fließendes Wasser und Zentralheizung wurden als „soziale Brennpunkte" identifiziert.

Der Filmwissenschaftlerin Nevena Daković schlägt eine dreiteilige Periodisierung der filmischen Raumbilder Neu-Belgrads vor: Die „sozialistische Idylle" mit jungen Familien, florierenden Wohnbeständen und „sozialistischen Yuppies" im Mittelpunkt, das „Ghetto" in den 1990er Jahren und die „Wiederherstellung" und „Reurbanisierung" in den 2000er Jahren, die sich in ambivalenten „traurigen Komödien" und „Generationendramen" artikulierten.[199] Die Prävalenz eines Genres ist entscheidend für das Image der Siedlung: Sie gibt den emotionalen Ton vor, trifft eine Auswahl der dargestellten gesellschaftlichen Gruppierungen und Phänomene. In den medialen „Raumbildern" von Neu-Belgrad in den 1990er Jahren erkennt die Architektin Jelena Prokopljevic narrative Muster von „criminalization" und „final destruction of the public image" von Massenwohnungsbauten.[200]

Wie die Architektur Neu-Belgrads mit der brachialen Gewalt der 1990er Jahre im Film zusammenhing, ist am Beispiel der serbischen Spielfilme *Rane (Wunden*, 1998) und *Apsolutnih sto (Absolut hundert*, 2001) ersichtlich. Beide Filme trugen wesentlich zum kollektiven Repositorium der Bilder von Neu-Belgrad bei; die Screenshots kursieren auch heute noch online und werden manchmal sogar mit Dokumentarfotografie verwechselt. Darüber lehnten die Filmemacher die Bezüge zu erfolgreichen westeuropäischen Ghetto-Filmen wie *La Haine* sowie zu Afroamerikanischen Filmen um „hood chronotope" nicht ab, sondern begrüßten sie vielmehr.[201] Allerdings handhaben sie die Lokalisierung von Gewalt sehr unterschiedlich: In *Rane* wird sie an die Ränder ausgelagert, in *Apsolutnih sto* hingegen in den Mittelpunkt gestellt.

Rane folgt den Jungs Pinki und Švaba aus Neu-Belgrad auf ihrem Abstieg ins kriminelle Milieu (Drogenhandel, Schmuggeln, gewalttätige Auseinandersetzungen) von 1991

---

198 Šijan 1983, 12:34.
199 Vgl. Daković 2012, 136–140.
200 Prokopljevic 2015.
201 Vgl. Daković 2012, 138; Rucker-Chang 2015, 227.

bis 1996 und kann als „Antibildungsfilm" verstanden werden. Als junge Teenager von einem verwandten Gastarbeiter in seine kleinkriminellen Geschäfte gezogen, kämpfen sie sich im Laufe des Films im kriminellen Milieu nach oben. Nach einem Streit wegen einer Frau schießt Švaba auf Pinki, der mit fünf schweren Verletzungen (die Zahl entsprechend den Wunden Jesu) kaum überlebt. Um sich wieder zu versöhnen, sollte Pinki Švaba auf die gleiche Weise verletzen.

Mit der Ausnahme der Pro-Milošević-Parade durch Neu-Belgrad konzentrierte sich die Gewalt im Film nur in den bestimmten Teilen der Massenwohnsiedlungen. Ein Zwischenraum an der Grenze zu den Neu-Belgrader Bloks, die Wiese mit einem provisorisch überdachtem Autowrack und einem verlassenen Friedhof, diente den Protagonisten als Übungsplatz für Schießen, Schlägereien, Sex und Alkohol.

In *Apsolutnih sto* sind (halb)öffentliche Räume der zentrale Ort und Gegenstand des Konflikts. In der ersten Szene kauft der Investor Runda, der sich in der Wendezeit durch zwielichtige Geschäfte bereicherte, einen ehemals gemeinnützigen Schießstand in Neu-Belgrad. Igor, der Verkäufer und zugleich bisherige Betreiber des Schießstandes sowie Olympiasieger im sozialistischen Jugoslawien, kehrte aus den Jugoslawienkriegen mit Traumata zurück und wurde drogenabhängig. Sein jüngerer Bruder Saša versucht unter unmöglichen Umständen, den Schießsport weiterzubetreiben und gleichzeitig seinen Bruder vor Geldeintreibern und Dealern zu schützen, indem er sie aus dem Hinterhalt gleich einem Heckenschützen erschießt. Die Kommerzialisierung wird als ein Konflikt im Raum dargestellt, als eine gewaltvolle Transformation des Bloks. Schnell nach dem Verkauf des Schießstands wird, entgegen der Absprachen und Renovierungsankündigungen, die Benutzung für Vereinsmitglieder deutlich eingeschränkt. Bald verkauft Runda das Gebäude. Anstelle von Schießspuren installiert der neue Besitzer profitablere Spielautomaten. Dem Aufblühen postsozialistischer Einrichtungen in Neu-Belgrad wie Partyschiffe *(splavovi)*, Nachtclubs und Wettbüros ging eine zwielichtige Enteignung des Gemeinschaftlichen voraus.

Ein Teil der Bewohner:innen boykottierte diese turbokapitalistische Eroberung von Neu-Belgrad. Sašas Freundin Sanja verlässt demonstrativ die Eröffnung eines Wettbüros, zu der Saša von Runda eingeladen wird. Das Milieu um das Paar trifft sich lieber auf WG-Partys und meidet Nachtclubs der lokalen Machthaber. Mit seinem besten Freund trifft sich Saša vor allem in öffentlichen Räumen. Sie sitzen auf dem Beton, reden und trinken das am Kiosk gekaufte Bier.[202] Obwohl der architektonische Rahmen bedrohlich wirken könnte, spielt sich in diesem dunklen, besprühten Stück des öffentlichen Raumes eine der unbeschwertesten, gelassensten Szenen im Film ab. Igor, Saša und ihre Freund:innen kennen sich dort aus und fühlen sich dem Raum verbunden und bilden damit einen Gegenpol zu den Wendeprofiteuren, die den öffentlichen Raum nur als

---

202 GOLUBOVIĆ 2001, 65:48.

340 | 5. Bild

Profit ansahen. Wie Runda sagt: „Der Schießstand interessiert mich nicht. Diesen Klub werde ich bald loswerden" *(Mene streljana ne zanima. Ja ću taj klub uskoro šutnuti).*[203]

Eine wesentliche Quelle der Gewalt in *Apsolutnih sto* liegt in dem omnipräsenten Kriegstrauma. Das Geld der Kriegsprofiteure bringt Drogen und eine unbarmherzige Privatisierung in rapidem Ausmaß in die Siedlung. Zunächst probiert Saša das Scharfschützengewehr mitten in der Siedlung aus, das Igor aus dem Krieg mitbrachte. Ferner beobachtet Saša benachbarte Wohnungen und öffentliche Flächen durch das Visier des Gewehrs,[204] wodurch die Massenwohnsiedlungen wiederum als Zielscheibe für heimtückische und zugleich tödliche Angriffe dargestellt werden. Die Gestaltung der großen Grasflächen und der offene Blick ermöglichen den Kontrollgrad, der in verwickelten, dichten Altstadtstrukturen nicht denkbar wäre. Diese Überwachungstauglichkeit, zeigt der Film, konnte nicht nur zum Zweck der sozialen Kontrolle gebraucht werden, sondern auch für eine direkte Gewaltausübung. Jedoch werden die Konfliktthemen des Films nicht zunächst mit der „Brutalität" der sozialistischen Architektur erklärt. Stattdessen führt der Versuch, ihre Errungenschaften vor der Privatisierung zu bewahren, zum Gewaltausbruch.

Drehten sich im sozialistischen Regime die Filme in und über Neu-Belgrad vermehrt um junge Familien und ihren Alltag, standen also in den 1990er Jahren junge Männer mit Verbindung zum kriminellen Untergrund im Fokus. Auch wenn der Alltag der anderen Bewohner:innen – Frauen, ältere Menschen, Kinder – ab und an vorkommt, bleiben ihre Geschichten an die Protagonisten gebunden, sei es als ihre Geliebte oder (Groß-)Mütter. So entsteht beim Zuschauen der Eindruck, die Siedlungen seien vollständig von Drogen, Waffen, Erpressung und Gewalt durchdrungen.

Nach dem Ende der Jugoslawienkriege zogen langsam komplexere, differenziertere Narrative ein, die immer mehr auf das Banale und Alltägliche der Bewohner:innen eingingen. Manche Forscher:innen sehen in dieser Normalisierung in den 2000er Jahren eine Abkehr von der aktiven Rolle des Raums hin zum „symbolischen Setting".[205] Diese Sichtweise stelle ich infrage und zeige stattdessen, wie Kunstschaffende die Stereotype über Massenwohnsiedlungen auf einer Metaebene aufgriffen, mit ihnen spielerisch umgingen und sie umschrieben. Der Raum ist dabei nicht nur eine visuelle Abkürzung für Stereotype oder für ein unsichtbares, statisches Hintergrundbild, sondern wird vielmehr aktiv im Prozess gestaltet.

Im serbischen Film *Sedam i po (Sieben und halb,* Miroslav Momčilović, 2006), einer schwarzen Komödie angelehnt an die sieben Todessünden, wurde das Bild von Neu-Belgrad sorgfältig konstruiert, um Mitleid zu erwecken. Im Teil *Habgier* denken sich zwei junge Männer eine Behinderung aus und beabsichtigen so, Geld vom ehemaligen

---

203 Ebd., 19:10–19:15.
204 Ebd., 74:00.
205 DAKOVIĆ 2012, 141.

Fußballstar Diego Maradona zu erhalten. Dazu nahmen sie ein Spendenaufruf-Video mit dem Neu-Belgrader Genex-Turm im Hintergrund auf.[206] Düsteres Wetter (Nebel) wurde mit angeblich düsterer Architektur (Genex-Turm), einem traurigen Gesichtsausdruck und einer Decke über den Knien des angeblich gehbehinderten Mannes gekoppelt. Alle diese Elemente der Szenerie hatten schlicht eine Funktion – eine mitleiderregende, aussichtslose Situation darzustellen, um möglichst großzügige Spende einzuwerben.

Erst als sie nach Ende der Aufnahme in Gelächter ausbrechen, wird klar, wie sorgfältig diese Atmosphäre konstruiert ist. Zuvor war die Szene so überzeugend inszeniert, dass man selbst als Zuschauer:in auf die beiden Männer hineinfiel. Die miteinbezogenen Stereotype der Zuschauer:innen konnten schließlich humorvoll entblößt werden. Während in den 1990er Jahren die Stigmatisierung im großen Stil eintrat, entwickelte sich in den 2000er Jahren mit der wachsenden zeitlichen Distanz ein neuer kreativer Umgang, der diese Stigmatisierung hinterfragt.

Der Kurzfilm *Najpametnije naselje u državi (Die klügste Siedlung im Staat,* Marko Škobalj, Ivan Ramljak, 2009) aus dem Episodenfilm *Zagrebačke priče (Zagreber Geschichten)* treibt die stereotype Annahme über Massenwohnsiedlungen in seiner Parodie auf die Spitze. Im Film wird die Neu-Zagreber Siedlung Siget aufgrund des höchsten durchschnittlichen Intelligenzquotienten im Land – laut einer fiktiven Studie des MITs – zu einem medialen Phänomen. In der ersten Szene steht der Reporter vor der Sigeter Massenwohnlandschaft und bereitet einen Beitrag hierzu vor. Wie in *Sedam i po* erscheint eine Aufnahme in der Aufnahme, wodurch das Bewusstsein für ein stark medialisiertes Bild von Massenwohnsiedlungen zum Ausdruck kommt. Während *Sedam i po* die Stigmatisierung eines zum Untergang verfluchten Ortes stilisiert, operiert *Najpametnije naselje u državi* mit einer Zuspitzung in genau die gegenteilige Richtung. Siget wird zur Vorzeigesiedlung erklärt, deren Bewohner:innen in der Freizeit am liebsten lesen oder Schnellschach in den Parks spielen und Kinder mit Rubiks Zauberwürfeln beschäftigt sind.

Der Film spielt auch visuell bewusst mit Stereotypen. Das übliche Bild einer durch und durch mit Graffiti besprühten Siedlung wird ebenfalls umgedeutet. Anstatt der üblichen Fußballfan-Botschaften, Hassbotschaften oder abstrakten Graffiti erscheint nun auf der Fassade des Supermarkts Einsteins „E=mc²".[207] Ein wichtiges Merkmal des Films ist auch eine Differenzierung zwischen den Neu-Zagreber Nachbarschaften Siget, Dugave und Sopot sowie die Herausarbeitung von Sigets Besonderheiten. Die Zugezogenen werden über die „Grundbegriffe Sigets" unterrichtet: „Super Andrija" (das größte Wohngebäude in der Siedlung), „Brodarski institut" (Institut für Schiffbau), „Aleja pomoraca" (Allee der Seefahrer), „plave zgrade" (blaue Gebäude), „sigetska slastičarna"

---

206 Momčilović 2006, 1:39.
207 Ramljak/Škobalj 2009, 1:42.

(Sigets Konditorei).[208] Die Fassade in der für Schultafeln üblichen dunkelgrünen Farbe wurde in ein didaktisches Instrument umgewandelt und zeigt eine weitere Möglichkeit auf, wie die großen Hausfronten der Massenwohnungsbauten umgenutzt werden können. Die meisten ausgewählten Symbole, bis auf die Konditorei, sind visuell distinktive Bauten und öffentliche Räume: Die unverwechselbare Identität der Siedlung wird so in seiner öffentlichen Infrastruktur und in der architektonischen Gestaltung anerkannt.

Als Verlierer eines „Instant-Schlauerwerdens" *(instant-opamećivanje)* entpuppten sich im Film in erster Linie die katholische Kirche (die in Dugave noch im Sozialismus gebaut wurde) und das Einkaufszentrum, die auf einmal leer stehen.[209] So deutete der Film sie als „Opium des Volkes". Die postsozialistische Rhetorik der Potenzialentfaltung wird im Vorschlag aufgegriffen, das Geld für die umstrittene Brücke über die Halbinsel Pelješac in die Konstruktion eines „intellektuellen Freizeitparks Sigetland" umzulenken.[210] Die Darstellungen einer Massenwohnsiedlung als touristisches Ziel, als Erfolgsgeschichte in einem TV-Beitrag und als ein Ort für intellektuelle Freizeitaktivitäten erzeugen die Komik durch die gleichzeitig miteinbezogenen negativen Stereotype von Massenwohnsiedlungen als Orte der Kriminalität oder unscheinbare und monotone Stadtarchitektur. Hierdurch zeigen diese Bilder aber auch eine alternative Realität auf. Zuletzt scheint hinter der Ironie eine Wertschätzung für die öffentlichen Einrichtungen und Infrastruktur aus dem Sozialismus durch.

Die stereotype Abschreibung der Massenwohnsiedlungen als Hotspots der Kriminalität machen sie natürlich zu einem denkbar geeigneten Handlungsort von Krimiserien. Die Serie *Mamutica* (zwei Staffeln mit jeweils 20 Folgen, 2008–2009) spielt die in der gleichnamigen größten Neu-Zagreber Megastruktur mit über 1000 Wohnungen und etwa 5000 Bewohner:innen. Allerdings bildet sie die Komplexität im narrativen Topos „Sozialer Brennpunkt" in den 2000er Jahren ab, anstatt sich eindimensionaler Vorurteile zu bedienen.

Die Hauptfigur ist Božo Kovačević, ein ehemaliger Kriminalinspektor mittleren Alters, geschieden und mit einem Sohn Anfang 20. Wegen Alkoholsucht hat er seinen Job verloren und kommt in der ersten Staffel mit zwei Nebenjobs über die Runden (als Hausmeister in Mamutica und als Türsteher in einem Turbofolk-Club). Allerdings hält er Kontakt zu seinen ehemaligen Kolleg:innen und mischt sich permanent in die Ermittlungen ein. Anfangs handelt es sich um kleinere und einzelne Verbrechen, jedoch mit einer distinktiven postsozialistischen Note: Von aufkommenden Sekten (Satanismus) über statusmotivierte kleine Diebstähle (etwa einen Malteser für die Freundin zu erwerben – die Hunderasse war das ultimative Statussymbol der Transitionsphase) bis zu den wieder aufgewärmten Auseinandersetzungen zwischen ehemaligen Partisan:innen und Ustaschas. Am Ende der ersten Staffel bekommt Božo schließlich seinen Job als Inspektor zurück. Die zweite

---

208 Ebd., 3:26.
209 Ebd., 4:29–4:43.
210 Ebd., 7:25–7:40.

Staffel dreht sich um ernstere Fälle mit Verbindungen zum kriminellen Untergrund. Die Episoden werden zweiteilig, die Fälle komplexer und Mamutica ist nicht mehr der zentrale Handlungsort, sondern die Fälle verteilen sich über die gesamte Stadt.

Wie anthropologische Forschung über selbstorganisierte Kinderbetreuungsnetzwerke und -beziehungen in Mamutica der 2000er Jahre zeigt, lässt sich vielmehr die „Revitalisierung der Gemeinschaft und Lokalisierung des urbanen Raums" als befürchtete Entfremdung beobachten.[211] Gulin Zrnić ist der Meinung, dass „die Serie eine Identität des sozialen Ghettos für die Nachbarschaft generiert hat", und zwar bereits durch die Wahl des Genres.[212] Ich schlage hingegen vor, *Mamutica* trotzdem als Infragestellung bestehender Stigmata zu interpretieren, als eine Relativierung des Ghettoimages, in deren Zuge der prosaische Alltag in seinen vielen unspektakulären Formen immer mehr Raum einnimmt.

So sieht man im Intro Mamutica im schnellen Zeitraffer im Verlauf eines Tages. Die Technik des Zeitraffers *(timelapse)* ist eine beliebte Filmmethodik in der Postmoderne und hebt drastische Veränderungen hervor und intensiviert dabei gleichzeitig Narrative.[213] Das Intro verankert Mamutica in der Hektik der Hauptstadt, die größer und beschäftigter wirkt, als sie in der Realität war. Ebenfalls mit einem Gesamtbild der Megastruktur ohne Menschen im Fokus werden die Sequenzen zwischen den Handlungsszenen in jeder Episode eingeführt. Der Fokus liegt eindeutig auf der Architektur, zeigt sie mal aus der Froschperspektive, mal aus der Distanz oder spiegelt sie in einer Pfütze. Die Urbanität der Massenwohnsiedlungen wird so betont und nicht bestritten. Die Vielfalt der Blickwinkel, oft vor einem heiteren blauen Himmel, hebt die architektonischen Besonderheiten der Szenerie hervor: Mal ihre Anbindung zur Stadt, mal der Zugang zur Natur.[214]

Die Literaturwissenschaftlerin Maša Kolanović identifizierte in der postsozialistischen urbanen Prosa als die zwei gängigsten Narrative den „*homo postcommunisticus* auf der Suche nach Widerstand" und die „Kontaminierung [der Bewohner:innen] mit Verbraucherkultur".[215] Während sich die Protagonist:innen aus der ersten Gruppe immer noch an der materiellen Kultur und den Werten der sozialistischen Ära festhalten, haben sich die Zweitgenannten das neue konsumorientierte Verhalten angeeignet. Übertragen auf die Serie *Mamutica* ist Božo ein Vertreter des ersten Typs, der in seiner seit den 1980er Jahren kaum veränderten Wohnung lebt und bescheiden verdient. Seine Ex-Frau Jelena hat sich hingegen im Kapitalismus eingelebt und arbeitet zunächst im Marketing-Bereich und wird schließlich eine Kleinunternehmerin, die ihre Wohnung mit neuen Möbeln eingerichtet hat und den sozialen Aufstieg für ihren Sohn anstrebt.

---

211 Vgl. Rubić/Leutloff-Grandits 2015, 232. Für weitere Beispiele vgl. Gulin Zrnić 2009.
212 Gulin Zrnić 2012, 76.
213 Vgl. Ga 2013, 26.
214 Bulić et al. 2008, Staffel 1, Folge 8, 5:47; Bulić 2009, Staffel 2, Folge 9, 1:17.
215 Kolanović 2011, 342–369.

Die fiktiven Mamutica-Bewohner:innen besetzen ein breites Spektrum zwischen postsozialistischen Konsumaspirationen und -verweigerung. Die Spanne der Berufe ist breit gefächert: Vom Universitätsprofessor bis zur Friseurin, von der Laborantin bis zum LKW-Fahrer. Die Vielfalt wird auch in den einzelnen Wohnungsinneneinrichtungen ersichtlich. In Magdas Wohnung spielt Opernmusik, antike Möbel und Ahnenporträts weisen auf ihre adelige Herkunft hin. Ivka, die für Božo wie eine Tante ist, hat Erinnerungstücke an ihre Zeit bei den Partisan:innen sowie Reproduktionen der kroatischen Kunst aus dem 19. Jahrhundert (Gemälde *Gansmädchen am Sava-Ufer* von Nikola Mašić) bei sich zu Hause. Die Barstühle und das Poster von Che Guevara charakterisieren hingegen die Wohnung des Rockers Igi. Manche Wohnungen sind teuer ausgestattet, andere beherbergen Reste der sozialistischen materiellen Kultur wie Schrankwände, alte Fernseher und entsprechende Fotos.

Wie im Bildband *Plattenbau privat,* für den Susanne Hopf 60 gleich geschnittene Wohnungen in DDR-Plattenbauten vom immer gleichen Standpunkt aus fotografierte, füllten die Leben der Bewohner:innen die Wohnungen auf diverse, oft überraschende Weisen aus.[216] Allerdings ist die Vielfalt weiterhin relativ, wie auch die im Sozialismus idealisierte soziale Heterogenität der Bewohner:innen in Worten von Valentina Gulin Zrnić eher eine „homogene Heterogenität" war. Soziale Randgruppen wie Drogenabhängige kommen zwar vor, stellen aber eine deutliche Minderheit dar. Gleichzeitig zeigt *Mamutica,* wie Verbrechen in allen Familien geschehen kann, etwa im Fall eines pädophilen Familienvaters.

Die Serie stellt Mamutica keineswegs als einen Ort für ungestörte Anonymität dar. Božos Beitrag zu den polizeilichen Ermittlungen basiert in erster Linie auf seiner Insiderrolle. Als langjähriger Bewohner und Hausmeister gelangt er im informellen Austausch an Informationen, die der Polizei nicht erzählt werden. Viele Nachbar:innen kennen sich (beispielsweise wird der Briefträger mit Namen begrüßt)[217] und tauschen Gerüchte, Gefallen und Besuche aus. In Božos Worten: „Wenn du 6000 Spione im Gebäude hast, kann dir niemand entkommen".[218] Das Gegenteil einer entfremdeten Wohnsituation bestätigten auch die Befragten in der *Oral History* von Gulin Zrnić. Manche schilderten, wie sie ihre Vorurteile nach dem Einzug revidierten, andere beharrten darauf, dass Einfamilienhäuser mit ihren „privaten Gärten, die niemand betreten darf", wesentlich „unsozialer" seien.[219]

Auch wenn das sozialistische Jugoslawien keinen flächendeckenden Überwachungsapparat etablierte, wie ihn etwa die Stasi in der DDR schuf, bedingt die Struktur der Wohnungsverteilung sowie die Architektur der modernen Siedlungen die gegenseitige

---

216 Vgl. Hopf/Meier 2004.
217 Bulić et al. 2008, Staffel 1, Folge 6.
218 Bulić et al. 2008, Staffel 1, Folge 8, 32:03–32:07.
219 Gulin Zrnić 2012, 75.

Kontrolle. Der Historiker Eli Rubin stellt den „Panoptikum-Effekt" in Berlin-Marzahn, der größten Plattenbausiedlung in der DDR, den damals heruntergekommenen Altbauten in Prenzlauer Berg gegenüber und vertritt die These, dass Letztgenannte auch architektonisch Dissidenz begünstigt hätten.[220] Der Zusammenhalt war besonders ausgeprägt unter Nachbar:innen, die während des Sozialismus einzogen und jahrzehntelang dort wohnten. Zum einen ergaben sich organisch mit der Zeit lange Beziehungen. Zum anderen sind die lokalen Strukturen in direkten Kontinuitäten mit den sozialistischen lokalen Gremien zu sehen. In der Serie stimmt etwa die Bewohner:innenversammlung über das Schicksal Božos ab, nachdem seine Anstellung als Hausmeister wegen eines Versäumnisses gefährdet war.[221] Wiederum sehen wir hier ein Beispiel dafür, wie die Räume und Strukturen der Selbstverwaltung auch im Postsozialismus fortlebten.

Die Polizeibesuche in anderen Vierteln der Stadt, insbesondere in der zweiten Staffel, machen deutlich, wo die Serienautoren den Ursprung der postsozialistischen Gewalt verorten: Nicht im Alltag der Massenwohnsiedlungen, sondern an den Schaltstellen der Macht, bei Führungskräften, Wirtschaftseliten und dem organisierten Verbrechen. Der korrumpierte Bauunternehmer, der Mafiaboss oder der postsozialistische Neuunternehmer, der seine Aufträge nicht bezahlt, wohnten ausnahmslos in prestigeträchtigen Vierteln und den Neubaugebieten der Neureichen. Die Besuche der Polizei und dort stattfindende bewaffnete Auseinandersetzungen zeigen, dass diese Orte keinesfalls gewaltfrei waren, sondern unter der glänzenden Oberfläche ein Sumpf von Gewalt und Korruption liegt.

Die meisten Verbrechen in *Mamutica* fanden am Rand der Siedlung oder außerhalb der öffentlichen Räume statt, namentlich in den privaten Wohnungen oder in den angrenzenden Gärten. Während die Angriffe in der Wohnung für die konkreten Bewohner:innen eine Gefahr bedeuten, breitet sich die Bedrohung nicht auf die ganze Siedlung aus und das Viertel wird nicht als eine für alle Bewohner:innen potenziell gefährliche Zone im Sinne eines „sozialen Brennpunkts" dargestellt. Die Gärten am Rand der Siedlung sind hingegen als die Grenze zwischen Stadt und Natur aufgeladen. „Das ist ein Urwald, Mann",[222] sagt Inspektor Pavković zu Božo und verweist auf die unkontrollierte, zivilisationsferne Umgebung. Dickicht, verwachsene Wege und undurchsichtige Beete „verschleiern" in mehreren Folgen die Morde und Angriffe, verdecken Beweise für eine Weile und dienten als Treffpunkt für geheime Besprechungen. Eine ähnliche Verbindung von Brutalität und undefinierten, informellen Schattenerscheinungen um die Massenwohnsiedlungen ist auch in den Filmen *Rane* und *Metastaze* zu sehen. Anstatt die gesamte Siedlung zu stigmatisieren, sind es die Randzonen, die sich einer Regulierung

---

220 Vgl. Rubin 2016, 155.
221 Bulić et al. 2008, Staffel 1, Folge 2.
222 Bulić et al. 2008, Staffel 1, Folge 7, 7:19–7:20.

im Sozialismus entziehen, rechtlich in einem Graubereich existieren und hier als die eigentlichen Problemzonen identifiziert werden.

In einer Szene aus der Verfilmung des Romans *Metastaze* (2009) hängt eine junge Frau die Wäsche auf, während ihr gewalttätiger Freund auf der Toilette sitzt. Nicht vorhandenes Klopapier ist Anlass für seinen (erst verbalen und schnell körperlichen) Gewaltausbruch. Sie wohnen in einem informellen Rohbau im Schatten von Super-Andrija, einer Neu-Zagreber Megastruktur, mit unzureichender Infrastruktur wie das hier abgebildete Klohäuschen.[223] Die krudeste Brachialität der häuslichen Gewalt ist im Film für die Ränder der Siedlung reserviert. Die Grenze zwischen Gut und Böse, dubios und vertrauenswürdig wird nicht nur räumlich gestaltet, sondern verläuft auch entlang der sozialen Schichten und Gruppen. Erstens bildeten die Besitzstrukturen die Basis für eine fortbestehende Ungleichheit zwischen Mieter:innen und Eigentümer:innen. Während sich die Eigentümer:innen mehrere Jahre kannten (oder zumindest Gerüchte übereinander austauschten), sind ihnen die Mieter:innen nicht bekannt. Oft brachten sie die erst kürzlich zugezogenen Mieter:innen sowohl in der Serie als auch im nonfiktiven Siedlungsalltag mit kriminellen Tätigkeiten in Verbindung.[224]

Zweitens standen Zugezogene oder Ausländer:innen unter Generalverdacht: Die Schlüsselantagonisten bilden ein Albaner (Mafiaboss), ein Serbe (der Kopf der Operationen) und ein Mann aus dem berühmt-berüchtigten armen Inland Dalmatiens (der neue Mafiaboss). Doch niemals waren Menschen aus Zagreb einer Straftat generalverdächtigt. Ein Spanier wird einmal für einen Roma, ein anderes Mal für einen Rumänen gehalten und am Ende werden ihm Verbindungen zu der Terrororganisation ETA nachgewiesen. Zwei Studenten aus Bosnien entpuppten sich ebenfalls als Kriminelle. Durch die Projektion des Bösen und der Kriminalität auf „die Anderen" und in die abgelegenen Ecken der Siedlung wird im Umkehrschluss das Bild einer funktionierenden Nachbarschaft aufrechterhalten, ihre Identität geschützt und Zweifel am Gesamtkonzept der Massenwohnsiedlung unterlaufen.

Mit der Ausstellung *Ein halbes Jahrhundert Trnsko: Die Geschichte einer Generation (Pola stoljeća Trnskog: Priča jedne generacije)* begann 2010 im Stadtmuseum Zagreb das Projekt der Nachbarschaftsgeschichte. Trnsko, die erste Massenwohnsiedlung auf der anderen Seite der Sava, bildete den Anfang von Neu-Zagreb und das Museum nahm den 50. Geburtstag der Siedlung zum Anlass für eine Ausstellung. Diese skizzierte zwar auch die Baugeschichte, der größte Teil aber drehte sich um die Erfahrungen der

---

223 SCHMIDT 2009, 21:08.

224 Die Angst vor Unbekannten wurde durch die 1990er-Privatisierung, Wohnungstausch und Auszug (insbesondere beim Militär tätigen Bewohner:innen und ihren Familien) intensiviert. Sie wurde in erster Linie bei alleinstehenden älteren Frauen beobachtet – wie Ivka in der Serie. Vgl. RUBIĆ/LEUTLOFF-GRANDITS 2015, 224–239.

5.2 Massenwohnsiedlungen und Besitz | 347

Bewohner:innen, ihre Erinnerungen und Quellen aus Privatarchiven. Der Ausstellung ging das „virtuelle Museum" voran, eine Austauschplattform für die lokale Bevölkerung mit Interesse für die Geschichte ihrer Siedlung.

Ähnliche Initiativen entwickelten sich seit den späten 2000er Jahren auch in anderen postjugoslawischen Großstädten, oft informell, in sozialen Netzwerken und Onlineforen. Nahezu alle Projekte zur Aufarbeitung und Sammlung lokaler Geschichten kamen aus der Nachbarschaft. Die Kerngruppe hinter dem Virtuellen Museum Trnsko, wie Mitinitiatoren berichten, war zumeist in der zweiten Hälfte der 1950er Jahre geboren und traf ursprünglich im *Drugi otok* (Die andere Insel) zusammen, einer Bar in Zagreber Altstadt, deren Besitzer ebenfalls aus Trnsko stammt.[225] Das Forum *blokovi.com*, aktiv zwischen 2008 und 2018, veröffentlichte außer Themen zur (Bau-)Geschichte und -Gegenwart Neu-Belgrads auch Veranstaltungsankündigungen und Kleinanzeigen und wurde so auch für die lokale Bevölkerung nützlich. Bis heute, Anfang 2023, sind Facebook-Seiten wie *Blokovi.com, Stare slike Novog Beograda (Die alten Fotos von Neu-Belgrad)* und *Virtualni muzej Trnskog* aktiv. Des Weiteren liegt der Fokus auf dem Teilen von Erinnerungen und privaten Archiven: Nachbar:innen veröffentlichen alte Fotos, die sie zu Hause gefunden haben, und teilen die ersten Pläne für die Siedlung. Wie dieser kollektive Erinnerungsprozess online funktioniert, bespreche ich am Beispiel eines Fotos von Hagelschäden aus den 1970er Jahren. Zwar erst 2016 veröffentlicht, steht es in der Kontinuität mit den früheren Erinnerungssammlungen des Virtuellen Museums Trnsko.[226]

Gelegentlich werden/wurden in den Gruppen die Erinnerungen auch verglichen oder historische Eckdaten diskutiert. So entpuppen sich manche Bewohner:innen als aufmerksame Beobachter:innen, die historische Angaben zur Bau- und Wohngeschichte der Siedlung mit größter Sorgfalt hinterfragen. Ein Mitglied der Gruppe kommentiert das Foto des gastierenden Freizeitparks in der Siedlung mit den folgenden Worten: „67/68? Ich glaube, das war ‚viel' später. In Hinsicht darauf, dass man in Superica erst 1973 einzog, und wir sehen die Wäsche auf den Balkonen, das konnte schwierig davor sein".[227] Außerdem zeigt die Bezeichnung „viel" in Anführungszeichen die Spezifika des Zeitverlaufs in den Massenwohnsiedlungen auf, zumindest in ihren ersten Dekaden. Ein paar Jahre sind in einer relativ jungen Siedlung bedeutsamer, die Bauänderungen für Bewohner:innen sichtbarer und dramatischer als in einem jahrhundertealten Stadtkern.

Auf der Facebook-Seite *Virtualni muzej Trnsko* animierte 2017 die Bildunterschrift „Erinnert ihr euch an den Hagel (Anfang 1970er), als der einzige Glasmacher in Trnsko

---

225 Vgl. CVETNIĆ/KLEMENČIĆ 2011, 437.

226 Die Webseite der Sammlung ist nicht mehr verfügbar. Stattdessen ersetzte die 2016 gegründete Facebook-Seite hat das Forum. Wie die Moderator:innen anmerkten, wurden die Bilder auf der Plattform erneut veröffentlicht und aus ihren Anmerkungen lässt sich die Rezeption im ursprünglichen Kontext erahnen, insbesondere welche Inhalte auf großes Interesse gestoßen sind.

227 o.V. 2016/a.

348 | 5. Bild

das Geschäft seines Lebens gemacht hat?" zum kollektiven Erinnern, wobei das das Foto als Erinnerungshilfe fungierte. In zwölf Kommentaren unter dem Aufruf sammelte sich ein breites Spektrum von Erfahrungen:

> „wie würde ich mich nicht erinnern, ich bin vor Angst gestorben …."
>
> „Mit wem haben wir uns geschlagen … Siget?"
>
> „Danach ließen meine Alten die Rollläden einbauen … davor gab es diese braunen, Rollos. Die Glasscherben waren bis etwa vor kurzem auf dem Blech unter dem Fenster"
>
> „ja, ich erinnere mich … ich habe meinen Kopf gerettet, als ich in ein Lotterie-Kiosk eingeflogen bin, bis es vorbei war … danach waren viele Menschen verletzt und man musste zurück nach Hause, aber alle Straßen waren voller Glas"
>
> „Nein, ich bin zu jung :P".[228]

Obwohl der Anlass nicht erfreulich ist, wird er von einem Teil der Kommentare scherzhaft aufgegriffen, sei es in der Anspielung auf die lokale Rivalität zwischen Siget und Trnsko (*tuča* bedeutet sowohl „Hagel" als auch „Schlägerei") als auch auf den „glücklichen" Glasmacher. Bereits die Ansprache macht deutlich, dass sich die Facebook-Seite an die Nachbarschaft richtet, insbesondere an (ehemalige) Bewohner:innen, die das Gewitter aus erster Hand erlebt haben – sprich, alt und einheimisch genug sind. Ab und zu wird jedoch, wie im letztzitierten Kommentar, deutlich, dass auch Personen, die nicht diesen Kriterien entsprechen, dabei sind.

Auch wenn die besprochenen Ereignisse nicht immer rosig waren, stehen positive Erinnerungen und Anekdoten aus der Kindheit und Jugend in den Gruppen im Vordergrund. Dabei finden die Erfahrungen der jüngeren und später eingezogenen Bewohner:innen weniger Berücksichtigung. Auch damals marginalisierte Gruppen bleiben in den Erzählungen Randerscheinungen, etwa „die Bosnier in den Barracken", die als Bauarbeiter auf der Massenwohnungsbaustelle tätig waren.[229] Das Selbstbild besteht im Großen und Ganzen aus Erinnerungen der privilegierteren Bewohner:innen, die (oder deren Eltern) eine Wohnung im Sozialismus bekommen haben.

5.3 Bild zusammengefasst

In diesem Kapitel untersuchte ich zunächst die Auswirkungen der Jugoslawienkriege auf Massenwohnungsbauten. Während international bekannte Beiträge von westlichen, renommierten (Foto-)Journalist:innen und Diplomat:innen, die Tod, totale

---

228 o.V. 2016/c.
229 o.V. 2016/b.

5.3 Bild zusammengefasst | 349

Zerstörung und Scheitern (des Sozialismus, Jugoslawiens, der Massenwohnungsbauten, des Modernismus) in visuell spektakulären Bildern auffingen, fokussierten die belagerten Autor:innen den Widerstand. Mit „Wohnzeichen" konzipierte ich dabei Bildelemente wie kleine alltägliche Merkmale wie frisch aufgehängte Wäsche, Pflanzen auf dem Balkon und Gardinen, die mitten in der Belagerung zeigen, dass die Menschen sich nicht vertreiben ließen. Ruralisierung (Gemüseanbau in der Stadt) und Detechnologisierung (unterbrochene Infrastruktur wie Strom, Gas und Wasser) forderten eine Rückkehr zu fast vergessenen Praktiken und Wissen. Die „unvollendete Modernisierung" *(unfinished modernization)* und rurale Wohnpraktiken, die Planer:innen im Sozialismus zwar duldeten, aber im Grunde in Massenwohnsiedlungen unerwünscht waren, stellten sich als eine wichtige Ressource für die Belagerten heraus. Ausgerechnet die im Sozialismus als rückständig ausgelachten Figuren, die vom Land in die Stadt umzogen und ihre ruralen Gewohnheiten mitbrachten, entpuppten sich in neuen Umständen als lebensrettende Speicher des traditionellen Wissens. Sie zeigten die Schwachstellen einer kompromisslosen, alternativlosen Modernisierung auf. Auch Massenwohnungsbauten, die nicht unmittelbar an der Frontlinie lagen, wiesen Spuren des Kriegs auf: Von ethnischer Homogenisierung im gesamten ex-jugoslawischen Gebiet, insbesondere in ehemaligen Armeewohnungen, bis informeller Ökonomie und Gemüsegärten in Neu-Belgrad infolge der Wirtschaftssanktionen. Die Stigmatisierung von Massenwohnungsbauten als eine inhärent aggressionsfördernde Wohnform wurde zunächst durch den Fakt intensiviert, dass sich viele Armeewohnungen in Massenwohnsiedlungen befanden. Des Weiteren bekräftigte sie die Rehabilitierung der Mitte und des Bürgertums. So wurde Neu-Belgrad mit Apparatschiks assoziiert, während sich das Bildungsbürgertum davon abgrenzte und sich zunehmend mit der Altstadt identifizierte.

Der Wohnungsabkauf infolge der Privatisierung von Wohnungen zeigte, welche Werte in der individuellen Biografie eine institutionelle Unterstützung bekamen und die Regierenden daher anstrebten. Im Vergleich zum Sozialismus war der Prozess weniger sozial und forderte explizit informelle Netzwerke als Hilfe bei der Antragstellung. Sicherheit wurde zum Schlüsselbegriff der Wohnkultur: Die Tür symbolisierte die Abschottung und nicht (mehr) die Einladung. Das extensive Werben von ausgefeilten Sicherheitssystemen untermauerte dies. Der Kampf um Besitzergreifung wurde als ein zentraler Konflikt im Raum geführt. In den 1990er Jahren handelte es sich vorwiegend um kleinere Aneignungen der Gemeinschaftsräume seitens Nachbar:innen oder lokalen Unternehmen, während in den 2000er Jahren größere Projekte – in erster Linie Einkaufszentren und Kirchen – realisiert wurden. Diese Aneignungsversuche stießen kontinuierlich auf Widerstand. Seine Modi wandelten sich von spontanen Nachbarschaftsprotesten zu organisierten Bürger:inneninitiativen, die protestierten, Petitionen erstellten und ihren Dissens als Verteidigung der öffentlichen Räume und des Allgemeinguts äußerten. Das rege Interesse der kapitalistischen und religiösen Akteur:innen an Bauplätzen in

Massenwohnsiedlungen bezeugt, dass auch antisozialistische Akteur:innen den Wert solcher Siedlungen implizit anerkannten. Dabei finden sich sowohl visuelle Anpassung an die Umgebung als auch der Kontrast hierzu.

Zudem lassen sich Wandlungen hinsichtlich Deutungshoheit und Imageerstellung und -kontrolle der jugoslawischen Massenwohnsiedlungen nach dem Sozialismus feststellen. In den 1990er Jahren und frühen 2000er Jahren, als der Krieg noch akut präsent war, kursierte insbesondere Neu-Belgrad als filmische Hauptstadt der Kriminalität. Dabei bedienten sich Filmemacher den Stereotypen aus Ghetto-Filmen wie *La Haine*. In den 2000er Jahren erfolgte hingegen ein verspielter Umgang mit üblichen Massenwohnungs-bildern in Form einer autoreflexiven, autoironischen, aber auch selbstermächtigenden Perspektive. Auch scheinbar stereotypbestätigende Werke wie die Krimiserie *Mamutica* boten oft eine differenzierte Perspektive auf die Siedlung fern von einem hoffnungslosen Ghetto. Soziale Mischung, eine herangewachsene Urbanität, Qualitäten der öffentlichen Räume sowie eine klare Unterscheidung zwischen den jeweiligen Siedlungen und ihren Nachbarschaftskulturen fanden einen Ausdruck. Zugleich wurden die Probleme in der Siedlung zumeist ausgelagert und an die Ränder der Siedlung sowie bei den Minderheiten verortet. In den späten 2000er Jahren wurden Massenwohnsiedlungen zunehmend zum Thema von Lokalgeschichten. Durch eine stark generationelle Komponente fanden dabei die Perspektiven der später Zugezogenen weniger Beachtung.

6. Fazit und Ausblick

Den Ebenen Baustelle, Wohnung, Siedlung und Bild folgend, habe ich eine Kulturgeschichte vom jugoslawischen Massenwohnungsbau nachgezeichnet, die sich stark an der diskursiven Dimension gebauter Umgebungen orientiert. Im Laufe der Arbeit haben sich folgende Aspekte als prägende Themen im Diskurs um jugoslawischen Massenwohnungsbaus herauskristallisiert: Mosaikarchitektur, Verwurzelung im modernistischen Paternalismus, interna(tiona)lisierte und internalisierte Kritik und schließlich der Massenwohnungsbau als ein stiller gesellschaftlicher Konsens.

Eine zentrale Determinante vom jugoslawischen Massenwohnungsbau ist die „Mosaikarchitektur", eine heterogene, regional geprägte Ansammlung von Entwürfen, institutionellen Akteuren und Montagesystemen. Die Architekt:innen nahmen diese Eigenschaft nach dem Tito-Stalin-Bruch als ein positives Identitätsangebot an, als einen Gegenentwurf zur zentralistischen Ausrichtung des Sozialismus sowjetischer Art. In der Dezentralisierung und Berücksichtigung regionaler Unterschiede fand auch der sozialistische Staat eine Antwort für die kriegsbedingt angespannten Verhältnisse zwischen den jugoslawischen Republiken. In der Doktrin der Selbstverwaltung seit den frühen 1950er Jahren nahm sie eine konkrete Form an. Anstelle einer Konzentration von Fachkompetenzen in einer jugoslawienweiten Institution wurde an die im Vorsozialismus etablierten Institutionen angeknüpft. Dies führte zum Mosaik der jugoslawischen Massenwohnungsbaustellen: Architekt:innen und Urbanist:innen in Ljubljana, Belgrad, Zagreb, Sarajevo, Split und anderswo arbeiteten größtenteils unabhängig voneinander, auch in Konkurrenz zueinander, an eigenen Lösungen. So entstanden Projekte mit verschiedenen Erscheinungsbildern, Stärken und Schwächen sowie Reichweiten: Die ersten vorfabrizierten mehrstöckigen Wohnungsbauten Hitrogradnja in Ljubljana, 35 Bauobjekte aus 21 Bauprojekten in Grbavica I in Sarajevo, E-57 in Split, der Typ Bartolić und die Jugomont-Systeme JU-59, JU-60, JU-61 in Zagreb, die ersten Bloks in Neu-Belgrad.

Bereits in der Planungs- und Entwurfsphase zeichnete sich das Mosaik auch in der medialen Kommunikation über den Massenwohnungsbau ab. So tauchten die Begriffe „Kampf", „Sensation", „Experiment" und „Konfektion" als die ausschlaggebenden Metaphern auf. Den „Kampf" für den Massenwohnungsbau operationalisierte das Bauunternehmen Jugomont, um diese Bauweise zu popularisieren sowie die Vorzüge des eigenen Systems zur Konkurrenz zu schildern. „Sensation" (Beispiel E-57) kam in einer breit angelegten medialen Kampagne zum Einsatz, die eine äußerst günstige und schnelle Lösung der Wohnungsfrage in Aussicht stellte. Sie nutzte hierzu die Massenmedien, während die Fachpresse sie misstrauisch begutachtete. „Experiment", ein Darlehen aus den Naturwissenschaften, verwies einerseits auf die wissenschaftlich begründete Modernisierung der Bauweise, andererseits barg der Begriff auch das Risiko vom Scheitern, wie am Beispiel der Neu-Belgrader Bloks 1 und 2 dargelegt. Darunter fiel nicht nur eine mangelhafte Konstruktion, sondern auch ein Projekt, das wenig innovativ war und der Bezeichnung „Experiment" nicht gerecht wurde. „Konfektion" bildete einen Gegenpol zum Experiment. Auch wenn der Begriff manchmal abwertend benutzt wurde, war die sich in den frühen 1960er Jahren konsolidierende Herstellung von Massenware mit emanzipatorischem Potenzial und Hoffnungen aufgeladen: Sie sollte eine günstig und massenhaft hergestellte Menge an Wohnungen hervorbringen.

Während die Massenwohnarchitektur nach den ersten, schlichten Bauten im orthogonalen Raster bereits seit den 1960er Jahren eine formelle Vielfalt aufzeigte, war die dazugehörige Massenwohnkultur in der Interpretation modernistischer Architekt:innen und anderen Wohnexpert:innen relativ einheitlich und verwurzelt im modernistischen Paternalismus. Eine klare Hierarchie zwischen Expertise und Alltagspraxis, zwischen Haushaltsratgeber:innen und Bewohner:innen (die vermeintlich erst lernen müssten, wie man in Massenwohnungsbauten wohnt) etablierte sich zugunsten der Erstgenannten. Die Wohnexpert:innen bewarben in den 1960er Jahren intensiv eine angeblich universelle Wohnkultur für Massenwohnungen, einen gewissen „Modernismus des Gebrauchswertes",[1] der eine abgemilderte, alltagstaugliche Version der modernistischen Prinzipien darstellte.

Während der „Alltagsmodernismus" die inhaltliche Basis bildete (schlichtes Mobiliar, spärlicher Gebrauch von Dekorationen, strategische Nutzung von modernen Haushaltsgeräten, vielseitig einsetzbare Möbelstücke), unterschieden sich die Haushaltsratgeber:innen in erster Linie im Ton der Ansprache der Bewohner:innen. In diesem Kontext differenzierte ich zwischen Emphatiker:innen und Leugner:innen, was ich anhand des Umgangs mit engen Wohnflächen darlegte. Die knappe Wohnungsgröße bewirkte eine rege Aktivität innerhalb der Wohnung: Multifunktionalität, ausklappbare Möbel, die Komprimierung der Wohnungsfunktionen (etwa der Küchentisch, der abends zum Arbeitstisch wird). Insbesondere das „kombinierte Zimmer" (tagsüber Wohnzimmer, nachts elterliches Schlafzimmer) verkörperte die erwartete Beweglichkeit und Aktivität der sozialistischen Bürger:innen.

Im breiteren Sinne übernahmen die Haushaltsratgeber:innen die Aufgabe einer subtilen Rekalibrierung der Familien-, Freundschafts- und Nachbarschaftsverhältnisse. Ihre Anweisungen und Ratschlägen geben Auskunft über die damals vorherrschenden Vorstellungen von ‚guten' Beziehungen. Auch in diesem Zusammenhang macht sich ein Paternalismus bemerkbar: Die heterosexuellen Beziehungen erlebten ein kleines Korrektiv, blieben aber im Kern von patriarchalen Mustern geprägt, in denen Frauen weniger Raum

---

1   Blagojević 2007, 136.

und Zeit für Freizeit und Hobbys zustanden. Dies erörterte ich im Topos der vielseitig engagierten Frau. Den Kindern kam eine neue Aufmerksamkeit zu: Mehr definierte Räume (insbesondere ein eigenes Kinderzimmer als Ausdruck der elterlichen Liebe) bei gleichzeitig intensiverer Aufsicht. Von ihnen wurden in erster Linie eine solide Arbeitsmoral, eine gesunde Heiterkeit sowie eine ausgeprägte Geselligkeit erwartet. Auch die Gastfreundschaft erfuhr Umstrukturierung, denn neue Wohnungen ließen nur wenige Gäste gleichzeitig zu, am besten nur eine:n und am besten nur Freund:innen und Kolleg:innen. Die Rituale der Gastfreundschaft wurden vereinfacht und weniger repräsentativ gestaltet. Schließlich erhielten auch die Nachbarschaftsbeziehungen eine neue Rolle im Kontext des „erweiterten Wohnens" und der Dienstleistungen innerhalb der Massenwohnungsbauten, wie am Beispiel von gemeinsamen Waschküchen thematisiert.

Allerdings zeichnet sich im Ratgeberkorpus Mitte der 1960er Jahre, im Zusammenhang mit der Wirtschaftsliberalisierung, eine Zäsur ab. Lag in den frühen 1960er Jahren der Fokus auf der Vergesellschaftung von Haushaltsfunktionen über ein Netzwerk entsprechender Einrichtungen *(servis)*, überwogen in der zweiten Hälfte Anleitungen zur Ausstattung individueller Haushalte: Die eigene Waschmaschine in der Wohnung statt gemeinsamer Waschküchen, ein Kühlschrank statt mehrerer Mahlzeiten außerhalb der Wohnung. An die Stelle von Anleitungen zum Selbermachen trat nun vermehrt eine intensive Bewerbung der jugoslawischen Möbel- und Haushaltsindustrie in den Medien wie *Naš dom*. Diese Weichenstellung begünstigte Unterschiede zwischen reichen und armen Bürger:innen, aber auch zwischen den wohlhabenden und armen Republiken sowie eine subtile Repatriarchalisierung des Haushalts (mit den Figuren des gönnerhaften Mannes und der dankbaren Frau). Galt es in den frühen 1960er Jahren, eine universelle, standardisierte Wohnkultur für möglichst viele zu ermöglichen, akzeptierten die Wohnexpert:innen die Unterschiede gegen Ende der 1960er Jahre.

Eine Offenheit gegenüber internationalen Debatten, insbesondere denjenigen in Nord- und Westeuropa sowie in den USA, war seit den 1950er Jahren ein zentraler Aspekt des jugoslawischen Selbstverständnisses. Auch wenn Jugoslawien mit anderen sozialistischen Ländern kooperierte, wurden Quellen und Theorien aus dem Westen ein deutlich größerer medialer Raum eingeräumt, wie ich am Beispiel der Unterscheidung zwischen Geopoetik und Geopolitik erläuterte. So waren seit den späten 1960er Jahren – und besonders intensiv in den 1970er und 1980er Jahren – die zentralen westlichen Kritikpunkte an Massenwohnsiedlungen auch in Jugoslawien zu finden: Von sozialwissenschaftlichen Beanstandungen hinsichtlich der französischen *grands ensembles* über architekturtheoretische Hinterfragung des Modernismus und Funktionalismus bis zu ökologischer Wachstumskritik. Dies bezeichnete ich als internationalisierte und zugleich internalisierte Kritik: Die zügige Rezeption ging Hand in Hand mit der Tatsache, dass sie oft mit wenigen Einschränkungen auf die jugoslawischen Umstände projiziert wurden. Von den Sozialwissenschaften über Ökologie bis zum Urbanismus war die Überzeugung

6. Fazit und Ausblick

verbreitet, die Entwicklungen im Westen – Pathologisierung, Kriminalisierung – würden eine Präfiguration für Jugoslawien bilden.

Zugleich blieb der Massenwohnungsbau der gesellschaftliche Konsens im Wohnungsbau bis zum Ende des sozialistischen Jugoslawiens. Anstatt pauschaler Ablehnung und der Rückkehr zu Einfamilienhäusern, Altbauten oder anderen Lösungen, gingen die meisten Kritiker:innen von einem Reformpotenzial des Massenwohnungsbaus aus. So generierten die Kritiker:innen in den letzten zwei Dekaden des sozialistischen Jugoslawiens eine Fülle von Änderungsvorschlägen: Eine intensive Begrünung der Siedlungen (etwa Koseze und BS-3 in Ljubljana), die Wiederkehr der historischen Urbanität (etwa vorgeschlagene Verdichtungen in Neu-Belgrader Bloks), komplexere Muster der Bauten und Siedlungen (Dugave in Neu-Zagreb, Alipašino Polje in Sarajevo), eine Fortsetzung des modernistischen Technikglaubens (Architechnoutopien und Architechnokratien), eine Funktionsmischung und Kombination verschiedener Bautypen (Einfamilienhäuser und Hochhäuser).

Eine besondere analytische Aufmerksamkeit kam Split 3 und Blok 5 in dieser Studie zu. Ich ordnete sie als materialisierte Kritik ein, als Massenwohnsiedlungen, die sich von ihren funktionalistischen Vorgängern abgrenzten und eine ausgefeilte urbanistische Textur (Split 3) oder ein weitergedachtes Konzept der Selbstverwaltung in der Siedlung (Blok 5) umsetzten. Aus den Beispielen wurde außerdem ersichtlich, wie asymmetrisch die mediale Aufmerksamkeit zwischen den jugoslawischen Regionen ausfiel und wie sie die Wahrnehmung der Massenwohngeschichte bis heute prägt.

Auch im Postsozialismus bildeten die Massenwohnungen einen stillen Konsens – in den frühen 1990er Jahren gewannen sie als „harte Währung Beton" plötzlich an Bedeutung und stellten eine Art sozialer Amortisierung in prekären Kriegszeiten dar. Zugleich zeigten sich insbesondere in den Schauplätzen des Kriegs, wie im belagerten Sarajevo, einige Schwachstellen und Grenzen des modernistischen Paternalismus. Die Detechnologisierung und Ruralisierung der Stadt belebten rurale Praktiken (Gartenanbau, Wäschewaschen mit der Hand) wieder, die im Zuge der Modernisierung keinen Platz mehr in den Massenwohnsiedlungen hatten. In dem Zusammenhang ging ich auf die Kluft zwischen internationaler Berichterstattung (mit Fokus auf Schusslöcher und totale Zerstörung, die auch als Zerfall des sozialistischen Projekts konnotiert wurden) und lokalen Schriften und Bildern ein, welche Wohnzeichen in den Vordergrund stellten.

Schon am Anfang der Jugoslawienkriege wurden Massenwohnsiedlungen und ihre öffentlichen Räume zum umkämpften Gut von profitorientierten privaten Interessent:innen und Investor:innen. Zugleich fand keine umfangreiche Diskussion über die Privatisierungsmodalitäten und -auswirkungen in den Massenwohnsiedlungen statt und die Wohnungen wurden ihren Bewohner:innen ab dem Beginn der 1990er Jahre zum günstigen Abkauf angeboten.

Ausgiebige Erwähnung fanden Massenwohnsiedlungen hingegen in literarischer und filmischer Fiktion. Vor dem Hintergrund des Krieges, Schattenwirtschaft und Korruption entstand ein Bild von Massenwohnsiedlungen als Orte der Kriminalität, das angelehnt war an das Ghetto-Topos in Westeuropa und in den USA. In den 1990er Jahren verstand sich ein Teil des Alt-Belgrader Bildungsbürgertums als ,die Guten', die sich von Neu-Belgrad und der dorthin projizierten Aggression, Kriegslust und Primitivismus abgrenzten. Seit den frühen 2000er Jahren macht sich eine Selbstermächtigung der Massenwohnungsbewohner:innen bemerkbar: Die negativen Stereotype über Massenwohnsiedlungen wie „Tatort" und „Schlafzimmer" wurden szenisch aufgegriffen und hinterfragt. In derselben Zeit begann die lokale Bevölkerung in manchen Massenwohnsiedlungen, die eigene Lokalgeschichte durch informelle Treffen, Internet-Foren, Ausstellungen und soziale Medien aufzuarbeiten.

Der Fokus auf mediale Diskussionsarenen ermöglichte zum einen das Herausfiltern einschlägiger Themen und zum anderen, getreu der Bedeutung einer „Arena" eine Identifizierung von Interessen- und Vorstellungskonflikten über den Massenwohnungsbau: zwischen den konkurrierenden Bauunternehmen und Architekt:innen in den 1950er und frühen 1960er Jahren, zwischen den Wohnexpert:innen und Bewohner:innen im Angesicht einer sich in den 1960er Jahren medial artikulierender Massenwohnkultur, zwischen sozialwissenschaftlichen, urbanistischen und ökologischen Beanstandungen zum Massenwohnungsbau in den 1970er und 1980er Jahren, zwischen Außen- und Innenperspektive auf das Kriegsgeschehen und im Alltag in den Massenwohnsiedlungen in den 1990er Jahren. Darüber hinaus zeichnen sich wirtschaftliche Nordwest-Südost-Asymmetrien ab sowie eine Spannung zwischen der Logik der Massenmedien und der Fachpresse, und schließlich zwischen erzählten und unsichtbaren Wohngeschichten. So zeichnete ich nach, wie sich der Massenwohnungsbau nicht nur aus seiner Materialität zusammensetzt, sondern auch in einem bedeutenden Ausmaß aus kursierenden Vorstellungen – tradierten und neuen Bildern, Argumentationen, narrativen Topoi – besteht.

Auf die Frage, ob von einem „jugoslawischen Massenwohnungsbau" gesprochen werden kann oder ob die Unterschiede zwischen den einzelnen Mosaikstücken doch überwiegen, antwortet diese Studie mit der erstgenannten Option. Zwar erscheint der jugoslawische Massenwohnungsbau in auffällig vielen Erscheinungsformen, aber diese sind alle verbunden über den sozialistischen Anspruch, den lokalpolitischen Rahmen der Selbstverwaltung und die innerjugoslawischen Asymmetrien, die auch das Bauwesen notwendigerweise prägten. Zugleich lässt sich ein innerjugoslawischer medialer Diskussionsraum zum Massenwohnungsbau identifizieren. Das Publikum der architektonischen Periodika, Haushaltsratgeberliteratur, Frauenzeitschriften und sozialwissenschaftlichen Schriften kam aus den verschiedenen Republiken Jugoslawiens, die Autor:innen bezogen sich auf Autor:innen aus anderen Republiken, auch wenn diese Kommunikation unausweichlich Asymmetrien zugunsten der Großstädte und reicheren Republiken aufwies.

6. Fazit und Ausblick

Der Sammelbegriff „jugoslawischer Massenwohnungsbau" beschreibt keine kohärente visuelle Erscheinung oder Technologie, sondern vielmehr eine explizit zugelassene Heterogenität, sei es als ein Ausdruck der jugoslawischen Ausprägung des Sozialismus – der Selbstverwaltung –, als Respekt für regionale Unterschiede und Traditionen, oder schlicht als eine (zu) lose Koordination der jugoslawischen Bauindustrie. In dieser Arbeit ordne ich Massenwohnsiedlungen weder als eine grandiose architektonische Form noch als ein gescheitertes Projekt ein. Vielmehr komme ich zum Schluss, dass der jugoslawische Massenwohnungsbau „normal besonders" war und weder einen „Neuen Menschen" in einer makellosen Umgebung erzeugte noch zu einer Erosion der Wohnkultur führte. Stattdessen bietet er weiterhin gut bewohnbare und bewohnte Wohnräume und eine Fülle an Bedeutungen und Zuschreibungen, die eine Komplexität jenseits von schwarzweißen Mustern bis heute aufzeigen.

Auf dem Cover der 2016 veröffentlichten ersten Kurzgeschichtensammlung (Abb. 40) in der Reihe *rajtimi/помируване/pomirenje* („Versöhnung") befindet sich ein schwarzweißes Foto des Sarajevoer Stadtteils Grbavica. Eine der etwa 100 „Rosen von Sarajevo" – eine mit rotem Harz ausgefüllte Spur eines Granateinschlags auf dem Fußgängerweg[2] – ist im Vordergrund zu sehen, gefolgt von einer leeren Bankreihe, geparkten Autos und zwei Hochhäusern im Hintergrund. Die Wohntürme in Grbavica, einst Beispiele einer gepflegten, ordentlichen Moderne in Haushaltsratgebern,[3] kamen seit den 1990er Jahren in erster Linie im Zusammenhang mit dem Krieg vor.

Auf den ersten Blick passt das Foto zu den gängigen Bildern, die im internationalen Post-Dayton-Kontext kursieren und die beschädigten Fassaden besonders häufig erwähnen. Allerdings erscheint dieses Bild in einer Veröffentlichung des Zentrums für gewaltfreie Aktion *(Centar za nenasilnu akciju)*, einer in Belgrad und Sarajevo tätigen NGO, und dreisprachig auf Albanisch, Mazedonisch und BKMS (Bosnisch/Kroatisch/Montenegrinisch/Serbisch). Die explizite Absicht, einen Beitrag zur Versöhnung zu leisten, reflektierte auch die Auswahl der Sprachen und der Zusammensetzung der Jury: Die Autor:innen stammen aus Pristina (Doruntina Basha), Sarajevo (Faruk Šehić) und Novi Sad in Serbien (Bojan Krivokapić).[4]

Welche neuen Lesarten der Bilder bietet sich in diesem Kontext? Zunächst wird die Anerkennung der Kriegsspuren verlangt: Eine Erinnerung an die „Rose" auf dem

---

2   Der Begriff „Rosen" wurde von Journalist:innen und Belagerten bereits während der Belagerung benutzt. Die Idee für ihre räumliche Markierung kam kurz nach dem Belagerungsende vom Sarajevoer Architekturprofessor Nedžad Kurto. Sie entstanden an den Orten, an denen mindestens drei Personen ums Leben kamen, geben dabei jedoch keine Auskunft über die Opfer (Name, Alter, Ethnizität). Viele blichen mit der Zeit aus und erfüllen damit die Analogie von Narben nach einer Wunde. Vgl. Ristic 2018, 178–182.

3   Mirković 1967, 74 f.

4   Bogdanovska 2016, 12 f.

6. Fazit und Ausblick | 357

Abb. 40   Massenwohnbau und Versöhnung.

358 | 6. Fazit und Ausblick

Boden und die zahlreichen Spuren auf den Fassaden wird nicht als Hürde im Versöhnungsprozess verstanden, sondern als ihre notwendige Voraussetzung. Daraus folgt auch, dass jede Stadt, jede Siedlung eine eigene Kriegsgeschichte hat. Dabei scheint es nicht zufällig, dass Grbavica mit der direkten Fronterfahrung prominent platziert ist. Auf dem zweiten und dritten Blick fallen weniger offensichtliche Details ins Auge, etwa die im Sozialismus errichtete, noch erhaltene Infrastruktur des öffentlichen Raums (Parkbank, Fußgängerweg), die postsozialistischen Anbauten (verglaste, geschlossene Balkons) und Einbauten (Klimaanlagen).

Während die „Rosen" den Ort zwar „auf eine diskrete Weise",[5] aber unverwechselbar als Sarajevo identifizieren, kommen die sekundären Elemente in jeder jugoslawischen Massenwohnsiedlung vor – die Details hätten ebenso in Massenwohnsiedlungen in Podgorica, Pristina oder Belgrad beobachtet werden können. Da Wohnen oft stellvertretend für Alltag steht und Massenwohnsiedlungen in allen jugoslawischen Haupt- und Großstädten existierten, eignen sie sich hervorragend als *Common Ground,* als eine geteilte (aber nicht gleiche!) Erfahrung der Transition, inklusive der Privatisierung, einer Neuverhandlung des öffentlichen Raumes und der eigenen vier Wände. Eine weitere verbindende Linie bildet die Sedimentierung der distinktiven Identität der einzelnen Siedlungen, etwa die Erfahrungen der alternativen Szene und Jugendkultur in den Massenwohnsiedlungen, die seit den 1990er Jahren von Neu-Belgrad über Neu-Zagreb bis Pristina existiert und sich selbst in den letzten Jahren langsam historisiert und fiktionalisiert.[6]

Gerade die scheinbar unpolitische Wahrnehmung von Wohnen ermöglichte ein unproblematisches, wenn auch stilles Über- und Nachleben der Massenwohnsiedlungen im Postsozialismus. Während viele sozialistische Denkmäler und repräsentative Gebäude demonstrative Zerstörung oder Vernachlässigung erfuhren, gab es keine ernsthaften Vorschläge, die Massenwohnsiedlungen abzureißen und durch neue Formen zu ersetzen. Zum einen war dies aus pragmatischen Gründen nicht möglich, denn in den kriegszerstörten Wirtschaften fehlten für solche immensen Investitionen schlichtweg die Mittel. Zum anderen fehlte es an Ambitionen, ein solches Programm zu realisieren, da die postjugoslawischen Staaten ihre Unterstützung nach und nach reduzierten und durch den Glauben an Privatkapital und -unternehmen ersetzten.

Seit den 2010er Jahren häuften sich die Rauminterventionen in postjugoslawischen Massenwohnsiedlungen, die meistens durch NGOs angekurbelt wurden. Sie sind ausgesprochen partizipativ ausgerichtet, werden initiiert von jüngeren Generationen lokaler

---

5 RISTIC 2018, 181.

6 Im Roman *Odakle da počnem (Wo soll ich denn anfangen)* der Autorin Maja Milčec wird die Rockszene im Neu-Zagreber Teil Zapruđe fiktionalisiert. Im Dokumentarfilm *Kurrizi* wurden die Erinnerungen der damaligen Jugendlichen an das Tag- und Nachtleben im *Underground*-Szenenviertel der 1990er Jahre versammelt. Der Roman *Sloboština Barbie* von Maša Kolanović problematisiert postsozialistische Kindheit in der Massenwohnsiedlung Sloboština. Vgl. KOLANOVIĆ 2008/a; MILČEC 2014; ARIFI 2017.

Architekt:innen und Designer:innen und legen den Schwerpunkt auf das Gemeinwohl, das Zusammenleben in der Siedlung und die Wiedereroberung des öffentlichen Raums durch die Bewohner:innen. So hat im Jahr 2013 die NGO *ProstoRož* (ein Wortspiel aus *prostor* – „Raum" und *rože* – „Blumen") mehrere Interventionen in Savsko Naselje, Ljubljanas ältester Massenwohnsiedlung, verwirklicht. In Zusammenarbeit mit Bewohner:innen und Ljubljanas Institut für Stadtplanung wurden Spielplätze und ein Basketballplatz künstlerisch umgestaltet, Stadtgärten angelegt und eine „Bibliothek der Dinge" eröffnet – ein Leihangebot für Werkzeuge und andere Gegenstände.[7] In der Serie *Akupunktura grada (Stadtakupunktur)* wurden in der Zagreber Massenwohnsiedlung Savica mit ähnlichen Interventionen und Methoden kleine Aufwertungen verfolgt. Die NGO KANA in Podgorica kritisierte den angekündigten Bau vom Wolkenkratzer in der Ecke von Blok 5, dokumentierte die Einwände der lokalen Bevölkerung und begleitete kollektive Protestaktionen, die den Bau letztlich stoppen konnten.[8] Es ist symptomatisch, dass solche Projekte in Massenwohnsiedlungen entstanden. Eine Ursache liegt im zurückkehrenden Interesse für die Potenziale dieser Siedlungen seitens junger Architekt:innen und Designer:innen – insbesondere für den Reichtum an (mittlerweile oft verwachsenen oder verformten öffentlichen) Räumen.

Der *modus operandi* des „taktischen Urbanismus" sind „schnelle, preiswerte, temporäre Interventionen im öffentlichen Raum", Denk- und Handlungsanstöße, welche die Bewohner:innen zunächst nur motiviert haben, in der Hoffnung, dass sie weitermachen werden.[9] Sie agieren innerhalb der kapitalistischen Projektlogik und nehmen postmodernistische „Spontanität und Chaos" bewusst an.[10] Zugleich lassen sich solche Interventionen als Teil einer größeren Bewegung im Geiste eines „Rechts auf Stadt" verstehen und befördern klare Prinzipien: Transparenz und die Bewohner:innenbeteiligung an der Gestaltung ihrer Umgebung (mit der Information der Bürger:innen als Voraussetzung), sowie eine neue Akzentuierung des vernachlässigten und (in)formell privatisierten, vormals öffentlichen Raums. Der Vorwurf einer gentrifizierenden Wirkung solcher Aktionen, die im neoliberalen Kontext durchaus eine Rolle spielt, scheint im postsozialistischen Raum noch keine Grundlage zu haben.[11]

In den letzten Jahren wurden architekturhistorische Führungen durch Massenwohnsiedlungen immer populärer und das Bauerbe wird langsam als Denkmal anerkannt – etwa Cerak-Vinogradi in Belgrad – oder für den Denkmalschutz vorgeschlagen (u. a. Blok 5).[12]

---

7   o.V. 2018/a.
8   Mehr in Vujošević 2017, 41–68.
9   Velkavrh 2019, 186.
10   Ebd., 183.
11   Ebd., 184.
12   Der Architekturhistoriker Andrija Markuš stellte im Jahr 2012 einen Antrag auf Denkmalschutz der 48 montenegrinischen Bauwerke aus dem 20. Jahrhundert, darunter auch für Blok 5 in Podgorica.

Das Architekturmuseum in Ljubljana kuratierte die Ausstellung zu modernistischen Großwohnsiedlungen in Ljubljana und veröffentlichte den Stadtplan mit modernistischen Siedlungen in Ljubljana *(Modernističke soseske v Ljubljani,* 2015). Jugoslawische Massenwohnungsbauten werden mittlerweile nicht nur in Nachbarschaftskontexten ausgestellt, sondern auch in größeren Rahmen: Im Museum of Modern Art in New York wurden im Ausstellungsprojekt *Concrete Utopia* mehrere Massenwohnungsbauten gezeigt, am prominentesten Split 3.

Heute ist ein zunehmendes Bewusstsein und eine Wertschätzung des Massenwohnungsbaus festzustellen: Man schätzt die architektonischen und urbanistischen Qualitäten mancher Massenwohnsiedlungen und die kurz- oder langlebige Gemeinschaftsbildung für gemeinsame Hobbys und Interessen. Die Bewohner:innen arbeiten die Geschichte ihrer Siedlungen gemeinsam auf und engagieren sich für Erhalt und (Zurück-)Gewinnung der öffentlichen Räume und Grünanlagen. Diese Fülle an parallelen Aktivitäten lässt erahnen, dass in der Geschichte der Massenwohnsiedlungen bereits ein neues Kapitel angefangen hat.

Vgl. Markuš 2017, 13–16.

Literatur- und Quellenverzeichnis

ARCHIVALISCHE QUELLEN

Belgrad, Archiv Jugoslawiens [Arhiv Jugoslavije] *(SR-AJ)*

495-67 „Solidarnost u stambenoj oblasti – Prva iskustva fondova za solidarnu stambenu izgradnju", 1973.

495-75 Stalna konferencija gradova Jugoslavije, „Uticaj nekih ekoloških činilaca na delikvenciju mladih i planiranje gradova", 1981.

495-103 „Organizacija stanbene izgradnje u naseljima: Grbavica I. i Grbavica II. u Sarajevu", 11.05.1960.

117-236-437 „Anketa o mišljenju posjetilaca sa I. međunarodne revijalne izložbe ‚Porodica i domaćinstvo 1957‘", 1957.

117-236-437 „Sastanak grupe o servisima", 15.07.1957.

Belgrad, Historisches Archiv Belgrads [Istorijski arhiv Beograda] *(SR-IAB)*

2770 – I. stambeni reon Novi Beograd

Ljubljana, Archiv der Republik Slowenien [Arhiv Republike Slovenije] *(SI-AS)*

319-16 „Pregled zelenih površin", 1969.

1086-169 *Stanovanje,* 1966.

1277-969 „Album fotografij iz podjetja Jugomont", o. J. (Anfang 1960er).

1277-1902 „Pismo J. Packa Tonetu", 22.11.1968.

1277-6754 „Kožar Marija, Ljubljana, stanovanjski problem", 1974.

1277-6917 „Hribar Marija v svojem pismu opisuje stanovanjski problem Lojzeta Culkarja, bivšega uslužbenca RSNZ in spremljevalca Edvarda Kardelja", 11.06.1980.

1821-4 „Zapisnik sestanka okrajnjega odbora Zveze ženskih društev", 02.12.1955.

1821-4 „Zbrali smo se da bi ustanovili društvo za napredek gospodinjstva v Ljubljani", 1954.

2055-269 „Ureditev stanovanja pri podpredsedniku IS LS LRS v Wolfovi ul /dr.Vilfan", 21.05.1959.

Podgorica, Montenegrinische Cinemathek – Nationales Filmarchiv Montenegros [Crnogorska kinoteka – Nacionalni filmski arhiv Crne Gore] *(CG-CK-NFACG)*

Banović, Rajko (1980): *Titograd kroz vjekove,* Jugoslawien: TV Titograd.

Podgorica, Privatarchiv Mileta Bojović

Blok 5, unsortierte Bestände.

Podgorica, Staatsinstitut für Urbanismus und Stadtplanung [Republički zavod za urbanizam i projektovanje] *(CG-RZUP)*

Blok 5, unsortierte Bestände.

Podgorica, Staatsarchiv Montenegros, Abteilung Podgorica [Državni arhiv Crne Gore, odsjek Podgorica] *(CG-DA-2-POD)*

Fond 19786-126: SO Titograd.

362 | Literatur- und Quellenverzeichnis

Sarajevo, Historisches Museum Bosnien und Herzegowinas [Historijski muzej Bosne i Hercegovine] *(BA-HMBiH)*

Sammlung Kriegsfotografien von Miquel Ruiz Avilés.

Split, Staatsarchiv in Split [Državni arhiv u Splitu] *(HR-DAST)*

102-277 Konstruktor.

119 Urbanistički zavod Dalmacije.

Zagreb, Staatsarchiv in Zagreb [Državni arhiv u Zagrebu] *(HR-DAZG)*

667-1 stambena zadruga Standard.

Filme und Serien

Arifi, Orgesa (2017): Kurrizi. Kosovo: CHwB.

Bauer, Branko (1961): Martin u oblacima [Martin in den Wolken]. Jugoslawien: Jadran Film.

Berković, Zvonimir (1962): Moj stan [Meine Wohnung]. Jugoslawien: Zagreb Film.

Ban, Saša (2016–2019): Betonski spavači [Betonschläfer]. Kroatien: Hulahop.

Bulić, Vlado et al. (2008–2009): Mamutica [Mammutin]. Kroatien: HRT/Drugi plan.

Dragojević, Srđan (1998): Rane [Wunden]. Jugoslawien: RTS/Cobra Films.

Gamulin, Bruno/Puhlovski, Milivoj (1979): Živi bili pa vidjeli [Man soll leben und sehen]. Jugoslawien: Zagreb Film.

Golubović, Srđan (2001): Apsolutnih sto [Absolut hundert]. Jugoslawien: Baš Čelik produkcija.

Kahane, Peter (1990): Die Architekten. DDR: DEFA.

Momčilović, Miroslav (2006): Sedam i po [Sieben und halb]. Serbien: Brigada.

Ramljak, Ivan/Škobalj, Marko (2009): Najpametnije naselje u državi [Die klügste Siedlung im Staat]. Kroatien: Propeler Film.

Schmidt, Branko (2009): Metastaze [Metastasen]. Kroatien: HRT/Telefilm.

Šijan, Slobodan (1983): Kako sam sistematski uništen od idiota [Wie ich systematisch von Idioten zerstört wurde]. Jugoslawien: Avala film/Union film/CFS Košutnjak.

Vajda, Marijan (1960): Zajednički stan [Die gemeinsame Wohnung]. Jugoslawien: Avala Film.

Žalica, Antonije Nino (1993): Djeca putuju [Kinder reisen]. Bosnien und Herzegowina: Saga.

Žbanić, Jasmila (2006): Grbavica. Bosnien und Herzegowina/Deutschland/Österreich/Kroatien: Coop 99/Deblokada.

Gedruckte Quellen

Accetto, Jakica: Opremljamo stanovanje – toda kako [Wir richten eine Wohnung ein – aber wie]. Ljubljana 1964.

Amižić, T.: Svima pogled na more! Razgovor s autorima prvonagrađenog projekta natječaja „Split 3" [Meeresblick für alle! Ein Gespräch mit den Autoren des ersten Preisträgerprojekts des Wettbewerbs „Split 3"]. In: Slobodna Dalmacija 7494 (05.04.1969), 8.

Antolić, Vlado: Mehanizacija u kućanstvu [Mechanisierung im Haushalt]. In: Arhitektura 6/2 (1952), 43 f.

Arhanić, M.: 10 godina stambeno komunalne izgradnje Zagreba [10 Jahre Wohnungs- und Kommunalbau in Zagreb]. In: Čovjek i prostor 10/129 (1963), 2 f.

Avdagić, S.: Vlasnik preko noći [Besitzer über Nacht]. In: Oslobođenje 49/15705 (10.03.1992), 6.

Bartolić, Ivo: Montažno građenje stambenih zgrada [Montagebau von Wohnungsbauten]. In: Urbanizam i arhitektura 4/9–10 (1950), 23–25.

Baylon, Mate: Konkurs za izradu idejnih skica tipskih stambenih zgrada u Beogradu [Wettbewerb für die Erstellung von Konzeptskizzen typisierter Wohnungsbauten in Belgrad]. In: Arhitektura 1/1–2 (1947), 33–45.

Baylon, Mate: Stambena izgradnja [Wohnungsbau]. In: Urbanizam i arhitektura 4/5–6 (1950), 41–46.

Bénézet, Jean et al.: Domaćin u kući [Hausherr im Haus]. Zagreb 1972.

Berberović, Fuad: Reafirmacija kućnih savjeta [Reaffirmierung der Haushaltsräte]. In: Oslobođenje (02.03.1992), 8.

Bergant, Milica: Kako žive djeca samohranih majki i nepotpunih porodica [Wie leben die Kinder alleinerziehender Mütter und unvollständiger Familien]. In: Žena 18/7 (1960), 19, 26.

Bežovan, Gojko/Kuzmanović, Momo (Hg.): Stambena politika i stambene potrebe [Wohnungspolitik und Wohnungsbedürfnisse]. Zagreb 1987.

Bjelajac, Slobodan: Bespravna stambena izgradnja u Splitu. Sociološka studija [Der illegale Wohngsbau in Split. Eine soziologische Studie]. Split 1970.

Bjelikov, Vladimir: Urbanistički aspekt industrijske proizvodnje stanova [Der urbanistische Aspekt der industriellen Wohnungsproduktion]. Beograd 1970.

Blumenau, Igor: Treba dati lepe montažne zgrade [Man soll schöne Montagebauten geben]. In: Urbanizam i arhitektura 4/5–6 (1950), 63 f.

Bogdanović, Bogdan: Mali urbanizam [Der kleine Urbanismus]. Sarajevo 1959.

Bogdanović, Bogdan: Die Stadt und der Tod. Klagenfurt/Salzburg ³1994.

Bogdanović, Bogdan: Vom Glück in den Städten. Wien 2002.

Bogdanovska, Aleksandra et al. (Hg.): Biber 01. rajtimi/помирување/pomirenje [Biber 01. Versöhnung]. Beograd/Sarajevo 2016.

Bogosavljević, Mila (Hg.): Komunikacije za umereni grad. Mogućnosti humanizacije gradskih prostora zdravim i jednostavnim rešenjima [Kommunikationen für eine gemäßigte Stadt. Möglichkeiten der Humanisierung von städtischen Räumen mithilfe von gesunden und einfachen Lösungen]. Bd. 1. Beograd 1981.

Božović, Goran: Planiranje haosa [Planen von Chaos]. In: Bogosavljević 1981, 125–132.

Bratić, Dobrila/Malešević, Miroslava: Kuća kao statusni simbol [Haus als Statussymbol]. In: Etnološke sveske 4 (1982), 144–155.

Budimirov, Bogdan: U prvom licu [In erster Person]. Zagreb 2007.

364 | Literatur- und Quellenverzeichnis

BUNIĆ, Branko: Spašavajmo staro Sarajevo – borba za ambijent. Akcija prof. Najdharda protiv izgradnje nebodera na podnožju Trebevića [Wir retten das alte Sarajevo – der Kampf für Ambiente. Aktion des Prof. Najdhard gegen den Hochhausbau unter Trebević]. In: Čovjek i prostor 16/191 (1969), 1 f.

CHLOUPEK, Drago (Hg.): Knjiga za svaku ženu [Das Buch für jede Frau]. Zagreb ⁹1962 [1952].

CRNKOVIĆ, Daša: Odgoj arhitekata u SSSR-u [Die Erziehung der Architekten in der UdSSR]. In: Čovjek i prostor 10/122 (1963), 6 f., 9.

ČALDAROVIĆ, Ognjen: Neke pretpostavke urbanog planiranja [Einige Voraussetzungen der Stadtplanung]. In: Naše teme 21/4 (1977), 848–863.

ČALDAROVIĆ 1987/a]: ČALDAROVIĆ, Ognjen: Individualna stambena izgradnja [Individueller Wohnungsbau]. In: BEŽOVAN/KUZMANOVIĆ 1987, 107–117.

[ČALDAROVIĆ 1987/b]: ČALDAROVIĆ, Ognjen: Suvremeno društvo i urbanizacija [Zeitgenössische Gesellschaft und Urbanisierung]. Zagreb 1987.

ČALDAROVIĆ, Ognjen: Privatizacija kroz otkup stanarskih prava. Prvi sociologijski nalazi i aspiracije [Privatisierung durch den Abkauf der Wohnrechte. Erste soziologische Ergebnisse und Aspirationen]. In: Društvena istraživanja 8/2 (1993),1021–1040.

ČERNIČ, Dušan: Montažne stanovanjske hiše iz tovarne v Zavidovičih [Montagehäuser aus der Fabrik Zavidoviči. In: Arhitekt 2/3 (1952), 8–10.

ČIŽMEK, Ivan: Sadašnjost je naša budućnost [Die Gegenwart ist unsere Zukunft]. In: Čovjek i prostor 26/314 (1979), 22.

ČUČKOVIĆ, Milan: Zanimljiva ispitivanja gradskih domaćinstava [Interessante Befragungen von städtischen Haushalten]. In: Žena 20/4 (1962), 26 f.

DELFIN, Vojteh: Boje na fasadama [Farben auf Fassaden]. In: Čovjek i prostor 5/72 (1958), 3.

DEMICK, Barbara: Logavina Street. Life and Death in a Sarajevo Neighborhood. New York 2012.

DIZDAREVIĆ, Zlatko: Der Alltag des Krieges. Ein Tagebuch aus Sarajevo. Frankfurt 1995.

DOBRIĆ, Milan: Kako ćete urediti svoj stan [Wie werden Sie Ihre Wohnung einrichten]. In: Žena 21/4 (1963), 18 f.

DOMLJAN, Žarko: Perspektive urbanizma [Perspektive des Urbanismus]. In: Naše teme 8/11 (1964). 1766–1776.

DRAGOJLOVIĆ, Dušan: Za visoke stambene zgrade [Für hohe Wohnungsbauten]. In: Čovjek i prostor 3/47 (1956), 3.

DURAKOVIĆ, Ferida: Der Schriftsteller betrachtet die Heimat, während ein gebildeter Postmodernist in seine Stadt eintritt. In: TOMAŠEVIĆ 1996, 112.

[DVORNIK 1957/a]: DVORNIK, Pero: Isključena svaka obmana u realizaciji projekta: razgovor s projektantom „stana za 800.000 dinara" [Bei der Umsetzung des Projekts ist Betrug ausgeschlossen: ein Gespräch mit dem Designer einer „Wohnung für 800.000 Dinar"]. In: Slobodna Dalmacija (09.10.1957), 6.

[Dvornik 1957/b]: Dvornik, Pero: Stan za 800.000 dinara. Inicijativa koju bi trebalo podržati [Wohnung für 800.000 Dinar. Eine Initiative, die man unterstützen sollte]. In: Slobodna Dalmacija (07.10.1957), 6.

Đorđević, Milislav (Hg.): Kako otkupiti stan. Zbirka dokumenata o stambenom obezbeđivanju u JNA [Wie man eine Wohnung abkauft. Eine Sammlung von Dokumenten zur Wohnungsversorgung in der JVA]. Beograd 1991.

Erbežnik, Marija: Servisi mijenjaju naše navike [Servise ändern unsere Gewohnheiten]. In: Žena 15/10 (1957), 40.

Erbežnik, Marija: Selo Reka na Pohorju ima mehaniziranu praonicu rublja [Das Dorf Reka hat eine mechanisierte Waschküche]. In: Žena 17/ 1 (1959), 15.

Erbežnik-Fuks, Marija: U restoranu. Posluži se sam [Im Restaurant. Bediene dich selbst]. In: Žena 17/10 (1959), 4.

[Erbežnik-Fuks 1960/a]: Erbežnik-Fuks, Marija: Iskustva jedne zagrebačke praonice rublje [sic!] [Die Erfahrungen einer Zagreber Waschküche]. In: Žena 18/4 (1960), 34 f.

[Erbežnik-Fuks 1960/b]: Erbežnik-Fuks, Marija: Veliki dogovor jedne komune [Eine große Verabredung einer Kommune]. In: Žena 18/3 (1960), 16 f.

[Erbežnik-Fuks 1961/a]: Erbežnik-Fuks, Marija: Dvjesta porodica o stanu sadašnjem [Zwei hundert Familien über die gegenwärtige Wohnung]. In: Žena 19/12 (1961), 20 f., 43.

[Erbežnik-Fuks 1961/b]: Erbežnik-Fuks, Marija: U zvanju na novim stepenicama [Im Beruf auf neuen Stufen]. In: Žena 19/1 (1961), 28 f.

Filipović, Dragica: Kako otkupiti stan. Priručnik za otkup stanova na kojima postoji stanarsko pravo [Wie man eine Wohnung abkauft. Handbuch für den Kauf von Wohnungen mit bestehendem Wohnrecht]. Bjelovar 1992.

Finci, Jahiel: Stanovanje i stambena problematika Sarajeva [Wohnen und die Wohnproblematik Sarajevos]. Sarajevo 1955.

Finci, Jahiel: Razvoj dispozicije i funkcije u stambenoj kulturi Sarajeva [Die Entwicklung der Disposition und Funktion in der Wohnkultur Sarajevos]. Sarajevo 1962.

Fischer, Miljenka: Neke primjedbe o oblikovnim značajkama nove izgradnje u južnom Zagrebu [Einige Anmerkungen zu Gestaltungsmerkmalen des Neubaus in Südzagreb]. In: Radovi Instituta za povijest umjetnosti 5/ 9 (1985), 88–90.

Fluks, Ivan: Ekonomičnost upotrebe električnog hladnjaka [Die ökonomische Nutzung des elektrischen Kühlschranks]. In: Žena 19/ 3 (1961), 43.

Furman Altaras, Tea: Neki arhitektonsko-likovni problemi montažnih zgrada [Einige architektonisch-gestalterische Probleme der Montagebauten]. In: Jugomont, 1/4 (1961), 10 f.

Fürst, Danilo: Prispevek k vprašanju razvoja standarda stanovanj v Sloveniji [Beitrag zur Problematik der Entwicklung des Wohnstandards in Slowenien]. In: Arhitekt 1/1 (1951), 6–10.

Gaković, Ljiljana/Lay, Vladimir/Čaldarović, Ognjen: Prikaz rezultata anketnog istraživanja [Darstellung der Umfrageergebnisse]. In: Grgić Bigović 1978, 35–77.

366 | Literatur- und Quellenverzeichnis

GAMULIN, Miće: Stambena arhitektura u Splitu od 1945. do danas [Wohnarchitektur in Split von 1945 bis heute]. In: Arhitektura 42–44/1–3 (1991), 28–32.

GAVRAN, Ante: Sistem finansiranja stambene izgradnje u Jugoslaviji [Wohnungsbaufinanzierungssystem in Jugoslawien]. In: Finansije 3–4 (1971), 222–235.

GOMBOŠ, Stjepan: Problemi projektiranja stanova od Oslobođenja do danas [Die Probleme der Wohnungsplanung von der Befreiung bis heute]. In: Urbanizam i arhitektura 4/5–6 (1950), 47/54.

GORIČAR, Jože: Sociološke determinante planiranja naselij [Soziologische Determinanten in der Siedlungsplanung]. In: IVANŠEK 1962, 109–118.

GRABOVAC, Milica (Hg.): Ja i moj dom. Priručnik za učenike osnovnih škola [Ich und mein Zuhause. Ein Ratgeber für Grundschüler]. Sarajevo 1969.

GRABRIJAN, Dušan: Arhitektonsko naslijeđe naroda Jugoslavije [Architektonisches Erbe der Völker Jugoslawiens]. In: Arhitektura 6/5 (1952), 4–10.

GRABRIJAN, Dušan/NEIDHARDT, Juraj: Arhitektura Bosne i put u suvremeno [Architektur Bosniens und der Weg in die Gegenwart]. Ljubljana 1957.

GRGIĆ BIGOVIĆ, Jasna (Hg.): Problemi stanovanja mladih. Rezultati istraživanja u SRH [Die Wohnungsprobleme von Jugendlichen. Ergebnisse der Forschung in SRK]. Zagreb 1978.

GROULT, Benoîte: Jedan „pravi" muškarac i jedna „prava" žena ne čine pravi par [Ein „echter" Mann und eine „echte" Frau bilden noch kein echtes Paar]. In: Elle 1/13 (1969), 38 f.

GVOZDANOVIĆ, Sena: Muhamedanska kuća [Das mohammedanische Haus]. In: Čovjek i prostor 1/6 (1954), 6.

GVOZDANOVIĆ, Sena: Interbau Berlin – četvrt Hansa [Interbau Berlin – Hansaviertel]. In: Čovjek i prostor (1957), 3.

GVOZDANOVIĆ, Sena: Prefabrikacija i gradilište [Präfabrikation und Baustelle]. In: Čovjek i prostor 9/114 (1962), 7.

HAMILTON, Richard: Ulm. In: Čovjek i prostor 10/125 (1963), 5.

HAVIV, Ron: Blood and Honey. A Balkan War Journal. New York 2000.

HOLBROOKE, Richard: To End a War. New York 1998.

[HOLUB 1961/a]: HOLUB, Vilko: Šest plodnih godina [Sechs fruchtbare Jahre]. In: Jugomont 1/1 (1961), 6–16.

[HOLUB 1961/b]: HOLUB, Vilko: Uz prvi broj [Zur ersten Ausgabe]. In: Jugomont 1/1 (1961), 1.

HOLUB, Vilko: Kritika na Jugomontove stanove [Kritik an Jugomonts Wohnungen]. In: Jugomont 2/5 (1962), 78 f.

HUNDERTWASSER, Friedensreich: Verschimmelungsmanifest gegen den Rationalismus in der Architektur. In: Hundertwasser.at (1964). http://www.hundertwasser.at/deutsch/texte/philo_verschimmelungsmanifest.php [Zugriff am 10.01.2021].

HUREMOVIĆ, Mehmedalija: Moj vodič za otkup stana [Mein Führer beim Wohnungsabkauf]. Sarajevo 1997.

ILIĆ, Dušan: Višespratne stambene zgrade – kolektivno-porodično stanovanje – u novim uslovima [Mehrstöckige Wohnungsbauten – kollektives Familienwohnen – unter neuen Bedingungen]. In: ILIĆ 1995, 1–18.

ILIĆ, Dušan (Hg.): Unapređenje i dalji razvoj stanovanja u višespratnim stambenim zgradama u uslovima različitih vlasničkih odnosa [Verbesserung und Weiterentwicklung vom Wohnen in mehrstöckigen Wohnungsbauten unter Bedingungen unterschiedlicher Eigentumsverhältnisse]. Niš 1995.

IVANŠEK, France: Ob prvem zvezku „Arhitektove knjižnice“ [Zum ersten Band von „Arhitektova knjižnica“]. In: TANCIG 1954, 5 f.

IVANŠEK, France (Hg.): Človek – stanovanje – naselje [Mensch – Wohnung – Siedlung]. Ljubljana 1962.

IVANŠEK, France: Oprema stanovanj za stare ljudi [Ausstattung der Wohnungen für alte Menschen]. Ljubljana 1964.

IVANŠEK, France: Družina, stanovanje in naselje. Anketna raziskava 195 stanovanj v Savskem naselju v Ljubljani (1961) [Familie, Wohnung und Siedlung. Befragung von 195 Wohnungen in Savsko naselje in Ljubljana (1961)]. Ljubljana 1988.

JAKŠIĆ, K.: Povratak Budimirova iz SSSR-a [Die Rückkehr Budimirovs aus der UdSSR]. In: Jugomont 2/3 (1962), 5.

JAKŠIĆ, Milica: Prilog traganju za humanim likom Beograda [Ein Beitrag zur Suche nach der humanen Gestalt von Belgrad]. In: BOGOSAVLJEVIĆ 1981, 85–93.

JERGOVIĆ, Miljenko: Slavko Jelinek. Neboderač [Slavko Jelinek. Der Wolkenkratzer]. In: jergovic. com, (16.06.2012). https://www.jergovic.com/subotnja-matineja/slavko-jelinek-neboderac/ [Zugriff am 12.08.2020].

JERNEJEC, Mitja: Naše stanovanjsko naselje danes in jutri [Unsere Wohnsiedlung heute und morgen]. In: IVANŠEK 1962, 47–108.

JEVTIĆ, Jana: Futro und Liebchen. In: TOMAŠEVIĆ 1996, 91.

JOKSIĆ, D.: Pozornici love vojne stanove [Offiziere jagen Armeewohnungen]. In: Oslobođenje (27.02.1992), 6.

JURIĆ, Frane: Jedno popodne u dvorištu višekatnice [Ein Nachmittag im Hof eines mehrstöckigen Hauses]. In: Svijet 1 (1963), 6.

KARABEG, M./BEHRAM, A.: Rascjep u propisima [Die Kluft in den Vorschriften]. In: Oslobođenje (16.03.1992), 7.

KARDELJ, Edvard: Problemi naše socialistične graditve [Die Probleme unseres sozialistischen Aufbaus]. Bd. 5. Ljubljana 1963.

KARDELJ, Edvard: Problemi naše socialistične graditve [Die Probleme unseres sozialistischen Aufbaus]. Bd. 7. Ljubljana 1968.

KEBO, Ozren: Sarajevo. A Beginner's Guide. Sarajevo 2016.

KHAN, Sarah A.: A Journey to Bosnia and Herzegovina, Where Sleeping Beauty Awakens. In: The New York Times (20.05.2019). https://www.nytimes.com/2019/05/20/travel/sarajevo-mostar-muslim-culture.html [Zugriff am 03.02.2020].

KLEMENČIČ, B./VOVK, M.: Anketa krajevnih skupnosti. Priloga študije Razširjeno stanovanje [Befragung lokaler Gemeinden. Anlage zur Studie Erweitertes Wohnen]. Ljubljana 1978.

KNEŽEVIĆ, Grozdan: Višestambene zgrade [Mehrfamilienhäuser]. Zagreb 1986.

KODEMO, Mila: „Ženski" projektantski atelje [„Frauen"-Designstudio]. In: Žena 22/1 (1964), 4 f.

KOLACIO, Zdenko: Neka zapažanja [Einige Beobachtungen]. In: Arhitektura 15/1–2 (1961), 53.

KOLACIO, Zdenko: Neka zapažanja [Einige Beobachtungen]. In: Arhitektura 16/1–2 (1962), 44.

KOLACIO, Zdenko: Stambena zajednica kao predmet prostornog planiranja [Wohngemeinde als Gegenstand der Stadtplanung]. In: Čovjek i prostor 10/119 (1963), 9.

KOLACIO, Zdenko: Grad. osnovni problem novog i dinamičnog svijeta [Die Stadt. Das Grundproblem der neuen und dynamischen Welt]. In: Naše teme 8/11 (1964), 1797–1803.

KORLJAN, Zrinka: Život u zagrebačkim tornjevima. Kako su potres doživjeli i proživjeli stanovnici nebodera? [Das Leben in den Zagreber Türmen. Wie haben die Bewohner von Hochhäusern das Erdbeben erlebt und durchlebt?]. In: Jutarnji list (30.03.2020). https://www.jutarnji.hr/domidizajn/interijeri/kako-su-potres-dozivjeli-i-prozivjeli-stanovnici-nebodera-10146874 [Zugriff am 12.08.2020].

KOSTIĆ, Cvetko: Sociologija grada [Soziologie der Stadt]. Beograd 1973.

KOSTIĆ, Marko: Visoka margina [Hohe Margine]. In: Popboks.com (04.12.2008). https://www.popboks.com/article/6936 [Zugriff am 03.01.2021].

KRAJGHER, Mira: Nekoliko misli o liniji naše arhitekture [Einige Gedanken über die Linie unserer Architektur]. In: Arhitektura 2/13–17 (1948), 126–129.

KRALJ, Drago et al.: Naš gost [Unser Gast]. Ljubljana ²1967.

KUNST, Zlata: Praktični radni kutić za djecu [Praktische Arbeitsecke für Kinder]. In: Žena 20/4 (1962), 29.

KUŽATKO, Karlo: Zenica – problem izgradnje stanova [Zenica – das Problem des Wohnungsbaus]. In: Čovjek i prostor 5/73 (1958), 3.

LATAL-DANON, Ljerka: Vom Gemüsezüchten auf dem Balkon oder der Terrasse. In: TOMAŠEVIĆ 1996, 118–120.

LAY, Vladimir: Razvoj urbane sociologije u Hrvatskoj [Die Entwicklung der urbanen Soziologie in Kroatien]. In: Revija za sociologiju 5/4 (1975), 12–25.

LAY, Vladimir/DAKIĆ, Slavko/ČALDAROVIĆ, Ognjen: Aspekti istraživanja [Forschungsaspekte]. In: GRGIĆ BIGOVIĆ 1978, 11–33.

LAZAREVIĆ, Sanja: Orijent u Bosni [Orient in Bosnien]. In: Čovjek i prostor 1/13 (1954), 3.

LAZIĆ, Slobodan: Ka umerenom gradu [Auf dem Weg zu einer gemäßigten Stadt]. In: Komunikacije 3 (1981), I–III.

LE CORBUSIER: Ausblick auf eine Architektur. Gütersloh/Berlin 1969 (Bauwelt-Fundamente 2).

LE CORBUSIER: Towards a New Architecture. New York 1986.

LEFEBVRE, Henri: Writings on Cities. Oxford 1996.

LEVI, Saša: Aktuelna karikatura [Aktuelle Karikatur]. In: ARH 10/16 (1972), 25.

MACURA, Milorad: Kule savremenih gradova [Die Türme der gegenwärtigen Städte]. In: Arhitektura – Urbanizam 2/11–12 (1961), 3, 61.

MAGYAR, Zoltan: Boja i arhitektura [Farbe und Architektur]. In: Čovjek i prostor 3/53 (1956), 2.

MAKSIMOVIĆ, Branko: Ka diskusiji o aktuelnim problemima naše arhitekture [Zur Diskussion über die aktuellen Probleme unserer Architektur]. In: Arhitektura 2/8–10 (1948), 73–75.

MALETIĆ, Božena: Dovest ću i svoju susjedu [Ich bringe auch meine Nachbarin]. In: Žena 18/9 (1960), 34 f.

MALOBABIĆ, Radomir: Organizovanje trajnog zbrinjavanja izbeglica izgradnjom novih seoskih naselja [Die Organisation der dauerhaften Versorgung von Flüchtlingen durch den Bau neuer ländlicher Siedlungen]. In: MILAŠIN 1996, 33–40.

MARINČIČ, Ida: Družinski gost [Familiengast]]. In: o.V.: Imamo gosta. Ljubljana 1962, 41–106.

MARINOVIĆ-UZELAC, Ante: Urbanizam – oblik organizacije ljudskih zajednica [Urbanismus – eine Form der Organisation menschlicher Gemeinschaften]. In: Naše teme 8/11 (1964), 1804–1815.

MARINOVIĆ-UZELAC, Ante: Izvori i pozadina urbanističkih koncepcija „kolektivnog stanovanja" [Quellen und Hintergrund urbanistischer Konzeptionen des „kollektiven Wohnens"]. In: Arhitektura 52–54/1–3 (1991), 6–9.

MAROHNIĆ, Zvonimir: Suvremeno stanovanje [Zeitgenössisches Wohnen]. Zagreb 1960.

MATIJEVIĆ BARČOT, Sanja: Arhitekt Vuko Bombardelli i Eksperiment-57 [Der Architekt Vuko Bombardelli und das Eksperiment-57]. In: Život umjetnosti 107 (2020), 60–79.

MEŠTROVIĆ, Matko: Urbanizam i konformizam [Urbanismus und Konformismus]. In: Naše teme 8/11 (1964), 1816–1823.

MILAŠIN, Nada (Hg.): Prostorni aspekt trajnog naseljavanja izbeglog stanovništva [Der räumliche Aspekt der dauerhaften Ansiedlung der Vertriebenen]. Beograd 1996.

MILČEC, Maja: Odakle da počnem [Wo soll ich anfangen]. Zagreb 2014.

MINIĆ, Oliver: Stambene zgrade tipa E-57 [Wohnungsbauten des Typs E-57]. In: Arhitektura – Urbanizam 1/5 (1960), 29.

MINIĆ, Oliver: Visoki objekti u gradu [Hohe Objekte in der Stadt]. In: Arhitektura – Urbanizam 2/11–12 (1961), 40–42, 63.

MIRKOVIĆ, Đuro: Arhitektonske specifičnosti dvaju najučestalijih sustava izvedbe višestambenih zgrada [Architektonische Besonderheiten der zwei gängigsten Systeme im Mehrstockbau]. In: Prostor 3/2 (1995), 385–396.

MIRKOVIĆ, Đuro/ŠNELER, Marino: Jedan relevantni segment graditeljskog naslijeđa – višestambene zgrade izvođene nakon Drugoga svjetskog rata [Ein relevantes Segment des Bauerbes – mehrstöckige Wohnungsbauten gebaut nach dem Zweiten Weltkrieg]. In: Prostor 7/ 1 (1999), 113–120.

MIRKOVIĆ, Melita et al.: Kako održavati savremeni stan? [Wie pflegt man eine zeitgenössische Wohnung?]. Sarajevo 1967.

Mirković, Vojko: Split 3: visoki urbanizam [Split 3: Hoher Urbanismus]. In: Slobodna Dalmacija (14.02.1970), 3.

Mlinar, Zdravko: Humanizacija mesta. Sociološke razsežnosti urbanizma in samoupravljanja v Novi Gorici [Humanisierung des Ortes. Soziologische Dimensionen der Stadtplanung und Selbstverwaltung in Nova Gorica]. Maribor 1983.

Mlinar, Zdravko et al.: Ljudje v novem mestu – Velenje [Menschen im neuen Ort – Velenje]. Ljubljana 1965.

Mohorovičić, Andrija: Teoretska analiza arhitektonskog oblikovanja [Theoretische Analyse architektonischer Gestaltung]. In: Arhitektura 1/1–2 (1947), 6–8.

Mohorovičić, Andrija: Prilog teoretskoj analizi problematike arhitektonskog oblikovanja [Beitrag zur theoretischen Analyse der Problematik architektonischer Gestaltung]. In: Urbanizam i arhitektura 4/1–2 (1950), 5–12.

Monsey, Derek: Ormarski stanovi – „marseilleski“ projekat Le Corbusiere-a [Schrankwohnungen – das „Marseiller“ Projekt von Le Corbusier]. In: Arhitektura 3/25–27 (1949), 76 f., 95.

Mrkić, V.: Izlazite napolje [Geht raus]. In: Oslobođenje (04.03.1992), 2.

Muljačić, Slavko: Izgradnja Splita 1944–1969. [Die Erbauung von Split 1944–1969]. In: URBS 8 (1969), 7–101.

Mušič, Braco: Centri v naseljih [Zentren in den Siedlungen]. In: Ivanšek 1962, 145–167.

Mušič, Braco: Varstvo narave in urbanizem [Naturschutz und Urbanismus]. Ljubljana 1965.

Mutnjaković, Andrija: Degeneracija ukusa ili orgije primitivizma [Die Degeneration des Geschmacks oder die Orgie des Primitivismus]. In: Čovjek i prostor 1/ 6 (1954), 6.

[Mutnjaković1955/a]: Mutnjaković, Andrija: Socijalistički rokoko [Sozialistisches Rokoko]. In: Čovjek i prostor 2/33 (1955), 6.

[Mutnjaković1955/b]: Mutnjaković, Andrija: Ukrasi koji nagrđuju [Hässliche Dekorationen]. In: Čovjek i prostor 2/45 (1955), 1, 3, 10.

Mutnjaković, Andrija: Javnost traži suvremeniji stan i suvremeniji namještaj [Die Öffentlichkeit sucht eine zeitgenössischere Wohnung und zeitgenössischere Möbel]. In: Čovjek i prostor 3/53 (1956), 4.

Mutnjaković, Andrija: Znate li stanovati [Wissen Sie, wie man wohnt]. Zagreb 1966.

Mutnjaković, Andrija: Biourbanizam [Biourbanismus]. Rijeka 1982.

Mutnjaković, Andrija: Endemska arhitektura [Endemische Architektur]. Osijek 1987.

Mutnjaković, Andrija: Stambena problematika u okviru II. međunarodne izložbe „Porodica i domaćinstvo 1958.“ [Die Wohnungsproblematik im Rahmen der II. internationalen Ausstellung „Familie und Haushalt 1958“]. In: Čovjek i prostor 5/79 (1958), 4 f.

Neidhardt, Juraj: Povodom akcije za izgradnju individualnih stanova. Naša dosadašnja praksa – iskustva za budući rad [Anlässlich der Aktion für den Bau individueller Wohnungen. Unsere bisherige Praxis – Erfahrungen für die zukünftige Arbeit]. In: Arhitekt 2/2 (1952), 4.

Neidhardt, Juraj: Pred eksplozijom stanovništva [Vor der Bevölkerungsexplosion]. In: Čovjek i prostor 15/181 (1968), 6 f.

NEIDHARDT, Tatjana: Kultura stanovanja. Popularni priručnik [Wohnkultur. Ein populärer Ratgeber]. Sarajevo 1999.

NIKŠIĆ, Radovan: Uz izložbu arhitekta Vladimira Turine [Zur Ausstellung des Architekten Vladimir Turina]. In: Arhitektura 11/1–6 (1957), 46 f.

NONVELLIER, Sergej: Cijena i stabilizacija građevinskog tržišta [Der Preis und die Stabilisierung der Baubranche]. In: Jugomont 1/3 (1961), 1 f., 15.

NOVAK, Vojko (Hg.): Stanbena zajednica [Wohngemeinde]. Ljubljana 1958.

OSTROGOVIĆ, Kazimir: Arhitektura SSSR 1917.–1947. Povodom 30. godišnjice Oktobarske revolucije [Die Architektur der UdSSR 1917–1947. Anlässlich des 30. Jahrestags der Oktoberrevolution]. In: Arhitektura 1/ 4–6 (1947), 3–8.

o.V.: Uvod; Graditeljstvo u petogodišnjem planu [Einleitung; Das Bauwesen im Fünfjahreplan]. In: Arhitektura 1/1–2 (1947), 3–5.

[o.V 1948/a]: o.V.: Izložba bugarske arhitekture u FNR Jugoslaviji [Die Ausstellung der bulgarischen Architektur in FVR Jugoslawien]. In: Arhitektura 2/7 (1948), 21.

[o.V 1948/b]: o.V.: Napomene redakcije uz članak prof. B. Maksimovića „Ka diskusiji o aktuelnim problemima naše arhitekture" [Anmerkungen der Redaktion zum Artikel von Prof. B. Maksimović „Zur Diskussion über aktuelle Probleme unserer Architektur"]. In: Arhitektura 2/8–10 (1948), 76–80.

[o.V 1948/c]: o.V.: Osvrt na arhitekturu bratske Čehoslovačke [Ein Rückblick auf die Architektur der brüderlichen Tschechoslowakei]. In: Arhitektura 2/8–10 (1948), 46–52.

[o.V 1948/d]: o.V.: Pregled knjiga i časopisa [Überblick der Bücher und Zeitschriften]. In: Arhitektura 2/11–12 (1948) 62.

[o.V 1948/e]: o.V.: Stvaralački problemi arhitekture SSSR [Schöpferische Probleme der Architektur der UdSSR]. In: Arhitektura 2/11–12 (1948), 57–61.

[o.V 1948/f]: o.V.: Suvremena mađarska arhitektura [Zeitgenössische ungarische Architektur]. In: Arhitektura 2/11–12 (1948), 40 f.

o.V.: Izložba društvenog standarta u Zagrebu [Die Ausstellung des Gesellschaftsstandards in Zagreb]. In: Arhitektura 3/25–27 (1949), 61–75.

[o.V 1950/a]: o.V.: Povodom gradnje montažnih kuća [Anlässlich des Baus von Montagehäusern]. In: Arhitektura 4/ 9–10 (1950), 26–34.

[o.V 1950/b]: o.V.: Maršal Tito primio predstavnike učesnika Prvog savjetovanja inženjera i tehničara – boraca za visoku produktivnost rada [Marschall Tito empfing die Vertreter der Teilnehmer der Ersten Beratung der Ingenieure und Techniker – der Kämpfer für hohe Arbeitsproduktivität]. In: Urbanizam i arhitektura 4/1–2 (1950), 3.

[o.V 1950/c]: o.V.: o.T. in: Urbanizam i arhitektura 4/9–10 (1950), 64.

[o.V 1952/a]: o.V.: Anketa o nekaterih aktualnih vprašanjih naše arhitekture [Befragung zu einigen aktuellen Themen unserer Architektur]. In: Arhitekt 2/ 3 (1952), 22.

[o.V 1952/b]: o.V.: Iz vsega sveta [Aus der ganzen Welt]. In: Arhitekt 2/4 (1952), 29–31.

372 | Literatur- und Quellenverzeichnis

[o.V 1952/c]: o.V.: Mnenja in kritike o 1. številki „Arhitekta" [Meinenungen und Kritiken zur ersten Ausgabe von „Arhitekt"]. In: Arhitekt 2/2 (1952), 43 f.

[o.V 1952/d]: o.V.: Stambena zgrada za samce tvornice „Rade Končar" u Zagrebu [Das Wohngebäude für Alleinstehende der Fabrik „Rade Končar" in Zagreb]. In: Arhitektura 6/4 (1952), 30 f.

[o.V 1952/e]: o.V.: o.T. Arhitekt 2/3 (1952), 42.

o.V.: Natečaj za stanovanjske zgradbe MLO Ljubljana 1953/54 [Der Wettbewerb für die Wohngebäude MLO Ljubljana 1953/54]. In: Arhitekt 3/9 (1953), 7–13.

[o.V 1954/a]: o.V.: Pravo na stan [Recht auf Wohnung]. In: Čovjek i prostor 1/1 (1954), 1.

[o.V 1954/b]: o.V.: Juraj Neidhardt: Sarajevo. Ulica Đure Đakovića [Juraj Neidhardt: Sarajevo. Die Đuro-Đaković-Straße]. In: Arhitektura 8/1 (1954), 24 f.

[o.V 1954/c]: o.V.: Polemički izvatci o Le Corbusierovoj Unité d'Habitation [Polemische Auszüge zu Le Corbusiers Unité d'Habitation]. In: Čovjek i prostor 1/15 (1954), 8.

o.V.: Zaključci 1. jugoslavenskog savjetovanja o stambenoj izgradnji i stanovanju u gradovima [Schlussfolgerungen der 1. jugoslawischen Beratung über den Wohnungsbau und Wohnen in den Städten]. In: Arhitektura 10/1–6 (1956), 30.

[o.V 1957/a]: o.V.: Centar za unapređenje domaćinstva u Celju [Das Zentrum für Haushaltsverbesseung in Celje]. In: Žena 15/ 1 (1957), 19 f.

[o.V 1957/b]: o.V.: Gropiusov govor na otvorenju škole u Ulmu [Die Rede von Gropius bei der Eröffnung der Schule in Ulm]. In: Arhitektura 11/1–6 (1957), 3 f.

[o.V 1957/c]: o.V.: Osvrt na Interbau u Berlinu – četvrt Hansa [Ein Rückblick auf den Interbau in Berlin – das Hansaviertel]. In: Arhitektura 11/1–6 (1957), 56–64.

[o.V 1957/d]: o.V.: Peti plenum Saveznog odbora SSRNJ [Das Fünfte Plenum des Bundesausschusses SSRNJ]. Beograd 1957.

[o.V 1957/e]: o.V.: Pokretni servis [Der mobile Servis]. In: Žena u borbi 15/8–9 (1957), 18.

[o.V 1957/f]: o.V.: Stambena zgrada u Zagrebu, Ulica Proleterskih brigada. Das Wohngebäude in Zagreb. Die Straße Proleterskih brigada]. In: Arhitektura 11/1–6 (1957), 5–11.

[o.V 1959/a]: o.V.: E-57. In: Čovjek i prostor 6/88–89 (1959), 2.

[o.V 1959/b]: o.V.: Nemoguće je postići maksimalnu produktivnost rada u proizvodnji, ako naše porodično kućanstvo ostane ovakvo kao što je bilo dosad … [Es ist unmöglich, die maximale Arbeitsproduktivität in der Herstellung zu erreichen, wenn unserer Familienhaushalt so bleibt, wie er bisher war …]. In: Žena 17/2 (1959), 25.

[o.V 1959/c]: o.V.: Soba mlade djevojke [Das Mädchenzimmer]. In: Žena 17/4 (1959), 30.

[o.V 1959/d]: o.V.: Suvremena porodica i njeni problemi. Iz referata Vide Tomšič [Die zeitgenössische Familie und ihre Probleme. Aus dem Referat von Vida Tomšič]. In: Žena 17/1 (1959), 11.

[o.V 1959/e]: o.V.: Zaključci Savjetovanja o potrebi regionalnog prostornog planiranja jadranskog područja održanog 21. i 22. travnja u Zagrebu [Schlussfolgerungen der Beratung über die Notwendigkeit einer regionalen Raumplanung des Adriaraums, die am 21. und 22. April in Zagreb stattfand]. In: Čovjek i prostor 6/86 (1959), 8.

[o.V 1960/a]: o.V.: Gimnastika i za domaćice [Gymnastik auch für Hausherrinnen]. In: Žena 18/1 (1960), 36.

[o.V 1960/b]: o.V.: Ideje za uređenje dječje sobe, kutića za igru i rad [Ideen für die Einrichtung des Kinderzimmers, der Spiel- und Arbeitsecke]. In: Žena 18/7 (1960), 40.

[o.V 1960/c]: o.V.: Jevtino kupi – skupo plati [Kauf billig – zahl teuer]. In: Pobjeda (31.01.1960), 7.

[o.V 1960/d]: o.V.: Katedra „Porodica i domaćinstvo" [Abteilung „Familie und Haushalt"]. Bd. 5. Zagreb 1960.

[o.V 1960/e]: o.V.: Nekoliko ustanova i servisa u stambenim zajednicama koji uspešno posluju [Einige erfolgreiche Einrichtungen und Servise in Wohngemeinden]. In: Stambena zajednica 2/12 (1960), 16 f.

[o.V 1960/f]: o.V.: o.T. In: Arhitektura – Urbanizam 1/4 (1960), 45.

[o.V 1960/g]: o.V.: Stambena zgrada „E-57" u Splitu [Das Wohngebäude „E-57" in Split]. In: Arhitektura 14/1–3 (1960), 60 f.

[o.V 1960/h]: o.V.: Stanovanjski blok Ljubljana, Prule [Der Wohnblock Ljubljana, Prule]. In: Arhitekt 10/2 (1960), 21–23.

[o.V 1960/i]: o.V.: Preko 60 servisa na području novosadske komune [Über 60 Servise auf dem Gebiet der Kommune Novi Sad]. In: Stambena zajednica 2/11 (1960), 4–7.

[o.V 1960/j]: o.V.: Stambena zgrada u Ljubljani [Das Wohngebäude in Ljubljana]. In: Arhitektura 14/1–3 (1960), 47–49.

[o.V 1961/a]: o.V.: Dječja soba [Kinderzimmer]. In: Svijet 9 (1961), 11.

[o.V 1961/b]: o.V.: Gdje i što gradi „Jugomont" [Wo und was baut „Jugomont"]. In: Jugomont 1/2 (1961), 14.

[o.V 1961/c]: o.V.: Neki primeri stambenih kula izgrađenih poslednjih godina kod nas [Einige Beispiel der Wohntürme gebaut bei uns in den letzten Jahren[. In: Arhitektura – Urbanizam 2/11–12 (1961), 4–30.

[o.V 1961/d]: o.V.: Urejeno stanovanje [Eingerichtete Wohnung]. Ljubljana 1961.

[o.V 1961/e]: o.V.: Za vaše goste [Für Ihre Gäste]. In: Svijet 6 (1961), 4.

[o.V 1962/a]: o.V.: Dijete će brzo prerasti svoju sobu … [Das Kind wird schnell seinem Zimmer entwachsen …]. In: Svijet 7 (1962), 12.

[o.V 1962/b]: o.V.: Imamo gosta [Wir haben einen Gast]. Ljubljana 1962.

[o.V 1962/c]: o.V.: Kada se ONA osjeća mučenicom [Wenn SIE sich wie eine Märtyrerin fühlt]. In: Svijet 10 (1962), 30.

[o.V 1962/d]: o.V.: Kada se ON osjeća mučenikom … [Wenn ER sich wie ein Märtyrer fühlt …]. In: Svijet 9 (1962), 30.

[o.V 1962/e]: o.V.: Modna revija u četiri kuhinjska zida [Modenschau in den vier Küchenwänden]. In: Svijet 10 (1962), 26 f.

[o.V 1962/f]: o.V.: Stambena situacija i stambene potrebe [Wohnsituation und Wohnbedürfnisse]. In: Jugomont 2/1 (1962), 2–4.

374 | Literatur- und Quellenverzeichnis

[o.V 1962/g]: o.V.: Ugodno, a samo 11,3 m² [Gemütlich auch auf nur 11,3 m²]. In: Svijet 5 (1962), 12.

[o.V 1962/h]: o.V.: U tragu za greškom, koja ugrožava njegov dobar izgled [Auf der Suche nach dem Fehler, der sein gutes Aussehen bedroht]. In: Svijet 10 (1962), 26 f.

[o.V 1963/a]: o.V.: Je li spavaća soba prošlost? [Ist das Schlafzimmer Vergangenheit?]. In: Svijet 2 (1963), 12.

[o.V 1963/b]: o.V.: Koja je razlika? [Was ist der Unterschied?]. In: Svijet 16 (1963), 30.

[o.V 1963/c]: o.V.: Unesite jednostavnost u dječju sobu [Bringen sie Einfachheit in das Kinderzimmer rein]. In: Svijet, 5 (1963), 7.

[o.V 1963/d]: o.V.: Zanimljiva akcija Zavoda za unapređenje domaćinstva u Karlovcu [Eine interessante Aktion des Instituts für Haushaltsverbesserung in Karlovac]. In: Svijet 17 (1963), 7.

[o.V 1964/a]: o.V.: Ni vaš stan nije teskoban [Auch Ihre Wohnung ist nicht beengend]. In: Bazar 1/1 (1964), 15.

[o.V 1964/b]: o.V.: Žena u društvu i privredi Jugoslavije. Statistički bilten [Die Frau in Gesellschaft und Wirtschaft Jugoslawiens. Statistisches Bulletin]. Beograd 1964.

[o.V 1965/a]: o.V.: Budite uredni i u kući [Seid ordentlich auch im Haus]. In: Bazar 2/5 (1965), 34.

[o.V 1965/b]: o.V.: Stan ili sušnica za meso [Wohnung oder ein Trockenraum für Fleisch]. In: Pobjeda (17.06.1965), 5.

[o.V 1965/c]: o.V.: Šta znači – urediti stan [Was bedeutet das – die Wohnung einrichten]. In: Pobjeda 22 (21.01.1965), 10.

[o.V 1965/d]: o.V.: Titogradski balkoni [Titograder Balkone]. In: Pobjeda (20.05.1965), 11.

[o.V 1967/a]: o.V.: Ekonomika kuhinji [Ökonomie für die Küche]. In: Naš dom 2/ 1 (1967), 13 f.

[o.V 1967/b]: o.V.: Kutak za dečje igre [Eine Ecke für Kinderspiele]. In: Naš dom 1/5 (1967), 18.

[o.V 1967/c]: o.V.: Naš dom kod Sonje Hlebš [Unser Zuhause bei Sonja Hlebš]. In: Naš dom 1/5 (1967), 30–33.

[o.V 1967/d]: o.V.: Pomoći ćemo vam u sređivanju dečje sobe [Wir helfen Ihnen beim Einrichten des Kinderzimmers]. In: Naš dom 1/5 (1967), 16 f.

[o.V 1967/e]: o.V.: Pošta [Post]. In: Naš dom 1/5 (1967), 4.

[o.V 1967/f]: o.V.: Poziva on – poziva ona [Er lädt ein – sie lädt ein]. In: Svijet Mladi (1967), 34 f.

[o.V 1967/g]: o.V.: Pravilne mere u kuhinji [Richtige Maße in der Küche]. In: Naš dom 1/3 (1967), 26.

[o.V 1967/h]: o.V.: Stan u bloku [Die Wohnung im Blok]. In: Naš dom 5/1 (1967), 8 f.

[o.V 1967/i]: o.V.: Tako stanujemo (stambeni blok na Limanu i u Novom Sadu) [So wohnen wir (der Wohnblock auf Liman und in Novi Sad)]. In: Naš dom 1/7 (1967), 45.

[o.V 1967/j]: o.V.: o.T. Naš dom 1/4 (1967), 14.

[o.V 1968/a]: o.V.: Blok sa 1052 stana [Der Blok mit 1052 Wohnungen]. In: Naš dom 2/4 (1968), 30–33.

[o.V 1968/b]: o.V.: … Mnogo smo želeli da dođemo do sopstvenog doma … [… Wir haben uns sehr gewünscht, eine eigene Wohnung zu erhalten …]. In: Naš dom 2/10 (1968), 36.

Filme und Serien | 375

[o.V 1968/c]: o.V.: Naselje Grbavica u Sarajevu [Die Siedlung Grbavica in Sarajevo]. In: Naš dom 2/10 (1968), 38.

[o.V 1968/d]: o.V.: Nemam toliko novaca da bih gradio jeftino [Ich habe nicht so viel Geld, dass ich billig bauen würde]. In: Naš dom 2/11 (1968), 33.

[o.V 1968/e]: o.V.: Oblikovanje namještaja za djecu [Die Gestaltung von Möbel für Kinder]. In: Naš dom 2/6 (1968), 18–20.

[o.V 1968/f]: o.V.: Porodica u jednoj sobi [Die Familie in einem Zimmer]. In: Naš dom 2/8 (1968), 5–10.

[o.V 1968/g]: o.V.: Što očekujete od života [Was erwarten Sie vom Leben]. In: Svijet 16/21 (1968), 41.

[o.V 1968/h]: o.V.: Velika nagradna akcija. Dvosobni stan može postati Vašim vlasništvom [Das große Gewinnspiel. Zweizimmerwohnung kann Ihr Eigentum werden]. In: Naš dom 2/10 (1968), 3 f.

[o.V 1968/i]: o.V.: Započela je nagradna igra za pretplatnike „Našeg doma" [Das Gewinnspiel für Abonnenten von „Naš dom" fing an]. In: Naš dom 2/12 (1968), 10.

[o.V 1968/j]: o.V.: Naš dom vam uređuje stan [Naš dom richtet Ihre Wohnung ein]. In: Naš dom 2/12 (1968), 15.

[o.V 1969/a]: o.V.: Boravimo i spavamo u jednoj prostoriji [Wir wohnen und schlafen in einem Raum]. In: Naš dom 3/6 (1969), 6–14.

[o.V 1969/b]: o.V.: Domaća pisarnica [Heimbüro]. In: Naš dom 3/7 (1969), 8–14.

[o.V 1969/c]: o.V.: Iskoristio sam sve mogućnosti u dobijanju kredita [Ich habe alle Kreditierungsmöglichkeiten ausgeschöpft]. In: Naš dom 3/7 (1969), 5.

[o.V 1969/d]: o.V.: Noviteti Splita III. Prispjeli radovi dobro ocijenjeni [Die Neuheiten von Split III. Eingereichte Arbeiten positiv bewertet]. In: Slobodna Dalmacija (25.03.1969), 6.

[o.V 1969/e]: o.V.: Razglednice ptujskih štediša i graditelja [Die Ansichtskarten der Ptujer Sparer und Bauherren]. In: Naš dom 3/9 (1969), 14.

[o.V 1969/f]: o.V.: S malim novcima do montažne kuće [Mit wenig Geld zum Montagehaus]. In: Naš dom 3/6 (1969), 5.

[o.V 1969/g]: o.V.: Naš dom vam uređuje stan [Naš dom richtet Ihre Wohnung ein]. In: Naš dom 3/1 (1969), 11.

[o.V 1970/a]: o.V.: Centar za kulturu stanovanja Naš dom u Beogradu prikazuje [Das Zentrum für Wohnkultur Nas dom in Belgrad stellt vor]. In: Naš dom 4/3 (1970), 15–18.

[o.V 1970/b]: o.V.: I mala prostorija može biti prostrana [Auch ein kleines Zimmer kann geräumig sein]. In: Naš dom 4/10 (1970), 5–10.

[o.V 1970/c]: o.V.: Otvoren centar za kulturu stanovanja „Našeg doma" u Beogradu [Das Zentrum für Wohnkultur von „Naš dom" in Belgrad eröffnet]. In: Naš dom 4/2 (1970), 3 f.

[o.V 1970/d]: o.V.: Posjetili smo štedišu koji s kreditom gradi Marlesovu montažnu kuću [Wir haben den Sparer besucht, der mithilfe von Kredit ein Marles-Montagehaus baut]. In: Naš dom 4/3 (1970), 29–31.

[o.V 1970/e]: o.V.: U gradu budućnosti [In der Stadt der Zukunft]. In: Naš dom 4/2 (1970), 43.

Literatur- und Quellenverzeichnis

[o.V 1971/a]: o.V.: Boravimo, spavamo, jedemo i oblačimo se u istoj prostoriji [Wir wohnen, schlafen, essen und kleiden uns im selben Raum ein]. In: Naš dom 5/3 (1971), 24–27.

[o.V 1971/b]: o.V.: Dobra vila Corona [Gute Fee Corona]. In: Naš dom 5/9 (1971), 8–19.

[o.V 1971/c]: o.V.: Kuhinja Vega 60 najbolja je prijateljica svake savremene domaćice! [Die Küche Vega 60 ist die beste Freundin jeder heutigen Hausherrin!]. In: Naš dom 5/9 (1971), 8–19.

[o.V 1971/d]: o.V.: Živimo u jednoj prostoriji [Wir wohnen in einem Zimmer]. In: Naš dom 5/1 (1971), 5.

[o.V 1992/a]: o.V.: Kukuruz na vrh glave [Mais auf dem Kopf]. In: Oslobođenje (04.03.1992).

[o.V 1992/b]: o.V.: Protiv gradnje poslovnog prostora [Gegen den Bau von Gewerberaum]. In: Oslobođenje (17.03.1992), 6.

[o.V 1992/c]: o.V.: Prvo Dobrinja, pa Stup [Erst Dobrinja, dann Stup]. In: Oslobođenje (17.03.1992), 6.

[o.V 1992/d]: o.V.: Uprkos ludilu [Trotz des Wahnsinns]. In: Oslobođenje (03.03.1992), 5.

[o.V 1992/e]: o.V.: Za kolektivni dnevnik [Für ein kollektives Tagebuch]. In: Oslobođenje (12.04.1992), 2.

o.V.: Pola stoljeća Trnskog – priča jedne generacije [Ein halbes Jahrhundert Trnsko – die Geschichte einer Generation. In: Muzej grada Zagreba (2010). http://www.mgz.hr/hr/izlozbe/povremene-izlozbe/pola-stolje%c4 %87a-trnskog---pri%c4 %8da-jedne-generacije,210.html [Zugriff am 12.02.2020].

[o.V 2016/a]: o.V.: Stigao je lunapark u naselje!:) [Ein Vergnügungspark ist in die Siedlung gekommen!:)]. In: Virtualni muzej Trnskog, Facebook-Seite (30.09.2016). https://www.facebook.com/220187635033197/photos/a.220187708366523/302672746784685/?type=3&theater [Zugriff am 14.12.2020].

[o.V 2016/b]: o.V.: Antonio B. nas podsjeća na jednu staru iz arhiva Cvetnić [Antonio B. erinnert uns an ein altes Foto aus dem Archiv Cvetnić]. In: Virtualni muzej Trnskog, Facebook-Seite (18.10.2016); https://www.facebook.com/Virtualni-Muzej-Trnskog-220187635033197/photos/a.220187708366523/314456118939681 [Zugriff am 14.12.2020].

[o.V 2016/c]: o.V.: Sjećate li se tuče [Erinnert ihr euch an den Hagel]. In Virtualni muzej Trnskog, Facebook-Seite (26.11.2016). https://www.facebook.com/220187635033197/photos/a.220187708366523/337018486683444/?type=3&theater [Zugriff am 15.02.2020].

[o.V 2018/a]: o.V.: ProstoRož Portfolio. In: Prostoroz.org (2018); http://prostoroz.org/wp-content/uploads/2018/05/knjiz%CC%8Cica1.pdf [Zugriff am 28.08.2020].

[o.V 2018/b]: o.V.: The Siege of Sarajevo – Archive, 1993. In: The Guardian (2018). https://www.theguardian.com/world/from-the-archive-blog/2018/jul/13/siege-of-sarajevo-ian-traynor-maggie-okane-1993 [Zugriff am 23.01.2020].

[o.V 2018/c]: o.V.: Toward a Concrete Utopia. Architecture in Yugoslavia, 1948–1980. In: MoMA.org (2018). https://www.moma.org/calendar/exhibitions/3931 [Zugriff am 24.01.2021].

Pantić, Mihajlo: Novobeogradske priče [Neu-Belgrader Geschichten]. Beograd 1994.

PASINOVIĆ, Antoaneta: Natječaj za urbanističko rješenje kompleksa istočnog Splita „Split III" [Der Wettbewerb für die urbanistische Lösung des Komplexes Ostsplits „Split III"]. In: Čovjek i prostor 17/202 (1970), 4–6.

PAVELIĆ, Tomislav: The Issue of Rashomon. In: Oris 11/58 (2009), 118–129.

PERAN, Ante: Jutro u vašem domu [Morgen in Ihrem Zuhause]. In: Žena 17/2 (1960), 6.

PERIŠIĆ, Dimitrije/PETOVAR, Ksenija/ČELEBČIĆ, Omiljena: Osnovne postavke i kriterijumi u utvrđivanju potencijalnih zona za naseljavanje izbeglog i prognanog stanovništva na teritoriji Republike Srbije [Grundeinstellungen und Kriterien bei der Bestimmung potenzieller Zonen für die Ansiedlung der geflüchteten und vertriebenen Bevölkerung auf dem Territorium der Republik Serbien]. In: MILAŠIN 1996, 1–6.

PERKOVIĆ, Zorislav: Problemi i stranputice (našeg) urbanizma [Probleme und Umwege (unseres) Urbanismus]. In: Naše teme 21/4 (1977), 805–840.

PERONJA, Radmila: Povodom izložbe savremenog nameštaja u robnoj kući „Novi dom" u Beogradu [Anlässlich der Ausstellung zeitgenössischer Möbel im Kaufhaus „Novi dom" in Belgrad]. In: Arhitektura – Urbanizam 3/17 (1962), 52.

[PERONJA 1965/a]: PERONJA, Radmila: Dete i njegova soba [Das Kind und sein Zimmer]. In: Bazar 2/5 (1965), 41.

[PERONJA 1965/b]: PERONJA, Radmila: Kada imaju manje od 10 godina [Wenn sie unter 10 Jahre alt sind]. In: Bazar 2/9 (1965), 36 f.

[PERONJA 1966/a]: PERONJA, Radmila: 2 × 1 = 1 ili nameštaj sa više primena [2 × 1 = 1 oder Möbel mit mehreren Anwendungen]. In: Bazar 3/27 (1966), 34.

[PERONJA 1966/b]: PERONJA, Radmila: Praznična svečana atmosfera [Festliche feierliche Atmosphäre]. In: Bazar 3/26 (1966), 34.

PERONJA, Radmila: Za one koje rado šiju [Für diejenigen, die gerne nähen]. In: Bazar 4/61 (1967), 34.

PEROVIĆ, Miloš R.: Iskustva prošlosti [Die Erfahrungen der Vergangenheit]. Beograd 1985.

PETERČIĆ, Milivoj: Izgradnja stambenih naselja na Grbavici u Sarajevu [Der Bau von Wohnsiedlungen in Grbavica i Sarajevo]. In: Čovjek i prostor 7/96 (1960), 3.

PETROVIĆ, Branko: Bio sam posjetilac broj 81562 [Ich war der Besucher Nummer 81652]. In: Čovjek i prostor 2/44 (1955), 3, 8.

PETROVIĆ, Branko: Urbanistička struktura stambenih zadruga [Die Urbanistische Struktur der Wohnkooperativen]. In: Čovjek i prostor 3/52 (1956), 11.

PETROVIĆ, Branko: Stambena zajednica [Wohngemeinde]. In: Čovjek i prostor 5/78 (1958), 1, 5.

PODUZEĆE ZA IZGRADNJU SPLITA: Split 3. Problematika, analiza, dileme [Split 3. Problematik, Analyse, Dilemmata]. Split 1973.

POŽGAJ, Zvonimir: Jednobojne prostorije [Einfarbige Zimmer]. In: Čovjek i prostor 2/35 (1955), 6.

PRELOG, Milan: Urbanizacija i urbanizam [Urbanisierung und Urbanismus]. In: Naše teme 8/11 (1964), 1824–1831.

PRSTOJEVIĆ, Miroslav: Sarajevo. Survival Guide. New York 1993.

378 | Literatur- und Quellenverzeichnis

PUDAR, Momo. Hitno, hitno Plavi šljemovi [Dringend, dringend Blauhelme]. In: Oslobođenje 03.03.1992, 6.

RAIĆ, Ivo: Za orijentaciju na etapne planove i perspektivne programe [Für eine Orientierung bei Etappenplänen und perspektivischen Programmen]. In: Stambena zajednica 2/10 (1960), 1.

RAKOČEVIĆ, B.: Balkoni – ogledalo grada [Balkone – Der Spiegel der Stadt]. In: Pobjeda (26.09.1965), 10.

RAŠICA, Božidar: Boja – plastična determinanta u arhitekturi [Farbe – eine plastische Determinante in der Architektur]. In: Arhitektura 14/1–3 (1960), 35–43.

RAVNIKAR, Edo/KANIĆ, Liza: Stanovanjska kolonija [Wohnkolonie]. In: Arhitektura 1/3 (1947), 28 f.

RAVNIKAR, Edvard: Naša gradnja stanovanj in njena sodobna problematika [Unser Wohnungsbau und seine gegenwärtige Problematik]. In: Arhitekt 3/9 (1953), 14.

RENAUDIE, Serge/GUILBAUD, Pierre/LEFEBVRE, Henri: International Competition for the New Belgrade Urban Structure Improvement. In: BITTER/WEBER 2009, 1–71.

RIBNIKAR, Vladislav: Problem stanbenih zgrada [Problem der Wohnungsbauten]. In: Urbanizam i arhitektura 4/11–12 (1950), 15–22.

RICHTER, Vjenceslav: Stambeni tornjevi u Beogradu [Wohntürme in Belgrad]. In: Arhitektura 16/1–3 (1960), 33 f.

RICHTER, Vjenceslav: Sinturbanizam [Synthurbanismus]. Zagreb 1964.

RIHTMAN-AUGUŠTIN, Dunja: Uvid u jedan segment kulture grada [Ein Einblick in ein Segment der Kultur der Stadt]. In: Sociologija i prostor 31–32 (1971), 86–95.

RIHTMAN-AUGUŠTIN, Dunja: Etnološka istraživanja u gradu – problemi i dileme [Ethnologische Forschungen in der Stadt – Probleme und Dilemmata]. In: Etnološka tribina 10/3 (1980), 63–72.

RIHTMAN-AUGUŠTIN, Dunja: Etnologija naše svakodnevice [Die Ethnologie unseres Alltags]. Zagreb 1988.

ROJEC, Lojze: Uvodna beseda [Einführungsrede]. In: Ivanšek 1962, 5–8.

ROKSANDIĆ, Dragan: Kako ćete urediti svoj stan [Wie richten sie Ihre Wohnung ein]. In: Žena 21/10 (1963), 21.

ROKSANDIĆ, Dragan: Kako ćete urediti stan? [Wie richten sie Ihre Wohnung ein?]. In: Žena 22/2 (1964), 40–42.

SAVIĆ, Mila: Klub upornih [Der Club der Hartnäckigen], In: Bazar 3/32 (1966), 28 f.

SEFERAGIĆ, Dušica: Sociološki aspekti planiranja novih naselja (za naselje Dugave) [Soziologische Aspekte der Planung von neuen Siedlungen (für die Siedlung Dugave)]. Zagreb 1976.

SEFERAGIĆ, Dušica: Nova naselja – stare zablude [Neue Siedlungen – alte Irrtümer]. In: Naše teme 21/4 (1977), 863–875.

SEFERAGIĆ, Dušica: Rekonstrukcija ili revitalizacija? [Rekonstruktion oder Revitalisierung?]. In: Komunikacije 3 (1978), 49–57.

SEFERAGIĆ, Dušica: Kvaliteta života i nova stambena naselja [Lebensqualität und neue Wohnsiedlungen]. Zagreb 1988.

SEFERAGIĆ, Dušica: Razvoj sociologije grada i prostora u Hrvatskoj [Entwicklung der Stadt- und Raumsoziologie in Kroatien]. In: Sociologija i prostor 51/2 (2013), 281–290.

SEVNIK, Srđan: Medicinski pogledi na stanovanje in naselje [Medizinische Ansichten zur Wohnung und Siedlung]. In: IVANŠEK 1962, 119–131.

SOLAR, Željko: „Konfekcioniranje" zgrada [„Konfektionierung" der Bauten]. In: Jugomont 1/3 (1961), 3–7, 14.

[SOLAR 1962/a]: SOLAR, Željko: Bitka za montažnu izgradnju [Der Kampf für Montagebau]. In: Čovjek i prostor 9/108–109 (1962), 13 f.

[SOLAR 1962/b]: SOLAR, Željko: Čime stanari Jugomontovih zgrada nisu zadovoljni [Womit die Bewohner von Jugomonts Bauten nicht zufrieden sind]. In: Jugomont 2/5 (1962), 77 f.

[SOLAR 1962/c]: SOLAR, Željko: Montažna izgradnja [Montagebau]. In: Čovjek i prostor 9/111 (1962), 6, 8.

STEVANOVIĆ, V.: Slobodno vrijeme zaposlene žene [Freizeit der berufstätigen Frau]. In: Pobjeda 22/2398 (01.04.1965), 10.

STOJANOVIĆ, O.: Pola sata nege. Lepa i u postelji [Eine halbe Stunde Pflege. Schön auch im Bett]. In: Bazar 4/71 (1967), 11.

SUPEK, Rudi: Sociologija i socijalizam [Soziologie und Sozialismus]. Zagreb 1966.

SUPEK, Rudi: Ova jedina zemlja. Idemo li u katastrofu ili u treću revoluciju? [Diese einzige Erde. Gehen wir in die Katastrophe oder in die dritte Revolution?]. Zagreb 1973.

SUPEK, Rudi: Grad po mjeri čovjeka. S gledišta kulturne antropologije [Die Stadt nach Menschenmaß. Aus der Sicht der Kulturanthropologie]. Zagreb 1987.

ŠEFEROV, Srđa: Bitka za montažnu izgradnju [Der Kampf für Montagebau]. In: Čovjek i prostor 9/108–109 (1962), 3.

ŠEGVIĆ, Neven: Stvaralačke komponente arhitekture FNRJ [Schöpferische Komponenten der Architektur FNRJ]. In: Urbanizam i arhitektura 4/5–6 (1950), 5–40.

ŠEGVIĆ, Neven: Nekoliko asocijacija o najnovijem arhitektonskom razvitku Splita [Ein paar Assoziationen zur neusten architektonischen Entwicklung Splits]. In: URBS 1 (1957), 35–41.

ŠLAJMER, Marko: Stanovanjsko naselje tovarne pohištva „Edvard Kardelj" [Die Wohnsiedlung der Möbelfabrik „Edvard Kardelj"]. In: Arhitekt 2/5 (1952), 21.

ŠNAJDER, Zdenka: Jedno poslijepodne kod Mirićevih [Ein Nachmittag bei den Mirićs]. In: Žena 19/1 (1961), 18 f.

ŠNAJDER, Zdenka: Žena sa stotinu hobija [Frau mit hundert Hobbys]. In: Žena 21/ 3 (1963), 32 f.

ŠPELETIĆ, Krešo: Kuhača ad acta!? Društvena prehrana i oko nje [Kochlöffel ad acta!? Vergesellschaftete Ernährung und drumherum]. In: Svijet 4 (1963), 4.

ŠPELETIĆ, Krešo: Trnski „pereulki" [Trnskos „Pereulki"]. In: Svijet 12/1 (1964), 5.

ŠUVAR, Stipe: Između zaseoka i megalopolisa [Zwischen dem Weiler und der Megalopolis]. Zagreb 1973.

TANCIG, Branka: Majhna stanovanja – toda udobna [Kleine Wohnungen – aber gemütlich]. Ljubljana 1954.

TANCIG, Branka: Kuhinja. Planiranje i oprema [Die Küche. Planung und Ausstattung]. Ljubljana 1958.

TANGHE, Jan/VLAEMINCK, Sieg/BERGHOFF, Jo: Living Cities. A Case for Urbanism and Guidelines for Re-urbanization. Oxford/New York 1984.

TEPINA, Marjan (Hg.): Stan za naše prilike [Wohnung für unsere Umstände]. Ljubljana 1957.

TOMAŠEVIĆ, Dragana (Hg.): Das Leben ist stärker. Ein bosnisches Lesebuch, geschrieben von Frauen im Krieg. Linz 1996.

TRINAJSTIĆ, Maja/GUBIĆ, Nela: Urednici [Herausgeber]. In: Arhitektura 51/ 1 (1998), 66–77.

TUCAKOVIĆ, Šemso: Izvještaji iz bosanskog rata. Dnevničke zabilješke [Berichte aus dem Bosnienkrieg. Tagebuchnotizen]. Fojnica 2017.

TURINA, Vlado: „MODULOR" Le Corbusiera i marseilleski eksperiment [Le Corbusiers MODULOR und Marseille Experiment]. In: Arhitektura 7/2 (1953), 39 f.

VASILJEVIĆ, Branko: Interbau – Berlin. In: Čovjek i prostor 4/62 (1957), 2.

[VENTURINI 1955/a]: VENTURINI, Darko: Može li stambena zadruga riješiti stambeni problem? [Kann die Wohnkooperative das Wohnungsproblem lösen?]. In: Čovjek i prostor 2/40 (1955), 1, 8.

[VENTURINI 1955/b]: VENTURINI, Darko: Stambena zadruga „Prvomajska" [Wohnkooperative „Prvomajska"]. In: Čovjek i prostor 2/37 (1955), 1, 3.

VIDAKOVIĆ, Slobodan: Stambene zadruge [Wohnkooperativen]. In: Čovjek i prostor 3/48 (1956), 1 f., 10.

VUJOVIĆ, Sreten: Stanovanje u novim naseljima [Wohnen in neuen Siedlungen]. In: Sociološki pregled 6/3 (1972), 203–221.

VUJOVIĆ, Sreten: Urbano i stambeno pitanje u svetlu svojinskih promena [Stadt- und Wohnungsfragen im Licht von Eigentumsänderungen]. In: Luča 12/1–2 (1995), 272–278.

VUJOVIĆ, Sreten: Grad u senci rata. Ogledi o gradu, siromaštvu i sukobima [Die Stadt im Schatten des Kriegs. Essays über Stadt, Armut und Konflikte]. Novi Sad/Beograd 1997.

VUKOVIĆ, Siniša: Spiralni hotel za samce [Das Spiralhotel für Alleinstehende]. In: Arhitektura – Urbanizam 2/11–12 (1961), 47.

VUKOVIĆ, Slobodan: Stan po mjeri čovjeka [Wohnung nach Menschenmaß]. In: Pobjeda 35/4236 (04.02.1979), 3.

WEISS, Hugo: Na pot [Auf den Weg]. In: o.V.: Imamo gosta, Ljubljana 1962, 3–7.

WENZLER, Fedor: Neće ostati grad-ruševina [Die Stadt-Ruine wird nicht bleiben]. In: Čovjek i prostor 10/126 (1963), 6.

ZEMLJAK, Ivan: Boja u urbanizmu [Farbe im Urbanismus]. In: Čovjek i prostor 5/74 (1958), 1 f.

ZLATAR, Pero: Skopska mladost 1964 [Skopjes Jugend 1964]. In: Svijet 3 (1964), 5.

ŽANKO, Vanja: U velikom domu [Im großen Zuhause]. In: Žena 18/10 (1960), 12 f.

ŽIGON, Rozika: Turistični gost [Der touristische Gast]. In: o.V.: Imamo gosta [Wir haben einen Gast]. Ljubljana 1962, 9–40.

LITERATUR

AGANOVIĆ, Midhat: Graditeljstvo i stanje drugih djelatnosti u Sarajevu u XX i prethodnim stoljećima [Bauwesen und der Stand anderer Branchen in Sarajevo im 20. und in den vorhergehenden Jahrhunderten]. Sarajevo 2009.

ALLCOCK, John B./HORTON, John J./MILIVOJEVIĆ, Marko (Hg.): Yugoslavia in Transition. Choices and Constraints. Essays in Honour of Fred Singleton. Oxford 1992.

ANGERMANN, Kirsten/HILSE, Tabea: Altstadtplatten. „Komplexe Rekonstruktion" in den Innenstädten von Erfurt und Halle. Weimar 2013 (Forschungen zum baukulturellen Erbe der DDR 2).

ARCHER, Rory: Imaš kuću – vrati stan. Housing inequalities, socialist morality and discontent in 1980s Yugoslavia. In: Godišnjak za društvenu istoriju 3 (2013), 119–139.

ARCHER, Rory: "Paid for by the workers, occupied by the bureaucrats". Housing inequalities in 1980s Belgrade. In: ARCHER/DUDA/STUBBS 2016, 58–76.

ARCHER, Rory/DUDA, Igor/STUBBS, Paul (Hg.): Social Inequalities and Discontent in Yugoslav Socialism. Abingdon 2016 (Southeast European Studies 3).

ARCHER, Rory/MUSIĆ, Goran: "Not All Canteens Are Created Equal". Food Provision for Yugoslav Blue-Collar Workers in Late Socialism. In: FOTIADIS/IVANOVIĆ/VUČETIĆ 2019, 73–93.

ARIÈS, Philippe: Centuries of Childhood. Harmondsworth 1973.

AUSST.KAT. ZAGREB 2012–2013: Refleksije vremena 1945–1955 [Reflexionen der Zeit 1945–1955]. Galerija Klovićevi Dvori 12.12.2012-10.3.2013. Hg. v. Jasmina Bavoljak. Zagreb 2012.

BADE, Klaus J. et al. (Hg.): The Encyclopedia of Migration and Minorities in Europe from the 17th Century to the Present. Cambridge 2011.

BANDAK, Andreas (Hg.): Ethnographies of Waiting; Doubt, Hope and Uncertainty. London 2018.

BANDAK, Andreas/JANEJA, Manpreet K.: Introduction. Worth the Wait. In: BANDAK 2018, 1–39.

BARTETZKY, Arnold: Vom verschmähten Erbe zum Publikumsliebling? Ostmoderne im Blick von Investoren. In: BARTETZKY/DIETZ/HASPEL 2014, 166–179.

BARTETZKY, Arnold/HASPEL, Jörg (Hg.): Von der Ablehnung zur Aneignung? Das architektonische Erbe des Sozialismus in Mittel- und Osteuropa. Köln/Weimar/Wien 2014 (Visuelle Geschichtskultur 12).

BARTHES, Roland: Die helle Kammer. Bemerkung zur Photographie. Frankfurt am Main 2009.

BAZIN, Jérôme/DUBOURG GLATIGNY, Pascal/PIOTROWSKI, Piotr (Hg.): Art beyond Borders: Artistic Exchange in Communist Europe (1945–1989). Budapest/New York 2016 (Leipzig Studies on the History and Culture of East-Central Europe 3).

BENJAMIN, Walter: Das Kunstwerk im Zeitalter seiner technischen Reproduzierbarkeit. Drei Studien zu Kunstsoziologie. Frankfurt am Main 2003 (Edition Suhrkamp 28).

BERNHARDT, Christoph/ENGLER, Harald: Eisenach – sozialistische Autostadt mit gebremster Entwicklung. In: HESSLER/RIEDERER 2014, 109–126.

BETSCHER, Silke: Von großen Brüdern und falschen Freunden. Visuelle Kalte-Kriegs-Diskurse in deutschen Nachkriegsillustrierten. Diss. Liverpool 2010. Essen 2013.

382 | Literatur- und Quellenverzeichnis

BILANDŽIĆ, Dušan: Historija Socijalističke Federativne Republike Jugoslavije. Glavni procesi 1918–1985 [Geschichte der Sozialistischen Föderativen Republik Jugoslawien. Hauptprozesse 1918–1985]. Zagreb 1985.

BIŠKUPIĆ ČURLA, Margareta/MATIJAŠIĆ, Josipa: Tradicijska drvena stambena arhitektura na području Novog Zagreba [Traditionelle Wohnarchitektur aus Holz auf dem Gebiet von Neu-Zagreb]. Zagreb 2017.

BITTER, Sabine/WEBER, Helmut (Hg.): Autogestion, or Henri Lefebvre in New Belgrade. Berlin/Vancouver 2009 (Kataloge der Oberösterreichischen Landesmuseen 90).

BJAŽIĆ KLARIN, Tamara: Radna grupa Zagreb. Osnutak i javno djelovanje na hrvatskoj kulturnoj sceni [Arbeitsgruppe Zagreb. Gründung und öffentliches Agieren in der kroatischen Kulturszene]. In: Prostor 13/ 1 (2005), 41–53.

BJAŽIĆ KLARIN, Tamara: Housing in Socialist Yugoslavia. In: STIERLI/KULIĆ 2018, 90–95.

BLAGOJEVIĆ, Ljiljana: Modernism in Serbia. The Elusive Margins of Belgrade Architecture 1919–1941. Cambridge/London 2003.

BLAGOJEVIĆ, Ljiljana: Novi Beograd. Osporeni modernizam [Neu-Belgrad. Der umstrittene Modernismus]. Beograd 2007.

BLAGOJEVIĆ, Ljiljana: The Problematic of a "New Urban". The Right to New Belgrade. In: BITTER/WEBER 2009, 119–133.

BLAU, Eve/RUPNIK, Ivan (Hg.): Project Zagreb. Transition as Condition, Strategy, Practice. Barcelona 2007.

BLOMEYER, Gerald R./TIETZE, Barbara (Hg.): In Opposition zur Moderne. Aktuelle Positionen in der Architektur. Ein Textbuch. Braunschweig/Wiesbaden 1980 (Bauwelt Fundamente 52).

BOBOVEC, Borka/KORLAET, Luka/VIRAG, Nino: Arhitekt Ivo Bartolić. Prolegomena opusu [Architekt Ivo Bartolić. Prolegomena zum Opus]. In: Prostor 23/1 (2015), 160–173.

BONFIGLIOLI, Chiara: Women's Political and Social Activism in the Early Cold War Era. The Case of Yugoslavia. In: Aspasia 8 (2014), 1–25.

BONFIGLIOLI, Chiara: On Vida Tomšič, Marxist Feminism, and Agency. In: Aspasia 10 (2016), 145–151.

BÖSCH, Frank: Zeitenwende 1979. Als die Welt von heute begann. München 2019.

BOYM, Svetlana: Common Places. Mythologies of Everyday Life in Russia. Cambridge/London 1995.

BOŽIĆ, Nikša: One Lost Battle for the Public Space: The Case of Travno Park in Novi Zagreb. In: CINEFOGO Conference "Citizen Participation in Policy Making". Bristol 2007. http://cinefogoconference.pbworks.com/f/PN008_Bozic.pdf [Zugriff am 02.02.2020].

BRACEWELL, Wendy: Eating Up Yugoslavia. Cookbooks and Consumption in Socialist Yugoslavia. In: BREN/NEUBURGER 2012, 169–196.

BREN, Paulina/NEUBURGER, Mary (Hg.): Communism Unwrapped. Consumption in Cold War Eastern Europe. Oxford 2012.

BRONOVITSKAYA, Anna et al.: Moscow. A Guide To Soviet Modernist Architecture 1955–1991. Moskva 2019.

BROOK, Richard/DODGE, Martin/HOGG, Jonathan (Hg.): Cold War Cities. Politics, Culture and Atomic Urbanism, 1945–1965. London 2020 (Routledge Research in Historical Geography 13).

BUDEN, Boris: Afterword. And So They Historicized. In: JELAČA/KOLANOVIĆ/LUGARIĆ 2017, 345–350.

BUHIN, Anita: Jugoslavenska popularna kultura između zabave i ideologije [Jugoslawische Populärkultur zwischen Unterhaltung und Ideologie]. In: DUDA 2017, 221–244.

BUHIN, Anita/FILIPOVIĆ, Tina (Hg.): Socijalizam na klupi. Kontinuiteti i inovacije [Sozialismus auf der Bank. Kontinuitäten und Innovationen]. Pula/Zagreb 2021.

BULLOCK, Nicholas/READ, James: The Movement for Housing Reform in Germany and France 1840–1914. Cambridge 1985 (Cambridge Urban and Architectural Studies 9).

BURDA, Hubert/MAAR, Christa (Hg.): Iconic Turn. Die neue Macht der Bilder. Köln ³2005 [2004].

BURZAN, Danilo: Istorija Podgorice. Kronologija događaja [Geschichte von Podgorica. Chronologie der Ereignisse]. Podgorica 2016.

BYKOV, Alex/GUBKINA, Ievgeniia: Soviet Modernism. Brutalism. Post-Modernism. Buildings and Structures in Ukraine 1955–1991. Berlin 2019.

CALIC, Marie-Janine: Krieg und Frieden in Bosnien-Hercegovina. Frankfurt am Main ²1996 [1995].

CALIC, Marie-Janine: Geschichte Jugoslawiens im 20. Jahrhundert. München 2010.

CARTER, Francis W. (Hg.): Environmental Problems in Eastern Europe. London 1993.

CASTILLO, Greg: Das „ausgestellte" Haus und seine politische Rolle im Kalten Krieg in Deutschland. In: NIERHAUS/NIERHAUS 2014, 57–79.

DE CERTEAU, Michel: The Practice of Everyday Life. Berkeley/Los Angeles 1988.

CHRISTIAN, Michel/KOTT, Sandrine/MATEJKA, Ondrej (Hg.): Planning in Cold War Europe. Competition, Cooperation, Circulations (1950s–1970s). Berlin/Boston 2018 (Rethinking the Cold War 2).

CHUA, Jocelyn Lim: Making Time for Children. Self-Temporalization and the Cultivation of the Antisuicidal Subject in South India. In: Cultural Anthropology 26/1 (2011), 112–137.

COHEN, Roger: Hearts Grown Brutal. Sagas of Sarajevo. New York 1998.

COLOMINA, Beatriz (Hg.): Sexuality & Space. New York 1992 (Princeton Papers on Architecture 1).

COLOMINA, Beatriz: The Split Wall. Domestic Voyeurism. In: COLOMINA 1992, 73–128.

COLOMINA, Beatriz: Privacy and Publicity. Modern Architecture as Mass Media. Cambridge/London 1994.

CONN, Steven: Americans Against the City. Anti-Urbanism in the Twentieth Century. Oxford/New York 2014.

CROWLEY, David/PAVITT, Jane: Cold War Modern. Design 1945–1970. London 2008.

CROWLEY, David: Thaw Modern. Design in Eastern Europe after 1956. In: CROWLEY/PAVITT 2008, 128–150.

384 | Literatur- und Quellenverzeichnis

CUMING, Emily: Housing, Class and Gender in Modern British Writing, 1880–2012. Cambridge 2016.

CUBITT, Sean/THOMAS, Paul (Hg.): Relive. Media Art Histories. Cambridge/London 2013 (Leonardo).

CVETNIĆ, Ratko/KLEMENČIĆ, Mladen: Virtualni muzej zagrebačkog naselja Trnsko [Das virtuelle Museum der Zagreber Siedlung Trnsko]. In: ČAPO/GULIN ZRNIĆ 2011, 433–441.

ČALE FELDMAN, Lada et al. (Hg.): Kako će to biti divno! Uzduž i poprijeko. Brak, zakon i intimno građanstvo u povijesnoj i suvremenoj perspektivi [Wie schön wird das sein! Kreuz und quer. Ehe, Gesetz und intimes Bürgertum in historischer und zeitgenössischer Perspektive]. Zagreb 2016.

ČAPO, Jasna/GULIN ZRNIĆ, Valentina (Hg.): Mjesto, nemjesto. Interdisciplinarna promišljanja prostora i kulture [Ort, Nicht-Ort. Interdisziplinäre Überlegungen zu Raum und Kultur]. Zagreb/Ljubljana 2011.

ČAVOŠKI, Jovan: Between Great Powers and Third World Neutralists. Yugoslavia and the Belgrade Conference of the Non-Aligned Movement, 1961. In: MIŠKOVIĆ/FISCHER-TINÉ / BOŠKOVSKA 2014, 184–206.

ČUSTO, Amra: Perspektive socijalizma – obnova, izgradnja naselja i novi stil života [Perspektiven des Sozialismus – Wiederaufbau, Siedlungsbau und neuer Lebensstil]. In: KAMBEROVIĆ 2016, 155–171.

DAKOVIĆ, Nevena: The Crime that Changed Serbia. Representations of New Belgrade. In: KRISTENSEN 2012, 134–143.

DAMLJANOVIĆ CONLEY, Tanja/JOVANOVIĆ, Jelica: Belgrade Residential Architecture 1950-1970. A Privileged Dwelling for a Privilege-Free Society. In: MRDULJAŠ/KULIĆ 2012, 298–311.

DAMUS, Martin: Architekturform und Gesellschaftsform. Architektur und Städtebau unter dem Einfluss von Industrialisierung, Großvergesellschaftung und Globalisierung 1890–1945. Berlin 2010.

DANZER, Gudrun (Hg.): Ein rebellischer Visionär. Vjenceslav Richter. Graz 2018.

DE CESARI, Chiara/RIGNEY, Ann (Hg.): Transnational Memory. Circulation, Articulation, Scales. Berlin 2014 (Media and Cultural Memory 19).

DEMCHENKO, Igor: Critical Post-Functionalism in the Architecture of Late Soviet Central Asia. In: ABE Journal 13/1 (2018). http://journals.openedition.org/abe/4509 [Zugriff am 15.01.2020].

DE SPIEGELEER, Christoph (Hg.): The Civilising Offensive. Social and Educational Reform in 19th Century Belgium. Berlin/Boston 2019.

DIEHL, Nicola: Die Großwohnsiedlung ein Ghetto? Wie Hiphop-Videos Raumbilder generieren und so die Gesellschaft ordnen. In: Europa Regional 20/2–3 (2014), 103–118.

DIMITRIJEVIĆ, Branislav: Potrošeni socijalizam. Kultura, konzumerizam i društvena imaginacija u Jugoslaviji (1950–1974) [Vergeudeter Sozialismus. Kultur, Konsum und soziale Vorstellungskraft in Jugoslawien (1950–1974)]. Beograd 2016 (Edicija Reč 98).

DINKEL, Jürgen: The Non-Aligned Movement. Genesis, Organization and Politics (1927–1992). Leiden/Boston 2018 (New Perspectives on the Cold War 5).

DJURIĆ, Dubravka/ŠUVAKOVIĆ, Miško (Hg.): Impossible Histories. Historical Avant-gardes, Neo-avant-gardes, and Post-avantgardes in Yugoslavia, 1918–1991. Cambridge/London 2003.

DOBRIVOJEVIĆ, Ivana: Industrijalizacija kao imperativ. Ekonomska politika Partije 1945.–1955. [Industrialisierung als Imperativ. Wirtschaftspolitik der Partei 1945–1955]. In: DURAKOVIĆ/ MATOŠEVIĆ 2013, 17–45.

DONIA, Robert J.: Sarajevo. Biografija grada [Sarajevo. Stadtbiografie]. Sarajevo 2006, 315–365 (Historijske monografije 3).

DRAGOVIĆ, Sonja: Budite realni – tražite nemoguće! Razgovor s autorom arhitektonskog rješenja Bloka 5: arh. Mileta Bojović [Seid realistisch – verlangt das Unmögliche! Interview mit dem Autor des architektonischen Entwurfs von Blok 5: Architekt Mileta Bojović]. in: VUJOŠEVIĆ/ RABRENOVIĆ/DRAGOVIĆ 2017, 17–26.

DROZG, Vladimir: Značilnosti tlorisa stanovanj iz 20. stoletja (mariborska izkušnja) [Die Merkmale der Grundrisse der Wohnungen aus dem 20. Jahrhundert (Mariborer Erfahrung)]. In: Dela 42 (2014), 51–73.

[DUDA 2005/a]: DUDA, Igor: Tehnika narodu! Trajna dobra, potrošnja i slobodno vrijeme u socijalističkoj Hrvatskoj [Technik dem Volke! Gebrauchsgüter, Konsum und Freizeit im sozialistischen Kroatien]. In: Časopis za suvremenu povijest 37/2 (2005), 371–392.

[DUDA 2005/b]: DUDA, Igor: U potrazi za blagostanjem. O povijesti dokolice i potrošačkog društva u Hrvatskoj 1950-ih i 1960-ih [Auf der Suche nach Wohlstand. Über die Geschichte der Muße und der Konsumgesellschaft in Kroatien 1950er und 1960er]. Zagreb 2005.

DUDA, Igor: Uhodavanje socijalizma [Das Einlaufen des Sozialismus]. In: AUSST.KAT. ZAGREB 2012–2013, 9–39.

DUDA, Igor: Pronađeno blagostanje. Svakodnevni život i potrošačka kultura u Hrvatskoj 1970-ih i 1980-ih [Der gefundene Wohlstand. Alltag und Konsumkultur in Kroatien in den 1970er und 1980er Jahren]. Zagreb 2014.

DUDA, Igor: Danas kada postajem pionir. Djetinjstvo i ideologija jugoslavenskoga socijalizma [Heute, wenn ich ein Pionier werde. Kindheit und Ideologie des jugoslawischen Sozialismus]. Zagreb/Pula 2015.

[DUDA 2017/a]: DUDA, Igor: Kameni temeljci. Stupovi jugoslavenskog društva i pioniri kao mali socijalistički ljudi [Steinfundamente. Säulen der jugoslawischen Gesellschaft und Pioniere als kleine sozialistische Menschen, in: DUDA 2017/c, 23–49.

[DUDA 2017/b]: DUDA, Igor: Uvod. Od nazadnosti do svemira, od projekta do zbornika [Einleitung. Von der Rückständigkeit zum Weltall, vom Projekt zum Sammelband]. In: DUDA 2017/c, 5–22.

[DUDA 2017/c]: DUDA, Igor (Hg.): Stvaranje socijalističkoga čovjeka. Hrvatsko društvo i ideologija jugoslavenskoga socijalizma [Die Schaffung des sozialistischen Menschen. Die kroatische Gesellschaft und die Ideologie des jugoslawischen Sozialismus]. Zagreb/Pula 2017.

386 | Literatur- und Quellenverzeichnis

Düesburg, Christoph: Megastrukturen. Architekturutopien zwischen 1955 und 1975. Berlin 2013 (Grundlagen 18).

Dugac, Željko: "Like Yeast in Fermentation". Public Health in Interwar Yugoslavia. In: Promitzer/Trubeta/Turda 2011, 193–230.

Duncombe, Stephen (Hg.): Cultural Resistance Reader. London/New York 2002.

Dünne, Jörg/Mahler, Andreas (Hg.): Handbuch Literatur & Raum. Berlin/Boston 2015 (Handbücher zur kulturwissenschaftlichen Philologie 3).

Duraković, Lada; Matošević, Andrea (Hg.): Socijalizam na klupi. Jugoslavensko društvo očima nove postjugoslavenske humanistike [Sozialismus auf der Bank. Jugoslawische Gesellschaft in den Augen der neuen postjugoslawischen Humanistik]. Pula/Zagreb 2013.

Duranović, Amir (Hg.): Poplava, zemljotres, smog. Prilozi ekohistoriji Bosne i Hercegovine u 20. stoljeću [Überschwemmung, Erdbeben, Smog. Beiträge zur Umweltgeschichte Bosnien und Herzegowinas im 20. Jahrhundert]. Sarajevo 2017.

During, Simon (Hg.): The Cultural Studies Reader. London/New York 1999.

[DWDS]: Digitales Wörterbuch der deutschen Sprache. Das Wortauskunftssystem zur deutschen Sprache in Geschichte und Gegenwart. Hg. v. Berlin-Brandenburgischen Akademie der Wissenschaften. https://www.dwds.de [Zugriff am 08.02.2023].

Džananović, Mirza: Faze urbanističkog razvoja Zenice za vrijeme socijalističke Jugoslavije (1945–1992. godine) [Die Phasen der urbanistischen Entwicklung von Zenica während des sozialistischen Jugoslawiens (1945–1992)]. In: Kamberović 2016, 133–153.

Eisenman, Peter: Postfunktionalismus. In: Blomeyer/Tietze 1980, 96–100.

Engel, Barbara (Hg.): Mass Housing in the Socialist City. Heritage, Values, and Perspectives. Berlin 2019 (Grundlagen 95).

Engels, Friedrich: Zur Wohnungsfrage. In: Marx-Engels Werke. Bd. 18. Berlin 1958.

Engler, Harald: Wilfried Stallknecht und das Industrielle Bauen. Ein Architektenleben in der DDR. Berlin 2014.

Erdei, Ildiko: Kombinirana soba [Kombiniertes Zimmer]. In: Petrović/Mlekuž 2016, 107–117.

Erić, Zoran (Hg.): Diferencirana susedstva Novog Beograda [Die differenzierten Nachbarschaften Neu-Belgrads]. Beograd 2009.

Escherich, Mark (Hg.): Denkmal Ost-Moderne. Aneignung und Erhaltung des baulichen Erbes der Nachkriegsmoderne. Berlin 2012 (Stadtentwicklung und Denkmalpflege 16).

Ferguson, Marjorie: Forever Feminine. Women's Magazines and the Cult of Feminity. London 1983.

Ferro, Lígia/Smagacz-Poziemska, Marta/Gómez, M. Victoria/Kurtenbach, Sebastian/Pereira, Patrícia/Villalón, Juan José (Hg.): Moving Cities. Contested Views on Urban Life. Wiesbaden 2018.

Fischer, Wladimir/Christou, Anastasia/Berg, Matthew P. (Hg.): Narrating the City. Everyday History and Urban Networks. Oxford/New York 2015 (Space and Place 15).

Forty, Adrian: Words and Buildings. A Vocabulary of Modern Architecture. London 2000.

FORTY, Adrian: Concrete and Culture. A Material History. London 2012.

FRAMPTON, Kenneth: Modern Architecture. A Critical History. London 1992.

FOSTER, Russell G./KREITZMAN, Leon: Rhythms of Life. The Biological Clocks that Control the Daily Lives of Every Living Thing. New Haven/London 2005.

FOTIADIS, Ruža/IVANOVIĆ, Vladimir/VUČETIĆ, Radina (Hg.): Brotherhood and Unity at the Kitchen Table. Food in Socialist Yugoslavia. Zagreb 2019.

FOWKES, Maja: The Green Bloc. Neo-avant-garde Art and Ecology under Socialism. Budapest/New York 2015.

FRASER, Nancy: Rethinking the Public Sphere. In: DURING 1999, 518–536.

FUSS, Frederik (Hg.): Der vergessene Marxismus. Beiträge der jugoslawischen Praxis-Gruppe. Moers 2019.

GA, Zhang: From Time-Lapse to Time Collapse or From Representation to Presentation. In: CUBITT/THOMAS 2013, 25–37.

GALJER, Jasna: Expo 58 i jugoslavenski paviljon Vjenceslava Richtera [Expo 58 und der jugoslawische Pavillon von Vjenceslav Richter]. Zagreb 2009.

GALJER, Jasna/CERAJ, Iva: Uloga dizajna u svakodnevnom životu na izložbama Porodica i domaćinstvo 1957.–1960. godine [Die Rolle des Designs im Alltag in den Ausstellungen Familie und Haushalt 1957–1960]. In: Radovi Instituta za povijest umjetnosti 35 (2011), 277–296.

GIESELMANN, Reinhard: Entwicklung des Wohnungsgrundrisses. In: HECKMANN/SCHNEIDER 2011, 14–25.

GISBERTZ, Olaf (Hg.): Bauen für die Massenkultur. Stadt- und Kongresshallen der 1960er und 1970er Jahre. Berlin 2015.

GJINOLLI, Ilir/KABASHI, Lulzim (Hg.): Kosovo Modern. An Architectural Primer. Prishtinë 2015.

GLENDINNING, Miles: Mass Housing. Modern Architecture and State Power – a Global History. London 2021.

GOEKE, Pascal: Refugees from Former Yugoslavia in Europe since 1991. In: BADE et al. 2011, 631 f.

GÖHLICH, Michael/ZIRFAS, Jörg: Zu Gast bei Freunden. Übergänge, Asymmetrien und Verantwortungen in der Gastfreundschaft. In: LIEBSCH/STAUDIGL/STOELLGER 2016, 326–340.

GOLDMAN, Wendy Z./TROTTER, Joe William Jr. (Hg.): The Ghetto in Global History. 1500 to the Present. London/New York 2018.

GOLDSTEIN, Ivo: Kontroverze hrvatske povijesti 20. stoljeća [Kontroversen der kroatischen Geschichte des 20. Jahrhunderts]. Zagreb 2019.

GOLDSTEIN, Ivo/GOLDSTEIN, Slavko: Tito. Zagreb 2015.

GRANDITS, Hannes/SUNDHAUSSEN, Holm: Jugoslawien in den 1960er Jahren. Wider einen teleologischen Forschungszugang. In: GRANDITS/SUNDHAUSSEN 2013, 3–14.

GRANDITS, Hannes/SUNDHAUSSEN, Holm (Hg.): Jugoslawien in den 1960er Jahren. Auf dem Weg zu einem (a)normalen Staat? Wiesbaden 2013 (Balkanologische Veröffentlichungen 58).

GRANDITS, Hannes/TAYLOR, Karin (Hg.): Yugoslavia's Sunny Side. A History of Tourism in Socialism. Budapest/New York 2010.

388 | Literatur- und Quellenverzeichnis

GRANT, Jill: Planning the Good Community. New Urbanism in Theory and Practice. London 2006 (The RTPI Library Series).

GRGIĆ, Ana/MATIJEVIĆ BARČOT, Sanja: Tri primjera javnih prostora stambenih naselja Splita iz druge polovice 20. stoljeća [Drei Beispiele von öffentlichen Räumen in Split in der zweiten Hälfte des 20. Jahrhunderts]. In: Prostor 21/1 (2013), 72–75.

GROYS, Boris/HAGEMEISTER, Michael (Hg.): Die neue Menschheit. Biopolitische Utopien in Russland zu Beginn des 20. Jahrhunderts. Frankfurt am Main 2005.

GRUSS, Melanie: Synästhesie als Diskurs. Eine Sehnsuchts- und Denkfigur zwischen Kunst, Medien und Wissenschaft. Bielefeld 2017 (Edition Kulturwissenschaft 101).

GUBKINA, Ievgeniia: Slavutych. Architectural Guide. Berlin 2016.

GULIN ZRNIĆ, Valentina: Kvartovska spika. Značenja grada i urbani lokalizmi u Novom Zagrebu [Kiezsprache. Bedeutungen der Stadt und urbaner Lokalismen in Neu-Zagreb]. Zagreb 2009.

GULIN ZRNIĆ, Valentina: The Mammoth-Building Story. In: Autoportret 36/1 (2012), 72–77.

HAHN, Karen/MASSEY, Gareth/SEKULIĆ, Duško: Women, Men, and the "Second Shift" in Socialist Yugoslavia. In: Gender and Society 9/3 (1995), 359–379.

HALL, Stuart: Encoding, Decoding. In: DURING 1999, 507–517.

HALL, Stuart: Notes on Deconstructing "the popular". In: DUNCOMBE 2002, 185–192.

HALLER, Christoph: Leerstand im Plattenbau. Ausmaß – Ursachen – Gegenstrategien. Berlin 2002 (Edition Stadt und Region 4).

HANNEMANN, Christine: Die Platte. Industrialisierter Wohnungsbau in der DDR. Braunschweig/Wiesbaden 1996.

HANNEMANN, Christine: Women as "Socialist" Dwellers. Everyday Lives in the German Democratic Republic. In: STAUB 2018, 186–201.

HARRIS, Stephen E.: Communism on Tomorrow Street. Mass Housing and Everyday Life after Stalin. Baltimore 2013.

HATHERLEY, Owen: Marxism and Mud. Landscape, Urbanism and Socialist Space in the Black Wave. In: KIRN/SEKULIĆ/TESTEN 2013, 180–212.

HATHERLEY, Owen: Landscapes of Communism. A History Through Buildings. London 2016.

HECKMANN, Oliver/SCHNEIDER, Friederike (Hg.): Grundrissatlas Wohnungsbau. Basel [4]2011 [1994].

HEINE, Eike-Christian/RAUHUT, Christoph (Hg.): Producing Non-Simultaneity. Construction Sites as Places of Progressiveness and Continuity. London/New York 2018.

HEINE, Eike-Christian/RAUHUT, Christoph: Preface. Constructing non-Simultaneity. In: HEINE/RAUHUT 2018, xvi–xxvii.

HERSCHER, Andrew: Violence Taking Place. The Architecture of the Kosovo Conflict. Stanford 2010 (Cultural Memory in the Present 96).

HERSCHER, Andrew: Architecture, Destruction, and the Destruction of Yugoslavia. In: STIERLI/KULIĆ 2018, 113 f.

HESSLER, Martina/RIEDERER, Günter (Hg.): Autostädte im 20. Jahrhundert. Wachstums- und Schrumpfungsprozesse in globaler Perspektive. Stuttgart 2014 (Beiträge zur Stadtgeschichte und Urbanisierungsforschung 16).

HILLMANN, Roman: Die erste Nachkriegsmoderne. Ästhetik und Wahrnehmung der westdeutschen Architektur 1945–63. Petersberg 2011.

HIRT, Sonia A.: Iron Curtains. Gates, Suburbs and Privatization of Space in the Post-socialist City. Hoboken 2012 (Studies in Urban and Social Change).

[HJP] Hrvatski jezični portal [Kroatisches Sprachportal]. https://hjp.znanje.hr/index. php?show=main [Zugriff am 21.02.2020].

HODŽIĆ, Džemil: Sniper Alley 2019–2023. http://sniperalley.photo [Zugriff am 10.01.2023].

HOFMANN, Tatjana: Ecocriticism und Geopoetik. In: DÜNNE/MAHLER 2015, 207–216.

HOHM, Hans-Jürgen: Urbane soziale Brennpunkte, Exklusion und soziale Hilfe. Wiesbaden 2003.

HOPF, Susanne/MEIER, Natalja: Plattenbau privat. 60 Interieurs. Berlin 2004.

HORVAT, Lea: Figura domaćice u šezdesetima. Knjiga za svaku ženu [Die Figur der Hausfrau in der Sechzigern. Das Buch für jede Frau]. In: Quorum 29/4–5–6 (2014), 322–344.

HORVAT, Lea: Vizualne i tekstualne reprezentacije doma u jugoslavenskoj popularnoj kulturi 1960-ih [Visuelle und textuelle Repräsentationen von Zuhause in der jugoslawischen Populärkultur der 1960er], unveröff. Masterarbeit. Universität Zagreb 2015.

HORVAT, Lea: Neka proturječja u slici obitelji u 1960-ima. Jugoslavenski časopisi Bazar i Svijet [Einige Widersprüche im Bild der Familie in den 1960ern. Jugoslawische Zeitschriften Bazar und Svijet]. In: ČALE FELDMAN et al. 2016, 155–164.

HORVAT, Lea: „Man soll schöne Montagebauten schaffen". Eine kunsthistorisch-architektonische Debatte zur Ästhetik der ersten Plattenbauten in Jugoslawien. In: MAGER/TRÖTSCHEL-DANIELS 2017, 227–238.

HORVAT, Lea: Djevojke u prostoru i prostor za djevojaštvo u Jugoslaviji krajem 1960-ih i početkom 1970-ih [Girls im Raum und der Raum für Girlhood in Jugoslawien am Ende der 1960er und Anfang der 1970er]. In: K. 16/14 (2019), 173–192.

[HORVAT 2020/a]: HORVAT, Lea: Housing Yugoslav Self-Management. Blok 5 in Titograd. In: Histories of Postwar Architecture 3/6 (2020), 68–92. https://hpa.unibo.it/article/view/10608/11666 [Zugriff am 17.12.2020].

[HORVAT 2020/b]: HORVAT, Lea: The Visuality of Socialist Mass Housing Estates After Socialism. Examples from Ex-Yugoslavia. In: Łukaszewicz Alcaraz/Stara 2020, 265–279.

[HORVAT 2021/a]: HORVAT, Lea: From Mass Housing to Celebrity Homes. Socialist Domesticities in Yugoslav Popular Magazines. In: NIERHAUS/HEINZ/UMBACH 2021/a, 358–377.

[HORVAT 2021/b]: HORVAT, Lea: Kriza na papiru? O sociološkoj kritici kolektivnog stanovanja u kasnom socijalizmu [Die Krise auf Papier? Über die soziologische Kritik des kollektiven Wohnens im Spätsozialismus]. In: Život umjetnosti 107 (2021/b), 70–83.

[HORVAT 2021/c]: HORVAT, Lea: Od „doživotnog strogog zatvora" do kućanskih poslova „bez velikog napora". Reformiranje jugoslavenskog domaćinstva u 1950-ima i 1960-ima [Von der

„lebenslangen strengen Haft" zu Haushaltsarbeit „ohne große Anstrengung". Die Reform des jugoslawischen Haushalts in den 1950ern und 1960ern]. In: BUHIN/FILIPOVIĆ 2021, 29–52.

HORVAT, Srećko/ŠTIKS, Igor (Hg.): Welcome to the Desert of Post-Socialism. Radical Politics After Yugoslavia. London 2015.

HÜLLEMANN, Ulrike/BRÜNSCHWEILER, Bettina/REUTLINGER, Christian: Räumliche Aspekte von Nachbarschaft. Eine Vergewisserung. In: REUTLINGER/STIEHLER/LINGG 2015, 23–33.

HÜPPAUF, Bernd: Fotografie im Krieg. Paderborn 2015.

ILIČ, Melanie/REID, Susan E./ATTWOOD, Lynne (Hg.): Women in the Khrushchev Era. Basingstoke/New York 2004 (Studies in Russian and East European History and Society).

IOAN, Augustin: The Peculiar History of (Post)Communist Public Places and Spaces. Bucharest as a Case Study. In: STANILOV 2007, 301–312.

IVANKOVIĆ, Vedran: Le Corbusier i hrvatska škola arhitekture [Le Corbusier und die kroatische Schule der Architektur]. Zagreb 2016.

JACKSON, Lesley: The Sixties. Decade of Design Revolution. London 2004.

JACOBS, Jane: The Death and Life of Great American Cities. New York 1961.

JAKIŠA, Miranda/GILIĆ, Nikica (Hg): Partisans in Yugoslavia. Literature, Film and Visual Culture. Bielefeld 2015 (Edition Kulturwissenschaft 28).

JAKOVINA, Tvrtko: Socijalizam na američkoj pšenici (1948–1963) [Sozialismus auf amerikanischem Weizen (1948–1963)]. Zagreb 2002.

JAKOVINA, Tvrtko: Američki komunistički saveznik. Hrvati, Titova Jugoslavija i Sjedinjene Američke Države [Amerikanischer kommunistischer Verbündeter. Kroaten, Titos Jugoslawien und die Vereinigten Staaten von Amerika]. Zagreb 2003.

JAKOVINA, Tvrtko: Treća strana Hladnog rata [Die dritte Seite des Kalten Krieges]. Zaprešić 2011.

JAKOVLJEVIĆ, Branislav: Alienation Effects. Performance and Self-Management in Yugoslavia, 1945–91. Ann Arbor 2016 (Theater: Theory/Text/Performance 70).

JANČAR, Barbara: Ecology and Self-Management. A Balance-Sheet for the 1980s. In: ALLCOCK/ HORTON/MILIVOJEVIĆ 1992, 337–364.

JANČAR-WEBSTER, Barbara: Former Yugoslavia. In: CARTER 1993, 164–143.

JANEVSKI, Ana: We Cannot Promise To Do More Than Experiment. On the Yugoslav Experimental Film and Cine Clubs in the 1960s and 1970s. In: KIRN/SEKULIĆ/TESTEN 2011, 46–77.

JANJETOVIĆ, Zoran: Zabavna štampa u Jugoslaviji [Die Unterhaltungspresse in Jugoslawien]. In: Studia lexicographica 4/1 (2010), 33–59.

JANSEN, Stef: Yearnings in the Meantime. "Normal Lives" and the State in a Sarajevo Apartment Complex. New York/Oxford 2018 (Dislocations 15).

JARAUSCH, Konrad H.: Fürsorgediktatur. In: Docupedia-Zeitgeschichte (11.02.2010). http:// docupedia.de/zg/F.C3.BCrsorgediktatur [Zugriff am 02.10.2020].

JAUSS, Hans Robert: Literaturgeschichte als Provokation der Literaturwissenschaft. In: WARNING 1979, 126–162.

JELAČA, Dijana/KOLANOVIĆ, Maša/LUGARIĆ, Danijela (Hg.): The Cultural Life of Capitalism in Yugoslavia. (Post)Socialism and Its Other. Basingstoke 2017.

JENCKS, Charles A.: The Language of Post-Modern Architecture. New York 1977.

JOVANOVIĆ, Jelica: Reversing the Exchange. Yugoslav Architectural Exports to Czechoslovakia. In: Histories of Postwar Architecture 6 (2020), 8–33.

JOVANOVIĆ, Jelica/GRBIĆ, Jelena/PETROVIĆ, Dragana: Prefabricated Construction in Socialist Yugoslavia. From "System" to "Technology". In: MRDULJAŠ/KULIĆ 2012, 404–420.

JOVANOVIĆ, Jelica/KULIĆ, Vladimir: City Building in Yugoslavia. In: STIERLI/KULIĆ 2018, 58–63.

JOVIĆ, Dejan: Jugoslavija, država koja je odumrla. Uspon, kriza i pad Kardeljeve Jugoslavije (1974–1990) [Jugoslawien, ein Land, das abstarb. Aufstieg, Krise und Fall von Kardeljs Jugoslawien (1974–1990)]. Zagreb/Beograd 2003.

JOVIĆ, Dejan: Yugoslavia as Project and Experiment. In: MRDULJAŠ/KULIĆ 2012, 14–21.

JOVIĆEVIĆ, Ivan: Blok 5 u Podgorici. Istorijat i značaj [Blok 5 in Podgorica. Geschichte und Bedeutung]. In: VUJOŠEVIĆ/RABRENOVIĆ/DRAGOVIĆ 2017, 13–16.

JUKIĆ, Tatjana: Fictions of Crime in a State of Exception. In: JELAČA/KOLANOVIĆ/LUGARIĆ 2017, 43–60.

KABASHI, Lulzim: The Dilemmas of Kosovar Architecture. Tracing an Article about Kosovan Architecture from 1981. In: GJINOLLI/KABASHI 2015, 28–56.

KADIJEVIĆ, Aleksandar: O socrealizmu u beogradskoj arhitekturi i njegovim opričnim tumačenjima [Über Sozrealismus in der Belgrader Architektur und seine widersprüchlichen Deutungen]. In: Nasleđe 9 (2008), 75–88.

KALE, Jadran: Rad „Centra za unapređenje domaćinstva" u Šibeniku 1957.–1972. [Die Arbeit des „Zentrums für Haushaltsverbesserung" in Šibenik 1957–1972]. In: Ethnologica Dalmatica 17/1 (2009), 79–100.

KAMBEROVIĆ, Husnija (Hg.): Prilozi historiji urbanog razvoja Bosne i Hercegovine u 20. stoljeću [Beiträge zur Geschichte der urbanen Entwicklung Bosnien und Herzegowinas im 20. Jahrhundert]. Sarajevo 2016.

KAMIŃSKA, Magdalena: Platte ist nicht gleich Platte. Kooperation und Konkurrenz zwischen der DDR und Polen im Wohnungsbauwesen der 1970er Jahre. Wiesbaden 2022 (Interdisciplinary Polish Studies 10).

KANTHER, Michael A./PETZINA, Dietmar: Victor Aimé Huber (1800–1869). Sozialreformer und Wegbereiter der sozialen Wohnungswirtschaft. Berlin 2000 (Schriften zum Genossenschaftswesen und zur öffentlichen Wirtschaft 36).

KARAULA, Željko: Ideologija, arhitektura, planovi i urbana izgradnja na području Bosne i Hercegovine za vrijeme Nezavisne Države Hrvatske (1941.–1945.) [Ideologie, Architektur, Pläne und Städtebau auf dem Gebiet Bosnien und Herzegowinas während des Unabhängigen Staates Kroatien (1941–1945)]. In: KAMBEROVIĆ 2016, 87–104.

KAZAKOVA, Olga: Intangible Values of Mass Housing During the Soviet Era. In: ENGEL 2019, 154–168.

392 | Literatur- und Quellenverzeichnis

KELLY, Catriona: Refining Russia. Advice Literature, Polite Culture, and Gender from Catherine to Yeltsin. Oxford 2001.

KENZARI, Bechir (Hg.): Architecture and Violence. Barcelona/Basel/New York 2011.

KIP, Markus/SGIBNEV, Wladimir: Introduction. Modernism and the (post-)socialist city. In: Europa Regional 22/1–2 (2014),12–31.

KIRN, Gal/SEKULIĆ, Dubravka/TESTEN, Žiga (Hg.): Surfing the Black. Yugoslav Black Wave and Its Transgressive Moments. Maastricht 2013.

KIRN, Gal: Transnationalism in Reverse. From Yugoslav to Post-Yugoslav Memorial Sites. In: DE CESARI/RIGNEY 2014, 313–338.

KIŠ, Patricia: Bogdan Budimirov. Vizionar koji je u socijalizmu stvorio dom za 30.000 ljudi [Bogdan Budimirov. Ein Visionär, der im Sozialismus ein Zuhause für 30.000 Menschen geschaffen hat]. In: Jutarnji list (02.12.2011). https://www.jutarnji.hr/kultura/art/bogdan-budimirov-vizionar-koji-je-u-socijalizmu-stvorio-dom-za-30.000-ljudi-1736004 [Zugriff am 09.10.2020].

KLASIĆ, Hrvoje: Jugoslavija i svijet 1968. [Jugoslawien und die Welt 1968]. Zagreb 2012.

KÖHRING, Alexandra/RÜTHERS, Monica (Hg.): Ästhetiken des Sozialismus. Populäre Bildmedien im späten Sozialismus = Socialist Aesthetics: Visual Cultures of Late Socialism. Wien/Köln/Weimar 2018.

KÖHRING, Alexandra/RÜTHERS, Monica: Einleitung. In: KÖHRING/RÜTHERS 2018, 7–12.

[KOLANOVIĆ 2008/a]: KOLANOVIĆ, Maša: Sloboština Barbie. Zagreb 2008.

[KOLANOVIĆ 2008/b]: KOLANOVIĆ, Maša: Što je urbano u „urbanoj prozi"? Grad koji proizvodi i grad iz kojega proizlazi suvremena hrvatska proza [Was ist urban in der „urbanen Prosa"? Die Stadt, die produziert und die Stadt aus der die gegenwärtige kroatische Prosa hervorgeht]. In: Umjetnost riječi 52/1–2 (2008), 69–92.

KOLANOVIĆ, Maša: Udarnik! Buntovnik? Potrošač … Popularna kultura i hrvatski roman od socijalizma do tranzicije [Held der Arbeit! Rebell? Verbraucher … Populärkultur und kroatischer Roman vom Sozialismus zur Transition]. Zagreb 2011.

KOLANOVIĆ, Maša: Od kulture za mase do masovne kulture [Von Kultur für die Massen zur Massenkultur]. In: AUSST.KAT. ZAGREB 2012–2013, 166–179.

KOLEŠNIK, Ljiljana: Između Istoka i Zapada. Hrvatska umjetnost i likovna kritika 50-ih godina [Zwischen Ost und West. Kroatische Kunst und Kunstkritik der 50er Jahre]. Zagreb 2006.

KOLEŠNIK, Ljiljana (Hg.): Socijalizam i modernost. Umjetnost, kultura, politika 1950–1974 [Sozialismus und Modernität. Kunst, Kultur, Politik 1950–1974]. Zagreb 2012.

KOLEŠNIK, Ljiljana: Zagreb as the Location of the "New Tendencies" International Art Movement (1961–73). In: BAZIN/DUBOURG GLATIGNY/PIOTROWSKI 2016, 311–321.

KOLMER, Lothar: Geschichtstheorien. Paderborn 2008 (utb Profile 3002).

KOSELJ, Nataša: Arhitekt Danilo Fürst [Der Architekt Danilo Fürst]. Celje 2013.

KOSELJ, Nataša: Koseze Housing Estate, Ljubljana. In: STEIXNER/WELZIG 2020, 194–217.

Koselleck, Reinhart: Vergangene Zukunft. Zur Semantik geschichtlicher Zeiten. Frankfurt am Main [4]2000 [1979].

Kovač, Leonida: Jesmo li još uvijek moderni? [Sind wir immer noch modern?]. In: Ausst.Kat. Zagreb 2012–2013, 260–287.

Kozlovsky, Roy: Architecture, Emotions and the History of Childhood. In: Olson 2015, 95–118.

Krečič, Peter: Architecture in Former Yugoslavia. From the Avant-garde to the Postmodern. In: Djurić/Šuvaković 2003, 332–373.

Kreševljaković, Nihad/Bajrić, Hana (Hg.): Hidajet Delić. Žene opkoljenog Sarajeva [Hidajet Delić. Frauen des belagerten Sarajevos]. Sarajevo 2017.

Kristensen, Lars (Hg.): Postcommunist Film. Russia, Eastern Europe and World Culture. London 2012 (Routledge Contemporary Russia and Eastern Europe Series 32).

Krivý, Maroš: Greyness and Colour Desires. The Chromatic Politics of the Panelák in Late-Socialist and Post-Socialist Czechoslovakia. In: The Journal of Architecture 20/5 (2015), 765–802.

Kukoč, Višnja: Razvoj Splita III od 1968. do 2009. godine [Die Entwicklung von Split III von 1968 bis 2009]. In: Prostor 18/1 (2010), 166–177.

Kukoč, Višnja: Split 3. In: Skansi 2016, 92–165.

Kulić, Vladimir/Mrduljaš, Maroje/ Thaler, Wolfgang: Modernism In-Between. The Mediatory Architectures of Socialist Yugoslavia. Berlin 2012.

Kulić, Vladimir: Bogdan Bogdanović and the Search for a Meaningful City. In: Moravánszky/ Hopfengärtner 2017, 77–88.

Kulić, Vladimir (Hg.): Second World Postmodernisms. Architecture and Society under Late Socialism. London 2019.

Kultermann, Udo: Zeitgenössische Architektur in Osteuropa. Sowjetunion, Polen, Dt. Demokrat. Republik, Tschechoslowakei, Ungarn, Rumänien, Bulgarien, Jugoslawien. Köln 1985 (DuMont-Dokumente).

Kurbjuhn, Charlotte: Kontur. Geschichte einer ästhetischen Denkfigur. Berlin 2014 (Quellen und Forschungen zur Literatur- und Kulturgeschichte 81).

Kutleša, Ana/Hanaček, Ivana/Vuković, Vesna (Hg.): Problem umjetnosti kolektiva. Slučaj Zemlja [Das Problem der Kunst des Kollektivs. Der Fall Zemlja]. Zagreb 2019.

Kutting, Dennis: „Neues Bauen für neue Menschen"? Planungen städtischer Verwaltungen und Aneignung durch die Bewohner im sozialen Wohnungsbau der 1920er Jahre. Speyer 2010 (Speyerer Forschungsberichte 264).

Lakić, Mladen: "Sniper Alley" Site Preserves Photo Memories of Sarajevo Siege. In: Balkan Insight (01.10.2019). https://balkaninsight.com/2019/10/01/sniper-alley-site-preserves-photo-memories-of-sarajevo-siege/ [Zugriff am 10.01.2023].

Lakić, Sonja: New Means of Behaviour and Space Appropriation in the Post-Privatisation Era. The Case of Starčevica, Banja Luka (Bosnia and Herzegovina). In: Ferro/Smagacz-Poziemska/ Gómez/Kurtenbach/Pereira/Villalón 2018, 169–187.

LANDWEHR, Achim: Historische Diskursanalyse. Frankfurt/New York ²2009 [2008] (Historische Einführungen 4).

LASANSKY, Diana Medina (Hg.): Archi.Pop. Mediating Architecture in Popular Culture. London 2014.

LAWRENCE, Nathaniel/O'CONNOR, Daniel (Hg.): Readings in Existential Phenomenology. Englewood Cliffs 1967.

LEAVITT, Sarah A.: From Catherine Beecher to Martha Stewart. A Cultural History of Domestic Advice. Chapel Hill 2002.

LEBOŠ, Sonja: Napredak nije uvijek pravocrtan [Der Fortschritt ist nicht immer gradlinig]. In: Vizkultura (14.06.2018). https://vizkultura.hr/intervju-ivan-cizmek/ [Zugriff am 18.12.2020].

LE NORMAND, Brigitte: The House That Socialism Built. Reform, Consumption, and Inequality in Postwar Yugoslavia. In: BREN/NEUBURGER 2012, 351–373.

LE NORMAND, Brigitte: Designing Tito's Capital. Urban Planners, Modernism and Socialism. Pittsburgh 2014 (Culture, Politics, and the Built Environment 4).

LIČINA RAMIĆ, Aida: „Od ekološke katastrofe do olimpijskog grada". Sarajevo 1971–1984. [Von der Umweltkatastrophe zur olympischen Stadt. Sarajevo 1971–1984]. In: DURANOVIĆ 2017, 115–147.

LIEBSCH, Burkhard/STAUDIGL, Michael/STOELLGER, Philipp (Hg.): Perspektiven europäischer Gastlichkeit. Geschichte – Kulturelle Praktiken – Kritik. Weilerswist 2016.

LIEBSCHER, Robert: Wohnen für alle. Eine Kulturgeschichte des Plattenbaus. Berlin 2009.

LIN, Zhongjie: Kenzo Tange and the Metabolist Movement. Urban Utopias of Modern Japan. London/New York 2010.

LÖFFLER, Katrin (Hg.): Der ‚neue Mensch'. Ein ideologisches Leitbild der frühen DDR-Literatur und sein Kontext. Leipzig 2013.

LOOKER, Benjamin: A Nation of Neighborhoods. Imagining Cities, Communities, and Democracy in Postwar America. Chicago 2015 (Historical Studies of Urban America 50).

LÓRÁND, Zsófia: Feministički izazov socijalističkoj državi u Jugoslaviji [Die feministische Herausforderung für den sozialistischen Staat in Jugoslawien]. Zaprešić 2020.

LOZANOVSKA, Mirjana: Kenzo Tange's Forgotten Master Plan for the Reconstruction of Skopje. In: Fabrications 22/2 (2012), 140–163.

ŁUKASZEWICZ ALCARAZ, Aleksandra/STARA, Flavia (Hg.): Urban Visuality, Mobility, Information and Technology of Images. Szczecin 2020. https://zenodo.org/record/4038130 [Zugriff am 23.06.2023].

LULEVA, Ana et al. (Hg.): Everyday Socialism. Promises, Realities and Strategies. Sofia 2022.

LUTHAR, Breda: Shame, Desire and Longing for the West. A Case Study of Consumption. In: LUTHAR/PUŠNIK 2010, 341–378.

LUTHAR, Breda/PUŠNIK, Maruša (Hg.): Remembering Utopia. The Culture of Everyday Life in Socialist Yugoslavia. Washington 2010.

LUTHAR, Breda/PUŠNIK, Maruša: The Restoration of Capitalism After Yugoslavia. Cultural Capital, Class and Power. In: JELAČA/KOLANOVIĆ/LUGARIĆ 2017, 81–100.

LYOTARD, Jean-François: Das postmoderne Wissen. Graz/Wien 1986.

MAČEK, Ivana: Sarajevo Under Siege. Anthropology in Wartime. Philadelphia 2011 (The Ethnography of Political Violence 10).

MAGDIĆ, Diana: Jedini zadatak Splita 3 je bio suprotstaviti se otuđenju [Die einzige Aufgabe von Split 3 war es, der Entfremdung entgegenzutreten]. In: pogledaj.to (09.12.2013). http://pogledaj.to/arhitektura/jedini-zadatak-splita-3-je-bio-suprotstaviti-se-otudjenju/ [Zugriff am 21.01.2021].

MAGER, Tino/TRÖTSCHEL-DANIELS, Bianka (Hg.): BetonSalon. Neue Positionen zur Architektur der späten Moderne. Berlin 2017.

MAGNAGO LAMPUGNANI, Vittorio: Die Stadt im 20. Jahrhundert. Visionen, Entwürfe, Gebautes. Bd. 1. Berlin 2010.

MAKHROVA, Alla/MOLODIKOVA, Irina: Land Market, Commercial Real Estate, and the Remolding of Moscow's Urban Fabric. In: STANILOV 2007, 101–116.

MALEŠIČ, Martina: Murgle Settlement. In: MRDULJAŠ/KULIĆ 2012, 336–347.

MALEŠIČ, Martina: Nastanek in rast ljubljanskih stanovanjskih sosesk [Die Entstehung und Wachstum der Wohnsiedlungen in Ljubljana]. In: Arhitektov bilten, 45/203–204 (2015), 63–66.

MALLGRAVE, Harry Francis: Modern Architectural Theory. A Historical Survey, 1673–1968. Cambridge 2005.

MANCINI, J. M./BRESNAHAN, Keith: Architecture and Armed Conflict. The Politics of Destruction. London/New York 2015.

MARCEL, Gabriel: Desire and Hope. In: LAWRENCE/O'CONNOR 1967, 277–285.

MARČETIĆ, Iva: Stambene politike u službi društvenih i prostornih (ne)jednakosti [Wohnpolitiken im Dienst der sozialen und räumlichen (Un-)Gleichheiten]. Zagreb 2020.

MARGARETIĆ URLIĆ, Renata: Arhitektonski nestašluci u enformelističkom društvu [Architektonischer Unfug in der informelistischen Gesellschaft]. In: Život umjetnosti 82 (2008), 52–67.

MARCUSE, Herbert: Der eindimensionale Mensch. Studien zur Ideologie der fortgeschrittenen Industriegesellschaft. Neuwied/Berlin 1967 (Soziologische Texte 40).

MARGARETIĆ URLIĆ, Renata: Slavko Jelinek. Zagreb 2009.

MARIČIĆ, Tamara/PETRIĆ, Jasna: Istorija i perspektive susedstava u Novom Beogradu [Geschichte und Perspektiven der Nachbarschaften in Neu-Belgrad]. In: ERIĆ 2009, 42–52.

MARIOTTI, Jasna: In-Between the East and the West: Architecture and Urban Planning in "Non-Aligned" Skopje. In: BROOK/DODGE/HOGG 2020, 167–181.

MARKUŠ, Andrija: 50 neimara Crne Gore [50 Architekten Montenegros]. Podgorica 2008.

MARKUŠ, Andrija: 48 arhitektonskih djela. Posebna zaštita nasljeđa kulture XX vijeka u Crnoj Gori [48 architektonische Werke. Der besondere Schutz des Kulturerbes des XX. Jahrhunderts in Montenegro]. Podgorica 2017.

396 | Literatur- und Quellenverzeichnis

MATTIONI, Vladimir: The JU System of Bogdan Budimirov, Željko Solar, and Dragutin Stilinović. In: BLAU/RUPNIK 2007, 264–277.

MECANOV, Dragana: Sustav prefabricirane gradnje Jugomont iz Zagreba. Zgrada „Potkovica" u Bloku 28 u Novom Beogradu [Das Präfabrikationssystem Jugomont aus Zagreb. Das Gebäude „Potkovica" im Blok 28 in Neu-Belgrad]. In: Prostor 23/1 (2015), 174–185.

MERCINA, Andrej: Arhitekt Ilija Arnautović. Socializem v slovenski arhitekturi [Der Architekt Ilija Arnautović. Sozialismus in der slowenischen Architektur]. Ljubljana 2006.

MEUSER, Philipp: Die Ästhetik der Platte. Wohnungsbau in der Sowjetunion zwischen Stalin und Glasnost. Diss. Technische Universität Berlin 2015. Berlin 2015.

MILJKOVIĆ, Dušan (Hg.): Jugoslavija 1945–1985. Statistički prikaz [Jugoslawien 1945–1985. Statistische Darstellung]. Beograd 1986.

MILLARD, William B.: Heartless in HavenWorld™. Or, The Bullet-Riddled Armor of the Suburbs. In: KENZARI 2011, 219–254.

MIŠKOVIĆ, Nataša/FISCHER-TINÉ, Harald/BOŠKOVSKA, Nada (Hg.): The Non-Aligned Movement and the Cold War. Delhi – Bandung – Belgrade. London/New York 2014 (Routledge Studies in the Modern History of Asia 96).

MOLNÁR, Virág: Building the State: Architecture, Politics, and State Formation in Post-War Central Europe. London/New York 2013 (Architext Series 17).

MOLNÁR, Virág: The Discontents of Socialist Modernity and the Return of the Ornament. The Tulip Debate and the Rise of Organic Architecture in Post-War Hungary. In: KULIĆ 2019, 47–61.

MOOG-GRÜNEWALD, Maria (Hg.): Das Neue. Eine Denkfigur der Moderne. Heidelberg 2002 (Neues Forum für allgemeine und vergleichende Literaturwissenschaft 11).

MORAVÁNSZKY, Ákos/HOPFENGÄRTNER, Judith (Hg.): Re-Humanizing Architecture. New Forms of Community, 1950–1970. Basel 2017 (East West Central 1).

MRDULJAŠ, Maroje/KULIĆ, Vladimir (Hg.): Unfinished Modernisations. Between Utopia and Pragmatism. Zagreb 2012.

MRDULJAŠ, Maroje/KULIĆ, Vladimir: Unfinished Modernisations. Between Utopia and Pragmatism. In: MRDULJAŠ/KULIĆ 2012, 6–13.

MÜNNICH, Nicole: Struktureller Mangel und Credit-Card Communism. Konsumkultur in Jugoslawien in den ‚langen 1960er Jahren. In: GRANDITS/SUNDHAUSSEN 2013, 109–134.

NEUBER, Simone (Hg.): Das Bild als Denkfigur. Funktionen des Bildbegriffs in der Geschichte der Philosophie. München/Paderborn 2010.

NIEDERMÜLLER, Peter (Hg.): Soziale Brennpunkte sehen? Möglichkeiten und Grenzen des „ethnologischen Auges". Berlin 2004 (Berliner Blätter 32).

NIERHAUS, Irene/HEINZ, Kathrin/UMBACH, Rosanna (Hg.): WohnSeiten. Visuelle Konstruktionen des Wohnens in Zeitschriften. Bielefeld 2021 (Wohnen+/-Ausstellen 8).

NIERHAUS, Irene/NIERHAUS, Andreas (Hg.): Wohnen zeigen. Modelle und Akteure des Wohnens in Architektur und visueller Kultur. Bielefeld 2014 (Wohnen+/-Ausstellen 1).

NIERHAUS, Irene/NIERHAUS, Andreas: Wohnen Zeigen. Schau_Plätze des Wohnwissens. In: NIERHAUS/NIERHAUS 2014, 9–35.

NOACK, Ruth: Sanja Iveković. Triangle. London 2013 (One Work 29).

ODAK, Tomislav: Pregled stambene arhitekture u Hrvatskoj 1945–91. [Der Überblick der Wohnarchitektur in Kroatien 1945–91]. In: Arhitektura 52–54/1–3 (1991), 37–72.

OLDENZIEL, Ruth/ZACHMANN, Karin (Hg.): Cold War Kitchen. Americanization, Technology, and European Users. Cambridge/London 2009 (Inside Technology 8).

OLSON, Stephanie (Hg.): Childhood, Youth and Emotions in Modern History. Global, Imperial and National Perspectives. Basingstoke/New York 2015 (Palgrave Series in the History of Emotions 4).

OTRISHCHENKO, Natalia/SKLOKINA, Iryna: Slavutych Urban Practices, Memories and Imagination. Research Report of the Studio at the Summer School "The Idea of the City: Reality Check". In: Zeitschrift für Ostmitteleuropa-Forschung 68/3 (2019), 477–499. https://www.zfo-online.de/index.php/zfo/article/view/13736 [Zugriff am 25.01.2020].

o.V.: Art. Goričar, Jože. In: RAJOVIĆ/RADOŠIN (Hg.): Jugoslovenski savremenici. Ko je ko u Jugoslaviji [Jugoslawische Zeitgenossen. Wer ist wer in Jugoslawien]. Beograd 1970, 313 f.

o.V.: Arhitekt Frano Gotovac [Der Architekt Frano Gotovac]. In: pogledaj.to (04.03.2016). http://pogledaj.to/arhitektura/arhitekt-frano-gotovac/attachment/4-709/ [Zugriff am 24.01.2021].

o.V.: Art. Wohnkultur. In: DWDS. https://www.dwds.de/wb/Wohnkultur [Zugriff am 08.02.2023].

PAÇARIZI, Gëzim: Libri i Bienales [Bücher und Biennalen]. Prishtinë 2016.

PARTNER, Nancy/FOOT, Sarah (Hg.): The SAGE Handbook of Historical Theory. Los Angeles et al. 2013.

PASSANTI, Francesco: The Vernacular, Modernism, and Le Corbusier. In: UMBACH /HÜPPAUF 2005, 141–156.

PATTERSON, Patrick Hyder: Bought & Sold. Living and Losing the Good Life in Socialist Yugoslavia. Ithaca/London 2011.

PAUL, Gerhard: Visual History. In: Docupedia-Zeitgeschichte (13.03.2014). http://docupedia.de/zg/paul_visual_history_v3_de_2014 [Zugriff am 20.01.2021].

PAVIČIĆ, Jurica: Split 3 i novi GUP. Plan za urbanistički, arhitektonski i socijalni masakr dragulja moderne [Split 3 und das neue GUP. Ein Plan für das urbane, architektonische und soziale Massaker des Juwels der Moderne]. In: Jutarnji list (06.10.2016). https://www.jutarnji.hr/kultura/split-3-i-novi-gup-plan-za-urbanisticki-arhitektonski-i-socijalni-masakr-dragulja-moderne-5020922 [Zugriff am 15.01.2021].

PENČIĆ, Divna/SPIRIKOVSKA, Biljana/STEFANOVSKA, Jasna: Skopje Urban Transformations. Constructing the Built Environment in Different Socio-Political Contexts. In: MRDULJAŠ/KULIĆ 2012, 200–217.

PEREC, Georges: Träume von Räumen. Bremen 1990.

Literatur- und Quellenverzeichnis

PERKEC, Marija/POČANIĆ, Patricia: Tactics of a New Society. Housing Culture in New Zagreb. In LULEVA et al. 2022, 123–149.

PERKOVIĆ, Ante: Sedma republika. Pop kultura u YU raspadu [Die siebte Republik. Pop-Kultur im YU-Zerfall]. Zagreb/Beograd 2011.

PERKOVIĆ JOVIĆ, Vesna: Arhitekt Frano Gotovac [Architekt Frano Gotovac]. Split 2015.

PERKOVIĆ JOVIĆ, Vesna/DUMANDŽIĆ, Frane: Stambene zgrade arhitekta Frane Gotovca u Splitu 3 [Die Wohnungsbauten des Architekten Frano Gotovac in Split 3]. In: Prostor 19/1 (2011), 229–239.

PETERLIĆ, Ante (Hg.): Filmska enciklopedija. Bd. 2. Zagreb 1990.

PETROVIĆ, Mina/BACKOVIĆ, Vera: Istraživanje susedstva u Novom Beogradu [Nachbarschaftsforschung in Neu-Belgrad]. In: ERIĆ 2009, 63–86.

PETROVIĆ, Tanja/MLEKUŽ, Jernej (Hg.): Made in YU 2015. Ljubljana 2016 (Kulturni spomin 4).

PILAV, Armina: Un-war Space in Sarajevo, 1992–1996. In: Spool 5/2 (2018). https://doi. org/10.7480/spool.2018.2.2091 [Zugriff am 01.03.2021].

PIRJEVEC, Jože: Tito i drugovi [Tito und Genossen]. Zagreb 2012.

PROKOPLJEVIC, Jelena: Do Not Throw Concrete Blocks! Social and Public Housing in New Belgrade and their Representations in Popular Culture. In: Fusion Journal 6 (2015) http:// www.fusion-journal.com/issue/006-fusion-the-rise-and-fall-of-social-housing-future-directions/do-not-throw-concrete-blocks-social-and-public-housing-in-new-belgrade-and-their-representations-in-popular-culture/ [Zugriff am 06.02.2020].

PROMITZER, Christian/TRUBETA, Sevasti/TURDA, Marius (Hg.): Health, Hygiene, and Eugenics in Southeastern Europe to 1945. Budapest 2011 (CEU Press Studies in the History of Medicine 2).

QUADFLIEG, Sven/THEUNE, Gregor (Hg.): Nadogradnje. Urban Self-Regulation in Post-Yugoslav Cities. Weimar 2015.

RADOVIĆ MAHEČIĆ, Darja: The Case of Dubrovnik. UNESCO World Heritage Site under Siege, 1991–92. In: MANCINI/BRESNAHAN 2015, 27–41.

RAJAK, Svetozar: Yugoslavia and the Soviet Union in the Early Cold War. Reconciliation, Comradeship, Confrontation, 1953–1957. London/New York 2011 (Cold War History Series 26).

RAMET, Sabrina P.: Nationalism and Federalism in Yugoslavia, 1962–1991. Bloomington/Indianapolis 1992.

RANDL, Chad: "Uglying Out". Shag Carpet and the Twists of Popular Taste. In: LASANSKY 2014, 29–43.

RAVID, Benjamin: Ghetto. Etymology, Original Definition, Reality, and Diffusion. In: GOLDMAN/ TROTTER 2018, 23–39.

RAVNIKAR, Vojteh et al.: Evidenca in valorizacija objektov slovenske moderne arhitekture med leti 1945–70 [Dokumentation und Valorisierung von Werken der slowenischen modernen Architektur in den Jahren 1945–70]. Ljubljana 2000.

REID, Susan E./CROWLEY, David (Hg.): Style and Socialism. Modernity and Material Culture in Post-War Eastern Europe. Oxford/New York 2000.

REID, Susan E.: Women in the Home. In: ILIČ/REID/ATTWOOD 2004, 149–176.

REID, Susan E.: "Our Kitchen is Just as Good". Soviet Responses to the American National Exhibition in Moscow, 1959. In: CROWLEY/PAVITT 2008, 154–161.

REINECKE, Christiane: Into the Cold. Neighborliness, Class, and the Emotional Landscape of Urban Modernism in France and West Germany. In: Journal of Urban History 48/1 (2022), 163–181.

REUTLINGER, Christian/STIEHLER, Steve/LINGG, Eva (Hg.): Soziale Nachbarschaften. Sozialraumforschung und Sozialraumarbeit. Wiesbaden 2015 (Sozialraumforschung und Sozialraumarbeit 10).

REUTLINGER, Christian/STIEHLER, Steve/LINGG, Eva: Nachbarschaft im Kontext der 1960er Jahre. In: REUTLINGER/STIEHLER/LINGG 2015, 101–132.

RISTIĆ, Ivan (Hg.): Memoria und Utopie in Tito-Jugoslawien. Wien 2009.

RISTIĆ, Ivan: Bogdan Bogdanović und der Wohnbau. In: RISTIĆ 2009, 136–142.

RISTIC, Mirjana: Architecture, Urban Space and War. The Destruction and Reconstruction of Sarajevo. Basingstoke 2018 (Palgrave Studies in Cultural Heritage and Conflict 12).

RITCHIE, Rachel/HAWKINS, Sue/PHILLIPS, Nicola/ KLEINBERG, S. Jay (Hg.): Women in Magazines. Research, Representation, Production and Consumption. New York 2016 (Routledge Research in Gender and History 23).

ROBINSON, Gertrude Joch: Tito's Maverick Media. The Politics of Mass Communications in Yugoslavia. Urbana/Chicago/London 1977.

RODMAN, Gilbert B.: Cultural Studies and History. In: PARTNER/FOOT 2013, 342–353.

ROLANDI, Francesca: Culinary Encounters in the Adriatic Area. Cultural Exchanges and Consumer Practices between Italy and Socialist Yugoslavia. In: FOTIADIS/IVANOVIĆ/VUČETIĆ 2019, 157–174.

ROWLANDS, Rob/MUSTERD, Sako/VAN KEMPEN, Ronald (Hg.): Mass Housing in Europe. Multiple Faces of Development, Change and Response. Basingstoke/New York 2009.

RUBIĆ, Tihana/LEUTLOFF-GRANDITS, Carolin: Creating a Familiar Space. Child Care, Kinship, and Community in Postsocialist New Zagreb. In: FISCHER/CHRISTOU/BERG 2015, 219–242.

RUBIN, Eli: Amnesiopolis. Modernity, Space, and Memory. Oxford 2016.

RUBINSTEIN, Alvin Z.: Yugoslavia and the Nonaligned World. Princeton 1970.

RUCKER-CHANG, Sunnie: New Belgrade, New Ghetto? Estrangement, Dislocation, and Globalization in Serbian Ghetto Films. In: Serbian Studies Research 6/1 2015, 225–242.

RUDOLPH, Nicole C.: At Home in Postwar France. Modern Mass Housing and the Right to Comfort. New York/Oxford 2015 (Berghahn Monographs in French Studies 14).

RÜTHERS, Monica: Moskau bauen von Lenin bis Chruščev. Öffentliche Räume zwischen Utopie, Terror und Alltag. Wien/Köln/Weimar 2007.

SAIGER, Magdalena. Wanderungen eines Ortes. Die Geschichte der Alten Messe (Staro Sajmište), Belgrad, unveröff. Diss. Universität Hamburg.

SANČANIN, Marko: Dugave and Ivan Čižmek. Daily Bricolage … Or Faking Daily Papers as an Act of Intimate Resistance. In: MRDULJAŠ/KULIĆ 2012, 328–335.

SANDGRUBER, Roman: Frauensachen, Männerdinge. Eine „sachliche" Geschichte der zwei Geschlechter. Wien 2006.

SAURER, Edith: Liebe und Arbeit. Geschlechterbeziehungen im 19. und 20. Jahrhundert. Wien 2014.

SCHÄFERS, Bernhard: Architektursoziologie. Grundlagen – Epochen – Themen. Wiesbaden 2006.

SCHENK, Frithjof Benjamin: Die Stadt als Monument ihres Erbauers. Orte der symbolischen Topographie. In: SCHLÖGEL/SCHENK/ACKERET 2007, 47–58.

SCHLÖGEL, Karl/SCHENK, Frithjof Benjamin/ACKERET, Markus (Hg.): Sankt Petersburg. Schauplätze einer Stadtgeschichte. Frankfurt/New York 2007

SCHMIDT, Petra/STATTMANN, Nicola: Unfolded. Paper in Design, Art, Architecture and Industry. Basel/Boston/Berlin 2009.

SCHNEIDER, Friederike: Die Grundrissidee. In: HECKMANN/SCHNEIDER 2011, 30–35.

SCHRAGE, Dominik: Massenkultur und Mittelschicht im 20. Jahrhundert und heute. In: GISBERTZ, 2015, 64–72.

SCHUBE, Inka (Hg.): Roman Bezjak. Socialist Modernism: Archaeology of an Era. Ostfildern 2011.

SCHULZE, Sabine/BANZ, Claudia (Hg.): Fast Fashion. Die Schattenseite der Mode. Hamburg 2015.

SCHWARTZ COWAN, Ruth: The "Industrial Revolution" in the Home. Household Technology and Social Change in the Twentieth Century. In: STAUB 2018, 69–85.

SEKULA, Allan: Photography Against the Grain. Essays and Photo Works 1973–1983. Halifax 1984.

SELLE, Gert: Die eigenen vier Wände. Wohnen als Erinnern. Berlin 2011.

SEVER, Meta: Praonice rublja u Ljubljani [Waschküchen in Ljubljana]. In: Žena 17/4 (1959), 25.

SHER, Gerson S.: Praxis. Marxist Criticism and Dissent in Socialist Yugoslavia. London/Bloomington 1977.

SILLINCE, John A. A. (Hg.): Housing Policies in Eastern Europe and the Soviet Union. London 1990.

SIRČO, Jasmin/JAŠAREVIĆ, Ibrica: Ciglane prije Ciglana [Ziegeleien vor Ziegeleien]. In: Asocijacija arhitekata u Bosni i Hercegovini (03.06.2019). https://aabh.ba/ciglane-prije-ciglana/ [Zugriff am 20.01.2020].

SITAR, Polona: "The Right Step towards a Woman's Satisfaction?" Washing Machine as a New Piece of Technology and the Construction of the Role of Women as Housewives in Socialist Slovenia. In: Narodna umetnost 52/1 (2015), 143–171.

SKANSI, Luka: Metodologija dela in avtorstvo sosesk [Methodologie der Arbeit und die Autorschaft der Wohnviertel]. In: SKANSI 2016, 48–51.

Skansi, Luka (Hg.): Soseske in ulice. Vladimir Braco Mušič in arhitektura velikega merila [Wohnviertel und Straßen. Vladimir Braco Mušič und die Architektur des großen Maßstabs]. Ljubljana 2016.

Skansi, Luka: Split 3. In: Stierli/Kulić 2018, 157.

Sontag, Susan: Waiting for Godot in Sarajevo. In: Performing Arts Journal 16/2 (1994), 87–106.

Sontag, Susan: Regarding the Pain of Others. New York 2003.

Spaskovska, Ljubica: Stairway to Hell. The Yugoslav Rock Scene and Youth during the Crisis Decade of 1981–1991. In: East Central Europe 38 (2011), 355–372.

Spevec, Dubravka/Klempić Bogadi, Sanja: Croatian cities under transformation. New tendencies in housing and segregation. In: Tijdschrift voor Economische en Sociale Geografie 100/4 (2009), 454–468.

Spigel, Lynn: Make Room for TV. Television and the Family Ideal in Postwar America. Chicago/London 1992.

Stanek, Łukasz: Architecture in Global Socialism. Eastern Europe, West Africa, and the Middle East in the Cold War. Princeton 2019.

Stanilov, Kiril: Housing Trends in Central and Eastern European Cities During and After the Period of Transition. In: Stanilov 2007, 173–190.

Stanilov, Kiril (Hg.): The Post-Socialist City. Urban Form and Space Transformations in Central and Eastern Europe after Socialism. Dordrecht 2007 (GeoJournal Library).

Staub, Alexandra (Hg.): The Routledge Companion to Modernity, Space and Gender. New York 2018.

Steixner, Gerhard/Welzig, Maria (Hg.): Luxury for All. Milestones in European Stepped Terrace Housing. Berlin/Boston 2020.

Stevanović, Tijana: Tools for Conviviality. Architects and the Limits of Flexibility for Housing Design in New Belgrade. In: Thomas/Beech/Amhoff 2015, 160–170.

Stierli, Martino/Kulić, Vladimir (Hg.): Toward a Concrete Utopia. Architecture in Yugoslavia, 1948–1980. New York 2018.

Stilinović, Dragutin: Sintetička rješenja projekta JU-61 [Synthetische Lösungen des Projekts JU-61]. In: Jugomont 1/3 (1961), 12 f.

Stokes, Raymond G.: Plastics and the New Society. The German Democratic Republic in the 1950s and 1960s. In: Reid/Crowley 2000, 65–80.

Sundhaussen, Holm: Jugoslawien und seine Nachfolgestaaten 1943–2011. Eine ungewöhnliche Geschichte des Gewöhnlichen. Wien/Köln/Weimar 2012.

Sundhaussen, Holm: Sarajevo. Die Geschichte einer Stadt. Wien 2014.

Svirčić Gotovac, Anđelina/Zlatar Gamberožić, Jelena: Obrana javnih prostora u zagrebačkim slučajevima „Čuvamo naš park" i „Vratite magnoliju" [Verteidigung des öffentlichen Raums in den Zagreber Fällen „Wir schützen unseren Park" und „Bringt die Magnolie zurück"]. In: Sociologija i prostor 58/1 (2020), 5–20.

SZELÉNYI, Iván: Urban Inequalities under State Socialism. Oxford 1983 (Library of Political Economy).

ŠENTEVSKA, Irena: Celluloid Building Sites of Socialist Yugoslavia. Cinema Fiction and Unfinished Modernizations. In: MRDULJAŠ/KULIĆ 2012, 96–119.

ŠTRAUS, Ivan: Arhitektura Jugoslavije 1945–1990 [Die Architektur Jugoslawiens 1945–1990]. Sarajevo 1991.

ŠTRAUS, Ivan: Arhitektura Bosne i Hercegovine 1945–1995. [Die Architektur Bosniens und Herzegowina 1945–1995]. Sarajevo 1998.

TAUNTON, Matthew: Fictions of the City. Class, Culture and Mass Housing in London and Paris. Basingstoke 2009 (Language, Discourse, Society 29).

TCHOUKARINE, Igor: The Yugoslav Road to International Tourism. Opening, Decentralization, and Propaganda in the Early 1950s. In: GRANDITS/TAYLOR 2010, 107–140.

TEŠIJA, Jelena: The End of the AFŽ – The End of Meaningful Women's Activism? Rethinking the History of Women's Organizations in Croatia, 1953–1964, unveröff. Masterarbeit. Central European University, Budapest 2014. http://afzarhiv.org/items/show/696 [Zugriff am 20.10.2023].

THOMAS, Katie Lloyd/BEECH, Nick/AMHOFF, Tilo (Hg.): Industries of Architecture. London 2015 (Critiques: Critical Studies in Architectural Humanities 11).

TINKLER, Penny: Fragmentation and Inclusivity. Methods for Working with Girls' and Women's Magazines. In: RITCHIE/HAWKINS/PHILLIPS/ KLEINBERG 2016, 25–39.

TITARENKO, Larisa/ZDRAVOMYSLOVA, Elena: Sociology in Russia. A Brief History. Cham 2017 (Sociology Transformed 12).

TIVADAR, Blanka/VEZOVNIK, Andreja: Cooking in Socialist Slovenia. Housewives on the Road from a Bright Future to an Idyllic Past. In: LUTHAR/PUŠNIK 2010, 379–405.

TODOROVA, Maria: The Trap of Backwardness. Modernity, Temporality, and the Study of Eastern European Nationalism. In: Slavic Review 64/1 (2005), 40–164.

TODOROVIĆ-UZELAC, Neda: Ženska štampa i kultura ženstvenosti [Frauenpresse und die Kultur der Weiblichkeit]. Beograd 1987.

[TOLIĆ 2012/a]: TOLIĆ, Ines: Japan Looks West. The Reconstruction of Skopje in the Light of Global Ambitions and Local Needs. In: MRDULJAŠ/KULIĆ 2012, 218–231.

[TOLIĆ 2012/b]: TOLIĆ, Ines: The Borba for Architecture. In: MRDULJAŠ/KULIĆ 2012, 372–391.

TOPHAM, Shaun: Housing Policy in Yugoslavia. In: SILLINCE 1990, 402–439.

TREVISAN, Luca: Das Wohnungselend der Basler Arbeiterbevölkerung in der zweiten Hälfte des 19. Jahrhunderts. Basel 1989 (Neujahrsblatt Gesellschaft für das Gute und Gemeinnützige 168).

TUŠEK, Darovan: Arhitektonski natječaji u Splitu: 1945–1995. [Architekturwettbewerbe in Split: 1945–1995]. Split 1996.

TUŠEK, Darovan: Polifunkcionalnost Splita 3 ili nepodnošljiva lakoća odustajanja [Die Polyfunktionalität von Split 3 oder die unerträgliche Leichtigkeit des Aufgebens]. In: Oris 11/57 (2009), 124–135.

Tušek, Darovan (Hg.): Split. Arhitektura 20. stoljeća [Split. Architektur des 20. Jahrhunderts]. Split 2011.

Umbach, Maiken/Hüppauf, Bernd (Hg.): Vernacular Modernism. Heimat, Globalization, and the Built Environment. Stanford 2005.

Unkovski-Korica, Vladimir: Self-management, Development and Debt. The Rise and Fall of the "Yugoslav Experiment". In: Horvat/Štiks 2015, 21–44.

Urban, Florian: Tower and Slab. Histories of Global Mass Housing. London/New York 2012.

van Beckhoven, Ellen /Bolt, Gideon/van Kempen, Ronald: Theories of Neighborhood Change and Decline. Their Significance for Post-WWII Large Housing Estates in European Cities. In: Rowlands/Musterd/van Kempen 2009, 20–50.

Vanette, Dora: Design and Industry. The Role and the Impact of Industrial Design in Post-War Yugoslavia. In: The Radical Designist 2/6 (2015)._http://unidcom.iade.pt/radicaldesignist/wp-content/uploads/2016/01/Design-Policies_DoraVanette.pdf [Zugriff am 18.05.2018].

Van Praet, Carmen: The Opposite of Dante's Hell? The Transfer of Ideas for Social Housing at International Congresses in the 1850s–1860s. In: De Spiegeleer 2019, 163–188.

Velkavrh, Zala: Renew or Surrender? Open Public Space in the (Post-)Socialist Neighborhood. In: Engel 2019, 184–189.

Vöckler, Kai: Prishtina is everywhere. Turbo-Urbanismus als Resultat einer Krise. Berlin 2008.

von Hirschhausen, Béatrice/Grandits, Hannes/Kraft, Claudia/Müller, Dietmar/Serrier, Thomas (Hg.): Phantomgrenzen. Räume und Akteure in der Zeit neu denken. Göttingen 2015 (Phantomgrenzen im östlichen Europa 1).

von Hirschhausen, Béatrice/Grandits, Hannes/Kraft, Claudia/Müller, Dietmar/Serrier, Thomas: Phantomgrenzen im östlichen Europa. Eine wissenschaftliche Positionierung. In: von Hirschhausen/Grandits/Kraft/Müller/Serrier 2015, 13–56.

Vučetić, Radina: Koka-kola socijalizam. Amerikanizacija jugoslovenske popularne kulture šezdesetih godina XX veka [Coca-Cola-Sozialismus. Die Amerikanisierung der jugoslawischen Populärkultur in den 1960er Jahren]. Beograd 2012.

Vučetić, Radina: Monopol na istinu. Partija, kultura i cenzura u Srbiji šezdesetih i sedamdesetih godina XX. veka [Monopol auf die Wahrheit. Partei, Kultur und Zensur in Serbien in den 1960er und 1970er Jahren]. Beograd 2016.

Vučetić, Radina: Tito u Africi. Slike solidarnosti [Tito in Afrika: Die Bilder der Solidarität]. Beograd 2017.

Vučetić, Radina: McDonaldization of Yugoslavia/Serbia 1988–2009. Two Images of a Society (from Americanization to Anti-Americanism). In: Fotiadis/Ivanović/Vučetić 2019, 197–216.

Vujošević, Milica: Učešće javnosti u urbanističkom planiranju. Primjer Bloka 5 u Podgorici [Beteiligung der Öffentlichkeit an der Stadtplanung. Das Beispiel von Blok 5 in Podgorica]. In: Vujošević/Rabrenović/Dragović 2017, 41–68.

404 | Literatur- und Quellenverzeichnis

Vujošević, Milica/Rabrenović, Jelena/Dragović, Sonja (Hg.): Pristup izradi planskog dokumenta. Učešće javnosti u planiranju Bloka 5 u Podgorici [Der Zugang zum Erstellen eines Planungsdokuments. Beteiligung der Öffentlichkeit an der Planung von Blok 5 in Podgorica]. Podgorica 2017.

Vujović, Sreten/Petrović, Mina: Belgrade's Post-socialist Urban Evolution. Reflections by the Actors in the Development Process. In: Stanilov 2007, 361–383.

Vuksanović-Macura, Zlata: Život na ivici. Stanovanje sirotinje u Beogradu 1919–1941 [Ein Leben am Rande. Wohnen der Armen in Belgrad 1919–1941]. Beograd 2012.

Warning, Rainer (Hg.): Rezeptionsästhetik. München ²1979 [1975].

Werber, Niels: Geopolitik und Globalisierung. In: Dünne/Mahler 2015, 126–136.

White, Hayden: The Content of the Form. Narrative Discourse and Historical Representation. Baltimore/London ²1990 [1987].

Wimmer, Andreas/Glick Schiller, Nina: Methodological Nationalism, the Social Sciences, and the Study of Migration. An Essay in Historical Epistemology. In: International Migration Review 37/3 (2003), 576–610.

Wokalek, Marie: Die schöne Seele als Denkfigur. Zur Semantik von Gewissen und Geschmack bei Rousseau, Wieland, Schiller, Goethe. Göttingen 2011.

Wurm, Barbara: From Slavko to Slavica. (Soviet) Origins of (Yugoslav) Partisan Film. In: Jakiša/Gilić 2015, 159–196.

Ypi, Lea: Free. Coming of Age at the End of History. London 2022.

Yurchak, Alexei: Everything Was Forever, Until It Was No More. The Last Soviet Generation. Princeton/Oxford 2005 (In-Formation 7).

Zaccaria, Benedetto: Learning from Yugoslavia? Western Europe and the Myth of Self-Management (1968–1975). In: Christian/Kott/Matejka 2018, 213–235.

Zarecor, Kimberly Elman: Manufacturing a Socialist Modernity. Housing in Czechoslovakia, 1945–1960. Pittsburgh 2011 (Pitt Series in Russian and East European Studies 55).

Zarecor, Kimberly Elman: Socialist Neighborhoods after Socialism. The Past, Present, and Future of Postwar Housing in the Czech Republic. In: East European Politics and Societies 26/3 (2012), 486–509.

Zatrić, Mejrema: "Architecture of Bosnia and the Way to Modernity". In: Stierli/Kulić 2018, 128–131.

Zatrić, Mejrema: Šerefudin White Mosque. In: Stierli/Kulić 2018, 164–167.

Zimmermann, Tanja: Der Balkan zwischen Ost und West. Mediale Bilder und kulturpolitische Prägungen. Köln/Weimar/Wien 2014 (Osteuropa medial 6).

Zlatar, Jelena: Utjecaj trgovačkih centara (kao nemjesta) u Zagrebu na nestajanje javnog prostora [Der Einfluss der Einkaufszentren (als Nicht-Orte) in Zagreb auf das Verschwinden des öffentlichen Raums]. In: Čapo/Gulin Zrnić 2011, 317–331.

Zupančič, Bogo: Plečnik's Students in Le Corbusier's Studio. In: Mrduljaš/Kulić 2012, 393–396.

ZUPANČIČ, Bogo: Življenje in delo Vladimirja Braca Mušiča do leta 1980 [Leben und Werk von Vladimir Braco Mušič bis zum Jahr 1980]. In: SKANSI 2016, 198–218.

ŽIMBREK, Ivana Mihaela: The Unrealized Department Store "Na-Ma" in Trnje. Ambitions and Challenges in Expanding the Retail Network and Creating the Urban Space in Zagreb in the Early 1960s. In: Peristil 61 (2018), 213–227.

Bildnachweise

Die Bilderrechte habe ich mit bestem Wissen und Gewissen recherchiert. Jedoch ließen sich nicht immer die einschlägigen Bildrechtbesitzer:innen ermitteln, insbesondere beim Übergang aus dem sozialistischen ins postsozialistische Regime. Sollten die Angaben unvollständig sein, bitte ich um Rückmeldung.

Abb. 1: Čovjek i prostor 1/1 (1954), 1. © Udruženje hrvatskih arhitekata.

Abb. 2: Arhitekt 10/2 (1960), 1. © Slowenische National- und Universitätsbibliothek.

Abb. 3: NEIDHARDT, Juraj: Povodom akcije za izgradnju individualnih stanova. In: Arhitekt 2/2 (1952), 4 f. © Slowenische National- und Universitätsbibliothek.

Abb. 4: o.V.: Povodom gradnje montažnih kuća. In: Arhitektura 4/9–10 (1950), 31. © Udruženje hrvatskih arhitekata.

Abb. 5: MINIĆ, Oliver: Stambene zgrade tipa E–57. In: Arhitektura – Urbanizam 1/5 (1960), 29. © National- und Universitätsbibliothek Zagreb.

Abb. 6: Jugomont 1/4 (1961), 11. © National- und Universitätsbibliothek Zagreb.

Abb. 7: Jugomont 1/2 (1961), 14. Foto: Mladen Kasalica. © National- und Universitätsbibliothek Zagreb.

Abb. 8: Jugomont 1/1 (1961), 12. © National- und Universitätsbibliothek Zagreb.

Abb. 9: Jugomont 1/7 1961, 1. © National- und Universitätsbibliothek Zagreb.

Abb. 10: o. V.: Neki primeri stambenih kula izgrađenih poslednjih godina kod nas. In: Arhitektura – Urbanizam 2/11–12 (1961), 26. © National- und Universitätsbibliothek Zagreb.

Abb. 11: RICHTER, Vjenceslav: Sinturbanizam, Zagreb 1964, 2. © Sammlung Richter/Duško Richter.

Abb. 12: Naš dom 3/9 (1969), 1. © Večer, Maribor.

Abb. 13: Katedra „Porodica i domaćinstvo", Bd. 5, Zagreb, 1960, 13. © National- und Universitätsbibliothek Zagreb.

Abb. 14: Katedra „Porodica i domaćinstvo", Bd. 5, Zagreb, 1960, 18. © National- und Universitätsbibliothek Zagreb.

Abb. 15: Naš dom 9 (1970), 1. © Večer, Maribor.

Abb. 16: ŠNAJDER, Zdenka: „Jedno poslijepodne kod Mirićevih", in: Žena 9, 1 (1961), 19. © National- und Universitätsbibliothek Zagreb.

Abb. 17: Naš dom 2/10 (1968), 1. © Večer, Maribor.

Abb. 18: Naš dom 4/10 (1970), 7. © Večer, Maribor.

Abb. 19: Pobjeda, 30.12.1965, 25. © Pobjeda, Podgorica.

Abb. 20: Svijet, 9 (1969), 15. © National- und Universitätsbibliothek Zagreb.

Abb. 21: Naš dom 4/3 (1969), 1. © Večer, Maribor.

408 | Bildnachweise

Abb. 22: O. V.: „Je li spavaća soba prošlost?", Svijet 2 (1963), 12. © National- und Universitätsbibliothek Zagreb.

Abb. 23: Svijet 9 (1961), 11. © National- und Universitätsbibliothek Zagreb.

Abb. 24: Naš dom 3/5 (1969), 1. © Večer, Maribor.

Abb. 25: Pobjeda (20.05.1965), 11. © Pobjeda, Podgorica.

Abb. 26: JERNEJEC, Mitja: Naše stanovanjsko naselje danes in jutri. In: IVANŠEK, France (Hg.): Človek – stanovanje – naselje, Ljubljana 1962, xix. © Slowenische National- und Universitätsbibliothek.

Abb. 27: RICHTER, Vjenceslav: Stambeni tornjevi u Beogradu. In: Arhitektura 16/1–3 (1960), 34. © Udruženje hrvatskih arhitekata.

Abb. 28: MUTNJAKOVIĆ, Biourbanizam, 1982 © Andrija Mutnjaković und Izdavački centar Rijeka.

Abb. 29: MUTNJAKOVIĆ, Biourbanizam, 1982 © Andrija Mutnjaković und Izdavački centar Rijeka.

Abb. 30: PEROVIĆ, Miloš R.: Iskustva prošlosti. Beograd 1985, 104. © Građevinska knjiga Beograd.

Abb. 31: PEROVIĆ, Miloš R.: Iskustva prošlosti. Beograd 1985, 105. © Građevinska knjiga Beograd.

Abb. 32: SUPEK, Grad po mjeri čovjeka. Zagreb 1987, 160. © National- und Universitätsbibliothek Zagreb.

Abb. 33: Urbanistički nacrt kompleksa S 2/3 na području Splita 3, 1973. © Staatsarchiv in Split (HR-DAST).

Abb. 34: Fotoalbum 119-2.11-462-8909-B, o.J. (voraussichtlich Anfang 1970er). © Staatsarchiv in Split (HR-DAST).

Abb. 35: Arhitektura 39/196 (1986), 238. © Udruženje hrvatskih arhitekata.

Abb. 36: Blok 5 (1985). Foto: Mileta Bojović. © Mileta Bojović.

Abb. 37: Sammlung Kriegsfotografien von Miquel Ruiz Avilés, Album 2, o. J. (1992–1994). © Miquel Ruiz Avilés und Historisches Museum Bosnien und Herzegowinas, Sarajevo (BA-HMBiH).

Abb. 38: Sammlung Kriegsfotografien von Miquel Ruiz Avilés, Album 7, o.J. (1992–1994). © Miquel Ruiz Avilés und Historisches Museum Bosnien und Herzegowinas, Sarajevo (BA-HMBiH).

Abb. 39: Sammlung Kriegsfotografien von Miquel Ruiz Avilés, Album 6/6b, o.J. (1992–1994). © Miquel Ruiz Avilés und Historisches Museum Bosnien und Herzegowinas, Sarajevo (BA-HMBiH).

Abb. 40: BOGDANOVSKA, Aleksandra et al. (Hg.).: Biber 01. rajtimi/*помирување*/pomirenje, Beograd/Sarajevo 2016. biber.nenasilje.org. Design: Ivana Franović, Foto: Nedžad Horozović. © CNA.

Danksagung

Den Prozess von der ersten diffusen Idee bis zum vorliegenden Buch haben viele Menschen begleitet, verschönert und bereichert. Die Dissertation profitierte insbesondere von der wertschätzenden und motivierenden Betreuung durch Prof. Dr. Monica Rüthers. Dank ihrer emphatischen, einsichtigen und mutmachenden Betreuung sowie ihrer fachlichen Kompetenz und Austauschangeboten an der Schnittstelle zwischen Kulturgeschichte und Visualität fühlte ich mich stets gut aufgehoben und ging nach jedem Treffen voller Gedanken und Impulse nach Hause. Auch freue ich mich, Prof. Dr. Tanja Zimmermann als Zweitbetreuerin gewinnen zu können; ihre intellektuelle Weitsicht und menschliche Großzügigkeit hat diese Arbeit spürbar bereichert. Neben den lebendigen Diskussionsrunden im Kolloquium zur Geschichte Osteuropas bot der informelle Miniforschungskreis zur Geschichte Jugoslawiens mit Nathalie Keigel und Magdalena Saiger einen wertvollen Austausch und Motor für meine Forschung; ich bin dankbar für ihre Kommentare, Nachrichten, Fragen, für aufmunternde Gespräche über Sorgen, Erfolge und manch merkwürdige Forschungsabenteuer.

Die Forschungsaufenthalte im Hintergrund dieser Arbeit, insbesondere in fünf postjugoslawischen Staaten (Slowenien, Kroatien, Serbien, Montenegro, Bosnien und Herzegowina) wären ohne die umfassende Unterstützung durch das Promotionsstipendium der Studienstiftung des deutschen Volkes nicht möglich gewesen. Das dreistündige Bewerbungsgespräch mit Prof. Dr. Adrian von Buttlar war (meinen Erwartungen entgegen) keine quälende bürokratische Gelegenheit, sondern ein sehr bereicherndes Gespräch. Sein Interesse an meinem Thema machte mir in einem äußerst prekären Moment Mut zum Weitermachen, seine tiefgreifenden Kenntnisse der deutschen Forschungslandschaft zur Architektur der Nachkriegsmoderne waren auch im späteren Verlauf meiner Promotion sehr hilfreich. Ich bin sehr dankbar, dass ich während meiner vier Förderungsjahre optimale finanzielle wie ideelle Förderung erhielt, meine Pläne umsetzen konnte und auch nach der Geburt meiner Tochter viel Unterstützung erfuhr. Die Studienstiftung bedeutete nicht nur finanzielle Sicherheit und große Handlungsfreiheit, sondern auch eine Fülle an fantastischen Bildungs- und Austauschangeboten, die in dieses Buch auf mehr und weniger messbare Weisen Eingang fanden.

Kurz vor dem Pandemieausbruch absolvierte ich einen Aufenthalt als Fellow an der Iowa State University. Die Gastfreundschaft, Forschungserfahrung und unerschöpfliche intellektuelle Neugier von Kimberly Elman Zarecor und Vladimir Kulić boten im Zusammenhang mit einem unfreundlichen Midwest-Winter mit -20 °C eine hervorragende Umgebung für die letzte, intensive Schreibphase.

Ich möchte mich bedanken bei Kolleg:innen, die mir während der Forschungsaufenthalte in Ljubljana, Zagreb, Belgrad und Sarajevo sowie auf Tagungen immer wieder praktische Forschungstipps gaben, logistische Hilfe gewährleisteten, ihr Wissen unentwegt teilten und durch Gespräche beim Kaffee eine Freude machten. Dafür insbesondere vielen Dank an Jelica Jovanović, Vladana Putnik Prica, Dragoslava Barzut, Sonja Dragović, Mileta Bojović, Čarna Brković, Jelena Rabrenović, Milica Vujošević, Igor Duda, Maja Marković, Helena Janečić, Ana Kladnik, Tamara Bjažić Klarin, Nataša Pelja Tabori, Aida Ličina Ramić und Ivana Mihaela Žimbrek.

Die Metamorphose von der Dissertation zum Buch gelang dank der freundlichen Aufnahme in die Reihe Das östliche Europa: Kunst- und Kulturgeschichte. Besonders bedanke ich mich beim Korrekturteam und bei Fabian Böker, meinem kompetenten und enthusiastischen Ansprechpartner beim Böhlau Verlag. Ein stets freundlicher, respektvoller und aufgeschlossener Ton kann einen erheblichen Unterschied bewirken. Der großzügige Druckkostenzuschuss der Geschwister Boehringer Ingelheim Stiftung für Geisteswissenschaften in Ingelheim am Rhein nahm mir finanzielle Sorgen ab; so konnte ich mich ganz dem (Um-)Schreiben widmen.

Martyna Dziekan Mia und Lina Gonan, Shufan Huo, Klara Sommer, Till Kulawik, Ana Sekulić, Anna Corsten, Hannah Sprute, Dea Cvetković, Snežana Stanković: Danke fürs Zuhören, Mut machen und schöne Feierabende. Vielen Dank an meine Mutter Božena Horvat und Tante Ana Horvat für ihre bedingungslose Unterstützung bei allen meinen Plänen und Schnapsideen.

Eine wissenschaftliche Arbeit außerhalb der Komfortzone der eigenen Erstsprache zu verfassen, bildet eine ganz eigene Herausforderung. Ich bin besonders den Menschen dankbar, die mir bei der sprachlichen Politur geholfen haben: Aleksandar Ranković für seine gutmütige Großzügigkeit, mühelos wirkende sprachliche Eleganz und Virtuosität, Katharina Brechensbauer für pragmatische Tipps im Tunnel der letzten Phase, Ann-Kristin Glöckner für sorgfältiges Gegenlesen, freundliche Emojis in den Kommentaren und den wunderbaren Austausch zum Thema Promovieren mit Kind, der mir (nicht nur) im Endspurt sehr viel bedeutete. Danke an Jonas Köhler für Lesen aller Kapitel in allen Stadien und ein allgemeines Dasein durch alle Mäander vor, während und nach der Arbeit. Zuletzt möchte ich mich bei meiner Tochter Wilma für ihr geduldiges Mitmachen bei Forschungsaufenthalten und ihre ansteckende Lebensfreude bedanken.